Couvertures supérieure et inférieure
en couleur

PRIX: 1.00

RODOLPHE TÖPFFER

LE PRESBYTÈRE

NOUVELLE ÉDITION

PARIS
LIBRAIRIE HACHETTE ET Cⁱᵉ
79, BOULEVARD SAINT-GERMAIN, 79

Librairie HACHETTE et Cie, boulevard Saint-Germain, 79, à Paris.

ROMANS, NOUVELLES & OUVRAGES DIVERS
Format in-16, à 1 franc le volume, broché.

Achard (A.) : *Les vocations.* 1 vol.
— *La chasse à l'idéal.* 1 vol.
— *Les chaînes de fer.* 1 vol.
— *Maxence Humbert.* 1 vol.
— *Yerta Slovoda.* 1 vol.

Arnould (A.) : *Les trois poètes.* 1 vol.

Bernardin de Saint-Pierre : *Paul et Virginie.* 1 vol.

Berthet (E.) : *Les houilleurs de Polignies*;

Chapus (E.) : *Le turf*; 2e édition. 1 vol.

Charnay (D.) : *Une princesse indienne avant la conquête.* 1 vol.
— *A travers les forêts vierges.* 1 vol.

Daudet (E.) : *Histoire de la Restauration*

Deschanel : *Physiologie des écrivains et des artistes.* 1 vol.

Énault (L.) : *Christine*; 13e édition. 1 vol.
— *Pêle-Mêle*, nouvelles; 2e édit. 1 vol.
— *Histoire d'une femme*; 6e édition. 2 vol.
— *Alba*; 9e édition. 1 vol.
— *Hermine*; 8e édition. 1 vol.
— *La vierge du Liban*; 6e édition. 1 vol.
— *Cordoval.* 1 vol.
— *Les perles noires*; 3e édition. 2 vol.
— *La rose blanche*; 6e édition. 1 vol.
— *L'amour en voyage*; 7e édition. 1 vol.
— *Nadèje*; 9e édition. 1 vol.
— *Stella*; 6e édition. 1 vol.
— *Un amour en Laponie*; 2e édition. 1 vol.
— *La vie à deux*; 4e édition. 1 vol.
— *Irène*; 2e édition. 1 vol.
— *En province*; 2e édition. 1 vol.
— *Olga*; 3e édition. 1 vol.
— *Un drame intime*; 4e édition. 1 vol.
— *Le roman d'une veuve*; 4e édition. 1 vol.
— *La pupille de la Légion d'honneur*; 4e édition. 2 vol.
— *La destinée*; 3e édition. 1 vol.
— *Le baptême du sang*; 3e édition. 2 vol.
— *Le secret de la confession*; 3e édit. 2 vol.
— *La veuve*; 2e édition. 1 vol.
— *L'amour et la guerre.* 1 vol.
— *Le châtiment*; 2e édit. 1 vol.
— *Valneige*; 2e édit. 1 vol.
— *Le château des anges.* 1 vol.
— *Le sacrifice.* 1 vol.
— *Tragiques amours.* 1 vol.
— *Le mirage.* 1 vol.

Féval (P.) : *Le mari embaumé.* 2 vol.

Guizot (F.) : *L'amour dans le mariage.*
— *Édouard III et les bourgeois de Calais.*

Houssaye (A.) : *Galerie de portraits du XVIIIe siècle.*
Poètes. — Romanciers. — Philosophes 1 vol.
Sculpteurs. — Peintres. — Musiciens. 1 vol.

Las Cases (Comte de) : *Souvenirs de l'empereur Napoléon Ier*; 5e édition. 1 vol.

La Vallée (J.) : *La chasse à courre*; 4e édit. 1 vol.

Marchand-Gerin (E.) : *La nuit de la Toussaint.* 1 vol.
— *Il cantatore.* 1 vol.

Marco de Saint-Hilaire (E.) : *Anecdotes du temps de Napoléon Ier.* 1 vol.

Marmier (X.) : *En Alsace*; 2e édit. 1 vol.
— *Les fiancés du Spitzberg.* 1 vol.
— *Gazida,* fiction et réalité. 1 vol.
Ouvrage couronné par l'Académie française.
— *Hélène et Suzanne.* 1 vol.
— *Histoire d'un pauvre musicien.* 1 vol.
— *Le roman d'un héritier*; 2e édit. 1 vol.
— *Lettres sur le Nord*; 6e édit. 1 vol.
— *Mémoires d'un orphelin*; 2e édition. 1 vol.
— *Sous les sapins.* 1 vol.
— *De l'Est à l'Ouest.* 1 vol.
— *Un été au bord de la Baltique*; 2e édit.
— *Les voyages de Nils.* 1 vol.
— *Les âmes en peine.* 1 vol.
— *En pays lointains.* 1 vol.
— *Les hasards de la vie*; 2e édition. 1 vol.
— *Nouveaux récits de voyage.* 1 vol.
— *Contes populaires de différents pays.*
— *Nouvelles du Nord.* 1 vol.
— *Légendes des plantes et des oiseaux.*
— *A la maison.* 1 vol.
— *A la ville et à la campagne.* 1 vol.
— *Passé et présent.* 1 vol.
— *Voyages et littérature.* 1 vol.
— *A travers les tropiques.* 1 vol.
— *Au Nord et au Sud.* 1 vol.

Mas (De) : *La Chine et les puissances chrétiennes.* 2 vol.

Michelet (Mme) : *Mémoires d'une enfant.*

Poradowska (Mme Marguerite) : *Demoiselle Micia.* 1 vol.
— *Les filles du pope.* 1 vol.
Ouvrages couronnés par l'Académie française.

Reybaud (Mme) : *Espagnoles et Françaises.* 1 vol.

Töpffer (R.) : *Réflexions et menus propos d'un peintre genevois.* 1 vol.
— *Nouvelles genevoises.* 1 vol.
— *Rosa et Gertrude.* 1 vol.
— *Le presbytère.* 1 vol.

Trognon (A.) : *Histoire de France.* 5 vol.
Ouvrage qui a obtenu le grand prix Gobert.

Viardot (L.) : *Souvenirs de chasse.* 1 vol.

Viennet : *Épîtres et satires.* 1 vol.

Wailly (L. de) : *Angelica Kauffmann.* 2 vol.

Coulommiers. — Imp. PAUL BRODARD. — 10-97.

LE

PRESBYTÈRE

COULOMMIERS
Imprimerie PAUL BRODARD.

LE
PRESBYTÈRE

PAR

RODOLPHE TÖPFFER

NOUVELLE ÉDITION

PARIS

LIBRAIRIE HACHETTE ET Cie

79, BOULEVARD SAINT-GERMAIN, 79

1898

Droits de traduction et de reproduction réservés.

LE PRESBYTÈRE.

LIVRE PREMIER.

Il y a des moments dans la vie où une heureuse réunion de circonstances semble fixer sur nous le bonheur. Le calme des passions, l'absence d'inquiétude, nous prédisposent à jouir; et si au contentement d'esprit vient s'unir une situation matériellement douce, embellie par d'agréables sensations, les heures coulent alors délicieusement, et le sentiment de l'existence se pare de ses plus riantes couleurs.

C'est précisément le cas où se trouvaient les trois personnages que j'avais sous les yeux. Rien au monde dans leur physionomie qui trahît le moindre souci, le plus petit trouble, le plus faible remords : au contraire, on devinait, au léger rengorgement de leur cou, ce légitime orgueil qui procède du contentement d'esprit; la gravité de leur démarche annonçait le calme de leur cœur, la moralité de leurs pensées; et dans ce moment même où, cédant aux molles influences d'un doux soleil, ils venaient de s'endormir, encore semblait-il que de leur sommeil s'exhalât un suave parfum d'innocence et de paix.

Pour moi (l'homme est sujet aux mauvaises pensées), depuis un moment je maniais une pierre. A la fin, fortement sollicité par un malin désir, je la lançai dans la mare, tout à côté... Aussitôt les trois têtes sortirent bientôt de dessous l'aile.

C'étaient trois canards; j'oubliais de le dire. Ils faisaient là leur sieste, tandis qu'assis au bord de la flaque, je songeais, presque aussi heureux que mes fidèles compagnons.

Aux champs, l'heure de midi est celle du silence, du repos, de la rêverie. Durant que le soleil darde à plomb ses rayons sur la plaine, hommes et animaux suspendent leur labeur ; le vent se tait, l'herbe se penche, et les insectes seuls, animés par la chaleur, bourdonnent à l'envi dans les airs, formant une lointaine musique qui semble augmenter le silence même.

A quoi je songeais ? A toute sorte de choses, petites, grandes indifférentes ou charmantes à mon cœur J'écoutais le bruissement des grillons ; ou bien, étendu sur le dos, je regardais au firmament les métamorphoses d'un nuage ; d'autres fois, me couchant contre terre, je considérais, sur le pied d'un saule creux, une mousse humide, toute parsemée d'imperceptibles fleurs ; je découvrais bientôt dans ce petit monde des montagnes, des vallées, d'ombrageux sentiers, fréquentés par quelque insecte d'or, par une fourmi diligente. A tous ces objets s'attachait dans mon esprit une idée de mystère et de puissance qui m'élevait insensiblement de la terre au ciel ; et alors, la présence du Créateur se faisant fortement sentir, mon cœur se nourrissait de grandes pensées.

Quelquefois, les yeux fixés sur les montagnes, je songeais à ce qui est derrière, aux lointains pays, aux côtes sablonneuses, aux vastes mers ; et si, au milieu de ma course, je venais à heurter quelque autre idée, je la suivais où elle voulait me conduire, si bien que, du bout de l'Océan, je rebroussais subitement jusque sur le pré voisin ou sur la manche de mon habit.

Il m'arrivait aussi de tourner les yeux sur le vieux presbytère, à cinquante pas de la mare, derrière moi. Je n'y manquais guère lorsque l'aiguille de l'horloge approchait de l'heure, et qu'à chaque seconde j'attendais de voir, au travers des vieux arceaux du clocher, le marteau s'ébranler, noir sur l'azur du ciel, et retomber sur l'airain. Surtout j'aimais à suivre de l'oreille le tintement sonore que laissait après lui le dernier coup, et j'en recueillais les ondes décroissantes, jusqu'à ce que leur mourante harmonie s'éteignît dans le silence des airs.

Je revenais alors au presbytère, à ses paisibles habitants, à Louise, et, laissant retomber ma tête sur mon bras, j'errais, en compagnie de mille souvenirs, dans un monde connu de mon cœur seulement.

Ces souvenirs, c'étaient les jeux, les plaisirs, les agrestes passe-temps dans lesquels s'était écoulée notre enfance. Nous avions cultivé des jardins, élevé des oiseaux, fait des feux au coin de la prairie : nous avions mené les bêtes en champs, monté sur l'âne, abattu des noix et folâtré dans les foins ; pas un cerisier du verger, pas un pêcher de ceux qui cachaient au midi le mur de la cure, qui ne se distinguât pour nous de tous ceux du monde entier par mille souvenirs que ramenait, comme les fruits, chaque saison nouvelle. J'avais (l'enfant est sujet aux mauvaises pensées), j'avais pour elle picoré les primeurs chez les notables du voisinage ; pour elle encore j'avais eu des affaires avec le chien, avec le garde champêtre, avec le municipal : incorrigible tant qu'elle aima les primeurs. Dans ce temps-là, tout entier au présent, j'agissais, je courais, je grimpais ; je songeais peu, je rêvais moins encore, si ce n'est parfois, la nuit, au garde champêtre.

Mais ce jour dont je parle, ce n'était pas du garde champêtre que j'étais occupé. Et puis, il était mort, et son successeur, m'ayant trouvé plus souvent solitaire au bord de la mare qu'attentif aux primeurs, avait conçu de moi une idée très-avantageuse. Cet homme sensé avait deviné que la préférence que je marquais pour les arides bords de la flaque ne pouvait provenir que d'une préoccupation entièrement étrangère à cette préoccupation des primeurs, que son métier était de contenir dans de justes bornes.

En effet, malgré l'ingrate aridité de ses étroites rives, j'avais pris en affection singulière cette petite mare et son saule ébranché. Peu à peu j'en avais fait mon domaine, sûr que j'étais, à l'heure de midi, de n'y rencontrer personne que les trois canards, dont la tranquille société me plaisait beaucoup, depuis que le sentiment de leur présence s'était associé au charme de mes rêveries.

Il faut dire aussi que, par un singulier changement qui s'était fait en moi, j'aimais presque mieux, depuis quelque temps, songer à Louise qu'être auprès d'elle.

Ce goût étrange m'était venu j'ignore comment ; car nous étions les mêmes êtres qui jusqu'alors n'avions eu d'autre instinct que de nous chercher l'un l'autre, pour jaser, courir et jouer ensemble. Seulement j'avais vu quelquefois la rougeur parcourir son visage ; une timidité plus grande, un sourire plus sérieux, un regard plus mélancolique, et je ne sais quelle gêne modeste, avaient remplacé sa gaieté folle et son naïf abandon. Ce changement mystérieux m'avait beaucoup ému. Aussi, quoique je l'eusse toujours connue, il me semblait néanmoins que je la connusse depuis peu de temps, et de là naissait quelque embarras dans mes manières auprès d'elle. C'est vers cette époque que j'avais commencé à fréquenter la mare, où, accompagné de son image, je m'oubliais des heures entières. Je m'y complaisais surtout à rebrousser dans le passé, pour embellir les souvenirs dont j'ai parlé de ce charme tout nouveau que je trouvais en elle. Je les reprenais un à un jusqu'aux plus lointains, et, portant dans chacun d'eux les récentes impressions de mon cœur, je repassais avec délices par toutes les situations, si simples pourtant, de notre vie champêtre, y goûtant un plaisir qui me les faisait chérir avec tendresse.

Je reçus une visite. C'était un moineau qui vint se poser étourdiment sur le saule. J'aime les moineaux et je les protége ; c'est un rôle héroïque pour qui vit aux champs, où tous les détestent et conspirent contre leur scélérate vie ; car leur crime journalier, c'est de manger du grain.

Celui-là, je le connaissais, et trois ou quatre autres encore, avec qui nous conspirions à notre tour contre l'égoïsme des hommes. Les blés étant mûrs, l'on avait planté au milieu du champ un grand échalas, surmonté d'un chapeau percé, qui servait de tête à des haillons flottants; en telle sorte que les moineaux voyaient bien les épis gros et dorés, mais, pour le grain du monde, ils n'eussent osé toucher à un seul, sous les yeux du grave magistrat qui en avait la garde. Il en résultait que, venant à la mare, le long de la lisière du champ, je ne manquais pas d'arracher une douzaine d'épis, sans remords aucun, avec une secrète joie. Je les dispersais ensuite autour de moi, et je voyais, avec un plaisir que je ne puis rendre, les moineaux fondre des branches voisines sur cette modique pâture et piquer le grain presque sur ma main... Et quand au retour je repassais devant le fantôme, un léger mouvement d'orgueil effleurait mon cœur

Le moineau, après une courte station sur le saule, fondit sur un des épis qui se trouvaient à côté des canards. Les canards sont maîtres chez eux, et trouvent inconvenant qu'un moineau les dérange. Ceux-ci, allongeant le cou d'un air colère, se dirigèrent en criant contre le léger oiseau, qui, déjà remonté dans les airs, regagnait joyeusement sa couvée, l'épi dans le bec, à la barbe du fantôme.

Mais le chant des canards... ce ne fut point, je pense, par un mouvement d'impertinence, mais plutôt par l'effet puissant de ces lois mystérieuses qui président aux associations d'idées... le chant un peu rauque que venaient de faire entendre mes trois compagnons porta involontairement ma pensée sur le chantre du presbytère. Ce qui me fit croire qu'en cela je ne fus point conduit par une maligne intention, c'est que j'aimais peu à songer à cet homme, et, le plus que je pouvais, je l'écartais de mes souvenirs, dans lesquels il ne figurait que pour en altérer le calme. En effet, avant tout autre, il m'avait fait connaître la peur, la honte, la colère, la haine même et d'autres passions mauvaises que sans lui j'eusse ignorées longtemps encore.

Il passait pour juste, je le trouvais méchant; on le disait sévère, je le trouvais brutal; et j'avais, pour trouver cela, des motifs qui, à la vérité, m'étaient personnels. Par justice, il avait dénoncé plus d'une fois mes délits notables au garde champêtre, à mon protecteur même, me faisant la réputation d'un incorrigible garnement. C'était par sévérité que, joignant le geste au reproche, il m'avait plus d'une fois fait connaître la vigueur de son bras et l'éclat sonore de sa large main. Voilà ce qui influençait mon opinion. Si j'eusse vécu avec lui seul, peut-être j'aurais pris en habitude ces procédés, et, remarquant que presque jamais je n'étais irréprehensible, je les eusse regardés comme la conséquence d'une vertueuse indignation. Mais j'avais sous les yeux d'autres exemples, et l'indulgente bonté que je rencontrais dans le cœur d'un autre homme formait un contraste qui me faisait paraître la vertu du chantre tout à fait repoussante. C'est ainsi qu'il y avait pour moi deux justices, deux vertus: l'une rigide, colère et peu aimable; l'autre indulgente, douce et digne d'être éternellement chérie.

Mais un autre grief m'animait contre le chantre, et celui-là plus profond que les autres. Depuis que j'avais grandi, il ne recourait plus aux mêmes arguments qu'autrefois; mais son humeur s'exhalait en reproches violents et en discours empreints d'une défiance qui commençait à blesser ma fierté. Je la méritais pourtant jusqu'à un certain point; car, comme il y avait à la cure un autre homme pour qui mes actions étaient sans voile, je ne me croyais point tenu de tout avouer au chantre ; en sorte que, déjà absous à mes propres yeux du reproche de mensonge ou de fausseté, je mettais auprès de lui quelque malice dans mes réticences. En provoquant ainsi sa colère quelque temps auparavant, je m'étais attiré une punition cruelle. Un mot funeste lui était échappé, qui tout en me montrant chez cet homme l'intention de m'outrager, avait en même temps altéré profondément l'heureuse sécurité où j'avais vécu jusqu'alors.

Comme j'avais l'air de braver sa fureur en opposant à la violence de ses emportements la douceur patiente de mon protecteur : « Il est trop bon pour un enfant trouvé, » m'avait-il dit.

Plein de stupeur, je m'étais hâté de fuir dans un endroit solitaire pour y calmer le trouble où ces mots avaient jeté mon âme.

Depuis cette époque, je fuyais sa présence, et mes plus belles journées étaient celles où les travaux de la campagne l'appelaient à s'absenter de la cure. Alors j'éprouvais, dès le matin, une confiante sécurité qui répandait son charme sur tous mes projets, et j'oubliais jusqu'aux funestes paroles qui m'avaient tant ému.

Quelquefois aussi, songeant que cet homme était le père de Louise, je surprenais dans mon cœur une involontaire vénération pour lui, et sa rudesse même ne me semblait pas un obstacle à l'aimer. Portant ce sentiment plus loin encore, plus il m'inspirait d'éloignement, plus je trouvais digne d'envie de combler la distance qui me séparait de lui par le dévouement, le sacrifice et la tendresse, et, voyant luire au delà des jours sans haine, je cédais au besoin de mon cœur, et du sein de ma solitude je chérissais cet homme redouté.

Tout en songeant au chantre, je m'étais étendu sur le dos, après avoir placé mon chapeau sur mon visage pour me défendre du soleil.

J'étais dans cette position, lorsque je sentis une légère démangeaison qui, commençant à l'extrémité de mon pouce, cheminait lentement vers les sommités de ma main droite, négligemment posée par terre. Quand on est seul, tout est événement. Je m'assis pour mieux reconnaître la cause de celui-ci. C'était un tout petit scarabée, d'un beau rouge moucheté de noir, de ceux que chez nous on nomme *pernettes*. Il s'était mis en route pour visiter les curiosités de ma main, et, déjà arrivé près de ma première phalange, il continuait tranquillement son voyage. L'envie me prit aussitôt de lui faire les honneurs du pays, et, le voyant hésiter en face des obstacles que lui présentaient les replis de la peau dans cet endroit, je saisis de l'autre main une paille que j'ajustai entre le pouce et l'index, de manière à lui former un beau pont. Alors, l'ayant un peu guidé en lui fermant les passages, j'eus le bonheur inexprimable de le voir entrer sur mon pont, malgré la profondeur de l'abîme au fond duquel les replis de mon pantalon, éclairés par le soleil, devaient lui apparaître comme les arêtes vives d'un affreux précipice. Je n'aperçus pourtant point que la tête lui tournât; mais par un malheur heureusement fort rare, le pont vint à chavirer avec son passant. Je redoublai de précautions pour retourner le tout sans accident, et mon hôte toucha bientôt au bord opposé, où il poursuivit sa marche jusqu'au bout de l'index qui se trouvait noirci d'encre.

Cette tache d'encre arrêta mes regards et ramena ma pensée sur mon protecteur.

C'était l'obscur pasteur du petit troupeau disséminé par les champs autour du vieux presbytère. Enfant, je l'avais appelé mon père; plus tard, voyant que son nom n'était pas le mien, avec tout le monde je l'avais appelé M. Prévère. Mais, lorsque le mot du chantre m'eut révélé un mystère sur lequel, depuis peu seulement, je commençais à réfléchir, M. Prévère m'était apparu comme un autre homme, et avait cessé de me paraître un père pour me sembler plus encore. Dès lors, à l'affection confiante et familière que sa bonté m'avait inspirée, était venue se joindre une secrète vénération qu'accompagnait un respect plus timide. Je me peignais sans cesse cet homme pauvre, mais plein d'humanité, recueillant à lui mon berceau délaissé. Plus tard, je me le rappelais excusant mes fautes, souriant à mes plaisirs, et tantôt me donnant d'indulgentes leçons, plus souvent encore provoquant mon repentir par la tristesse de son regard et la visible peine de son cœur; en tout temps attentif à compenser par ses tendres soins l'infériorité où pouvait me placer aux yeux des autres le vice de ma naissance. En songeant que durant tant d'années il avait dédaigné d'en trahir le secret et de s'en faire un titre à ma reconnaissance, je me sentais attendrir par les plus vifs sentiments de tendresse et d'amour.

Mais, en même temps que j'éprouvais plus d'affection pour lui, j'étais devenu plus timide à la lui témoigner. Plusieurs fois, ému de reconnaissance, j'avais été sur le point de me jeter dans ses bras, laissant à mes pleurs et à mon trouble le soin de lui montrer tout ce que je n'osais ou ne savais lui dire, et toujours, la retenue que m'imposait sa présence comprimant l'essor de mes sentiments, je restais auprès de lui, gauche, silencieux, et en apparence plus froid qu'à l'ordinaire. Alors aussi j'éprouvais le besoin de m'éloigner, et, mécontent de moi, je revenais dans ma solitude. Là, j'imaginais mille incidents d'où je pusse tirer occasion de lui parler, et bientôt, trouvant un langage, je lui tenais tout haut les plus tendres discours. Mais l'oserai-je dire? souvent, par un tour bizarre que prenait mon imagination, j'aimais à me supposer atteint d'un mal mortel, appelant à mon chevet cet homme vénéré; et là, comme si l'attente d'une mort prochaine et prématurée dût imprimer à mes paroles un accent plus touchant et plus vrai, je lui demandais pardon de mes fautes passées; je bénissais avec attendrissement ses soins, ses bienfaits; je lui disais un dernier adieu; et, versant dans mes discours l'émotion croissante dont j'étais pénétré, je jouissais en idée de sentir une de ses larmes se mêler à mes sanglots.

J'avais encore recours à un autre moyen tout aussi étrange, mais qui n'allait pas mieux au but. Cet homme que je voyais tous les jours, à qui je pouvais parler à chaque instant, j'avais imaginé de lui écrire des lettres, et, la première fois que cette idée me vint, elle me sembla admirable. Enfermé dans ma chambre, j'en composais plusieurs. Je choisissais ensuite celle qui me plaisait le plus, et je la mettais dans ma poche pour la remettre moi-même aussitôt que j'en trouverais l'occasion. Mais, dès que j'avais cette lettre sur moi, j'évitais le plus possible de me trouver avec M. Prévère, et, si je venais à le rencontrer seul, une vive rougeur me montait au visage, et mon premier soin, pendant qu'il me causait, était de froisser et d'anéantir au fond de ma poche cette lettre où se trouvait pourtant ce que j'aurais tant aimé lui dire.

Mais ce n'était pas à l'occasion d'une lettre semblable que, ce jour-là, je m'étais noirci le bout du doigt. Voici ce que je lui avais écrit, le matin même, sur une feuille que j'étais venu relire auprès de la mare.

« Monsieur Prévère.

« Je vous écris parce que je n'ose vous parler de ces choses. Plusieurs fois j'ai été à vous ; mais en vous voyant les mots m'ont manqué, et pourtant je voulais vous dire ce que j'ai sur le cœur.

« C'est depuis six mois, monsieur Prévère, depuis la course aux montagnes, d'où nous revînmes tard, Louise et moi. Je n'ai plus été le même, et je ne sais plus trouver de plaisir qu'à ce qui se rapporte à elle ; aussi je crains de vous avoir souvent paru distrait, négligent et peu appliqué. C'est involontaire, je vous assure, monsieur Prévère, et j'ai fait des efforts que vous ne savez pas ; mais, au milieu, cette idée me revient sans cesse, et toute sorte d'autres que je vous dirai et que vous trouverez, je crains, bien extravagantes ou blâmables. A présent que je vous ai dit cela, je sens que j'oserai vous parler si vous me questionnez. « CHARLES. »

Je lisais et relisais cette lettre, bien déterminé à la remettre le jour même.

Un soir de l'automne précédent, nous étions partis, Louise et moi, pour visiter les deux vaches de la cure, qui passaient l'été aux chalets, à mi-côte de la montagne. Nous prîmes par les bois, jasant, folâtrant le long du sentier et nous arrêtant aux moindres choses qui se rencontraient. Dans une clairière, entre autres, nous fîmes crier l'écho ; puis, à force d'entendre sa voix mystérieuse sortir des taillis, une espèce d'inquiétude nous gagna, et nous nous regardions en silence, comme si c'eût été une troisième personne avec nous dans le bois. Alors nous prîmes la fuite d'un commun mouvement, pour aller rire plus loin de notre frayeur.

Nous arrivâmes ensuite près d'un ruisseau assez rempli d'eau pour rendre le passage difficile, à pieds secs du moins. Aussitôt je proposai à Louise de la porter sur l'autre rive : je l'avais fait cent fois. Elle refusa... et, tandis que, surpris, je la regardais, une vive rougeur se répandit sur son visage, en même temps que mille impressions confuses me faisaient rougir moi-même. C'était comme une honte jusqu'alors inconnue, qui nous porta ensemble à baisser les yeux. Je songeais à lui faire un pont de quelques grosses pierres, lorsque, ayant cru deviner à son embarras et à son geste qu'elle voulait ôter sa chaussure, je m'acheminai en avant.

J'entendis bientôt derrière moi le bruit de ses pas; mais je ne sais quelle honte m'empêchait de me retourner, en me faisant craindre de rencontrer son regard. Comme si nous eussions été d'accord, elle éluda ce moment en venant se replacer à côté de moi, et nous continuâmes à marcher sans rien dire et sans plus songer au chalet, dont nous laissâmes le sentier sur la gauche, pour en prendre un qui nous ramenait vers la cure.

Cependant la nuit s'était peu à peu étendue sur la plaine, et les étoiles brillaient au firmament; quelques bruits lointains, ou, plus près de nous, le chant monotone du coucou, se mêlaient seuls, par intervalles, au silence du soir. Dans les endroits où le taillis était peu épais, nous apercevions la lune scintillant parmi les feuilles et les branchages; plus loin nous rentrions dans une obscurité profonde, où le sentier se distinguait à peine du sombre gazon de ses bords. Louise marchait près de moi, et, quelque frémissement s'étant fait entendre sous un buisson, elle me saisit la main comme par un mouvement involontaire. Un sentiment de courage prit aussitôt la place de l'inquiétude que je commençais à partager avec elle, et l'impression d'un plaisir tout nouveau me fit battre le cœur.

Dans la situation où nous étions, c'était comme une issue à notre gêne, et quelque chose de la douceur d'une réconciliation. Il s'y joignait aussi pour moi un charme secret, comme si elle eût eu besoin de ma protection et que j'eusse été un appui pour sa timide faiblesse. Profitant de l'obscurité qui empêchait qu'elle ne s'aperçût de ma préoccupation, je tournais sans cesse les yeux de son côté, sans être rebuté de ce que je ne pouvais la voir. Mais je sentais mieux sa présence, et je savourais avec plus de douceur les tendres sentiments dont j'étais pénétré.

C'est ainsi que nous atteignîmes la lisière du bois, où, retrouvant la voûte du ciel et la lumière de la lune, je retombai dans un autre embarras. Il me sembla qu'il n'y avait plus de motif pour que je retinsse sa main, et d'autre part je trouvais qu'il y eût de la froideur ou de l'affectation à retirer la mienne; en sorte que, dans ce moment, j'aurais désiré de tout mon cœur qu'elle me la retirât d'elle-même. Je tirais toute sorte d'inductions des plus insensibles mouvements de ses doigts, et les plus involontaires frémissements des miens me causaient une extrême émotion. Par le plus grand bonheur, une clôture se présenta qu'il fallait franchir. Aussitôt je quittai la main de Louise, après avoir passé par tant d'impressions aussi vives que nouvelles.

Quelques instants après nous arrivâmes à la cure.

Pendant que je relisais ma lettre, le bruit d'une croisée qui s'ouvrit à la cure me fit tourner la tête. Je vis M. Prévère qui, debout dans sa chambre, me considérait. J'anéantis aussitôt ma lettre comme j'avais fait des autres.

M. Prévère continuait de rester les bras croisés, dans une attitude de réflexion et sans m'appeler, comme il ui arrivait quelquefois, pour nous donner une leçon, à Louise et à moi. Remarquant qu'il avait mis son chapeau et l'habit avec lequel il avait accoutumé de sortir, je pris le parti de m'asseoir, dans l'espérance que je le verrais bientôt s'ôter de cette fenêtre où sa présence m'imposait une grande gêne, sans que je voulusse néanmoins la lui laisser voir en m'éloignant moi-même.

Heureusement un ami, qui souvent déjà m'avait rendu d'éminents services, vint me tirer d'embarras.

C'était Dourak, le chien de la cure. Il n'était pas beau, mais il avait une physionomie intelligente et une sorte de brusquerie vive et franche qui donnait du prix à son amitié. Sous les grands poils noirs qui hérissaient sa tête, on voyait briller deux yeux dont le regard un peu sauvage se tempérait, pour moi seul, d'une expression caressante et soumise. Du reste, haut de taille et plein de courage, il avait eu souvent des affaires, et l'automne précédent, quelques jours après notre course, il était revenu glorieusement des chalets avec tous ses moutons et une oreille de moins, ce qui lui avait valu l'estime et les compliments du hameau.

C'est lui qui vint me trouver. Je me levai comme pour le caresser, et, ayant l'air de le suivre où il voulait me conduire, j'allai chercher plus loin une autre retraite.

A quelques pas de la mare, un mur soutenait l'espèce de terrasse sur laquelle s'élevait, au milieu des tilleuls et des noyers, le paisible presbytère. Des mousses, des lichens, des milliers de plantes diverses tapissaient cette antique muraille, dont l'abord était embarrassé par une multitude d'arbres et de buissons qui croissaient en désordre dans ce coin retiré. En quelques endroits où la terre était moins profonde, l'herbe seule couvrait le sol, formant ainsi de petits enclos parmi l'ombrage et la fraîcheur.

C'est dans une de ces retraites que je vins m'établir. Le chien m'y avait précédé, flairant le terrain et faisant partir les oiseaux que recélaient ces tranquilles feuillages. Dès que je me fus assis, il vint s'accroupir en face de moi, comme pour savoir à mon air ce que nous allions faire.

C'est à quoi je songeais moi-même, lorsque je crus entendre un petit bruit à quelques pas de nous. Je me levai aussitôt, et, ayant écarté les branches flexibles qui me fermaient le passage, je vis le chantre qui faisait sa méridienne, couché contre terre. Je le regardai quelques instants, retenu par je ne sais quelle curiosité. Je trouvais de l'intérêt à le considérer, endormi et sans défiance, cet homme que j'étais habitué à voir sous un aspect tout différent. Il me semblait, à la vue de son paisible sommeil, que je sentisse mon cœur s'épurer, et l'éloignement qu'il m'inspirait se perdre dans un sentiment de respect pour son repos. Aussi me retirais-je déjà tout doucement, lorsque je fus ramené plus doucement encore par une indiscrète velléité.

Le chantre portait une jaquette de gros drap noir, ayant deux larges poches du côté extérieur. J'avais remarqué que, de l'une d'elles, sortait à moitié un papier ployé en forme de lettre. Je ne sais quel bizarre rapprochement je vins à faire dans mon esprit entre ce papier et l'attitude pensive où je venais de laisser M. Prévère; mais ce fut à une idée aussi vague que se prit ma curiosité.

Je retournai donc sur mes pas, mais dès lors avec l'émotion d'un coupable. Tremblant au plus petit bruit qui se faisait alentour, je m'arrêtais de temps en temps pour lever les yeux en haut, comme si quelqu'un m'eût regardé de dessus les arbres; puis je les baissais bien vite, pour ne pas perdre de vue le chantre. Ses cheveux noirs et courts, les robustes formes de son cou, cette tête dure et hâlée, appuyée sur deux grosses mains calleuses, m'inspiraient un secret effroi, et l'idée d'un réveil terrible épouvantait mon imagination.

Cependant Dourak, trompé par mon air d'attente et d'émotion, s'était mis à guetter tout alentour, la patte levée et le nez au vent, lorsque, au bruit d'un lézard qui glissait sous des feuilles sèches, il fit un grand bond et tomba bruyamment sur ces feuilles retentissantes. Je restai immobile, tandis qu'une sueur froide parcourait tout mon corps.

Ma frayeur avait été telle, que je me serais éloigné immédiatement, sans une nouvelle circonstance qui vint piquer au plus haut degré ma curiosité. J'étais assez près du papier pour y distinguer l'écriture de Louise.

D'ailleurs, le bruit assez fort qu'avait fait Dourak n'ayant en aucune façon altéré le profond sommeil du chantre, j'étais sorti de ma peur à la fois soulagé et enhardi. Je ne conservais plus qu'une grande indignation contre Dourak, à qui je fis des signes muets de colère et toutes sortes d'éloquentes gesticulations pour m'assurer de son silence. Mais, m'apercevant qu'il prenait la chose au grotesque, je finis bien vite ma harangue, car je voyais avec une affreuse angoisse qu'il allait faire un saut et m'aboyer au nez.

Je fis encore un pas. La lettre n'était pas reployée entièrement, mais négligemment froissée. Le chantre venait probablement de la lire, ce que je reconnus à ses lunettes, qui étaient auprès de lui sur le gazon.

Mais j'éprouvai la plus délicieuse surprise lorsque, sur le côté extérieur, je lus ces mots, tracés par la main de Louise : *A Monsieur Charles.* J'eus la pensée de m'emparer de la lettre, comme étant ma propriété, mon bien le plus précieux ; puis, réfléchissant aux conséquences que pourrait avoir cette démarche, je chancelai, et un petit mouvement nerveux que fit le chantre, à cause d'une mouche qui s'était posée à fleur de sa narine, acheva de m'ébranler. Je cherchai donc à lire dans l'intérieur de deux feuillets, tout en inspectant les mouches.

Il y en eut une, entre autres, qui me donna un mal infini. Chassée de la tempe, elle revenait sur le nez, pour se poser ensuite sur le sourcil. Dourak, voyant les mouvements que je faisais pour l'éconduire, se leva, tout prêt à sauter dessus. Je laissai donc la mouche pour retourner à la lettre, tout en inspectant Dourak.

Je commençai par souffler entre les feuillets pour les écarter, et je pus ainsi apercevoir les mots qui formaient le bout des lignes. Les premiers que je lus, tout inintelligibles qu'ils étaient, me causèrent une grande surprise. C'étaient ceux-ci : ... *cette lettre, vous serez déjà loin de...*

La ligne finissait là. Je crus m'être trompé. Qui sera loin ? loin de quoi ? et je me perdais en conjectures. Espérant que les lignes suivantes me découvriraient quelque chose, je repris mon travail, mais avec moins de fruit encore ; car, le papier se présentant de biais, les fins de lignes devenaient toujours plus courtes, et la dernière ne me laissait plus voir qu'une ou deux lettres.

Je lus des mots épars, des lambeaux de phrases qui, sans m'apprendre rien de plus, me jetèrent néanmoins dans une vive anxiété.

Je m'occupai aussitôt de lire le revers intérieur de la feuille, qui m'offrait le commencement des lignes suivantes dans un espace de même forme, et je passai bientôt aux transports de la joie la plus douce que j'eusse encore ressentie. Le sens n'était pas complet, mais c'était mieux encore ; car j'en voyais assez pour suppléer librement et selon mon gré à ce qui en restait voilé.

« ... Oui, Charles, disait-elle, je me le reproche maintenant : mais plus je m'attachais à vous, plus il me semblait qu'un invincible embarras s'opposât aux moindres signes qui eussent trahi le secret de mon cœur. Mais, mon ami, aujourd'hui que... »

A ce langage, des larmes troublèrent ma vue. Je m'arrêtai quelques instants ; puis, revenant à mon travail, je pris les deux feuillets par le bout afin de les écarter et de lire plus bas... Alors, comme si tout dans ce jour eût dû concourir à réaliser le charme de mes rêves les plus chéris, j'aperçus une boucle de ses cheveux...

Ici le chantre souleva brusquement la tête... Je me jetai contre terre à la renverse.

Je ne voyais plus, et la peur m'ôtait le souffle. Dourak, surpris de ma chute, vint me lécher la figure : je lui donnai sur le museau une tape qui provoqua un cri plaintif. Alors, la honte et le trouble me suffoquant, je fis, à tout événement, semblant de dormir moi-même.

Mais, dès que j'eus fermé les yeux, je n'osai plus les rouvrir. J'apercevais bien, au silence profond qui s'était rétabli, que le chantre ne faisait plus de mouvement ; mais, loin de le supposer endormi de nouveau, mon imagination me le représentait agenouillé auprès de moi, sa tête inclinée sur la mienne, et son œil soupçonneux cherchant à surprendre ma ruse dans mon regard, au moment où j'ouvrirais les paupières. Je voyais sa main levée, j'entendais son rude langage, en sorte que, fasciné par cette image menaçante, je demeurais les yeux clos, et couvrant de la plus parfaite immobilité l'agitation extrême à laquelle j'étais en proie.

A la fin, faisant un immense effort, j'entr'ouvris les yeux, que je refermai bien vite; puis, par degrés, je les ouvris tout à fait, et je tournai la tête... Le chantre dormait de tout son cœur, après avoir changé de position.

J'allais me relever tout doucement, lorsque, au bruit d'un char qui passait sur la route, Dourak s'élança impétueusement hors du taillis, en sautant par-dessus le chantre. Je retombai bien vite dans mon profond sommeil.

Le chantre, troublé dans son repos, fit entendre un grognement indistinct et marmotta quelques mots de gronderie contre le chien... J'attendais mon tour. Cependant, comme sa voix s'en allait mourant, je concevais déjà quelque espoir, lorsque je me sentis frapper lourdement la jambe. Je redoublai de sommeil, après avoir été secoué par un énorme tressaut.

J'eus le temps de faire des conjectures, car les mêmes terreurs me tenaient les yeux fermés. A la fin, je sentis avec épouvante que le monstre avait une chaleur sensible; et, l'angoisse montant à son comble, je regardai... C'était la grosse main calleuse, nonchalamment étendue sur ma jambe, avec tout l'avant-bras attenant.

Cette fois, j'étais pris; pris comme à la trappe. Il n'y avait moyen de reculer ni d'avancer. Toutefois, la peur me donnant du courage et le chantre ne bougeant pas, je me mis à réfléchir avec assez de sang-froid aux ressources que pouvait encore m'offrir ma situation. J'imaginai de substituer à ma jambe quelque appui artificiel, de façon qu'après l'avoir dégagée peu à peu, je pusse m'échapper. Et déjà je m'enfuyais, en idée, à toutes jambes, lorsque, du haut de la terrasse, une voix m'appela : « Charles! » C'était celle de M. Prévère!

Au même moment, Dourak bondit par les taillis, pousse droit à moi, foule le chantre et remplit l'air de ses aboiements..

Le chantre se leva, et moi aussi. Son premier mouvement fut

de porter les yeux et la main sur la poche où était la lettre ; après quoi nous nous regardâmes.

« Vous ici, s'écria-t-il.

— Charles ! » appela encore une fois M. Prévère.

A cette voix, le chantre se contint, et ajouta seulement ces mots : « Allez ! ça va finir. »

Je m'échappai tout tremblant.

Je fis un détour pour rejoindre M. Prévère, afin de gagner un peu de temps ; car le désordre de mes traits était tel, que je n'osais me présenter à lui. Mais il se trouva devant moi au sortir du taillis.

« C'est vous que je cherchais, Charles, me dit-il. Votre chapeau : nous irons faire une promenade ensemble. »

Ces mots m'embarrassèrent beaucoup, car mon chapeau était resté auprès du chantre ; et, à peine délivré de son terrible regard, je redoutais horriblement de m'y exposer de nouveau. Néanmoins ne voulant pas paraître hésiter, je rentrai dans le taillis ; mais la surprise et l'émotion me firent chanceler, quand je vis, sous les arbres, le chantre qui nous observait silencieusement au travers du feuillage. Il s'approcha de moi, et me présentant mon chapeau : « Le voici, dit-il à voix basse ; prenez, et allez. »

Je pris et j'allai, encore plus déconcerté par ce ton inaccoutumé de modération, qu'accompagnait un regard sans colère.

Je rejoignis M. Prévère, et nous nous éloignâmes. Pendant que je marchais à ses côtés, mon trouble se dissipait peu à peu ; mais, à mesure que le calme renaissait dans mon âme, une inquiétude d'un autre genre commençait à y poindre. L'air du chantre, la tristesse de M. Prévère, cette promenade inattendue, toutes ces choses présentes à la fois à mon esprit s'y lisaient ensemble d'une façon mystérieuse, et une attente sinistre suspendait ma pensée, impatiente de se reporter sur la lettre de Louise.

M. Prévère continuait à marcher en silence. A la fin, je jetai furtivement les yeux sur sa figure, et je crus y surprendre une espèce d'embarras. Le subit effet de cette remarque fut de m'ôter celui qui m'était ordinaire auprès de lui, et je conçus l'espoir de lui parler cette fois selon le gré de mon cœur. L'idée que cet homme, si digne d'être heureux, portait en lui quelque secret chagrin, achevait de m'enhardir, par la pensée que peut-être il ne dédaignerait pas de le partager avec moi.

« Si vous aviez quelque peine, monsieur Prévère, lui dis-je en rougissant, est-ce que vous ne me jugeriez pas digne de la partager?

— Oui, Charles, me répondit-il, j'ai une peine, je vous la confierai; et je vous crois si digne de la connaître, que je fonde ma consolation sur la manière dont vous la supporterez vous-même. Mais allons plus loin, » ajouta-t-il.

Ces mots me troublèrent, et mille conjectures se croisèrent dans mon esprit. Néanmoins un sentiment d'orgueil se mêlait à ce trouble; car les paroles confiantes de M. Prévère me relevaient dans ma propre estime.

Arrivés vers le pied de la montagne, M. Prévère s'arrêta. « Restons ici, dit-il, nous y serons seuls. »

C'était une espèce d'enceinte formée par les parois d'une carrière anciennement exploitée, où quelques noyers formaient un bel ombrage. De là on découvrait de lointaines campagnes, tantôt unies et divisées par d'innombrables clôtures, tantôt montueuses et couvertes de bois, et sillonnées par le cours du Rhône. De loin en loin quelques clochers marquaient la place des hameaux, et, plus près de nous, les troupeaux épars paissaient dans les champs. C'est là que nous nous assîmes.

« Charles, me dit M. Prévère avec calme, si vous avez quelquefois réfléchi sur votre âge, vous serez moins surpris de ce que j'ai à vous dire. Votre enfance est finie, et de l'emploi que vous allez faire de votre jeunesse dépendra votre carrière future. Il faut maintenant que votre caractère se développe par la connaissance du monde, par vos rapports avec vos semblables; il faut que des études nouvelles étendent votre savoir, perfectionnent vos facultés, afin que peu à peu, selon vos efforts, vos talents et votre honorable conduite, vous entriez dans la place que la Providence vous aura assignée ici-bas... Mais, mon ami, ce n'est plus dans ces humbles campagnes... »

Je le regardai avec effroi.

« ... Ce n'est plus auprès de moi, Charles, que vous pourriez désormais trouver ces ressources nouvelles... Il faudra nous quitter. »

Ici M. Prévère, dont ces derniers mots avaient altéré la voix, s'arrêta quelques instants, pendant que, livré à mille combats intérieurs, je restais immobile. Il reprit bientôt :

« ... Les devoirs qui me retiennent ici m'empêcheront de vous accompagner et de diriger vos premiers pas dans le monde, comme je l'aurais désiré. Mais peut-être sera-ce un bien pour vous, Charles, que de tomber dans des mains plus capables, au sortir de mes mains trop amies. Là où les lumières et la force me manqueraient, un autre saura les employer pour votre bonheur; et je jouirai de ce qu'il aura pu faire, sans lui reprocher ce que je n'aurais pas su faire moi-même. Cet homme, que vous apprendrez à vénérer, c'est un de mes amis; il habite Genève, ma patrie, et il vous recevra dans sa maison. Vous y trouverez l'exemple de bien des choses bonnes et vertueuses que vous ne trouveriez pas ici, où la vie plus simple et plus passive des champs peut laisser inactives les plus nobles qualités de l'âme. Ce n'est pas sans un grand effort, mon bon ami, que je me sépare de vous; mais, ainsi que je vous l'ai dit, mon chagrin sera moins grand si vous reconnaissez comme moi la nécessité de cette séparation. Ne vous abusez pas vous-même; voyez au delà de vos désirs, de vos penchants, et n'oubliez jamais que nous aurons un jour à répondre de ce que nous n'aurons pas fait, selon notre place et nos moyens, pour notre perfectionnement et pour le bien de nos semblables. »

Pendant que M. Prévère parlait, le regret, l'espoir déçu avaient serré mon cœur, jusqu'à ce que la modestie de ses expressions et la noblesse de ses dernières paroles vinssent l'attendrir; mais j'étais incapable de lui rien dire, et je comprimais en silence les larmes qui se pressaient à mes yeux fixés sur la terre. Il vit mon trouble et continua :

« ... C'est d'ailleurs quelques années seulement, Charles, après lesquelles vous choisirez vous-même votre carrière. Libre à vous alors, après que vous aurez essayé vos forces, de voir si vous préférez aux situations plus brillantes que peut vous offrir la ville une vie simple et obscure comme celle où vous me voyez. Je l'espère, la Providence nous rapprochera plus tard l'un de l'autre, et, si jamais elle inclinait votre cœur vers la même carrière où je suis engagé, ce petit troupeau, où vous êtes aimé, pourrait passer un jour de mes mains dans les vôtres. »

Ces derniers mots firent briller dans mon cœur un vif éclair de joie. Je crus entrevoir mon vœu le plus cher, caché sous les paroles de M. Prévère : et aussitôt à mon abattement succédèrent les transports d'un énergique courage. Une ambition nouvelle m'enflammait; l'absence, l'étude, les privations me paraissaient légères, désirables, si c'était pour me rendre digne de Louise, revenir auprès d'elle et lui consacrer ma vie.

« Monsieur Prévère, lui dis-je alors, enhardi par cette idée, si je vous ai bien compris, vos paroles vont au-devant de mes plus chers désirs; mais pensez-vous bien que je puisse faire ces choses avec l'espérance que Louise partage un jour mon sort et que nous vivions auprès de vous? Oh! monsieur Prévère, si je savais que ce dût être là le terme de mes efforts, que me coûteraient quelques années pour y arriver et qu'appellerais-je sacrifice ce qui serait dès aujourd'hui une espérance pleine de charme et de bonheur?... »

Pendant que j'achevais ces mots, je vis un nuage de tristesse se répandre sur le front de M. Prévère, et qu'une pénible réponse avait peine à sortir de ses lèvres. Après un moment d'hésitation : « Non, me dit-il avec un regard de compatissante douleur, non, Charles, je ne dois pas vous abuser. Il faut chasser ces pensées... Prenez courage, mon enfant... Louise aussi vous le dirait avec moi. Voudriez-vous qu'elle eût à choisir entre vous et l'obéissance qu'elle doit à son père?...

— Son père!... » Et aussitôt une affreuse lueur vint m'éclairer. Je m'expliquai tout à la fois et la tristesse de M. Prévère, et l'air du chantre, et la lettre tout entière, et comment cet homme soupçonneux m'avait ravi jusqu'aux consolations que sa fille me préparait à l'avance. « Son père! repris-je avec amertume, ah! cet homme m'a toujours haï!

— Charles, interrompit M. Prévère, respectons sa volonté; ses droits sont sacrés. Surtout gardons-nous, mon bon ami, d'être injustes par passion, en lui prêtant des sentiments qui sont loin de son cœur. Ne sondons point ses motifs; ils peuvent être mal fondés, sans cesser d'être légitimes. »

A ce trait de lumière : « Je les sais! m'écriai-je, je les sais!... Ah! monsieur Prévère! ah! mon bienfaiteur, mon père, mon seul ami sur la terre!... Je suis un enfant trouvé! » Et tombant à genoux, je cachais dans ses deux mains mes sanglots et mon désordre. Je sentis bientôt ses larmes se confondre avec les miennes et quelque douceur se mêler à mon désespoir.

Nous demeurâmes longtemps en silence. A mon agitation avait succédé une tristesse plus calme, et la vue de M. Prévère achevait de détourner mes pensées de dessus moi.

Une émotion profonde était empreinte sur sa belle figure, et l'on y lisait une peine assez violente pour dominer cette âme, pourtant si forte sur elle-même, malgré son angélique douceur. Il semblait que mes paroles lui eussent enlevé le fruit de ses constants efforts à écarter de mes jeunes ans jusqu'à l'ombre de l'humiliation, et que, atterré sous cette révélation soudaine, il déplorât avec une poignante amertume le sort d'un jeune homme auquel son humanité et cette tendresse qui naît de la pratique des vertus difficiles l'avaient affectionné dès longtemps. Je me souvins que, tout à l'heure encore, il avait voulu, au prix même de la franchise qu'il chérissait, éluder ce danger en composant ses discours; j'y vis la cause de son embarras, et reconnaissant que moi-même j'avais provoqué par mes impétueuses paroles la douleur sous laquelle je le voyais brisé, je fus ému d'une pitié profonde : « Monsieur Prévère, lui dis-je alors dans toute la chaleur de mon mouvement, monsieur Prévère, pardonnez-moi! Dans l'unique occasion où je pouvais vous montrer mon dévouement, j'ai failli. Pardonnez-moi! Je vous prouverai mon repentir par ma conduite. Je m'efforcerai de profiter des avantages que vous mettez à ma portée... J'aimerai votre ami, monsieur Prévère... Tous les jours je bénirai Dieu de m'avoir mis sous votre garde... de m'avoir fait le plus heureux des enfants... Je tâcherai d'oublier Louise... d'aimer son père... Je veux partir ce soir! »

Pendant que je parlais ainsi, mon protecteur passait par degrés à une douleur moins amère, et un faible rayon de joie brillait parmi les larmes de sa paupière. Sur ses joues pâles, la rougeur d'une humble modestie accueillait mes accents de reconnaissance, et, quand l'émotion m'eut coupé la voix, il prit ma main et la serra avec une étreinte de sensibilité où perçaient l'estime et quelque contentement. Puis nous nous levâmes en silence et nous reprîmes tristement le chemin de la cure.

J'aurais voulu rencontrer Louise; nous ne la vîmes point. Le chantre ne se montra pas, la cour était solitaire. Je compris que seul j'avais ignoré ce qui m'attendait, et je montai dans ma chambre pour faire un paquet de quelques hardes; le reste devait me parvenir ensuite.

J'ôtai de la muraille où je l'avais suspendu un petit dessin de Louise, qu'elle m'avait laissé prendre quelques jours auparavant. Il représentait la mare et ses alentours, avec le saule et le fantôme. Je le ployai soigneusement en deux, pour qu'il pût entrer dans la Bible que M. Prévère m'avait donnée lors de ma première communion. Ces deux objets me rappelleraient tout ce que j'aimais sur la terre.

M. Prévère entra. Nous étions si émus l'un et l'autre, que nous retardions, comme d'un commun accord, le moment de nous dire adieu, prolongeant le temps en discours indifférents. A la fin, il me remit quelque chose de ployé dans du papier : c'étaient deux louis d'or et quelque monnaie. Alors il ouvrit ses bras, et, confondant nos larmes, nous restâmes unis dans un long embrassement.

Il était environ sept heures lorsque je quittai la cure, par une soirée dont l'éclat radieux ajoutait à ma tristesse. En passant près de la mare, j'y jetai les yeux, elle me sembla aride et morte; seulement je regardai avec quelque envie les trois canards qui se récréaient au soleil du soir sur cette glèbe, où ils étaient sûrs de demeurer heureux et paisibles; et, songeant aux heures si douces que j'avais passées dans leur société, je m'éloignai d'eux avec un vif regret. Bientôt après, je rejoignis la route.

C'est seulement alors que je me sentis hors de la cure, et seul au monde. Un passif abattement ne tarda pas à succéder aux émotions bien moins amères du regret et de la douleur. Dépouillé de mes souvenirs, de mes espérances, de tous les objets auxquels jusqu'alors s'était liée ma vie, je m'acheminais vers un monde nouveau, vers une ville populeuse ; et tel était l'état de mon cœur, que j'eusse préféré mille fois m'avancer vers les plus arides solitudes. Nulle vie ne s'y faisait plus sentir. Tout lui était fermé en arrière ; en avant, tout lui était odieux. Autour de moi, les objets inanimés eux-mêmes, les haies, les prés, les clôtures que je dépassais, avaient changé d'apparence, et, loin d'en regretter la vue, je hâtais mes pas, dans l'espérance d'éprouver moins de malaise quand le pays me serait moins familier. Il me fallait traverser le hameau ; mais, à la vue de quelques paysans qui goûtaient la fraîcheur du soir devant leurs maisons, je pris un sentier qui rejoignait la route au delà du village, et je dépassai l'âne de la cure, qui paissait dans un pré.

Néanmoins, l'éclat de la soirée, les teintes animées du paysage dans cette saison de l'année, et la vue de ce vieux serviteur, qui tant de fois avait porté Louise sous ma conduite, agissant ensemble sur mon imagination, vinrent y remuer d'anciennes impressions et combler peu à peu le vide que j'éprouvais par des réminiscences vagues d'abord et lointaines, ensuite plus récentes et plus vives. Bientôt j'atteignis au matin de cette journée, aux rêveries de la mare, à M. Prévère, au chantre, à cette lettre enfin où Louise avait tracé l'aveu de son cœur. Au seul souvenir de ces lignes, je tressaillais de joie : pour quelques instants, il me semblait que je fusse encore heureux ; et j'oubliais que chaque pas m'éloignait de cette jeune fille, en qui avait passé ma vie.

J'étais arrivé au sommet d'un coteau. Avant de descendre sur le revers, je jetai encore une fois les yeux sur la cure, que j'allais perdre de vue. Le soleil, près de se coucher, dorait d'une lisière de pourpre la crête des tilleuls et le sommet des vieilles ogives du presbytère, tandis qu'une ombre bleuâtre couvrait de ses teintes tranquilles le vallon qui me séparait de ces lieux. A la fraîcheur du soir, l'herbe redressait sa tige, les insectes se taisaient, et déjà quelques oiseaux de nuit voltigeaient autour des obscurs taillis. Dans le lointain, quelques chants isolés, le mugissement d'une vache, le bruit d'un chariot, annonçant la fin des travaux du jour, semblaient préluder doucement au repos des campagnes et préparer le majestueux silence de la nuit. Insensiblement la clarté du jour se retira de ces douces vallées, et les riantes couleurs des prairies s'éteignirent dans un pâle crépuscule. A ce spectacle, j'avais senti mon cœur s'émouvoir, et je m'étais assis au bord du chemin. Sur le point de m'éloigner, je trouvais à ces impressions je ne sais quel charme touchant, comme si chacune d'elles eût eu un langage qui me parlât du passé et qui endormît ma peine dans le vague d'une attendrissante mélancolie.

En ce moment, l'horloge de la cure sonna huit heures. Ce son si connu, me surprenant dans la disposition où j'étais, acheva de transporter mon imagination autour du presbytère. Je me sentis comme présent au milieu d'eux, à cette heure où d'ordinaire, assis sur l'antique terrasse, nous passions les belles soirées d'été, tantôt en paisibles entretiens qu'ennoblissait toujours la conversation simple et élevée de M. Prévère, tantôt recueillis en face de l'imposante profondeur des cieux. J'aimais surtout ces moments depuis qu'un nouveau sentiment avait donné du sérieux à ma pensée, et que souvent s'y rencontraient, par des sentiers mystérieux, l'image d'un Dieu plein de bonté et celle d'une jeune fille d'une pureté céleste. A cette heure aussi, l'obscurité voilant l'expression des visages, notre mutuelle timidité se changeait en des manières plus aisées, et si le moment où l'on allait s'asseoir sur le banc nous trouvait à côté l'un de l'autre, la nuit ne trahissait ni notre honte ni notre plaisir. Alors je sentais contre ma main les plis de sa robe, quelquefois le souffle de ses lèvres arrivait jusqu'à mes joues, et je n'imaginais pas qu'il pût y avoir une plus grande félicité sur la terre.

Un chariot, que j'entendais monter sur le revers du coteau, vint me distraire de ma rêverie ; et, songeant aussitôt à l'heure avancée, je me levai pour reprendre ma route. A peine avais-je perdu de vue la cure depuis quelques instants, que mon cœur commença à se gonfler de tristesse. Je dépassai le chariot, mais lorsque, m'étant retourné, je le vis qui allait aussi disparaître derrière le coteau et me laisser seul, mes larmes coulèrent. J'entrai dans un pré, et, m'étant jeté sur l'herbe, mes regrets éclatèrent en bouillants sanglots. A l'image de Louise, qui m'était ôtée pour toujours, je poussais des accents confus de douleur : « Ah ! Louise, murmurais-je avec désespoir, Louise... vous qui m'aimiez... Louise !... pourquoi vous ai-je connue ?... Et vous, monsieur Prévère !... » Puis, restant quelque temps dans le silence, des projets extravagants se présentaient à mon esprit, qui suspendaient mes pleurs jusqu'à ce qu'ils vinssent échouer contre l'insurmontable obstacle de mon respect pour ceux mêmes qui en étaient l'objet.

Quand je me relevai, la nuit couvrait depuis longtemps la campagne, et l'on n'entendait plus que le bruit lointain de la rivière. Deux lieues me restaient à faire avant d'arriver au village où M. Prévère m'avait adressé, pour y coucher ce soir-là chez un de ses amis. Je ne trouverais personne debout, il faudrait faire lever les gens, et l'idée de voir du monde m'était insupportable. Je commençais à entrevoir que je pouvais passer la nuit dans l'endroit où j'étais. Le lendemain, qui était un dimanche, je partirais avant le jour, et j'arriverais le soir à la ville sans avoir eu à converser avec personne qu'avec moi-même. Ce projet, qui séduisait ma tristesse, fut bientôt arrêté, et je marchai vers la haie pour m'y choisir un abri.

Mais, pendant que je cherchais ainsi mon gîte, la pensée de me rapprocher de la cure se présenta à mon esprit. L'idée qu'en agissant ainsi je tromperais M. Prévère m'y fit d'abord renoncer. Néanmoins je revins machinalement sur le chemin, où je rebroussai lentement jusqu'au sommet du coteau. Là, je commençai à composer avec moi-même, tout en avançant toujours ; et, bien que le remords et la crainte me pressassent à chaque instant de m'arrêter, j'ajoutais sans cesse un pas au pas précédent. Je me retrouvai enfin près de la mare.

Que tout était changé! Loin de trouver dans ces lieux les illusions que j'y cherchais pour quelques instants encore, je n'éprouvais que l'amère impression de m'y sentir désormais étranger. Tout était froid, désenchanté, et les objets qui autrefois me causaient le plus de plaisir à voir étaient justement ceux qui, dans ce moment, blessaient le plus mes regards. Je me décidai de nouveau à m'éloigner, ne sachant plus que faire de moi-même.

J'avais déjà rebroussé de quelques pas, lorsque je vis une pâle lueur qui éclairait le feuillage des tilleuls. Je m'approchai tout doucement, et je reconnus que la lumière partait de la chambre de Louise. Je restai immobile, les yeux fixés sur la modeste boiserie où se projetait son ombre, tandis qu'au sentiment de sa présence tout reprenait vie autour et au dedans de moi.

Louise était assise devant la petite table qui se trouvait auprès de la fenêtre. Je jugeai qu'en ce moment elle était occupée à écrire, et l'espoir que ces lignes m'étaient destinées vint sourire à ma tristesse. Mais, pendant que je regardais avec une avide curiosité les moindres mouvements de son ombre, elle-même, s'étant levée, parut à ma vue. Alors, comme si pour la première fois la beauté touchante de cette jeune personne eût frappé mes regards, les élans de la plus vive tendresse firent battre mon cœur, s'y confondant avec les douces émotions que la lettre y avait laissées. Quelques instants s'écoulèrent, pendant lesquels je pus reconnaître, à la tristesse de son visage, qu'une peine commune nous unissait encore ; puis, s'étant tournée vers la glace qui était au-dessus de la table, elle ôta son peigne, et ses beaux cheveux tombèrent flottants sur ses épaules. Je ne l'avais jamais vue sous cet air de grâce négligée ; aussi j'éprouvai un trouble secret, où le plaisir se mêlait à la honte d'avoir surpris ce mouvement, et je reculai sous le feuillage des tilleuls.

Dans ce moment, j'entendis s'ouvrir une porte dans la cour, et aussitôt après parut le chantre, une lumière à la main. Je voulus fuir ; mais, l'épouvante m'en ôtant la force, je ne pus que me traîner vers le petit mur qui bordait le cimetière. Après l'avoir escaladé, je me tapis derrière, incertain si j'avais été aperçu.

Le chantre s'était d'abord arrêté sous la fenêtre de Louise, comme pour s'assurer qu'elle ne reposait pas encore; puis, attiré peut-être par le bruit que j'avais fait, il se remit à marcher. Une lueur, que, de ma place, je vis passer sur le haut des ogives, m'annonça qu'il approchait. Alors je rampai sur l'herbe jusqu'à la porte de l'église, que je refermai doucement sur moi.

Là, je commençai à respirer. En regardant par les fentes du vieux portail ce qui se passait à l'extérieur, j'aperçus bientôt le chantre qui, ayant éteint sa lumière, marchait doucement dans les ténèbres, regardant de tous côtés et prêtant l'oreille aux moindres bruits. Il s'éloigna lentement, et, peu de temps après, quelque mouvement que j'entendis du côté de l'église, où se trouvait son logement, me fit comprendre qu'il était rentré. Au profond silence qui s'établit ensuite, je jugeai que seul je veillais dans la cure, et je me crus sauvé.

Ma frayeur était trop récente pour que j'osasse sortir tout de suite, et d'ailleurs je ne savais où aller. Je me décidai donc à passer dans l'église deux ou trois heures pour en partir avant le jour, et j'allai m'asseoir à la place de Louise. L'horloge sonnait une heure, j'étais épuisé de fatigue; en sorte que, après avoir lutté quelque temps, je finis par me coucher sur le banc, et le sommeil m'y surprit.

Je fus réveillé par un grand bruit. C'était la cloche du temple qui appelait les paroissiens au service divin. Je me levai en sursaut, et, le bouleversement m'ôtant toute présence d'esprit, je me mis à parcourir l'église, sans savoir où me diriger. Bientôt au bruit de la cloche succéda un silence plus effrayant encore. Une clef cria dans la serrure, du côté de la sacristie; je volai sur la galerie, où je me cachai derrière l'orgue.

C'était le chantre qui venait marquer les versets et préparer la chaire. Par la porte, qu'il avait laissée ouverte, j'entendais les paroissiens qui s'assemblaient déjà sous les tilleuls. Quand il les eut rejoints, je me rappelai que l'orgue, à cause des réparations qu'on y faisait, ne serait pas joué ce dimanche; et je vins me cacher dans une niche que formaient la saillie du clavier et les côtés de l'instrument. J'ajustai le siége qu'on avait démonté, de manière qu'il fît face aux bancs d'où je pouvais être aperçu, et je me résignai à attendre là mon sort, regrettant mille fois de n'avoir pas écouté, le soir précédent, la voix qui me défendait de revenir sur mes pas.

Bientôt quelques personnes entrèrent, la galerie se remplit tout autour de moi, et, comme pour rendre mon angoisse plus forte, l'assemblée se trouvait plus nombreuse qu'à l'ordinaire. Toutefois, je remarquais une préoccupation qui pouvait m'être favorable, et, quand je me fus aperçu que j'en étais en partie l'objet, la curiosité suspendit pour quelques instants mes alarmes.

Autour de moi, l'on parlait de mon départ, de M. Prévère, du chantre. Personne ne blâmait celui-ci, quelques-uns plaignaient Louise, d'autres trouvaient que M. Prévère avait eu tort de m'élever chez lui. Une voix ajouta :

« Voyez-vous, qui ne naît pas de bon lieu finit toujours mal.

— C'est sûr, reprit une autre voix; c'étaient des mendiants qui n'en savaient que faire, et ils l'ont posé là. M. Prévère les aurait connus s'il avait voulu; à telles enseignes qu'on lui dit que Claude, en revenant des chalets, avait vu la mère au bois d'en haut; mais il ne voulut jamais qu'on leur courût après. Comme ça, l'enfant lui est resté.

— C'est pour bien faire, reprit un autre homme. « Le bon Dieu me l'envoie, que M. Prévère se sera dit : l'irai-je rendre à ces vauriens pour qu'ils le jettent dans un puits? Et il l'a gardé. C'est-il mal fait? Moi, je dis que non, pour qui a les moyens. D'accord, que ça n'a ni père ni mère, et que je ne lui donnerais pas ma fille... Tout de même, c'est un mendiant de moins par le monde. Et puis, tenez, faut tout dire, c'était un bon garçon M. Charles! »

Et aussitôt, ces mêmes paysans, dont pour la première fois je voyais à nu les égoïstes préjugés, firent à l'envi mon éloge avec une bienveillance qui ne pouvait me paraître suspecte. J'en fus surpris; car j'ignorais alors que dans la même âme peuvent vivre ensemble les préjugés les plus durs et une bonté naturelle; néanmoins leurs paroles me touchèrent et versèrent quelque baume sur le déchirement de mon cœur.

Dans ce moment, Louise entra, et peu d'instants après, M. Prévère. Aussitôt les conversations cessèrent, et un silence inaccoutumé régna dans l'église. Pendant que M. Prévère montait les degrés de la chaire, tous les regards se dirigèrent sur lui; ils se portèrent ensuite sur le chantre, puis ils revinrent sur Louise. Cette jeune fille, en tout temps si timide, avait baissé la tête, et l'aile de son chapeau dérobait aux regards sa rougeur et son trouble.

M. Prévère lut dans la liturgie la belle prière qui ouvre, chaque dimanche, l'exercice de notre culte; après quoi le chant des psaumes commença. Contre son habitude, il ne joignit pas sa voix à celle du troupeau; mais, s'étant assis, il paraissait triste et abattu. Il porta plusieurs fois les yeux sur la place où il avait l'habitude de me voir, et qui était demeurée vide; et, autant qu'il osait le faire sans distraire ses paroissiens, son visage compatissant se tournait du côté de Louise. Les chants cessèrent; et, après la seconde prière, dont quelques expressions avaient provoqué une attention plus particulière, M. Prévère ouvrit la Bible et y lut ces mots : *Quiconque reçoit ce petit enfant en mon nom, il me reçoit.* Puis il parla ainsi :

« Mes chers paroissiens...

« Permettez que j'interrompe aujourd'hui le cours ordinaire de nos instructions. J'ai à vous faire entendre des vérités qu'il n'est plus opportun de vous taire. Puissiez-vous les écouter avec humilité! puissent-elles sortir de mes lèvres pures de passion et d'aigreur.

« Il y a dix-sept ans que nous fûmes attirés, vers onze heures du soir, par les cris d'un petit enfant. C'était dans la cour même de cette cure; vous le savez, Pierre, et vous aussi, Joseph, qui vous trouvâtes là dans ce moment. La pauvre créature, enveloppée de haillons, était transie de froid. Nous la recueillîmes, nous la réchauffâmes, et nous lui cherchâmes une nourrice parmi les mères de cette paroisse... Aucun ne refusa, aucune ne vint; et, dès cette nuit même, notre chèvre, mes frères... notre chèvre lui donna son lait.

« Dieu permit, dans sa bonté, qu'il puisât au sein de ce pauvre animal la force et la santé. Mais il ne reçut pas les tendres soins qui appartiennent à cet âge; mais, au lieu des caresses que vous prodiguez à vos enfants, une curiosité maligne entoura son berceau, et à peine entrait-il dans la vie, que déjà le poids d'un préjugé barbare pesait sur son innocente tête... Ai-je tort de dire cela? ou bien vous souvient-il que cet enfant, qui n'avait pas de mère, eut peine à trouver au milieu de vous un homme qui voulût lui donner son nom et le présenter au baptême?...

« Il grandit. Ses bonnes qualités, son caractère aimable, généreux, devaient trouver grâce devant vous. Aussi vous l'aimiez, vous l'attiriez dans vos maisons, vous le traitiez avec bonté, et mon cœur reconnaissant vous en bénissait à chaque fois... Hélas! je m'abusais. Vous l'aimiez! mais sans oublier jamais la tache que vous imputiez à sa naissance... Vous l'aimiez! mais il était toujours pour vous l'*enfant trouvé*... Ainsi le dédaigniez-vous dans l'orgueil de votre cœur; ainsi le nommiez-vous dans vos entretiens; aussi apprit-il ce qu'il importait tant de lui cacher, ainsi vint l'humiliation flétrir sa jeunesse et empoisonner ses plus beaux jours. Oui, vous l'aimiez! mais si la Providence, exauçant mes vœux les plus chers, eût voulu que ce jeune homme cherchât à retrouver une famille en ces lieux, mes frères!... pas un de vous peut-être ne lui eût donné sa fille!

« C'est ce que j'ai pressenti, continua M. Prévère d'une voix altérée, et j'ai dû l'éloigner. Ajouterai-je que, déjà parvenu aux confins de la vieillesse, je reste seul, séparé de celui qui m'en rendait l'approche moins triste?... A Dieu ne plaise! J'ai perdu la compagne que je m'étais choisie; j'ai vu mourir le seul enfant que Dieu m'eût donné... je n'ai pas dû compter sur ce bien plus que sur les autres.

« Assez sur lui, assez sur moi, mes frères. Mes espérances sont au ciel, les siennes s'y porteront : de là ne vient pas ma tristesse, mon effroi... Mais, où suis-je? Qu'ai-je fait au milieu de vous? Où vous ai-je conduits? Quel compte te rendrai-je, ô mon Dieu, si, après vingt ans que j'exerce ton ministère, tel est l'état des âmes dont tu m'as confié le soin, qu'un barbare orgueil y étouffe jusqu'aux faciles devoirs, jusqu'aux plaisirs de la compassion la plus naturelle? O Jésus! comment regarderions-nous à toi? Que te pourrions-nous dire? Où est cette charité, à laquelle tu promis tout, sans laquelle on ne te connaît point? **Tu avais commis à cette paroisse le soin d'un de ces petits que ta bonté signale à la protection de ceux qui t'aiment; et il n'a pu y trouver une mère, un ami, une famille! et il faut qu'il aille, déjà flétri, découragé, chercher auprès d'hommes inconnus ce qui lui fut ici refusé! L'y trouvera-t-il du moins? Hélas! vous qui n'êtes que de pauvres gens des campagnes, vous qui aviez vu son enfance, vous qui connaissiez, qui aimiez cet infortuné... vous l'avez** rejeté... Jugez donc vous-mêmes de ce qui peut l'attendre au sein des villes, au milieu des distinctions sociales, auprès d'étrangers qui, ne connaissant pas comme vous ses vertus, sauront trop tôt quelle fut sa naissance. A toi, mon Dieu! à toi seul de le prendre sous ta garde. Pour nous, nous le pouvions, mais nous ne l'avons pas fait...

« Charité, humilité! vertus si belles! êtes-vous donc trop pures pour cette terre? Êtes-vous remontées avec mon Sauveur au céleste séjour? Autrefois j'ai vu, parmi la foule des cités, quelques hommes vous vouer un culte sublime... Néanmoins, à de si rares exemples, mes yeux attristés se portaient avec espoir vers les campagnes, et je croyais que ces paisibles champs dussent être votre asile... Amers mécomptes! Là aussi vous êtes méconnues, oubliées; là aussi le paysan, le laboureur, le journalier, si près qu'ils soient de la poudre d'où ils furent tirés, mettent à haut prix leur naissance et méprisent l'enfant pour le crime de ses pères!...

« Qu'il aille donc dans une autre paroisse, l'enfant trouvé! qu'il se présente à d'autres portes! Ici l'heureux repousse le malheureux; le pauvre rejette le pauvre, la famille bénie rebute l'infortuné sans famille... Ah! mes frères, mes chers frères! Quoi! si peu de temps sur la terre, et en méconnaître ainsi l'emploi! si peu d'occasions de pratiquer des vertus, et laisser infructueuses les plus douces, les plus belles! Le sublime exemple d'un Maître divin, qui relève avec bonté une femme adultère, et, chez d'obscurs mortels, tant d'orgueil, tant de dureté à rabaisser un jeune homme pur et honnête!

. . . .

« Je vous ai parlé durement, mes chers paroissiens, et je ne suis qu'un pécheur comme vous. Pardonnez-moi. Après tant d'années que j'ai dû vous taire ces paroles, elles s'échappent de mes lèvres avec trop peu de mesure, et vous pleurez... Ah! laissez couler vos larmes; elles ne vous seront pas stériles, et, pour moi, elles me sont douces. En coulant sur mon cœur, elles y lavent l'amertume qu'y avaient mise de longs froissements, soufferts dans le silence; elles y laissent l'espoir que désormais vous saurez voir dans le pauvre, dans le misérable, dans l'enfant trouvé, l'ami de Jésus, l'hôte qu'il vous envoie, l'enfant qu'il recommande à votre amour.

. . . .

« Que si tel devait être le fruit de mes paroles, j'en regretterais peu la rudesse, et bien plutôt je bénirais Dieu de leur avoir prêté cette salutaire efficace. Alors, comptant que les promesses faites à la charité vous sont assurées, je verrais s'approcher avec moins d'anxiété le terme de ma carrière... O mes bien-aimés paroissiens! entrons sans délai dans les voies du salut; mettons à profit le reste de nos jours; avançons vers la tombe en nous chargeant d'œuvres; et, quand elle aura englouti ces corps périssables, puissions-nous être agréés du souverain Juge : vous, pour avoir réformé vos cœurs; moi, pour lui avoir ramené ce troupeau, l'objet de toutes mes affections sur la terre! »

Quand je relevai la tête, je ne revis plus Louise. Le chantre, courbé sous le poids d'une douloureuse angoisse, pleurait la tête baissée, et, au travers des larmes qui inondaient ma paupière, M. Prévère m'apparaissait comme un être céleste, dont j'eusse baisé les pieds avec adoration. J'avais compris la piété, la vertu, la beauté du sacrifice; et, avant que l'espérance vînt amollir mon cœur, je me hâtai de quitter ces lieux, dès que je pus le faire sans être aperçu.

Trois jours après, je reçus la lettre du père de Louise :

« Charles,

« Hier, au prêche, M. Prévère parla de vous, et il dit des choses qui me firent peine, venant d'un si respectable pasteur. Alors, après le prêche, l'ayant trouvé seul aux Acacias, je lui pris la main, ayant peine à parler, du cœur que j'avais...
« Parlez, mon vieux ami, me dit-il; vous ai-je paru trop
« sévère?... — Ce n'est pas ça, lui ai-je fait; mais, depuis ce
« matin, je me repens; déjà depuis hier au soir, monsieur
« Prévère. C'est dimanche fête, je ne veux pas communier qu'il
« ne soit revenu. Donnez-lui Louise. »

« Alors nous nous sommes embrassés, et j'ai senti que j'avais bien fait, ce dont je remercie Dieu de m'avoir éclairé à temps. M. Prévère m'a causé ensuite. C'était pour dire que, tout de même, vous deviez rester là-bas pour y apprendre un état. Il vous écrira, et Louise aussi, après qu'elle aura reçu de vos nouvelles.

« En foi de quoi, Charles, je vous envoie ma montre en présent, aussi bien comme je la tiens de mon père. Jean Renaud l'a nettoyée, et recommande que, la nuit, vous ne la teniez pas de plat, mais au clou, par rapport au mouvement.

« Adieu, Charles. Faites-vous sage et appliqué.

« REYBAZ. »

LIVRE DEUXIÈME

Après le sermon de M. Prévère, j'avais quitté la cure presque sans effort. Les paroles d'estime et d'affection dont cet homme vénérable avait honoré publiquement ma jeunesse; cette compassion charitable, dont, seulement alors, j'avais compris toute l'élévation et l'étendue; enfin, le spectacle d'un auditoire entier attendri sur mon sort, en remuant profondément mon cœur, y avaient ramené le courage et la vie. Et quand je venais à songer que Louise avait été le témoin de ces choses, que, devant elle, la voix de M. Prévère avait pris ma défense et prononcé mon éloge; que, ne pouvant maîtriser son émotion, elle était sortie pour cacher son trouble et ses pleurs... alors la joie, le triomphe m'enivraient, et, l'âme remplie de si doux sentiments, je m'éloignais de la cure aussi heureux que si je n'eusse eu aucun vœu à former.

Quand je fus entré dans la ville, la vue des passants et la nouveauté des objets vint m'attrister en me détournant de mes chères pensées. Je me rendis chez l'ami de M. Prévère. Il se nommait Dervey. C'était un homme âgé d'une cinquantaine d'années, dont la physionomie ouverte et les manières affectueuses dissipèrent un peu l'embarras que j'éprouvais. Il m'installa dans la petite chambre qui devait être désormais ma demeure, et, après m'avoir questionné sur quelques points, donné de sages avis sur d'autres, il me mit au fait des habitudes de sa maison et de la manière dont mon temps serait employé. Je devais faire sous sa direction certains travaux, et, pour d'autres, suivre les cours publics de la ville. Quand il m'eut quitté, je m'occupai d'arranger mes effets; et dès le lendemain, je commençai mon nouveau genre de vie. Mais, à mesure que les heures s'écoulaient, moins soutenu par l'impression récente de la scène du dimanche, la tristesse s'emparait de moi, et j'étais ramené par degrés au découragement dont j'avais été retiré par une joie passagère.

Le troisième jour, j'étais à rêver tristement lorsque j'entendis quelqu'un monter l'escalier. A l'idée de M. Dervey qui allait me surprendre avant que j'eusse encore commencé seulement mon travail de ce jour, je pris ma plume précipitamment, et, ouvrant mes livres au hasard, j'attendais de l'air le plus studieux qu'il me fût possible, lorsque, au lieu d'entrer directement, la personne se mit à flairer le plancher et à gratter la porte. Je courus ouvrir... Aussitôt, chaises, tables, dictionnaires roulèrent épars sur le plancher de ma petite chambre : c'était Dourak, incapable de modérer à ma vue les éclats de sa joie, et sautant, gambadant, aboyant comme en plein champ. De son œil noir jaillissait le plaisir, et sa queue touffue balayait alentour meubles, livres et parois. Honteux du dégât qu'il faisait, je relevais les objets à mesure, jusqu'à ce que, partageant ses transports, je finis par me livrer à tout le charme de l'entrevue.

Bientôt entra le berger de la cure. « Antoine ! m'écriai-je en lui sautant au cou.

— Ça me fait bien plaisir de vous revoir, monsieur Charles, car, ma foi ! par là-bas, vous nous manquez bien.

— Et M. Prévère ? et Louise ?

— Oh ! je vous apporte des nouvelles. Voici une boîte, et la lettre avec.

— Va-t'en, Antoine, et reviens plus tard. »

A l'adresse de la lettre j'avais reconnu l'écriture du chantre ; aussi la surprise et la crainte, autant que la curiosité, m'agitaient lorsque, dès les premiers mots de cette lettre naïve, assailli tout à coup par les plus vifs sentiments qui pussent inonder mon cœur, je fondis en larmes, et je demeurai plongé dans un vague attendrissement, dont chacun des trois personnages auxquels je devais tant de biens était tour à tour l'objet. Moments de ravissante joie ! moments si rares dans la vie, où la riante annonce d'un bonheur ardemment désiré s'embellit du charme de la reconnaissance, où tout ce que le cœur a d'aimant et de sensible, trouve pâture pour jouir et pour aimer!

Le dirai-je? dans ces premiers instants, le mien fut tout au chantre. Le sacrifice que faisait en ma faveur cet homme fier et opiniâtre, la force du sentiment religieux dans cette âme rude, cette mâle vigueur d'une piété simple et vraie, m'inspiraient une admiration que ma gratitude augmentait sans mesure. Et quand je voyais ensuite le même homme se dessaisir de la montre de son vieux père, comme pour sceller d'une manière touchante le don qu'il me faisait de sa fille, j'oubliais, dans mes transports, jusqu'à M. Prévère, l'âme de toutes ces choses, jusqu'à Louise, l'objet constant de mes plus chères pensées.

Durant cette scène j'avais entièrement oublié la présence de Dourak, qui s'était tranquillement accroupi auprès de moi, en suivant de l'œil tous mes mouvements.

Le bonheur rend expansif, la joie est folle, dit-on. Dans le calme délicieux qui suivit ces premiers instants, mes yeux mouillés de larmes vinrent à rencontrer le regard aimant de ce bon animal, dont la queue n'avait cessé de frapper le plancher avec plus ou moins de vitesse, selon qu'il croyait lire sur mon visage plus ou moins de plaisir. A ce regard, je me ressouvins de lui, de nos jeux passés, de nos dangers, de nos expéditions; j'admirai que ce compagnon si fidèle se trouvât être comme le messager de ma félicité nouvelle; et, dans le besoin que j'éprouvais de répandre au dehors la joie et la reconnaissance qui débordaient de mon cœur, j'oubliais qu'il était chien et ne me souvins que de notre amitié. Pendant que la joie lui arrachait des cris et faisait palpiter tous ses membres, je lui prodiguais les plus tendres caresses. « Et toi aussi, mon pauvre Dourak, tu m'apportes cette chère nouvelle.... Et toi aussi, mon bon, mon vieil ami!... » Et me livrant à lui, comme dans les temps où nous vivions aux champs, je m'abandonnais à toute la vivacité de ses transports, lorsque.... lorsque M. Dervey entra.

A la nouveauté du spectacle, M. Dervey ne savait trop que dire, et moi encore moins. Je retins Dourak qui allait s'élancer sur lui, et je cherchai à réparer le désordre que le chien, difficile à calmer, reproduisait presque aussitôt. « Qu'est-ce donc? dit enfin M. Dervey. Cette encre, ces livres, cette table renversée!

— Oh! la belle affaire! et puis du bon ouvrage! dit Antoine qui survint. Et il se mit à rire bruyamment.

— Qui êtes-vous? lui dit M. Dervey.

— Je suis Antoine le berger, mon bon monsieur.

— Que faites-vous ici avec ce chien?

— J'attends la réponse, mon bon monsieur, et le chien aussi.

— La réponse? Qu'est-ce que tout cela signifie?...

— Monsieur, répondis-je timidement, c'est une lettre que m'a apportée le berger de la cure. Le chien l'a précédé, et je n'ai pu empêcher les sauts de joie qu'il a faits en me voyant: mais je réparerai tout, monsieur Dervey....

— Pas plus que ça, en vérité, mon bon monsieur, ajouta Antoine, qui me voyait encore tout tremblant.

— A la bonne heure!... Je comprends qu'un chien de cette taille.... mais une autre fois....

— Soyez tranquille, dit Antoine, une autre fois on ne l'amènera pas, mon bon monsieur.... »

— Je ne dis pas cela.... Amenez-le.... mais en prenant vos précautions pour éviter ce désordre....

En ce moment, M. Dervey gagnait mon cœur et celui du berger, qui, pour mieux montrer sa bonne intention, allongeait un coup de pied au pauvre Dourak.

Ici s'ouvre dans ma vie un intervalle d'heureux jours, vers lesquels m'attire sans cesse cet attrait qu'ont les temps de l'adolescence pour ceux qui ont déjà franchi le milieu de la vie. Temps trop tôt écoulés, où les sentiments, dans toute leur fraîcheur native, s'embellissent du charme des plus aimables illusions: où tout est avenir, espérance; où rien n'est encore flétri par l'expérience ni déçu par le temps et la réalité!

Dix-sept années se sont écoulées dès lors, non sans apporter avec elles l'ordinaire tribut de peines, de déceptions et de maux qui sont l'inévitable partage des hommes, mais elles n'ont point effacé la trace brillante de ces jours de bonheur, et quand, sur cette route que je parcours, je retourne la tête, je la vois luire encore sur le riant sommet des collines lointaines que ne fouleront plus mes pas.

Quelquefois, à de longs intervalles, et surtout quand l'orage s'apprête au dehors et que la pluie tombe sur les campagnes désertes, je ne sais quelle poésie, douce et triste à la fois, semble planer alentour de moi et m'invite à rêver. Mon logis me devient cher, je m'assieds auprès de ma fenêtre, je désire que l'orage dure, qu'il prolonge ces loisirs, qu'aucun importun n'en vienne troubler le calme fragile. Alors, tandis que mes yeux se promènent incertains sur l'humide réseau qui voile les campagnes, ou que mon oreille, vaguement attentive, suit le bruit cadencé d'une goutte qui tombe, mon cœur remonte les années, il revole vers les jours passés, il fait halte aux temps heureux, et, mollement bercé sur l'aile des souvenirs et des regrets, il se repaît avec délices des tristes douceurs de la mélancolie.... C'est dans ces moments que j'ouvre certain tiroir, et que, fouillant parmi les lettres qu'il recèle, j'y retrouve la trace encore vivante des temps dont je parle. Mais ici les souvenirs prennent une réalité trop vive, les regrets deviennent amers, mon cœur se gonfle... bientôt je referme le tiroir, et ma journée s'achève dans une tristesse sombre et décourageante.

A chaque fois j'ai voulu le refermer pour toujours. « A quoi bon, pensais-je, provoquer la douleur et l'amertume par l'image d'un bonheur qui n'est plus? Pourquoi sacrifier aux illusions d'un instant un calme déjà si peu riant, si chèrement acheté? Que retiré-je à ce commerce trompeur?... » Mais le cœur, ingénieux à se leurrer lui-même, retourne invinciblement aux objets qui l'ont ému : je n'ouvrais plus le tiroir, mais je retraçais les souvenirs de ma première adolescence, goûtant à ce travail un plaisir qui me fait désirer de le prolonger encore. Je veux poursuivre. Mes lèvres n'ont qu'effleuré les bords de la coupe : je veux la boire tout entière ; mais, avant que j'atteigne à la lie amère, que du moins je savoure quelques traits encore des flots plus doux qu'elle recèle !

C'est ce qui me porte à publier ces lettres. Elles lieront le récit qui précède au récit qui doit suivre. Ce n'est point ici un roman, et quiconque y chercherait ce conflit de grandes passions d'où naissent les émotions puissantes, cette rapide succession d'aventures où tour à tour s'aiguise et se repaît la curiosité, serait frustré dans son attente. Pour moi, c'est cette coupe dont j'ai parlé, ce breuvage des jours passés, dont la lie elle-même n'est pas sans parfums; pour d'autres, c'est un tableau où se reconnaîtront peut-être quelques-uns des traits qui caractérisent ma patrie, petite et bien-aimée : ses campagnes, ses mœurs, sa foi, et aussi cette poésie du cœur et des passions, qui y vit sous ces dehors de froideur puritaine, et qui y vivra tant qu'elle gardera ses mœurs.

Au reste, je ferai un choix parmi ces lettres. Bien que l'amour en fût l'occasion et en fît pour nous le charme, le nôtre était trop timide pour s'épandre beaucoup et trop profond pour être verbeux. Aussi le plus souvent, satisfaits de causer ensemble, jaloux de voir s'établir entre nos cœurs cette sympathie de pensées qui est l'une des plus douces jouissances de deux amants, nos lettres se remplissaient de causeries sur ces mille sujets auxquels s'applique la curiosité du jeune âge, et qui provoquent les premiers essais de la réflexion. De là bien des pages qui peignent encore mieux les impressions du jeune homme qui les a écrites que les objets qui en sont l'occasion.

En effet, transplanté tout à coup des champs au sein d'une cité populeuse, j'étais vivement frappé des idées et des objets nouveaux que chaque jour présentait à ma pensée. L'étude dans les livres était ma tâche : mais mon plaisir, c'était de promener mes regards autour de moi, d'observer, de juger, et, depuis que le calme avait été rendu à mon esprit, je me livrais tout entier à cet exercice attrayant. D'ailleurs un intérêt puissant m'y conviait. Louise, retenue aux champs, curieuse aussi, et d'un esprit bien plus développé que le mien, prenait plaisir aux remarques que je faisais ; ses lettres contenaient parfois des questions auxquelles c'était mon bonheur que d'avoir à répondre. Cette douce obligation, en donnant à mes loisirs un charmant emploi, peu à peu m'enseignait à écrire avec moins de gaucherie. Du reste, sans expérience, sans moyens de comparaison, pressé de dire, bien souvent plus curieux de plaire à Louise que d'approfondir mes propres opinions, je faisais mille erreurs d'observation, mille écarts de jugement que je laisse subsister, bien convaincu que, si ces lettres peuvent offrir quelque intérêt, il se trouve justement dans les défauts mêmes qui révèlent la jeunesse, la situation ou la naïve inexpérience de leurs auteurs.

I

CHARLES A LOUISE.

Genève, juillet [1]....

Mademoiselle,

Antoine m'a remis, de la part de votre père, une lettre qui m'a jeté dans un bonheur impossible à dire. Cette lettre parle

[1]. Ce deuxième livre embrasse un espace de temps d'environ dix-huit mois. Les lettres s'y suivent sans interruption, à partir du mois de juillet jusqu'à la fin du mois de mai de l'année suivante, époque où la correspondance est suspendue pendant le séjour de Charles à la cure. En octobre, Charles revient à la ville, et la correspondance est reprise et continuée jusqu'à la fin de l'année.

de choses que je n'osais pas même désirer, comme étant trop au-dessus de ce que je suis et de ce que je mérite, et dont j'aurais encore moins osé parler. Jusqu'à ce que vous les ayez confirmées, je crains de m'y trop attacher, et il me semble indiscret de vous écrire tout mon bonheur comme si j'en étais certain.

Ce que je puis vous dire, Louise, c'est que j'étais bien à plaindre quand cette lettre est venue, et qu'aujourd'hui j'ai plus de joie que je n'en puis goûter à la fois. Je ne sais plus trop ce que je fais ni ce que j'écris. Il y a des moments où la chose me semble impossible, car elle est trop fortunée ; dans d'autres moments, où je m'imagine que vous l'avez permise, je pleure de joie ou bien je parle tout seul, et il m'arrive de faire des sauts dans ma chambre comme un insensé.

Je sens que je vais être bien inquiet jusqu'à votre lettre. Si vous la faites attendre beaucoup, je m'imaginerai que c'est fini; mais je ne devrai pas me plaindre, et je vous aimerai toute ma vie.

Je suis, mademoiselle Louise, votre obéissant et affectionné

CHARLES.

P. S. Ayez la bonté de remettre la lettre incluse à votre père.

II

(Incluse dans la précédente.)

CHARLES AU CHANTRE.

De Genève.

Monsieur Reybaz,

En vous écrivant, je pleure de reconnaissance, et je ne sais pas comment vous exprimer mes sentiments. C'est que jamais je n'ai éprouvé ce que j'éprouve aujourd'hui, en sorte que les phrases me manquent; et cependant c'est le seul moyen que j'aie aujourd'hui de vous témoigner ce dont je me sens redevable envers vous. Mais faites-moi le bien de croire que j'y emploierai ma vie entière.... Monsieur Reybaz ! vous voulez donc bien être mon père ! vous que j'ai si souvent offensé ! Je comprends que c'est par religion et par pitié de moi que vous me pardonnez ; je ne serai heureux que quand ce sera aussi par amitié et parce que je le mérite.

Je vais travailler avec un bien grand courage, car plus que

jamais il me faut un état. J'ai déjà commencé; je n'attends que les avis de M. Prévère pour savoir de quel côté je dois me tourner.

La montre ne me quittera jamais.... jamais! monsieur Reybaz.... Remerciez Jean Renaud, je vous prie, et dites-lui qu'elle chemine à merveille.

Votre bien respectueux et affectionné

CHARLES.

III

M. PRÉVÈRE A CHARLES.

De la cure.

Louise vint hier dans ma chambre, et, sans rien dire, elle me montra votre lettre. Voyant que le trouble et la modestie l'empêchaient de se confier librement à moi, je pris quelques moments pour la rassurer; je lui parlai ensuite de ce qui s'est passé, d'elle, de vous; je m'assurai que ses sentiments à votre égard sont en accord avec les intentions que son père vous a manifestées; enfin je lui fis part d'une circonstance que son père a cru devoir lui cacher et que vous ignorez vous-même : c'est la démarche de M. Ernest de la Cour, qui, le soir même de votre départ, a demandé à M. Reybaz la main de Louise. M. Reybaz, par des motifs qui lui sont personnels, et avant d'avoir pris aucune décision à votre sujet, a refusé cette demande et jugé à propos de n'en parler pas à sa fille; mais je n'ai pu prendre sur moi de laisser Louise contracter des engagements envers vous sans qu'elle eût eu préalablement connaissance du refus que l'on a fait en son nom, et bien considéré si, en y acquiesçant pleinement, elle renonce d'entrée et sans regret au sort brillant dont la demande de M. Ernest de la Cour lui offrait la perspective. Sur ce point, elle s'est prononcée avec une décision absolue et réfléchie, en sorte qu'il n'y a pas à y revenir. En nous séparant, Louise me demanda si je voudrais bien répondre à sa place à votre lettre, ce que je ne crus point devoir lui refuser, comprenant l'embarras qu'une jeune fille aussi modeste éprouvait à le faire. Vous pouvez donc vous regarder, dès ce jour, comme certain de l'attachement de Louise et de son assentiment aux choses que vous a dites son père.

Mon bon ami, ceci est un de mes vœux les plus chers que je vois s'accomplir: j'en remercie Dieu de toute mon âme, et je suis sûr que votre cœur n'a pas attendu jusqu'ici pour lui témoigner sa gratitude profonde. J'espère du secours de sa bonté et de la droiture de votre sens, que maintenant vous allez comprendre quelle tâche nouvelle vous est imposée, quels devoirs sacrés naissent pour vous dès cet instant même, les uns à remplir dès aujourd'hui, les autres auxquels vous devez vous préparer à l'avance. Un père qu'un préjugé, cruel sans doute, mais enraciné et universellement excusé, portait à vous repousser sans qu'il eût à encourir le moindre blâme; un homme que vous avez souvent offensé, un vieillard enfin, légitimement avide, sur ses vieux jours, d'étayer le bonheur de son unique enfant sur l'entourage et l'appui d'une famille, sur une fortune acquise, sur un gendre de son choix, sacrifie ses préjugés, oublie ses rancunes, se démet de ses prétentions justes et fondées, et vous confie le sort de sa fille chérie.... Charles, est-il besoin que je vous en dise davantage? Non; je sais que votre cœur comprend ce qui est beau; je suis certain que tant de bonté, tant d'abnégation de soi, tant de grandeur véritable dans un homme simple et obscur, vous auront profondément touché; que sa conduite, en cette occasion solennelle, restera gravée dans votre âme comme un exemple à imiter toujours, comme un engagement, mille fois plus sacré pour vous que pour tout autre, de vous dévouer au bonheur de celui qui s'est ainsi fait votre père.

Vous parlerai-je de Louise, cette âme douce et pure, cette jeune fille modeste et compatissante, qu'attire à vous justement le préjugé qui en détourne les autres! Douce et sensible enfant, ses jours s'écoulaient tranquilles et sereins; abritée sous ces ombrages, elle vivait heureuse et paisible: par une route sûre elle marchait doucement au bonheur; aucun trouble, aucun danger, aucun orage, ne menaçaient son innocente vie. C'est cette vie dont le dépôt vous est remis, qui désormais est unie à la vôtre, dont vous êtes dès à présent responsable devant elle, devant son père, devant moi, mais surtout devant Dieu, qui vous comble aujourd'hui de ses plus douces faveurs par le don inestimable d'une épouse vertueuse et tout aimable. Je le sais, Charles, ces réflexions vous semblent superflues; votre cœur tout rempli de joie, de reconnaissance, d'affections vives et tendres, l'est en même temps du courage, de la force, des vertueux transports que provoquent ces bienfaisants sentiments; tout vous paraît possible, aisé, doux, plein de charme. Mais, hélas! ceci est l'illusion du bonheur et de l'âge; aucune vie, mon bon ami, ne s'achève sans mauvais jours, sans obstacles, sans sacrifices, sans peines; nul cœur n'est à l'abri des séductions, des combats, de la langueur; nulle situation n'est constamment heureuse ou facile.

Modérez donc ces transports, méfiez-vous de ce trop grand courage, comptez avec la réalité et non avec des illusions d'un jour, et que, dès cet instant, le sentiment du devoir, mais d'un devoir impérieux, irrésistible, sacré comme la volonté de Dieu même, établisse dans votre cœur son puissant empire; qu'il y domine en maître, qu'il le défende à toujours contre ces nombreux écueils où viennent échouer ceux qui, sans mesurer leurs forces, se sont abandonnés à la légère aux illusions qui vous charment maintenant. Alors, alors seulement s'accompliront mes derniers vœux; alors je bénirai, comme je l'ai fait tant de fois, le jour qui vous mit entre mes mains; alors j'aurai sécurité pour Louise, et mes jours s'embelliront de tout le bonheur qui luira sur les vôtres.

Voilà, mon cher ami, ce que j'avais à vous dire. Du reste, à Dieu ne plaise que je veuille ternir votre joie ! goûtez-la tout entière, partagez-la avec moi : car votre bonheur, c'est le mien, vous le savez, je n'en ai guère d'autre. Puisse-t-il être durable!...... Puissiez-vous, cher enfant, ne jamais connaître les blessures qui déchirent mon cœur!.... Puissiez-vous ignorer toujours les cuisants regrets, les gémissements amers qui suivent la perte d'une compagne adorée! Mais puissiez-vous aussi, quoi qu'il advienne, compter toujours sur la bonté de Dieu et attendre tout de sa justice! Je vous embrasse.

IV

CHARLES A LOUISE.

De Genève.

Mademoiselle,

J'ai reçu une lettre de M. Prévère que je vous adresse dans celle-ci. D'après les choses qu'elle contient, j'ai pensé que je ne commettrais pas d'indiscrétion envers M. Prévère si je vous la faisais passer. Pour moi, après l'avoir lue, je me suis trouvé hors d'état de vous écrire, tant elle m'a pénétré de sentiments si forts et mêlés de lui, de vous et de votre père, que je ne savais auquel aller, et que, quoi que je voulusse dire, je le trouvais déjà dit et de la seule manière de le dire. Laissez-moi donc, Louise, vous répondre cette fois en me servant, comme vous avez fait, de M. Prévère pour vous exprimer, mieux que je ne pourrais moi-même, ce qui sera éternellement gravé au fond de mon cœur.

Modérer mes transports? Je le veux, puisque c'est M. Prévère qui le dit ; je crois que c'est sage, mais le puis-je? J'ai beau y faire tous mes efforts : cela même en provoque de plus vifs en me faisant songer à vous, Louise. En lisant ce qu'il dit de vous, j'étais hors de moi. Oh! qu'il sait tout sentir, tout comprendre! Je ne devine qu'à mesure ses vues bienfaisantes; à chaque jour, je crois l'aimer et l'estimer de toute ma force, mais je découvre bientôt que mon amitié et mon estime sont encore bien en arrière. Aussi je ne lui écris point ces jours-ci : comment lui exprimerais-je ce que je ressens pour lui?

Une chose pourtant dans sa lettre m'a inspiré de la crainte ; ce sont ces lignes sur ce tranquille bonheur vers lequel vous marchiez par une voix sûre. C'est vrai! et, d'après ce qu'il dit plus bas, le bonheur est si fragile! Habitué que j'étais à attendre de vous toute ma félicité, je n'avais jamais songé que je pusse ajouter à la vôtre ; mais l'idée qu'il se pourrait faire que j'y ôtasse m'a fait frémir. Les paroles de M. Prévère ont une solennité qui me trouble. Oh! c'est vrai, Louise, j'ai besoin de courage, d'un courage qui me vienne de vous. Que vos paroles me dirigent et m'éclairent; que j'y puise, non pas de la force, dont j'ai de reste pour agir, travailler, mais de quoi me rassurer contre la crainte où je suis de compromettre votre destinée!

Nous avons quelquefois parlé des chagrins de M. Prévère, mais légèrement, comme des enfants, moi du moins, et je me le reproche. La fin de sa lettre m'a attendri, en me révélant des peines journalières dont je n'avais pas l'idée qu'il fût atteint; car il n'en parle jamais et ne semble préoccupé que de celles des autres. Oh! que c'est une singulière chose que l'état où je me trouve! A peine déplacé d'auprès de vous depuis quinze jours, tout a changé, je vous vois tout autres ; mille choses au milieu desquelles je vivais depuis si longtemps sans les apercevoir m'apparaissent maintenant et il n'en est pas une, non, pas une seule, qui n'ajoute une valeur infinie aux êtres que je chéris. Leur supériorité ne m'humilie pas, puisqu'ils sont mes amis et mes guides, mais elle m'attriste; car je suis si loin d'eux, si peu digne des biens dont ils me comblent, si peu sûr de le devenir jamais! Ah! Louise, j'y songe avec reconnaissance, mais non pas sans amertume, mon seul titre auprès de vos âmes compatissantes, c'est sans doute le malheur de ma naissance, c'est l'isolement et l'abandon qui m'attendent; vous vous approchez de celui que les autres rejetteraient, vous ne voulez pas que je reste seul au monde, et mon infortune me vaut tous ces biens que je voudrais devoir à des affections que j'eusse méritées. Ainsi, au milieu du bonheur, j'éprouve du chagrin, et votre silence achève de m'attrister. Je vous en supplie, parlez-moi.

Votre obéissant et affectionné

CHARLES.

V

LOUISE A CHARLES

De la cure.

Monsieur Charles,

Vos lettres pénètrent mon cœur, mais elles me jettent dans un trouble extrême. Il peut m'arriver, comme ces jours-ci, de trop tarder à vous écrire; je vous prie de m'excuser et de croire que cela ne saurait provenir d'indifférence. M. Prévère et mon père me chargent de vous faire leurs amitiés, veuillez y joindre les miennes.

LOUISE.

P. S. Je vous renvoie la lettre de M. Prévère; j'en ai lu quelques lignes, mais j'ai mieux aimé ne pas poursuivre. Faites-moi le plaisir de n'en pas être fâché contre moi.

VI

LE CHANTRE [1] A CHARLES.

De la cure.

J'ai parlé de vous à M. Prévère en ce qui concerne l'état que vous prendrez. Lui, dit qu'il faut que vous soyez libre; moi, je

---

1. Comme on l'a vu dans la lettre du chantre qui termine le premier livre, le langage de ce personnage lui est particulier : c'est l'idiome des anciens de village

dis tout de même, moyennant que vous choisissiez bientôt, en quoi M. Prévère est d'accord aussi. Car les années vont leur train, et le temps n'attend personne. Vous voilà tout à l'heure grand garçon, c'est la saison de s'activer.

C'était hier soir que nous en causions sur le banc, après souper. Louise était là, qui s'en alla quand elle vit de quoi il retournait; car ces jours-ci elle est craintive, et d'un rien elle tremble, sauf qu'elle est bien d'ailleurs. Quand ce fut dix heures, on se sépara; mais en retournant par-dessous les tilleuls, nous vîmes de la lumière à sa chambre, quand, pour bien dire, je la croyais couchée. J'y montai, laissant M. Prévère rentrer chez lui. Elle tenait vos lettres, qui l'ont ainsi remuée. « Bonnes nouvelles, que je lui fis, mon enfant ? — Oh ! oui, mon père, qu'elle me dit, mais qui me troublent; ce langage est si nouveau pour moi !... » Et elle pleurait en me tendant votre lettre. Je ne voulus pas. « Ceci entre vous, mon enfant; je n'ai rien à y voir. Mais sais-tu bien, ajoutai-je, que nous venons de lui chercher un état ?... » Pour lors je vis qu'elle y avait aussi pensé, car elle me prit la main, comme ayant quelque chose à dire; seulement les paroles avaient peine à venir. « Je voudrais, me dit-elle à la fin, lui écrire là-dessus, mais je n'ai pas encore pu le prendre sur moi... » Sur quoi la pauvre petite, fondant en larmes, m'a sauté au cou en me disant : « Mon père ! jamais je ne vous quitterai... »

Après un bon moment, on s'est remis; elle était tranquille, et, pour n'y rien gâter, je lui ai parlé d'autre chose, comme vous savez qu'on va avoir un baptême chez les Legrand : c'est leur cinquième. Mais, en délibérant avec moi-même, je me suis dit que je veux vous en écrire.

Je sais bien sa pensée, c'est que vous soyez ministre, afin de pouvoir pratiquer votre état par ici, ou tout au moins sans qu'il la sépare de moi. Sur ce point, c'est à vous de voir sans que rien je demande. J'ai fait mon temps; ce n'est pas aux vieux de gêner les jeunes. Ainsi vous choisirez comme ça vous semblera profitable, pour vous, pour elle, mais sans vous faire souci de moi. Si vous penchez au négoce, comme quoi il faut vaquer à ses affaires et voyager à l'étranger, que je ne vous retienne : je me veux assez suffire; que si vous penchez vers autre chose,

---

dans les cantons retirés de la Suisse romande, où se conserve un français plus vieilli que celui des villes et plus coloré quelquefois.

tout de même, moyennant que ce soit un état sûr et qui rapporte.

C'est donc cela que je voulais vous dire avant que Louise vous en écrive, et sans la contredire au moment, car je lui aurais fait peine. Pendant que j'y suis, j'ai autre chose encore, sur quoi elle n'a jamais voulu m'écouter : c'est à savoir le bien qui lui revient du fait de sa mère et dont je vous devrai compte, et comme quoi je l'ai bonifié d'un tiers et dégrevé de toute hypothèque ; car, à sa mort, on devait six cents florins sur la pièce, dont j'ai l'acquittement en bonne forme.

C'est la pièce d'en bas, au-dessous de la mare, mêmement qu'elle a toujours de l'eau, si sec qu'il fasse, comme il y a cinq ans, qu'on rentra six chars quand tout était brûlé alentour, foins et regains. M. Prévère a acheté à côté. Le tout fait le plus beau pré de la commune, témoin Louis Redard, qui disait qu'il donnerait tout son bien contre, et sa vache avec. M'est avis que cette pièce ne doit jamais se vendre ni s'entamer en empruntant dessus ; après tout, c'est du pain, quand on aurait perdu le reste. En s'aidant de travail, un ménage y peut vivre, comme disait ma pauvre femme. Ceci, Charles, je vous le répète pour que vous en ayez compte, si c'est vrai que vous me vouliez contenter. Comme ça je serai tranquille tant de mon vivant que par après.

Le reste, c'est en linge et en mobilier, notamment deux couverts d'argent à sa marque, six petites cuillers, et la chaîne d'or avec médaillon que je lui ai donnée à sa noce. Sur les intérêts de la pièce, j'ai remplacé le linge à mesure, et rempaillé toutes les chaises, voici deux ans bientôt, à la Saint-Martin. S'il plaît à Dieu, quand viendra le moment, vous ne me trouverez pas en faute à l'égard du bien de ma fille et des intentions de ma chère et honorée femme, comme elle me les a dites avant que Dieu la retirât, et comme je désire, en respect d'elle et pour l'amour de moi, que vous les suiviez.

Pour ce qui peut vous revenir de moi, c'est peu de chose, vivant de ma place et ayant élevé un enfant. Le surplus, vous l'aurez un jour, et ce sera temps alors de voir ce qu'il en est, mettant tous les ans de côté quelques épargnes. Ainsi vous voyez qu'il se faut activer et vous attendre à vous plus qu'au reste. Faites-vous donc sage, laborieux ; garez-vous de devenir trop monsieur : ces gens-là dépensent beaucoup sans qu'il y profite ; le premier gagné, c'est ce qu'on ne dépense pas. Je voudrais que vous demeurassiez content comme vous étiez ici, sans plus ni moins : on s'élargit toujours assez tôt quand l'argent est venu. Auparavant il se faut tenir coi, et fermer sa bourse tant et tant qu'elle enfle. Soit dit sans reproche au psaume que vous m'avez envoyé ; quand bien même, les clous d'argent étaient de trop. Un présent n'est pas ce qui ruine. Dépensez un écu, mais ménagez vos sous.

On dansera chez les Legrand ; je prête ma grange. M. Prévère sera présent à la fête. Les Legrand disent que ça ne peut pas aller sans vous ; à quoi je leur réponds que ça veut aller tout de même, et qu'il vous faut laisser à vos affaires.

Reybaz.

VII

M. DERVEY A M. PRÉVÈRE.

De Genève.

Mon cher monsieur,

Voici votre protégé installé et en train de travailler. C'est un aimable jeune homme, qui me semble avoir pris bien du bon auprès de vous. J'ai eu avec lui l'entretien que vous désiriez : le résultat en est qu'il désire embrasser la même carrière que vous. Il ne voit rien de si beau, de si digne d'envie, que de vous imiter de près ou de loin, et, je vous l'avoue, mon cher confrère, c'est ce qui m'a donné la meilleure idée de son cœur et de son jugement.

J'ai cru entrevoir aussi d'autres motifs à sa détermination, bien qu'il m'assure qu'elle ne soit pas nouvelle, et qu'un entretien qu'il eut il y a quelque temps avec vous, dans une promenade, l'y ait confirmé. C'est que toute autre carrière lui offre moins de chance de vivre auprès de vous et auprès du père de mademoiselle Louise, dont il est probable que celle-ci ne s'éloignerait qu'avec bien de la répugnance. Tout cela me paraît sage et bien pensé, et je suis heureux de voir qu'une si grave entreprise, formée dans un âge d'inexpérience, a pour elle l'appui des circonstances et celui de la situation particulière de ces deux aimables jeunes gens. Du reste, nous parlerons de tout ceci, j'espère, avant peu de jours.

P. S. Il va sans dire que je tiendrai secret, même auprès des miens, ce que vous m'avez confié, et que j'entre dans tous vos motifs sur la convenance de n'ébruiter pas l'engagement qui lie dès aujourd'hui Charles à mademoiselle Louise.

VIII

CHARLES A LOUISE.

De Genève.

Je vous prie de me pardonner, mademoiselle Louise, l'indiscrétion que j'ai commise, et que votre billet me fait sentir vivement ; je tâcherai à l'avenir de mettre plus de convenance dans ma conduite, mais je me trouvais dans une situation si nouvelle, qu'elle peut faire excuser ma faute et aussi vous porter à être indulgente pour ces lettres peu mesurées. N'ayant jamais correspondu avec personne, et commençant au milieu de sentiments si vifs, j'ignore ce qu'on peut dire et ce qu'on doit taire, et j'ai pu m'oublier bien aisément.

J'ai à vous parler d'une détermination que j'ai prise, sauf votre assentiment. L'autre jour, M. Dervey m'appela auprès de lui et m'engagea avec tant de confiance à lui parler de mes idées au sujet d'une carrière, que je lui manifestai mon désir, déjà ancien, d'embrasser la même que M. Prévère. Il m'y encouragea, et j'en fus bien aise ; car, outre l'inclination qui m'y porte, j'avais d'autres raisons dont je ne pus lui faire part.

Vous souvient-il, Louise, de ce jour où nous allâmes ensemble aux chalets ? Vous devez vous le rappeler ; car dès lors nous n'avons plus été les mêmes. Arrivés sur les collines de Chevron, d'où l'on voit la cure, nous nous assîmes. « Charles, me dites-vous, car alors nous parlions sans contrainte, Charles, que ce pays est doux et tranquille ! ne voudriez-vous pas y passer votre vie ? — Oui, vous répondis-je, si vous y passiez la vôtre. — Jamais je ne quitterai mon père ni M. Prévère !... »

Ces paroles, Louise, je ne les ai point oubliées. Je me les suis rappelées aussitôt que j'ai entrevu le bonheur d'associer ma vie à la vôtre ; elles étaient présentes à mon cœur pendant que M. Dervey me parlait ; il me semble que ce soit un songe que de les voir prendre cette réalité qui m'enchante. Je rêve sans cesse ces jours fortunés, dans ce pays *doux et tranquille*, comme vous disiez vous-même de votre voix aimable ; je rêve mille plaisirs goûtés ensemble, mille soins donnés ensemble à votre père, à M. Prévère; je rêve une personne qui embellit tout de sa présence... mais voilà que je vais m'oublier. Oh! que de fois je rêve que je sais vous dire tout ce que je sens et que vous m'écoutez aussi longtemps que je veux! Mais c'est un rêve.

M. Dervey m'a bien dit que l'avenir ne dépend pas de nous, que l'on n'est pas placé toujours dans la cure que l'on désire; mais il a ajouté qu'il y a des moyens de s'arranger; que je pourrai toujours soulager M. Prévère; que d'ailleurs, sa cure étant la plus retirée et la plus pauvre du canton, elle est peu recherchée; que M. Prévère lui-même ne s'en chargea qu'à défaut d'autres personnes qui se présentassent. J'écoutais ces choses de toutes mes oreilles, car ce qui m'effrayerait le plus, ce serait d'avoir à lutter contre des rivaux. J'ai rencontré chez M. Dervey de ces jeunes ministres qui attendent d'être placés : ce sont de beaux messieurs habillés à la mode; ils sont aussi à l'aise dans un salon que je le serais dans un pré; ils causent de tout avec facilité, ils disent aux dames toutes sortes de choses qui les amusent. C'est sûr que, si un de ceux-là demandait la cure, je ne l'aurais pas. Mais qu'iraient-ils faire dans ce hameau? Ils n'en voudront pas; et moi, le paysan, la cure me reste!

Mes études m'intéresseraient assez, si elles ne me distrayaient pas de penser à vous. M. Dervey n'a pas été trop mécontent du peu que j'ai acquis à la cure ; mais je vois qu'ici on apprend d'une autre façon que là-bas : c'est pour faire des examens, pour passer en philosophie, en droit; ce n'est pas pour goûter ce qu'on apprend. Tant de chapitres bien sus, tant de livres bien étudiés, tant de problèmes bien démontrés, et vous montez d'un échelon : voilà comme on compte. C'est une manière moins amusante, mais je m'y ferai. Je crois bien aussi que c'est nécessaire qu'il en soit ainsi, sans quoi il y a des choses qu'on n'apprendrait pas, car elles n'amusent guère ni d'une façon ni de l'autre : des problèmes d'algèbre, par exemple, où l'on sait le résultat à l'avance ; ou bien des pages de grec, qui sont aussi des problèmes à résoudre, souvent plus difficiles et plus ennuyeux que les premiers.

Que j'ai de plaisir à causer avec vous, à rapporter tout à vous!

Mais si je vous ennuie, que vais-je devenir? A chaque chose que je vois, je me demande : « Que dirait Louise? comment en jugerions-nous ensemble? » Je ne me plais à aucune pensée, à aucun spectacle, si vous n'y êtes en part, si je n'y assiste en regard de vous, si je ne me dis : « Nous en causerons, ou, à défaut, je lui écrirai... » Et puis je vous parle d'algèbre! C'est cela qui est s'oublier!

Encore un moment, je vous en supplie. Que j'aimerais savoir ce que vous faites pendant que je vous écris! Je vous suis toute la journée; mais je suis sûr que je me trompe souvent, que je vais à gauche quand vous êtes à droite, aux Acacias lorsque vous êtes dans votre chambre. Quand j'y songe, ces bévues me désolent, et je m'arrête tout court pour recommencer sans être sûr de faire mieux. Écoutez plutôt.

Hier, dans l'après-midi, il faisait de l'orage. Les nuages couraient rapidement, les hirondelles rasaient la terre : vint ce gros coup de tonnerre, et puis la pluie. Dès le commencement je m'étais mis à ma fenêtre, et, à mesure que l'orage grossissait, tout ce qui devait se passer à la cure me fut présent avec une vivacité admirable. Je voyais Antoine au chemin des Bois, ayant quitté la prairie et laissant fuir devant lui les vaches effrayées, Dourak aboyant aux nuages; les tilleuls agités jusqu'à leur cime, et les villageois en attente sous la saillie de leurs toits. Je voyais M. Prévère à sa croisée, pensif et regardant au loin les campagnes, et votre père rentrant les chaises et fermant les volets de la cure.

Pendant que je voyais toutes ces choses, il en était une autre que j'avais tenue en réserve, attendant que tout ce bruit fût passé, pour m'en occuper sans distraction. Quand les volets furent fermés, votre père assis sous le porche, et tout bien tranquille alentour, aussitôt mon imagination prit son vol par la campagne, et elle y rencontra bientôt cet objet mis en réserve. De crainte que vous ne deviniez pas, il faut bien que j'en dise davantage.

C'était une jeune fille que l'orage avait surprise sur le banc des noyers. Dans cet instant, elle passait le long de la mare, où son image se répétait sur l'onde vacillante. Quelques gouttes de pluie lui faisaient hâter le pas jusque sous l'abri des tilleuls, où elle s'arrêtait pour retenir ses cheveux dénoués par le vent. Je la voyais ensuite, chassée de là par la pluie, se retirer dans sa chambre, et, accoudée sur sa fenêtre, regarder comme moi les nuages, se recueillir au bruit uniforme de la pluie, et songer... songer à quoi?... C'est ici que le désir et l'incertitude me faisaient battre le cœur.

J'essayai toutes sortes de façons d'attirer ses songes de mon côté; mais c'était plus naturel de la supposer attentive aux choses qui passaient sous ses yeux, à quelque oiseau abrité sous les feuilles, aux vaches qui rentraient, à un passant qui descend la grande route.... Je me fis ce passant, c'était déjà prendre pour moi son regard. Mais je n'y goûtais qu'un charme incomplet, car je n'étais pas reconnu, et d'ailleurs, arrivant bientôt au contour de chemin, la jeune fille me perdait de vue. A la fin, leurré par le désir, je pris place dans sa pensée même, je pris pour moi sa rêverie, je m'attribuai les douceurs de son regard et celles de son sourire, et j'en étais à traduire les secrets mouvements de son cœur en un langage qui me ravissait d'aise, lorsque Antoine entra.... « Eh bien, vous n'êtes pas à la cure? — Je suis venu pour acheter des graines. — Et Dourak? — Je l'ai enfermé à l'écurie, crainte de tapage. — Et... Louise? — Ils sont tous à Allemogne depuis ce matin. »

Antoine s'en est allé. J'ai fermé ma fenêtre, et je me suis mis à faire de l'algèbre. Que pouvais-je faire de mieux?

IX

LOUISE A CHARLES.

De la cure.

Monsieur Charles,

J'ai été bien sensible à la détermination que vous avez prise. Quoique je redoute les choses trop tendres que vous me dites, et que je ne sache pas y répondre, je vous assure que je sens avec une douceur bien grande l'accord de vos projets avec mes vœux, et que je ne l'attribue qu'à des sentiments qui me touchent infiniment. Mais j'aime les reconnaître, les deviner, bien plus qu'en écouter l'expression trop vive. Ainsi ils me pénètrent, tandis qu'autrement ils me troublent.

Ne croyez point vous oublier en me parlant de vos études, ni d'aucun objet qui vous intéresse ou vous frappe. Je puis souvent ne pas vous comprendre bien, parce que ces matières ne sont pas à ma portée, mais elles ne m'en captivent pas moins, tant parce que je suis curieuse, que parce que c'est vous qui m'en parlez. Autrefois, nous causions de toutes choses au hasard, et ce babil m'était cher ; j'aimerais que nous n'en perdissions pas la douce habitude. D'ailleurs, c'est de quoi remplir vos lettres de tous les jours, c'est aussi me laisser quelque chose à répondre ou quelque chose à vous demander.

Vous avouerai-je, Charles, une faiblesse que je me reproche, et qui est cause de ces caprices que vous devez trouver bien étranges? Je ne sais pas être heureuse.... Entourée d'êtres qui me sont chers, sans vœu à former, sans chagrin à cacher, j'éprouve néanmoins des moments de tristesse et de vide dont je ne saurais dire le motif. Il me semble comme si je regrettais la paix de nos premières années, lorsque pourtant rien ne l'a troublée et qu'elle devrait subsister encore. Je voudrais pouvoir retenir le présent et le fixer pour toujours; tout ce qui rapproche l'avenir, tout ce qui présente à mes yeux des changements, que je sais pourtant être inévitables, m'inspire de l'effroi et fait naître en moi des regrets involontaires. Voilà pourquoi la trop vive expression de vos sentiments troublait mon cœur. Vous riez de ce que vous me parlez d'algèbre? En vérité, c'est le passage de votre lettre qui m'a mise le plus à l'aise; je vous retrouvais tel qu'autrefois, nous causions comme alors de quoi que ce fût, vous n'aviez point changé de langage, en sorte que, comme autrefois aussi, je vous écoutais satisfaite et heureuse. Continuez ainsi, je vous en prie. Parlez-moi de tout ce qui vous arrive, des choses que vous voyez, des gens que vous êtes à portée de connaître; j'y trouve à la fois du plaisir, du calme, et je ne sais quel reflet d'autrefois qui me rassure et me plaît. Ce n'est pas d'aujourd'hui que l'extrême bonté de tous ceux qui m'entourent m'a rendue exigeante et fantasque.

Je n'oserais deviner qui peut être cette jeune personne dont vous me parlez. Il n'y a ici que des villageoises à qui ne conviennent point les grâces délicates que vous lui prêtez, et dont les rêveries à la fenêtre sont trop humbles et sans valeur pour ravir d'aise qui que ce soit. Plutôt les vôtres seraient flatteuses pour celle qui s'en pourrait croire l'objet.

Au reste, vous n'étiez pas seul à jouir du beau spectacle de cet orage. Avant-hier matin, nous partîmes pour Allemogne. Notre projet était de dîner auprès des Sources; mais, trouvant la place occupée par quelques personnes, nous cherchâmes plus haut dans la montagne une autre salle à manger. Après avoir monté assez longtemps sans nous décider, cherchant toujours de plus beaux ombrages, nous atteignîmes aux derniers châtaigniers, où l'on posa le panier aux vivres sous une épaisse voûte de verdure. « Oh! le bel endroit! dit M. Prévère.... Ici il ne nous manquera rien..... que Charles, » ajouta-t-il pour entrer ans la pensée de tous.

Nous fîmes là notre petit repas. Nous étions quatre; car un jeune chevreau, dont la mère broutait à quelque distance, nous tint compagnie et mangea avec nous, nous divertissant par sa gaieté capricieuse et par la grâce légère de ses mouvements. Avez-vous remarqué avec quelle bonté M. Prévère accueille les animaux, comme il aime à s'en laisser approcher et met du prix à leur confiance? La naïve sécurité de celui-ci lui causait un plaisir visible, et c'était charmant à voir que cet homme grave qui se gênait un peu pour ne pas effaroucher son confiant convive. Après dîner, je lui fis quelque lecture, pendant que mon père reposait auprès de nous. C'est durant ce temps que les nuages couvrirent le ciel, qu'une lumière pâle, remplaçant peu à peu l'éclat du soleil, fit disparaître l'obscurité des ombrages. Nous demeurions à considérer la tempête, qui semblait ne pas devoir nous atteindre, lorsqu'à ce violent coup de tonnerre le troupeau de chèvres se mit à descendre en bondissant; mon père se réveilla en sursaut, et, la pluie arrivant avec violence, nous cherchâmes en hâte un abri sous les hautes roches auxquelles sont adossés les derniers châtaigniers.

Quelle jouissance ce fut alors! Nous étions sous la saillie des rochers, dans une espèce d'antre pittoresquement tapissé de plantes sauvages et avec nous le petit chevreau, qui, ne retrouvant plus sa mère, nous avait suivi en bêlant. Mais, autour de ce tranquille asile, tout était bruyant, agité; les arbres semblaient rompre sous l'effort du vent; au bas de la montagne, des tourbillons de poussière faisaient distinguer les routes qui mènent aux hameaux, et plus loin, dans la plaine, jusqu'aux montagnes de l'horizon, des teintes grisâtres et lugubres semblaient avoir transformé ces campagnes si belles en solitudes désolées. En quelques endroits seulement, le soleil, perçant les nuages, dorait du plus vif éclat des plages riantes qui formaient comme des îles enchantées au milieu d'un triste océan.

Nous ne disions rien. M. Prévère contemplait cette scène avec recueillement; ses yeux, animés par une émotion intérieure, brillaient d'un doux éclat. Pour moi, j'éprouvais une joie confuse, un trouble délicieux, mêlé d'une attente solennelle. Vous souvient-il qu'autrefois nous nous faisions à l'approche de l'orage des abris où nous aimions à écouter ensemble le tonnerre, qui pourtant nous faisait trembler? C'était ce sentiment-là, mais plus grand, plus vif, et auquel se mêlait une agitation du cœur que j'ignorais alors. Mille souvenirs s'y pressaient en foule, mille pensées y brillaient comme par éclairs, et tous ces sentiments s'embellissaient de je ne sais quel charme touchant et religieux à la fois. Dirai-je que je ne songeasse point à vous? Non, Charles; votre pensée, qui ne m'abandonne guère, m'était alors présente, plus vive encore, et je la retrouvais sans cesse au milieu de ce conflit d'émotions vagues et confuses.

Insensiblement le vent balaya les nuages, et le soleil couchant vint inonder d'une clarté pure les campagnes rafraîchies. Tout semblait renaître alors et s'embellir de jeunesse et de vie. Aux émotions que je venais d'éprouver succédait comme un tranquille et confiant espoir. Je regardais au loin la cure avec des yeux attendris : ce tranquille séjour me paraissait alors plus tranquille ; il semblait m'ouvrir les bras pour y cacher ma vie ; je m'y réfugiai et vous m'y suiviez....

Vous m'avez dit votre rêverie, Charles, je vous ai conté les miennes, assez longuement, je vois. M. Prévère se leva en disant : « Nous avons bien fait d'avoir choisi cette journée! » Et nous reprîmes paisiblement le chemin de la cure, où j'ai trouvé votre lettre en arrivant.

X

CHARLES A LOUISE.

De Genève.

Que je ne vous dise pas, Louise, que votre lettre me transporte, que je la relis sans cesse, que je ne puis songer à autre chose? C'est impossible. Sûrement vous n'exigez pas qu'on lise des choses semblables, et puis qu'on les renferme en soi bien posément! Pour moi, je me croirais indigne de les avoir lues, si j'avais la force de m'en taire.

Mais c'est vous qui me dites des choses tendres! si tendres que je n'ose pas y croire. Car plus je relis, plus il me semble que c'est comme si vous me disiez en tout autant de mots : « Charles, vous m'êtes cher, je pensais à vous, j'aime que vous me causiez..., » Et que pourriez-vous me dire qui me comblât d'un plus grand bonheur?

Vous voulez donc que je vous parle des choses qui m'arrivent, que je vois, qui me frappent? Je veux bien; mais voilà que, depuis que vous m'en avez fait la demande, il ne m'arrive rien, je ne vois rien, plus rien ne me frappe ; et ce n'est pas l'envie qui me manque de voir ou d'être frappé. Et puis, que voulez-vous qu'il m'arrive? Sept heures, chaque jour, je suis à étudier dans des livres; le reste du temps, je pense à vous : voilà tous mes événements quotidiens. Point de courses à Allemogne, point de dîners sous les châtaigniers, point de joli chevreau, et surtout point de ce doux et pénétrant langage que vous savez employer au gré de votre pensée, dont il est la si charmante image!

Ce n'est pas cependant que, pour moi, habitué au séjour tranquille et retiré de la cure, le spectacle de cette ville ne soit intéressant et curieux par sa nouveauté; mais mon esprit en est comme étourdi, je ne sais comment juger la plupart des choses que je vois; je passe de l'une à l'autre sans embrasser aucun ensemble, sans entrevoir aucun lieu. Toutefois, au milieu de cette confusion, je me sens changer presque à mon insu: Certaines choses attirent mon intérêt, d'autres mon dégoût; les gens que j'entends parler me plaisent ou me déplaisent; et ainsi des sentiments de prévention ou de bienveillance me pénètrent insensiblement, sans que je puisse souvent me dire la cause de ces impressions, si ce n'est peut-être que je songe aux jugements que nous porterions ensemble. Ce trouble confus d'idées est encore augmenté ou entretenu par la honte que j'éprouve de mon ignorance et par la timidité qui en est la suite. Je n'ose questionner, de crainte de paraître trop novice; quand on parle devant moi de sujets qui m'intéressent, j'ose à peine écouter attentivement, crainte qu'on ne me prenne à partie et qu'on n'aille me traiter en monsieur, auquel cas je crois bien que je défaillerais. Je pense que ceci tient au séjour de la campagne, qui rend les garçons sauvages et maladroits; car je vois ici des jeunes gens bien moins âgés que moi qui comprennent tout ce qui se dit, qui questionnent et répondent avec une assurance que j'admire, même l'on m'en a montré qui écrivent dans un journal. A vrai dire, je crois bien que, s'il s'agissait de monter au plus haut d'un cerisier ou de vous aller cueillir une fleur au-dessus de l'escarpement d'un roc, j'aurais sur eux l'avantage; mais ici, qui est-ce qui fait cas de cela?

J'ai pourtant fait une connaissance, et d'une manière plaisante. Précisément au-dessous de ma fenêtre est celle du portier de la maison. L'autre jour, j'arrosais mon jardin (c'est une bouture de votre rosier que je me suis fait apporter par Antoine). L'eau, filtrant au travers de la terre, vint à dégoutter, toute vaseuse et salie, sur le bonnet blanc du portier, qui, à son ordinaire, était à regarder les passants. Il se mit aussitôt dans une grande colère, et m'apostropha sans me voir; car, dès les premiers instants qui suivirent le crime, j'avais fait retraite jusqu'au fond de ma chambre.

Au grand bruit que faisait ce portier, M. Dervey s'était mis aussi à sa fenêtre, pour juger par ses yeux de l'étendue du mal; et voici ce que j'entendis du fond de ma retraite : « Allons! monsieur Champin, c'est un petit malheur. — Faites excuse, monsieur le pasteur, mêmement que mon bonnet en est tout trempé. — Fort bien, mais ce n'est pas irréparable. — Faites excuse, monsieur le pasteur, on se passerait de l'agrément. — Sans doute, mais c'est pur accident. — Faites excuse, monsieur le pasteur, mêmement qu'il s'est caché. — Ah! vous nous rompez la tête! » Et M. Dervey referma brusquement sa fenêtre, tandis que le pauvre portier continuait à demi-voix : « Que si, à M. le pasteur, on lui trempait ainsi sa perruque, et seulement à l'eau propre, il en dirait bien d'autres! Si on a une langue, c'est pour se plaindre. Quand il prêche, personne ne l'inquiète, si fort qu'il parle; et d'ailleurs, de blancs il ne m'en reste plus. » Puis, élevant la voix : « On connaît l'Auditeur, allez! et on pourrait bien porter plainte, vaurien d'étudiant! brimborion de jeunesse, allez! De mon temps, les jeunes gens étaient respectueux, tranquilles, surtout avec les vieux.... et puis j'aurais aimé voir qu'ils touchassent à mon bonnet! »

J'avais dès le premier moment éprouvé des remords, non pas d'avoir sali le bonnet, mais de m'être caché, et je voulais m'en délivrer au plus tôt. Toutefois, la crainte d'attirer de nouveau l'attention de M. Dervey, si, en me montrant dans ce moment, je provoquais une explication bruyante, me porta à employer des moyens qui me fissent rentrer en grâce sans bruit ni éclat. Sachant donc que M. Champin est le rhabilleur des montres de la maison, le fournisseur de verres et de clefs de tous les locataires, je ployai ma montre dans un papier qui contenait mes excuses, conçues à peu près dans ces termes :

« Je vous prie, monsieur Champin, de m'excuser et de croire que, quoique j'aie eu le tort de me cacher, c'est à mon insu que j'ai mouillé votre bonnet. Par la même occasion, je vous prie de vouloir bien fournir ma montre, ci-incluse, d'un verre et d'une clef. »

Après quoi je suspendis le petit paquet à une ficelle, que je laissai couler doucement le long de la muraille! et tout allait à merveille, lorsque l'indigne paquet alla s'engager dans les barreaux de la cage où M. Champin loge ses serins bien-aimés. Je mesurai d'un coup d'œil toute l'horreur de ma situation et l'impossibilité de conjurer un affreux éclat si j'étais aperçu. Avec une patience et des précautions infinies, je secouais doucement la ficelle afin de la dégager; mais, après mille efforts, je ne parvins qu'à faire bouger la cage... Tout à coup, une main arrache le paquet, et l'orage éclate! Heureusement M. Dervey venait de sortir de sa chambre.

Je dus laisser passer les premières violences de la tempête. Seulement, dans les rares intervalles d'un monologue à mon adresse, je disais : « Ouvrez! ouvrez! monsieur Champin ; » et comme ses gestes me faisaient trembler : « Prenez garde ! ajoutai-je, c'est une montre. » Ces mots firent effet, et, au calme qui se rétablit, quelques passants, déjà attroupés dans la rue, se dispersèrent, à mon grand contentement.

J'attendis un bon moment. En m'avançant en dehors de la fenêtre, autant que je pouvais le faire, j'apercevais le billet déposé sur la tablette, et, au-dessous des besicles du portier, ses mains qui maniaient la montre... « Je connais cette pièce, dit-il enfin. — Possible, lui répondis-je. — Elle a appartenu à l'un de mes amis. — Elle m'est donnée par l'un des miens. — Connaissez-vous Reybaz, le chantre? — Si je le connais!... j'ai grandi dans sa maison... » Dès ce moment nous voilà liés d'affection, et, pendant une heure, nous avons jasé ensemble. A la fin, on est venu l'appeler. « Je vous mettrai là un beau verre, m'a-t-il dit en se retirant. Vous concevez qu'à votre âge, et lisant dans les livres, je vous prenais pour un étudiant. Avec ça que vous vous êtes caché et que je ne suis pas devin. Du reste, n'en parlons plus. Au revoir. »

Voilà comment j'ai fait un ami, et un ami qui connaît votre père. Pour moi, c'est certes bien un événement. Je n'ai qu'à mettre le nez à la fenêtre, je le trouve à la sienne, et nos paroles s'échangent à la face du ciel et des rues. C'est un homme très-drôle. Il parle toujours du temps passé, et de sa loge il juge et désapprouve tout ce qui s'en est changé ou altéré dans les personnes, les choses ou les bâtiments, depuis une certaine époque. Il appelle votre père un *ancien*, cela veut dire un du bon temps ; il dit que sa montre en est aussi, et il cherche à me prévenir contre les montres plates de l'horlogerie moderne. J'ai gagné son estime en lui disant que je n'en aurais jamais d'autres que celle que je tiens de votre père, car il juge que c'est chez moi amour des roues de rencontre et haine des échappements horizontaux. Ce sont des termes techniques que j'ai retenus, comme personnifiant à ses yeux l'ancienne et la moderne horlogerie.

Du reste, savez-vous ce qu'il m'a dit ? « Je l'ai connue qu'elle était toute petite, il y a bien de ça sept ans, ma foi! Elle était douce comme un agneau, avec ça qu'elle promettait de tout point. L'âge venu, elle aura dû gagner ; et puis, son père est un ancien! Faites-lui mes amitiés ; il se veut assez souvenir de Champin, Champin Jean-Marc, Champin de la rue Jean-Jacques, Champin le rhabilleur, Champin l'ami de noce, le cavalier des dames, dans le temps. Encore mieux : Champin tout court ; il ne se peut pas méprendre, allez! c'est un ancien! »

En vous adressant le compliment, je vous charge aussi de la commission et de mes amitiés pour tous.

Votre affectionné

CHARLES.

XI

LE CHANTRE A CHARLES.

De la cure.

Depuis que Roset a défunté, la commune est sans taupier, par suite de quoi les taupes multiplient à l'aise, et les prés font mal à voir, étant tout de creux ou de mottes. Foron a essayé de la partie ; mais, pour les taupes, il faut de l'instinct : témoin que j'en guette une depuis huit jours, et sans y rien avancer. C'est un grand mal que Roset soit mort, et sans laisser d'élève.

Il faut que vous alliez à Mollesullaz. Ils en ont un là qu'on dit rusé comme un renard ; vous lui direz qu'il vienne pour un mois : la commune lui payera ses journées, et en sus deux sous par taupe. C'est un sou de plus qu'on ne donnait à Roset, avec ça qu'il y en a six fois plus que de son temps.

On craint que l'année ne soit mauvaise, par rapport aux vignes. Cet orage de l'autre jour a haché les grains du côté de Chevron, dont bien me prend d'en avoir fini avec mes provins. Avec la vigne on n'a pas de repos. Nous sommes trop près des montagnes : si ce n'est la grêle, c'est la bise. Pour une comète, on a cent froidures.

Le pauvre Brachoz va bien mal : vous savez l'histoire. Vendredi dernier, ayant fait pache pour sa génisse, il revint tard du marché, portant une pioche neuve. Le lendemain on l'a trouvé en bas de la moraine des Bois, aussi roide qu'un mort. Là, ils l'ont fait boire, et petit à petit ils l'ont ravivé, à tout qu'il a ouvert les yeux et demandé sa pioche. Alors ils l'ont ramené à sa maison sur des branchages. La pioche y était déjà, trouvée sur le chemin par l'orpheline de Louise. Les uns disent qu'il avait bu un coup de trop, les autres que c'était nuit noire. Le vétérinaire l'a vu et juge que c'est mauvais, à raison du coffre qui a souffert. Par le village, ils disent qu'il s'est croisé une côte, de façon que celle d'en dessus lui ravage l'intérieur. Pour bien dire, on n'en saura rien avant ce soir, que M. Prévère a fait chercher un médecin de la ville. En attendant, on lui fait ses semailles, et les Legrand ont renvoyé la danse, étant ses cousins, remués de germains. La petite se tient vers la femme, qui se désole, voyant déjà son homme mort.

Par cette grêle de mercredi, nous étions à Allemogne pour y dîner. C'était jouer de malheur : on n'eut que le temps de s'abriter sous des rocs, de façon qu'on s'est ennuyé; et au retour, la boue. Le vent avait été si fort qu'il a brisé deux portillons à l'écurie et couché bas deux noyers : c'est des jeunes. Ils disent que ce gros coup de tonnerre est tombé de l'autre côté du Rhône, sur le clocher de Bernex, et qu'il a tué le sonneur qui sonnait vêpres. Informez-vous voir. Ça ne m'étonnerait pas, avec ces carillons éternels qu'ils ont dans leur religion. A Allemogne, ils sonnaient tout de même. L'almanach dit que ça attire la foudre. Mais ils ne savent pas lire, faute de Lancasters, par rapport aux curés qui n'en veulent pas.

Pour en revenir à l'affaire, tâchez d'y aller demain. Ça vous fera une promenade. Il est en deçà du pont, avec une taupe en écriteau et des vitres de papier à sa fenêtre. Son nom, je ne le sais pas, mais vous voulez assez trouver. Nos amitiés.

REYBAZ.

P. S. Est-il vrai que la Russie bouge et qu'on a des nouvelles ? Une guerre à présent ferait bien du tort.

XII

CHARLES A LOUISE.

De Genève.

Il faut que j'essaye, Louise, d'un nouveau messager. Je place cette lettre sous le collier de Dourak ; à lui de vous faire comprendre sa mission. Cependant, comme il pourrait aller l'offrir à d'autres, il faut que je n'y écrive point de secrets.

Dourak était ici au jour, car dès que la maison a été ouverte il y a pénétré, et j'ai été réveillé par le bruit de sa patte qui grattait à ma porte. Ce qu'il y a de drôle, c'est que le portier, armé d'un long balai, l'avait suivi pour le chasser de là ; mais à peine levait-il son balai, que l'ami Dourak, avec un grognement ferme et nourri, a fait briller deux canines très-remarquables... Alors le belliqueux portier a fait à reculons une retraite honorable, et j'ai ouvert.

Je m'attendais à voir bientôt suivre Antoine. Comme il n'est pas arrivé, j'ai dû conclure que c'était une visite que me faisait spontanément mon ami. Je lui devais donc d'autant plus de reconnaissance et d'égards ; en sorte que, fermant mes cahiers d'étude, je suis sorti avec lui pour lui faire voir la ville.

Mais dans toute la ville Dourak n'a guère regardé que moi. Il gambadait, il bondissait ; je pouvais difficilement contenir sa joie dans des limites convenables. A la fin nous avons rencontré un petit roquet mignon, rasé, peigné, coiffé, conduit en laisse par une vieille dame. A la vue de cet objet, Dourak est devenu sérieux : il hésitait à y reconnaître son prochain, et il allait sauter sur l'insecte, lorsque la dame, voyant déjà son roquet croqué, s'est recommandée à moi. J'ai joué là un très-beau rôle.

Plus loin, j'en ai joué un moins beau. Tout en cheminant avec mon ami, je remarquais avec quelque inquiétude que la finesse de son odorat découvrait dans l'atmosphère certains filons riches en convoitises... Un de ces filons, dont il était tout préoccupé depuis un moment, l'a conduit par malheur vers l'étalage d'un marchand, où, s'étant dressé sur ses pieds, il s'est emparé sans façon d'une galantine truffée... Voilà toute la boutique, toute la rue en grand émoi ; l'un une aune, l'autre un bâton : « A qui est ce chien ?... » C'était le moment de me déclarer, de n'avoir point honte de mon ami et de payer son repas. Je n'osai... ou plutôt je ne voulus pas : les bâtons étaient levés encore, et le souvenir de circonstances analogues, où sa discrétion m'avait été singulièrement utile, retint ma langue. Je suis donc revenu plus tard pour payer la galantine. C'est fort cher. Dourak seul sait si c'est bon. Il m'attendait plus loin, de l'air du monde le plus content de soi.

Nous sommes rentrés, et c'est pendant qu'il fait sa sieste que je trace ces lignes, qui ne compteront pas pour une lettre, si vous me le permettez... Mais voici Dourak qui fait mine de vouloir repartir. Je fais donc trêve à ce babil pour profiter d'une intention que je ne saurais trop comment lui suggérer s'il ne l'avait pas. Je tremble ; car s'il lui arrivait de se faire arrêter au sujet de quelque galantine, combien ce papier pourrait le compromettre.

XIII

LOUISE A CHARLES.

De la cure.

J'ai fait, Charles, votre commission à mon père. Effectivement, Champin tout court a suffi, et le souvenir de cet ancien ami l'a d'abord tout réjoui. Il m'a dit dans les mêmes termes : « C'est un ancien ! Champin Jean Marc, Champin le rhabilleur, le cavalier des dames, du temps qu'on était jeune. » Et puis j'ai bien vu qu'à ces souvenirs venait se mêler celui de ma mère. J'ai voulu détourner cette triste pensée en parlant d'autre chose : « Chère et honorée femme ! a-t-il repris ; c'est lui qui fit la demande. » Et toute la journée il a été sérieux

Heureusement, vers le soir, votre taupier arriva et fit diversion. Mon père l'a aussitôt conduit dans la campagne, où ils ont préparé leur plan d'opérations. Mais quel drôle d'homme vous nous avez envoyé ! Avec ses cheveux roux, ses cils blonds et son œil fauve, il a l'air d'un sorcier ; et à le rencontrer seule dans la campagne, j'en aurais peur. Le bruit se répand au hameau qu'il lève les sorts ; en sorte qu'il aura de l'ouvrage, à l'insu de M. Prévère, dont il se cache soigneusement pour ces superstitions. Je sais ces secrets par mon père, dont il se cache moins, bien qu'il n'y croie plus.

Il m'a pourtant dit : « Sais-tu, Louise, que ce taupier est un habile ? Au travers de terre, il les sent marcher ; et rien qu'à voir où l'herbe penche, il vous dit l'endroit où la taupe creuse. Le drôle donne bien à entendre que c'est par sortilége; je dis, moi, que c'est d'instinct. Il faut de l'instinct pour les taupes; sans cela, le plus fin y est pris. Vous creusez de ci, la taupe est de là. Mais c'est un habile. Ils voulaient le consulter pour Brachoz; je le leur ai déconseillé. » Pauvre père! je m'en veux d'avoir l'air de sourire de ce langage. Mais c'est qu'il le peint si bien, que j'aime à le répéter.

Je ne m'étonne pas que le séjour de la ville vous jette dans cette espèce de trouble dont vous parlez. Tant d'objets nouveaux! une vie si différente! Pour moi, quand je lis l'effet que ce spectacle produit sur vous, je me trouve à votre exemple; et comme si ce bruit et ce mouvement devaient m'atteindre, je m'attache avec plus de force à mon obscure et silencieuse retraite, je me promets bien de n'en jamais sortir. Mais j'en écoute avec plus de plaisir encore vos récits : c'est comme l'écho d'un bruit lointain, que les vents apportent vers le rivage tranquille où je suis assise.

N'allez pas vous laisser trop changer, à votre insu. Mon père craint que vous ne deveniez trop *monsieur*, et moi aussi. Il me semble que c'est où tendent vos études, votre genre de vie, les gens avec qui vous vivez, les relations que vous formerez. A propos, vous ne m'avez encore rien dit de la famille de M. Dervey, rien des personnes que vous avez pu rencontrer, rien de ces salons où vous écoutez parler, rien enfin de cette ville qui se trouve être ma patrie, sans que je la connaisse encore. Voyez que de choses! Moi, je vous parle des taupes : c'est notre grand événement d'ici, et pour longtemps; vous, rien de la capitale, où il doit se passer au moins un événement par jour.

Louise.

P. S. En ce moment Marthe me remet votre lettre, c'est à elle que votre messager s'est adressé. Le papier, ayant bougé en route, dépassait le collier; sans quoi il eût pu y rester et tomber plus tard en d'autres mains. Tout en vous remerciant que je vous dise pourtant que j'en eusse ressenti quelque embarras.

XIV

CHARLES A LOUISE.

De Genève.

Il est sûr que je change, Louise, et beaucoup, ne fût-ce qu'en vous aimant chaque jour davantage. Et puis, si je ne changeais pas, comment deviendrai-je jamais digne de vous ? Il y a des moments où je voudrais être le premier de la terre, pour mettre à vos pieds toute ma gloire et ma puissance ! C'est par ce point-là que l'ambition m'assiège et que j'envie les distinctions, non pas pour en jouir, mais pour vous en faire le sacrifice. Lorsque je rencontre ici un de ces hommes que le respect entoure, que l'on vous montre comme distingués, comme supérieurs aux autres, comme faisant l'honneur de la ville, je soupire après leurs avantages comme après un présent du ciel, dont j'irais vous offrir tout l'hommage. Au lieu de cela, que suis-je ? Et par quel bonheur se fait-il qu'étant si peu, vous soyez pourtant mon amie ?

Quant à devenir *monsieur*, dites à votre père qu'il ne craigne rien de ce côté-là. Beaucoup de mes camarades le sont, plusieurs ne sont que cela ; je ne vois rien là qui m'attire. Oh non ! Mais si je pouvais en me distinguant honorer cet habit campagnard que je porte encore; si je pouvais atteindre, par le savoir et le caractère, à ces hauteurs que j'entrevois et dont quelques hommes ici occupent les sommités ! si, après les y avoir atteints, j'allais à mon tour faire honneur à M. Prévère, mon premier, mon unique maître! ah! Louise, c'est cela qui me fait battre le cœur. Mais d'être monsieur ? non. Aussi bien ma naissance ne m'y invite pas. Ils m'appellent le campagnard; ils m'appelleraient, je pense, l'enfant trouvé.

Je voudrais vous cacher ce qui a réveillé en moi ces désirs si peu modestes, mais je ne puis; et d'ailleurs, quand vous connaîtrez tout, ils vous paraîtront moins ridicules. Louise, ceci va ressembler à une grosse louange que je fais de moi-même; je ne vous le donne pas pour autre chose, mais pardonnez-moi en faveur de ma sincérité.

Il y a ici un de ces hommes dont notre patrie tire gloire, qui se distingue dans le Conseil par ses lumières et son éloquence, qui est célèbre dans les pays étrangers par des ouvrages sur les lois et sur les assemblées politiques, et qui, à raison de ses talents supérieurs, a été en relation avec la plupart des hommes distingués de notre âge. Dès les premiers jours que je passai ici, on me le montra; je l'ai revu plusieurs fois depuis, et j'en ai beaucoup entendu parler. C'est un très-gros homme, avec une tête large, plutôt laide, mais grave et ennoblie par d'épais sourcils, qui voilent à moitié un regard à la fois sérieux et bienveillant. Du reste, des habits taillés largement, une grosse canne, et sur sa tête un chapeau souvent froissé, sans que seulement il s'en aperçoive; à vrai dire, guère plus monsieur dans sa mise que nos anciens du hameau. Il se nomme Etienne Dumont[1].

Cet homme, parvenu si haut, sort d'une condition obscure; ses premières années se passèrent dans la gêne, et il a tout dû à son mérite. Que si je vous disais, Louise, que c'est là l'exemple qui m'enflamme, qui réveille en moi cette ambition dont je parle, avec raison vous ririez; mais c'est autre chose. Cet homme, le même, il m'a parlé, accueilli, encouragé!

C'est il y a huit jours. Il y avait une soirée chez M. Dervey; M. Dumont y vint: ils sont anciens camarades de collége. Je ne le quittais pas des yeux. Il parlait avec l'un, avec l'autre, car chacun cherchait à s'approcher de lui; et moi je tâchais, à distance, d'attraper quelques paroles de ce qui se disait. Comme il a la vue basse, tout en parlant il regardait curieusement autour de la salle, comme pour reconnaître qui s'y trouvait, et toutes les fois que son regard se dirigeait de mon côté, je tremblais de tous mes membres. A la fin, s'adressant à M. Dervey: « Monsieur Dervey, lui dit-il, vous ne m'avez point fait connaître votre campagnard. Est-il ici? » M. Dervey est aussitôt venu me prendre par la main, en sorte qu'un moment où, couvert de confusion, je cherchais à m'effacer, j'entendis ces terribles paroles: « Venez, Charles; » et, comme on nous avait ouvert un passage: « Le voici, » dit-il à M. Dumont. Me voyez-vous, Louise, rouge jusqu'au blanc des yeux, interdit, et n'osant porter mes regards ni à droite ni à gauche? Du reste, voici ce qui s'est dit alors; malgré l'émotion, je n'en ai rien oublié. Pour ces choses, la mémoire est merveilleusement complaisante et facile.

1. Étienne Dumont, publiciste distingué, écrivain éminent, l'ami et l'interprète de Bentham, auteur des *Souvenirs de Mirabeau*, etc., etc.

« On m'a parlé de vous, mon cher ami, et en termes qui me font désirer de vous connaître. Voilà pourquoi mon ami Dervey vous joue le mauvais tour de vous mettre là en spectacle. » Je souris avec les assistants, et la moitié au moins de mes terreurs s'envolèrent. « On me dit que vous aimez l'instruction.... c'est bien, il faut s'y mettre à votre âge si l'on veut être quelque chose par la suite. Où avez-vous commencé vos études ? — Ici, monsieur. — Mais auparavant ? — J'ai vécu dans un village, élevé par le pasteur Prévère. — M. Prévère ! vous sortez là d'une belle et bonne école. Où sont vos parents ? — Je n'en ai point. — Et M. Prévère ? — C'est lui qui m'a recueilli.... » Pendant ces mots, tous s'étaient tus et me considéraient avec intérêt. « Honorable ! reprit M. Dupont d'une voix grave et un peu émue, honorable pour l'un et pour l'autre. Mon ami, vous réussirez. Sûrement, vous réussirez. La détresse et l'abandon sont de grands mobiles. Tout à se faire soi-même, c'est un puissant stimulant ; courage, courage ! Parti de fort bas, vous voilà déjà bien plus haut ; j'en augure favorablement pour vous, et, si vous poursuivez, de grandes jouissances vous attendent. Mais travaillez, n'imitez pas notre jeunesse paresseuse et futile ; semez avec peine, et vous recueillerez avec usure. Du reste, venez me voir de temps en temps et faites-moi le plaisir de me compter au nombre de vos amis. » Comme il tenait ma main, j'ai serré la sienne sans rien répondre, car j'avais peur de pleurer au premier mot que je voudrais dire, tant j'étais transporté de plaisir et de reconnaissance.

Voilà tout, Louise. Que penserez-vous de tout ceci ? Cette fois, j'attends une lettre, bien sûr.

XV

LOUISE A CHARLES.

De la cure.

Monsieur Charles,

Votre récit m'a vivement touchée. J'étais avec vous, je rougissais avec vous, avec vous je savourais ces paroles si douces et si flatteuses dans la bouche d'un tel homme. J'en suis fière autant que vous pouvez l'être ; ainsi, Charles, si nous manquons de modestie, c'est ensemble, et je n'ai rien à vous pardonner.

Oh! oui, belle carrière et digne d'envie! Sans doute peu de jeunes gens peuvent y aspirer, mais tous devraient attacher leurs regards sur ces brillants modèles. Ah! si j'étais homme, ce ne serait pas tant d'atteindre à la même hauteur qui serait mon envie : c'est trop rare, trop difficile, trop sujet au découragement; mais ce serait d'entrer au moins dans la même voie, dans celle du savoir, du caractère honorable, de l'intelligence sérieuse et distinguée; et n'est-ce pas là que conduisent toujours en quelque degré une jeunesse bien employée et quelque enthousiasme pour les hommes supérieurs? Sans cela, Charles, à quoi servent la richesse, la naissance, les talents mêmes?... Voyez M. Ernest : il a tout cela, et une facilité que l'on admirait; mais il s'est trouvé apparemment de cette jeunesse paresseuse et futile dont parle M. Dumont. Aussi qu'est-il? Riche, c'est vrai : il a une belle maison, de beaux chevaux; mais, même à la cure, sur ce modeste théâtre, qu'est-il en face de M. Prévère? que serait-il en face de votre monsieur, et en quelle chose publique ou particulière joue-t-il un rôle utile ou flatteur? Et si vous voulez que je vous dise un secret, c'est que rien n'attire mieux sur un jeune homme l'attention d'une jeune personne que ce relief dont il jouit parmi les hommes.

« Belle et noble école, vous disait-il, que celle de M. Prévère! » Ces mots se sont gravés dans mon cœur. Ce sont eux qui, pour moi, donnent autorité au reste de ce qu'il vous a dit, Oui, noble et belle école, inestimable avantage que d'avoir passé son enfance sous l'ombrage d'une vertu si vraie; que d'avoir connu ce beau modèle de bonté, de patience, d'humanité généreuse; que d'avoir reçu les aimables leçons d'un homme si distingué en lumière et en instruction! Oh! je le dis dans l'effusion de mon cœur, s'il est une carrière plus belle encore que celle dont vous m'avez retracé l'histoire, c'est celle de l'homme supérieur vouant sa vie à l'obscure pratique des plus humbles vertus, sans autre mobile qu'une âme généreuse, sans autre but que d'avoir aidé ses semblables, sans autre récompense que d'avoir marché sur les traces d'un divin Maître, sans autre espoir que celui d'obtenir, avec ceux qu'il a rendus meilleurs, une place dans les immortelles demeures!

Charles, nous avons été favorisés du ciel. Puissent les bienfaits de notre enfance se répandre sur tout le reste de notre vie!

XVI

CHAMPIN A REYBAZ [1].

De Genève.

Reybaz, te souviens-tu de Champin? Voici tantôt six ans qu'on ne s'est vu. Nous devenons vieux, mon pauvre ami ; tout à l'heure nous ne nous retrouverons plus que dans l'autre monde. Eh! dis donc? Autrefois, comme ça semblait loin, tout ça! Nous y voilà pourtant.

Ces jours-ci, je t'aurais été voir, n'étaient mes jambes qui refusent le service. La gauche est enflée, et l'autre n'est pas forte, par rapport au rhumatisme qui me l'a ruinée. Dis, Reybaz, où l'on descend! Une jambure comme celle-là, qui faisait envie aux plus fameux! Reste toujours qu'elle a eu son beau temps. Te souviens-tu, au baptême de ma Catherine? Hein, de quelle vigueur ça dansait encore! On avait pourtant ses quarante bien comptés.

Je disais donc que je t'aurais été voir, non pas pour toi, vu que j'ai de tes nouvelles, mais par rapport à un jeune garçon qui est ici, à qui tu as donné ta montre. Entre nous, tu as eu tort : de ces pièces-là, il ne s'en refait plus. Avec les maîtrises l'horlogerie est tombée. A présent, en fait qui veut, et au goût de chacun. C'est du plat, c'est du clinquant, de la frime pure, des patraques endimanchées. Pour du solide et du soigné? adieu, je t'ai vu. A propos, quelqu'un a tenu la tienne depuis moi, car on a changé les huiles ; dis-moi qui c'est. Il me semble que ça me revenait de droit.

Je disais donc ce garçon, c'est un bon jeune homme, je ne dis pas; mais, quoique ça, on en cause par le quartier, et pas des mieux. Moi, ne sachant rien, je ne leur peux répondre. « Ce n'est pas vrai, que je leur dis ; Reybaz n'a pas fait ça, ou bien j'en saurais deux mots. » Mais eux vont leur train, comme

---

1. Les lettres du personnage que l'auteur introduit ici sont écrites en pur idiome génevois populaire, mais d'ailleurs fort intelligible en France, hormis en ce qui concerne un très-petit nombre d'expressions absolument locales, dont nous aurons soin de donner la signification à mesure. Au surplus, cet idiome, qui gagne en liberté de tours et en vivacité pittoresque ce qu'il perd en correction, a plus de trait et de saveur, au dire d'un habile critique, M. Sainte-Beuve, que le style génevois simplement francisé, qui n'arrive trop souvent à être correct qu'en se passant d'être aisé et naturel.

tu sais qu'une fois que les langues sont en branle, il n'y a pas de raison.

Ils disent que c'est l'enfant d'une faute de jeunesse, d'un qu'on ne nomme pas. La Jaquemay croit que c'est d'une personne de marque, où son frère servait en nonante-huit, mêmement qu'elle lui en veut écrire, pour savoir le nom. De plus, que M. le pasteur Prévère reçut une rente secrète, en viager, pour l'élever, ni vu ni connu, à sa cure. Que là il s'est pris d'amourette pour la tienne, par suite de quoi, n'en voulant rien, tu l'as fait placer ici. D'autres avancent qu'ils sont promis, à quoi je leur réponds qu'ils ne te connaissent pas ; que tu la donneras plutôt à un bóvéron[1] ayant père et mère qu'à un reluqué[2] ne sachant d'où il sort, ou bien que je ne m'appelle pas Champin, Jean-Marc !

C'est à toi, Reybaz, de m'en écrire par le menu, de façon que je leur rabatte leur caquet en connaissance de cause. A moins que tu ne viennes, ce qui serait encore bien mieux. Vois, c'est le temps des féras[3], et j'ai encore trois bouteilles de Crépi de la comète. Allons, mon vieux, décide-toi. Viens par les chars, un jour de marché, et tu descends droit chez moi, où j'ai un lit qui t'attend.

Adieu, l'ancien.

XVII

LE CHANTRE A CHAMPIN.

De la cure.

J'ai reçu la tienne du 8 courant, laquelle contient du vrai et du faux, comme tu vas voir. A commencer par la montre, n'ayant point de garçon, je m'étais dit en dedans qu'elle irait à mon gendre, la tenant moi-même de mon père. Que si Jean Renaud l'a repassée, et non pas toi, c'est que je n'avais que douze heures devant moi, tant pour la faire nettoyer que pour l'envoyer au jeune homme. Il y a des présents que si on ne les fait pas à temps, autant rien.

Par où tu vois, Champin, que c'est bien vrai que je lui ai promis Louise, Dis à cette Jaquemay qu'elle s'épargne d'écrire, que c'est encore moins qu'elle ne croit. Son père et sa mère,

---

1. Un bouvier. — 2. Un beau monsieur, un monsieur qu'on reluque. — 3. Sorte de poisson qui ne se trouve que dans le lac de Genève.

c'étaient des mendiants. Elle accoucha dans le bois, où ils restèrent quatre jours, et, le quatrième, disparurent, ayant posé l'enfant devant la porte de la cure. On le sut à temps pour les rattraper, de quoi j'étais d'avis, et de leur faire reprendre ; mais M. Prévère ne voulut pas, disant qu'ils le détruiraient. Il l'a donc élevé, d'où je lui en ai voulu longtemps, et au jeune homme aussi, tant par rapport à ce que Louise s'y affectionnait, qu'à cause qu'il était rétif et ne m'allait pas.

Le voyant grandir, et qu'ils s'inclinaient l'un pour l'autre, j'ai pris mes mesures, disant net à M. Prévère que, s'il ne l'éloignait, je m'en allais. D'où j'ai vu que lui n'était pas tant contre ce mariage, mêmement qu'il me faisait entendre que, quant au bien, le jeune homme n'en manquerait pas tant que lui-même en aurait à partager ou à laisser après lui. J'ai tenu bon, comme tu dis bien vrai, que je l'aurais bien plutôt donnée à un bovéron ayant père et mère qu'à un reluqué né dans un bois, d'on ne sait qui. Quand on a une famille sans tare, on n'est pas pressé d'y en mettre une ; avec ça que tous ceux du hameau étaient de mon bord, et n'en eussent voulu ni peu ni prou pour leurs filles ni leurs sœurs. Sur quoi M. Prévère l'a fait partir, disant que c'était dur, mais juste, et dans mon droit. C'était un samedi.

Ceci fait, le même jour j'en ai causé à Louise, laquelle, du premier mot, a fondu en larmes, tout en m'assurant qu'elle m'était soumise pour m'obéir et me complaire, non pour me blâmer et trouver à redire. La pauvre petite en redoublait d'amitiés, se contraignant pour ne rien laisser voir et me maintenir la paix, d'où j'ai eu le cœur remué envers elle. M'attendant à avoir fâché M. Prévère, j'ai tombé des nues en le voyant un moment après aussi affable que devant, et sans trace de rancune. Seulement, à le sentir seul et privé de cet enfant qu'il avait élevé pour lui, et que j'étais la cause de tout, et aussi que ma femme, si elle avait vécu, aurait peut-être incliné autrement que moi, j'en ai conçu du regret, en telle façon que, des trois, j'avais l'air le moins tranquille. Je me tenais donc par le hameau, où ils me fortifiaient par leurs propos, m'approuvant tous, mêmement que je bus un coup assez gaiement chez Legrand, le frère.

C'est pour que tu saches, Champin, comment j'y suis venu et que ce n'est pas de mon choix. Je m'étais donc confirmé dans mon faire, lorsque, au dimanche du lendemain, qui était huit jours avant la communion, M. Prévère met dans sa prière deux mots pour ce garçon. Voilà que tous me regardent, sauf la petite qui baissait la tête; dont j'eus si honte, qu'au psaume je perds la note et chante de travers, encore qu'il n'y avait pas d'orgues pour me tenir lieu. Vient le texte; c'étaient les propres paroles de notre Seigneur et Sauveur Jésus-Christ : *Quiconque reçoit ce petit enfant en mon nom, il me reçoit*. Je me sentis pris et ne voulus plus reculer, me sentant qu'à le faire, c'était renier mon Sauveur, qui me parlait par la bouche de son ministre, et encore à temps pour que je me repentisse. Ainsi je me repentis et, à ce moment-là, je fus décidé. Et j'eus bien lieu de m'en louer après que j'eus entendu le prêche de M. Prévère, si fort, Champin, si véritable, que toute la paroisse qui était là en pleurait; et qu'à défaut de la mienne, il eût eu la fille de quel que ce soit, et des Redard aussi, tout moyennés qu'ils sont, tant d'acquis que de patrimoine. Pour Louise, dès le commencement elle était sortie.

Voilà, Champin, en toute vérité, l'histoire, et comment j'ai été amené. C'est entre Dieu et moi. Je n'en tire ni regret ni gloire; seulement j'ai du repos, me sentant vieillir et sachant que, par delà le cimetière, mes œuvres seules me veulent suivre. En outre, que si je dois, avec la grâce de Dieu, rejoindre Thérèse, ma chère et honorée femme, j'ai plus de sûreté d'avoir agi selon qu'elle aurait fait, étant meilleure que moi et plus charitable.

Maintenant, te voilà au fait tout comme j'y suis. Mais aie soin de nouer ta langue, ne soufflant mot à quiconque de cette promesse faite à un enfant qui doit grandir encore, et avoir acquis sa profession avant que cette promesse s'accomplisse. La chose une fois sue, ce deviendrait nécessité que de devancer les temps au détriment de ce qui est sage. Ainsi tiens-toi secret, et laisse causer le quartier. Je m'en soucie peu ou, pour bien dire, pas du tout. Seulement, à l'occasion, donne un conseil au jeune homme, et garantis-le. Je n'irai pas ces jours te voir; mais à la première fois que je descendrai à la ville, je n'y manquerai pas.

Ton affectionné,

REYBAZ.

XVIII

M. PRÉVÈRE A CHARLES.

De la cure.

Charles, il faut suspendre vos lettres pendant quelques jours. Les émotions que Louise a dû ressentir ces derniers temps ont altéré sa santé, et, bien que le mal n'offre pas une grande gravité, il lui faut du repos ; qu'ainsi rien de votre part ne provoque en elle aucun trouble, aucune émotion. Attendez à votre place que de meilleurs jours soient revenus. La moindre imprudence pourrait compromettre votre bonheur, car son père est déjà vivement agité en la voyant dans cet état, et j'ai de la peine à le maintenir dans ses résolutions.

Du reste, mon cher enfant, ne vous méprenez point sur le genre des émotions qui ont compromis la santé de votre amie. Louise vous aime, elle n'aime que vous, et, j'en suis certain, sa vie est désormais unie à la vôtre. Mais comment, du calme où s'écoulaient ses jours, eût-elle passé sans secousse à une situation si nouvelle et si brusquement changée ? Comment mille nouveaux sentiments eussent-ils pu assaillir ce cœur si sensible sans y porter quelque trouble ? Comment enfin celle qui est l'innocence et la pureté même, en face d'engagements sacrés qui donnent un droit lointain sur sa personne, s'avancerait-elle sans combats et sans alarmes vers un mystérieux avenir ?

Ces causes réunies suffisent à vous expliquer l'indisposition de Louise. Depuis quelques jours elle paraissait souffrante ; hier, elle ne sortit pas de toute la journée ; aujourd'hui, elle ne s'est pas levée. Si la fièvre augmente, j'appellerai un médecin, malgré ses scrupules. Mais il est à croire que le calme et le repos suffiront à la rétablir, et c'est pourquoi j'insiste encore pour que vous restiez à l'écart.

XIX

LE CHANTRE A CHARLES.

De la cure.

C'est sûr.... je la veux perdre, si le bon Dieu n'a pitié! Tout comme sa mère, la fièvre la brûle et la fait délirer.... C'est de crainte et de bouleversement, depuis que je vous l'ai promise. Jamais elle ne se mariera, et, se mariât-elle, elle y serait malheureuse!....

Je vous le dis, le trouble la veut consumer.... Elle était heureuse.... elle ne le sera plus.... Si ce n'est cette fois, plus tard je la perdrai !...

Ne lui écrivez pas, c'est ce que je voulais vous dire.

XX

CHARLES A MARTHE.

De Genève.

Impossible, bonne Marthe, que je reste ici, malgré ce qu'ils disent. Je veux être sur les lieux. Dis à ta sœur que, ce soir, j'irai me cacher chez elle, où tu viendras toi-même me dire ce qu'il en est de ma bien-aimée.... Marthe! Marthe!.... est-il vrai? Son père m'écrit un billet qui m'épouvante.... je n'ose questionner.... A ce soir.... Il faut que je me cache ici, là-bas; mais, en repartant au jour, je serai ici à dix heures....

Adieu, bonne Marthe, je souffre mille tourments. Tâche d'y être vers minuit.

XXI

LE CHANTRE A CHARLES.

De la cure.

Le médecin, qui sort de sa chambre, l'a trouvée mieux. Dieu veuille! Pendant qu'elle me tenait la main par affection, sans faire semblant j'ai senti son pouls sous mon doigt du milieu; d'où j'ai jugé que la fièvre a descendu, notamment que, la lune changeant ce soir, je m'y attendais. Elle a demandé si vous saviez quelque chose, de sorte qu'on lui a dit que non, pour complaire à son idée; cela lui a ôté la moitié de son mal.... Quand je vous dis que tout trouble lui vient de vous!

La cour ne désemplit pas. Ils veulent avoir de ses nouvelles de tout le hameau, jusque et par delà, car les Servin ont envoyé. En la quittant : « Point de lettres? » qu'elle m'a fait. Allez donc votre train, puisqu'elle se mine ainsi qu'ainsi.

REYBAZ.

XXII

LOUISE A CHARLES.

De la cure.

Charles,

J'avais voulu que l'on vous cachât la cause de mon silence pendant ces derniers jours. Mais Marthe m'a tout dit. En d'autres temps, je vous aurais blâmé; mais aujourd'hui, je ne m'en sens pas la force. Que je suis donc changée ! Ce qui m'eût effrayée me touche; ce que j'eusse voulu de toute ma force empêcher, je le vois sans honte s'accomplir; et quand je renais à la vie, je me trouve sans défense contre ces sentiments dont les trop vives atteintes m'ont réduite à l'état où je suis.

Charles! suis-je bien moi? ou les transports de la fièvre troublent-ils encore ma raison? Dois-je me livrer à ce calme tendre et consolant qui, dans cet instant, charme et amollit mon cœur? Hier, dans le délire, je demandais la mort, je la voyais comme une délivrance à des combats, comme un terme à une vie désormais troublée; aujourd'hui la vie me sourit, une douce émotion me pénètre, et, mollement attendrie, je ne sais que retourner à vous.... votre attachement est ma consolation, mon abri, mon refuge, et, bien que je me trouble à y songer, je sens trop que je ne saurais plus vivre s'il m'était ôté.

Que de contradictions ! Quels aveux j'ose vous faire !... Mais aussi, j'étais si malheureuse! Et à qui porter l'aveu de ma peine? D'autres, en ce moments d'angoisse, ont une mère qui les devine ou les écoute.... Autrefois, avant que je connusse ce tumulte du cœur, la solitude, la campagne, les bois suffisaient à calmer de légers déplaisirs; aujourd'hui je n'y trouve qu'un effroi qui m'en éloigne... Je n'ose plus rester avec moi-même, et je ne sais auprès de qui épancher mon cœur. Ainsi, repoussée de toutes parts, faible et confuse, je dis ce qu'il fallait taire, et je vous livre le secret d'une tristesse qui va vous affliger, si elle ne vous offense.

Oh ! sans doute, ce passé qui s'efface comme un songe lointain, cette douce enfance dont le calme s'est perdu, cet avenir si obscur, si incertain, tant de changements subits dans les idées, quand la situation semble rester la même : ce sont là les premières causes de cette lutte à laquelle j'ai succombé. Je croyais possible de continuer cette douce vie, je voulais croire que rien n'y fût changé, je défendais mon cœur contre l'entrée d'affections nouvelles.... Mais, plus je résistais, plus je me sentais entraîner. Plus je voulais écarter cet avenir, plus je l'approchais de moi. Charles! je vous voyais avec effroi le seul appui de ma destinée, et, en même temps, cette idée faisait ma douceur et mon seul espoir ; je repoussais vos tendres paroles, et j'en éprouvais le pressant besoin; je regrettais la vie d'autrefois, et pourtant, si vous n'aviez été pour moi que comme autrefois, je ne l'eusse plus regrettée. Dans ce combat impossible, je consumais mes forces, et je succombais sous le poids d'un fardeau que je portais seule....

Pardonnez, Charles, ces tristes aveux.... Serai-je plus forte, plus raisonnable? je n'ose y compter.... Mais que je goûte au moins ces moments d'un consolant espoir !... que je savoure les illusions où se berce ma tristesse... que j'entrevoie ce beau ciel que voilaient les nuages !... Jours sereins! vous retrouverai-je? Campagnes riantes et paisibles, vous foulerai-je encore, libre et heureuse? Etres si chers qui remplissez mon cœur, saurai-je ne pas contrister le vôtre !...

Il est minuit ; Marthe m'empêche de poursuivre. Adieu, Charles. Je ne sais ce que je vous écris. Peut-être, si je relisais ces lignes, ne vous les enverrais-je pas....

Votre Louise.

XXIII

CHARLES A LOUISE.

De Genève.

Il serait donc vrai! Louise, votre cœur a cherché le mien?.. dans vos alarmes, vous vous réfugiez vers moi?... Ai-je bien lu ?... Je rougis devant vous d'oser croire à ces lignes, que pourtant j'ai sous les yeux.

C'est en moi qu'a passé votre trouble. Quoi! depuis quatre jours vous souffriez, votre vie peut-être était en danger, je ne pouvais ni vous voir, ni vous écrire, et tout à coup cette lettre chérie me surprend au milieu d'affreuses angoisses.... Mon cœur est inondé de plaisir, l'ivresse des plus doux sentiments y répand une folle joie.... Adieu réserve, modestie, crainte de déplaire ! je ne sais plus maîtriser mes transports ni mesurer mes paroles....

Je devrais déplorer des maux dont je suis la cause. Mais comment? s'ils vous amènent à moi; si, passés désormais, ils ne laissent dans mon cœur qu'une trace effacée par les étreintes du plus pur bonheur.... s'ils sont le terme de vos combats, si l'espoir renaît dans votre âme, si vous confiez à ma garde le soin de cet avenir.

L'avenir, Louise? Ah! s'il était vrai que vous daignassiez chercher un appui dans l'attachement de celui qui vous parle à cette heure; l'avenir! il ne vous effrayerait plus. Non! j'en crois ce courage qui me possède, cette force que je puise à la moindre de vos paroles. J'en crois la joie que j'aurais à vous consacrer mes efforts, mes travaux, ma vie ; j'en crois ces transports qui semblent m'élever au-dessus de moi-même pour me porter jusqu'à vous. Oui, Louise, si vous m'aimez, dès aujourd'hui le bonheur est à nos côtés; confiance, amour, espoir, versent sur notre vie leurs plus doux bienfaits, et chaque jour nous conduit par de fortunés sentiers vers un avenir de félicité !

Tristes aveux! dites-vous. Ah! plutôt aveux aimables, touchants! langage d'une mélancolie qui me charme, d'une confiance qui me transporte! J'ignorais encore ce qu'il y a de plus doux au monde : c'est d'abriter la tristesse d'un être bien-aimé, c'est d'être le refuge de ses douleurs.

Je m'oublie, mademoiselle Louise, mais je crains bien plus encore de m'abuser, de me méprendre. Pardonnez tout au sentiment qui me trouble. J'apprendrai à me vaincre. J'apprendrai à tenir le langage qui vous plaît ; je ne serai, je ne veux être que ce que vous voulez que je sois; mais excusez, pour cette fois, des transports dont ne sais pas être le maître.

XXIV

CHAMPIN A REYBAZ.

De Genève.

Ce qui est fait est fait. Si c'était ton idée, tu as bien fait de la suivre. Quoique ça, quand ce serait à faire, je te discuterais la chose à nouveau. Après tout, on est maître de sa fille, et parce que M. Prévère aura fait ce qui lui paraît bon, faudra-t-il que moi, Jean-Marc, j'en sois victime? Encore passe s'il leur donne du comptant, assez de quoi. L'argent blanchit tout.

Mais voici bien une autre affaire ! Ton jeune homme se dérange, si encore il n'était déjà pas gâté, comme je le crois, moi ; puisque enfin on y va par degrés ; tandis que lui commence par la fin.

Et note bien que je ne dis pas : *On m'a dit*, mais *j'ai vu !* Au surplus, je ne m'en étonne pas. Sans parler qu'il est né de misérables, il fréquente les étudiants. Vous autres de villages, vous ne connaissez pas cette engeance-là. Vois-tu, Reybaz, tout ce qu'il y a de plus rien ; des garnements qui font plus de mal en un jour que vingt scélérats en un an. Témoin, quand je demeurais près Saint-Pierre, qu'ils m'ont brisé mes vitres, décroché ma sonnette, jeté bas deux pendules, paumé de neige, ri au nez de ma femme, fait tomber la seille [1] de ma servante, caché mes volets, sali mon écriteau et presque incendié avec toute ma famille, ayant ôté les tuyaux de mon poêle ; heureusement que je m'en aperçus en mettant le bois. Eh bien ! il les fréquente, notamment deux qui me doivent encore pour plus de cinq florins de vitres.

Ceci n'est rien encore, sauf qu'il m'a jeté de l'eau sale sur mon bonnet et inquiété mes canaris. Mais il y a quatre jours que, le voyant sortir tard, je l'attendais pour fermer en bas. Dix heures, onze heures sonnent, mon drôle ne revient pas. Bon que je me dis, je t'apprendrai à courir le soir comme un dérangé ; je vas fermer, il y sera pris. Pas du tout. Monsieur ne paraît plus que le lendemain à dix heures. Bon, que je me dis, sans rien dire je te vas guetter de près, sacripant d'étudiant ! Vient le soir. Il sort de même ; je lui ferme dessus. Rien jusqu'au lendemain à dix heures. Je fais causer la servante des Dervey : je vois qu'ils ne se doutent de rien. Alors j'aposte la Jaquemey, pour savoir un peu. Elle en apprend de vertes. Une fréquentation [2], des tabagies [3], des affaires de mœurs. Dans l'intervalle je reçois ta lettre. Bon ! que je me dis, tu m'es confié, je vas te mener dru. Je connais ça, moi ! on a été jeune.

Et vois mon plan, Reybaz. J'attends le soir. J'avais jalonné tous les Jaquemey par la rue ; ils étaient là, ni vu ni connu, pour leurs affaires. C'est bon, passez votre chemin. Mon galant sort ; je descends après lui et je fais signe à mon monde : on le suit tous. Il prend une allée de traverse : pour n'avoir pas l'air, j'envoie la Jaquemey par une autre, afin de l'atteindre au débouché. Mais voilà-t-il pas que son grand benêt [4] de fils, qui ne

---

1. Seau qui se porte sur la tête. — 2. Une amourette. — 3. Des excès. — 4. Nigaud.

lui quitte pas le cotillon, se va pocher l'œil contre un bras de pompe, et puis se met à brailler comme dix! Tous les autres d'y courir et de crier à qui mieux mieux. Ils lui lavent l'œil, l'autre s'échappe, et mon plan rate.

C'est bon, que je me dis. A moi l'affaire, je l'attends au retour. Effectivement, hier matin, dix heures venaient de sonner; moi, sur ma porte, je l'entends qui monte. « On a un petit mot à vous dire que je lui fais. — Quoi? Qu'est-ce? Savez-vous quelque chose? — Un peu, que je lui rétorque en fermant ma porte. — Dites vite. — Un moment.... un moment. »

On a été jeune. Je vis du coup, à son air effaré, qu'il y avait anguille sous roche. Et puis, m'asseyant : « Croyez-vous, monsieur l'étudiant, qu'on est portier sans découvrir que voici trois nuits que vous découchez? » Le voilà qui se trouble : « Monsieur Champin, silence là-dessus, je vous en prie! — Savez-vous, jeunesse, que l'on est chargé de vous observer? — Observez-moi, monsieur Champin; mais, je vous en conjure, entier secret là-dessus. — Alors, que je lui fais en me levant, qu'on dise la vérité, rien que la vérité, toute la vérité! » Et, le voyant qui se combine : « La vérité! que je lui surajoute vivement, — La vérité? c'est qu'il y a une personne malade à la cure, et que j'y ai passé toutes ces nuits pour avoir de ses nouvelles. — Vous me prenez, lui dis-je, pour un fameux bonhomme! — C'est, je vous assure, la vérité. — Pour un fameux bonhomme, encore, avec! C'est votre dernier mot? — Oui. — Suffit. Reybaz en sera instruit. »

Alors voilà mon drôle qui se dévoile, tant j'avais bien mis le doigt dessus : « M. Reybaz! s'écrie-t-il ; lui moins que tout autre! Dites-le à toute la terre, mais pas à lui.... Mon bon monsieur Champin.... Mon cher monsieur Champin.... Mon très-cher monsieur Champin.... — Tra lra lra lra, que je lui fais. Fadaises! Reybaz en sera instruit. On sait vos tabagies, vos fréquentations. Vous êtes un dérangé! » Là-dessus il m'insolente, je lui montre la porte, et puis bonsoir.

Voilà à qui tu as donné ta fille. Je te l'écris tout chaud. A toi le reste. M'ayant insulté, tu comprends que je ne m'en mêle plus, si ce n'est de loin. Ah! pauvre Reybaz, tu en as fait là d'une fameuse! Soit, ce qui est fait est fait.

Adieu, l'ancien.

XXV

M. PRÉVÈRE A CHARLES.

De la cure.

J'ai à vous blâmer, Charles, non pas d'être venu à la cure, mais d'y être venu secrètement. La pauvre Marthe a voulu me cacher votre visite, en sorte qu'elle a menti pour ne pas vous trahir. Un ami de M. Reybaz, qui a remarqué vos absences, lui a écrit à ce sujet, en interprétant comme coupable votre conduite imprudente : c'est ainsi que, par irréflexion, l'on peut compromettre ou affliger ses amis. Mais surtout vous avez oublié que vos démarches ne vous appartiennent plus en propre, et que tout ce qui vous atteint peut atteindre Louise. En cachant un seul instant votre conduite, vous risquez de faire planer le mystère sur la sienne et d'attirer sur elle le souffle impur de la médisance. Je suis certain, mon bon ami, que cette seule idée vous garantira à l'avenir de tout écart semblable, et c'est pourquoi, bien qu'il m'en coûte de vous faire des remontrances, je n'ai pas voulu laisser passer cette occasion de vous signaler ce danger. Du reste, Louise ignore et doit ignorer tous ces incidents.

Cette chère enfant va beaucoup mieux. Dans peu de jours elle pourra sortir, et le grand air achèvera, j'espère, de la rétablir. Le mal a été de courte durée, mais violent ; il en restera longtemps des traces, j'en juge à sa faiblesse et à l'extrême pâleur de son visage. Je n'ai donc pas besoin de vous répéter qu'en ce qui dépend de vous vous devez ménager une sensibilité aussi vive, sur laquelle toutes vos expressions, tous vos sentiments et vos démarches ont une action puissante. Hier, Louise fut moins bien. Je sus qu'une lettre de vous l'avait beaucoup touchée, et, bien que son cœur parût content, l'on voyait qu'une émotion trop forte avait agité son corps, faible encore. Je ne vous fais point ici de reproche, mais je donne un avis à votre prudence et à votre tendresse.

Je désire que vous puissiez venir nous voir jeudi. N'en parlez point à Louise. Si, ce jour-là, elle est assez bien, nous verrons à lui donner le plaisir de votre visite. Dans tous les cas, il est nécessaire qu'ayant quitté la cure d'une façon un peu brusque, vous y reparaissiez au milieu de ces bonnes gens, et qu'ils ne s'imaginent pas que rien soit changé dans vos rapports avec eux, comme dans vos relations avec nous. Ainsi, partez de bonne heure, afin d'être ici vers neuf ou dix heures. Je tâcherai d'aller à votre rencontre jusqu'à la fontaine, si je puis. Je vous embrasse de cœur.   PRÉVÈRE.

P. S. La pauvre Marthe est inconsolable de m'avoir menti; c'est, je crois, la première fois que cela arrive à cette honnête femme. Ayez soin de la rassurer en lui parlant selon votre cœur, et qu'elle sache bien que je ne l'aime et ne l'estime pas moins qu'auparavant.

XXVI

CHARLES A MARTHE.

De Genève.

Marthe, ma bonne Marthe, je viens te demander pardon. J'ai fait la faute, et tu en as le repentir. Je ne l'aurais jamais faite, je te le jure, si j'eusse pu croire que tu m'aimerais assez pour manquer à la vérité, une fois que M. Prévère t'interrogeait. Ma bonne Marthe, pardonne-moi : j'ai tous les torts, et toi, seulement celui de m'être trop attachée. Va, je te le rends bien. Et puis, qu'il soit bien entendu pour une autre fois que, quelque sottise que je puisse faire, j'entends en pâtir seul, et que nul ne se croie tenu de mentir pour la cacher.

Allons, ma bonne Marthe, c'est tout fini. Je ne t'en aime que mieux, et M. Prévère ne s'en souvient déjà plus. « Dites bien à ma bonne Marthe (c'est ce qu'il m'écrit aujourd'hui) que *je ne l'aime et ne l'estime* pas d'un grain moins qu'auparavant, car ce n'est pas elle qui a tort en aucune façon. Lui ferait-on un reproche d'aimer trop son Charles? Eh bien, oui! son Charles qu'elle a élevé comme une mère! » C'est-il clair cela, dis bonne Marthe ? Allons, ne pleure plus. Sais-tu donc bien que je vais vous voir jeudi, et librement, et en plein jour? Ah! soigne Louise plus que jamais ; qu'elle soit assez bien pour que je puisse la voir, et surtout chut! sur cette visite, tout grand chut!

Je suis fou de joie. Je cabriole tout seul. Ce n'est pas tant à cause de jeudi, qui me fait peur, qu'à cause d'une lettre que m'a écrite Louise, et que tu l'as empêchée de finir, mauvaise que tu es. Ceci, je ne te le pardonne pas. Non, c'est fini, je t'en veux. Si tu étais là, je t'embrasserais ; oui, ma vieille Marthon, et sur les deux joues, et un rigodon, et mille folies. Je te dis que je suis fou.

M. Prévère dit qu'elle est si pâle ! Oh ! qu'elle doit être belle, et plus touchante encore ! La pâleur va mieux à ce visage, si rempli de tendresse et de grâce ; n'est-ce pas, Marthon ?.... Elle va mieux avec la douceur de son regard, de sa voix, de ses manières. Oh ! si tu savais combien je l'aime, ma pauvre Marthon, tu m'excuserais de t'avoir mise en faute. Il y a des moments où ce sentiment m'ôte toute raison.

Or voici l'hiver. Le cotillon de laine ci-joint, pour toi ; le bonnet, pour Antoine. Ce sont les premières bribes que je paye de mon argent, car tu ne sais pas, Marthe, j'ai un écolier, moi qui suis à l'école. Adieu.

Ton affectionné
Charles.

XXVII

CHARLES A M. PRÉVÈRE.

De Genève.

Monsieur Prévère,

Hier, je comptais vous voir avant de quitter la cure. Aussi, lorsque j'eus pris congé de Louise, je vous cherchai. L'on m'apprit alors votre départ subit pour Choully, et que je ne devais pas vous attendre. Je me suis donc acheminé vers la ville, où je suis arrivé si tard, que j'ai trouvé les portes fermées. J'étais si heureux et si préoccupé, que ce contre-temps ne m'a pas paru bien désagréable, en sorte qu'ayant trouvé un abri, j'ai patiemment attendu le jour.

J'ai donc revu Louise! monsieur Prévère ; je l'ai revue, non plus compagne seulement de mon enfance, mais compagne pour la vie ! Je l'ai revue, mon amie, et, si j'osais le croire, heureuse et tranquille. Comment vous raconterai-je cette entrevue ? Presque rien ne s'est dit entre nous, et, pour ce qui se passait dans nos cœurs, où prendre des termes qui le puissent exprimer ?

C'est en revenant de chez les Legrand que, tournant vers la terrasse, j'ai trouvé Louise assise avec Marthe sous les acacias. Troublé à sa vue, je m'arrêtai, ne sachant plus de quel air l'aborder, bien que depuis votre lettre j'aie passé tout mon temps à me préparer à ce moment. Mais Marthe me vit et s'écria : « Voici M. Charles! » Aussitôt Louise se leva, et, avant qu'elle eût eu le temps de parler, je tenais sa main que je n'osais presser de mes lèvres. « Je ne voulais pas, lui dis-je, vous voir sans votre permission.... » Je n'ai pu poursuivre. Pour elle, une vive rougeur avait remplacé la pâleur de ses joues, et trop faible encore pour surmonter son émotion, elle ne disait rien, mais elle m'accueillait de son regard baigné de larmes. Quand ensuite j'ai voulu quitter sa main, elle a retenu la mienne en la serrant; et à ce moment il m'a semblé, au milieu du trouble délicieux où j'étais plongé, comme si nos cœurs s'unissaient pour la première fois et pour toujours.

Louise s'est assise, et nous sommes restés longtemps dans ce même lieu. Les mêmes tendresses qui s'écrivent aisément ne peuvent se dire : nous étions contraints ; mais insensiblement le plaisir tempérait cette honte, la confiance calmait ce trouble, et déjà, même sans parler, notre émotion avait un langage aussi doux que celui que la voix peut faire entendre.

Je vous dis tout, monsieur Prévère. Eh! comment vous cacherais-je quelque chose? Mais je ne sais pourquoi j'éprouve quelque embarras à donner essor, devant vous, à des sentiments si vifs, si nouveaux!

Nous nous sommes levés ensuite, à la vue de M. Reybaz qui venait à nous. Il fallait que Louise lui parût heureuse ; car lui-même, après m'avoir entretenu le matin de pensées sombres, s'égayait à la vue de sa fille et me témoignait plus d'amitié que de coutume. Sa présence nous a enhardis à causer, en sorte que la promenade s'est prolongée en paisibles entretiens, où Louise, ayant recouvré du calme, mettait la grâce et le charme qui lui sont naturels. Dès le commencement, elle s'appuyait sur le bras de son père, lorsque celui-ci s'est pris à dire: « A vous, Charles, c'est à présent votre place.... » J'ai reçu le bras de Louise, et aussitôt, une contrainte mutuelle gênant l'abandon de nos discours, l'entretien était tombé lorsque nous avons été de retour à la cure. Là j'ai exprimé à Louise quelque crainte de l'avoir fatiguée : « Non, m'a-t-elle répondu, je suis heureuse, et je vous en remercie. » C'est alors que dans mon transport j'ai saisi sa main, et qu'après l'avoir baisée je me suis retiré.

Voilà, monsieur Prévère, autant que je sais le faire, le récit de cette entrevue, qui est le moment de ma vie où j'ai ressenti le plus de vives émotions. Il me semble que je suis un autre homme, et que ce bonheur déjà si grand dont je jouissais se soit augmenté outre mesure. Ah! monsieur Prévère, quand je songe que c'est là votre ouvrage, que dès longtemps votre sollicitude me préparait cette félicité.... je ne sais que pleurer de reconnaissance en bénissant vos bienfaits et en adorant votre bonté.

Je sens que ces temps ont été perdus pour l'étude, et cependant le moment approche où il faudra rendre compte. Je vais m'y remettre avec un nouveau courage. J'ai oublié de vous dire que je donne une leçon à un jeune enfant. Je voulais refuser, sachant trop combien je suis encore incapable de rien enseigner; mais les obligeantes sollicitations de M. Dervez, qui pense que j'y trouverai un profit d'instruction pour moi-même, m'ont décidé à faire cet essai, auquel je commence à prendre de l'intérêt.

Votre respectueux et affectionné

CHARLES.

XXVIII

CHARLES A LOUISE.

De Genève.

Il faut, Louise, que dès aujourd'hui j'apprenne à me vaincre. Car, que vous dirais-je, si je me laissais emporter au gré de mes transports? Aussi bien ne saurais-je pas vous dépeindre l'état de mon cœur. Trop de sentiments y bouillonnent à la fois, trop de souvenirs s'y pressent, trop de bonheur l'inonde à cette heure. A votre seule image, un trouble inconnu me saisit ; il faut que je l'écarte de mes yeux, avant que je puisse vous écrire avec quelque calme.

Me voici de retour dans ma cellule. Que de vide j'y éprouve ! que j'ai de peine à y rester ! que tout est froid, triste, hors des lieux où vous êtes ! Je prends en haine ces livres, ces parois, ces maisons qui masquent les campagnes ; il me semble comme si, de retour d'un séjour enchanté que je regrette avec larmes, je venais végéter sur une terre ingrate et morne.

Qu'ils ont été courts, ces instants!... et je n'osais parler! Comment ne suis-je pas tombé à vos pieds, comment n'ai-je rien su vous dire? Comment mon cœur, pénétré d'amour et de bonheur, est-il resté muet et sans langage ?... Oh! sans doute, il est des sentiments trop vifs pour qu'ils se laissent exprimer par la parole. Autrefois je savais tout vous dire, aujourd'hui je ne puis plus.

Après vous avoir quittée, je m'éloignai, emportant le dépôt chéri de ces souvenirs. Je voyais encore votre visage, je sentais votre regard, votre main touchait la mienne, votre présence se prolongeait pour m'enivrer de son charme. J'ai pris par les prés, pour ne rencontrer personne. Le soleil se couchait quand je suis arrivé à la place où naguère, renvoyé de la cure, je donnai cours à mes sanglots. Bonheur inespéré! je la foule, cette même place, oppressé de joie, attendri par le plaisir....

Arrivé à la ville, j'ai trouvé les portes fermées. J'en ai été presque content. Il me semblait rester plus longtemps avec vous. Comme la soirée était belle, j'ai continué d'errer dans les chemins voisins, et, lorsque la lune s'est couchée, me trouvant près du lac, j'ai cherché un abri dans un bateau attaché à la rive. C'est là que m'a surpris le jour, et j'ai repris à regret le chemin de ma demeure.

Charles.

XXIX

LE CHANTRE A CHARLES.

De la cure.

Tout à l'heure je quitte la petite, qui commence à se refaire de cette dernière. Ne voulant point de remèdes, on l'a mise au lait. C'est celui de notre chèvre, issue de celle qui vous a nourri, bête saine et fort laitière. Ça la réconforte petit à petit, les couleurs reviennent, la force avec, et puis le babil, qui est meilleur. Quelque chose qui m'a fait plaisir : avant-hier elle s'est remise à filer; il y avait longtemps. Toutefois ce n'est encore assez pour qu'elle recommence avec vous ses écritures sans fin auxquelles elle se consume, durant que vous-même vous y perdez votre temps. C'est pour lui en épargner la fatigue que je vous écris aujourd'hui ces nouvelles, vous tenant quitte de la réponse.

M'est avis qu'au lieu de tant écrire vous feriez mieux de vous mettre en peine seulement d'apprendre votre métier, où, tant pour l'acquis que pour le caractère, il vous reste à travailler de quoi remplir vos journées de l'aube au soir. Ici, où vous avez grandi de taille, vous vous êtes attardé de connaissances : c'est une raison pour presser le pas vers le but, sans batifoler sur la route. Pour le grec comme pour le latin, M. Prévère dit que vous n'êtes pas des premiers, quand d'ailleurs, sur les géométries, les physiques, les mécaniques, passé les quatre règles, vous n'êtes pas fort. Et toutefois ce ne sont là que les premières barrières à franchir, avant que d'apprendre l'hébreu des prophètes, où ils lisent à rebours; la théologie, où la science se fouille à la sueur du front, bien plus qu'on ne l'y ramasse en se baissant, et enfin la façon de s'y prendre pour faire un prêche qui vaille. Si donc vous vous dépensez en écritures quotidiennes, qui vous tiennent l'esprit ailleurs qu'à votre affaire, comment arriverez-vous à temps? Louise vous est engagée; mais encore faut-il, pour que l'engagement tienne, que vous ayez un état. Marchez-y donc, non comme ces oisifs qui promènent, mais comme un homme qui, voulant arriver au logis avant le soir, presse le pas, et en peu de temps met arrière soi beaucoup de route.

Ceci est pour l'acquis; mais, ainsi que je disais tout à l'heure, le dedans du cœur, l'habitude de l'âme et le caractère, réclament aussi leur travail, surtout pour vous, raboteux encore, et jusqu'ici mal appris à dompter les violences du sang, l'intempérance du vouloir, la hardiesse d'agir, et qui avez fait douter, en plus d'une rencontre, si vous tourneriez à ce qui est honnête et mesuré ou à ce qui est fougueux et hors de règle. Si c'est en corrigeant ces vices de votre nature que vous vous rendrez digne que Louise vous ait pour époux, c'est pareillement en les arrachant de votre cœur, comme on fait d'un champ les ronces et les herbes mauvaises, que vous pourrez devenir un ministre du Seigneur et en remontrer aux autres. Vous avez donc à y porter la serpe pour émonder tantôt, tantôt trancher dans le vif, ou de la pointe fouiller jusque sous la racine, et d'autant plus profond, que ne sachant de quelle souche vous êtes sorti (quand, d'autre part, il est certain que ceux qui vous ont abandonné ont été en cela de grands pécheurs), vous devez plus qu'un autre vous défier des germes moins bons que vous trouvez en vous, et qui peuvent y être, non pas semence apportée par le vent pour être par le vent emportée, mais semence native, tenace à croître et à s'étendre.

Faites-vous donc fort et volontaire dans le gouvernement de votre nature, sévère à vos penchants, méfiant du seul patrimoine que vos père et vos mère vous aient transmis, à savoir un sang rebelle et une judiciaire qui manque de poids et de mesure, mais qui est à temps pour les prendre. Transformez-vous premièrement en jeune homme posé et désireux de règle, pour vous transformer ensuite en serviteur de Jésus-Christ et en pas-

teur des âmes; songeant bien que, si vous n'êtes pas capable
de faire le premier de ces deux pas, encore moins tenteriez-
vous cette seconde et plus forte enjambée. Ayez pour modèle
M. Prévère qui vous a élevé ; apercevez-vous par quoi vous
n'êtes point sur sa trace, et qu'ainsi j'aie sécurité pour ma fille.
La veille du dimanche où je vous l'ai promise, je n'étais pas
emprunté de savoir à qui la donner et, si je mettais la richesse
avant une vie honorable, je saurais où faire ici près un heureux
du ciel. N'est-il pas vrai que cette conduite et ce bon renom
auxquels je sacrifie l'opulence et le rang, vous me les devez
ainsi qu'à Louise? Tâchez donc à les acquérir, et, quand vous
les aurez, je vous tiens quitte et m'éloigne content.

Pour commencer, soyez plus avare de lettres. A chaque jour
la messagère en apporte, qui, après avoir employé là-bas votre
temps, prennent ici celui de Louise, et la font tantôt troublée,
tantôt pensive : ce sont elles qui l'ont jetée dans cette fièvre
d'où elle sort à peine. Votre mariage ne peut qu'être éloigné,
espacez donc vos témoignages et faites vie qui dure; de ce
train, vous auriez au bout de l'an fini votre papier et le sac de
vos babils. Du temps que j'étais le promis de Thérèse, qui était
du hameau de Dardagny, bien que vivant distants l'un de l'autre,
le penser mutuel nous suffisait, et occupés chacun, elle de
labeurs domestiques, moi de travaux d'homme, rarement se
voyait-on l'hiver, et l'été guère davantage. Une fois le mois
elle venait ici écouter notre prêche, et sans une seule écriture
ni tant de paroles, d'un signe on s'en disait assez, au moment
du revoir, pour que la langue n'eût rien à ajouter. Le mois
d'après, c'était à moi d'aller à leur église, et le reste du jour,
promenant par la prairie ou assis sous quelque noyer, on cou-
lait les heures à se sentir ensemble bien plus qu'à échanger des
discours, jusqu'au soir, où, en compagnie de sa mère, elle me
reconduisait à quelque distance. C'est sans plus de bruit et sans
rien prendre sur le travail que nous avons passé ces mêmes
temps durant lesquels vous écrivez des volumes au détriment
de vos études; et pourtant l'union croissait entre nous comme
un arbre boit mieux sa sève et jette mieux son feuillage en tout
sens dans un champ tranquille que dans un terrain constamment remué.

En outre, la petite, c'est sa mère trait pour trait, sauf qu'ayant
étudié dans les livres, elle a plus d'acquis. Mais que l'écorce
soit autre, c'est bien même bois, et seulement trop; car, ainsi

que Thérèse, elle se fait souci de tout et de quelque chose encore, voyant à s'attrister où les autres ne verraient qu'à se réjouir, et, par ainsi faire, se consumant avant le temps. C'est donc à vous de ne pas la secouer journalièrement par des propos dont l'attente la trouble et dont le souvenir la remue. Une lettre au bout de la huitaine me semble déjà plus que la raisonnable mesure, et, plutôt que de l'enflammer, mettez-y du sage et du récréatif : des choses du temps passé encore plus que des choses de l'an qui court, ou de l'an qui vient et des autres.

Encore un mot sur un article tout voisin de l'autre, et en tant que vous seriez dans le cas de lui envoyer des lectures. L'autre jour, je vis qu'un livre qu'elle avait entre les mains lui faisait du mal à vue d'œil, si bien qu'elle vint tard à souper, et après trois bouchées, se retira. J'ai dit à Marthe de me faire tenir le livre, car je voulais voir.

Le connaissez-vous point ? C'est deux enfants qu'on élève ensemble, et puis ça finit mal. La fille, qu'ils appellent Virginie, se noie, faute de vouloir se laisser sauver d'un vaisseau par un homme nu. L'autre, le garçon, qu'ils appellent Paul, ainsi délaissé par la mort de la sienne, s'en va baissant de chagrin et finalement meurt, et puis les deux mères, et puis la servante, et puis le domestique qui est nègre : bref, il n'en reste plus. Voilà-t-il pas une plaisante histoire ? « Bête ! que je me suis dit (car tous ces enterrements, ça commençait à me remuer), vas-tu pas te prendre à ces mensonges ? » En attendant, les jeunes filles s'y prennent, et vont se faisant du mal pour des fantômes. Si donc il faut que Louise lise, tâchez à lui trouver du plus gai et qui finisse mieux.

Marthe, à propos de son cotillon, me dit que vous avez déjà du travail qui rapporte. C'est-il vrai ? Ça me serait de bon augure, outre l'à-propos, car à la ville la vie est chère.

On a commencé à teiller le soir : hier chez les Legrand, ce soir chez nous. On lira l'almanach de l'an prochain, qui vient d'être imprimé. Il promet de l'humide. Je m'en accommoderais pour mes foins ; mais pour mon restant de vignoble, gare !

M. Prévère et la petite vous adressent leurs amitiés ; joignez-y les miennes.

REYBAZ.

XXX

CHARLES A LOUISE.

De Genève

Votre père, Louise, est bien terrible dans ses façons de voir, et j'attends, pour répondre à sa lettre, que mon déplaisir soit moins vif. Il trouve que je vous écris trop, que mes lettres vous font du mal, à vous, tandis qu'à moi elles me font perdre mon temps ; il veut me mettre à la ration d'une, d'une seule par huitaine de jours ! Mais je vais être très-malheureux. Assurez-moi du moins que, si je lui désobéis de temps en temps, vous ne m'en voudrez pas trop.

Vous écrire moins ! quelle étrange et déplaisante idée ! Vous écrire moins ! mais qu'y gagnerai-je, sinon de rêver encore plus souvent à vous, lorsque déjà je ne fais guère que cela ? Ce n'est que quand une lettre est partie que, ayant tout dit et signé, et plié, et expédié, il y a là un moment de relâche dont je profite pour avancer mon travail. Ce moment va m'être enlevé, et je ne sais plus quand ni comment j'étudierai.

Entend-il au moins que vous, vous m'écrirez d'autant plus fréquemment ? Il ne s'explique pas sur ce point. Mon Dieu ! que vais-je devenir alors, pendant mes sept jours de silence et de ténèbres ? Ayez pitié, Louise. Expliquez-lui les choses, et donnez-moi des conseils qui m'aident à me tirer de cette triste situation.

Il me dit aussi de vous écrire du sage et du récréatif. Du sage ! Que croit-il donc que je vous écrive ? ou bien, entend-il que j'ai de la sagesse de quoi en revendre ? Le reste de sa lettre ne m'autorise pas à lui prêter cette opinion flatteuse. J'essaye toutefois ; mais, dès que je me représente que je veux vous écrire du sage, voici que j'éclate de rire. C'était déjà bien assez de demander du récréatif à un pauvre garçon qui vit assis entre quatre murailles et les yeux sur un livre.

Voici, Louise, comment je me récrée à cette heure. Je déchiffre une maudite tragédie grecque, où des gens que je ne connais pas se disent, dans une langue que je n'entends pas, des choses qui ne me concernent nullement. C'est déjà peu récréatif. Ce qui l'est bien moins encore, c'est l'obligation où je suis d'admirer dans ces logogriphes tous les beaux endroits, au moyen d'une note latine que j'apprends par cœur, pour la répéter à qui de droit, le moment venu. Ce moment, c'est en novembre prochain. Je me hâte donc de déchiffrer, je me hâte de trouver beau, je me hâte d'en avoir fini avec tout ce tragique, qui m'assomme plus qu'il ne m'attendrit ; et puis, quand j'en ai fini, c'est pour recommencer avec quelque autre grimoire tout aussi peu recommandable. C'est à cela que se passent mes journées, et je les aimerai, et je les chérirai, et toute ma vie je me souviendrai avec délices de ces douces heures où je déchiffrais à tant d'effort ces pages écrites il y a deux mille ans pour le désespoir des étudiants à venir, si seulement je suis libre de vous écrire à volonté, si surtout pas une de vos lignes, déjà si rares d'habitude, ne doit m'être retranchée.

Tout n'est pas triste cependant dans la lettre de votre père. A côté des sévères conseils qu'il me donne, il me parle de vous, de vos forces qui reviennent, de cette chèvre qui vous donne son lait.... Ah ! Louise, oserai-je vous le dire ? c'est ici une chose bien simple, bien ordinaire, mais où je goûte un charme que je ne puis exprimer ; et, à l'endroit où votre père fait observer que cette chèvre est le petit de celle qui m'a nourri, j'ai ressenti une attendrissante joie. Ainsi donc vous reprenez la santé à cette même source où je puisai la vie. Ainsi donc, dès nos jeunes ans, et par tous les liens, et par les choses mêmes qui sont de pur accident, le sort nous unit, nous rapproche, nous fait ami et amie, et presque sœur et frère. Ah ! si j'étais à la cure, combien de fois déjà j'aurais été voir, caresser cette pauvre chèvre, et, quand j'y retournerai, quels soins, quelles amitiés je lui prépare.

Mais à ce propos vous ne sauriez vous imaginer, Louise, combien ici me manque cette société des bêtes, à laquelle j'étais accoutumé. Pas une vache, pas un mouton, à peine des chiens, mais dont aucun ne m'appartient, et qui d'ailleurs sont civilisés, dégénérés, impudents plutôt que sauvages, presque jamais dans la compagnie de l'homme, mais errants dans les rues, où ils vont cherchant et se disputant une sale nourriture. Rien de cette franche brusquerie de Dourak ; rien de ce poil nettoyé, lustré par le vent des campagnes ; rien de ce hardi et généreux courage, de cette joie palpitante, de cet œil de feu, de ces bonds de gaieté. Ah ! les ennuyeux, les méprisables chiens ! sans compter un petit carlin appartenant à deux vieilles demoiselles, nos voisines d'ici-dessus, animal étrange, lavé, tondu, coiffé comme un petit-maître, et le seul de l'espèce avec qui je soutienne quelques relations sans agrément. Ce petit maître a les yeux éraillés, une ridicule expression, l'air toujours transi et un jappement aigre, dont le timbre insolite paraîtrait à Dourak du dernier monstrueux. Tel quel, il est chéri des deux demoiselles et détesté de tous les autres locataires. Pour moi, je n'ai à me reprocher que de l'avoir contraint parfois à se mesurer avec des matous qui le coiffaient à leur manière. C'est ce qui fait que les deux demoiselles ont l'horreur des matous et qu'elles les calomnient constamment.

Imaginez-vous que quelquefois ce besoin de voir des animaux rustiques va jusqu'à me faire quitter mon ouvrage pour descendre dans la rue les jours de marché, et je me promène avec un grand plaisir au milieu de ces attelages de bœufs, d'ânes, de vieilles cavales, qui amènent ce jour-là le foin, le bois ou des denrées. Il me semble alors que je suis au milieu des miens, et ces odeurs d'herbages ou d'étable me plaisent tout autrement que le musc et l'ambre des parfumeurs. J'ai aussi la chance d'y rencontrer quelques visages du hameau, et d'apprendre de Redard ou de Turian mille nouvelles qui pareillement m'intéressent plus que toutes les nouvelles de télégraphe ou de gazette. J'y causai mercredi avec Brachoz, que j'ai trouvé bien éprouvé par son accident, et néanmoins recommençant déjà à se *rafraîchir*. Il prétend, lui, que justement ce jour où il a roulé au bas des moraines il n'avait bu que de l'eau. Mais il faisait nuit noire, et, n'étant pas tenu d'y voir clair, il n'y vit goutte : de là tout le mal. « Jugez, me disait-il, si j'aurais été boire, puisque j'emportais une pioche neuve, ayant coûté dix-huit florins, sans un sou de moins. »

Mais je vous dis toutes sortes d'ennuyeuses sottises : c'est que je ne suis plus, pour vous écrire, dans mon assiette ordinaire ; les restrictions de votre père en sont la cause. J'éprouve de l'effroi en pensant que, cette lettre finie, je poserai la plume pour huit jours, et je me trouve embarrassé entre l'impatience de tout dire à la fois et l'envie de prolonger indéfiniment ce plaisir de m'entretenir avec vous. Encore une fois, Louise, prenez pitié et arrangez cette affaire. Bien que vous puissiez sans doute vous passer de me lire, moi je ne saurais vivre deux jours sans vous écrire ; et, si votre père tient bon, ma dernière ressource sera de vous écrire tous les jours de la semaine des lettres que je vous enverrai le samedi en un seul paquet. Mais

c'est bien alors que j'aurai l'air de faire des volumes ! De grâce, arrangez cette affaire, et que votre prochaine lettre apporte ses franchises à votre impatient et affectionné
Charles.

XXXI

CHARLES A LOUISE.

De Genève.

Vous souvient-il, Louise, de ce joli poëme où Gessner peint le premier navigateur, instruit par l'amour à creuser un tronc d'arbre, à hisser une voile, à voguer vers une rive fleurie, d'où il ramène celle qu'avait rêvée son cœur ?... Il s'agit de quelque chose de semblable ; seulement je n'ai pas trouvé sur la rive fleurie celle que d'ailleurs je n'y cherchais pas, et ma barque, au lieu de ramener au port deux amants, y est arrivée vide et submergée, pendant que le premier navigateur avait fort à faire à se tenir cramponné sur la pierre de Niton. C'est un rocher à fleur d'eau, où les antiquaires du pays reconnaissent l'antique autel de Neptune de nos rives. Sur cet autel j'ai passé une heure qui m'a paru longue ; et j'estime que ce devait être pour les prêtres du temps un terrible métier que d'y demeurer en prières par un jour de bise.

Il faut que vous sachiez, Louise, que tout le long de la rive du lac il y a des prairies, des arbres, des golfes charmants, et, dans quelques endroits, de petites hôtelleries où l'on peut se faire servir sous la feuillée un champêtre repas. Nous avions fait le projet, un de mes camarades et moi, de nous embarquer pour aller reconnaître ces pittoresques bords, et hier était le jour fixé pour cette entreprise. Nous partîmes de grand matin, dans un petit bateau que nous manœuvrions nous-mêmes. Le ciel était radieux, le lac frais et resplendissant. Notre esquif, enveloppé dans l'ombre d'un coteau, entrait dans les golfes, doublait les promontoires, et je ne puis dire avec quel bonheur je retrouvais le grand air, l'espace et l'indépendance ; aussi mon camarade, plus habitué que moi à ces excursions, riait-il à me voir aussi animé, aussi rempli d'enchantement et d'ardeur que s'il se fût agi de la découverte d'un nouveau monde. Après avoir dépassé dans la matinée une de ces hôtelleries que l'on nomme Montalègre, nous y revînmes vers une heure, brûlés du soleil, harassés de fatigue, et criant soif et famine. Nos hôtes s'empressèrent de nous dresser une table sous l'ombre de deux noyers jaunis déjà, mais vastes et touffus. Ah ! Louise, quelle omelette ! quel vin ! et quel pain ! et quelle eau ! Tout nous semblait ambroisie ou nectar, et les gens, des Baucis, des Philémon, des bienfaiteurs aussi généreux qu'incomparables. Le repas terminé, nous allâmes chercher un gazon retiré, où le silence, l'ombre et le murmure d'une source, invitaient au sommeil. Nous y dormîmes deux heures.

Pendant ce temps la bise s'était levée, et quand nous ouvrîmes les yeux, nous aperçûmes au travers du feuillage des vagues d'une jolie grosseur, sur lesquelles se balançait notre embarcation. Les gens de l'auberge nous conseillèrent de partir sans délai, parce que le vent devait, selon eux, continuer à fraîchir. Je faisais, pour ma part, peu de compte de leurs propos ; mon camarade, au contraire, devenu tout à coup pusillanime, en était à me proposer de laisser là notre bateau, que nous y viendrions chercher le lendemain, et de nous en retourner par terre. Je ne voulus point entendre à cette honteuse proposition, et, sautant dans le bateau, je le pressai d'y entrer. Il s'y refusa. Alors, me mettant aux rames, je fus bientôt loin du bord, où il attendit encore longtemps, croyant que je serais contraint d'y revenir. Mais sa présence même me piquait d'honneur ; d'ailleurs, tout occupé que j'étais de manœuvrer mon bâtiment, je ne remarquai bientôt plus ni ses cris ni ses signaux.

Cependant les vagues devenaient de plus en plus fortes, et, en parcourant des yeux les ondes soulevées du lac, je n'y apercevais pas un seul bateau. Ce fut alors que je commençai à croire que j'avais été peut-être imprudent, plus encore que mon ami pusillanime ; aussi je résolus de regagner bien vite le bord, dont, au premier moment, je m'étais rapidement éloigné. Mais la chose était devenue impossible : je pouvais bien encore maintenir mon bateau en suivant la direction du vent ; mais, dès que j'essayais d'en tourner la proue vers le rivage, aussitôt, pris de flanc par les vagues, il faisait mine de chavirer, et je revenais bien vite à ma première position. Pourtant je n'éprouvais pas encore de crainte ; après tout, j'étais poussé contre la ville, où je ne manquerais pas d'arriver. Seulement mon bateau basculait de l'avant à l'arrière d'une façon étrange, et les vagues y lançaient à tout moment de blanches touffes d'écume. Je voulus alors, dans la prévision de quelque bain involontaire, me dépouiller de mes habits ; mais il n'était pas question d'abandonner les rames un seul instant sans décider le naufrage, en sorte que je dus me borner à détacher de mes pieds mes souliers que l'eau y tenait collés. C'est pendant que je faisais cette opération que j'aperçus sur la route qui longe le lac, au bas de Cologny, des promeneurs qui s'étaient attroupés pour me considérer. La vue de ces gens, leur agitation, leurs cris, que je crus entendre, me convainquirent que j'étais en péril, et alors, rempli d'effroi, je ramai avec une vigueur nouvelle, dans l'espoir de m'approcher des pierres de Niton. Lorsque je fus arrivé à quelque distance de la seconde, dont le courant et le vent allaient m'éloigner, je pris mon parti, et, me saisissant d'une des rames, je sautai dans l'eau.... Au même instant le bateau chavira. Le reste ne fut plus rien : la peur me donnait des forces. Avant d'être sur la pierre, j'avais déjà la conviction que j'y arriverais : le tout était de ne pas briser mes os, et c'est pour éviter ce désagrément que je présentais au granit le bout de ma rame, lorsque, soulevé mollement par une énorme vague, je me trouvai déposé sur le rocher sans m'en être mêlé presque. Dans mon transport, je baisai ce granit, car à ce moment vous m'étiez rendue, Louise ; mon cœur débordait de reconnaissance, il s'en élevait des accents de bonheur et comme des hymnes d'actions de grâces....

Cependant tout n'était pas fini. Le rivage s'était couvert de monde. Cette multitude, en voyant le bateau chavirer sans que je reparusse autour pour m'y soutenir ou pour me reposer sur la quille, jugea que c'était fait de moi. Mais, lorsque sorti de l'onde je parus debout sur la pierre, ils poussèrent mille cris de joie, et je distinguais au milieu de leur tumultueuse agitation des gestes et des signaux d'encouragement, de désir, d'espoir. Quelques-uns voulurent essayer d'arriver jusqu'à moi ; mais, à peine eurent-ils mis à l'eau le seul petit bateau qui se trouvait amarré à la rive, que les vagues l'y rejetèrent avec violence en l'y brisant. Ils s'éloignèrent alors pour chercher dans les anses voisines une embarcation plus capable de résister aux flots. Mais, pendant qu'ils procédaient à cette recherche, la délivrance m'arrivait de l'autre côté du lac. Du pont d'un brigantin qui était à l'ancre, j'avais été aperçu, et trois bateliers savoyards s'étaient embarqués dans la chaloupe pour venir à mon secours. Lorsqu'ils se furent approchés du rocher, autant que le permettait la violence des vagues, je me jetai à la nage, et un instant après je montais dans leur embarcation aux acclamations de la foule. Comme je voulais éviter d'être reconnu, je priai ces hommes de me reconduire avec eux sur leur barque, où je trouvai fort à propos du feu et un verre de vin. L'un d'eux est allé me chercher des habits chez mon camarade, qui me les a apportés lui-même ; et le soir, la bise étant tombée, ils m'ont amené dans leur bateau jusqu'au Molard, d'où j'ai regagné ma chambrette sans que M. Dervey, et surtout ce portier Champin, toujours prêt à me dénoncer à votre père, se soient aperçus de rien. Il ne m'en coûtera donc, je l'espère, qu'un chapeau, un habit, une paire de souliers et un petit rhume. En revanche, j'ai l'immense plaisir de me sentir encore au monde, sans compter l'expérience que j'ai acquise, et aussi la leçon que j'ai reçue et dont je suis déterminé à profiter. Ainsi, Louise, de grâce, et pour cette fois seulement, ne me grondez pas.

Voilà mon histoire. Et puis il faudrait, avec cet arrangement de huitaines, que je gardasse tout cela pour moi pendant six jours encore ! Ce n'est pas possible. Ce serait absurde. Vous-même, vous seriez inquiète. Arrangez, Louise, arrangez cette affaire. Je n'ose rien dire à M. Reybaz, qui prendrait mes réclamations pour de l'indocilité ; mais vous qu'il écoute sans défiance, vous qu'il ménage, vous qu'il aime tendrement, intercédez pour un pauvre exilé, naufragé, enrhumé, et avec tout cela affligé de grec à traduire, d'équations à réduire, sans habit, sans chapeau, sans autre bien ni consolation que les moments qu'il passe avec vous chaque jour.

XXXII

LOUISE A CHARLES

De la cure.

Votre récit, Charles, m'a causé autant de chagrin que d'effroi. J'y ai vu que votre témérité est toujours la même, et que la crainte d'affliger ceux qui vous chérissent ne suffit pas à vous donner la plus ordinaire prudence. En vérité, si vous aviez couru ces mêmes dangers dans un but de dévouement, je serais la première à vous approuver, à vous exprimer ma joie ; mais vous exposer ainsi inconsidérément, sans utilité, et comme en vous jouant des promesses que vous avez faites tant de fois, c'est une disposition que je ne puis voir en vous sans tristesse. Je ne vous gronde pas, mais je vous exprime ma peine.

Je vous en conjure, Charles, corrigez-vous de cette imprudente fougue, ou bien nous avons l'un et l'autre tout à redouter, quand même, ainsi que l'autre jour, vous ne seriez pas vous-même victime de votre témérité. Ne sentez-vous pas que vous risquez de fournir un dangereux aliment aux sollicitudes de mon père, et de compromettre jusqu'aux promesses qu'il vous a faites? Charles! est-ce à moi de vous dire ces choses, et ne les avez-vous point encore devinées? Devez-vous vous mettre dans la situation d'avoir à lui cacher ce que vous faites et à m'en imposer le secret? Ne voudrez-vous pas faire quelque sacrifice au désir de lui plaire, de lui inspirer de la sécurité, de ne pas ranimer d'anciennes préventions dont il a dû se défaire avant que de me donner à vous? Ne voudrez-vous pas que moi-même je sois paisible, au lieu de vivre inquiète et troublée? Aujourd'hui, outre que je songe que j'ai pu vous perdre, je suis tremblante, et je le serai encore bien des jours de la crainte que mon père n'apprenne ces choses, qu'il ne les commente, qu'elles n'ébranlent cette tranquillité où je le voyais entrer, et où vous seul vous pouvez le maintenir, en vous abstenant de tout téméraire écart.

Je suis trop saisie, Charles, pour vous écrire longuement aujourd'hui. Il m'est impossible de détourner ma pensée de dessus ce récit. Je vais tâcher de l'oublier, et en même temps de croire que vous êtes sensible à mon chagrin. Je n'ai pu, ébranlée comme je le suis, m'occuper de cette affaire que vous me priez d'arranger, et où je me trouve intéressée autant que vous. Jusqu'à ce que j'en aie causé avec mon père, conformez-vous à sa volonté, mais sans me priver toutefois, ces jours-ci, de quelques mots de vous dont j'éprouve le pressant désir.

Votre affectionnée
Louise.

XXXIII

CHARLES A LOUISE.

De Genève.

Votre lettre, Louise, m'ouvre les yeux. J'ai mal fait, je suis coupable, je me jette à vos genoux, et mes promesses, cette fois, sont sérieuses. Quant à votre père, je n'y ai songé qu'ensuite, mais assez tôt encore pour qu'il ignore tout. Ainsi plus de tristesse, Louise ; votre pardon, votre sourire, je vous en conjure ! et que ce petit nuage n'ait fait que passer dans ce ciel resplendissant et serein.

J'aurais mieux fait d'écouter les conseils de mon camarade ; mais c'est pourtant là tout mon tort, Louise, car le reste n'a plus dépendu de moi. Désormais, en pareille occurrence, je vous jure d'écouter tout le monde, excepté moi. D'ailleurs, pensez-vous que je désire me retrouver à pareille fête ? J'ai eu une frayeur épouvantable : c'est ce qui me donnait cette vigueur surprenante. Mais c'est bien vrai que, le danger passé et mon rocher conquis, j'ai éprouvé une de ces joies puissantes qui remplissent toute l'âme. Je l'oublierai, Louise, cette joie, pour ne songer plus qu'à votre tristesse, que je veux dissiper ; plus qu'à votre paix, dont je ne veux jamais troubler le cours. Ainsi, encore une fois, plus d'alarmes ; que le doux rayon d'espérance, de contentement, qui luisait naguère, reparaisse sur votre front ! que, sûr d'être pardonné et certain que vous avez confiance en mes promesses, je puisse sans contrainte donner essor devant vous à tout ce bonheur que je ressens !

Mon camarade a le mot pour ne rien dire ; ainsi votre père ne saura rien, surtout s'il lit le journal qui, ce matin, rend compte de l'affaire en ces mots. Je transcris :

« Avant-hier, notre lac a failli être le théâtre d'un déplorable accident. Un jeune Anglais, n'écoutant que cette disposition excentrique qui est particulière aux fils d'Albion, a choisi, pour faire une promenade sur l'eau, le moment où la bise soufflait avec le plus de violence. Vainement des promeneurs attroupés sur le bord du lac lui ont crié de revenir promptement au rivage ; il s'est obstiné à tenir le large, jusqu'à ce qu'enfin son embarcation a chaviré. Heureusement des mariniers sont venus à son secours et l'ont retiré de l'eau. A cette occasion, nous croyons devoir blâmer l'autorité de ce qu'elle ne fait pas défense aux bateliers riverains de louer leurs embarcations quand le lac est orageux. Son mandat n'est-il pas de prévenir de funestes accidents et de pourvoir à la sécurité des pères de famille ? »

N'admirez-vous pas, Louise, comment, au moyen des gazettes, tout se sait et chacun s'en va content ? Cet article m'a bien amusé. Aujourd'hui, à table, il a servi d'occasion à M. Dervey de nous conter, sur l'excentricité de ces pauvres Anglais, une foule d'anecdotes plaisantes. D'autre part, le portier, s'attachant à la dernière phrase de l'article, y a trouvé le texte d'une vigoureuse tirade contre le gouvernement actuel, qu'il accuse, à propos de cet Anglais, de se moquer du peuple et de noyer les citoyens vertueux. C'est que M. Champin est un ancien patriote de *nonante-deux*, et rien ne lui va de ce qui s'est fait depuis ce temps-là.

Mais, à propos de M. Dervey, Louise, je me reproche de ne vous avoir encore rien dit de lui ni des siens. Je vais, pour distraire votre mécontentement, vous tracer leur portrait à tous, sans oublier M. Dervey, qui a pourtant peu de physionomie. C'est un homme un peu replet, rubicond, dont l'expression, toujours la même, est toujours bienveillante. Il passe pour un bon prédicateur; moi je l'aurais jugé plus fleuri qu'éloquent; ses sermons ressemblent à son visage. Il a un organe sonore, mais ses belles périodes n'ont rien de ce style fort, touchant, toujours animé, de M. Prévère. Du reste, il est la bonté même, et cette chaleur qu'il n'a pas dans ses sermons, je la retrouve dans ses manières, dans ses procédés, dans sa société domestique. Sa gaieté est pleine de paix et de bonhomie, comme serait celle d'un homme juste, qui, faisant son devoir sans trop de peine, se repose ensuite avec contentement. Il ne me gêne en quoi que ce soit, et il est toujours disposé à être content de moi, si je parais me trouver heureux chez lui. Oh! l'excellent homme, Louise!

Mme Dervey est une grosse dame, plus grave, plus sensible que son mari, mais moins bonne, ou bonne d'une autre manière. Elle me plaisante quelquefois, quelquefois elle me réprimande; deux fois elle m'a grondé, mais comme on fait pourtant à un enfant à qui l'on veut du bien. Ce qui me console, c'est qu'elle tance aussi M. Dervey, et que, au besoin, elle le gronde C'est Mme Dervey qui tient les rênes de la maison, mais de telle façon pourtant que, si elle les abandonnait, chacun irait la prier de les reprendre. Dans les commencements, à chaque instant elle me parlait de vous, sans être du secret néanmoins, en sorte qu'elle m'embarrassait beaucoup. Un beau jour je lui ai tout dit. Depuis ce temps, elle ne me parle plus de vous en présence de ses filles, mais quand nous sommes seuls au salon; alors viennent une foule de questions auxquelles je fais une foule de réponses, et ce sont des moments de délicieux entretien. Elle vous aime, elle vous chérit, elle veut vous connaître; elle me redit sans cesse que je dois m'amender, m'instruire, faire mille efforts pour me rendre digne de partager votre sort et capable de l'embellir. Alors je lui fais des protestations avec tant de désir, de conviction, de courage, que, dans ces moments-là, il me semble que je vais devenir parfait, et capable à moi tout seul d'embellir l'univers. A tout instant, Louise, je pense et je dis de ces choses follement présomptueuses : tant la vivacité de ma tendresse et le transport du bonheur me troublent, m'éblouissent et me font déraisonner!

J'ai gardé pour le bouquet les demoiselles Dervey. Imaginez-vous que l'aînée se nomme Louise! Bon Dieu! que j'ai eu de peine à m'accoutumer à lui laisser porter ce nom-là! Il a bien fallu, néanmoins. Elle le porte donc, elle le portera; mais il n'y a qu'une Louise véritable au monde, et plus j'en verrai de fausses, mieux j'adorerai la vraie. Mlle Louise Dervey est le portrait de son père, gaie, naturelle insouciante comme lui, jolie de visage, un peu grosse de tournure : belle personne, comme on dit. Elle aime les bals, les fêtes : elle aime la campagne, la ville; elle aime à s'occuper et à ne rien faire : tout lui va. Le portier m'a dit qu'elle a une inclination, et qu'elle est peut-être promise à l'heure qu'il est ; à la voir, je ne m'en serais jamais douté. Une qualité charmante en elle, c'est son égalité d'humeur et d'accueil; au fond, elle est comme M. Dervey, qui ne pourrait pas supporter l'idée de déplaire, ou même de ne pas plaire à qui que ce soit. Avec moi, elle est franche, gracieuse et bonne. Je ne lui trouve jamais cette roideur un peu maniérée qu'on reproche aux demoiselles de notre ville, et, dans un bal, elle a autant de naturel et ni plus ni moins d'abandon que chez elle. A cause de cela, j'aime beaucoup à la faire danser : c'est la seule demoiselle, parmi celles que je connais un peu, chez qui je sois certain à l'avance de trouver autant d'accueil que qui que ce soit.

La cadette se nomme Sophie. Elle a seize ans. Elle est à la fois plus délicate, plus réservée et plus malicieuse que sa sœur. Elle aime peu le monde, et beaucoup la lecture et la retraite. Son humeur est capricieuse ; quelquefois elle raille, quelquefois elle s'émeut ou s'attendrit, selon les choses qu'elle dit ou qu'elle entend dire. Elle fait beaucoup moins de bruit que Mlle Louise, mais elle tient beaucoup plus de place dans la maison. Ces deux sœurs, si différentes de goût et de caractère, s'aiment tendrement, et c'est charmant que de les voir ensemble. L'aînée s'est faite tout bonnement la cadette de sa sœur, et celle-ci ne se prévaut de ses avantages d'esprit et d'intelligence que pour faire briller, aimer ou apprécier sa sœur bien-aimée. Ses manières avec moi sont extrêmement discrètes, mais prévenantes ; et, bien qu'elle raille avec finesse et gaieté jusqu'à son père et sa mère, elle s'arrête toujours à distance de moi, soit par fierté, soit par convenance, soit, comme je le pense, par ménagement pour un jeune homme qu'elle sait n'être pas dans la condition où sont tous les autres. C'est, parmi les jeunes personnes de qui j'ai eu l'occasion d'approcher ici, la plus distinguée de beaucoup. Ses traits sont fins, son regard parle ; son rire, toujours tempéré, est rempli de grâce, et sa tournure est élégante comme son geste, comme ses manières, je dirais presque comme la chaise où elle s'assied, la table sur laquelle son bras repose.

Telles sont, Louise, les excellentes gens au milieu desquels je vis, au milieu desquels je m'ennuie, au milieu desquels je m'afflige, je me désespère de ne pas vivre ailleurs, à la cure, par exemple, ou au Monomotapa, si vous y étiez, ou dans les grandes Indes, si vous vouliez y faire un tour. Je les aime, mais je leur demeure étranger. Je suis le spectateur, jaloux quelquefois, de leur bonheur, de leur union, mais je ne m'y associe pas ; car pour cela il faudrait que mon cœur ne fût pas ailleurs. Quelquefois il me semble que dans une maison plus triste, moins amie et moins aimable, je me trouverais plus selon mon goût, parce que je serais plus à moi ; c'est un indigne sentiment, dont je rougis, et que je traite avec le dernier mépris dès que je le sens surgir. Cependant, si ces mêmes personnes vous connaissaient, vous avaient vue seulement, je n'en pourrais plus souffrir d'autres. Il faudra que ce moment arrive ; je ne songe qu'à cela, et Mme Dervey y pense très-sérieusement.

Les jours deviennent courts, et les bals ont déjà commencé ; Mme Dervey m'y fait inviter ; et me force ensuite d'y aller : c'est une tyrannie que je trouve un peu dure. Ces chambres m'étouffent, et ces violons ne me charment pas du tout : je songe aux veillées de la cure, à vous qui teillez, à vous qui écoutez la lecture de l'almanach, durant que vos mains filent la trame. Ah ! ces veillées, ce chanvre, ce feu, ces causeries, ce retour à la cure par-dessous les tilleuls ! Souvenirs qui me charment et m'attristent ! Plaisirs simples et vifs ! où vous retrouver au milieu des salons de la ville, au milieu de ces factices amusements? où vous retrouver partout où Louise n'est pas?

XXXIV

LOUISE A CHARLES.

De la cure.

Je tiens note de vos promesses, Charles, et, me reposant sur elles, je souffle sur ce nuage, et voici revenue cette sérénité à laquelle je me livre aujourd'hui avec une croissante douceur. Ce journal est admirable, qui a si bien arrangé l'affaire et tancé l'autorité. Les Anglais seuls auraient droit de réclamer; mais il est possible que, flattés de voir leur excentricité publiquement reconnue, ils laissent passer.

Votre tableau de la famille Dervey m'a infiniment intéressée, et j'y vois que, s'il est ici telle jeune personne sur le compte de laquelle vos yeux prévenus vous abusent étrangement, ce n'est pas qu'ils ne sachent voir et apprécier avec justesse, lorsque vous les dirigez ailleurs. Je connais maintenant et j'aime tous ces personnages comme si je les avais vus; vraiment il va devenir superflu que vous me présentiez à eux. J'apprécie Mlle Louise, j'admire en elle des qualités plus précieuses que vous ne semblez le croire, et qui, pour n'être pas brillantes, sont loin d'être communes. Je crois, contrairement à votre opinion, que c'est là la véritable Louise, point soucieuse, jamais triste pour goûter et pour donner le bonheur, et à qui sa facile gaieté n'ôte pas une vertu. Je me lie d'amitié avec Mlle Sophie, à qui je trouve plus d'attraits, sans lui trouver plus de mérite, moins de bonté, mais plus de charme. Dans l'une comme dans l'autre, je reconnais l'ouvrage de ces deux parents, dont l'un donne l'exemple journalier de la douceur et de l'aménité, dont l'autre, Mme Dervey, agit, presse, dirige et réprimande. Je lui sais gré de ce qu'elle vous fait participer au bienfait de son expérience, et tous je les porte dans mon cœur, pour l'amour qu'ils vous témoignent. Voilà, Charles, l'impression que j'ai reçue de votre lettre.

C'est à l'occasion du plaisir qu'elle m'a fait, et pressée du désir de m'en assurer plus d'un du même genre pour chaque semaine que j'ai entrepris d'arranger ce que vous appelez *cette affaire*. Mais je n'ai ni réussi ni échoué. Mon père n'entend pas nous gêner, mais il demeure convaincu que nous nous écrivons trop. Ainsi, Charles, il faut prendre un terme moyen, et le satisfaire à moitié. J'aimerais recevoir vos lignes chaque jour, et plutôt deux fois qu'une : rien ne me cause plus de plaisir, rien ne chasse plus sûrement ces petits nuages qui quelquefois encore se montrent sur ce ciel serein ; et pourtant, moi aussi, je ne puis m'empêcher de redouter que tant d'écritures ne vous distraient de vos travaux ou ne vous surchargent en s'y ajoutant. Le mois de novembre approche, et, si je désire vivement un succès, je ne saurais envisager sans inquiétude l'impression que ferait un revers sur l'esprit de mon père. Tranquillisez-moi au moins sur ce point, et soyez bien assuré que je suis prête à sacrifier tout le plaisir que je retire de ce commerce de lettres, si un seul des moments que vous me consacrez peut servir à assurer mieux votre chance de réussir dans le but où vous tendez.

Ce qui m'inquiète un peu, à vrai dire, outre vos navigations, vos courses au marché, vos bals, vos entretiens au salon, et ce rhume dont vous ne me dites rien, c'est la façon presque irrévérencieuse dont vous me parlez de vos objets d'étude, dans votre avant-dernière lettre. Je croyais beau tout ce qui est grec, et surtout une tragédie; je croyais sérieux tout ce qui est science, et je vous vois traiter toutes ces choses comme d'ennuyeuses nécessités. Ou bien est-ce moi qui me méprends, et ce que vous dites n'est-il qu'une plaisanterie dont vous avez voulu me réjouir? Je suis assez soucieuse pour craindre et assez simple pour ne pas deviner ; éclairez-moi un peu, et ne vous offensez pas de mes inquiétudes. Oh! que je redoute, Charles, ce mois de novembre, et que je suis impatiente qu'il soit écoulé !

Vous recevrez avec cette lettre un petit panier de raisins. Ce sont nos primeurs, cueillies sur ce cep qui est entre la fenêtre de M. Prévère et la saillie du clocher. Vous en aurez sûrement gardé la mémoire. Je ne sais quel indiscret a fait observer que sur ce même cep, à pareille époque, l'an passé, on n'aurait pas trouvé un raisin. « A cause des grives, » a dit Marthe. Du reste, tout le monde s'occupe des vendanges, qui s'ouvrent dans dix jours, et dans ces veillées, que vous vous figurez si poétiques, on ne cause plus que setiers et pressoir, tandis que, le jour, c'est un tintamarre de marteaux qui rajustent les douves et mettent les pièces en état. Ainsi apprenez, Charles, à être content de votre sort. Jouissez de ce que la ville vous offre de ressources précieuses, sans regretter la tranquillité des champs, tandis que moi je tâcherai de m'accommoder du tapage des champs, sans trop regretter les plaisirs et les séductions de la ville.

XXXV

CHARLES AU CHANTRE.

De Genève.

Je viens répondre à votre lettre, monsieur Reybaz, et vous remercier de l'attention que vous avez eue de me donner des nouvelles de Louise. Je suis certain que le lait de cette pauvre chèvre lui fera un bien merveilleux, puisque moi, pour n'en avoir pas connu d'autre que celui de la mère, me voici arrivé à l'âge d'homme sans que la maladie m'ait encore visité.

Je suis encore tout chagrin, monsieur Reybaz, de ce que ces écritures vous déplaisent; et, si ce n'était la crainte de vous sembler indocile, j'essayerais bien de vous montrer que, d'écrire moins, cela me va faire perdre beaucoup de temps. Puis-je, à votre avis, m'empêcher de penser souvent à Louise ? Bien certainement vous ne le croyez pas. Eh bien, si je garde ce rêve dans ma tête, il y grossit, il en appelle d'autres, il se mêle à tout ce que j'apprends, et il risque de me faire faire du brouillamini, ou tout au moins de l'ouvrage sans netteté et sans racines. Si, au contraire, je dépose ce rêve sur le papier, l'y voilà, je le ploie, je l'expédie, et je m'en trouve débarrassé : c'est du repos pour vingt-quatre heures. Alors, je suis tout à mon affaire, je travaille mon grec, je travaille mon latin, mes mathématiques, mes belles-lettres, et, n'étant préoccupé par rien d'autre, je sens que j'emmagasine des idées claires, des choses nettes, un savoir utile et durable. Pour ce qui est du sac à babil, il faudra bien que je m'abstienne quand il n'y aura plus rien ; je ne demande que la permission d'employer ce qu'il y a dedans.

Vous me proposez, monsieur Reybaz, des exemples que j'affectionne et que je respecte. Mais vous savez bien que, parmi les fiancés, les uns sont silencieux et intérieurs, les autres parleurs et tout en dehors, de telle sorte qu'on ne peut appliquer à tous la même mesure sans risquer de faire tort à plusieurs.

Avec Thérèse, que vous aviez peu connue auparavant, vous commenciez l'entretien, et tout entretien qui commence va doucement et par degrés ; mais avec Louise, avec qui j'ai babillé pendant des années toute la journée durant, je ne fais que poursuivre l'entretien, et encore en y retranchant plus des neuf dixièmes ; car qui aurait mis en pages ce que nous babillions autrefois aurait eu en trois jours un volume gros comme le Testament. Enfin, monsieur Reybaz, avec Thérèse, vous vous voyiez tous les mois, et c'est bien vrai qu'en se visitant on s'en dit du regard, en un moment, plus que la plume en quatre semaines ; mais faites attention qu'en cinq mois j'ai été une seule fois à la cure, et que c'est à savoir si j'y retournerai avant le printemps prochain. Convenez donc, monsieur Reybaz, que votre exemple ne va pas bien à l'endroit, et si vous agréez mes raisons, laissez-moi libre d'écrire à ma soif : j'en serai bien reconnaissant.

D'ailleurs, ne vous figurez pas que je néglige mes études. Mais pour l'heure elles ne peuvent pas remplir ma journée, quand même je voudrais l'y consacrer toute. Après le mois de novembre, quand j'aurai été reçu étudiant, ce sera une autre affaire ; mais, alors, à nouveaux faits nouveau conseil. En attendant, que je profite de mes loisirs et que je savoure en liberté tant de bonheur que je dois à vous seul.

Vous me demandez, monsieur Reybaz, s'il est vrai que j'aie déjà du travail qui rapporte. Rien n'est plus certain. Il y a un jeune garçon, le fils d'un des amis de M. Prévère, à qui j'apprends ce qu'on m'a appris, un peu de latin et de grec, qui ne sont pas, j'en conviens, de première qualité ; mais comme vous me disiez vous-même : « S'il n'y a pas de déshonneur à vendre son vin, si faible soit-il, il y en a à le vendre frelaté, si vermeil qu'il paraisse. » Je vends donc mon grec et mon latin, qui ne sont ni vermeils ni frelatés, et j'en tire un louis d'or chaque mois. Le premier louis est là dans mon tiroir ; je veux le garder comme pièce de remarque. Le second est en chemin, ne faisant qu'un pas par jour, mais pour arriver à temps comme la tortue. En vérité, je regarde cet or avec tant de plaisir, que j'ai déjà peur de devenir avare et thésauriseur.

Et puis, ce n'est pas tout, monsieur Reybaz ; il y a une dame dans la maison qui me propose de faire répéter tous les soirs à son petit garçon ses devoirs de collège ; on n'a pas parlé du prix, mais c'est encore quelque louis d'or bien sûr, qui s'apprête à venir grossir mon lingot. Quand je gagnerai deux louis d'or par mois, je ne sache guère de particulier au hameau qui tire meilleur parti que moi de son état. C'est 104 florins par mois. C'est 1248 florins par an : c'est déjà de quoi faire rouler un ménage. Et si je double cette somme, comme il pourrait bien advenir que j'eusse quatre heures de leçon par jour au lieu de deux, je trouve un glorieux total de 2496 florins, qui me semble l'opulence en personne. D'ici à mon mariage, j'économise ce glorieux total, et me voilà en état de faire une noce à tout rompre, une noce comme celle de Gamache, monsieur Reybaz, que vous lirez dans ces volumes que j'envoie à Louise. Elle ne m'avait pas encore demandé de livres ; mais, sans attendre, je lui envoie *Don Quichotte*; et veuillez me dire, s'il vous plaît, après que vous aurez pris connaissance de ce livre-là, si vous croyez qu'il puisse y en avoir sous le ciel un plus récréatif et plus amusant.

J'en viens à vos conseils, monsieur Reybaz, que je reçois avec respect et soumission, tout pénétré que je suis de l'envie de vous satisfaire et des raisons que vous avez de demander beaucoup de moi. Je sais que je suis bien ignorant encore, mais ma route est tracée, et si je ne peux pas l'abréger, je vous réponds de ne pas allonger le chemin par ma faute. Je me sens la force et la volonté d'y marcher ferme, et de m'y distinguer parmi ceux qui, n'ayant rien à eux, tout à se faire et tant à reconnaître, étudient sérieusement en vue d'une profession et en vue d'y acquérir l'estime et la considération. Ne craignez rien de ce côté, monsieur Reybaz ; j'en ai assez vu déjà, de ces études, pour savoir que j'en puis venir à bout aussi bien que tant d'autres, si seulement je m'y mets avec courage, ainsi que c'est mon intention et ma promesse auprès de vous.

Quant au caractère, je sais aussi tout ce qui me manque, et je ne me roidis point contre vos remarques, qui me semblent sévères, mais justes. J'espère que mes mauvais germes sont des défauts, et les défauts, on s'en corrige si le temps vous en est laissé. Mais qu'avec vos conseils votre indulgence aussi m'accompagne, monsieur Reybaz; mais si vous étiez trop impatient, je serais plutôt découragé.... Ces pécheurs dont vous parlez, nous ne les avons pas connus..... j'ai fait des sottises bien plus souvent que du mal, je ne suis pas tout défauts, je sens quelque bien en moi.... c'est d'eux peut-être que je tiens ce qu'il y a de moins misérable dans mon triste patrimoine. Laissez-moi ne pas les accuser ni les flétrir. Je ne serai jamais un monsieur Prévère, mais je n'aurai qu'un modèle : c'est lui. Je ne vaudrai jamais votre angélique fille, mais j'aurai une bonne vie, un bon renom, et, sans l'égaler, je la rendrai heureuse. Si je rabats quelque chose de ce que vous me demandez, soyez certain que c'est pour mieux tenir ce que je vous promets, et pour ce qui est que vous me teniez quitte un jour.... jamais, monsieur Reybaz, jamais. J'aurais les vertus de M. Prévère, le mystère de ma naissance recouvrirait la noblesse et l'opulence, je serais sur le trône !... Jamais! car aujourd'hui je suis moins que rien, sans parents, sans mérite, sans profession, sans fortune ; et néanmoins vous me donnez Louise, demandée par d'autres, et faite pour ennoblir le plus noble, pour enrichir le plus riche!

Votre affectionné
CHARLES.

XXXVI

CHAMPIN AU CHANTRE.

De Genève.

Depuis ma dernière, où je te disais les fredaines de ton jeune homme, tu t'es tenu coi, et je ne sais plus la couleur de ton encre. A la bonne heure si, lui ayant lavé la tête, il se tient pour dit qu'homme qui se marie, c'est homme qui se range, et qu'en hyménée, comme à la chasse, qui court deux lièvres risque de manquer tous les deux. Le fait est que, l'ayant guetté de près, je suis à même de savoir qu'il n'a pas découché depuis, sauf qu'un jeudi, sorti au jour, il n'est rentré qu'à la nuit depuis longtemps tombée. J'ai voulu savoir un peu, et, comme j'ai recommencé à l'entretenir de temps en temps, pour t'être utile à l'occasion, je l'ai mis sur le chapitre de ce jeudi. Pour lors il m'a dit que, ce jeudi-là, ils avaient fait avec un camarade une promenade en bateau le matin, et que, la bise s'étant levée, ils ont laissé leur bateau à Montalègre, et puis que, revenant le soir, ils sont restés à voir, avec la foule, cet Anglais qui a naufragé ce jour-là par la faute de l'autorité, ainsi que tu as pu lire dans le journal. Avec ça, c'est un matois que ton gendre, et, depuis qu'il s'est aperçu que je l'inspecte, il n'y a pas chose à reprendre dans tout ce qu'il me laisse voir, si bien que je te débite encore plus l'apparence que ce qui est derrière.

Depuis ta lettre où tu me racontais d'ancien à ancien comment tu as été amené, j'ai tenu ma langue au chaud, d'autant plus aisément que je trouvais peu d'agrément à répandre que tu donnes ton unique à un enfant trouvé. Mais, si je retiens mes propos, je n'empêche pas que ceux des autres n'arrivent à mes oreilles, que j'ai toujours eues grandes depuis l'école, où j'étais un âne. De ces propos, il y en a qui m'ont démangé le tympan d'une fameuse façon, bien que je les croie faux, puisque dans ta lettre d'ancien à ancien tu ne dis rien qui y rentre. Et puis, tout faux que je les crois, il est malaisé que je n'y cherche pas une cause, d'autant que, comme dit le proverbe, il n'y a pas de fumée sans feu. Tu en feras ce que tu en voudras; mais on n'est pas Champin Jean-Marc pour te les taire. Les voici.

Ils disent qu'il y a de vos côtés un notable qui aurait reluqué ta petite, la trouvant à son gré; et puis que, sachant qu'avec les filles de sa sorte, encore qu'elles soient de petite condition, on ne se présente que pour le bon motif, il l'aurait demandée en mariage : selon les uns, en s'adressant à M. Prévère, pour que celui-ci fît l'affaire; selon les autres, en venant se jeter à tes genoux; que toi, te trouvant déjà enferré avec ce garçon d'ici dessus, et voyant trop tard où l'on t'avait amené, faute d'oser rebrousser, tu aurais éconduit ce notable. Les uns disent que c'est un M. Jaquier, le maire de Bourdigny; les autres, un qui a acheté à Peicy; les autres, mieux que tout cela. M. Ernest de la Cour, d'antique maison, et qui habite au château avec sa mère. Pour ta gouverne, voilà le bruit; écris-moi donc ce que tu veux que j'en sache, ou bien, si ce sont contes en l'air, avertis-m'en.

Et je dis, moi, à l'avance, que ce sont contes en l'air; les gros ne s'approchent guère des petits. Pour l'égalité, il n'y a eu qu'un temps. Encore, dans ce temps-là, un savetier était plus aisément syndic[1] qu'un bourgeois ne devenait l'époux d'une fille du haut. Par contre, nos magnifiques et très-honorés[2] jamais n'ont fait les fiers avec nos filles à nous autres, si peu qu'elles fussent avenantes. Un jour, en plein tribunal, à propos d'un qu'on jugeait, Lambert se prit à dire : « Ces aristocrates arguent de leurs mœurs, sans songer que nos filles sont avec nous pour les confondre; et, tandis que c'est dans nos foyers qu'ils s'amusent,

---

1. Premier magistrat de la république. — 2. Nos gros, nos aristocrates, ou, comme on dit encore à Genève, en faisant allusion aux quartiers du haut de la ville, *nos gens du haut.*

ont-ils vu un de nous seulement s'émanciper à l'entour de leurs reines? » Lambert disait vrai.

Et puis, si c'était réel que l'opulence et la condition vinssent chercher ta fille dans ta sacristie, où serait l'obstacle, encore à présent? comme si, en fait d'hyménée, il y avait d'autre engagement qui tienne que celui qu'on signe à la mairie! Avant ce paragraphe mis au papier, dûment timbré et enregistré, tout le reste, ce sont simples phrases que les mots font, que les mots défont. Comment donc irais-je croire que Reybaz, pour attraper l'ombre, lâchât le corps? Aussi leur dis-je assez, et à la Jacquemay notamment : « Plutôt que de ne pas jaser, vous inventeriez que le lac s'est vidé dans le Rhône, et vous trouveriez des crédules pour y aller ramasser le poisson. »

Dis donc seulement qu'il n'en est rien, et d'un mot je fais taire toutes ces commères.

JEAN-MARC, l'ancien.

XXXVII

CHARLES A LOUISE.

De Genève.

En tardant à vous répondre, Louise, je vous ai donné une grande preuve de soumission. Il est vrai que dans l'intervalle j'ai plaidé ma cause auprès de votre père, mais je n'ai garde d'attendre son arrêt. Avant que les vins soient rentrés, les caves refermées, les prix établis, il n'est pas vraisemblable qu'il reprenne la plume. Au fait, c'est bien vrai que la vendange n'est pas le plus joli moment des campagnes. Chez les poëtes, peut-être; pour les buveurs, encore : Brachoz, par exemple. Mais, à voir la chose de près, tout y est froid, mouillé, fermenté, soufré; tout y respire la cave, les paches et la chanson. Les herbes qu'on fauche demeurent herbes et odorantes; on emporte cette riche dépouille, et la prairie reste plus verte, plus fraîche encore, rajeunie et ouverte aux courses et aux jeux. Mais ces raisins, que deviennent-ils? où sont les grappes vermeilles? et, quand elles ont disparu des ceps, savez-vous alors rien de plus triste qu'une vigne? Si j'étais roi de la terre, je ferais brûler tous les échalas, toutes les douves, tous les tonneaux; je ne souffrirais que des ceps épars au penchant des coteaux ou contre les murailles abritées, et jamais la grappe vermeille ne serait indignement foulée, jamais les fumées du vin ne précipiteraient au bas des moraines les Brachoz de mon royaume. Si j'étais roi de la terre, je ferais brûler les villes, j'espacerais les hameaux, je mettrais le feu aux quatre coins du grec et du latin ; et, tandis que vous, reine bien-aimée des mortels, vous fileriez le chanvre ou tireriez l'aiguille dans le manoir de la cure, j'irais avec M. Dervey, mon débonnaire ministre, montés chacun sur une jument des prairies, faire le tour des cabanes, causer au seuil des portes, nous reposer sous le porche des maisons, nous mettre à table avec les bergers, et partout reconnaître si nos sujets sont bons, justes, comme doivent l'être des hommes ; contents et paisibles, comme le sont dans leurs solitudes les animaux vêtus et nourris par la Providence.

Écoutez Homère, que je déchiffre dans cet instant, et où je trouve des tableaux qui me ravissent, des mortels qui vivent, qui chantent, qui courent à la clarté des cieux et sur le tapis des prairies ; des demoiselles qui jouent à la paume ; des filles de reines qui lavent leurs robes à la rivière ! Écoutez. C'est Nausicaa, une princesse fiancée à un prince, c'est la fille du roi des Phéaciens :

« Bientôt elles arrivent sur les bords riants du fleuve. Là roulent éternellement les flots sans nombre d'une onde claire et rapide ; quelque souillé que soit ce qu'on y plonge, ce torrent le purifie.

» Dételant les mules, elles (ces dames) les laissent paître en liberté sur l'herbe douce qui borde les gouffres du fleuve argenté. Cependant les jeunes filles enlèvent du char les vêtements, elles les livrent au cristal des flots, puis les foulent à l'envi sur la marge des bassins. Lorsque ces vêtements ont repris leur blancheur, elles les étendent au bord du rivage, sur les cailloux qu'ont lavés les vagues mobiles. Alors Nausicaa et ses compagnes prennent leur repas sur la rive, attendant que le soleil ait bu de ses rayons l'humidité des vêtements. Dès que la nourriture a réparé leurs forces, elles déposent leurs voiles et font voler la paume dans les airs.... »

Ce tableau me transporte, je déchiffre avec délices, je sais par cœur, je n'oublierai plus. Vérité, simplicité enchanteresses ! mœurs primitives qui font honte aux nôtres ! poésie, langue, peintures, auprès desquelles les nôtres sont froides, pâles, majestueuses et roides comme le marbre ! Vive Alcinoüs, le roi des Phéaciens ! Vive, trois fois vive sa charmante fille, Nausicaa la laveuse, Nausicaa qui dételle les mules, qui lance la paume et qui chante sous les saules de la rive!... Mais je veux finir l'histoire.

Ce jeu, Louise, où se divertissent la princesse et ses compagnes, nous l'avons joué plus d'une fois. On fait semblant de jeter la balle à l'un des joueurs, et on la jette à un autre qui ne l'attendait pas. Or voici bientôt que la folâtre Nausicaa fait voler la balle légère, qui s'égare et va tomber dans les gouffres du fleuve. Toutes les joueuses poussent un cri, et ce cri réveille un homme qui dormait sous l'épais feuillage. Cet homme, c'est Ulysse, jeté il y a quelques heures sur cette côte : il sort du taillis, et paraît à la lumière tout souillé du limon des mers. Les compagnes de Nausicaa courent se cacher dans les roseaux du rivage ; seule, la fille d'Alcinoüs demeure, elle écoute les supplications du malheureux, et elle lui répond :

« Étranger, tu ne parais point un homme vulgaire ni dénué de sagesse. Jupiter, à son gré, dispense le bonheur aux bons et aux méchants ; c'est lui qui t'envoie ces revers ; toi, supporte-les avec constance. Mais rends grâce au sort qui t'a conduit dans nos contrées ; tu ne manqueras ni de vêtements ni d'aucun autre secours que l'on doit à un infortuné suppliant. Je guiderai tes pas vers la ville. Les Phéaciens habitent cette terre et ces murs. Je suis la fille du magnanime Alcinoüs qui règne sur eux. »

Nausicaa se tourne alors vers ses compagnes ; elle les rappelle :

« Tous les étrangers et tous les indigents, leur dit-elle, sont envoyés par Jupiter ; le don le plus faible adoucit leur sort. Présentez, je le veux, des aliments et un breuvage à notre hôte. » Pendant qu'Ulysse se restaure et lave dans le fleuve la fangeuse écume répandue sur ses membres et dans sa chevelure, Nausicaa plie ses vêtements, les place sur le char, conduit les mules sans le frein, et bientôt, prenant les rênes, elle guide Ulysse dans la demeure de son père. »

N'est-ce pas ici, Louise, la beauté et la naïveté même ? Revêtez ce récit des fortes couleurs du texte : n'est-ce pas la scène réelle, touchante, pleine d'air, de lumière, de vie? Et si ce sont là des façons de faire et de vivre qui aient existé, comme on n'en saurait douter, n'y a-t-il pas de quoi s'affliger amèrement de ce qu'il n'en reste plus de trace ?

A présent, voulez-vous savoir pourquoi je suis *irrévéren-*

cieux, comme vous le dites? C'est d'abord à cause de la peine infinie qu'il faut prendre pour arriver, à coups de grammaire et de dictionnaire, au point d'où l'on a la vue nette de Nausicaa et de ses campagnes, et d'Ulysse tout fangeux du limon des mers; c'est ensuite la peine moins grande, mais plus ingrate, qu'il faut prendre pour perdre et cette vue nette, et la pureté de l'impression, et le sentiment du beau, au milieu d'un indigeste fatras de notes qui bavardent sur chaque vers. Figurez-vous des nuages qui s'ouvrent sous vos pieds : de brillantes campagnes apparaissent; puis au moment où vous les contemplez avec ravissement, voici d'autres nuages qui se referment sous vos pieds,... et adieu les brillantes campagnes!

Faut-il appuyer mon dire de quelque exemple? Voici deux ou trois annotations qu'à propos de Nausicaa il faut me mettre dans la mémoire pour le 1er novembre.

D'abord Bitaubé (un traducteur) assure qu'un poëte ordinaire n'aurait pas imaginé cette scène, mais qu'Homère trouve à chaque instant des fleurs sous ses pas. J'apprends cela par cœur. Ensuite, Mme Dacier (une blanchisseuse, je pense) discute pourquoi Nausicaa lave ses robes dans la rivière plutôt que dans la mer, qui est tout près. C'est que l'eau de la mer est grasse. J'apprends par cœur.

Ensuite, un nommé Suidas, examinant de près cette paume de Nausicaa, attribue à Nausicaa l'invention de la sphère astronomique. J'apprends par cœur.

Ensuite, Rapin (bien-aimé celui-ci!) trouve l'aventure inconvenante, et que Nausicaa donne une trop longue entrevue à Ulysse. J'apprends par cœur.

Ensuite Hésychius.... Mais, sans aller plus loin, Louise, où est Nausicaa, la charmante laveuse? Où sont ses jeunes compagnes, Ulysse, les roseaux, le fleuve? Loin! bien loin! Voici à la place Rapin, Bitaubé, et cette femme Dacier, qui se lancent l'un à l'autre leur eau grasse; voici Hésychius et Suidas qui pèsent les vers, qui blutent les mots, qui toisent les particules; voici les larrons accourus qui dévalisent le noble aveugle, qui se partagent les feuillets de son livre, qui les griffonnent, qui les barbouillent, jusqu'à ce que, de cette pure blancheur, il ne reste qu'un chiffon noirci. Certes, je les déteste, je les insulte, je raille, je me moque, et je vous parais irrévérencieux.

Et puis, Louise, tous les morceaux ne sont pas comme celui de Nausicaa, tous les poëtes grecs ne sont pas des Homères.

Toutefois, ne craignez rien ; surtout ne parlez pas de sacrifices. Ce travail peut être ennuyeux, mais il n'est pas difficile ; et, sans être trop présomptueux, je puis vous assurer que je l'ai fait de manière à ne craindre du moins aucun revers. Gardez donc vos inquiétudes pour le printemps prochain, alors que, devenu étudiant, je serai appelé à rendre un compte plus considérable devant des juges plus sévères. Après vous avoir donné ces explications, je vous quitte pour me remettre à piocher, bien certain, si vous m'aimez un peu, que vous aurez de moi une compassion profonde. Mais plus que trois semaines !

Encore un mot pourtant. Ce cep ? oui, je le connais, ainsi que beaucoup d'autres qui ne me connaissent plus. Mais, Louise, serrez pour moi la main de cette digne Marthe, qui m'a toujours défendu sans être jamais ma complice. Elle a dit vrai, d'ailleurs ; car y avait-il jamais une grappe mangée par les grives, dont on ne dît que je m'en étais fait plaisir ? Recevez, avec les miens, les remercîments de toute la famille Dervey, que j'ai régalée de vos raisins, de l'histoire du cep et du propos de Marthe.

CHARLES.

XXXVIII

LE CHANTRE A CHAMPIN.

De la cure.

Si je n'ai pas répondu à la tienne, aujourd'hui ancienne, où tu m'avertis que ce garçon a découché, c'est que j'en savais plus que toi sur cet article. Quand Charles t'a dit qu'il était venu à la cure, il te disait vrai, bien que, trompé par ces langues dont tu t'entoures, tu ne l'aies pas voulu croire, préférant lui prêter des actions qui montrent que tu ne le connais guère. Non que je veuille faire son éloge, puisque enfin je connais trop ses défauts ; mais, pour lui, le péril est ailleurs que dans des désordres de mœurs ou dans des tabagies. Sur ce point j'ai dormi tranquille, et ton propos ne m'a pas réveillé.

Quant à tous ces discours que tiennent ces mêmes langues, laisse dire et abstiens-toi ; c'est la demande que je te fais, d'ancien à ancien, comme tu dis. Qu'un notable ait demandé ma fille ou qu'aucun ne l'ait demandée, je ne vois pas à quelle fin ces commères dont tu parles ont à s'en enquérir, non plus que toi, qui la sais promise à ce Charles, ainsi que je te l'ai écrit et que je te le confirme. Pour ce qui est de ne pas tenir à mon engagement, ce n'est pas ma façon de faire, fallût-il, en fait d'opulence et de condition, lâcher le corps pour l'ombre. C'est tout ce que j'ai à te répondre, sans te détourner, d'ailleurs, de faire taire ces commères, dont le caquet m'a tout l'air de ne profiter qu'au malin.

Ton affectionné   REYBAZ.

XXXIX

M. PRÉVÈRE A M. DERVEY.

De la cure.

Il devient nécessaire, mon cher confrère, que je vous mette au fait de ce qui se passe ici dans ce moment, afin que, connaissant aussi bien que moi quelle est la situation de Charles, vous soyez mieux à même de l'éclairer de vos conseils, ou de me donner quelque avis opportun, si l'occasion s'en présentait. Il est en vérité des moments où la destinée de cet enfant, que je croyais désormais assurée, m'apparaît comme précaire encore et encombrée d'obstacles. Pour l'heure, il s'agit d'écarter de lui toute occasion d'imprudence, tout prétexte à des démarches inconsidérées : tant M. Reybaz, sur les promesses duquel repose son avenir tout entier, est porté à le juger avec sévérité ! tant il a de peine, encore à l'heure qu'il est, à prendre confiance dans les qualités de cet enfant qu'il n'a accepté pour gendre qu'avec répugnance, bien que sincèrement ! Mais il faut, pour ce que j'ai à vous dire, que je reprenne les choses de plus haut.

Vous connaissez sans doute de nom la famille de la Cour. Ce sont les seuls notables de ma paroisse : ils habitent cette belle maison dont l'avenue s'ouvre à trois ou quatre cents pas de la cure, et qu'on nomme ici le château. Il y a huit ans que M. de la Cour y mourut, laissant un fils plus âgé que Charles d'environ quatre ans. Jusqu'à cette époque, cet enfant avait vécu dans la familiarité de Charles et de Louise ; mais dès lors ces relations cessèrent insensiblement, malgré les efforts que fit, pour les continuer, Mme de la Cour, qui y trouvait une garantie contre les écueils où l'opulence, le défaut d'occupation et de frein pouvaient entraîner son fils.

Cette dame avait de bonnes intentions plutôt que la fermeté nécessaire pour les faire prévaloir ; d'ailleurs, elle idolâtrait son fils. Ce jeune homme ne tarda pas à lui causer les chagrins qu'elle avait pu redouter. Il se jeta dans la dissipation, puis dans le libertinage ; à vingt et un ans, il avait déjà séduit et perdu la fille de l'un de nos paysans les plus honorables, Elise Coissat. Après ce scandale, il dut s'éloigner pour quelque temps. Arraché ainsi à ses compagnies ordinaires, touché de l'affliction de sa mère, ou peut-être mû par le repentir (il était encore bien jeune!), il revint insensiblement à une vie plus régulière, et nous-mêmes, lorsqu'il reparut à la cure, heureux de le voir s'amender, nous recommençâmes à l'y accueillir de temps en temps et à fréquenter de nouveau la maison de Mme de la Cour. Dès lors (il y a de ceci un peu plus d'un an), cette dame, dans l'espérance que le mariage fixerait enfin son fils dans la voie honorable où elle le voyait entrer, lui cherchait une épouse parmi les jeunes personnes de sa condition. J'ai ouï parler d'ouvertures faites à ce sujet auprès des parents d'une jeune demoiselle dont vous avez dirigé l'instruction religieuse, Mlle Dupuech. Quoi qu'il en soit, c'est pendant que Mme de la Cour s'occupait de ce dessein que son fils, certain d'être contrarié par elle dans un vœu qu'il formait déjà secrètement, lui cachait avec le plus grand soin le nouvel attachement qui naissait dans son cœur.

Ce jeune homme avait perdu de vue Louise quand elle n'était encore qu'une enfant. Il la revoyait alors jeune fille, unissant aux grâces de la figure les agréments d'un esprit délicat, et ce charme d'une sensibilité pleine de pudeur et de réserve dont souvent l'attrait est plus vif et l'empire plus soudain sur un jeune homme qui a connu le vice que sur celui qui revêt uniformément toutes les femmes du manteau de sa propre pureté. Il s'éprit d'elle, et autant plus profondément que, déjà obligé de se contraindre devant sa mère et redoutant aussi d'éveiller la jalousie de Charles, dont il devinait dès lors les sentiments sans redouter encore sa rivalité, il dissimulait le penchant passionné dont son âme était pleine, attendant l'heure de se faire agréer de Louise et d'éblouir M. Reybaz du prestige de son rang et de son opulence. Du reste, sous l'influence de ce sentiment, il avait entièrement réformé sa vie, rompu avec ses camarades de désordres, et renoué avec les sociétés dont sa condition lui ouvrait l'accès. Occupé que je suis des soins de ma paroisse, je ne pus ou je ne sus pas alors pénétrer les projets de ce jeune homme. D'ailleurs, les miens sur Charles n'étaient encore qu'un désir, qu'un espoir né de l'affection que je voyais croître entre Louise et lui ; surtout j'étais loin de m'imaginer que l'unique rejeton d'une famille riche et orgueilleuse de son ancienneté pût songer jamais à s'allier à l'humble fille d'un chantre de campagne.

Les choses en étaient là lorsqu'en juin dernier, à la suite de divers entretiens que j'eus avec M. Reybaz, je pris le parti d'éloigner Charles et de vous le confier. Charles partit pour Genève un samedi. C'est le soir même de ce jour que M. Ernest de la Cour, rencontrant M. Reybaz qui se promenait seul dans la campagne, l'aborda, engagea avec lui un entretien, et, soit qu'il en eût formé le projet à l'avance, soit qu'il s'y trouvât entraîné par l'occasion ou porté par le désir, il lui parla de mariage et demanda la main de Louise. M. Reybaz, sans s'arrêter seulement au rang et à la richesse de celui qui lui faisait cette demande, n'hésita pas un moment à y répondre par un refus. Il avait présents à l'esprit les désordres passés, les malheurs de la fille Coissat, et dans le cœur sa propre et droite répugnance à composer avec le dérèglement : en outre, il avait une trop haute opinion de sa fille pour croire qu'elle pût jamais mettre aucun avantage avant celui d'une moralité sans tache et d'un renom justement honoré. Le jeune homme ressentit de ce refus une vive humiliation. Il insista pour en connaître les motifs, et M. Reybaz, avec sa franche rudesse, ne les lui tut pas. Alors ils se séparèrent, M. Reybaz persistant dans son refus, et M. Ernest dans ses protestations d'amour pour Louise, de réforme entière pour lui-même, d'espoir dans le cours du temps et dans les réflexions de M. Reybaz.

Vous avez su, mon cher confrère, comment, dès le lendemain, obéissant au pieux appel de la charité, M. Reybaz, qui venait de refuser sa fille à M. de la Cour, la donnait généreusement à mon pauvre Charles. Nous convînmes ensemble de garder le plus entier secret sur cette alliance projetée. Plusieurs motifs nous en faisaient un devoir : la jeunesse de Charles, l'incertitude de son avenir ; plus tard, la convenance d'ajourner le mariage jusqu'à ce qu'il eût été consacré ministre, d'autres encore. Mais, quelles qu'aient été nos précautions à ce sujet, quelque chose a transpiré de l'engagement de M. Reybaz, et, sans que personne dans le hameau puisse se dire instruit de ce qu'il en est, tous se doutent que Louise est promise à Charles, et les lettres dont celui-ci charge chaque jour la messagère n'ont pas peu contribué à donner de la consistance à ces bruits. Ce sont ces bruits qui, arrivés jusqu'à M. de la Cour, ont provoqué de sa part la démarche toute récente à laquelle je fais allusion en commençant cette lettre, et à l'occasion de laquelle je me suis déterminé à vous écrire.

Après le refus qu'il avait essuyé, ce jeune homme, que l'obstacle semblait rendre plus ardent et plus passionné, avait tout confié à sa mère en s'efforçant de lui faire partager ses vœux et de la mettre dans ses intérêts. Il n'y put réussir. Cette obscure alliance choquait trop la fierté de cette dame, ses préjugés de famille, toutes les idées et les habitudes dans lesquelles elle a été élevée. Avec la fermeté de l'orgueil blessé, elle déclara positivement à son fils qu'il n'obtiendrait jamais son consentement à une pareille union, et celui-ci, retrouvant aussitôt l'audace rebelle de ses jours de déréglement, lui déclara à son tour qu'il saurait s'en passer, et qu'il n'aurait jamais d'autre épouse que Louise. Lorsque ensuite il a eu ouï dire que cette Louise était promise, qu'elle était promise à Charles, l'enfant trouvé de M. Prévère, il s'est livré à tout l'emportement de la passion déçue et humiliée ; ses paroles de fureur n'ont pas même épargné sa mère. Résolu d'éclaircir tous ses doutes et de frapper un dernier coup, il a profité jeudi passé de ce que Louise et moi nous étions absents de la cure pour s'y présenter et pour se faire introduire auprès de M. Reybaz.

Ce jeune homme s'était apparemment tracé une ligne à suivre. Il s'est comporté d'abord avec beaucoup de modération et d'adresse, et c'est avec une habileté grande qu'il est parvenu à reproduire, d'une façon indirecte et ménagée, la même demande au sujet de laquelle il avait reçu une première fois un refus si formel. M. Reybaz a bientôt jugé à propos de l'interrompre, en disant qu'à même requête il faisait même réponse ; et ensuite il l'invitait à parler d'autre chose. Alors M. Ernest, s'écartant du ton digne et modéré qu'il s'était d'abord imposé, a éclaté en transports passionnés : des larmes ont ruisselé de ses yeux, et, descendu aux plus instantes supplications, il s'est enfin jeté aux genoux de M. Reybaz. Celui-ci, sans s'émouvoir, lui a dit : « Vous remueriez plutôt un roc ; que ce mot vous suffise, monsieur Ernest. — Dites plutôt, s'est écrié le jeune homme avec un accent de rage et de dédain, dites plutôt que vous la refusez à M. de la Cour pour la livrer à l'enfant trouvé de M. Prévère ! — Possible, a répondu M. Reybaz, et n'en suis-je pas libre, si telle s'en contente qui ne se contenterait pas de vous?... » Ce trait, qui n'était dans la bouche de M. Reybaz que l'expression de la vérité, a pénétré profondément dans l'âme de M. Ernest. Il a pâli ; sa fureur est tombée pour faire place à une attitude morne ; sans ajouter un seul mot, il s'est retiré. J'ignore s'il a renoncé franchement à tout espoir, s'il est irrité plus que découragé, si même il est capable de se mettre au-dessus du sentiment qu'il a nourri jusqu'ici ; j'apprends seulement ce matin que Mme de la Cour et son fils disposent tout pour aller passer l'hiver à la ville, contrairement à leur habitude.

C'est cette circonstance qui fait que je vous écris ces longues explications, mon cher confrère. J'ignore ce qu'ils se proposent ; mais je redoute les dispositions qu'emporte avec lui ce jeune homme si rudement éconduit, au moment où il va se trouver rapproché de Charles, et peut-être le rencontrer dans le monde. Celui-ci a eu connaissance de la première demande faite par M. Ernest ; mais il ignore, et il ignorera toujours, je l'espère, ces nouvelles démarches ; s'il en avait la moindre connaissance, alors je craindrais tout de sa fougue et du bouleversement de son esprit : la jalousie, l'indignation, la terreur, ne manqueraient pas de l'égarer et d'amener peut-être entre M. Ernest et lui quelque collision dont les conséquences ne sauraient qu'être funestes. Jamais, sans doute, M. Reybaz ne manquera à ses engagements, et, y manquât-il, ce ne serait dans aucun cas en faveur de M. Ernest ; mais M. Reybaz ne se croit lié avec Charles qu'autant que celui-ci, par sa conduite, non-seulement lui donnera de jour en jour plus de gages de sécurité pour l'avenir, mais encore, et surtout, qu'autant qu'il ne réveillera pas dans son esprit d'anciennes défiances, de sourdes craintes étouffées à peine, et auxquelles, à la moindre alarme, il se livrerait tout entier, sans qu'aucune considération pût l'en empêcher. C'est là, mon cher confrère, qu'est le danger, et ce danger me bouleverse moi-même toutes les fois que je songe, d'une part, à cette roide nature de M. Reybaz, toujours droite dans ses vues, mais obstinée dans ses préventions, ouverte aux alarmes, brusque et secrète dans ses résolutions ; d'autre part, à cet enfant sans expérience, impétueux, incapable de ménagements calculés, et dont les moindres écarts rencontrent l'œil défiant d'un père à la fois rempli de tendresse pour sa fille et de sévère exigence pour un gendre dont la naissance l'offusque et le trouble secrètement.

Veillez donc sur lui cet hiver, et surtout pendant ces premiers temps ; veillez sur les propos qui peuvent être tenus autour de lui, à l'occasion de l'arrivée des de la Cour à Genève ; et, dès que vous vous apercevriez d'une préoccupation quelconque chez Charles, informez-m'en aussitôt, afin qu'en l'instruisant de ce qu'il vaudrait mieux lui tenir caché, je fasse du moins suivre mes révélations d'injonctions et d'avis. Enfin, mon cher confrère, je compte en tout temps sur les conseils que vous lui donneriez vous-même, et maintenant que je vous ai mis au fait de tout, je me repose sur votre vigilance et sur votre amitié, dont vous m'avez donné déjà tant de preuves.

Recevez, mon cher confrère, l'expression de mes regrets pour les soins difficiles que je vous impose, et celle de ma vive gratitude pour le repos dont je vous serai redevable.

Prévère.

XL

LOUISE A CHARLES.

De la cure.

Vos lignes m'ont rassurée, Charles, et je m'explique jusqu'à un certain point votre irrévérence. Ce n'est pas sur le maître qu'elle tombe, mais sur de maladroits valets. Cependant on doit toujours conserver des égards pour le sexe, et, puisque parmi tous ces messieurs il y a une dame, j'aurais aimé que votre satire eût été plus ménagée et plus courtoise. Pourquoi, d'ailleurs, en vouloir tant à cette dame de ce qu'elle s'enquiert des choses de lessive et de savonnage ? Vouliez-vous donc que ce fût M. Rapin qui examinât ces menues questions ? Moi, je loue Mme Dacier ; et si j'apprenais votre grec pour annoter et dire ma façon de penser, je m'en tiendrais, comme elle, aux choses de ménage, à celles qui s'étudient par la pratique des procédés domestiques et dans l'ombre de la retraite.

Je ne savais pas, du reste, que, dans ces domaines, on rencontrât des figures de femmes. Cette apparition d'une personne du sexe parmi ces graves annotateurs m'a semblé bien plus fabuleuse et plus inattendue que l'apparition d'Ulysse ne sembla aux jeunes laveuses. Mais qui est donc cette dame Dacier ? A quel temps appartient-elle ? Serait-ce au nôtre ? Dois-je me la figurer jeune ou vieille ? vêtue en Muse ou habillée de nos robes ? ayant appris le grec par l'effet d'un naufrage en Grèce suivi d'une longue captivité, ou bien par goût, et pour y gagner sa vie ou pour y perdre la tête ? Éclairez-moi sur ce point. Je suis si ignorante, que j'ai vu là comme un phénomène, comme un grand accident de la nature, dont je suis demeurée toute stupéfaite.

Pour ce qui est de l'histoire de Nausicaa, je la trouve avec vous remplie de fraîcheur et de naïveté, et je vous sais un gré infini de ce que vous avez pris la peine de m'en faire une élégante analyse. Pourquoi donc, de ces choses qui paraissent si simples et conçues à si peu d'effort, n'en fait-on plus aujourd'hui ? Pourquoi, lorsqu'on en ferait, n'auraient-elles plus le même charme ? Est-ce donc leur antiquité qui pare celles-ci ? Est-ce cette circonstance, que le poëte de Nausicaa paraît être aussi naïf lui-même, aussi jeune que les temps qu'il décrit ? C'est l'idée que je suis portée à me faire, lorsque je remarque qu'avec bien plus d'esprit, d'art, de modèles, ceux de nos poëtes que j'ai lus n'atteignent pas à ce goût savoureux de poésie qui se sent dans votre analyse même. J'entendis un jour M. Prévère dire à quelqu'un, en parlant d'Homère : « C'est le seul poëte, supérieur à tous, et père de la plupart. » Je ne compris rien à ce propos. En lisant vos transports et votre analyse, il me semble comme si j'en pénétrais mieux le sens. Et c'est ainsi qu'avec les savants, Charles, on devient savante. Pourquoi en voulez-vous donc tant à Mme Dacier ? Me voici sur sa trace, et, sans me les dire, vous allez penser sur moi des choses *irrévérencieuses*.

J'aime beaucoup à m'instruire, Charles, et la seule chose qui m'empêche d'apprendre, c'est la crainte de savoir. Expliquez cela comme vous pourrez. Dès qu'une notion un peu sérieuse m'arrive, je frémis de l'accueillir ; une voix secrète me dit que ce n'est pas mon affaire, se moque de moi, me raille *irrévérencieusement*. C'est pourquoi je m'en tiens à filer, à suspendre les raisins au plafond, à arranger les pommes dans le fruitier et à diriger une lessive, avec plus et moins de simplicité à la fois que Nausicaa la laveuse ; car, si je ne vais pas moi-même au fleuve, je n'aurais pas non plus, pour y aller, ce beau char attelé de mules. Quand je serai reine de la terre, nous verrons à nous donner cet attelage, sans toutefois faire tort à notre pauvre âne, dont vous auriez bien pu vous contenter dans vos royales tournées, au lieu d'aller déranger les juments des prairies.

Les vins sont rentrés, les caves refermées, et les soirées sont redevenues plus agréables. Tandis que vous lisez Homère, nous lisons, nous, *le Messager boiteux*, et depuis trois soirées nous en sommes toujours à l'histoire d'une avalanche, qui roul lentement, comme vous voyez. Mais mon père, plusieurs encore, veulent se rendre compte de tout, en sorte qu'à propos d'un fait, en voici d'autres, sans compter des châtaignes et du vin nouveau, qui vinrent hier faire diversion : c'est mon père qui fit cette surprise. M. Prévère voulut en être ; il désira aussi que l'on continuât l'histoire devant lui, il se mêla aux causeries, et, peu à peu, il se laissa aller à nous faire les récits les plus intéressants du monde, en se mettant à la portée de tous, et de Redard aussi, qui pourtant ne comprend guère que ce qui est clair et visible comme le soleil sur les prés. Je filais en écoutant, en jouissant, en aimant vous, M. Prévère, tout ce monde, en trouvant ces mœurs dignes de celles dont le tableau vous a transporté ; sans rien envier à Nausicaa, la princesse des Phéaciens, rien à ses compagnes, rien à personne. Mais, si tous les poëtes ne sont pas des Homères, toutes nos soirées non plus ne sont pas charmées par les récits de M. Prévère.

Mais voici que je vous retiens bien longtemps. Je n'attends point de lettres de vous ces jours-ci ; soyez à vos seules occupations, et croyez que, le jour où vous m'apprendrez que vous avez réussi, ce jour-là je serai payée avec usure de tous les sacrifices que j'aurai faits.

Votre affectionnée Louise.

P. S. J'oubliais de vous annoncer la grande nouvelle du hameau. Les de la Cour vont passer l'hiver à la ville. Nous les avons peu vus cet été. Je ne sais s'ils viendront prendre congé. Dans tous les cas, je ne puis que leur souhaiter bon voyage.

XLI

CHARLES A LOUISE.

De Genève.

Me voici étudiant, Louise ; c'est depuis ce matin. Annoncez, je vous prie, la chose à votre père. Je n'ai pas le courage de le faire. Votre post-scriptum me jette dans le trouble et l'anxiété. Ces de la Cour !... j'en détournais avec soin ma pensée.... je m'efforçais d'oublier ce jeune homme.... je me suis contraint longtemps avant que d'oser agiter ce sujet devant vous.... Aujourd'hui, pardonnez, Louise, si je vous laisse entrevoir mon trouble. Considérez que je vis loin de vous.... considérez que vous êtes pour moi tout au monde; et qu'ainsi ce sentiment avec lequel mon cœur s'agite ou tremble autour de son unique et chère possession ne vous soit pas importun !.... Au surplus, sachez d'où naissent ces alarmes.

J'ai reçu, il y a quelques jours, une lettre de votre père où se trouvaient des lignes tristes à lire. Il m'invitait à conquérir les vertus et le bon renom, auxquels il *sacrifie* pour vous *condition* et *opulence*. Il me faisait sentir ce que je ne sens déjà que trop amèrement, que je n'ai rien, que je ne suis rien ; il ajoutait ces propres paroles que je n'ai pas lues sans effroi : « Si je mettais la richesse avant une vie honorable, je saurais où faire ici près un heureux du ciel. » Ces paroles, je voulais les oublier aussi, j'y tâchais du moins, lorsque ce portier, dont l'entretien recouvre toujours une maligne curiosité, m'a parlé de bruits qui courent au sujet de M. Ernest, de démarches faites auprès de M. Reybaz.... A ce propos, il m'a montré une grosse lettre de M. Prévère à M. Dervey, que la messagère venait de poser dans sa loge.... enfin, ce matin, votre post-scriptum m'apprend que les de la Cour viennent, contre leur habitude, passer l'hiver à la ville. Comment dois-je interpréter ces mouvements inaccoutumés ? Quelque chose de récent a-t-il provoqué cette résolution soudaine?... Y aurait-il, à votre insu peut-être, Louise, à l'insu de M. Prévère, de sourdes menées pour ébranler, pour éblouir M. Reybaz, déjà si peu satisfait de moi ?... Vous-même, ne disiez-vous pas, dans l'une de vos lettres récentes, que je pouvais compromettre jusqu'aux promesses qu'il m'a faites ?... Ah ! Louise, tirez-moi, je vous en conjure, de cette anxiété où je suis.... Ces ombres, ces lueurs, ce sont d'horribles fantômes!... Qu'un mot, qu'un signe de vous, les fasse disparaître de ma vue !

M. Ernest de la Cour, Louise, c'est celui qui a demandé votre main !... Depuis ce jour, son nom seul me glace de crainte; je ne puis assez me persuader qu'un bonheur qui lui fut refusé puisse, par un miracle du ciel, m'être réservé !... M. Ernest de la Cour ! oserai-je vous le dire ? depuis ce jour, je le hais !... Pour n'éprouver pas de trouble, il est besoin que je détourne mes yeux de lui, des lieux où il est, où il vous regrette; où il vous espère peut-être!!! M. Ernest de la Cour…. Si, après ce premier refus, il a tenté peut-être de nouvelles démarches, alors je ressens l'outrage, le désespoir et les transports de fureur! Pourquoi viennent-ils à la ville? Mais non! je dis des choses insensées. Ce projet même qui l'éloigne de vous, de votre père, je dois m'en réjouir. Ici, je le verrai, et je ne le craindrai pas. Écrivez-moi, Louise, je vous en conjure, sans mystère, sans réticence; que vos lignes chéries mettent un terme à ce tourment où je demeure jusqu'à ce que je les aie lues!

Charles.

XLII

LOUISE A CHARLES.

De la cure.

Mais, Charles, vous me dites des folies. Je vais ne plus vous écrire de post-scriptum. Au surplus, vous raisonnez d'une étrange façon. De M. Ernest vous vous faites un rival; jusque-là je n'ai rien à dire: lorsqu'on en est à imaginer un roman, j'estime que c'est bien fait que d'y introduire un rival pour animer la scène et fournir aux aventures. Mais lorsque ensuite ce rival quitte la place et fuit en terre étrangère, je ne comprends plus rien à votre désespoir; le roman se gâte, il n'y a plus ni sens commun ni vraisemblance, et l'on voit trop que l'auteur rêvait quand il écrivit ces pages.

Je compte bien vous répondre sans mystère et sans réticence; mais n'exigez pas que je me revête de plus de sérieux qu'il n'est besoin. Je ne sais absolument rien que vous ne sachiez aussi bien que moi, et certes il me semble que, si M. Ernest avait jugé à propos de faire les démarches que vous supposez, je serais bien, ce me semble, la personne à consulter. Mais je trouve que vous faites tort à la délicatesse de M. Ernest, tort à la droiture de mon père, tort à moi, Charles; puisque, enfin, tous ces fantômes seraient des démons réels, qu'encore devriez-vous ne vous faire d'eux ni souci ni épouvante, si vous croyez à ma tendresse, comme vous devez croire à mon discernement.

Mais je vous dirai plus, c'est que ce départ de Mme de la Cour et de son fils me semble une chose très-convenable, si ce n'est nécessaire. Ils ne nous voient presque plus. Ils ont dû éprouver quelque humiliation du refus de mon père. Dans cette situation, je ne vois pas de projet si naturel à former et à exécuter que ce projet qui vous paraît si étrange, si inouï, et à propos duquel votre imagination se met en campagne par un temps si sombre et si orageux. Charles ! vos alarmes me font pleurer et sourire; je suis touchée de vos craintes, et je ris quand je découvre sur quoi elles reposent. Laissez donc chacun bouger à sa fantaisie autour de vous, laissez M. Champin recevoir des lettres dans sa loge, ou même être curieux comme le sont, dit-on, ceux de sa profession, et revenez bien vite à cette paix que vous troublez à plaisir.

Mme de la Cour est venue seule aujourd'hui pour prendre congé. M. Prévère n'était pas à la cure; c'est moi qui l'ai reçue. Sa santé, m'a-t-elle dit, exige qu'elle se rapproche pendant quelque temps de son docteur, et elle désire aussi que son fils fréquente un peu le monde. Après cela, nous avons causé de pluie, de neige, de fruits gardés, de jardinier et de serre, et enfin... d'un jeune chat, qu'elle confie à mes soins pendant son absence. Si donc votre portier vous avait dit que Mme de la Cour est venue à la cure, sans ajouter que c'était pour me parler de l'éducation d'un jeune chat, vous n'auriez pas manqué d'ajouter ce mouvement à tous ces mouvements inaccoutumés que vous avez aperçus, et d'y lire le secret de votre destinée. Voyez pourtant ce que c'est, Charles, que d'avoir affaire avec les fantômes. Rompez bien vite avec eux, et surtout, je vous en conjure, chassez ces soupçons colères et ces sentiments de défiance que vous nourrissez injustement contre M. Ernest.

Au milieu de vos préoccupations, vous passez bien légèrement sur un événement qui nous cause ici un vif plaisir: votre promotion à la condition d'étudiant. J'ai annoncé la chose à mon père, mais j'éprouvais le regret de n'y pouvoir ajouter aucuns détails, quand, j'en suis certaine, ces détails l'eussent intéressé, après m'avoir réjouie. De son côté, M. Prévère m'a fait toutes sortes de questions, et elles m'embarrassaient d'autant plus, que je n'osais lui donner votre lettre à lire, ni lui en raconter le contenu, ainsi que je fais souvent. Une autre fois, Charles, vous aurez égard à cette situation où je redoute de me trouver, et vous songerez que c'est chose juste qu'une partie au moins de votre gaieté ou de vos intéressants récits puisse être communiquée à ceux qui m'entourent. C'est les réjouir en doublant mon plaisir.

Votre Louise.

XLIII

CHAMPIN A REYBAZ.

De Genève.

Tu t'es tenu boutonné, Reybaz, sur l'article du notable; et, si dans tes quinze lignes il y a matière à conjecturer, il n'y a guère de quoi en extraire du certain. Tu en étais bien libre, tout comme un chacun, chez soi, est libre de fermer la porte au nez d'un inquilin[1] qui guette indiscrètement. Seulement traites-tu un ancien de roche par trop en inquilin, et encore sans que je m'en fâche. On a ses humeurs : je t'aurai pris à rebrousse-poil. Mettons que je n'aie rien dit. En attendant, j'ai beau m'abstenir, ainsi que tu me conseilles, les langues n'en glosent ni plus ni moins; et, quand tu me commandes de les faire taire, je préférerais encore que tu m'enjoignisses d'empêcher le Rhône de couler.

Faire taire les langues! Reybaz, c'était mon désir, étant bien d'accord avec toi que c'est le malin qui les fait ainsi javeter, et sachant d'ailleurs que la langue est à la fois la pire chose et la meilleure, comme dit Ésope : la meilleure quand elle se tait, la pire dès qu'elle bouge; c'est ainsi que j'interprète le dicton. Car la langue, qu'est-ce, sinon la trompette du cœur, lequel est, chez tous les fils d'Ève, farci de médisance, de malice, de préférence de soi, de jalousie des autres? Et comme dans les batailles, durant que les hommes tombent, que les blessés meurent, que les cadavres jonchent les champs, une claire trompette sonne la gloire et se répand en fanfares menteuses..., ainsi la langue, durant qu'au dedans fermentent ces mauvais levains, se répand en paroles dorées et sonne ces mensonges. La langue! c'est tantôt le dard pour blesser, tantôt la lime pour user, toujours le masque pour cacher; c'est la graine, éternellement semée, de la fraude, des peines et des catastrophes; par où tu vois que, si tu t'en défies, je m'en défiais avant toi.

Et c'est justement pour cela, mon vieux, que je te demandais, dans ma dernière, de me conter par le menu ce qu'il en est de ces notables à l'entour de ta Louise, aux fins que, jetant la vérité à ces commères, comme on jette à des chiens la proie qu'ils

---

1. Locataire, voisin, habitant la même maison.

flairent, je les pusse assouvir, et qu'ensuite, rassasiées de ces mets, elles se tournassent ailleurs. Quand Ève eut mangé la pomme, elle n'en cueillit pas une seconde; de même, ces commères, une fois satisfaites, se tairaient. Non pas en laissant ce voile à demi baissé sur la chose, leur curiosité s'attise, elles rôdent autour, et, ne pouvant le soulever, elles guettent, elles flairent, et, plutôt que de ne pas savoir, elles inventent. Déjà l'histoire de ta fille court le quartier, faite de leur façon, quand j'aurais préféré qu'elle fût de la tienne. Finalement, ceci te regarde, et tu en étais bien libre.

Elles disent donc que ce notable, c'est bien M. Ernest de la Cour; à preuve que, contrarié dans ses amours et froissé de tes refus, il a quitté l'endroit et s'en est venu habiter avec sa mère une maison de la Cour-Saint-Pierre, où ils ont débarqué avant-hier; j'ai vu moi-même les bagages devant l'allée, et un cornichon de domestique qui, faisant de l'embarras, gênait le service des remueurs. Pendant que j'étais là, ce M. Ernest lui-même est sorti; et j'ai regretté, à voir son air et tous ces meubles de bonne maison, que ce ne soit pas ta Louise qui doive rendre la gaieté à ce cavalier-là et se prélasser sur ces canapés de soie et de dorure. La vie est courte, Reybaz, et ce bas monde une loterie. Pour que tu aies ainsi refusé le gros lot, il faut que par-dessous ce soit bien véreux; ou bien comment se mettre dans l'esprit que tu aies préféré à richesse et condition misère et..... et quoi d'autre? puisque enfin ton futur gendre ne peut dire d'où il sort, et toi pas davantage. Après tout, ceci encore te regarde, et tu en étais bien libre.

En attendant, le voici, ton futur, nommé étudiant. Au milieu de cette engeance, il va en prendre l'esprit; et, si toi ou M. Prévère vous vous êtes attachés à lui donner règle et discipline, il va les perdre en moins de temps qu'il ne lui en a fallu pour les gagner. Étudiant ou tapageur, c'est tout un. Faire des dégâts, c'est leur récréation; huer les passants, inquiéter le bourgeois, railler les gens d'âge, ce sont leurs menus amusements; assommer de balles de neige un infirme ou un goutteux qui se traîne devant leur repaire, c'est leur exploit et leur joie; briser des vitres, c'est leur pain quotidien. Il m'a l'air, lui, d'un éveillé qui fera bien sa partie, et qui, pour longtemps encore, sera plus à même de tapager que d'être un lévite du Seigneur. Pour l'heure néanmoins, il est tranquille, vu que, novice, il croit encore que c'est en travaillant qu'on avance. Mais, avant deux mois, il sera comme ils sont tous, employant toute sa fainéantise à criailler et mal faire. Dernièrement, à leur leçon de physique, ils ont fait grimper un âne, les uns l'amenant par la tête, les autres le tirant par la queue, si bien que la bourrique est arrivée en haut. Quand le professeur a vu cette bête parmi sa physique : « Ce n'est qu'un de plus, » a-t-il dit; et, s'étant assis, il a donné sa leçon. C'était bien dit. Mais pendant ce temps la laitière cherchait son âne par les quatre chemins, toute misérable, et en grand danger d'être battue ou congédiée, si elle ne le retrouvait pas à temps.

Pour ta gouverne, il sait les affaires à l'égard de M. Ernest; car l'ayant voulu tâter sur l'article, je l'ai trouvé retenu, et bien plus disposé à en prendre de moi qu'à m'en dire lui-même. Seulement ai-je pu connaître que la pensée de ce beau monsieur qui le rivalise ne lui est guère charmante, et qu'il sent de reste que, si peu que tu inclinasses de son côté, nul n'y trouverait à blâmer ou seulement à en être surpris. Et je parie que luimême, au fond, bien qu'il n'en laisse rien paraître, reconnaît que c'est ton droit de père. Quand, pour voir, je lui ai dit : « Le bruit court, que Reybaz donne sa fille à M. Ernest, » j'ai bien vu l'effroi sur son visage, la rage dans ses yeux; et que, s'il compte sur quelque chose, ce n'est guère sur le droit qu'il a d'être préféré à un cavalier de naissance et de richesse. Toutefois, sans rien laisser percer dans son propos : « Possible, » a-t-il répondu, et il a regagné sa chambre.

En fait de nouvelles, voici Jalabert, Samuel, que tu as connu dans le temps, qui marie son fils à la fille des Gambard, une éveillée qui donnera du fil à retordre. Les malins disent qu'il y a urgence, et que, pour s'être trop aventurée auprès d'un certain quiconque, ses corsets lui sont trop étroits. Ce quiconque allait l'épouser; mais voici qu'on découvre qu'ayant des dettes, c'est la dot qu'il marie[1]; alors le père Gambard l'envoie paître, et se retourne vers Jalabert, qu'il avait précédemment rebuté. Jalabert, sans faire le fier, accepte, en disant bien obligé encore. C'est lundi la noce. La Jaquemay annonce que l'aîné viendra à sept mois, et un convié fait des couplets comme quoi

. . . . L'hyménée
Est farceur en tout temps, mais surtout cette année.

D'autre part, voici la mienne qui est reluquée de près par un

---

1. Pour *qu'il épouse.*

transi à qui je finirai par la donner, bien qu'il y ait risque à le faire attendre, étant à la fois un pédagogue tout roide de morale et un religieux tout gonflé de catéchisme. D'ailleurs, bête comme un pot, mais du bois dont on fait les agneaux de maris. Il a fondé ici près une école où, tout en bêlant son grimoire de géographie et des quatre règles, il se fait sa centaine de louis par an, et encore cherche-t-il un local, faute de place. Le soir, il nous fréquentait par rapport à un mien cousin qui nous l'a amené. C'est là qu'il s'est mis à couver des yeux ma Catherine de l'air d'un moine qui convoite, jusqu'à tant que je lui ai dit : « Pardieu ! l'ami, traduisez-moi vos œillades ; je n'aime pas ce jeu couvert. » Le pauvre diable a fait un tressaut de frayeur. « On ne veut pas vous manger, lui ai-je surajouté en voyant sa mine effarée ; mais faites votre demande ou laissez-nous tranquilles. — Je la fais, monsieur Champin, a-t-il balbutié. — Eh bien ! je la prends... pour y réfléchir. » Et on en est resté là.

Ce qui m'arrête encore, c'est que, ma Catherine est une douce, quand, ici, il faudrait un drujon[1] qui portât les culottes. Assemblée à ce mitron[2], et jolie qu'elle est, ils vont me bâtir une lignée à n'en plus finir, et s'anonchalir au milieu de ce tas de poussins à couver; si bien que cent louis, qui vont encore pour un ménage à deux moutards élevés de croûtes de pain, ne vont être que peu de chose employés à gonfler huit ou dix bouèbes[3] de grasse pitance, ainsi que la mienne, par tendresse pour ces morveux, n'y manquera pas, et ainsi que l'autre, avec ses passages[4], n'y saura contredire. Toutefois, Reybaz, je crois bien que je ferai l'affaire, étant là pour gouverner, et sentant d'ailleurs que j'entends prêter ma fille bien plus que la donner; en sorte que tel gendre qui aurait de la volonté assez de quoi la rebeller contre moi ne m'irait pas. C'est bien parce que j'incline à celui-ci, qu'en le laissant fréquenter Catherine j'aide à ce qu'on me force la main, ainsi que, sans se soucier d'un fruit, le laisser mûrir, c'est consentir qu'on le mangera. Ils se voient donc journellement : elle ne se gênant de tourtereller à ma barbe, et lui n'osant devant moi roucouler, si peu que ce soit, crainte que je ne l'apostrophe. Mais je pense que, quand j'ai tourné le pas, le drôle retrouve la voix ; et m'est avis qu'à son école, tout guilleret de souvenirs et enivré d'ardeurs, il doit s'embrouiller

---

1. Femme ou fille forte, hardie, laborieuse. — 2. Au figuré : placide, bon enfant. — 3. Petit enfant. — 4. Passage de la Bible, du catéchisme.

dans sa grammaire et leur manquer ses additions. Néanmoins il est homme à ne pas leur faire tort d'une minute de temps au profit des amours ; et je puis sans crainte régler ma montre sur sa venue, qui tombe le soir dix minutes après six heures ; juste le temps de vider sa classe et d'arriver.

Il y avait longtemps, l'ancien, qu'on n'avait pas babillé ensemble ; et je te devais cette confidence, pour que, d'un moment à l'autre, tu apprennes sans surprise que chez nous aussi Cupidon en fait des siennes. Te souvient-il de ce couplet chanté par Lerèche aux noces de sa fille :

> Halte-là, madame Lerèche!
> Dame Lerèche, halte-là!
> A Cupidon rendons la flèche
> Dont autrefois il nous perça.
> Chacun son tour dans ce bas monde;
> De nous reposer il est temps,
> Durant que Lison, toute ronde,
> Va nous faire nos descendants.

J'en suis à me le remémorer, notamment que jusqu'à hier j'en ai cherché l'air. Et puis je te quitte pour ouvrir à un quidam qui carillonne depuis une heure.

CHAMPIN JEAN-MARC.

XLIV

CHARLES A LOUISE.

De Genève.

Votre lettre est venue, Louise, me rendre la paix et me combler de joie. C'est donc bien la fin, l'issue ? Vous êtes sûre qu'ils s'en vont sans avoir rien tenté, sans secret espoir, et comme pour mieux montrer qu'ils ne songent plus ni à vous ni à moi ? Le ciel vous entende! Que ces choses soient vraies, et alors, après avoir été fou de tristesse, je vais devenir fou de bonheur!.. Qu'ils vous oublient, et je vais les oublier avec délices!... Qu'ils ne retournent plus à la cure, et je vais les aimer tendrement !

Vous plaisantez, Louise, sur ces fantômes.... Non, je ne tremblerais pas devant dix brigands armés ; je fondrais sur eux, et si c'était pour vous sauver, je les vaincrais avec ma seule fureur.... Mais ces visions cruelles, ces ombres qui passent dans les ténèbres, que j'entrevois sans pouvoir les saisir, ah ! elles me font frissonner... Si je n'ai le talisman de vos paroles, elles me secouent, elles me terrassent, je suis leur proie. Aujourd'hui même, il m'est plus possible d'en détourner les yeux que de cesser de les craindre.

Et puis, Louise, il y a ce portier, cet ami de votre père, dont les propos, dont la figure, dont le voisinage m'entretiennent toujours dans une sorte d'inquiétude. Cet homme est sinistre : il m'instruit de ce que je ferais mieux d'ignorer, il me questionne d'une façon perfide, il m'observe d'un air faux et malveillant. C'est là un fantôme de chair et d'os qui habite à côté de ma cellule, et des griffes duquel, s'il dépendait de moi, je me serais déjà tiré. Vous dites que tous ceux de sa profession sont curieux, mais tous ne sont pas, comme lui, pénétrants, ricaneurs, souples et méchants. Pour moi, je m'étonne qu'il soit l'ami de M. Reybaz, qui est si plein de droiture.

Les de la Cour arrivèrent mercredi. Ils sont logés dans une grande maison de la Cour-Saint-Pierre, à côté du temple. D'une rue voisine, je vis les chars de bagages arrêtés sur la place; je reconnus de loin Jacques, leur domestique; j'attendis quelque temps dans l'espérance de voir peut-être M. Ernest sortir de la maison, et de me trouver plus tranquille après l'avoir vu. Mais j'aperçus ce portier qui rôdait par là, et je m'éloignai. Parmi les meubles, j'avais reconnu ce beau canapé du salon, autour duquel nous avons joué si souvent autrefois. Imaginez-vous que la vue de ce riche meuble me causait du trouble... je regardais avec angoisse les passants attroupés autour des chars. Leurs propos, que je n'entendais pas, me semblaient être l'expression d'une comparaison accablante pour moi, flatteuse, favorable, puissante pour M. de la Cour ; et, si j'avais pu arracher le regard à ce portier, solitairement attentif à cette scène, je l'aurais fait avec délices. Le soir, je suis retourné sur les lieux; il n'y avait plus ni chars ni passants : j'en éprouvais déjà un grand soulagement, lorsque, rentré au logis, j'y ai trouvé votre lettre.

Je l'ai relue dix fois. Je la porte aux cours avec moi. Si elle me quittait, je me croirais abandonné. Et oserai-je vous dire, Louise, que néanmoins je ne jouis pas d'une sécurité entière? J'ai besoin, je crois, que vous vous moquiez encore de ce que vous appelez mes folies. J'ai la folie de redouter les réflexions que peut faire votre père, celles qui peuvent lui être suggérées, celles que les gens ne manqueront pas d'exprimer devant lui, s'ils viennent à savoir qu'il a refusé sa fille à M. de la Cour pour la donner à Charles. J'ai la folie d'être convaincu que M. de la Cour, s'il vous a vraiment aimée, s'il a eu un instant la pensée que vous seriez à lui, ne saurait vous oublier jamais; jamais, de vous, passer à l'amour d'un autre ; jamais s'arracher du cœur votre image ; jamais renoncer, sinon à vous avoir pour épouse, du moins à vous adorer en secret... Et ce sentiment, ne m'appartient-il pas d'en prendre d'ombrage, moi, sans avantages ; moi, isolé, sans parents, menacé de toutes parts par un dédaigneux préjugé ou par une insultante pitié ?... moi qui ne suis rien que par M. Prévère, à qui vous n'appartenez pas ; rien que par vous, qui ne vous appartenez pas non plus ?

Je dis plus que je ne voulais dire, Louise, plus qu'il n'est séant à votre égard ou salutaire pour moi-même. Mais, à me contempler si misérable, je deviens le complice de ceux qui me dédaignent; je perds ma fierté, je ne sais plus par quel miracle du ciel je me trouve avoir Louise pour ange, pour bon génie, et, plus encore, pour amie et pour fiancée. Alors c'est de ma misère que j'ai peur... Ah! que c'est une chose amère qu'une félicité si grande, dans ces instants où elle semble chancelante et si peu méritée! Mais que je cesse de m'attrister! Que plutôt je relise vos lignes chéries, vos doux reproches, vos moqueries si compatissantes, si bien faites pour me rendre le calme et le courage!

Vous me grondez, Louise, de ce que je passe légèrement sur ces examens de novembre. Nous en sommes déjà trop loin maintenant pour que j'y revienne ici. Cette première épreuve est peu de chose; et, quand après avoir répondu à quelques questions il s'est trouvé que j'étais un étudiant, j'ai été un peu désappointé de voir quel peu de changement, ou même de plaisir, j'en ressentais. Dès le lendemain, j'ai commencé une nouvelle vie, plus laborieuse, mais plus intéressante aussi que celle que je menais auparavant. Nos cours sont variés et nombreux, et cette sorte d'enseignement est bien plus vivante que n'est l'enseignement des livres. Au sortir de quatre ou cinq leçons, j'emporte chez moi de quoi m'occuper tout le reste du jour à rédiger, à comprendre, à mettre dans ma mémoire, et je tâche de faire assez bien pour que le sujet finisse par m'intéresser. Sur quelques points j'ai réussi; et ce qui m'encourage, c'est que, interrogé deux ou trois fois, j'ai eu le bonheur de répondre assez bien pour recevoir de mes professeurs des témoignages d'approbation. Cela seul, déjà, Louise, suffirait à me remplir d'ardeur ; jugez donc si, lorsque je songe à votre père et à ce qu'il attend de moi, à mon avenir qui est le vôtre, il est besoin d'autres stimulants pour me donner de la persévérance et de l'ambition. Non, Louise, je suis avide de tout ce qui peut m'élever, me faire paraître, témoigner à tous que je puis comme un autre fournir ma carrière, m'y distinguer et conquérir l'universelle estime. Que votre bon père ne soit pas trop impatient, qu'il ne me trouble pas de ses défiances, qu'il supporte avec indulgence des défauts que je veux corriger, et il verra si je sais comprendre et reconnaître son bienfait ; si, après lui avoir causé des déplaisirs, je ne sais pas devenir un fils qui honorera et qui réjouira sa vieillesse!

Charles.

XLV

LOUISE A CHARLES.

De la cure.

Je me sens bien peu forte, Charles, pour combattre des folies auxquelles je suis redevable de si doux témoignages de votre tendresse et de si chères assurances de vos intentions. Vos craintes me font souffrir, je hais l'indigne façon dont vous parlez de vous-même, et néanmoins c'est avec une infinie douceur que je reçois ces libres épanchements de votre cœur.

Vous voulez que je me moque encore, mais la moquerie n'est pas mon penchant, je n'y apporte aucune grâce, et aujourd'hui je suis, je ne sais pourquoi, plus disposée à m'attendrir qu'à railler. Je ne veux pas non plus discuter sérieusement vos motifs d'inquiétude : ce serait vous donner à croire qu'à mes yeux ils ont quelque ombre de fondement. Je vous dirai seulement que vous ne connaissez pas mon père, si vous pensez que rien au monde puisse le détourner de ses engagements; d'ailleurs, dans le cas actuel, vous ne seriez pas au monde, que sa conduite serait exactement la même, et les réflexions de l'univers entier ne le décideraient pas à donner sa fille à un jeune homme qui n'a pas son estime. Vous ne connaissez pas mieux M. Ernest, si vous supposez que ce jeune homme inconstant, futile et né dans les grandeurs, soit capable d'éprouver un sentiment fort et durable pour une campagnarde obscure et sans agrément. Enfin vous faites injure à cette campagnarde, si vous pensez qu'en aucun cas on pût disposer d'elle sans la consulter. A moins donc que vous ne doutiez de Louise elle-même, de tous ces nuages que vous avez amoncelés il ne reste pas trace, et voici le firmament qui nous recouvre de son dais azuré et serein. Ainsi laissez en paix ce pauvre portier, contre qui vous nourrissez ces bizarres sentiments; laissez ces passants, laissez ce canapé, dont vous vous faites presque un fantôme à quatre pattes, et gardez-vous bien d'arracher les yeux à personne, quand même on vous en offrirait toutes les facilités.

Je vous remercie pour les détails que vous me donnez dans la fin de votre lettre. Ils m'ont rempli de joie, d'ambition. Il me semble comme si c'était moi qui eusse reçu ces témoignages d'approbation : j'en suis glorieuse, ils m'encouragent. C'est qu'au fond, Charles, ces succès assurent cet avenir dont vous parlez, et qui m'est cher comme à vous. C'est pour nous deux, c'est pour nous quatre habitants de la cure que vous travaillez; et, bien loin qu'on puisse s'y passer de vous, le bonheur commun repose sur votre tête. Aussi avec quelle espérance je vois votre généreuse ardeur, votre sérieuse ambition! combien elle me touche, elle m'honore, elle me délivre de toute sollicitude! Par ces degrés, n'en doutez pas, vous monterez dans l'opinion de mon père, vous ferez la conquête de son indulgence, de son cœur tout entier. Quel bonheur alors! quelle pure félicité! Ah! Charles, que je répande aussi mon cœur devant vous. Mes craintes ne sont pas où sont les vôtres : elles ne reposent ni sur mon père dont je connais la droiture ; ni sur M. Ernest, qui m'est étranger; mais sur vous, sur vous seul, si vos imprudences, si le découragement, si quelque témérité généreuse, ou quelque accident provoqué par une fougue irréfléchie, venait à éveiller les sollicitudes injustes, mais réelles, que mon père éprouve à cause de moi, et qu'il éprouvera jusqu'à ce que vous soyez entré dans le port de votre vocation. Sachez ainsi pourquoi ce zèle qui vous anime, ces succès qui vous encouragent, sont pour mon cœur un sujet de si vive joie, et la source où je puise une véritable sécurité pour vous, pour moi, pour nous tous !

Je reçus hier votre lettre pendant que j'avais auprès de moi ma petite orpheline, à qui je tâche d'apprendre à lire. La pauvre enfant, que ce métier d'épeler des syllabes accable d'un bien juste ennui, me regardait avec envie parcourir vos lignes en un clin d'œil. Quand j'eus fini, elle prit naïvement le papier pour s'y essayer, pensant que la chose est plus aisée sur une feuille volante que sur un grand livre; elle fut bientôt détrompée.

« C'est M. Charles, lui dis-je, qui a écrit cela. — Il est bien savant! — L'aimes-tu? — Oh! que oui. — Sais-tu où il est? — Il est à la ville. — Où est-ce la ville? — C'est là où l'on vend le beurre les mercredis et les samedis. — Y as-tu été? — Une fois. — Et qu'y as-tu vu? — J'ai gardé l'âne. — Et qu'y as-tu fait? — Je suis revenue. — Et rien d'autre? — Si fait. En revenant j'ai vu une pioche sur le chemin. C'était celle à Brachoz. Alors je l'ai mise sur l'âne. Vers la fontaine, on a bu tous les deux. Alors tous ceux qui passaient disaient comm' ça : « Où portes-tu » cette pioche? — C'est celle à Brachoz. » Et puis plus loin, le père Duruz : « Où vas-tu piocher? — C'est celle à Brachoz. » Jusqu'à tant et à tant que je suis arrivée au village que c'était nuit noire. Alors la mère Brachoz a eu crainte en disant : « Voilà sa pioche! » Et tous par là ils ont dit : « C'est sa pioche! il aura bu un coup. » Alors j'ai gagné ma paille pour y dormir. »

Voilà mot pour mot. J'aime beaucoup l'entretien de cette pauvre enfant. En l'écoutant, j'admirais comment elle sait et remarque juste ce qui lui importe de remarquer et de savoir. Au centre de ce petit cercle de pensées toutes voisines d'elle et appropriées à sa condition, elle vit sans se plaindre, sans désirer, sans se soucier, sans se comparer à rien ; et je me demande si ce n'est pas un mal que d'étendre d'une manière factice son intelligence en lui apprenant à lire, ou ses besoins en lui donnant des souliers. En attendant, je me suis bien gardée de rien changer à ses notions sur la ville, où elle n'a encore vu qu'un marché au beurre où les enfants gardent l'âne, et, au retour, ramassent une pioche. Plus j'écoute parler cette pauvre petite créature, plus il me semble découvrir que la Providence lui a fait sa part, à elle aussi, avec une sagesse qui déconcerte la nôtre, la mienne du moins. Elle ne possède rien, mais elle est sans besoins ; elle a une gaieté naturelle, ses petits plaisirs, surtout ses immunités de maladie et d'inquiétude ; et, quand je vois cela, je deviens beaucoup plus timide à lui faire du bien, dans la crainte de lui faire du mal. J'ai fait part de mes scrupules à M. Prévère. « Cela est si vrai, Louise, m'a-t-il dit, qu'à mesure que j'avance je trouve plus difficile de faire du bien avec la conviction que ce bien est réel. Il n'y a qu'un point où jamais je n'ai douté : c'est d'empêcher le vice d'atteindre les individus ou les familles. Tout ce que vous devez à cette chère enfant, c'est de lui assurer les vertus de sa condition ; au delà, tout est dangereux. Et c'est dur, a-t-il ajouté, que de n'oser faire davantage! »

9

Une chose qui vous intéressera tristement, Charles, c'est l'état de la fille Piombet, fiancée, comme vous savez, à Paul Redard. Elle paraissait encore, la dernière fois que vous vîntes à la cure, pleine de fraîcheur et de santé; je me souviens qu'elle vint vous dire bonjour. Cette pauvre fille, dès le commencement de l'hiver, est pâle, souffrante, et, sans que l'on sache bien son mal, il est assez grand pour donner de graves inquiétudes : sa mère avait la poitrine faible. M. Prévère compte la conduire un de ces jours à la ville pour y voir un habile médecin, si le temps se radoucit un peu. Mais tout est neige ou glace; la mare est prise jusqu'au fond ; l'on craint pour les vignes. Et voyez, Charles, même en ceci, pendant que la plupart se lamentent pour leurs vignes ou pour leurs arbres ; pendant que les enfants des paysans, retenus dans la maison, s'y chauffent autour du feu, tout mécontents de ne pouvoir courir la campagne, ma pauvre orpheline est aussi gaie que de coutume. Ses vignes, la chère enfant, jamais ne lui donneront du souci, et cette neige la divertit. En allant, en venant, elle y fait l'empreinte de ses sabots, et puis elle compte les clous, et puis mille autres choses dans ce goût. Son gîte, c'est l'étable, où le froid n'entre pas. Quand on trait, elle a sa goutte de lait chaud ; quand on mange, elle trouve sa croûte de pain. N'étant à personne, elle est à tout le monde, et chacun l'emploie à mille petits services qu'elle rend de son mieux, sans qu'on l'en remercie et sans qu'elle s'en prévale. De cette façon, cette pauvre petite plante s'élève, croît, trouve sa vie : les pluies la visitent, et le soleil ne se cache pas pour elle. En vérité je ne sache pas qu'elle doive envier le sort de qui que ce soit autour d'elle, et à dire vrai, elle n'y songe guère. Que le bon Dieu, qui lui a fait ainsi sa petite part, la lui conserve ! qu'il la maintienne dans son insouciante activité, dans sa gaie ignorance, et que moi, sa maîtresse d'école, je m'efforce de ne lui rien apprendre !

Je suis descendue ces jours-ci au hameau pour visiter la fille Piombet, et, si la neige ne m'offre pas les mêmes ressources d'amusement qu'à ma chère orpheline, j'avoue que je ne sympathise pas d'ailleurs avec ceux qui n'y trouvent aucun charme. J'aime fort les quatre saisons : un printemps éternel m'ennuierait. Mais cette vie retirée et domestique de l'hiver me plaît tout particulièrement ; ces chaudes cabanes, éparses dans les champs glacés, me donnent l'impression d'un paisible bien-être, d'un repos gagné par le travail et embelli par la prévoyance. Je ne puis voir, sans un sentiment de douce gratitude, cette fumée qui sort du chaume, ces fenils tout chargés des sèches dépouilles de l'été ; je n'écoute pas sans plaisir ce mugissement souterrain des vaches chaudement abritées, ces bêlements des brebis captives jusqu'au renouvellement des prairies. Quand le soleil vient à luire sur cette scène, tout brille, tout étincelle et réjouit ; les champs tapissés de blancheur, les arbres scintillant de givre, les bleues montagnes, vues comme au travers d'une brume argentée, forment un spectacle d'incomparable splendeur. C'est justement ce spectacle que j'ai sous les yeux pendant que je trace ces lignes, et, je vous le jure en face de ces beautés, à la fois sévères et douces, il ne m'arrive pas de regretter l'été et ses riantes fleurs. Je songe aussi que c'est la saison du travail pour les étudiants des villes, et que, au rebours de la fourmi qui accumule pour l'hiver, ils accumulent, eux, pour l'été, temps des vacances, temps des courses dans les campagnes et des visites à la cure. C'est pourquoi je finis ce babil de cigale.

LOUISE.

XLVI

LE CHANTRE A CHARLES.

De la cure.

Les froidures se prolongeant, M. Prévère, qui devait conduire à la ville la pauvre Piombet, ne put se mettre en chemin, d'où je vous écris, par rapport à une emplette dont je comptais le charger. Les routes sont encombrées de neige, et, dans maint endroit, les haies recouvertes de telle façon qu'on a plus tôt fait d'aller à travers champs que de vouloir suivre aux sentiers. Avec ça que cette bise d'avant-hier a dépouillé les hauteurs et comblé les fonds, ce qui fait qu'on craint pour les vignes. L'almanach annonçait ces rigueurs, mais que faire ? On ne peut mettre les campagnes sous verre, et où c'est la main de Dieu qui prodigue les frimas, l'homme ne peut lutter. Et gare à Brachoz ! car dans ces temps glacés un verre de trop suffit à vous assoupir sur la route, et le réveil ne vient plus. Aussi le retiennent-ils à son foyer, et voici deux semaines qu'il n'a hanté le marché, où il ne saurait faire une pache de deux florins qu'il ne se rafraîchisse de dix-huit sous à compte.

Cette emplette, c'est pour l'étrenne que je veux donner à Louise, à savoir, un vêtement chaud, et à la fois du dimanche, aux fins qu'à l'église, où, de ma place, je la sens grelotter sous son châle et trembler au chant, elle soit mieux réchauffée. Pour ceci, il vous faut prendre conseil des dames chez qui vous êtes, sans que néanmoins elles s'aillent fourvoyer sur la condition de Louise, à qui ne siéraient ni la mante de bure que porte Marthe, ni ces soies fourrées où Mme de la Cour s'enveloppe. Il y a trois dimanches que je vis sur une dame de la ville, venue pour entendre M. Prévère, une sorte d'accoutrement qui serait à mon idée : c'est un manteau de soie non voyante et doublé de ouate, ayant la forme des robes de capucin, et comme elles, un capuchon qui tantôt s'abat sur les épaules, tantôt se relève sur la tête, avec une agrafe ou des rubans qui le retiennent au col. J'en aime l'aspect et aussi la moelleuse ampleur. Pour le prix j'irais au besoin jusqu'à six ou sept écus neufs, voulant du bon et du fourni, non de l'étriqué qui se déchire ou couvre à peine. Et remerciez bien ces dames, dont ce service m'obligera.

J'en viens à votre lettre déjà ancienne, et contenant des raisonnements d'avocat dont j'aime peu le tour. C'est à propos de vos éternelles écritures, lorsque vous voulez me faire accroire que plus vous écrirez de français, plus vous apprendrez de grec. Si je vous eusse répondu sur le temps, m'est avis que vous auriez trouvé mes lignes rudes, n'aimant pas qu'on abuse de la parole. Mais je me suis abstenu jusqu'à ce que je visse, à cette épreuve du premier novembre, où aboutirait votre pratique, à défaut de votre raisonnement qui ne valait rien. Cette épreuve s'étant faite à votre honneur, et Louise m'assurant que vous voici encouragé du bon témoignage de vos professeurs, je ne reviens pas sur l'article ; et, quant à vos écritures, moyennant que votre travail et par suite votre profession n'en souffrent pas, je ne m'en veux soucier.

J'ai plus à dire sur l'autre point, à savoir, l'argent que vous gagnez, et à propos duquel vous vous lancez en des châteaux en l'air, qui témoignent combien peu encore votre penchant prodigue s'est amendé, et votre judiciaire peu soumise à la règle de la sagesse. De ce louis qui est solitaire dans votre tiroir, vous allez de plein saut à un gain assuré de 1248 florins, et de cette somme vous alimentez aussitôt un ménage ! Passe encore pour ces allégresses d'inexpérience, que votre âge et l'entrain d'un premier lucre excusent, sinon justifient. Mais voici que, doublant la somme, ce qui est pur jeu d'esprit, vous la jetez tout entière en noces et festins, oubliant ce ménage qui devait s'en alimenter! N'est-ce pas déjà dissiper votre bien en herbe? et ces choses, que chez autre on pourrait prendre pour drôleries et gaietés, ne sont-elles pas en vous projets, intentions, et comme une suite, malgré votre âge, aux folles intempérances de votre enfance? Ainsi cette partie de votre lettre m'a été peu plaisante, et je vous renouvelle ici mes avis, donnés tant de fois, et que j'aimerais à laisser reposer désormais, comme ayant servi. Je n'ai crainte que jamais vous deveniez thésauriseur : cette pente pourtant me causerait moins de sollicitude que l'autre. Mais j'ai hâte que vous deveniez économe, mesuré, prévoyant de l'avenir, plus avide de mettre en réserve que de répandre en abondance, et vous souvenant que c'est sur la diligence des jeunes années que s'économise le repos des vieux jours.

Louise continue à se bien porter, Dieu merci, au milieu de ces rigueurs. Jean-Pierre, que je fis monter hier sur la toiture de l'église pour la décharger de neige, s'est laissé dévaler par la pente, pour tomber de vingt-cinq pieds de haut, sans se faire d'autre mal que la peur, qu'on lui a fait passer avec un verre de vin. Il a fait la chute dans la neige, comme dans du coton. Sur quoi je lui ai dit : « Heureux encore que la montagne ne soit pas haute, sans quoi c'était comme ces cinq hommes, dont l'almanach conte qu'ils ont été maltraités par l'avalanche. » Ci-joint huit mouchoirs de poche, que M. Prévère vous fait passer en complément de la douzaine coupée sur sa toile ; et veillez à n'en pas égarer, comme vous y étiez sujet.

REYBAZ.

XLVII

CHARLES A LOUISE.

De Genève.

Quel trésor, Louise, que vos lignes! que de bonheur pour moi dans ce chiffon de papier! Que vous savez penser, sentir, dire, et remplir mon cœur d'enchantement et d'admiration! Pauvre orpheline! fille Piombet, neiges, vaches, brebis, et cette fumée qui tournoie sur le chaume, tout me devient cher, aimable, dès que vous m'en avez parlé, parce que vous ne savez parler de rien sans que votre sensible bonté, votre tendre raison animent ou réchauffent vos paroles. En vous écoutant, je reconnais que je ne sais ni voir ni sentir ; que j'étudie, mais que je ne pense pas ; que je babille, mais que je ne sais pas dire. Et moi aussi je suis orphelin ! Ah ! soyez ma maîtresse d'école et que vos charmantes leçons se multiplient : elles me charment, elles m'enseignent ce que ne m'enseigneront jamais les livres.

Je ne songe plus à M. Ernest, plus à ce portier ; au loin les fantômes ! je n'ai devant les yeux que cet avenir qui vous est cher, dites-vous, comme à moi ; que ce temps heureux où j'aurai conquis, vous m'en donnez l'assurance, l'indulgence de votre bon père, et son cœur, si lent à m'aimer.... Ah ! ne redoutez, Louise, ni imprudence, ni découragement, ni revers ; et, si c'est sur moi que se portent vos craintes, chassez-les sans retour. Quand vous me parlez, je me sens une force, une volonté, une sagesse !... Parlez-moi souvent, c'est ma seule prière, et alors je réponds de moi.

Imaginez-vous, Louise, que, quand je ressens ce courage, cette ambition que vos paroles enflamment, je me demande s'il est bien possible que l'on fasse quelque chose de bon sans aimer une jeune demoiselle ; et, quand je vois quelqu'un de mes camarades en qui l'ambition provoque des efforts un peu saillants, je ne manque pas de me figurer aussitôt qu'il a déjà donné son cœur à quelque jeune personne.

Et puis, c'est vrai que j'en vois peu qui me paraissent être dans ce cas. La plupart vont leur petit chemin sans laisser voir la moindre étincelle de ce feu dont je parle. Ils viennent aux cours ; entre les leçons, ils mangent des gâteaux ; après les leçons, ils se montrent sur les promenades ; le soir, bien coiffés, bien habillés, ils dansent, ou prennent le thé, ou causent, ou ne causent pas, le tout du même air, avec la même indifférence. On dirait une série d'usages auxquels ils se conforment. Après quelques années passées ainsi, ils se trouvent être, les uns avocats, les autres ministres, les autres simples rentiers ; alors ils se marient, ou on les marie, et tout est fini. Ils pratiquent ce qui est d'usage dans leur position, et, pour peu qu'elle soit douce, ils s'y assoupissent tranquillement.

J'entends quelquefois causer sur ce sujet, mais bien diversement. Il y a des gens qui trouvent cela très-heureux : ils en augurent de la paix, du bonheur, des mœurs ; ils appellent ces gens assoupis une génération rangée.... D'autres déplorent cette **apathie qui conduit à une médiocrité générale, et qui** ne forme ni hommes à caractère ni citoyens illustres : deux éléments, selon eux, nécessaires à la prospérité et à l'existence même de notre petite patrie.... Ils disent que plusieurs, sans doute, peuvent y trouver le bonheur, mais un bonheur égoïste, qui s'isole du bonheur des autres, qui a sa racine dans les jouissances matérielles, non dans les affections mâles et généreuses.... Ils disent que cette paix qu'on vante est perfide, que c'est le sommeil des passions nobles, sans lesquelles ce n'est la peine ni de s'enorgueillir de quelque chose, ni d'être fier de sa patrie, ni même d'en avoir une....' Et je suis toujours de l'avis de ces derniers, surtout quand ils parlent les derniers.

Mais ces jeunes gens, si vous saviez comment eux-mêmes ils parlent des demoiselles ! Tout comme d'autre chose, Louise; tout comme d'un joli objet, d'une chose élégante, d'une poupée bien parée. « Elle était jolie hier, l'autre jour. Elle danse bien, elle danse mal. J'aime beaucoup la tournure de celle-ci; je préfère cette autre. Je n'ai pas dansé, elles étaient toutes laides. Je n'ai pas causé, ça m'ennuyait. » Ni plus ni moins de façon, de sentiment; tout aussi chevaleresques que je vous dis là, hormis quelques-uns, bien entendu, mais qui ne font pas nombre. N'est-ce pas bien sot ou bien singulier ?

J'avoue que, quand je vois cela, je m'imagine quelquefois que la faute en est aux demoiselles elles-mêmes, qui se contentent de trop peu. S'il fallait, pour obtenir leur cœur, s'être distingué de quelque manière, n'est-il pas vrai qu'il s'établirait entre ces jeunes garçons une rivalité noble, un désir de plaire à plus haut prix, un besoin d'être remarqués, d'où naîtraient des efforts et des sentiments tout autres ? Au lieu de cela, tels qu'ils sont, on les recherche, on les flatte, on se tient pour amusées de leur conversation, pour honorées de leur préférence. Eh bien! ils se croient très-aimables, et je ne vois pas trop comment il en serait autrement. Au reste, je crois que je vous en dis du mal par jalousie; car c'est vrai qu'à côté d'eux je ne brille pas. Dans les sociétés où je vais, ils ont sur moi tout l'avantage, et je ne puis nier que mon amour-propre n'en souffre quelquefois. Je me demande pourquoi je reste dans mon coin, tandis qu'eux ils voltigent par le salon; et, plutôt que d'en voir la cause dans ma gaucherie ou dans ma nullité, j'aime mieux trouver les demoiselles niaises et les messieurs futiles.

N'allez pourtant pas croire que, dans mon coin, je sois humble et envieux! L'air gauche, c'est vrai ; mais, par-dessous cet air, l'orgueil, le triomphe, et, au lieu d'envie, pitié, compassion, je vous assure, pour tout ce qui n'est pas à moi! Car je songe à vous, Louise ; et vous comparant à toutes ces jeunes personnes que je vois, comparant mon sort et mon avenir à celui de tous ces jeunes hommes, je frémis de joie dans mon coin, et tel qui, me voyant rougir, l'interpréterait à modestie, se tromperait fort.

Parmi ces jeunes gens, j'en connais qui sont remplis de mérite, et dont l'amitié me flatterait autant qu'elle me serait douce. Et il semble qu'ils me mettent eux-mêmes sur la voie, car ce sont justement ceux qui me paraissent le moins tenir compte de mon infériorité à tant d'égards. Mais alors je sens la distance qui me sépare d'eux, et je réponds à leurs avances avec une réserve qu'ils doivent prendre pour de la froideur. Oh! qu'ils se trompent, et combien ils seraient surpris s'ils pouvaient lire dans mon cœur!... Non, rien n'est aimable comme la bonté unie au mérite; et, à voir le monde, je commence à croire que le vrai mérite mène tout seul à la vraie bonté. Là où il ne se rencontre pas, la vanité étouffe bientôt les bons mouvements, la bienveillance s'efface derrière les petitesses, la raillerie remplace l'esprit, et l'envie de se distinguer se tourne en une fatuité nulle, hautaine et jalouse. Beaucoup de jeunes gens que je vois sont ainsi. Familiers avec moi aux cours de l'Académie, ils ne me connaissent plus dans les salons ; et je m'aperçois souvent que le campagnard et son histoire sont l'agréable thème de leurs conversations auprès des demoiselles.

C'est par M. Dervey et par ces aimables jeunes gens dont je vous parle plus haut que j'ai été introduit dans plusieurs sociétés. Ces sociétés sont ici disposées par échelons de rang, de classes, de coterie, et jamais ne se confondent ensemble. Mais ce qui devait m'exclure de toutes est justement ce qui fait que j'y suis toléré. Inconnu et sans famille, on ne peut m'assigner mon rang fixe; en sorte que, partageant à cet égard les privilèges des étrangers, je me trouve invité un peu partout. Ces coteries sont exclusives et jalouses les unes des autres; mais ce qu'il y a de plaisant, c'est que toutes, de la plus basse à la plus élevée, accusent de fierté et d'aristocratie les coteries qui sont au-dessus d'elles, tout en n'ouvrant jamais leurs rangs aux coteries qui sont au-dessous....

Je ne vous ai encore rien dit de ce que je voulais vous dire, et voici la messagère qui refuse d'attendre plus longtemps....

Cette femme vient toujours trop tard pour s'en aller toujours trop tôt.

CHARLES.

XLVIII

LOUISE A CHARLES.

De la cure.

Puisque je ne vous écris plus de post-scriptum, je vais commencer ma lettre par où je l'aurais finie. Vos témoignages d'attachement me sont doux et chers, Charles, et j'en jouis sans me demander si je suis digne que vous me marquiez une si vive tendresse; mais ces éloges que vous y mêlez me rendent honteuse et embarrassée. Je les mériterais qu'il en serait déjà ainsi; à plus forte raison ceux que vous m'avez écrits me font-ils rougir, et j'en suis presque à me demander ce que j'ai donc pu faire pour qu'on me traite ainsi qu'on ferait une personne distinguée et qui se pique de l'être. Voilà ma querelle; de grâce oublions-la, et accédez à mon désir. Que je ne puisse jamais me croire observée, et, encore moins, admirée! ou bien vous me feriez peur. Je n'oserais vous écrire; ou, si je vous écrivais, ce serait sans liberté et sans abandon.

Du reste, je ne me charge pas de réfuter votre chevaleresque théorie sur les mobiles d'une généreuse ambition. J'en entrevois bien quelques autres, comme l'amour désintéressé du bien, dans les âmes religieuses; le désir de la gloire, l'envie de faire sa maison, ou, à défaut, celle de ne pas mourir de faim; mais je me plais trop à l'idée de cet hommage que fait un jeune homme de ses travaux, de ses veilles, de ses efforts et surtout de ses succès à une dame de ses pensées, pour ne pas convenir avec vous que c'est là de tous les mobiles, sinon le plus relevé, au moins le plus de mon goût. Je ne sache rien, en effet, de si flatteur pour notre sexe que de se croire une part réelle, bien qu'indirecte, dans les succès qui honorent le vôtre. Toutefois soyez indulgent pour ces messieurs qui mangent des gâteaux entre les leçons en attendant leur diplôme. Qui vous empêche de voir en eux des malheureux qui se consolent comme ils peuvent de n'avoir point encore rencontré celle à qui ils se proposent d'enchaîner leur vie? des chevaliers non encore pourvus, à qui l'amour, par conséquent, n'ôte pas encore l'appétit?

Quant aux jeunes demoiselles, que vous traitez sévèrement

aussi, comment exiger d'elles qu'elles sachent reconnaître le mérite, et qu'après l'avoir reconnu elles l'encouragent, si, du moins comme je le suppose, elles ne voient ces jeunes gens qu'au bal ou sur les promenades ? Le mérite, Charles, dans un jeune homme, nous flatte, nous séduit sans doute, mais c'est parce que nous le voyons apprécié, non pas parce que nous en sommes juges. D'ailleurs, soyez équitable, et voyez combien de choses marchent encore à nos yeux avant le mérite, c'est-à-dire avant de vastes connaissances, ou de beaux écrits, ou le talent des grandes affaires.... la grâce des manières, les qualités du caractère, la sympathie des pensées, la réserve, la modestie, que sais-je ? le courage, des procédés empreints de noblesse ou d'un délicat attrait. Tous les hommes de mérite n'ont pas ces avantages, et, sans eux, le plus haut mérite, qu'est-il pour une jeune personne, sinon un beau fruit sur un bel arbre, mais si haut perché, qu'elle n'y peut atteindre ? Et ne sont-elles pas les plus sages peut-être, celles qui, sans lever la tête, regardent à leur hauteur et savent s'accommoder de ce qui est à leur portée ? Mais j'admire comment, moi qui ne connais rien dans monde où vous vivez, je me mêle néanmoins de vous contredire.

Je connais mieux les messieurs et les demoiselles de village; et en vérité, quelque peu chevaleresques que soient leurs propos et leurs manières, je ne sais pas si, à tout prendre, leur rustique galanterie ne recouvre pas plus de sentiment que cette galanterie froide et avantageuse dont vous me faites le tableau. Mon père, à mille égards, appartient au village; s'il est supérieur aux paysans du hameau, c'est par son caractère, et non par ses goûts, par ses habitudes ou par sa condition. Eh bien, Charles, je ne l'entendis jamais parler de Thérèse, ma mère, qui n'était qu'une simple paysanne de Dardagny, de la façon dont ils se connurent, dont ils s'aimèrent, sans goûter à ces rares propos un charme respectueux et attendrissant à la fois. Encore ces derniers temps, à propos de ce qu'il trouve que nous nous écrivons trop, il me rappelait les mutuelles visites qu'ils se faisaient de mois en mois, le dimanche, et comment leur tendresse croissait, bien, dit-il, qu'ils fussent sobres en témoignages. « Présents, on s'entendait du regard; absents, on s'entendait encore : chacun portait, elle à ses travaux domestiques, moi à mon labeur des champs, l'aliment du souvenir et la réjouissance de se bientôt revoir. » Savez-vous, Charles, un sentiment plus profond et plus gracieux, malgré son austérité, que celui dont ce discours donne l'idée? Trouveriez-vous facile d'imaginer des déclarations, des paroles galantes ou passionnées, qui recouvrent plus de poétique et de délicate affection que ces pensers durant l'absence, que ces discrets témoignages au jour du revoir? C'étaient, à la vérité, deux êtres de choix et formés l'un pour l'autre ; mais encore est-il que nos fiancés de village, lorsqu'ils s'aiment et que ce n'est pas l'intérêt qui les marie, me rappellent ces traits charmants; et je suis persuadée que leur rusticité n'exclut ni les mouvements ni les délicatesses d'un sentiment dont les messieurs et les romans sont portés à s'approprier exclusivement la possession. Cette pauvre Piombet! retrouvera-t-elle ces joies du cœur? Vous souvient-il, au printemps passé, les dimanches aussi, toute parée de sa robe neuve, et de sa plus belle coiffe; plus parée encore de sa fraîcheur, de sa jeunesse, de son air ouvert et timide à la fois, comme elle brillait au hameau? Vous souvient-il comme, après le prêche, elle et Paul Redard, se tenant par la main, ils promenaient, sous les yeux de tous, leur bonheur et leur tendresse naïve? Maintenant elle est faible, pâle, et elle pleure quand on lui parle du printemps qui s'approche.

J'aime, sans les connaître, Charles, ces jeunes gens dont vous me parlez, qui vous accueillent, et aux avances desquels je désire tant que vous vous efforciez de répondre. Que c'est vrai ce que vous dites, que le vrai mérite conduit à la vraie bonté, et que la vanité, sans dégrader, corrompt pourtant, puisqu'elle enchaîne la bienveillance! Soyez certain que ceci est assez fondé en raison pour que vous deviez rencontrer des amis plus sûrs encore parmi ces jeunes gens de mérite, fussent-ils d'une condition élevée, que parmi les jeunes gens médiocres et vains, fussent-ils de la nôtre. C'est l'opinion de M. Prévère, à qui j'ai lu vos réflexions sur ce sujet et qui les trouve justes. A vrai dire, je m'y attendais; car ce sont les leçons que vous avez reçues de lui et les exemples qu'il vous a donnés qui sans doute ont contribué à vous les suggérer.

Voici, Charles, le jour de l'an déjà tout voisin de nous. Je n'aime pas à l'attendre, vous le savez, pour faire mes présents. Vous trouverez donc vos étrennes ci-jointes. C'est une bourse à deux pendants que je vous ai faite aussitôt que la nouvelle m'est parvenue que vous gagniez beaucoup d'argent. D'un côté l'or, de l'autre l'argent. Pour quelque temps, je pense, cette bourse pourra contenir votre fortune. Au surplus, voici encore un petit coffre dont je me dessaisis en votre faveur, et qui pourra plus tard servir de coffre-fort. En attendant, si tant est que vous n'ayez pas brûlé mes lettres à mesure, j'exprime le vœu que vous les placiez dans cedit coffret, en ayant soin d'en garder la clef sur vous, après néanmoins que vous l'aurez fermé. De cette façon, je serai délivrée de certaines craintes qui me viennent au sujet de ces lettres, que vous lisez, que vous mettez ensuite dans votre poche, et que quelquefois peut-être vous n'y mettez pas même, en sorte que d'autres pourraient les relever de terre et y jeter les yeux. A ce propos, je vous avouerai que je n'ai jamais été parfaitement sûre que, dans le désordre de votre naufrage, quelque papier n'ait pas indiscrètement flotté vers la rive. Veuille alors le Cciel qu'il soit tombé entre les mains de quelque orpheline aussi illettrée que ma chère écolière !

Votre affectionnée

Louise.

XLIX

LE CHANTRE A CHAMPIN.

De la cure.

Aujourd'hui, tout en mettant en ordre les papiers de l'année, je retrouve ta dernière, et je profite de ce que mon encre n'a pas gelé pour y aire réponse. M'est avis que les pauvres gens de la ville doivent avoir bien souffert de ces froideurs, assiégés dans leur galetas par ces bises du nord. Encore, par ici, ont-ils des débris à brûler, sans compter que ce sont les plus indigents qui sont recouverts de chaume ; or, du chaume à la tuile, il y a comme de la laine à la toile. L'indigent des campagnes, moins séparé de la main de Dieu, est riche en comparaison de l'indigent des villes.

Pour en venir à ta lettre, j'y vois que les oisifs de ta rue continuent à causer à l'entour de ma Louise. Qu'y puis-je faire ? Et puisque la langue, selon ton dire, est la meilleure chose alors qu'elle se tait, la pire dès qu'elle bouge, n'est-ce pas bien mieux que je contienne la mienne ? te répétant seulement encore une fois que celui-là à qui j'ai engagé ma Louise, c'est celui-là qui l'aura. Après cela, si tes commères se plaisent à inventer une histoire et toi à en écouter le récit, c'est à moi d'en être chagrin bien plus que d'y pouvoir mettre obstacle.

Ton portrait de la langue, Champin, où tu laisses ta plume s'espacer en allures superbes, je le trouve vrai de tout point, en tant que tiré d'après ces commères que tu hantes. Car c'est de celles-là qu'on peut dire qu'elles liment, qu'elles trompettent, qu'elles sèment une venimeuse graine, et que, hormis l'heure où le sommeil les engourdit, ce sont des serpents qui dardent sans relâche et au hasard, tantôt contre des rocs ou contre des rameaux auxquels ils ne peuvent rien, tantôt sur une tendre chair qu'ils glacent et qu'ils empoisonnent. Je ne nie pas que ce ne soit la malice, l'amour de soi, l'envie et toute la lie du cœur de l'homme, qui fournissent la liqueur à leur aiguillon ; mais je nie qu'à ces commères il y ait proie qui les rassasie, quand déjà c'est un triste remède pour sauver la brebis que de la jeter aux loups qui rôdent à l'entour du bercail.

Mais, Champin, où ton portrait cloche, c'est qu'il ne montre qu'une face ; et tu fais comme ce portraiteur qui, ayant tiré un nègre, criait aux gens : « Voilà comme sont faits les hommes de la terre ! » Je m'en tiens, moi, au dicton, et j'estime que la langue est aussi la chose la meilleure ; j'ajoute : si la crainte de Dieu la retient et que la charité de notre Sauveur la dirige. Des langues ! j'en connais de simples, qui ne nuisent non plus que la langue des agneaux ; j'en sais de sobres qui s'abstiennent, de prudentes qui écartent le mal, de discrètes qui préservent... Des langues ! j'en écoute de charitables, dont chaque propos est une semence de soulagement et de bienfaisance, dont la colère n'est à craindre qu'au péché. Et, pour te prendre ce tour auquel tu t'élèves, comme dans les batailles, durant que les fanfares menteuses appellent les jeunes gens à la mort, il y a des prêtres qui sauvent les âmes des mourants, des chirurgiens qui relèvent et qui pansent les blessés, des femmes d'armée qui portent ci et là leur eau-de-vie et leur pitié ; ainsi, durant que la langue du méchant sonne ses mensonges et ses vanités, la parole du juste se répand en bienfaisants secours et en salutaires remèdes. Par où tu vois, à ton tour, que je partage ta défiance ; mais que, avant que nous soyons de même bord en ceci, il te reste à ne pas dévier, ainsi que tu fais, du dicton d'Ésope. Va, il y a d'autres et de meilleurs sages que les muets.

Au lieu, Champin, de rechercher ce qui n'importe ni à toi ni à quiconque, et pas même à moi, dont aucun notable n'a alléché ni fléchi la volonté, je te saurai gré bien plutôt d'arrêter sur la pente ce jeune garçon, si son naturel ou ces garnements dont tu parles venaient à l'y entraîner. Pour l'heure, je n'ai pas lieu de lui être sévère ; et j'espère que, sentant de quel néant il est issu, ce lui sera un motif et un frein pour marcher d'une allure sage et rangée, où la confiance puisse s'attacher, à défaut de la fierté et du contentement auquel sa tare ne laisse pas de prise. Que s'il arrive ainsi à sa vocation sans encombre, celle qu'il a choisie le veut racheter de la honte; car, pour un lévite du Seigneur, ce n'est pas d'être humble et petit qui empêche. C'est donc à ce port que je l'attends, ainsi qu'on donne un rendez-vous sur un rivage.

J'apprends avec plaisir, Champin, ce que tu me communiques de la tienne, t'estimant plus heureux que tu ne parais content ; car, au travers de ta moquerie, je pronostique dans ton futur gendre un mari que j'estime digne de ta Catherine, de qui j'ai bonne idée et vrai désir qu'elle soit heureuse. Je ressens dans ce garçon un honnête ; dans cette timidité que tu railles, la réserve qui convient à celui qui courtise pour le bon motif; et dans sa régularité, un garant que, rangé et laborieux, il sera du même coup économe et apte à en élever autant qu'il en aura. Et là où sont l'honnêteté, le travail et l'affection, qu'est-il besoin que l'un mène à l'autre, et encore moins que ce soit la femme, que Dieu n'y a pas destinée, l'ayant faite faible et avec des mamelles pour l'occuper à son nourrisson ? Ainsi, Champin, assemble à ta fille cet homme de bien, et plutôt que de moquer, ainsi que ta gaieté t'y incline, ici, bénis le ciel qui te permet pour ton enfant un choix riche en espérance et en sécurité, quand déjà il te décharge de cette croix qu'il m'a imposée en m'appelant à pourvoir d'une famille ce garçon à qui il n'en a point donné.

Ton affectionné

REYBAZ.

L

CHARLES AU CHANTRE.

De Genève.

Je vous envoie aujourd'hui, monsieur Reybaz, la mante de Louise, pour laquelle je me suis adressé aux demoiselles Dervey, en leur expliquant bien vos intentions. Tout de suite elles ont dit que cette robe de capucin ne pouvait pas aller, et que Louise, pour ne pas se faire remarquer, devait suivre les modes auxquelles elles se conforment elles-mêmes. J'ai été de cet avis, et vous verrez ce qui en est résulté. Seulement, monsieur Reybaz, il a fallu dépasser de deux écus la somme que vous avez fixée, mais je suppose que vous ne le trouverez pas mauvais, puisque sans cela vous auriez eu de mauvais ouvrage. Je me suis rappelé que vous dites souvent : « Ce qui est bon n'est cher qu'une fois, » et j'ai été de l'avant. D'ailleurs, le temps pressait.

Je vous demande pardon, monsieur Reybaz, pour ces raisonnements d'avocat qui vous ont déplu. Ils ne valaient rien, et je le reconnais aujourd'hui que, bien plus occupé, je me vois obligé de suivre cette règle contre laquelle je regimbais. Mais ne croyez pas, tout mauvais qu'ils fussent, que sciemment j'abusais de la parole. Je ne sais comment il se fait que j'étais très-persuadé qu'en écrivant plus souvent je serais plus souvent libre de préoccupations. Quant à l'autre reproche, monsieur Reybaz, celui que vous me faites au sujet de mon argent que je dissipe en gerbe, je puis vous assurer que vous vous êtes mépris. C'étaient des drôleries et des gaietés bien plus que des intentions ; une autre fois je tâcherai de plaisanter plus à propos. Et pour vous montrer que je veux thésauriser autant que possible, je fais, pour les étrennes de Louise, comme font nos paysans lorsqu'ils convertissent tous les cadeaux de noce en un gros collier d'or, qui reste comme une valeur dans le ménage et une poire pour la soif. J'ai donc mis tout ce que j'ai gagné en une chaîne d'or, et j'ai placé cette chaîne dans le double fond d'un petit coffret à ouvrage que je joins à la mante, en vous priant de l'offrir à Louise de ma part et en même temps.

Depuis que je vous ai écrit, monsieur Reybaz, une partie de mes drôleries s'est pourtant réalisée. Je donne maintenant quatre leçons tous les jours, et, pour la dernière que j'ai commencée, on me paye à tant la leçon, c'est-à-dire un quart d'écu par heure ! Ce sont des mathématiques, et j'y prends goût en les enseignant, bien plus que je n'ai fait en les apprenant moi-même. Je pourrais avoir d'autres leçons encore, mais si je veux avancer pour mon propre compte, il faut que je me borne là.

Pour la première fois de ma vie, monsieur Reybaz, je vais passer le jour de l'an loin de la cure. C'est pour moi une cruelle privation. J'aurais tant à vous témoigner, tant de vœux, tant de promesses.... à vous tous, mes chers bienfaiteurs. Mon cœur est rempli de l'envie de vous satisfaire, vous surtout, monsieur Reybaz ! Que je voudrais en une heure avoir franchi ces quatre années, tant je suis impatient que vous en ayez la preuve ! Cette impatience me trouble. Recevez, en même temps que l'expression des vœux ardents que je forme pour votre bonheur, celle de l'affection et de la déférence sans bornes avec lesquelles je suis, monsieur Reybaz, votre respectueux et à jamais reconnaissant

Charles.

LI

CHARLES A LOUISE.

De Genève.

Voici ce jour de l'an passé, Louise. Voici close la plus bénie de mes années, l'aurore de ce soleil qui resplendit de toutes parts sur ma destinée! Que de vœux j'ai formés, que de mouvements de gratitude ont remué, rempli, attendri mon cœur! Que j'ai durement senti l'éloignement où j'étais de vous ! Aujourd'hui que cette journée a fui, j'éprouve, en m'avançant dans la nouvelle année, comme si, après avoir franchi un sommet, je descendais le revers opposé, en m'approchant des vallées où finira mon exil et mon voyage.

Encore si, sur ce sommet, j'avais pu m'asseoir solitairement, pour contempler de ces hauteurs et cette route que j'ai faite et ces vallées où je me rends ; pour savourer cette solennité des grandes journées, où le cœur, comparant un passé pâle et stérile avec un présent tout rempli de félicité, s'inonde de joie et se répand en délicieux transports ! Mais non, c'est une ingrate journée que le jour de l'an des villes : on s'y agite en visites, on s'y fatigue en compliments, on s'y consume en riens laborieux. Dès onze heures du matin jusqu'au soir, j'ai employé tout mon temps en choses d'usages, en devoirs de convention. Mme Dervey me gouvernait, je me suis laissé faire. J'ai donc vu vingt personnes qui se passaient bien de moi, quand je me passais encore bien mieux d'elles ; chez bon nombre, j'ai remis des cartes. Figurez-vous cela, Louise. Ce sont des gens qui m'ont accueilli ou invité : j'en suis reconnaissant ; volontiers je leur serrerais la main ou je les baiserais sur les deux joues, mais pas du tout!... je remets entre les mains de leur servante un bout de carte, avec mon nom dessus, et me voilà quitte envers eux. N'est-ce pas impayable, ou plutôt monstrueusement ridicule? Eh bien! non. C'est l'usage : donc c'est sensé, donc c'est naturel ; et ce qui paraîtrait monstrueux, ce serait de ne pas s'y conformer. Ah! l'usage! Quand je serai roi de la terre, je le mènerai bon train, ce stupide-là.

J'ai été chez M. Dumont. Il m'a fait entrer, lui, quand je m'en serais bien passé, car il m'intimide extrêmement. Comme je galopais déjà, après avoir remis ma carte, j'entends qu'on galope après moi. C'était le domestique lancé à ma poursuite. Ce drôle m'attrape, il me prie de remonter : son maître veut me voir. Me voilà introduit, et je pousse mon compliment. « Je voulais, m'a dit gaiement M. Dumont, savoir d'abord où vous en êtes de vos études, et puis vous inviter à dîner mardi chez moi. » J'ai cherché à m'excuser : « Vous prendrez votre temps, mais vous viendrez. Je suis bien aise de vous présenter à quelques amis qui seront pour vous de bonnes connaissances. » Rien que cette perspective me faisait monter le rouge au visage. « Vous avez peur! il faut, mon ami, en finir avec cet enfantillage, et ne pas vous fermer ainsi la société des hommes dont le commerce et l'appui peuvent vous devenir extrêmement utiles. Et peur de qui ? De mon ami Bellot! Allez, je vous en souhaite, sur votre route, beaucoup de monstres de sa sorte. » Nous avons ensuite parlé de mes études, et il m'a dit des choses bien encourageantes, une pourtant qui n'ira guère à votre père. C'est quand je lui ai parlé de ces leçons que je donne : « Mauvais! mauvais! a-t-il dit; ah! c'est ce qui les perd tous! Il faut travailler, mon ami, et puis ensuite ne rien faire, voir du monde, prendre l'air, flâner, parce que c'est ainsi que l'on digère ce qu'on apprend, que l'on observe, qu'on lie la science à la vie. Et combien donnez-vous de leçons? — Quatre par jour. — Détestable! détestable! — Mais.... — Mais vous deviendrez un âne! voilà tout. — Il faut bien.... — Quoi ? Gagner sa vie....— Pas du tout! C'est là la sottise. Alors quittez les études et faites-vous maître d'école. Il faut à un jeune homme qui vise un peu haut du temps pour le travail et du loisir pour la pensée. On vit ensuite comme on peut. D'ailleurs vous n'en êtes pas là. Et si vous en étiez là... » Il n'a pas achevé, mais j'ai compris sa pensée; et telle était la franche amitié avec laquelle il me parlait, qu'au lieu d'éprouver de l'humiliation j'ai pris sa main pour la serrer avec une bien vraie affection.

Je suis sorti de là l'esprit fort tiraillé, car ses conseils s'accordent mal avec ceux de votre père. Moi j'aimerais assez cette méthode, et si, rien qu'à prendre l'air et à flâner dans la campagne, je savais de gagner ce qui me manque en connaissances et en talents, mais, bon Dieu! je serais à la croix du ciel, et je deviendrais distingué à vue d'œil. Mais je n'ose. Jamais votre père ne comprendra ce genre de travail, sans compter qu'on ne me le payera pas. Je n'ose, et bien m'en fâche; car c'est vrai, au fond, ce qu'il dit, M. Dumont. Avec les livres seulement, on risque de devenir bête, bête comme Suidas, sot comme Mme Dacier. On avale, on avale ; on ne digère pas. On ne lie la science qu'à la mémoire. On devient un âne savant, au lieu de demeurer tout bonnement un âne comme un autre, un âne fidèle à sa nature, et par suite honorable, naturel, modeste, bon à voir, excellent à vivre. Que c'est dommage, Louise, que mon obligation en ceci, ce soit d'obéir au conseil de votre père !

Mme Dervey m'a aussi contraint de faire visite aux locataires de la maison : à un vieux syndic tout vermoulu, qui loge au troisième; à deux vieilles demoiselles méthodistes, les maîtresses de ce petit carlin, qu'elles bourrent de sucreries et de liqueurs. Ce sont d'excellentes personnes, à cela près qu'elles chantent constamment des cantiques et qu'elles insinuent toutes sortes de choses acides sur la religion de ceux qui ne fréquentent pas leur église. Pendant que j'étais là, on a introduit un jeune monsieur qui leur disait *ma sœur* et à qui elles disaient *mon frère*, et ils se sont mis à converser dans un langage mystique, parsemé de passages, et qui leur servait à dire toute sorte de mal du monde présent, de ce bas monde, de ses corruptions et de ses fausses joies, mêlés de tant de misères. C'était à pleurer d'ennui. Et tout cela se disait, Louise, en face d'un élégant plateau chargé de bonbons, de cristaux, de liqueurs fines, au milieu du salon le plus coquet, autour du meilleur feu, sur les siéges les plus mollets que j'aie rencontrés de ma vie. Il y a du luxe chez Mme de la Cour, mais l'on y est à cent lieues de l'exquis confortable où vivent ces deux bonnes dames, si dégoûtées de ce monde et de ses fausses joies. Quand je me suis retiré, l'une d'elles m'a mis dans les mains un paquet de brochures, en m'invitant à revenir la voir de temps en temps. Ce sont de petit traités religieux, où je ne sais voir que des dogmes que je connais déjà, mais accompagnés de tristes menaces et de sombres avertissements, ou bien des histoires de charpentiers convertis, d'ivrognes réveillés par la grâce, et d'une foule de braves gens, pères de famille ou des jeunes ouvrières, canonisés ou canonisées. Tous, il va bien sans dire, appartiennent à la secte.

Mais je n'ai commencé ce pèlerinage des visites qu'à onze

heures. Auparavant j'avais assisté, au milieu de la famille Dervey, à une scène tout autrement agréable. Vers huit heures, on s'est réuni tous au salon, où il y avait des paquets d'étrennes pour tout le monde, et pour moi aussi, qui me suis vu comblé de tous les côtés. Chacun, en entrant, moitié riant, moitié attendri, faisait son compliment bien affectueux, bien senti; et il y avait, dans tous les membres de cette aimable famille, un si vif sentiment de bonheur à se retrouver tous en vie, tous unis, tous se donnant des témoignages de tendre affection, que c'était réellement la plus jolie fête que vous puissiez imaginer. Mme Dervey avait abdiqué l'empire pour se faire toute à tous, M. Dervey était tout gaieté et gratitude. Les deux sœurs allaient de l'un à l'autre de leurs parents, les comblant de caresses; et moi, Louise, je gardais le silence, profondément touché de la bonté avec laquelle on m'avait associé à ces joies de famille. Le déjeuner a suivi, tout fleuri de plaisir, d'union, de vif entretien, puis la porte s'est ouverte aux visites, aux cartes; et les comédies d'usage ont commencé.

Et vous, Louise, me direz-vous comment s'est passée pour vous cette journée? Ah! que souvent je pensais aux jours de l'an passé, à la tranquillité de la cure, à ce calme dont le charme eût été cette fois si vif..., à cet embrassement de M. Prévère, si solennel pour moi, si tendre, si compatissant! cet embrassement qui était ma sauvegarde, qui voilait à mes yeux tout mon isolement, en me faisant sentir à mes côtés amour, protection, indulgence, tout ce que les enfants reçoivent de leur père et de leur mère!... Quand pourrai-je donc me montrer digne d'avoir été l'enfant de ce maître bien-aimé?

J'ai placé ma fortune dans cette bourse travaillée de vos mains, et qui ne me quittera plus. Ce coffret, je l'ai si souvent convoité! Vos lettres sont toutes dedans; quel plus charmant usage aurais-je pu en faire? Je dis *toutes*, Louise, et votre crainte que je ne les laisse s'égarer dans ma chambre ou se perdre dans mes naufrages m'offense à bon droit. Apprenez que j'en sais le compte, et qu'il se passe peu de semaines que je ne les relise toutes, non pas sans remarquer combien elles sont clair-semées sur les dates du calendrier. Mais voici une année nouvelle qui s'ouvre, et parmi les vœux que j'ai formés, il y avait celui de voir s'emplir rapidement mon coffret.

Charles.

LII

CHAMPIN AU CHANTRE.

De Genève.

Quand tu parles des pauvres gens de la ville, Reybaz, j'entends de ceux qui sont roidis et glacés jusque dans leurs os, je me recommande pour être mis sur la liste. Cette loge est l'antre d'Eole. J'ai beau me ruiner en bois, cette cheminée me souffle plus de bise que de chaleur. Et puis un carillon d'allants et de venants; je les donne au diable, et ça ne me réchauffe pas. Il n'y a que mon transi qui a toujours chaud : à peine regarde-t-il le feu. Durant que je tâche d'y griller un peu mes pauvres jambes, le drôle se tient vers la fenêtre, auprès de Catherine, qui n'a pas froid non plus. A chacun son tour : dans mon temps, je ne portais pas flanelle, et, si j'ai souffert, ce n'est pas d'engelures. Le bois est à si haut prix, qu'on aurait meilleur compte de brûler ses chaises, si ce n'était qu'il faut s'asseoir. Du temps du maximum, les marchands n'étaient pas si riches, mais les pauvres ne viraient pas l'œil faute d'un fagot, comme il y en a deux qu'on a trouvés gelés dans leur taudis, à la rue du Temple; et encore que le gouvernement ne s'en vante pas.

J'ai lu ton épître, où tu me voles mes rhétoriques pour les mettre à ta sauce. Si je suis gai, ce n'est pas ta qualité, Reybaz; volontiers tu prendrais au sérieux un moineau qui javette. As-tu voulu m'apprendre qu'il y a deux faces à tout, Dieu et Satan, le bien et le mal, le blanc et le noir, l'homme et puis la femme, le jour et la nuit? Je m'en doutais, mon vieux, avant ton prêche, qui prouve seulement que tu vois la belle société, tandis que je hante la mauvaise. Mais j'y suis né et j'y mourrai. Les ânes ne gagnent rien à hanter les palefrois, tout au plus des ruades. Avec ça, pourtant, qu'il y a eu un moment où le monde était bien près de faire la culbute et de nous montrer en haut ceux qui sont en bas. Ça pourra revenir, mais je n'y serai plus; et, en attendant, je garde mon trou, où, sans les commères, je serais déjà enterré d'ennui.

Et puis ces commères, Reybaz, bien qu'elles aient la langue affilée un peu, ce sont braves femmes au demeurant. C'est la Jaquemay, fine mouche, habile à en ramasser, et qui vous flaire un oignon sous une meule de foin ; mais avec ça, bonne diablesse, abattant de l'ouvrage comme quatre, et, de son blanchissage, fournissant le pain à cinq enfants, sans compter son idoine [1] de mari, qui a plus soif que faim. C'est la Servet, un drujon du bon temps, qui a l'œil ferme, une parole de reine et du front pareillement ; avec ça, serviable aux amis, et, là où il faut se mettre à la brèche, un vrai grenadier : entre anciens, on l'appelle le *tambour-major*, elle en a la moustache. C'est la Chapelon, fertile en bons contes, grivoise, rieuse, un peu sur l'œil, mais pas plus que certaine musquée qui cache mieux son jeu. C'est la Givaudan, la repasseuse ; la Grillon, l'épicière ; la Dutilleul, la Franchet, toutes les honnêtes et la fleur du quartier. Presque chacune tu les as connues dans ton jeune temps ; et, si elles trompetaient moins [2] alors, c'est qu'il est du jeune âge de se suffire à lui-même, comme il est du vieil âge de périr d'ennui s'il ne bavarde, ou au moins s'il ne radote.

Quant à ces langues d'agneaux dont tu parles, j'en connais aussi, et dans les deux sexes. Le bon Dieu les bénisse et me préserve de ce fiel emmiellé qui est au bout de leur aiguillon ! J'en connais qui montent en chaire, et j'en connais qui portent jupons. J'en connais qui grondent bien haut les pécheurs, sans pour cela se brouiller avec le péché ; et j'en connais qui, pour nasiller tout le jour des cantiques, ne se frustrent pas du plaisir de médire et de la joie de damner. C'est chez ces douces brebis que, pour mon compte, j'irais chercher l'amour de soi, la malice, l'orgueil, la lie du cœur, bien avant de m'adresser à ces joyeuses commères dont tu fais des loups-garous. Qu'avec cela il y ait des justes sur la terre, j'accorde, bien que jadis l'Éternel ait eu peine à s'en procurer, sur dix villes, de quoi frire, et que dès lors le monde, qui ne valait déjà rien, soit devenu pire encore.

Je suis aise que tu sois satisfait de ton gendre. Comme tu dis, cette robe noire le veut blanchir. Mais, pour ce qui est de te le retenir sur la pente, tu m'en demandes trop, l'ancien. Encore passe si j'étais au fait de ses circonstances ; mais, où je ne vois goutte, je ne fourre pas la main, crainte de quelque notable qui pourrait m'aller mettre le pied dessus. Avec cela, prêt à lui rendre service, ainsi qu'à toi, si le cas échéait et que j'y visse clair. Une chose, Reybaz, c'est que ton gendre est économe : voici le jour de l'an passé, sans que je l'aie vu prodigue

1. Idiot, inepte, désœuvré. — 2. Si elles faisaient moins de cancans.

en étrennes; et, s'il gratifie les autres comme il me rémunère, m'est avis qu'il fera sa maison. Pour bien dire, ces froidures ont resserré les bourses, et, du premier au cinquième, je n'ai encore vu que des ladres. Il n'est rien tel que de prendre de la peine pour n'en rien retirer : ce qu'on fait régulièrement, on vous l'impute à devoir, et on vous paye d'un : « Bien obligé, » tout au plus de quelques couples d'écus. Puis viennent à la file les sonneurs, les pompiers, les allumeurs, les balayeurs, et un tas d'inquilins [1] sans nom et sans services; on vous emplit leur tirelire de ce qui m'empêcherait de crever de froid. Pourtant, Reybaz, qu'ai-je pour nouer les deux bouts, que ces quelques picaillons d'étrennes, cette loque de loge, et trois ou quatre patraques à rapistoquer [2] dans l'année? Aussi vais-je donner ma Catherine à ce transi, parce que, les prenant à demeure, sur ses cent louis il me payera loyer et pension de quoi engraisser mon pot-au-feu. A cette heure, je parlemente avec lui sur l'objet, durant que son désir le facilite à m'écouter, et aux fins que l'article figure sur le contrat, si faire se peut. On ne tient que ceux qu'on enchaîne. Voilà, Reybaz, où j'en suis avec ton homme de bien. Pour les nourrissons, ils viendront assez tôt; encore que, si c'était l'usage, volontiers l'obligerais-je, par contrat aussi, à n'en avoir qu'un : ma loge n'est pas grande.

Ton affectionné.

CHAMPIN.

LIII

LOUISE A CHARLES.

De la cure.

Je vois, Charles, à vos malins portraits, que votre gaieté est bien revenue, et j'en suis moi-même si contente, que je ne vous querellerai pas pour la façon dont vous parlez de ces bonnes demoiselles qui vous ont fait boire des liqueurs fines. Quelle drôle de chose que ce mélange de bonbons et de cantiques, de sucreries et d'insinuations un peu acides, comme vous dites ! Je me demande toujours comment s'y prennent ces personnes, que je crois, au fond, sincères dans leurs croyances, pour concilier le confortable avec le renoncement, l'aigreur avec la charité, et cet exclusif contentement d'elles-mêmes avec une chrétienne humilité.

1. Ici dans le sens d'étrangers. — 2. Réparer.

Au surplus, nous connaissons ici les brochures dont ces demoiselles vous ont fait présent. Des colporteurs viennent de temps en temps en offrir à nos paysans, qui ne se ruinent pas à les acheter, bien qu'on les leur passât à bon compte. Ce qu'on se propose, c'est, au fond, de leur ôter la confiance qu'ils ont en leur pasteur, et voilà encore une de ces pratiques dont le côté évangélique échappe à mes lumières. M. Prévère ne s'est nullement préoccupé de ces tentatives; mais je conçois qu'elles puissent avoir du succès dans les paroisses dont le pasteur est plus indolent, plus tiède, moins vénéré que ne l'est M. Prévère. Pour mon père, qui n'a été frappé que de ce qu'il y a d'offensant dans l'intention et de tortueux dans les moyens, il était tout prêt de faire à ces colporteurs un mauvais parti, sans les exhortations de M. Prévère, qui l'ont contenu sans le convaincre.

Je me suis bien amusée de votre visite à M. Dumont, et aussi de votre crainte de devenir ignorant, si, dès aujourd'hui, vous n'allez goûter le frais sous les ormeaux et travailler à ne rien faire. Du reste, je pense comme vous, comme M. Dumont et comme mon père aussi; et j'en conclus que, pour obéir à tous ces conseils ensemble, vous n'avez rien de mieux à faire que de continuer sur le pied où vous voici. Vous avez du travail, vous avez du gain et vous avez des loisirs, car vous m'écrivez de charmantes lettres, où vous faites, ce me semble, tout justement ce que recommande M. Dumont, puisque vous y mêlez quelquefois la science, témoin Homère et Nausicaa, et toujours la vie, l'observation et le sentiment. Si vous ajoutez à cela quelque commerce avec les hommes distingués, chose qui me semble en effet bien précieuse; quelques bons dîners chez un aussi affectueux amphitryon, et enfin quelque séjour à la cure, quand les beaux jours reviendront, je ne vois pas ce qu'il vous aura manqué pour avoir suivi de point en point les conseils de M. Dumont, sans négliger ceux de mon père.

L'aimable famille que cette famille Dervey! Vous me faites assister à cette fête, toute d'affections et de joies, qui certes ne sont pas fausses, celles-là. Auprès de ces scènes charmantes, que voulez-vous que j'apporte qui puisse soutenir le parallèle? Notre jour de l'an, à nous, s'est passé comme les autres, à cette différence près que vous n'y étiez pas. Et cette différence, Charles, elle suffisait à troubler la fête et à lui ôter ses fleurs. J'ai reçu à votre place l'embrassement de M. Prévère, et vous êtes bien certain qu'il s'adressait à nous deux, à vous bien plus encore qu'à moi. Il était ému, mon père l'était aussi ; votre présence eût changé en paroles expansives les pensées graves que remuent ces jours anniversaires. Après le dîner, nous sommes descendues au hameau, pour y donner et y recevoir des vœux et des poignées de main ; le soir, j'ai fait tirer une loterie aux enfants, et, quand la journée a été finie, je me suis réjouie de la sentir passée.

J'ai encore une chose à vous dire, c'est à propos de cette chaîne que j'ai trouvée au fond de ce joli coffret.... Pourquoi, Charles, de si belles choses ? Et si vous vous ruinez ainsi, à quoi va vous servir cette bourse que je vous ai faite ? Je suis à la fois confuse et touchée.... et puis déjà tout accoutumée à me parer de ce riche collier auquel j'ai suspendu ma montre, que je ne portais jamais. Je pourrais, à ce propos, vous dire mille jolies choses sur ce que les heures me paraissent longues et sur ce que ma chaîne me paraît légère ; mais je veux garder un peu d'esprit pour une autre fois.

Votre LOUISE.

LIV

CHARLES A LOUISE.

De Genève.

Je sors, Louise, de ce fameux dîner. C'était aujourd'hui à deux heures. Je m'y suis rendu en toute grande tenue : ce même domestique m'a ouvert. Apparemment ma fugue de l'autre jour lui est revenue à l'esprit ; car, en me voyant, il s'est pris à sourire. Ce sourire m'a bouleversé : j'ai cru que c'était dans mon air, dans ma tenue, quelque chose qui égayait ce drôle, et, comme en cet instant les portes du salon se sont ouvertes devant moi, je m'attendais à voir tous les hommes distingués rire à mon aspect.... Je n'ai rien vu. Eclipse totale, éblouissement complet, pendant lequel M. Dumont me présentait à tout le monde. Après quoi l'on m'a laissé tranquille Alors je me suis mis à reprendre un peu mes sens.

Il y avait là douze personnes, moi compris. Je cherchais à découvrir la moins distinguée d'entre toutes, afin d'oser m'en approcher et lui dire quelques mots, ce qui me donnerait l'air de n'être pas muet. J'eus bientôt trouvé mon affaire. C'était, debout, un peu en arrière des autres, un monsieur d'une mise bourgeoise, ayant une canne suspendue à son bras droit, qu'il portait comme en écharpe, et le seul, parmi tous ces convives en frac, qui fût habillé d'une redingote. Tout doucement je m'approchais de lui, lorsque, sa figure s'animant tout à coup du sourire le plus gracieux et le plus amical, il a fait deux pas à ma rencontre et m'a tendu la main. J'allais de nouveau perdre l'équilibre, croyant qu'il me prenait pour un autre, lorsqu'il m'a dit : « Je sais qui vous êtes, Dumont m'a parlé de vous, et je compte bien que nous nous reverrons. En attendant, causons un peu. » Alors il s'est appuyé familièrement sur mon bras, car il est estropié, et s'est dirigé vers un sofa, où nous nous sommes assis. Là, avec toutes sortes de bontés, ce monsieur m'a fait causer sur ma situation, sur mes études, sur mon avenir, et lui-même m'a parlé avec une autorité de lumières et d'amitié qui subjuguait à la fois ma volonté et mon cœur. Sa manière de dire est austère, nerveuse, pleine de noblesse et de bonhomie, et tout animée d'un chaud intérêt qui rend son entretien attachant et savoureux.

J'étais donc là fort à mon aise, et tout émerveillé d'être si bien tombé du premier coup, lorsque M. Dumont s'approchant : « Il n'est pas si terrible, n'est-ce pas, mon ami Bellot ?..... » C'était lui, Louise ! c'était le monstre ! Mon embarras a été extrême, mais de telle sorte cependant, que ma reconnaissante émotion a pu se faire comprendre. Bientôt l'on a passé dans la chambre à manger, où, placé à table entre M. Bellot et un monsieur que je ne connais pas, j'ai mis tous mes soins à me faire oublier bien plus qu'à plaire, et à ne pas faire des bévues encore plus qu'à étaler mon usage du monde.

Ce qui est charmant, Louise, à ces tables ainsi composées, c'est d'écouter de son coin ce qui se dit, d'assister en spectateur à ces luttes animées qui naissent du choc d'esprits supérieurs ; à ce brillant assaut de graves raisons ou de spirituelles saillies, que se livrent entre eux ces convives naturellement aimables, et, de plus, réjouis par la bonne chère, électrisés par le plaisir de se trouver ensemble, et qui semblent puiser à chacun de ces différents nectars dont leur verre s'emplit et se vide tour à tour, je ne sais quelle flamme nouvelle, quel fumet délicat, dont leur entretien pétille, se parfume ou se colore. Et c'est M. Dumont, Louise, qu'il faut entendre, qu'il faut voir ! Sans perdre un coup de dent, sans oublier un mets, sans jamais confondre un de ses verres avec l'autre, avec une aisance, un naturel, une gaieté admirables, tantôt il dit les choses les plus sérieuses, tantôt les plus piquantes ; ou bien il conte, ou bien il lance un trait aimable et malin, ou bien il est secoué d'un rire si franc, si vrai, si puissant, que le branle gagne toute la table, et voilà tous ces hommes graves qui éclatent de rire à qui mieux mieux. Il faut ensuite un grand moment avant que les derniers flots de cette gaie tempête aient achevé de se calmer. En vérité, il ne me manquait, pour me divertir parfaitement, que de me sentir à mon aise ou à ma place, que de n'avoir pas peur de mes voisins, peur de M. Dumont, peur du domestique lui-même, dont l'empressement obstiné compliquait encore mes alarmes.

Après le dessert, qui s'est prolongé en vives et joyeuses conversations, M. Dumont s'est levé, et l'on est rentré dans le salon pour y prendre le café. Là, tour à tour, la plupart de ces messieurs se sont approchés de moi pour me marquer une bienveillante attention, et aussi je suppose, pour m'encourager à surmonter cette timidité qui me rendait silencieux. Plusieurs m'ont parlé de M. Prévère, et en termes qui me faisaient ressentir bien vivement le bonheur et la gloire de lui appartenir ; un moment même la conversation s'est concentrée sur lui, et j'ai osé alors y prendre part. Ah ! que n'avez-vous pu, Louise, entendre avec moi ce qui s'est dit sur notre bien-aimé maître ? Quelle estime, quel respect, quelle vénération sentie ! Que n'avez-vous pu entendre ce M. Bellot, dans quelques mots pleins de gravité et de chaleur, rendre à l'homme un digne hommage, tandis que M. Dumont, s'attachant au prédicateur, caractérisait avec une admirable clarté son éloquence forte et insinuante, élevée et en même temps pratique, en rendait sensibles les secrets ressorts, en représentait et les mouvements et les effets, et, en voulant la peindre, luttait, s'animait, devenait éloquent lui-même ! Et M. Dumont, Louise, avant d'être un publiciste, avant d'être l'orateur le plus brillant de notre conseil, a été jadis un prédicateur distingué.

Voilà comment s'est passé ce dîner. Je suis encore tout étourdi, tout émerveillé, tout honteux de l'honneur qu'on m'a fait ; et qui pourra se répéter, je le crains ; car c'est l'usage de M. Dumont que d'attirer ainsi, pour les produire et les mettre en relation avec ses amis, les jeunes gens qu'il remarque ou qu'on lui fait remarquer comme doués de quelque aptitude aux études ou de quelque ambition de se distinguer. Ce qui me rassure néanmoins, c'est qu'il me semble que j'ai dû lui paraître aujourd'hui doué d'une ineptie remarquable, et de la seule ambition de boire et de manger, encore, encore !.... Car, je vous le jure, ce valet sur mon épaule, ces grands hommes en front et sur les ailes, tout cela ne me laissait guère d'appétit, et je me suis très-petitement régalé. L'occasion était belle pourtant. Tous les plats de l'alphabet, Louise! un désordre de vins, une confusion de sauces! Je tremblais d'aller faire quelque risible quiproquo, et je n'ai su mieux faire que d'imiter en tout M. Bellot, mon voisin, dont l'extrême sobriété m'a servi de modèle.

Je suis, vous le savez, Louise, un peu sujet à m'engouer des gens; j'ai besoin d'un héros pour qui mon cœur batte, et quelquefois, plutôt que d'en manquer, je prends un peu à la légère ce qui me tombe sous la main. Mais aujourd'hui je crois que, dans ce M. Bellot, j'ai trouvé, et pour longtemps, de quoi estimer, vénérer, aimer à mon aise, et à bon droit. J'en avais bien souvent entendu parler, car il est peu d'affaires publiques dont il ne soit l'âme ou le régulateur; aussi me figurais-je un grave légiste, très-savant, très-habile, mais enfin un légiste, sans plus ni moins. Combien je me trompais, Louise, et, dans cet homme que l'on compte en effet parmi les plus profonds jurisconsultes de notre temps, combien le caractère par sa beauté, le cœur par sa noblesse, le discours par sa bonhomie, sont encore au-dessus de ces lumières et de cette science que l'on admire en lui! Combien son abord, ses manières, ses paroles, et ce feu de bonté qui brille sur sa figure, pénètrent d'un tout autre sentiment que celui que fait naître la supériorité d'intelligence ou de savoir! Non, il y a là plus qu'un de ces savants qui illustrent la science seulement : il y a un de ces hommes qui honorent leur pays, qui honorent l'humanité, en faisant voir de quelle énergie, de quelle constance elle est capable pour le bon, pour l'utile, pour le beau! Eh! qu'importe que le théâtre soit restreint? Direz-vous que M. Prévère n'honore que la paroisse où il cache ses vertus?

M. Prévère et M. Bellot sont de même âge; mais bien plus, et j'ai appris cette circonstance avec une vive satisfaction, ils ont fait leurs études ensemble, et par une singulière vicissitude, chacun d'eux se destinait primitivement à la carrière que l'autre a embrassée. Vous le savez, M. Prévère se vouait au barreau, lorsque, déjà entré dans la carrière, il n'y trouva ni l'emploi des forces de son cœur ni le champ qu'il fallait à son ardente charité, à sa vive éloquence; il quitta donc le droit et se fit ministre du saint Évangile. Eh bien! M. Bellot, déjà auparavant et tout jeune encore, avait fait l'inverse. Dès le collége, il s'était pris d'un zèle apostolique, il composait des sermons, il les récitait devant ses parents; sa vocation pour la chaire paraissait décidée. Écoutez ce qui lui advint au milieu de ses triomphes! Un jour son aïeul, tout fier des précoces talents de son petit-fils, le conduit chez un curé de ses amis, après lui avoir recommandé de se munir de ses sermons. Arrivé chez le prêtre, le bon vieillard lui apprend que son petit-fils, futur théologien, compose déjà, et il cite en preuve un sermon que l'enfant a dans sa poche. Le curé ne manque pas d'applaudir à cette nouvelle et il manifeste l'envie d'entendre le sermon. Le petit Bellot se campe alors en Bourdaloue, il débite avec onction, il discute avec force, et, dans sa péroraison, il triomphe; car son discours roulait sur les erreurs de l'Église romaine, et il espérait bien obtenir les honneurs de la controverse avec le curé. Quand ce fut fini, celui-ci, souriant avec bonté, lui frappa doucement sur l'épaule en disant: « Bien, bien, mon petit ami; » puis, appelant sa servante: « Jeannette! apporte des pommes pour ce bon petit garçon! » N'est-elle pas charmante, l'histoire? Je voudrais que vous eussiez entendu M. Bellot nous la conter lui-même à dîner, et convenir que jamais pommes ne lui parurent si amères.

Cette mortification ne changea rien aux projets du jeune écolier; mais plus tard, quand il se connut mieux, son intelligence forte et positive, son aptitude toute spéciale aux choses de discussion et de raisonnement, sa soif d'ordre et de lucidité, le firent dériver par degrés de cette carrière de la chaire, où ces facultés ne sont ni les seules ni les premières en importance, vers l'étude du droit, où elles assurent le succès et la prééminence. Entré dès lors dans sa véritable carrière, il s'y est livré sans relâche aux plus laborieux et aux plus difficiles travaux, conquérant, à l'aide d'une opiniâtre persévérance bien plus que par le bienfait d'une conception rapide, cette suprématie qu'on lui reconnaît dans le domaine du droit et de la législation. Pendant quelques années il a plaidé au barreau, perdant peu de causes, parce qu'il n'en acceptait pas de mauvaises. Ensuite, devenu un jurisconsulte éminent, il a préparé et discuté toutes nos lois importantes, et, par sa haute raison, par cette autorité de l'intelligence et du savoir unis à la probité et au civisme, il est aujourd'hui l'oracle de nos conseils, et l'honneur d'un pays qui le vénère. Mais ce qui est triste, Louise, c'est que cet homme, dont la vie est tellement confondue avec la chose publique qu'il semblerait que celle-ci ne puisse se passer de lui, cet homme, il est estropié, infirme ; il est si faible dans toute la partie droite de son corps, qu'il fait de fréquentes et dangereuses chutes, qu'à peine il peut marcher seul, qu'il ne peut écrire que de la main gauche. Sa seule énergie le soutient, et son unique passion aussi, celle du bien public.

Ces choses, je les savais en partie ; mais, comme, après avoir vu l'homme, ma curiosité était vivement excitée, j'ai fait causer M. Dumont, qui, se complaisant dans cet entretien, m'a peint son ami sous toutes ses faces. Ce M. Bellot, Louise, tout infirme qu'il est, et bien qu'aujourd'hui sa fortune soit assurée, est logé depuis longues années à un second étage, dans une chambre chétivement meublée, la même qui lui servit autrefois de cabinet d'avocat. C'est là que, dès l'âge de vingt ans, il a contracté l'habitude de se lever à quatre heures du matin, pour s'assurer pendant ses veilles matinales le silence et l'isolement nécessaires à ses travaux, sans retrancher rien des heures où son expérience et ses lumières sont au service de ses concitoyens. Sans cesse des gens de tout rang, de tout âge, des hommes instruits et des hommes ignorants, hantent ce modeste cabinet. Il les accueille avec affabilité, il les écoute avec patience, il réfléchit sur leurs petites affaires avec ce scrupule qu'il apporte aux plus graves : ils s'en vont satisfaits de ses conseils, flattés de sa réception. Cette vie laborieuse ne laisse place, comme vous pouvez croire, ni au luxe ni à l'oisiveté ; aussi ses mœurs sont-elles austères, sa tempérance stricte, ses habitudes empreintes d'une simplicité antique qui contraste, sans qu'il s'en aperçoive, avec le faste et la mollesse qui règnent autour de lui. A peine assiste-t-il à quelques repas chez son ami Dumont, bien rarement ailleurs, et il n'apporte à ces réunions que gaieté et bonne humeur ; toute pédanterie, toute affectation, lui sont parfaitement étrangères. Ses parents, qu'il possède encore, ont été ruinés, sa famille a été frappée de revers : il a tout adouci, tout réparé, il semble n'avoir renoncé au mariage que pour être le père généreux de tous les siens. Ses sœurs, ses neveux, ses nièces, tous regardent à lui, tandis que le filial respect, la simple et tendre affection de ce fils parvenu à une considération si haute, font la gloire et le bonheur de ses vieux parents. Quelle carrière, Louise ! Et ces traits de la vie privée, que la renommée laisse dans l'ombre pour publier des succès de savoir ou d'éloquence, combien ils rehaussent et complètent le mérite d'un homme supérieur ! comme ils font prévaloir, même chez celui-ci, la mâle et attachante grandeur de l'homme et du citoyen par-dessus la célébrité du légiste !

Et si vous saviez combien sa noble figure, ses yeux pleins de feu, son front majestueux, son sourire aimant, combien sa mise simple, son attitude, sa belle voix, correspondent à tout ce qu'on a entendu dire de son caractère et de sa vie ! Chacun assure que son visage ressemble en tout point à celui de Bonaparte, et je vois les gens se complaire à ce puéril rapprochement. J'éprouvais, en l'écoutant faire, un sentiment pénible : c'est dire trop ou trop peu. C'est provoquer, à propos d'une fortuite ressemblance entre les traits d'un conquérant qui a rempli le monde de son nom et ceux d'un citoyen à peine célèbre, un parallèle qui écrase ce dernier, et qui l'écrase injustement. C'est risquer de faire surgir le ridicule là où le ridicule serait une profanation : puisqu'il s'attaquerait à ce qui est plus haut, plus grand, plus sacré que ne peuvent l'être le pouvoir, la renommée et la gloire, aux vertus fortes et modestes, au civisme constant et dévoué, à tout ce qu'ont de vénérable l'âme, la pensée et le caractère.

Je me suis étendu avec complaisance, Louise, sur un sujet dont je suis si préoccupé, qu'en vérité je n'aurais su aujourd'hui vous parler d'autre chose. Avant même d'être sorti de chez M. Dumont, j'étais impatient de venir causer avec vous, de vous avoir communiqué cette admiration, ce respect dont mon cœur était rempli, d'avoir conquis à cet homme vertueux votre hommage, dont il est digne. Le mettrez-vous, comme moi, dans votre estime, sur le rang où vous mettez M. Prévère ? Verrez-vous comme moi, dans ces deux condisciples qui échangent entre eux la carrière qu'ils avaient d'abord choisie, deux vaillants soldats qui, pour mieux combattre, changent entre eux de place et d'armure ; deux hommes qui, par des routes diverses, tendent au même but, et dont la vie tout entière, asservie à l'unique passion d'être bienfaisant et utile, n'est qu'un tissu serré de vertus et de services ? Dites-moi ce que vous pensez, et, si vous trouvez que je fais erreur, ramenez-moi bien vite à cette exclusive estime pour notre bien-aimé maître, dont je me reproche déjà de m'être départi quelques instants.

CHARLES.

LV

LOUISE A CHARLES.

De la cure.

Je n'ai pu m'empêcher, Charles, de lire à M. Prévère une bonne partie de votre lettre, il s'est réjoui de ce que votre engouement est si bien tombé. En me confirmant tous les détails que vous me donnez, il m'en a raconté d'autres non moins intéressants. « M. Bellot, a-t-il ajouté, a plus de talent et de savoir qu'il n'en faut pour être célèbre, et il a trop de modestie, d'ingénuité, de vrai mérite, pour l'être jamais. C'est un de ces citoyens voués au labeur, non à la gloire, et dont on apprend l'infinie valeur bien moins par l'éclat qu'ils jettent que par le vide qu'ils laissent après eux. Dites à Charles que je suis heureux qu'il ait compris ce caractère. Il est d'un prix inestimable pour un jeune homme d'avoir vu de pareils exemples assez *tôt* pour ne pouvoir plus jamais, au milieu des misères de ce monde, douter de la vertu. Et qu'il soit plein de reconnaissance pour M. Dumont, qui lui a procuré cet avantage. »

Après ceci que répondrai-je à vos questions, Charles? Je suis bien obligée d'accéder à votre jugement et de mettre comme vous ce M. Bellot, sinon dans mon affection, du moins dans mon estime, sur la même ligne que notre bien-aimé maître. J'ai épousé votre admiration, votre enthousiasme; et je ne puis nier, quand même de tout mon pouvoir je voudrais avantager M. Prévère, que ces deux hommes, avec des talents différents et dans une sphère autre, se comportent de la façon la plus semblable, qu'ils sont partis du même point pour arriver au même terme. Alors, par quel étroit sentiment de gloriole ou de sot amour-propre refuserais-je de leur apporter à chacun mon humble, mais égal hommage? N'est-il pas encourageant, réjouissant pour le cœur de voir s'étendre le cercle de ces créatures qui, en rendant la vertu comme visible, la font chérir avec délices, qui en propagent le doux empire et font tressaillir au milieu de leur engourdissement jusqu'aux âmes vulgaires? J'accède donc, Charles. Sur ce point délicat, je n'ai pas consulté M. Prévère, comme vous le pensez bien; mais je lisais assez dans ses discours, sur son visage, qu'il se place bien loin au-dessous de son ancien condisciple, et que sa modestie seule aurait à souffrir s'il pouvait lire nos lettres.

Votre heureuse bévue, vos angoisses, votre sobriété aussi, m'ont paru bien plaisantes. J'aurais donné tout au monde d'avoir, pour vous considérer d'ici, cette magique lunette des *Mille et une Nuits*. Au surplus, vous faites un si séduisant tableau du spectacle auquel vous avez assisté, qu'en vérité je puis vous porter envie bien mieux encore que vous plaindre. Ce qui m'a frappée d'étonnement, c'est combien la chère des hommes distingués est distinguée aussi; je croyais qu'il n'y eût que les sots qui mangeassent si bien, et dès ce jour je réforme l'idée où j'étais qu'il y a incompatibilité entre ce gourmand appétit et ces jeux délicats de l'esprit dont vous parlez.

Pendant que vous vous plongez ainsi dans toutes les mollesses de la vie civilisée, nous autres sauvages nous nous battons avec les loups. Imaginez-vous que, mardi soir, j'étais sortie au crépuscule pour me rendre chez les Piombet, lorsque j'ai vu à cent pas de moi, dans le pré d'Olivet, un animal accroupi que j'ai pris pour un chien. Dourak aboyait sans rien voir, mais en flairant une trace qui l'a bientôt conduit sur ce compère loup. Alors s'est engagé un combat effrayant. J'ai appelé : Antoine est accouru, et mon père, et bientôt tout le village. Quand on a crié : « C'est le loup ! » j'ai eu peur comme si j'eusse été dévorée, et je me suis enfuie à la cure. A l'approche des gens, cet animal a pris la fuite et s'est allé jeter devant les deux Paulet, qui revenaient de la chasse. Tous deux l'ont ajusté en même temps, mais la bête est tombée frappée d'une seule balle; et la grande question qui agite à cette heure le hameau, c'est à savoir lequel des Paulet a l'honneur du coup. Je trouve, moi, que c'est Dourak; car c'est lui qui, après avoir maltraité ce loup, l'a ensuite poursuivi et jeté, tout boiteux déjà, sur le passage des Paulet, qui n'ont fait entre eux deux que l'achever.

Quoi qu'il en soit, je ne sors plus au crépuscule, et, jusqu'à ce que les neiges en se retirant nous aient délivrés des visites de ces hôtes affamés, je ne ferai plus un pas sans Dourak. Pour lui, cette aventure l'a singulièrement réjoui, bien qu'il y ait laissé son reste d'oreille. Dès que je parle, il me regarde fixement, d'un air tout attentif, comme si je ne parlais plus que de loups ; et à chaque instant il sort pour aller flairer de tous côtés, lors même que je lui dis qu'on n'a pas de ces plaisirs-là tous les jours. D'autre part, mon père a recueilli une foule d'histoires de loups dont il m'entretient; si ce vent continue de souffler, je ne saurais plus où me mettre pour n'avoir pas peur. Les

Paulet ont empaillé leur bête et ils comptent la porter demain en trophée à Genève, où sûrement elle passera sous vos yeux.

Il est onze heures du soir : tout le monde est couché. Dourak aboie, et je vous quitte pour tâcher de m'endormir le plus tôt possible.

Votre Louise.

LVI

CHAMPIN AU CHANTRE.

De Genève.

Celle-ci est pour t'avertir, si bon te semble, que ton notable ne se tient pas pour battu, à preuve que, sa mère cherchant à le marier, il ne s'apprivoise à aucune de ces petites de par là-haut, notamment à une qu'on lui pousse au-devant, et que bien des cavaliers attendraient de pied ferme. C'est une fillette de dix-huit ans, toute de lis et de roses, comme dit la chanson, ayant un port de nymphe, et qui est cet hiver la reine de leurs bals, tant de figure que d'attifement, sans compter cette fleur de joie et ce lustre de l'œil que donne aux belles le triomphe. Les parents sont d'accord; la petite, sans être encore éprise, ne dit pas non ; mais M. Ernest, le cœur déjà percé pour la tienne, laisse dire, laisse faire, et ne se soucie de cette rose qu'on lui met sous le nez non plus qu'un coq ne reluque une caille.

Cette fillette, c'est une demoiselle Dupuech. M. Dervey l'a instruite. J'ai connu le grand père, qui était marchand de fer à Coutances : un gaillard de ceux-là qui, comme on dit, ne se poudrent pas quand il fait la bise. A force de vendre ses faucilles et vivre de coquilles de noix, il a amassé un million de bien, avec quoi son fils a spéculé si à propos, qu'il est aujourd'hui un de nos richards, menant gros train, ayant hôtel et livrée, et ne se souvenant guère de cette boutique de clous d'où il est sorti. A l'exemple de nos gros, il ne s'est donné que deux enfants, afin de n'éparpiller pas ses millions, et que la famille, au lieu de redescendre vers la boutique, monte vers le syndicat. Pour y aider un peu, il a fait du *Dupuech* de l'écriteau de son père un beau et bon *du Puech*, gravé sur sa porte et griffonné sur ces cartes de visites que j'ai tenues. Encore dix ans, Reybaz, nous aurons nos comtes et nos barons, et l'égalité, qui est déjà morte, sera enterrée.

Tant il y a que le bonhomme donnerait volontiers sa fille à l'héritier des de la Cour, vu que cette alliance décrasserait lui et les siens de leur reste de limaille Mais voici que l'héritier des de la Cour lâche des ruades à quiconque lui parle de ce mariage, et il a avec sa mère des prises où il tempête et envoie au diable cette pimbêche et les autres parmi lesquelles on lui offre de se choisir une moitié, disant que pas une ne va à la semelle de ta Louise, et que, s'il ne peut l'avoir, il restera garçon. En attendant, au bal, il affiche de faire l'épaule à toutes celles dont sa mère lui a parlé ou dont il se doute qu'elle lui parlera, faisant valser des laiderons et des tordues, plutôt que celles de qui on pourrait dire qu'il les courtise. Comme tu peux croire, ces pauvres filles, qui n'ont pas tourné depuis longtemps, bien volontiers quittent leur banquette et se font aimables et légères que c'est à crever de rire. Son dire à lui, c'est que ton projet ne tiendra pas et ne peut tenir, et que, s'il est vrai que tu aies un moment songé à ce Charles, c'est une lubie que la réflexion veut dissiper; qu'en face de ce champion-là il n'en est pas à se croire défait d'une première. En attendant, il veut, dès le printemps retourner à la cure, contre l'avis de sa mère, qui voudrait l'emmener au bout du monde. Tiens-toi donc pour averti, et en même temps conviens que les langues sont bonnes à quelque chose, puisque tout ceci, je le tiens partie de la Jacquemay, qui blanchit[1] les de la Cour, partie de la Chapelon, par le fait de son homme, qui sert dans les bals.

Bien que dans tes lettres, Reybaz, tu appuies sur ceci que ce « qui est fait est fait, » tu feras bien, je m'imagine, de voir plutôt si « ce qui est fait est bien fait. » Je te le redis : en matière d'hyménée, où se joue la vie d'un enfant, c'est l'unique point auquel on se doive attacher, sans s'aller embarrasser de propos ni de promesses, qui n'ont de valeur, on le sait bien, qu'après le parafe de l'officier civil. Sois certain, Reybaz, que ce de la Cour, pour se comporter ainsi qu'il fait, sans d'ailleurs être un novice en fait de femmes, et bien que placé pour choisir à son gré parmi nos belles de par là-haut, doit être enflammé bien avant. L'obstacle qui décourage les tièdes irrite les passionnés; et cette fraîcheur simplette de nos filles, quand elle a été ressentie d'un de ces blasés toujours entourés de ces poupées à falbalas, leur est comme un charme dont leur fantaisie se veut

---

1. Qui est la blanchisseuse des de la Cour.

à tout prix rassasier. Attends-toi donc à ce que celui-ci veut rôder à l'entour de cet appât qui le fascine, et ses mouvements effrayer ta Louise ou culbuter ce Charles, et dans cette prévoyance, considère, pendant que le temps t'en est laissé, si tu dois bien dès aujourd'hui amarrer le sort de ta fille à cet enfant trouvé, plutôt que de gouverner doucement sa destinée vers ce port d'une bonne maison, où un riche et beau cavalier, qui du seuil lui tend les bras, s'honorerait de l'abriter. C'est à l'embranchement de deux chemins qu'il convient de choisir le bon, crainte d'aller s'engager dans les ronces et les épines, d'où il est malaisé ensuite de se sortir. Tâche donc, l'ancien, d'y voir clair, et sois certain que mon avis provient de ce qu'ayant vécu cinquante-six ans dans cette bicoque de ville, j'ai eu l'occasion d'apprendre un peu mieux que toi le train de ce monde que tu n'entrevois, des champs où tu vis, qu'au travers des ombrages ou du fond de ta sacristie.

Pour ce qui est de ton gendre, Reybaz, je lui fais réparation ; ce n'est pas au garnement qu'il tourne, c'est au beau monde. Le voilà qui se gorge de bons dîners et qu'il tranche du mirliflore, ni plus ni moins qu'un légitime à vingt-quatre carats. Du vol qu'il prend, le voudrais-je, je ne pourrais plus le suivre, n'ayant pas l'entrée de ces olympes où il table avec les dieux. Dans les premiers temps, avec sa veste de campagnard, on savait par quel bout le prendre ; aujourd'hui il ne me reste qu'à tirer mon chapeau devant son feutre lustré et ses poignets à manchettes. N'est-ce pas pitié que de voir ce garçon relevé de terre, qui se galonne ainsi de drap fin et de linge plissé ! Tu vas voir, Reybaz, que tout à l'heure il sera trop beau pour ta sacristie, si déjà il ne te trouve bien honoré de l'avoir. C'est sur nous autres qu'il s'essaye, mais ton tour viendra ; le tout est d'attendre. Je t'ai dit comment, pour satisfaire à ses tailleurs et parfumeurs et à tous les rôdeurs qui montent l'escalier, il me frustre de mon étrenne. C'est apparemment afin de s'en libérer encore mieux qu'il a pris un quidam pour lui cirer ses bottes et brosser ses habits. Tu peux penser si cet inquilin me va. Aussi je lui en fais, sans avoir l'air. Je le laisse en bas frapper des heures : c'est que je suis dur d'oreille. Sitôt qu'il brosse ses habits sur le palier, je balaye : c'est mon droit. Du talon, je lui renverse son pot de cirage : « Pardon, je ne voyais pas. » A tant et à tant, qu'il faudra qu'il décampe, ou je ne m'appelle pas Jean-Marc !

A propos, sais-tu, mon vieux, que j'ai aussi les miennes, avec ce transi ? Voici que, poussé secrètement par ma doucette de Catherine, il se rebelle et n'entend pas venir nicher dans ma loge. Sur quoi je lui ai dit : « Déloge, et bon voyage ! » et à elle : « Passe-toi d'homme, puisque aussi bien ton maître d'école écoute de mauvais conseils. » C'était pour leur faire peur. Dès le lendemain, ils venaient à composition, niant d'avoir voulu se rebeller et offrant de me payer pension, à raison de ce que, Catherine m'étant ôtée, il me faudra prendre une servante à sa place ; mais d'ailleurs refusant de venir habiter ma loge qu'ils disent trop petite, tant mes drôles sont impatients d'avoir toute une école d'enfants de leur fabrique ! Je n'ai pas encore consenti : en attendant, je tolère qu'ils se voient, sans toutefois les laisser seuls ensemble, depuis que s'est éventé leur petit accord de méfiance à mon égard. Et vois, Reybaz, comme l'esprit vient à ces fillettes ! Ma Catherine est une douce ; je n'ai pas, Dieu merci, laissé sa volonté croître.... et la voilà qui du premier coup enlace ce transi et s'en fait un levier pour culbuter tout doucement son père ! Que faire ? Depuis Ève, c'est ainsi. La force est aux hommes, mais la ruse est aux femmes ; et, tandis que la force terrasse à l'occasion, la ruse règne à la durée. Une chose m'en plaît toutefois : c'est que ce benêt, qui a tant régenté les marmots du carrefour, apprendra à son tour ce que c'est d'être régenté par cette doucette, qui ne l'épouse qu'après lui avoir déjà limé les dents et rogné les ongles.

JEAN-MARC, l'ancien.

LVII

CHARLES A LOUISE.

De Genève.

Les Paulet sortent d'ici avec leur bête. Je les ai fait entrer au salon, où se trouvaient les demoiselles Dervey. Elles ont toutes deux poussé un grand cri, beaucoup ri ensuite de leur frayeur. L'idée nous est venue alors de faire jouir tout le voisinage de la vue du monstre, et nous avons adressé les Paulet aux deux vieilles et à leur carlin. Ces bonnes dames, croyant voir la bête de l'Apocalypse, sont demeurées muettes de stupeur, tandis que le carlin s'éclipsait dans les ténèbres d'une alcôve. Revenues bientôt de leur frayeur, elles ont mis les Paulet à la porte, insulté le loup, morigéné leur servante, tancé le portier et contracté beaucoup d'aigreur contre tout le genre humain. Voyant cela, le roquet a quitté son alcôve et s'est mis à japper ; il jappe aux passants, il jappe aux bruits de porte, il jappe quand même, il jappera tant que ses maîtresses n'auront pas pardonné au genre humain. C'est la manière de ce détestable courtisan, que je méprise de toute l'estime que je porte à Dourak. Brave Dourak ! En vérité, j'éprouve un vif besoin de le voir. Tâchez, Louise, à me l'envoyer : voici le dégel ; les loups ne vous visiteront plus.

Mais c'est de bien autre chose que je viens vous parler. J'ai revu M. Ernest ! l'entrevue a eu lieu hier, chez Mme Domergue. Il ne s'attendait pas à m'y voir, je ne l'y cherchais pas, on ne s'est rien dit.... c'est pour le mieux, ce me semble. Voici du reste comment la chose s'est passée.

C'était un bal. Il est arrivé un peu tard, pendant qu'on dansait une contredanse où je figurais. A sa vue, j'ai éprouvé une forte émotion, mais j'étais déjà remis de mon trouble quand il m'a aperçu. Après la contredanse, j'ai reconduit ma danseuse à sa place : c'était tout près de lui. Il n'a pas fait mine de m'apercevoir. J'en ai conclu qu'il n'était pas en train de me reconnaître ; et comme ce n'était pas à moi d'aller lui dire mon nom, l'entretien en est resté là. Nous avons continué pendant toute la soirée de rôder l'un autour de l'autre, en nous regardant sans nous voir. Vingt fois pourtant nos yeux se sont rencontrés, et, s'il a pu surprendre sur ma figure quelque rougeur, j'ai pu lire sur la sienne un hautain dépit. Qu'il soit hautain, je ne lui en veux pas ; qu'il ne me reconnaisse plus, qu'il nous oublie à jamais, loin que je m'en afflige, il aura fait la seule chose que je désire de lui. Et s'il pouvait ajouter à cette grâce celle d'épouser Mlle du Puech, une fort belle et riche personne avec qui on le marie dans le public, j'irais, je crois, lui rendre visite pour lui marquer ma satisfaction et les vœux que je forme pour sa parfaite félicité. Malheureusement, à voir la façon dont il se comporte avec cette demoiselle, il me paraît que le public se trompe.

Mme de la Cour était là, qui ne nous a pas perdus de vue un seul instant. Je ne savais trop si, après l'accueil que m'a fait M. son fils, je devais oser m'approcher d'elle pour lui faire le salut d'usage. Toutefois, pour n'éprouver pas la gêne de fuir son voisinage pendant toute la soirée, en passant devant elle je me suis incliné respectueusement, et je n'ai eu qu'à m'applaudir d'avoir écouté cette inspiration. Accueil excellent, Louise, bonne grâce..... charmée de me rencontrer, charmée d'avoir des nouvelles de la cure, mille choses aimables sur Mlle Louise, et encore sur Mlle Louise. En vérité, je crois que, si nous eussions été seuls, elle m'eût ouvertement félicité, et moi que je n'aurais pu m'empêcher de lui sauter au cou. Mme de la Cour, vous le savez, dit tout avec grâce et facilité, elle caresse, elle insinue, pique sans avoir l'air ; et c'est de cette façon que, sans seulement paraître y songer, elle me disait en présence des dames assises auprès d'elle : « Je suis charmée de voir, monsieur Charles, que tout occupé et *préoccupé* que l'on vous dise, vous savez donner quelques moments aux plaisirs. » J'ai rougi jusqu'au blanc des yeux, en balbutiant je ne sais quelle sotte repartie. Bon Dieu ! que j'aimerais, Louise, acquérir cet usage du monde dont, au fond, je fais peu d'estime, mais qui, au fond aussi, me semble si commode, si nécessaire dès qu'on met le pied dans un salon ! Que l'on est vite niais, en présence de ces personnes dont le monde avec ses conventions, ses réticences, ses formules, semble être l'élément naturel ; qui jouent avec aisance, qui marchent avec grâce et légèreté sur ce sol où sans cesse je perds l'équilibre, bien heureux encore quand je ne tombe pas lourdement ! A vrai dire, j'ai fort peu gagné en ceci, malgré beaucoup de bonne volonté. Dès que je veux affecter quelque aplomb, je me semble à moi-même impudent ; je me fais honte, et je retombe plus bas que je n'étais auparavant. Je n'ai donc trouvé de refuge que dans la timidité, qui peut avoir ses bons côtés à l'occasion, mais qui, dans un salon, a plus des désagréments d'un supplice que des charmes d'une vertu.

En attendant, Louise, je suis sorti de chez Mme Domergue bien soulagé et bien content. Le tort même qu'a eu M. Ernest de me dédaigner m'est agréable ; si je pouvais seulement être certain qu'il vous enveloppe dans ma disgrâce, combien je l'aimerais, ce bon jeune homme ! Il a, lui, beaucoup de cette aisance que je n'ai pas, et aussi un mérite assez rare, celui de faire danser les demoiselles qui, sans lui, ne danseraient guère. Ce mérite doit lui gagner le cœur de bien des mères, sans compter celui de la dame qui donne le bal. Cette demoiselle du Puech, avec qui on le marie, elle était là ; mais il n'a pas dansé avec elle, et à peine paraissait-il la remarquer. C'est une fort belle personne, dont les danseurs se disputent la préférence, et qui a l'air de s'enivrer avec délices de tous ces hommages, sans trop se soucier de celui que M. Ernest lui refuse. Elle a causé deux ou trois fois avec Mme de la Cour, qui lui parlait avec cette bonne grâce qu'elle a pour tous ceux qui l'abordent, mais sans rien de plus, à ce qu'il m'a semblé.

Avant cette entrevue, Louise, il y avait encore de temps en temps quelques apparitions des fantômes que vous savez; je crois bien que cette fois ils sont en fuite pour tout de bon. Mais il fallait pour cela que j'eusse revu M. Ernest, que j'eusse parlé avec Mme de la Cour, et que cette dame m'eût laissé entendre qu'elle sait que vous m'êtes promise et qu'elle en est charmée pour son compte et pour le mien ; car c'est justement pendant que ces propos me faisaient rougir d'embarras que je sentais les fantômes s'en aller au grand galop. Pour être parfaitement tranquille, il ne me reste plus qu'à éviter l'entretien de ce maudit portier, dont les propos, quels qu'ils soient, ont toujours le pouvoir de m'attrister. Déjà je le tiens à distance, et je compte l'amener à ce qu'il soit obligé, pour converser avec moi, d'attendre que je lui parle. Alors il attendra longtemps. C'est un homme méchant, soyez-en sûre, Louise, toujours occupé d'intriguer ou de médire. Sa loge est un repaire de malignes commères : c'est un supplice que de passer sous le regard et ensuite sous la langue de ces femmes. Dans la maison, on le hait et on le craint ; il semble qu'on l'y tolère parce qu'on n'ose s'exposer, en le chassant, aux vengeances qu'il exercerait avec ses calomnieux propos. Ah ! que je fusse le maître ! Ce mauvais Cerbère ne serait pas là une heure de temps et ensuite je me moquerais bien de ses propos, quand il les tiendrait loin de moi.

Mon projet est maintenant, Louise, de me retirer du monde. Je renonce aux fêtes pour cette fin d'hiver. Voici les dégels, voici tout à l'heure les premiers signes du printemps, et c'est au printemps qu'il me faudra rendre compte : il est temps que je me mette sérieusement au travail. J'aurais déjà pris ce parti, sans le désir que j'éprouvais d'avoir rencontré M. Ernest. A présent que je sais sur quel pied nous voici désormais, je n'ai que faire ni des bals ni de lui. Je vais donc me retirer dans ma chambrette et y vivre en studieux ermite. Ce projet me réjouit. Rien du monde extérieur, rien que vos lettres qui m'arriveront aussi nécessaires, bien autrement savoureuses que le pain au prisonnier : tâchez que ce pain soit quotidien. J'ai arrangé ma chambre, disposé ma table, caché mes pincettes, enfermé ce coffret, pour ne le visiter qu'aux heures de récréation : tout ceci respire l'ordre et l'étude. Adieu donc, banquets, danses fêtes ; adieu, folles et ingrates distractions, stériles plaisirs, vains bruits de joie, où j'ai perdu tant d'heures que je pouvais passer ici dans l'aimable compagnie de mon cœur, tout plein de Louise et tout riche de bonheur.

CHARLES.

LVIII

LOUISE A CHARLES

De la cure.

J'ose à peine, Charles, venir interrompre ces méditations auxquelles vous vous livrez dans votre ermitage. Voici aujourd'hui cinq jours écoulés depuis que vous avez renoncé au monde. Veuillez me dire, je vous prie, si à la date d'aujourd'hui vos pincettes sont encore cachées dans l'armoire. Deux mots vous suffiront pour m'en instruire, et je jugerai alors si votre conversion est sincère.

Pourquoi donc avez-vous éprouvé une si forte émotion en revoyant M. Ernest, et pourquoi vous trouvez-vous si tranquillisé après l'avoir vu ? En vérité, je ne vous entends plus très-bien sur ce point, et votre imagination passe par des chemins où la mienne ne sait pas la suivre. De tout ceci, la seule chose qui me surprend et m'afflige, c'est son impolitesse à votre égard ; elle ne lui est pas naturelle, et il est trop haut placé pour qu'on puisse lui supposer la petitesse de ne vouloir pas paraître connu de vous. Au surplus, il ne m'appartient pas de rechercher quels mystères recouvrent les caprices de M. de la Cour, et avec vous je suis tout à fait d'avis que nous n'avons à nous affliger ni de ses dédains ni de son oubli.

J'ai mieux reconnu Mme de la Cour dans l'accueil qu'elle vous a fait. Cette dame, malgré sa condition, a toujours été bonne et gracieuse avec nous, et ce n'est pas sa manière que d'être hautaine ou impolie avec qui que ce soit. Pour ma part, je suis très-sensible à son souvenir, et je lui pardonne de grand cœur son indiscrète remarque, en faveur du bien que vous en avez retiré. Que de fois j'ai admiré en elle cette aisance à la fois élégante et négligée, cette vivacité tantôt gracieuse, tantôt piquante, qui rendent aimable son entretien, alors même qu'il roule sur des riens ! Vous appelez cela usage du monde, mais c'est plus et mieux, je crois, et bien des personnes fort civiles, fort entendues à toutes les conventions de salon, petites et grandes, n'ont pas cet agrément, qui semble provenir des dons naturels de l'esprit bien plus que de l'éducation du monde. C'est en ce sens du moins que je partage l'envie que vous fait cette amabilité facile et attrayante, sans toutefois médire avec vous de la timidité, qui n'est ni une vertu ni un supplice, ainsi que vous le dites, mais bien pour un jeune homme, comme pour une jeune personne, le véritable usage du monde, celui qu'ils devraient l'un et l'autre contrefaire, s'il ne leur était naturel.

Mais où je trouve que M. de la Cour s'entend en vraie politesse, c'est quand il fait danser ces demoiselles dont leur peu de figure éloigne le commun des danseurs. Je sens qu'à la place de ces pauvres demoiselles je le distinguerais entre tous comme un homme aimable, et que, si j'étais maîtresse de la maison, je lui trouverais plus d'usage du monde qu'à qui que ce soit. Que je suis donc heureuse de vivre aux champs et de n'être point assujettie à aller dans le monde ! Que ce doit être triste d'être invitée au bal pour n'y bouger pas de sa chaise ! de voir ses compagnes briller, s'animer, danser, et de demeurer délaissée ! d'être à la fois dédaignée des messieurs et plainte des mamans qui vous entourent ! Comment donc se fait-il qu'on aille au bal lorsqu'on n'est pas pleine de grâce et belle comme le jour ?

Je persiste à croire, Charles, que votre méfiance envers M. Champin est exagérée. Vous vous en êtes fait un odieux fantôme, quand je suis certaine que, s'il était ce que vous dites, mon père n'aurait avec lui aucune relation. Ce n'est pas qu'il ne lui sache des défauts, et en particulier celui d'aimer à médire : il m'en a justement parlé ces jours-ci dans ce sens ; mais il le dit un brave homme, un *ancien*, léger en paroles, ayant toujours le mot pour rire, et qui vaut mieux qu'il ne paraît et qu'il ne se montre. Au surplus, même avec l'opinion que vous avez de lui, Charles, vous devriez, ce me semble, le ménager plutôt que lui déplaire, et ne pas risquer d'irriter un homme que vous croyez dangereux. C'est, dites vous, ce que font les habitants de la maison ; pourquoi vous croirez-vous plus qu'eux à l'abri des intrigues ou des médisances de M. Champin ? Et n'êtes-vous pas intéressé, au contraire, à ce qu'il vous apprécie et vous aime, puisqu'il se trouve être l'ami et le correspondant de mon père. Excusez donc en lui des défauts qui sont ceux de sa condition plus peut-être que de son caractère, et, pour me faire plaisir, vivez bien avec lui et ne l'irritez par aucun de vos procédés.

Je vous écris les fenêtres toutes grandes ouvertes. Que dites-vous, dans ce mois-ci, de ce vent d'été qui règne depuis trois jours? Quel contraste entre cette tiédeur humide et ces froids secs qui engourdissaient les campagnes! Tout est ici fonte et dégel; la route est un ruisseau. Arbres, toitures, murailles, tout dégoutte, tout est trempé de froides sueurs. Ce n'est pas le beau moment pour admirer la nature, et toutefois je trouve que ce moment ramène de vives impressions, qu'il éveille et remue de doux pressentiments. Chacune de ces chaudes bouffées annonce la vie, présage les feuilles, les fleurs, les beaux jours et leurs réjouissances; chacune me fait songer que ces routes inondées seront sèches bientôt, que ces arbres dépouillés seront verdoyants, et que l'ermite quittera sa grotte pour faire un pèlerinage à la cure.

En parlant de grotte, ces chaudes bouffées m'ont fait un larcin. Le froid avait dessiné sur les vitres de ma fenêtre les paysages les plus charmants : j'ai passé des heures à les contempler, je les ai fait voir à M. Prévère. Chaque matin j'y trouvais sur le penchant du mont quelque nouvel arbre qui avait pendant la nuit étendu ses délicats rameaux, un tronc scintillant de petites mousses pendantes, jeté comme un pont sur le ravin; de petites fleurs qui avaient crû, des rocailles qui avaient roulé ; enfin, chose merveilleuse! une petite grotte, sans pincettes, où loger un anachorète studieux. J'ai quatre vitres, c'étaient quatre domaines : où sont-ils?

> Où sont les neiges d'antan!

dit la ballade. C'est triste. Tous nos biens sont passagers. Nos domaines nous quittent ou nous quittons nos domaines; tout finit, rien ne demeure, et il faut dire sans cesse:

> Où sont les neiges d'antan!

Votre Louise.

LIX

LE CHANTRE A CHARLES.

De la cure

La veuve Crozat est ruinée. Il lui reste son potager et les quatre murs de sa maison, sans plus. Le feu a dévoré tout, et son fils Louis. On le retire à présent des décombres. Que Dieu soutienne cette malheureuse, ainsi éprouvée jusque dans ses entrailles !

C'est cette nuit, vers une heure, que le feu a éclaté. Comme je dormais, Antoine frappe à ma porte. En ouvrant les yeux, je vois la lueur du feu qui illumine la paroi et les solives du plancher, et d'un saut je suis à la fenêtre, d'où je connais que c'est chez la Crozat. Louise était levée, et M. Prévère déjà sur les lieux ; j'y cours moitié vêtu. Au moment où j'arrive, tout était déjà en braise : quelques meubles et une vache à l'écart ; on cherchait le fils, et Brachoz s'aventure sur une poutraison toute charbonnée. Ensuite il redescend du côté où était l'auge, et par là pénètre dans l'intérieur, d'où il revient droit vers M. Prévère à qui il cause à l'oreille, et M. Prévère s'achemine chez les Bouvet, qui avaient recueilli la Crozat. Brachoz venait d'entrevoir le corps du pauvre Louis gisant sous les décombres. La nouvelle s'en est aussitôt répandue, et chacun a ressenti une catastrophe si grande, tombant sur une veuve déjà mutilée dans ses affections. M. Prévère y est encore enfermé seul avec elle, et l'on ne sait pas comment la pauvre femme a supporté ce coup.

Le feu a pris par la grange. Ils disent que deux rôdeurs s'y étaient introduits pour y passer la nuit, et que c'est de leur pipe que le mal est venu. Olivet le jeune, venu des premiers, a trouvé l'échelle des Legrand, dont ces rôdeurs s'étaient servis pour monter, encore appliquée contre le mur du midi ; et, vers minuit, Redard, réveillé par sa cavale, qui, s'étant détachée, tempêtait dans l'écurie, a vu deux hommes s'enfuyant par le chemin des prés. Ce sont les mêmes qui auront frappé et crié à ceux de la Boverie que le feu était au hameau. Ils sont accourus des premiers. Olivet et les Redard étaient allés chercher la pompe des de la Cour ; mais la flamme ne les a pas attendus pour dévorer le dedans jusqu'au comble, où, rencontrant le chaume sec en dessous, et en dessus tout baigné de ce dégel, elle a mis du temps pour le percer et s'espacer au dehors. C'est durant que le haut brûlait que Brachoz s'est jeté dans l'étable, déjà tout envahie de fumée, pour en retirer la vache, qui mugissait sans vouloir bouger de place. A la fin, il l'a eue et est sorti l'amenant par les cornes. De là, avec Louis Crozat, il a pénétré par la cuisine dans la chambre qui est derrière, où il s'est saisi des valeurs de la Crozat, notamment de son collier de noces, de sa montre et d'une créance de cent quatre-vingts florins sur les Melaz. Pendant qu'il faisait paquet de tout, ils ont crié du dehors : « Sortez! sortez! » Louis Crozat s'est enfui; mais, comme il venait de franchir le seuil, le plancher de la cuisine a croulé, et Brachoz s'est trouvé pris dans l'arrière-chambre, où voici la flamme qui se lance par la porte comme les dix langues d'une bête d'enfer. Alors Brachoz, avec une bêche qu'on lui a tendue par le derrière de la maison, a forcé un barreau de la fenêtre et il a sauté dans le potager : les charbons du comble lui pleuvaient dessus. Au même instant, Louis Crozat, qui était rentré par le côté de l'auge pour sauver le porc, a péri écrasé par la poutraison de l'étable, lui et l'animal !

Cette maison, elle a déjà brûlé en 83, par rapport à ce qu'étant isolée et surmontée alors d'un pigeonnier dont la pointe agaçait le feu du ciel, elle fut frappée de la foudre, et trois vaches y périrent. Voici que, rebâtie, elle est détruite à nouveau : c'est un avertissement pour construire ailleurs. Il y a des terrains où le sort s'acharne; témoin au Couvet, où la maison des Chevin a brûlé trois fois dans le siècle. Passe encore pour les Chevin, qui sont moyennés, tant d'acquis que de patrimoine; mais pour la Crozat, cette maison, y compris ce qu'a sauvé Brachoz, faisait tout son avoir, avec les bras de son Louis, qu'elle n'a plus. C'est le cas où il se faut entr'aider, et c'est à ces fins que je vous écris pour avoir votre offrande.

REYBAZ.

LX

CHARLES AU CHANTRE.

De Genève.

Je vous envoie, monsieur Reybaz, tout ce que j'ai, et mardi prochain vous recevrez mes rentrées de ce mois. Pauvre Louis! quel épouvantable malheur! Et Brachoz qui a failli partager le même sort! Il y a peu de cœurs courageux et dévoués comme Brachoz, monsieur Reybaz. Vous ne me dites rien de Louise; j'attends une lettre d'elle avec impatience.

Les Dervey partagent notre consternation. Ils ont fait entre eux une quête : c'est cinquante-trois florins que je joins à mon offrande. Ce sera un plaisir pour moi que de donner des leçons tant qu'on voudra pour cette pauvre veuve. Dites-le-lui, et que

je pleure avec elle. Louis Crozat était de mon âge, et mon meilleur camarade là-bas ; je le regrette de cœur.
Votre affectionné.

CHARLES.

LXI

LOUISE A CHARLES.

De la cure.

Vous savez tout. Quel malheur! La vue de cette pauvre femme me déchire le cœur. Elle se croit abandonnée de Dieu; à peine elle écoute M. Prévère, et mes soins ni mes caresses ne lui sont d'aucun secours.

Je voulais qu'elle vînt habiter à la cure jusqu'à ce qu'elle ait pu prendre un parti. Mais elle préfère rester chez les Bouvet, en face de ces décombres sur lesquels ses yeux demeurent fixés. Elle ne s'est occupée ni de son deuil ni de l'enterrement de son enfant : quelquefois je serais tentée de croire que sa raison est altérée, et puis, quand on lui parle, elle répond avec sens et simplicité. J'ai cherché à la retirer de cet état de stupeur en lui parlant de sa situation et de la nécessité de pourvoir à ses besoins à venir. Elle m'a répondu : « Que me faut-il tant ? Je filerai pour le monde. » En moins de trois ans, avoir perdu son mari, ses fils et tout ce qu'elle possède! Quel courage peut-il lui rester? quel intérêt à vivre ?...

C'est mon père qui a le plus d'empire sur elle. Il lui a toujours marqué une affection singulière; d'ailleurs, son langage est mieux à l'unisson du sien. L'avis de mon père est que, du prix de la vache et du collier, auquel on joindra la valeur d'une créance sur les Melaz, et quelque argent recueilli ci et là, la Crozat rebâtisse à l'autre bout de son potager une maisonnette où elle vivra de son rouet. La Crozat le laisse faire, et il prend toutes ses mesures pour commencer cette bâtisse au premier printemps. Mme de la Cour a envoyé à M. Prévère une somme de quatre cents florins, qui facilitera beaucoup ce projet. Remerciez, je vous en prie, la famille Dervey. Je suis si attristée, que je remets à une autre fois le plaisir de vous écrire plus longuement.

Votre LOUISE.

LXII

LE CHANTRE A CHAMPIN.

De la cure.

Je t'envoie, Champin, le devis inclus d'une bâtisse. Tout y est, les mesures et les matériaux. Tu y verras que, moyennant trois mille quatre cent nonante-trois florins, cinq sous six deniers, Lamèche s'offre à rebâtir, pour cette pauvre Crozat, une maisonnette fondée sur maçonnerie et couverte en tuiles plates. Ce que je veux de toi, c'est que tu fasses voir ce devis à un de confiance, pour qu'il dise si Lamèche a surfait, ou si, ayant estimé au plus bas, c'est superflu qu'on s'adresse ailleurs. Sitôt la commission remplie, tu me retournes ce papier, pour que je donne réponse à l'autre avant qu'il se dégoûte, ou qu'il recule parce qu'on se méfie. Je crois Lamèche bien intentionné, et qu'il entend ne pas gagner trop sur l'article; toutefois, ici où il s'agit du denier de la veuve, je veux pouvoir rendre bon compte de l'emploi que j'en aurai fait.

Ta dernière m'est parvenue où tu en dévides sur ce notable, pour ensuite m'apostropher de tes conseils, m'invitant à méditer avant que d'agir. Agir, c'est déjà fait, Champin ; et, pour ce qui est de méditer, j'y passe ma vie ; qu'ai-je besoin que tu m'y invites ? Ce n'est pas de mon choix ni pour mon plaisir que j'ai amarré à ce Charles le sort de ma Louise ; mais c'est bien de mon choix, et par ma volonté libre et réfléchie, que j'ai éconduit un notable. Que les blasés restent à leurs poupées ! Que les libertins respectent une chaste ! L'opulence, une fois souillée, ne me reluit plus, justement parce que j'y vois clair, et non parce que je suis aveugle. D'accord que tu as vu plus que moi le train du monde, mais j'ai vu mieux que toi le train de ce jeune homme, et, pour n'en pas vouloir, il n'est besoin que d'être fidèle à ses droites répugnances. La seule façon dont tu en parles m'éloignerait de lui si c'était à faire.... Ma Louise, et sa chaste fraîcheur, servir au rassasiement de la fantaisie d'un blasé ! Champin ! tu te méprends, et, si tu veux que je t'écoute, parle autrement à l'entour du fruit de ma Thérèse.

Pour ce qui est de Charles et de ces plaintes que tu m'en fais, il en est une dont je tiens compte, pour lui en parler aussitôt que sera un peu renflée sa bourse, qu'il a vidée l'autre jour pour la Crozat. Il n'est pas ladre de nature, ainsi que tu le crois; mais sans cesse il est forcé de le paraître, n'ayant rien pour le jour d'aujourd'hui, parce qu'il a tout prodigué la veille. Depuis qu'il gagne, s'il avait de la règle, il aurait pu suffire à toutes les choses séantes, et avoir, selon mon calcul, une économie de quatre à cinq cents florins ; au lieu de cela, il s'est vidé à fond déjà deux à trois fois, et il en est, pour compléter cette aumône, à attendre sa rentrée prochaine. De là à s'endetter, la distance n'est pas grande ; qu'il se garde néanmoins de la franchir ! Il a déjà promis toute cette rentrée à la Crozat, mais j'aurai soin qu'il en soustraye ton étrenne. L'aumône n'est qu'un désordre, si elle est dérobée sur le salaire des laborieux.

Quant à l'autre reproche que tu lui fais de se lancer au beau monde et d'avoir changé de tenue, je le ressens, Champin, mais sans m'y associer. En songeant d'où cet enfant est issu et comment sa condition le tire en bas pour l'approcher des vauriens, je suis aise de le voir tendre en haut pour s'approcher des honnêtes, et j'y vois une garantie que, au lieu de couler à fond, il se maintiendra à la surface, soutenu par des amis ou des patrons qu'il se sera faits. Pour bien dire, c'est à le voir ainsi toléré dans ces dîners et ces assemblées, et qu'il s'y comporte non pas en sauvage, mais en bien élevé, que j'ai commencé à goûter quelque confiance en son naturel et quelque garantie qu'il pourra accomplir cette profession de ministre, qui est le port où je l'attends. C'est y tendre que d'approcher des gros, sans pour cela dédaigner les petits ; et, quand j'avais la crainte que dès l'abord ce garçon, par ses pétulances et ses instincts, ne tombât dans les eaux des violents et des tapageurs, ce m'est une sécurité que de le voir, une fois introduit dans les bonnes compagnies, s'y soutenir et s'y plaire. Passe-lui donc ces airs, puisque, de deux écueils, tout au moins a-t-il évité le pire.

Te dirai-je aussi, Champin, que j'ai blâmé tes façons de faire avec ce maître d'école qui te demande à marier ta Catherine, trouvant que tes vouloirs empiètent sur ce qui est du droit des enfants ? Passe encore ces brusqueries de caporal dont tu les épouvantes pour semblant : mais quand tu les obliges à venir habiter ta loge, à s'aimer sous ton regard, à confondre avec la tienne leur vie domestique, à ne goûter pas cette solitude du foyer qui est la retraite aimée des jeunes époux et l'abri de leurs caresses, tu demandes ce qui est injuste et ce qui ne peut plaire aux honnêtes. C'est le naturel instinct, non la ruse, qui rebelle ta Catherine et son homme; et leur méfiance, tu dois t'en imputer la cause première. Après cela qu'ils s'aiment, ce peut t'être amer, car cette affection neuve ébranle et surpasse la filiale qui nous était acquise; mais tu n'y peux trouver à redire, ayant passé par là, et devant d'ailleurs ployer sous la volonté de Dieu, qui a voulu, pour bonnes raisons, que l'amour des époux prévalût sur tout autre. Laisse donc libres ces enfants, et là où tu ne peux rien, seconde, pour qu'au moins la reconnaissance leur demeure, et qu'elle reluise sur tes vieux jours.

Ton affectionné.

REYBAZ.

LXIII

CHARLES A LOUISE.

De Genève.

Je vous adresse, Louise, le produit d'une quête qui a merveilleusement réussi. C'est ce matin, à l'auditoire, que l'idée m'en est venue, en voyant mes camarades et moi tout charmés, tout émus par la lecture qu'on a faite au cours de littérature d'une fort belle pièce de vers dans laquelle un poëte s'apitoie avec un grand talent et beaucoup de sensibilité sur les infortunes inventées d'une personne imaginaire. J'étais ému comme les autres, lorsque, venant à me rappeler la Crozat, ces beaux vers m'ont aussitôt paru misérables; ce poëte, un comédien. J'ai écrit en grosses lettres sur une page de mon cahier :

Vous avez entendu la poésie, voici maintenant la prose !

La femme Crozat a perdu son mari il y a deux ans, son fils cadet un an après. Il lui restait une maison pour s'abriter et un fils pour la nourrir; l'incendie de cette semaine a dévoré l'un et 'autre. Il s'agit de lui bâtir une maisonnette. Les offrandes seront reçues avec reconnaissance.... et j'ai signé au bas. Dès que la leçon a été finie, j'ai affiché ma page contre la porte. La foule s'y est portée, les cœurs se sont émus, les bourses se sont ouvertes; et, pendant que je racontais l'histoire en détail, plusieurs qui avaient déjà donné donnaient de nouveau; quelques-uns, qui avaient peu ou point d'argent sur eux, sont allés jusque chez eux pour en chercher. Et voilà de la poésie! Voilà du charme, du contentement! Enfoncés le poëte et ses rimes! Enfoncés Pégase, et l'Hippocrène, et la fontaine de Castalie, et toutes ces fades eaux qui ne valent pas un verre de bonne piquette !

Après demain, vous aurez deux ou trois louis que j'attends avec une impatience extrême. Car figurez-vous, Louise, que ce matin, de tout ce monde qui donnait à l'envi, j'étais le seul qui n'eût pas un liard à mettre dans l'écuelle; j'empochais, j'empochais, comme un ladre que je suis forcé d'être. Si je faisais naufrage, c'est ma bourse, non vos lettres, qui flotterait sur l'onde. J'ai eu l'idée d'emprunter, mais pour trois jours ce n'est guère la peine.

Cette pauvre femme, qui veut filer pour le monde ! Cela veut dire, Louise, que, si on la laisse périr de faim, à la garde de Dieu ! qu'elle aime autant ainsi qu'ainsi. Pauvre créature ! Ah ! mais avant qu'elle meure de faim, avant qu'elle n'ait pas le pain, l'abri, le chauffage et tout ce qu'on pourra de douceurs, il faudra que je n'aie plus un grain d'algèbre dans la tête, plus une seule bribe de mauvais grec à vendre !

Du reste, Louise, je travaille du matin au soir. La peur m'a pris, comme ce jour où je tombai dans l'eau, et, sans me reposer, je nage, je nage vers le rocher. Une fois dessus, vais-je triompher, cabrioler, et ne rien faire que me sentir vivre ! M. Dumont sera content, allez ; et votre père pas mécontent, j'espère, si j'ai réussi. C'est les premiers jours d'avril que je parais devant mes juges. De grâce, ne me parlez pas de ces bouffées, de ces feuillages, de cette vie qui revient aux fleurs ; rien que ces images me font chanceler, ces bouffées m'attiédissent ; ces herbes, ces fleurs, mes yeux s'y attachent, et ce ne sont pas mes cahiers qui peuvent les en distraire. Aidez-moi bien plutôt à défendre ma cage contre l'assaut de ces rayons printaniers, dont la douceur et l'éclat fondent mon courage et risquent d'envoyer mes plus fortes résolutions là où sont vos quatre domaines, là où sont les neiges d'antan.....

Quant aux pincettes... Mais quelle maligne question, Louise, et comme vous persiflez tout doucement votre ermite infortuné !.... Eh bien ! oui, une heure après le départ de ma lettre, n'y pouvant plus tenir, j'ai ouvert l'armoire et repris mes pincettes. Mais écoutez : c'est que je venais de m'apercevoir que je ne peux pas méditer si je ne tisonne, et que je ne peux pas tisonner que je ne médite. D'ailleurs ces bouffées sont venues, mon feu s'est éteint, et ma conversion dès lors a été entière et sans rechute.

Tous vos désirs sont les miens, Louise, et, puisque vous demandez que je ménage ce portier, je vais m'y appliquer. Pour ce qui est de lui plaire, j'y tâcherai, mais je sais à l'avance que c'est chose impossible. A la répugnance que j'éprouve pour lui, je sens qu'il doit me haïr. Il me méprise et me jalouse. Il m'envie tout ce que j'ai de plus que ce que ma naissance m'avait donné.... mais je le ménagerai, je lui complairai, Louise, si en y tâchant je vous fais plaisir.

Votre Charles.

LXIV

CHAMPIN A REYBAZ.

De Genève.

Voilà ton devis qui te retourne, mon vieux, approuvé et parafé par les experts. Je l'ai montré au père Ledrey, qui trouve que le château n'est pas cher comme ça ; seulement il te recommande de veiller à la bâtisse, crainte que Lamèche n'économise sur l'ouvrage et qu'on ne trouve un beau matin la châtelaine enterrée sous ses tuiles plates. Ton gendre t'a envoyé hier un rouleau : on dit que les de la Cour ont donné mille florins ; puisque l'argent abonde, fais au moins une maison qui ferme, et où ta Crozat n'en soit pas à greboler[1] ainsi que moi, comme une chandelle éteinte dans une lanterne sans vitres.

La pauvre femme est bien misérable, ayant perdu là son garçon ; mais, pour ce qui est du reste, qu'elle ne s'inquiète pas. Dans ce pays-ci, il n'est rien tel qu'un désastre pour vous mettre à l'aise. Ayez quatre sous et tirez le diable par la queue, nul ne s'enquerra de vous ; n'êtes-vous pas vivant, tant que vous n'êtes pas mort de faim ? Mais que le ciel vous envoie une bonne catastrophe, ou seulement un malheur qui fasse bruit, voici aussitôt les galions qui arrivent des quatre coins du canton, et tout à l'heure, renversant la chanson, vous pourrez dire :

J'étais bien plus malheureux
Du temps que j'étais heureux !

Qu'ainsi la Crozat ait bon espoir. D'ailleurs les étudiants s'en mêlent, et, bien que ces messieurs ne m'aient pas remboursé

---

1. Grelotter.

mes cinq florins de vitres, ce n'est pas l'argent qui leur manque, Dieu merci ! ils ne sont ladres qu'avec ceux à qui ils doivent. C'est le tien qui les a fourrés dans cette affaire, au moyen d'une affiche lamentable qu'il a plaquée sur la porte de leur salle Pour ce qui est de son étrenne, elle est venue ce matin, d'où j'ai conclu que tu lui as fait un aplomb, puisque, du même coup, il a renvoyé son inquilin et posé ses airs lustrés pour me causer familièrement. J'ai vu par là que ton gendre est comme mon transi : tant que la noce n'est pas faite, il a peur du beau-père. On l'a du reste accueilli ni bien ni mal, puisque son étrenne, comme sa bonne grâce, ne viennent pas de lui, et que c'est à toi que j'en dois rapporter l'aubaine.

Je t'envoie aussi mon rouleau pour la Crozat ; c'est un quart d'écu que j'ai extorqué là-haut à ces deux vieilles... Il leur reste de quoi vivre, pas vrai ? Je leur en ai dit pourtant de quoi apitoyer une borne ; mais vois-tu, ta Crozat n'est pas de la secte, et elles se réservent pour leurs mômons [1] ; sitôt qu'un ivrogne se met à triniter [2] et dit qu'il se sent la grâce, le bon-homme peut boire à sa soif. Eh ! ta Crozat ! avec trois propos et un grain de savoir-faire, châtiée qu'elle est par le bon Dieu et affublée de sa robe d'encre, leur tirerait-elle des carottes de quoi se faire le paradis sur la terre ! Elle n'aurait qu'à se dire pécheresse en Adam (c'est ce qu'ils aiment) ; elle n'aurait qu'à planter là son pasteur (c'est ce qu'ils chérissent), et puis s'aller joindre à eux pour bêler dans leur gamme.... Ah ! la bonne brebis alors ! Ah ! la pauvre brebis ! la chère brebis, toujours pécheresse en Adam, bien entendu, mais admirable en Israël ! sainte en Israël ! ayant déjà sa loge toute préparée dans la Jé-rusalem céleste, et sûre, dès ici-bas, d'être canonisée dans leurs petits livres, comme ils font toutes les luronnes qui en-rayent et tous les diables qui se font ermites !

Mais encore ceci. Il y a parmi eux une catégorie qui s'adonne à répandre la Bible, et je m'imagine qu'ils y sont encouragés par les imprimeurs et libraires: ces drôles aiment assez le règne de Dieu, en tant qu'il sert à les faire vivre et riboter. Ces bibliques-là vous jettent des Testaments à la tête, qui que vous soyez, Arabe ou charcutier, Tongouse ou faiseur de bas ; ils ne dorment, ils ne vivent que si leurs Testaments se dépen-sent, que si leurs trente-six mille comités leur rapportent

---

1. Ou *mômiers*, façon populaire et railleuse de désigner les méthodistes. —
2. A professer sur la *Trinité* les dogmes des méthodistes.

comme quoi le genre humain, après avoir avalé dans l'année des Testaments par ballots, par cargaisons, par montagnes, a encore soif et tire la langue. Alors ces bons bibliques délient à nouveau les cordons de leur bourse, et vous lui en fourrent dans tous les formats: en veux-tu? en voilà. Le genre humain se laisse faire, et ils se frottent les mains, eux, disant que le règne de Dieu est tout proche. En attendant, les convertis vendent leur Bible et s'en passent l'argent au travers du corps: témoin la Roulier qui prête sur gages. L'an passé, on fit une descente dans son petit établissement; l'arrière-chambre était encombrée de saintes Écritures qui étaient là en panne, durant que mes gaillards faisaient le règne de Dieu au cabaret.

Mais je m'éloigne de ta lettre, à laquelle je veux répondre. Voilà pour le devis. Mes conseils t'ont déplu, l'ancien? Plante-les là. Mes conseils ne te vont pas? Mettons que je n'ai rien dit. Ta Louise est une chaste? Va bien. Mais finalement, si un chien regarde un évêque, un cavalier peut bien reluquer une chaste. Tu lui veux pour mari un novice? Allume ta lanterne, mon vieux. Cherche, cherche. Fais ta tournée. Mets tes bésicles... Je crains que ta chaste ne soit fanée avant que tu en trouves un sans fredaines. Ce que ton notable avait de mieux qu'un autre, c'est que, les siennes, on les sait et on les compte, d'où l'on voit que, pour sa condition, c'est bagatelle.

Voilà pour ton second point. Pour le troisième, à savoir ton gendre qui se lance dans les par là-haut[1], bien libre que tu es d'y prendre plaisir. D'ailleurs il n'est pas le seul qui grimpe[2] : s'il y met plus d'ardeur, c'est qu'il grimpe de plus bas; s'il se lustre davantage, c'est qu'il a plus à courir. Mais, Reybaz, ne t'y méprends pas ! ce n'est pas lui, c'est son habit qui se frotte à ces gros. Badigeonné qu'il est de toilette, et à condition qu'il cache bien cette boue ramassée dans ta cour, ils le tolèrent, comme tu dis; mais qu'il voulût un peu frotter sa peau d'enfant trouvé à leurs chairs de matadors, et tu verrais bien ce que vaut l'aune de cette surface où tu prétends le maintenir. La surface bonne aux pierres, Reybaz, c'est le fond de l'eau. Le rang bon aux enfants trouvés, c'est après tous les légitimes, jusqu'au dernier, et nul n'y peut rien, ni ami, ni patron, ni dieux, ni Olympe !

Reste un article: c'est celui de mon transi, à qui tu veux que

1. Les gens du haut. — 2. Qui se frotte à plus haut que soit, d'où le terme de grimpion, fort usité à Genève.

je ménage la solitude du foyer pour caresser ma Catherine. Qu'à cela ne tienne ; je viens de condescendre et de signer les articles. Le drôle aura son foyer, sa chambrette, où il en fera des siennes sans que j'y regarde ; et, pour ce qui est de la reconnaissance, je l'en tiens quitte. Qu'ils me payent pension, et qu'ils roucoulent à leur aise !... L'affection filiale ! fumée, Reybaz. Va bien, tant que le morveux tette, tant que l'adolescent affamé hurle pour du pain ; va encore, tant que l'oiseau n'a point de nid où se retirer le soir ; mais vienne le jour de s'entre-becqueter et de se suffire, adieu père et mère : le filial oiseau fuit à tire-d'aile, et l'on voit que toute cette affection, c'était comédie. Tu dis vrai, cette heure est amère.... même aux mieux préparés. Une fille qui vous est volée corps et âme par ce pirate ! Une créature qui peuplait votre demeure, qui distrayait votre vieil âge ! Ce rameau arraché, que va-t-il rester de l'arbre, qu'une souche ébranchée, qu'un triste bois ? Dieu a voulu qu'il en fût ainsi ? à la bonne heure !

Ton affectionné

CHAMPIN.

LXV

LOUISE A CHARLES.

De la cure.

Votre rouleau, Charles, conquis d'une si vive et si heureuse façon, m'est arrivé, et, d'autre part, quelques autres offrandes : la somme totale est maintenant suffisante pour les frais de construction, même sans vendre le collier de noces. Ainsi la Crozat sera abritée, logée. Mais que c'est peu pour son chagrin, et combien tous les efforts de la pitié et de la bienfaisance sont impuissants pour adoucir une affliction de ce genre ! Cette femme sait toutes ces choses : elle voit arriver cet argent, elle voit mon père s'occuper activement de ses affaires ; mais elle assiste à tout avec indifférence, et à peine quelques mots s'échappent-ils de sa bouche pour marquer sa reconnaissance envers tant de secourables personnes, qui ne lui font d'ailleurs aucun bien. M. Prévère lui-même, qui lui apporte des consolations d'un autre genre, est peu écouté. Il semble que cette pauvre créature si religieuse, si bonne, à force d'être frappée, ait perdu sa confiance en Dieu, et que tout ce qu'on lui dit de sa bonté et de sa justice ne soit que comme un vain bruit qui frappe son oreille sans pénétrer jusqu'à son cœur. Elle ne pleure pas, elle ne se lamente pas, elle ne refuse ni ne demande rien ; mais elle a l'air comme isolée au milieu de l'univers, sans semblables et sans Providence. On lui a prêté un rouet, et elle s'est mise aussitôt à filer. Quand je lui ai parlé de vous, elle m'a dit tranquillement : « Louis l'aimait ! » et elle s'est tue, me laissant poursuivre sans plus m'interrompre. Ah ! que vous avez eu un sentiment juste et vrai, Charles, quand vous éprouviez ce refroidissement, ce dégoût pour ces douleurs rimées, qui se parent, qui s'étalent, qui sont tout au plus bonnes pour procurer au cœur quelque vain chatouillement d'émotion! Que de faux dans la poésie, et que d'éloquence dans la réalité ! dans cette pauvre paysanne qui file sans rien dire, blessée au cœur, déchirée dans ses entrailles, et, selon son idée, livrée aux assauts d'une malfaisante fatalité ! Que ce muet spectacle fait souffrir, et que cette impuissance à consoler est cruelle !

Mais je ne veux ni vous distraire ni vous préoccuper surtout. Dieu et le cours du temps rendront la paix à cette pauvre affligée. Je goûte bien du contentement à vous voir si animé d'ardeur et de résolution dans vos travaux. Ainsi vous atteindrez au rocher, et, si vous triomphez, je triompherai ! Nos cœurs s'entendent, Charles, nos âmes s'unissent, je le ressens avec une infinie douceur, et chaque jour davantage.... et quand, pour me faire plaisir, vous me faites, à l'égard de cet ami de mon père, le sacrifice de vos préventions, je sens s'accroître ma tendresse pour vous de tout le charme si doux de la reconnaissance !

Votre Louise.

LXVI

M. PRÉVÈRE A M. DERVEY.

De la cure.

J'ai recours à vous, mon cher collègue, pour que vous me procuriez une information à laquelle j'attacherais quelque prix. Savez-vous ou pourriez-vous savoir, par le moyen de vos relations, et sans que personne se doutât du motif de votre curiosité, si les de la Cour se proposent de revenir cet été à la cure, ou si, au contraire, ils ont, comme on le dit, l'intention de faire un voyage dans les cantons et de séjourner à Interlaken ? C'est afin que, d'après ce que vous m'aurez appris, je puisse fixer moi-même l'époque à laquelle je veux faire venir Charles à la cure, en choisissant pour cela celle où Mme de la Cour ne s'y trouvera pas. Je sais bien qu'à Genève ils sont exposés à se rencontrer; mais ce ne peut être que bien rarement, et dans des circonstances où rien ne provoque entre eux ni rivalité ni collision. Mais ici je n'aurais pas la même sécurité si je les y voyais ensemble, tous les deux oisifs, tous les deux préoccupés du même objet, sous le regard des paysans et sous l'influence de leurs propos.

Je sais d'une manière certaine que M. Ernest n'a pas renoncé à l'espoir d'obtenir la main de Louise, et qu'il se persuade que le temps est en sa faveur; surtout tant que M. Reybaz s'en tient à une promesse verbale, et qui, n'étant pas connue du public, peut paraître facilement révocable. C'est ce qui me portera peut-être, malgré l'inconvénient que j'y trouve, à hâter l'époque des annonces. Alors la situation de Charles et de Louise sera clairement établie, et cette vague inquiétude qu'entretient l'opiniâtreté de M. Ernest aura, je l'espère, son terme. Il faut, du reste, qu'il connaisse bien mal Louise pour nourrir le moindre espoir. Elle peut n'appartenir pas à Charles; mais je ne me figure pas qu'elle pût appartenir à un autre, et surtout à lui. Une chose que Charles ne sait pas, et qu'il convient de lui laisser ignorer, c'est que M. Ernest a paru deux fois ici dans cette dernière quinzaine. Il y est venu à cheval, comme en se promenant, et il a affecté auprès de M. Reybaz, qu'il a rencontré à dessein ou par hasard, beaucoup de bonne grâce, sans faire d'ailleurs aucune allusion à ce qui s'est passé. Il a vu et tout particulièrement accueilli ceux de nos paysans qui sont le plus en rapport avec M. Reybaz, et il a fait déposer entre mes mains (outre une largesse précédente de quatre cents florins adressée par sa mère) une somme de six cents florins, destinée en son nom pour la pauvre Crozat. Il se peut que toutes ces démarches ne recouvrent pas d'arrière-pensée, mais je n'ose l'espérer, et je redoute tout, tant je sais Charles capable d'imprudence, et M. Reybaz si disposé à le juger avec rigueur.

Veuillez donc, mon bien cher collègue, ne pas perdre de vue ma prière, et m'écrire deux mots lorsque vous aurez appris quelque chose de certain.

Votre affectionné

Prévère.

LXVII

CHAMPIN A RÉYBAZ.

De Genève.

Je t'ai quitté, l'ancien, la larme à l'œil. On s'est remis. Après tout, la vie est courte, et pleurer de ce que la terre tourne, c'est perdre son temps. Cette amertume, je l'ai avalée, et puis c'est fini. Qu'ils s'aiment, qu'ils croissent, qu'ils multiplient ; je serai, s'ils veulent, parrain de leur quinzième ! Finalement ce transi, croisé avec du Champin, ça va faire un amalgame des meilleurs, comme qui dirait du Limousin avec du Normand. Et vogue la galère !

D'ailleurs tu ne sais pas ? voici que les affaires conclues et la pension stipulée, je découvre que mon transi est un bon diable. C'est la peur qui le rendait bête. Aujourd'hui qu'il est sûr de son affaire, le drôle devient jovial à vue d'œil, et il s'émancipe déjà à me frapper sur l'épaule en m'appelant papa beau-père ! tandis qu'auprès de ma Catherine il s'émoustille si bien, que j'en suis à lui dire : «Halte-là ! papa beau-fils.... et à quand la noce ? » Il en veut une à tout rompre : bals et gala ! flacons et clarinettes ! et qu'au prochain jubilé [1] on en parle encore dans le quartier. J'aime ça, moi !

> Hélas ! c'est un point arrêté,
> Que, durant cette pauvre vie,
> A moins de perdre sa moitié,
> Pas deux fois on ne se marie.
> Ainsi noçons, noçons,
> Noçons bien, je vous prie ;
> Noçons !
> Carillonnons, carillonnons !
> Qu'on vide ces flacons,
> Que tous ces cotillons
> Dansent aux violons !

Hem ! de quelle vigueur on vous détachait ce refrain, à celle de Dénériaz ! On y serait encore, je crois, sans ces diables d'époux, toujours pressés d'ôter la nappe et de congédier la musique. Moi je dis que la noce est pour les convives. Parce que

---

[1]. Anniversaire de l'établissement de la Réforme à Genève, qui s'y célèbre tous les cent ans.

deux veulent aller dormir, faudra-t-il que trente s'en aillent, qui n'ont pas sommeil? Aux noces de Cana, Notre-Seigneur changea l'eau en vin, afin qu'on pût nocer plus longtemps.

Mais depuis Cana, depuis nous, Reybaz, le monde s'est alangui ; les traditions se perdent. Il y a encore quelques noces du bon genre, mais plus de remollions[1]. Et le remollion, c'est mieux que la noce. C'est le reste des viandes, mais c'est le choix des noceurs. On reprend sa chaise de la veille, mais on apporte ses couplets du jour, plus vifs, plus guillerets, à raison de ce que, cette fois, on est tous de la confrérie. Fallait voir, à celle de Lambotcau, comme le remollion enfonça la noce! De trente-cinq, on n'était plus que quinze, mais tout du fin, du trié, de l'intime; vers cinq heures, on tablait encore; si bien que Gambard fit ce couplet de clôture :

> Voici l'aurore, la voici!
> Qui déjà succède à la lune,
> Et de sa lumière importune
> Eclaire ce charmant réduit...
> Oui, tenez, le diable m'emporte!
> La jalouse se sera dit :
> « Ne pouvant pas les mettre au lit,
> Je m'en vais les mettre à la porte. »

Joliment tourné, ça, pour l'impromptu fait sur le temps! Là-dessus, on se leva en carillonnant ce refrain jusque bien avant dans la rue, et, une heure après, chacun était à ses ouvrages.

Tant il y a que, le mois qui vient, je les unis au souffle des premiers zéphyrs. L'époque est bonne: c'est la printanière. Je veux un petit-fils pour mes étrennes. Ce qui manque encore, c'est un local pour nocer. Ils doutent, eux, entre Grange-Canal et Plainpalais. Aux deux endroits la salle est grande; moi, j'incline pour Plainpalais, qui est plus proche d'un chacun des conviés. D'ailleurs, c'est sur le bord du cimetière: ces refrains vont ragaillardir tous ces poudreux qui bâillent là dans leur fosse. Plus qu'un, Reybaz! cette diable de noce me fait surgir les refrains, comme la pluie des champignons :

> Quand je serai dedans ma bière,
> Vais-je donc m'ennuyer assez !

1. Lendemain de noce ou de fête.

Dans votre linceul, ma commère,
Quelle grimace vous ferez!
Croyez-m'en, pendant que l'herbette
Nous offre encor ses doux tapis,
Permettons-nous quelque amusette.
Autant de pris!
Autant de pris!

J'en viens à l'article maintenant. Il n'y a pas de noce sans toi, mon vieux. On te dira le jour; apprête-toi, et surtout pas d'excuses ni de refus, ou je te renie. C'est ma Catherine et son régent qui te font l'invitation, mais c'est moi qui l'apostille. Ote ton rabat, laisse ton Psaume chez toi, et viens-t'en porter bonheur à ce transi qui te plaît, et à ma Catherine que tu affectionnes.

Champin Jean-Marc.

LXVIII

M. DERVEY A M. PRÉVÈRE.

De Genève.

J'ai le regret, mon cher confrère, de ne pouvoir, tout bien informé que je suis, vous transmettre des renseignements satisfaisants sur le point qui vous intéressait à connaître. Le fait est que Mme de la Cour désire emmener son fils; mais celui-ci, décidé à revenir à la cure dès le printemps, se déclare contre tout projet de séjour à la ville ou de voyage dans les cantons. Il est difficile, comme vous le voyez, de pressentir qui l'emportera, de la mère ou du fils. En temps ordinaire, ce serait certainement ce dernier; mais ici où Mme de la Cour a un intérêt bien positif, peut-être sera-t-elle moins faible qu'à l'ordinaire. Je ne doute pas que les démarches de M. Ernest et son apparition à la cure ne recouvrent une arrière-pensée. Il veut faire oublier le passé et préparer l'avenir. Aussi, je ne serai pas trop surpris que, dans ce système, il se décidât à la fin à accompagner sa mère dans une course de peu de durée. C'est un jeune homme de tout temps livré à ses passions, et qui, s'il n'a aucune énergie pour les dompter, est très-capable d'employer le calcul et les détours pour les satisfaire.

Vous avez vu bien juste, je crois, mon cher confrère, lorsque vous avez caractérisé le sentiment que lui a inspiré la fille de

M. Reybaz. Les charmes de cette jeune personne sont grands sans doute, mais il semble qu'ils brillent d'un éclat plus vif dans cette condition modeste ; ce jeune homme, en les découvrant tout à coup au sortir de ses désordres, s'est vu irrésistiblement subjugué par cette pure beauté, et entraîné par l'espoir d'un succès que sa position lui faisait regarder comme assuré. Il paraît être d'autant plus épris, qu'il est lui-même moins considéré, et Mlle Louise plus respectée ; l'orgueil d'atteindre jusqu'à elle, l'humiliation de se voir préférer Charles, irritent encore sa passion, et toutes ces circonstances, dont j'ai connaissance par mes rapports avec la famille du Puech, justifient vos craintes et vos prudentes mesures. Il n'a été question qu'un moment de son alliance avec cette famille ; ses manières auprès de Mlle du Puech ont bientôt arrêté toute démarche ultérieure.

Hâtez donc la publication des annonces, et que la situation de Charles se dessine clairement. Malgré le secret gardé, l'on se doute de l'engagement de M. Reybaz ; son ami, notre portier, qui n'est pas la discrétion même, en est, je crois, instruit ; c'est une position fausse, qui ne convient ni à ce jeune homme ni à Mlle Louise. Au surplus, il est bien évident que, si quelque circonstance peut encourager l'espoir de M. Ernest et amener quelque collision entre les deux jeunes gens, c'est le mystère qui plane encore sur les intentions de M. Reybaz, et surtout sur l'assentiment qui y est donné par Mlle Louise. Une fois ces intentions mises au grand jour, quel prétexte au monde resterait-il à M. Ernest de persister dans ses prétentions de rivalité, si absurdes dès à présent aux yeux de ceux qui connaissent l'état réel des choses ? M. Reybaz doit le sentir lui-même, et, si sa résolution est bien sincère, accéder à votre désir.

Notre jeune homme est, dans ce moment, fort occupé ; il apporte à son travail cette généreuse ardeur qui donne tant de charme à son caractère. Il en résulte que nous le voyons moins ; c'est pour nous une privation sensible, car sa présence met infiniment de vie dans notre famille, qui, réduite à elle-même, est assez calme. J'ai su qu'ils se sont rencontrés il y a quelque temps chez Mme Domergue : ils ne s'y sont rien dit ; mais Mme de la Cour a bien accueilli Charles. J'ai lieu de croire que celui-ci ignore entièrement les nouvelles allures de M. Ernest et ses visites à la cure, et vous pouvez penser qu'il ne tiendra pas à moi qu'il ne les ignore toujours. Du reste, je serai au fait des projets de Mme de la Cour dès qu'ils seront arrêtés, et je m'empresserai de vous les faire connaître aussitôt. Recevez, mon cher confrère, les amitiés de votre affectionné

DERVEY.

LXIX

LOUISE A' CHARLES.

De la cure.

Osé-je frapper à votre porte, monsieur l'ermite ? C'est pour savoir des nouvelles de votre santé ; c'est pour vous dire aussi que, si l'on admire votre studieuse ardeur, l'on s'accommode malaisément de votre silence. Ces deux semaines m'ont paru bien longues. Mais je n'ai garde de me plaindre ; mon père, d'ailleurs, trouve que vous avez rencontré tout juste cette proportion d'*écritures* qu'il désire.

A propos, votre voisin marie sa fille (vous ne m'en aviez rien dit), et il invite mon père à la noce. Il est possible qu'il vous invite aussi, et, dans ce cas, peut-être devrez-vous accepter, ne fût-ce que par égard pour mon père, et pour ne pas paraître dédaigner une société qui, pour n'être pas celle où vous êtes lancé, n'en est pas moins la nôtre. Vous refuseriez à cause de votre antipathie pour M. Champin ; mais lui ne manquerait pas de se croire et de se dire méprisé de vous, et sûrement vous seriez fâché de lui en avoir fourni le prétexte. Je vous moralise, Charles ; imaginez-vous que je m'inquiète moi-même, en voyant combien j'y suis encline. C'est, dit-on, un défaut sujet à empirer, et qui finit par rendre les femmes insupportables. Il faudra que je m'observe sérieusement et que vous me tanciez à l'occasion, s'il vous plaît. C'est le seul moyen, d'ailleurs, que nous soyons quittes.

Mon père vous prie d'aller chez l'orfévre dont je vous envoie l'adresse ci-incluse. Vous lui commanderez, pour le prix de soixante florins, un couvert d'argent tout semblable à celui qu'il a déjà livré à mon père, il y a cinq ans, au mariage de sa filleule. Il devra le marquer aux initiales de *Catherine Champin*. Mon père recommande que l'ouvrage soit bon, plutôt massif et ramassé qu'étendu en surface. Vous irez plus tard retirer ce couvert, et vous aurez la bonté de l'enfermer dans votre armoire (en ôtant la clef de l'armoire), jusqu'à ce que le moment soit venu d'en disposer.

La pauvre Crozat est à peu près dans le même état. On va commencer à bâtir : déjà l'on a déblayé la place et creusé pour les fondements. Ce qui me fait un vif plaisir, c'est qu'un homme enlève la masure contre le prix des matériaux : bientôt auront disparu ces sinistres décombres. Du reste, il est arrivé de nouvelles offrandes, en sorte que, même sans vendre la vache, on aura de quoi payer la maison. Mon père vous invite en conséquence à vous en tenir à votre don précédent et à garder vos rentrées pour une autre occasion.

J'ai tout dit, monsieur l'ermite, et je referme doucement la porte, non sans vous faire une révérence bien respectueuse.

Louise.

LXX

LE CHANTRE A CHAMPIN.

De la cure.

Ce n'est pas le monde qui s'est alangui, Champin, c'est nous qui avons pris de l'âge. Ces jeunes qui t'entourent sont ce que nous avons été, pour arriver là où nous en sommes : hormis que Dieu les préserve d'être arrachés l'un à l'autre pour vieillir dans le veuvage !

Pour toi, Champin, tu es mon aîné sans qu'il y paraisse : les traditions te restent, et avec, la gaieté. Ta tête est encore remplie de ces gaillardises des banquets passés, et pour chaque chose tu as un refrain conforme. M'est avis que tu deviendras vieux ; car, ce qui abrège les jours, c'est la lourdeur de l'âme, et ces brumes où la tristesse l'enveloppe. La tienne est légère, toute en dehors, et comme illuminée des clairs rayons du soleil : tout pleur y sèche bientôt. Le ciel t'a bien partagé, Champin, et mieux encore que s'il t'avait donné cette opulence que tu envies.

J'ai regret, l'ancien, de n'être pas à l'unisson, et cette allégresse où tu me convies, je m'en veux de n'y être plus propre. Mais voici vingt et un ans tout à l'heure que je ne noce plus, quand d'ailleurs mon penchant, à partir de la mort de Thérèse, m'a éloigné de ces banquets d'hyménée. Le spectacle de ceux qui s'unissent m'est cher, de loin, et j'apporte à ta Catherine qui se marie mon offrande de contentement ; mais, de près, j'y trouve matière à des ressouvenirs dont l'amertume abat toute gaieté, et, fût-ce pour ma Louise, si le cas échéait d'une noce allègre et nombreuse en convives, j'ai songé plus d'une fois que je n'y paraîtrais pas. Je n'irai donc pas, mon vieux, m'asseoir à ta joyeuse table, et, au lieu de m'en vouloir, tu me sauras gré de n'y aller assombrir ni autrui ni moi-même.

J'ai en outre à faire plus que de coutume, et découcher d'ici en ce moment ne m'irait guère. Ils sont après cette maisonnette, et, pour que l'argent qu'on y met profite, il faut inspecter sans cesse, sans cesse aiguillonner ces manœuvres, toujours enclins à poser la truelle pour s'aller rafraîchir. De là dépend peut-être que la Crozat puisse garder sa vache, qui lui serait de bon secours. La pauvre femme n'est guère pour suivre ce conseil où tu t'égares à propos de ces mômiers. Sa religion est de cœur, non de paroles et de professions ; seulement ai-je cette crainte, à la voir, que, frappée si fort, elle ne s'abandonne au murmure intérieur. Toutefois, avant de rien avancer sur ce point, il faut l'avoir sortie de ce coin où elle est entreposée, et qu'elle se soit vue maîtresse et distraite en soins domestiques dans cette maisonnette qui se dresse pour la recevoir dès l'automne. Dans quinze jours ils poseront la toiture.

Ne sachant quand j'irai à la ville pour complimenter ta Catherine, je lui écris ici (à charge pour toi de lui en donner lecture) les vœux qu'on forme de cœur pour sa prospérité. Je lui souhaite la concorde, la fidélité et l'affection communes, et sans crainte qu'avec ces biens les autres ne lui manquent, ou qu'elle ne sache s'en passer. Je lui souhaite des enfants, puisque sans cela l'hyménée est sans saveur, et qu'elle les élève dans la crainte de Dieu pour les marier quand le temps sera venu ; sans me prendre, comme tu vois, à tes tirades contre le pirate, ni à tes amertumes d'un moment contre l'affection filiale. Ta fille t'aime comme ci-devant, Champin, mais d'autre manière ; et, si elle ne t'aimait pas, les siens un jour la délaisseraient. Jamais fille mauvaise ne sera mère chérie.

REYBAZ.

LXXI

CHARLES A LOUISE.

De Genève.

Louise, je ne puis rien faire! Ces chaudes haleines, ce resplendissant soleil, m'ôtent tout courage ; mille ressouvenirs des printemps passés assiégent mon esprit, et je ne puis le fixer sur rien de ce qui vous est étranger. A côté des délices où s'abreuve mon cœur en songeant à vous, tout me paraît odieux, et je repousse avec dégoût ce sot grimoire qu'on appelle études. Aussi les jours s'écoulent dans une molle torpeur, et la honte que j'en ressens est le seul aiguillon qui me tienne encore un peu en haleine.

Ah! plaignez-moi, Louise!... Que me font, à moi, les systèmes des philosophes, les vérités des géomètres, les classifications des botanistes? Que me font les poëtes eux-mêmes, à moins qu'ils ne peignent ce sentiment qui est le mien, et qu'ils ne le peignent en traits véritables? Quoi! lorsque je ne respire que tendresse, lorsque, séparé de vous, je pourrais du moins vous rejoindre par la pensée et passer mes heures où vous êtes, il faudra que je lie de force cette pensée à mon cahier, que j'échange contre ce qui m'intéresse si peu la seule chose qui soit la consolation de mon exil et le charme de ma vie!

Aussi quelquefois, toute ambition s'éteint en moi, le livre me tombe des mains, j'oublie qui je suis, où je tends; je me plonge tout entier dans ces chères rêveries. Comme le prisonnier dans son cachot, je rêve la lumière et la liberté, je brise toutes les entraves, et, volant sur quelque rive fleurie, je m'assieds auprès de vous, je m'enivre de votre vue, et mes heures coulent plus douces, plus rapides que le ruisseau qui coule à nos pieds. Tout alors me paraît aimable, l'éclat du ciel, le parfum des fleurs, le mystère des ombrages, et je goûte la félicité suprême!

De cet empyrée, comment redescendre sur la terre? comment reprendre ces entraves dont je me suis affranchi? comment revenir à l'amère réalité, à ces travaux sans charme, sans agrément, sans but prochain?... Il le faut pourtant, car le jour fatal approche! Alors, revenu à moi-même, et me trouvant placé ainsi entre ces travaux que j'ai négligés et ces chimères que je caresse, le regret et le reproche s'unissent pour m'accabler, et je demeure triste et découragé.

Comme je vous l'ai dit, la honte alors m'aiguillonne; je veux me vaincre, je veux réparer les heures perdues, je bouge, je me prépare, j'ouvre à l'endroit.... Mais aucune de mes pensées n'est présente, il me faut les aller chercher sur cette rive où elles sont restées; il me faut, à force de soins, d'efforts, de vigilance, empêcher qu'elles n'y retournent à l'instant même; il me faut leur barrer les passages, jusqu'à ce que, par le seul sentier que je leur laisse ouvert, elles viennent déboucher sur mon cahier de philosophie. Figurez-vous des moutons qui tendent aux pâturages verts, et que la gaule force à déboucher sur un vilain pavé.

Riez, Louise, mais plaignez-moi. La philosophie ! savez-vous ce que c'est ? un chaos de principes, d'abstractions, de déductions, de syllogismes.... Quelle pâture pour mes pauvres moutons ! Bientôt ils n'en veulent plus.

Je les mets à l'herbe. C'est la botanique. Ici, bractées, stomates, spongioles, anthère, ovaire, cotylédons.... Vous demandez ce que c'est ? Ce sont des fleurs. Voilà comme ils les arrangent. Ah ! je regarde ma bouture en gémissant. Est-il donc vrai que cette rose charmante, plantée par la main de Louise, ne soit que le scientifique assemblage de ces grotesques ingrédients ? Où donc est l'herbe des prés, sa saveur et ses parfums ? Pour celle-ci, mes moutons s'en détournent et n'y veulent brouter.

Alors je les mène au tableau. C'est une planche noire, où, traçant avec de la craie des signes et des figures, je les régale du binôme de Newton ou des douceurs de l'hypoténuse. Pendant que je trace et retrace, un s'échappe, puis deux, puis tous les autres à la file ; je cours après.... Depuis une heure ils étaient autour de leur jeune bergère.

Voilà, Louise, l'histoire fidèle de mes journées : un long supplice, je vous l'assure. Les champs m'attirent ; les arbres, les fleurs, les prés m'appellent, et je me débats tristement contre les barreaux de cette cage qu'il vous plaît d'appeler un ermitage !

Le portier ne m'a pas invité à sa noce. J'aurais accepté pour vous complaire, mais je suis bien joyeux de ce qu'il me laisse en paix. J'ai fait la commission de votre père, et le couvert est déjà entre mes mains et *sous clef*. Quant à mes rentrées, elles étaient destinées à l'avance à la pauvre Crozat, et votre père ne peut pas trouver mauvais que j'en dispose ainsi que je me l'étais promis : ce sont deux louis que vous trouverez inclus.

Votre Charles.

LXXII

CHARLES À LOUISE.

De Genève.

Enfin, Louise, le jour fatal est arrivé : j'ai passé mes examens. C'était hier ; je vous l'avais caché. Me voici hors de cette corvée, et, si j'ai réussi, prenez-vous-en à l'indulgence des juges autant qu'au peu de difficulté de la matière ; mais j'ai passé par d'étranges émotions

Je vous assure que, pour la première fois du moins, cette cérémonie-là n'est point gaie : je veux vous la décrire. Mon rang était venu, on me fit chercher. Des camarades envahissent ma chambre : « C'est à vous ! c'est à vous ! » me crient-ils tous à la fois. Et ils m'étourdissent d'avis pour l'heure superflus : « Tel morceau a été demandé, vous aurez tel autre : les gaz, les sections coniques, Bentham, les systèmes incomplets, les quadrumanes, l'angle facial... » Et imaginez-vous bien que je sentais tous ces ingrédients se mêler dans ma tête et y former une bouillie monstrueuse, ce qui me causait un trouble infini. « C'est sûr, pensais-je tout en courant ; je vais mêler les gaz avec les systèmes, et les quadrumanes avec les sections coniques. » Et j'arrive essoufflé dans le vestibule rempli de jeunes gens, les uns délivrés, les autres dans l'attente, tous parlant à la fois.

Au milieu de ce brouhaha, une cloche sonne. Cette cloche-là, Louise... Au reste, toutes les cloches me font tressaillir, depuis celle qui me réveilla dans l'église. La porte s'ouvre, et j'entre avec la foule dans une grande salle où je ne vis rien d'abord, tant j'avais peur. J'allai m'asseoir sur la sellette. A peine assis, je vois parmi le public un gros monsieur qui me fait un signe d'encouragement : c'était M. Dumont. Je n'en eus que plus peur de mêler Bentham avec les quadrumanes.

Cette salle est toute tendue d'étoffe verte, ce qui m'a un peu dégoûté de la verdure des champs, d'ailleurs obscure, à cause de grands arbres et des tours du temple de Saint-Pierre, qui interceptent la lumière du ciel. J'avais, en face de moi, mes juges : c'est l'académie. Figurez-vous une douzaine de messieurs habillés de noir, à figures graves, dont les uns sommeillent, d'autres prennent du tabac, quelques-uns chuchotent dont chacun me faisait l'effet de Minos aux enfers, lorsqu'il juge les ombres, en grand costume. Du reste, quand on est épouvanté, tout devient sinistre. Au-dessus du recteur et de son fauteuil, pend à la muraille un antique portrait de Calvin, Calvin maigre, à l'œil perçant, en toque noire, en robe noire, l'index levé sur moi, sans nul doute,.. me désignant aux regards, à l'excommunication, à l'enfer ! s'il m'arrivait de faire des quiproquo, comme j'en avais tant de frayeur.

La scène a commencé. Un professeur s'est interrompu tout juste pour m'adresser une question. Je ne m'y attendais pas.

quand même j'aurais dû ne m'attendre qu'à cela ; de façon que je suis resté stupéfait, absolument incapable de trouver la moindre réponse à faire.. Silence complet, Calvin menaçant. J'étais si mal à mon aise, si embarrassé, si près de saisir une contenance quelconque à la place de celle où je me trouvais, qu'il me passa par la tête d'éclater de rire ou de fondre en larmes pour me tirer de là. « Monsieur, me dit mon professeur, il me paraît... » A peine il a dit ces mots que je pars comme une sonnerie. Il s'arrête, et je pérore à fil, comme une machine, comme une sonnerie, vous dis-je, qui sonne tous ses coups, jusqu'au dernier, en dépit de tout le monde, bien qu'elle ennuie, bien qu'on la maudisse, et puis je m'arrête net.

J'étais très-honteux de mon succès ; mais du moins ayant perdu une grande partie de mon trouble, je devenais plus capable de réfléchir sur mes paroles et de me faire valoir autrement que comme un perroquet. Aussi je rassemblai toutes mes forces pour l'épreuve suivante, et, quand la seconde question me parvint, accompagnée d'un regard amical de M. Dumont, j'étais prêt à la recevoir. Notez qu'il s'agissait des utilitaires, de cette école dont Bentham est le chef, M. Dumont l'apôtre, notre professeur l'adversaire. Situation piquante, n'est-ce pas, Louise ? Ah ! mais j'avais dans ce moment une audace très-grande, et Calvin ne m'épouvantait ni plus ni moins que la pendule. J'exposai le système nettement, à la satisfaction de l'un et de l'autre, de M. Dumont et du professeur. Et puis il restait à le juger. Ici je ne pouvais plus plaire à l'un sans déplaire à l'autre ; je me décidai pour ma conviction, je l'attaquai de mon mieux, aussi fort que je pouvais, et avec les armes que me fournissaient mes cahiers, et avec celles que je me forgeais à l'instant même, entraîné par l'intérêt de la question, mais surtout par l'attention qui m'était prêtée. Et voyez comme je fis bien ! mon professeur ne se sentait pas d'aise, et M. Dumont, faisant abstraction du fond, qui était évidemment hors de ma portée, m'encourageait du regard le plus flatteur et le plus bienveillant, content de me voir oser, de me voir déployer les ailes et répondre en quelque degré à l'opinion qu'il avait bien voulu concevoir de moi. Après cet effort d'éloquence, le reste n'était rien ; je m'en suis tiré, sinon brillamment, du moins avec aisance et au milieu de la faveur. Au sortir, j'ai accompagné M. Dumont chez lui, et croyez bien que je buvais comme nectar du ciel ses moindres mots d'encouragement. Il est sûr, Louise, que j'ai un amour-propre épouvantable; j'ai honte de vous le laisser voir ainsi à nu; mais, par amour-propre encore, je n'y veux rien changer.

Et puis attendez. Hélas! je n'en suis pas encore remis. Du faîte de la gloire, des sommités du quatrième ciel, je suis redescendu en un instant à ras terre. Je suis entré chez M. Dumont, grand philosophe, adversaire de Bentham, puissance avec qui l'on traite; j'en suis sorti écolier, écolier confus, mouche bourdonnante, rien! moins que rien! Oh! que j'étais froissé, humilié; loin, bien loin de mes joies de triomphe de tout à l'heure! persuadé, horriblement persuadé qu'un bon examen, approuvé en règle et par les experts, prouve peu de chose encore!

M. Dumont m'a fait asseoir : « Bravo! mon ami, j'ai été content (je trouvais l'expression mince). Il y a eu dans votre attaque de la chaleur (j'attendais du feu, du feu ardent), quelque idée de la question (oh! oh!), peu de gaucheries (insoutenable!), peu de logique aussi, beaucoup de lieux communs mille fois réfutés (insolent!); mais comme thèse d'écolier (ah! bien oui!), il y avait du bon (bien heureux, vraiment!). »

Voilà son discours et mes réflexions. Il a poursuivi : « Travaillez, mon ami, et vous pourrez une fois aborder ces questions intéressantes. Quand vous les aurez comprises (avez-vous l'idée de si peu de fard dans l'expression?), vous verrez qu'elles se lient à tout ce qui intéresse le plus l'humanité. Il m'a paru, à vous entendre, que les sciences morales sont celles qui vous attirent; ce m'est de bon augure pour la carrière que vous entreprenez. Courage! voici une bibliothèque tout entière à votre disposition (plus de mille volumes, Louise! A cette vue, je sentais sortir de moi tout mon goût pour les sciences morales!); je vous offre mes services, mon amitié, et ma table tous les quinze jours : c'est le mardi. » Je me suis confondu en remercîments avec assez d'aisance, car ils étaient sincères; et je suis sorti avec quelques volumes sous le bras.

Ce qu'il y a de sûr, c'est que c'est fort agréable de n'avoir plus d'examen en perspective; je me sens allégé de plus de poids encore que je n'en portais avant cette corvée : tout me rit, tout me paraît récréation, plaisir, et je suis maintenant libre et seul avec votre image. Avec elle, je me promène; avec elle, je cherche la campagne, les bois, l'ombrage; et partout j'éprouve une plénitude de bonheur qui m'était inconnue. Oh! non, Louise, je ne regrette pas mon enfance; je jouis mieux aujourd'hui des biens absents, qu'alors de ceux au milieu desquels je coulais mes jours; l'enfance est toute au présent, mais l'amour rend aimable le passé, le présent et le temps qui n'est pas encore. Vous partout! vous sans cesse! vous, le charme de tout ce qui m'occupe, de tout ce que je vois, de tout ce que je rêve! Quelquefois je tâche à m'attrister, à me soucier, pour rester dans la réalité et me croire un des mortels; impossible; j'ai beau vouloir refouler le bonheur, il déborde de toutes parts...

Je ne suis plus retenu ici que pendant quelques jours, car on n'entend pas, je suppose, que je doive sacrifier à ces quelques leçons que je donne le bonheur si longtemps attendu de vous voir!... cette pensée m'enivre!... Dois-je écrire, demander? dois-je attendre l'ordre de M. Prévère, l'invitation de votre père? dois-je partir sur l'heure?... En vérité, le bonheur me trouble l'esprit; veuillez guider un pauvre malheureux que la joie rend fou.

Au revoir donc, au prochain revoir, Louise, ma bien-aimée!... Au revoir, Louise, ma sœur d'autrefois, ma fiancée désormais, ma providence en tout temps!... Ah! quand j'approcherai, quand je verrai le hameau d'abord, puis la cure, le clocher, les peupliers, la mare!... quand j'entrerai dans la cour, quand je franchirai ce seuil, quand j'entendrai résonner sous mes pas cet escalier de bois... Fortuné voyage! toute la journée je le fais par la pensée: je vous rencontre tantôt au bas du pré, tantôt à la fontaine, tantôt seule, tantôt avec M. Prévère... et c'est ainsi que je supporte d'être encore séparé de vous.

Charles.

LXXIII

M. DERVEY A M. PRÉVÈRE.

De Genève.

Je vous fais savoir à la hâte, mon cher confrère, que les de la Cour retournent à la cure. Après une longue lutte et des scènes très-vives, c'est le jeune homme qui l'a emporté. Déjà ils préparent leurs bagages, et demain ou après-demain ils seront au château. Ce départ est le sujet de beaucoup de conversations, qui tendent à ébruiter ce que vous voudriez tenir caché. Dans un certain monde on prononce le nom de Mlle Louise avec un malicieux dédain, et la rivalité des deux jeunes gens n'est déjà plus un mystère. Seulement, comme on ne sait rien de positif sur les engagements de M. Reybaz, l'opinion est qu'il ne résistera pas aux avantages d'une alliance si magnifique pour sa fille. Hâtez donc la publication des annonces; c'est, je pense, le seul parti qu'il y ait à prendre. Après cela, tout sera dit, et M. Ernest n'aura rien de mieux à faire que d'aller visiter les cantons.

Notre jeune ami vient de subir ses examens d'une façon brillante. J'ai reçu à ce sujet les plus flatteuses félicitations. Mon ami Dumont, qui y a assisté, augure très-favorablement du jeune homme. Du reste, ce succès a mis Charles en vue. Il est déjà connu ici sous le nom de l'orphelin de M. Prévère; M. Prévère est l'ami de M. Reybaz; M. Reybaz a une fille aussi distinguée par ses vertus que par les grâces de sa figure..... tout autant de raisons pour hâter ces annonces, qui lèveront un voile dont la transparence dérobe à peine ce qu'on prétend cacher derrière.

Quant à Charles, il ne songe ni à ses succès, ni à M. Ernest, ni à ces propos dont il est l'objet. Pour l'heure, il n'a qu'une seule et unique pensée, c'est celle de retourner à la cure. Il nous en entretient tous les jours, à chaque instant, et, quel que soit notre regret de le voir s'éloigner, nous faisons chorus avec lui sur la justice, sur la nécessité, sur l'urgence de ce charmant départ. Je pense que vous allez remplir son vœu. J'abrége, pour ne pas retarder le départ de ce billet que l'on attend.

Votre affectionné
DERVEY.

LXXIV

LOUISE A CHARLES.

De la cure.

C'est le cas ou jamais que la dame de vos pensées vous témoigne toute sa joie! De ce jour fatal, comme vous l'appelez, vous avez fait un beau jour de fête : je suis radieuse, M. Prévère est bien heureux, et mon père me charge de vous témoigner sa satisfaction.

Votre lettre est charmante, mais elle m'a intéressée bien plus encore que divertie. Je compatissais trop à vos alarmes pour goûter ce qu'elles ont de plaisant. Quant aux paroles de M. Dumont, qui ont bien égayé M. Prévère, elles m'ont paru, ne vous déplaise, fort encourageantes, et des plus propres à enflammer votre zèle. Soyez certain que cette amitié seule, que vous témoigne un homme aussi distingué, équivaut à la plus honorable opinion de vos talents.

Et puis, vous me parlez là de toutes sortes de choses que je ne comprends pas. Ces termes dont vous vous servez me sont inconnus. Que vous êtes heureux, vous jeunes hommes ! on vous apprend tout, on promène votre esprit sur mille connaissances curieuses, variées ; on enrichit votre intelligence, et l'on s'assure encore qu'elle s'enrichit. Et nous..... nous? Charles, rien ! Nous sommes négligées ; indignes sans doute de nous abreuver de ces sources. Je suis humiliée, car j'ai mon amour-propre aussi, de voir que vous devenez instruit sans que j'apprenne rien, moi très-curieuse, vous savez, et un peu jalouse. Mais, en vérité, vous ne saurez que me dire, moi que vous répondre ; nos causeries vont tarir faute de points communs où nous puissions nous comprendre. Je suis en guerre contre les institutions, contre les choses ainsi établies, et un peu contre vous. Puisqu'on nous interdit tout savoir, je suis presque fâchée qu'il y ait du savoir sur la terre. Ce qui me fâche aussi, c'est de voir que M. Prévère trouve cela bien. Savez-vous ce qu'il m'a dit ? car je lui ai fait part de mon humeur : « Ce serait grand dommage qu'une femme fût occupée de ces choses. Elle y perdrait en grâces ce qu'elle y gagnerait en médiocres connaissances dont elle n'a que faire. D'ailleurs, il y a des devoirs plus importants qui la réclament. » Voilà donc notre lot ! Plaignez-vous à présent à M. Dumont ! Au moins, s'il vous montrait une route difficile, il ne vous en barrait pas l'entrée.

Ce sont là mes sujets de dépit, d'autant plus réels qu'au fond je me doute qu'il a raison, M. Prévère. Mais alors pourquoi m'avoir appris à aimer l'instruction, la lecture ? pourquoi m'avoir admise à l'entendre, à l'entendre avec transport, moi profane, moi destinée à ne pas apprendre, à ne rien connaître ? pourquoi avoir cultivé mon intelligence ? Pourquoi m'avoir appris à lire, à écrire ? C'est me faire voir les eaux vives et m'empêcher de m'y désaltérer : je trouve ce procédé cruel. Je le lui ai dit, car nous avons disputé là-dessus, et puis il m'a expliqué que c'était pour le mieux. Ce qu'il y a de drôle, c'est que mon père était là qui soutenait, lui, que je suis déjà trop savante : « Car enfin, disait-il, elle lit dans les livres. »

Je conclus à ce qu'on aurait dû m'élever à garder les moutons. Le métier de bergère s'accommode de cette ignorance où l'on nous tient, mieux que celui de demoiselle. Encore est-ce un métier bien gâté depuis l'âge d'or, ou seulement depuis les bergères de Florian. Vous souvient-il d'Estelle ? Vous souvient-il quand nous dévorions ces pages toutes pleines de faux pour les grandes personnes, toutes vivantes de vérité pour nos imaginations d'alors ? Avez-vous oublié cette ivresse avec laquelle nous parcourions ce monde pastoral ? Aimables bergères, au teint si blanc, malgré le soleil ; à la robe si propre, malgré l'étable ; au langage si élégant, sans écoles, sans Lancasters ! Mais, dites, Charles, quel dommage qu'il n'y en ait plus ! Pourquoi le monde n'est-il pas fait ainsi ? Que tout est devenu manant, et que les moutons, quand ils y songent, doivent regretter cet âge fortuné de leur histoire !

Le livre m'est tombé sous la main l'autre jour. Vous le dirai-je ? je n'y prenais plus de plaisir ! Il me rappelait nos lectures, voilà tout ; mais plus d'ivresse. J'en ai pleuré presque. Est-ce que tout ce qui nous charme doit ainsi disparaître ? Est-ce que l'imagination meurt avec les premiers ans ? avançons-nous sans cesse vers de plus ingrates rives, vers des réalités nues et sans prestige ? Oh ! que je voudrais retenir ces illusions enchantées ! ressentir l'attrait si plein que nous goûtions à ces puériles histoires ! Non, Charles, je ne puis avec vous médire de l'enfance. Ces plaisirs étaient purs, vifs, aimables, ils suffisaient à parer le présent des plus douces, des plus riantes couleurs. Perte réelle, immense ! Pour moi, si j'aime le présent, je regrette le passé ; et pour l'avenir, je ne sais trop qu'en dire. Chaque jour il arrive, apportant peu, enlevant quelque chose ; et je lui sais moins de gré de ses dons que je ne lui en veux de ses larcins.

Florian ne m'allant plus, j'ai repris Paul et Virginie. Mon père, qui n'aime pas les histoires tristes, avait fait disparaître le livre, mais Marthe me l'a retrouvé, et lundi, j'ai porté mon petit volume sous les chênes de Chevron. Ici, je l'avoue, le charme ne s'est pas usé, comme pour les pastorales de Florian ; ce monde est à la fois tout autrement poétique et tout autrement vrai. Je ne parle pas de cette belle Ile de France que j'ignore, et que pourtant je crois avoir vue ; je parle de ces scènes de sentiment, si pures, si vraies ; je parle de ces fraîches couleurs, de ce style qui pénètre mollement le cœur, jusqu'à ce qu'il l'ait comme inondé d'une tristesse douce. La fin, je ne la relis plus : elle est trop poignante ; mais je retourne sans cesse au commencement, dont elle embellit l'innocence comme d'un voile de mélancolie. Je jouis mieux des belles journées de ces deux enfants, alors que je pressens le sort qui leur est réservé. Un jour Mme de la Cour, voyant mon engouement pour ce petit poëme, m'envoya *Atala* : « C'est dans le genre, disait-elle, mieux écrit et plus moderne. » Je n'ai pas comparé, n'étant point à même de le faire, mais je ne puis comprendre qu'on les compare. L'avez-vous lu?

Qu'est-ce donc qu'entendent les gens instruits par bien écrit, mal écrit? car c'est le jugement que j'entends toujours prononcer par Mme de la Cour sur les nouveautés qu'elle reçoit. Je me figure tantôt qu'il s'agit de l'élégance des phrases, tantôt il me paraît qu'elle parle du fond de la pensée, de ce qui plaît ou ennuie, et, parmi tant de sens divers, je ne sais auquel me fixer. Bien écrire, c'est-à-dire écrire des choses comme celles-là, des choses qui attirent tous les cœurs, qui captivent tant de monde, que ce me semble devoir être un plaisir céleste! Que de gloire! mais, avant cela, que de moments charmants passés à créer ces aimables personnes, à vivre au milieu de ces fictions attrayantes! Je n'y vois qu'un mauvais côté, c'est qu'au sortir de cette ivresse on doit trouver le monde bien triste et bien morne.
Louise.

P. S. Voici bien du babil, Charles, et je n'ai pas encore répondu aux questions par lesquelles vous terminez votre lettre.... c'est que je voulais essayer de vous raccommoder avec les post-scriptum. Sachez donc que votre vie d'autrefois va renaître; c'est M. Prévère qui l'a décidé ainsi, mais c'est moi qui ai voulu vous en donner l'annonce. Il trouve que vous avez mérité, par vos fatigues de cet hiver, quelques semaines de repos.... et je le trouve aussi.... Il se reproche que, depuis que nous sommes heureux, nous n'ayons pas encore été réunis pour jouir ensemble de la concorde et de la félicité communes.... et je me le reproche aussi.... Il assure que votre présence sera pour moi une vive joie, pour mon cœur une longue fête, pour mes journées et mes semaines un cher et doux aliment.... et je n'ai garde de contredire. Ne suis-je pas une docile écolière? Ah! Charles, je vous dis quelque part que je ne sais pas être heureuse. Effacez cette ligne, jetez au feu ce mensonge.... Que tout est changé! Il me faudrait plus d'efforts maintenant pour vous cacher ces émotions de bonheur, qu'autrefois il ne m'en fallait pour vous dérober ce trouble dont j'étais agitée.... La joie, la sécurité, la tendresse, qui rend tout aimable, sont aujourd'hui les seuls sentiments qui se partagent mes heures; et, quand je songe à ces semaines qui vont venir, je suis tout près de médire avec vous de ce passé que je regrettais tout à l'heure encore.

Le jour où vous viendrez n'est pas encore fixé, c'est M. Prévère qui vous le fera connaître prochainement.

Votre Louise.

LXXV

M. PRÉVÈRE A M. DERVEY.

De la cure.

Je vous remercie de votre avis, mon cher confrère, bien qu'il me jette dans une grande perplexité. Ce retour vient justement contrarier le projet que j'avais formé de faire venir Charles ici pour y passer l'été. Je lui avais fait dire, avant la réception de votre billet, que dans peu je fixerais le jour où il devrait se rendre auprès de nous. Le voilà qui compte maintenant sur cette promesse, au moment où je voudrais bien ne l'avoir pas faite.

Je pense comme vous que le meilleur moyen de nous tirer de cette situation aussi singulière que difficile, c'est de publier prochainement les annonces, et si la chose dépendait de moi, elle serait déjà faite; mais j'ai beaucoup de peine à y déterminer M. Reybaz. Il m'objecte des motifs très-sensés, et sur lesquels nous étions d'accord il n'y a pas longtemps, sans que je puisse lui découvrir les véritables raisons qui m'ont fait changer d'avis, ni risquer, en insistant trop, de lui faire croire que je me défie de sa fidélité à tenir ses promesses. Toutefois, j'espère encore pouvoir obtenir son consentement, et mon plus grand embarras, c'est de maintenir ce pauvre Charles à la ville jusqu'à ce que j'y sois parvenu. Dites-lui, je vous prie, que nous nous disposons à le recevoir, et que dans peu de jours il recevra la lettre par laquelle je l'appellerai auprès de nous.

Il n'est plus douteux maintenant que la conduite et les démarches de M. Ernest ne recouvrent une arrière-pensée, et qu'il n'espère encore parvenir à ses fins en gagnant du temps et en se montrant sous ses côtés favorables. Ils arrivèrent au château avant-hier. Ce matin déjà il s'est présenté à la cure, comme si rien ne s'était passé. Ses manières étaient convenables et polies; il s'est montré auprès de Louise amical sans trop d'empressement; néanmoins il paraissait avoir besoin de s'observer beaucoup pour que rien dans son langage ni dans ses expressions ne laissât percer le sentiment dont il est possédé, et que trahissaient sa réserve même et son regard constamment attaché sur Louise. L'incendie de la Crozat a été le texte de leurs entretiens; c'est aussi à propos de la situation de cette pauvre femme qu'il s'est mis en rapport avec moi et avec M. Reybaz, sans négliger de se ménager un prétexte à d'autres visites. Louise, qui n'a connaissance ni de ses dernières démarches ni de ses vues actuelles, l'a accueilli à son ordinaire, et il a poussé l'hypocrisie jusqu'à lui demander des nouvelles de Charles, mais sans s'appesantir sur ce sujet, comme vous pouvez croire. Quant à Mme de la Cour, elle n'a pas paru encore, et je suis déterminé, si je ne puis obtenir de M. Reybaz la prochaine publication des annonces, à me rendre auprès d'elle, à lui faire connaître les engagements de M. Reybaz et à faire savoir à son fils, par son entremise et en mon nom, que le rôle qu'il joue est aussi inutile à ses vues que honteux pour son caractère.

Le bruit s'était répandu ici que les de la Cour ne viendraient pas cet été; aussi leur soudaine arrivée a-t-elle produit la surprise et excité la curiosité. Il paraît que M. Ernest lui-même n'aurait pas craint de donner à ce sentiment quelque équivoque pâture, puisque sans cause connue, sans aucune démarche de qui que ce soit d'entre nous, il s'est manifesté dans le hameau quelques mouvements, il s'y est fait entendre certains propos qui indiquent, de la part de ceux qui les ont tenus, l'intention d'agir indirectement sur les dispositions de M. Reybaz. Heureusement celui-ci, outre qu'il est aimé et considéré de tous nos paysans, qui l'approuveront et le soutiendront dès qu'il aura manifesté publiquement ses intentions, n'offre aucune prise à ces sourdes menées et poursuit inébranlablement son droit chemin, sans regarder à autre chose qu'à Charles. Si Charles, qui a gagné cette année dans son esprit, continue à lui inspirer de la sécurité, avant un an M. Reybaz aura oublié la tache de sa naissance, et il verra enfin dans cet enfant ce qu'il a tant de peine à y voir, un naturel excellent, un cœur droit et bien placé et les qualités de caractère les plus propres, entre bien d'autres, à assurer le bonheur de sa Louise. Que Dieu le protége !

Vous prenez un si sincère intérêt à ce jeune homme, mon cher confrère, que je me livre avec complaisance au besoin de m'en entretenir avec vous, bien sûr que vous m'écoutez avec patience et peut-être avec plaisir.

Agréez, je vous prie, l'expression de ma gratitude et de mon amitié. PRÉVÈRE.

LXXVI

CHARLES A LOUISE.

De Genève.

Détrompez-vous, Louise, vous ne m'avez pas du tout raccommodé avec les post-scriptum. La dernière phrase du vôtre me cloue ici. Le terme de mon exil n'est donc pas encore venu? et quand j'avais fait toutes mes dispositions pour prendre mon vol ce soir ou demain, voici qu'il faut attendre jusqu'à ce qu'on ait fixé le jour.... Fixé le jour! Mais, bon Dieu! tout jour n'est-il pas bon pour que, sur mes deux pieds, je gagne la cure? Y a-t-on vendu mon lit, démoli ma chambre? Qu'à cela ne tienne! en comparaison de cette cage-ci, la grange me sera un palais et le foin de la grange un royal édredon.

Mais non, je chéris les post-scriptum. Le vôtre ne contient-il pas des lignes adorables?... Ah! Louise, l'espoir, la joie, quelque bonheur aussi vous visitent! le trouble a fui, le présent vous rit, l'avenir est serein.... paroles qui ajoutent à ma félicité la seule, l'unique chose qui pût y manquer! Que je ne me plaigne donc pas, que j'attende avec patience, et qu'en attendant je vive avec vous par la pensée. Tout mon temps est à moi, je vais vous écrire des volumes; mais aurez-vous bien le temps et l'envie de les lire? Je réponds d'abord à votre lettre, où vous tenez des propos qui m'ont indigné.

Comment, Louise, vous plus savante, vous autre que vous n'êtes? A Dieu ne plaise!... Et puis, vous vous ignorez donc vous-même? Savante? vous l'êtes en tout ce qu'il est aimable, charmant de savoir. Savante? vous l'êtes en grâces, en sentiments? Savante? vous l'êtes infiniment plus que votre serviteur, tout grand philosophe qu'il a été un quart d'heure durant. Il admire vos lignes, il est tout au plus à même de vous bien comprendre, et vos questions l'embarrassent fort. Que je vous dise ce qu'ils entendent par bien écrit, mal écrit? Mais pour qui donc me prenez-vous? A vous plutôt de me l'apprendre. Bien écrit, c'est comme vous écrivez, je n'en sais pas davantage.

Attendez pourtant. C'est vrai que j'ai fait ma rhétorique. Mais en rhétorique ce sont toujours des harangues qu'on est censé devoir écrire. Il s'agit là de démonstratif, de délibératif, de judiciaire; il s'agit de synecdoque et de métalepse.... C'est vrai que je suis savant. Voilà des mots que je vous défie bien de comprendre et que je n'ai garde de vous expliquer : d'abord, parce que je prétends conserver ma supériorité ; ensuite parce que vous ririez de voir qu'ils signifient des choses.... Figurez-vous qu'on appelle des carottes *daucus staphylinus*.... Beau ! savant ! docte ! Ce sont pourtant des carottes, rien autre. Ainsi pour ma *métalepse*. Croyez, Louise, que beaucoup de gens sont savants de ce savoir-là, qui ne sont pas savants du vôtre.

Écrirai-je des harangues ? je ne sais ; mais le fait est que j'ai là ma recette toute prête pour haranguer dans les règles. Donnez-moi une assemblée populaire, un millier d'hommes seulement à qui parler, des Romains si possible, et je vais vous les admonester le mieux du monde, selon Cicéron et Quintilien ; c'est ce qu'on m'a appris en fait de style et de composition : la rhétorique n'est que cela. Mais donnez-moi le moindre sujet à traiter, un billet à écrire, je n'y suis plus. Je ne sais que faire de mon délibératif, et je trouve que ma métalepse ne m'aide pas beaucoup. Je sens qu'ici l'exorde n'est plus de saison, que la narration serait décidément hors de propos, et je retombe sur mes propres lumières toutes seules, très-humilié de voir qu'elles ne m'éclairent pas du tout. Et vous, Louise, vous qui savez si bien dire, vous pour qui la plume est si docile et se promène avec tant de grâce et de liberté, vous voudriez être plus savante ! vous vous adressez à moi pour le devenir ? tout au moins tâchez de m'interroger sur la synecdoque.

Dans les sciences morales (c'est mon fort, vous savez), je suis tout aussi avancé. Je sais les noms des systèmes, le nom de leurs auteurs : Descartes, Leibnitz, Platon ne me sont pas inconnus ; j'ai vu ces figures-là quelque part ; voilà le plus gros de ma pacotille en fait de sciences morales. Pour leurs idées, je m'y embrouille ; la portée de ces idées, je m'y perds ; une conviction en faveur de l'un ou de l'autre de ces systèmes, pas plus que ce qui se passe dans la lune : somme toute, je m'y entends comme en alchimie. Avec cela, prêt à soutenir l'un, l'autre, à votre choix ; prêt à vous redire de mémoire l'objection et la réfutation, comme tel qui dit la messe sans la comprendre ; prêt en un mot à faire un examen, à le faire bien, à gagner mon diplôme.

Parmi ce que je sais, la seule chose que je m'imagine savoir, ce sont les quelques bribes de mathématiques que j'ai attrapées cette année. Ici, il me semble bien qu'il n'y a pas deux manières de savoir. Ces vérités-là n'ont qu'une face ; on la voit ou on ne la voit pas; l'eau est trouble ou elle est limpide. C'est le plaisir de cette étude d'ailleurs si ingrate; j'entends si ingrate pour moi, car pour d'autres elle a ses charmes, *si je puis m'exprimer ainsi*. Bien plus, elle a sa *poésie*, je tiens ceci d'un mathématicien. A la bonne heure ! mais j'aurais voulu qu'on ne se servît pas du même mot pour cette poésie-là que pour l'autre.

Vos lignes de Florian m'ont rajeuni de dix années; et c'est vrai que rajeunir, c'est-à-dire s'apercevoir qu'on a vieilli, ce n'est pas une sensation agréable. Mais pourvu que je vieillisse en vous adorant, moi je ferai bon marché de l'ancien âge d'or, âge d'inconcevable misère en comparaison de celui où je vis quand je songe à vous, quand je me crois quelque peu aimé de vous, quand seulement je reçois une de vos lettres, quand seulement je l'attends, quand seulement je me doute que vous l'écrivez. Age de perles et d'émeraudes, âge d'aurore et de pourpre, âge que Némorin n'a pas connu, ni Florian, ni personne. Pour l'autre, pour Paul, je ne dis pas,

A propos de bergères, c'est au théâtre qu'il faut les voir, si vous tenez à en perdre le goût pour toujours. Ah! Louise, c'est qu'à vrai dire le théâtre est la plus étrange chose pour un paysan comme moi. On y voit des personnages qui ont la prétention d'être des gens de campagne ; rien ne me paraît plus comique que leur jeu, leur costume et l'assurance avec laquelle ils se donnent pour des gens de campagne. Pour les bergères, les Estelles, figurez-vous des poupées mignonnes : mousseline, rubans, bouquets, escarpins; et puis, fardées jusqu'aux yeux et les mains dans les poches à liserés; le langage, les manières et la naïveté sont de même aloi. Du reste, convenu, parfaitement convenu que ce sont là des gardeuses de moutons ; nul n'y contredit, et je m'imagine qu'une bonne partie des gens qui regardent se représentent des pays où il en est ainsi. Je voudrais bien voir ce que dirait un des moutons de la cure en face de ces bergères à falbalas.

Ceci n'empêche pas que le théâtre ne soit une récréation fort de mon goût, et ces jours-ci, ne sachant que devenir, j'y ai passé mes soirées. Malheureusement ici les bons acteurs sont rares, et les bonnes pièces plus rares encore. Ce sont des drames lamentables ou des vaudevilles quelquefois spirituels, quelquefois gais, souvent détestables, presque toujours licencieux. Au sortir de mes tragédies grecques, toujours graves, solennelles, religieuses, j'ai trouvé le saut brusque. Toutefois je n'ignorais pas que la comédie *châtie les mœurs en riant*. J'ai donc ri avec tout le monde, mais en trouvant pourtant qu'il serait plus vrai de dire de la comédie qu'elle *corrompt les mœurs en riant*. A chaque instant en effet, ces pièces, dont je parle, choquent la pudeur, pervertissent le bon sens, jettent du mépris sur ce que les hommes doivent respecter ; le tout en riant, en riant beaucoup, et c'est ce que j'y vois de plus triste. A force de rire de cette façon-là, on doit finir par ne plus rien prendre au sérieux et par voir dans le monde réel une comédie, tout comme on croit bientôt voir dans ces comédies le monde tel qu'il est.

Je vous parle là des mauvaises pièces, mais elles sont nombreuses ; et les moins fâcheuses ne sont pas, je vous assure, celles qui ont la prétention d'être morales. Car alors il y a si peu de conviction chez l'auteur, il est si gauchement honnête, les sentiments sont si outrés, les situations si fausses, qu'on voit bien que la morale ne saurait avoir de plus maladroits apôtres. Pas de petites vertus, pas de médiocres vices, des héros et des scélérats ; le vice puni, très-puni ; la vertu récompensée, beaucoup trop ; et tout cela passe par-dessus la tête de ces bourgeois, trop modestes pour aspirer au sublime, trop honnêtes pour descendre au forfait.

Mais ce qui m'a bien surpris, c'est de voir là, étalées aux loges, des dames de la ville avec leurs filles, avec ces mêmes demoiselles si réservées que je rencontre quelquefois dans le monde. Je ne pense pas, certes, qu'elles s'y *corrompent en riant* ; mais ce qu'il y a de sûr, c'est qu'elles y viennent entendre et voir une foule de choses pour lesquelles on se ferait chasser de toute société un peu honnête. De plus, elles ne rient pas, je veux dire qu'elles sont fort sérieuses toutes les fois que de gros rires, des huées indécentes ne manquent pas de signaler à l'attention ce que la pudeur la moins scrupuleuse voudrait voiler encore.

Une autre chose m'a chagriné, Louise. Après tout, ce théâtre est français, ces acteurs sont français ; tout cela nous est ou devrait nous être étranger. Quand on ne peut pas se composer ses pièces, il faudrait savoir se passer de celles d'autrui, et faire ce sacrifice à l'intérêt comme à la dignité de sa nation. Celles-ci, en effet, composées pour un autre peuple, effacent par leur insensible action la physionomie du nôtre. Elles lui inculquent les passions, les préjugés, les haines et les sympathies d'un public français ; elles transforment pendant trois heures de temps, et quatre fois par semaine, ces citoyens de Genève en bourgeois de Dôle ou de Dijon. Ils applaudissent à Bonaparte, qui leur prit leur pays ; ils hurlent contre tels, qui le leur rendirent ; ils battent des mains au couplet sur la conquête, au couplet sur le chevalier français, sur le grenadier français.... Les premières fois je ne comprenais rien à ces acclamations, et aujourd'hui tout ce que j'y comprends, c'est que ce peuple, fait par son passé, par son intelligence, par son civisme et par ses mœurs pour se suffire à lui-même, et qui d'ailleurs est fier de sa modeste patrie, se réduit pourtant à n'être sur son propre théâtre que l'écho de cette tourbe déjà si niaise qui, sur les théâtres de France, trépigne ou applaudit au gré des vaudevillistes ou des histrions.

Et puis il est des jours, Louise, où ce même peuple se présente sous un aspect tout autrement intéressant. Mardi, il y avait une revue des milices. Dès six heures du matin, les bataillons se répandaient hors des murs, dans cette vaste plaine de Plainpalais, dont une foule immense formait le pourtour. La beauté du temps, le tambour et la musique militaire animaient cette vivante scène ; et déjà ce qui n'était qu'une revue semblait une fête magnifique.

Peu blasé sur ces émotions patriotiques, je sentis bientôt mon cœur remué par ce spectacle. Je me promenai de groupe en groupe parmi cette foule de spectateurs, rencontrant de toutes parts ce sentiment de fraternité qui naît si vite de celui de patrie. On causait ensemble sans se connaître, l'on prenait part ensemble aux incidents de la revue ; chez tous le langage était cordial et les manières affectueuses. Après avoir erré ainsi pendant quelque temps, je finis par demeurer en place, retenu, ainsi que d'autres, par les saillies d'un vieil horloger. « Je suis une patraque, disait cet homme d'un ton fort sérieux, mais j'en ai deux là-bas qui défilent. — Encore bien vert ! papa Lebrun, lui a dit quelqu'un. — Bah ! les huiles sont figées : à vieille pièce il n'y a rhabilleur qui fasse !... Et puis, a-t-il ajouté en se redressant d'un air martial.... si jamais !.... Vous m'entendez bien. » J'écoutais ce brave homme avec respect. Comme d'autres autour de moi, j'avais pris un petit garçon sur mes épaules, afin qu'il pût voir la revue. Les joyeuses clameurs de ces enfants se mêlaient aux propos de ces vieillards, et, à chaque fois que je me retournais, je rencontrais le regard reconnaissant de la jeune mère de mon marmot.

Cependant nos magistrats étaient entrés dans la plaine. Après qu'ils eurent défilé entre les rangs, ils vinrent se placer sous une tente, et les manœuvres commencèrent. Pendant que le canon grondait et que de toute la ligne jaillissaient le bruit et la fumée, je me sentais peu à peu jeté dans une sorte d'ivresse, dont le charme grave et plein m'était inconnu. C'est que la patrie était là tout entière, unie, heureuse, modeste, sans sommités fastueuses, sans populace misérable, tirant son unique lustre du bonheur et de la concorde de ses enfants! C'est que l'armée était là, petite, mais citoyenne, mais nôtre, composée des pères, des époux de ces femmes qui circulaient dans la foule! C'est que notre bannière flottait dans les airs, et que, la réunissant par la pensée à ces vingt et une bannières qui flottent glorieuses dans l'ombre des vallées et sur la crête des montagnes, ce faisceau me représentait la commune patrie, grande de trophées, de bonheur et de liberté!

Et si cette simple revue, si ce simulacre de manœuvres, si cette foule, ces femmes, ces vieillards, suffisent à donner de si vives émotions, Louise, qu'est-ce donc lorsque le danger appelle aux armes; lorsque ce sol, ces mères, cette patrie, sont à défendre, et qu'une sainte cause, ralliant les cœurs, les volontés et les bras, pousse au combat ces phalanges?... Mais je m'arrête, car je me sens en veine de tirades, et il nous faut encore rentrer à la ville.

Déjà pendant les feux et les dernières évolutions les remparts s'étaient couverts de monde; partout, aux fenêtres, sur les arbres, sur les chariots que le hasard amenait, des groupes animés embellissaient cette scène riante, tandis que les soldats, harangués par leurs chefs, faisaient retentir l'air de leurs acclamations. Ils défilèrent ensuite. Quelques-uns laissaient porter leur fusil à leurs petits garçons, et ceux-ci, sous cette glorieuse charge, marchaient triomphants et ravis de joie. D'autres, avec cette bonté qui n'appartient qu'à des soldats citoyens, cherchaient à ménager cette foule qui se pressait autour d'eux; parfois de gais accidents faisaient circuler le rire de rang en rang et de groupe en groupe. Arrivés bientôt à leurs places d'armes, tous ces soldats furent licenciés, et de toutes parts on les voyait se rendre par pelotons dans quelque agreste verger, sous quelque fraîche treille où les attendait un petit banquet, joyeux terme de leurs fatigues et de leurs sueurs. Bien tard encore dans la soirée, on entendait ci et là, dans les environs, des **coups de fusil et de gais refrains.**

Je veux, Louise, demeurer sur cette impression. Le peuple du théâtre et le peuple du Plainpalais ne se ressemblent guère; c'est de ce dernier que je suis et que je veux être !

Votre CHARLES.

LXXVII

LOUISE A CHARLES.

De la cure.

J'ai lu, Charles, votre lettre avec un extrême plaisir; non pas qu'elle ne m'apprenne certaines choses tristes dont je ne me doutais pas même, mais à cause du charme que j'éprouve à voir avec vous et par les mêmes yeux que vous. Ces pensées, ces sentiments que vous faites naître en moi pour la première fois, il me semble comme si je les avais toujours eus; et, quand je pourrais m'expliquer d'une façon bien plus modeste cette sympathie d'opinions et de jugements, je m'amuse à en jouir comme d'un signe que nos esprits s'entendent et que nos cœurs sont faits l'un pour l'autre.

Il y a un point pourtant sur lequel je me suis promis de vous faire une querelle : ce sont vos remarques sur ces jeunes demoiselles, dont vous vous faites le juge un peu sévère, lorsque, à votre âge, un peu de chevaleresque réserve aurait dû vous rendre muet, sinon indulgent. Au surplus, blâmez les mères, pères, tuteurs, parrains, la société si vous voulez, la nature des choses encore, mais ne blâmez pas ces pauvres demoiselles... car je grille d'envie d'aller au théâtre, et j'avais fait promettre à mon père qu'il m'y conduirait la première fois que nous irons à la ville. Comment voulez-vous que j'ose m'y présenter maintenant? que j'aille risquer de vous paraître une citoyenne de Dôle ou de Dijon?... Ne voilà-t-il pas un beau résultat de vos indiscrètes remarques? M. Prévère est beaucoup plus accommodant que vous : il savait notre projet, qui ne l'a en aucune façon scandalisé.

Voilà mes griefs. A présent, faisons la paix et que je vous dise combien j'ai été émue avec vous par le spectacle de cette revue. Vos lignes me faisaient belliqueuse à vue d'œil. C'est vrai que le sentiment de patrie grandit, réchauffe, ennoblit toutes choses. Comment n'en serait-il pas ainsi? Souvenirs d'enfance, affections, famille, tout s'y résume : c'est lui qui, en confondant les sentiments de chacun dans les sentiments de tous, exalte au plus haut point l'invincible force de la concorde et de la fraternité... A cette occasion, j'ai relu, dans ce petit volume dépareillé que vous savez, les triomphes de Morgarten, de Sempach, de Morat, et je tressaillais de joie, de gloire aussi, Charles; car, à cette juste cause, à cette sainte vaillance de ces hommes antiques, on s'associe, on prend parti, on combat à leurs côtés, et, lorsque Dieu leur a donné la victoire, le cœur entonne avec eux les actions de grâces et l'hymne de gloire!

Vous voyez que, sur vos traces, je m'abreuve à ces hautes sources. L'onde m'en est salutaire; car, d'ailleurs, c'est vrai que je hais les tambours, les fusils, la guerre, et tout particulièrement ces guerriers qui, les jours de revue, nous reviennent ici le soir avinés et chancelants; apparemment au sortir de ces banquets dont vous faites un charmant tableau. Mais, depuis que j'ai lu votre lettre, je fais tous mes efforts pour me réconcilier avec ces petits inconvénients de la vie militaire. Je vais jusqu'à tâcher de me persuader qu'après tout les guerriers de Granson et de Morat aimaient aussi à se *rafraîchir*, et qu'il leur arrivait souventes fois, dans les jours paisibles, de perdre, disséminés autour des bouteilles, cet admirable aplomb avec lequel leur phalange broyait les lignes bourguignonnes. Que je saurais gré à un historien de faire quelques reproches à ce sujet, aux fins que je pusse m'encourager à voir dans Brachoz ou Redard *rafraîchis* de vrais Suisses, fidèles aux traditions de leurs pères et, comme eux, ne perdant l'aplomb qu'au cabaret!

Ces deux dont je vous parle ont bien égayé le village. Ils sont arrivés vers sept heures. Brachoz n'avait plus son fusil, et des malins avaient rempli d'herbe la giberne de Redard. Malgré cela, ils revenaient en répétant à eux deux toutes les manœuvres du matin. Brachoz, grave, solennel, et adressant tous ses commandements au *bataillon* ou à la *colonne*; Redard, les yeux mourants et se laissant faire. A l'entrée du hameau, Brachoz a commandé à la colonne de marquer le pas; et cette pauvre colonne, qui ne se soutenait en équilibre qu'au moyen d'une marche en zigzag, dès qu'elle a voulu se tenir en place, est tombée dans le fossé, où Brachoz, pensant la retenir, a roulé avec elle. Jugez des éclats de rire. Brachoz et Redard, relevés à grand'peine, s'en sont pris de leur chute l'un à l'autre, et, après s'être querellés, ils s'en allaient signer la paix au cabaret, lorsque mon père est survenu, qui les a fait rentrer chacun chez soi. Vous voyez, Charles, que cette belle plaine de

Plainpalais, c'est le théâtre où se joue la pièce, tandis que nos communes de campagne, ce sont les coulisses d'où partent et où reviennent les acteurs. Voilà pourquoi je n'étais pas sous le charme avant que vous m'y eussiez mise.

Mais, à propos, vous laissez revenir ici les de la Cour sans m'en donner avis! Où sont donc vos fantômes? Je m'attendais, je l'avoue, à recevoir de vous une lettre bien orageuse, et puis... rien! Il faut que M. Ernest vienne lui-même à la cure pour me dire qu'il est de retour!

Ils sont arrivés jeudi, et c'est hier que nous avons reçu sa visite, à l'issue du dîner : nous étions réunis. Il s'est présenté avec beaucoup d'aisance et de politesse aussi, mais en homme qui, s'il n'en est pas honteux, a du moins oublié tout à fait certaine velléité qui le porta autrefois à demander la main d'une campagnarde. C'était un caprice pastoral dont il paraît être bien revenu. Il a rapporté de la ville un air, des manières, un ton fort distingué, mais des moins champêtres. La pauvre Crozat a été le texte de l'entretien ; tout au plus s'est-il dit quelques paroles sur la rudesse de l'hiver, sur la précocité du printemps, et il m'a courtoisement demandé de vos nouvelles. Soyez vrai ; vous ne vous attendiez pas à cette attention de sa part? J'ai répondu que vous vous portiez à merveille, et que dans peu de jours vous serez des nôtres. Cette nouvelle ne l'a ni réjoui ni troublé, et il m'a été impossible d'apercevoir dans son air le plus petit fantôme. Lorsque, à mon tour, je lui ai demandé des nouvelles de sa mère, il m'a dit que, sans une migraine qui s'est déclarée le matin même, elle l'aurait accompagné : et il a ensuite parlé d'elle d'un air de bonne grâce et de respectueuse affection, dont je lui ai su gré sans savoir bien pourquoi ; car enfin, c'est fort naturel. Ce que je trouve, au fond, c'est que M. Ernest a pris de l'aménité, du sérieux, une réserve qui lui sied bien, et qu'on sait toujours gré aux gens d'être plus aimables qu'ils n'étaient.

Voilà en grand détail le récit de notre entrevue. J'espère, cette fois, que vous ferez trêve à vos alarmes, et que vous serez tranquillisé tout de bon au sujet de la *passion* de M. Ernest. Cette tranquillité viendra d'autant plus à propos que vous allez de nouveau frayer avec lui, et qu'il est fort agréable, lorsqu'on vit ensemble, de se voir de bon œil. Mon père, je vous assure, ne m'a paru ébloui du tout ni par le *rang* ni par l'*opulence*; bien au contraire, il accueillait M. de la Cour d'un air si peu charmé, que j'ai dû me mettre en frais de bonnes grâces et de conversation, pour que notre voisin ne regardât pas trop de son côté. M. Prévère m'a laissée faire, mais sans venir à mon aide, comme il fait ordinairement; en sorte que, si je trouve que M. Ernest a gagné, le moins qu'il puisse faire, c'est de trouver, de son côté, que j'ai bien fait aussi quelques petits progrès.

J'ai demandé à M. Prévère s'il n'a point de commission à me donner pour vous. Il a souri et m'a répondu que, pour m'épargner toute peine, il vous écrirait lui-même au premier jour. Ainsi, Charles, un peu de patience, point de rébellion et plus de supplique : car cette grave affaire se discute dans un conseil où je ne suis pas admise.

Votre Louise.

LXXVIII

M. PRÉVÈRE A CHARLES.

De la cure.

Si vous êtes bien impatient, mon cher enfant, de revenir auprès de nous, nous ne le sommes pas moins de vous revoir. Mais j'avais désiré que vous ne vous trouvassiez plus placé, à l'égard de Louise, dans une situation équivoque ; et, jusqu'à ce que je fusse d'accord avec M. Reybaz pour hâter la publication des annonces de votre mariage, il convenait que vous demeurassiez où vous êtes. Aujourd'hui, notre parti est pris. Vous pourrez donc partir dès demain jeudi, et dimanche vos annonces seront lues à l'église, au service du matin. A partir de ce moment, votre situation sera claire aux yeux de tous, et nous serons, les uns et les autres, débarrassés de cette gêne qu'impose un secret d'ailleurs bien difficile à garder.

Ai-je besoin de vous rappeler, Charles, que ceci ne change rien au projet de M. Reybaz, qui est toujours de ne vous unir à sa fille qu'après que vous aurez été consacré ministre du saint Évangile? Vos succès récents m'ont montré que vous tendez sérieusement, par la plus courte et la plus honorable voie, vers cette carrière qui sera le port de votre destinée. Continuez, mon cher enfant ; tout en répondant à mon attente, vous ferez la joie de ceux qui vous aiment. M. Reybaz a été heureux de votre succès, et Louise en a ressenti un bonheur qui se répand dans tout son air comme dans tous ses discours.

Les de la Cour, qui ont passé l'hiver à Genève, sont de retour ici depuis quelques jours. C'est une circonstance qui me contrarie, mais moins pourtant que si je ne comptais pas, comme je le fais, sur votre prudence et sur ces sentiments généreux que la félicité et la gratitude font naître si aisément. Je vous ai dit, dans le temps, que M. Ernest avait demandé la main de Louise ; si donc j'en avais été libre, j'aurais certainement choisi, pour publier vos annonces, un jour où il aurait été absent de la cure. Puisque nous ne pouvons pas avoir pour lui cet égard, ayons au moins tous les autres qui peuvent dépendre de nous, et que rien de notre part n'encourage ou n'autorise d'imprudentes manifestations. C'est par ces motifs que nous tiendrons secret le projet de publier les annonces dimanche, afin d'éviter, s'il est possible, de la part des paysans, des réjouissances bruyantes, dont l'écho pourrait être pénible à M. Ernest.

Voilà, Charles, ce que je voulais vous dire. Montrez ma lettre à M. Dervey seul : mais, en prenant congé de ces dames, n'oubliez pas de leur exprimer le vif désir que j'ai de les voir venir, cet été, passer deux ou trois semaines à la cure, avec mon ami Dervey. C'est une faveur que je sollicite au nom de nous tous, et une fête sur l'attente de laquelle nous allons vivre heureux dès à présent. Je vous envoie quelque argent, afin que vous puissiez régler toutes vos petites affaires, et en particulier rémunérer gracieusement les domestiques qui vous ont servi.

A demain donc, mon cher enfant, le vif plaisir de vous embrasser.

Prévère.

LXXIX

M. PRÉVÈRE A M. DERVEY.

De la cure.

Je vous dois, mon cher confrère, quelques détails sur cette journée de dimanche. Grâce à Dieu, la voilà passée ; mais j'ai éprouvé de vives anxiétés. Espérons toutefois que les conséquences en seront bien celles que nous avions prévues. Déjà M. Ernest n'est plus au château, sa mère va le rejoindre ; et ce voyage aux cantons, projeté à Genève, se trouve être le prétexte de leur éloignement.

Nous étions convenus, M. Reybaz et moi, par égard pour

M. Ernest, de ténir secret notre projet de publier les annonces dimanche; c'était afin d'éluder les manifestations et les réjouissances d'usage en pareille occasion. Mais, dès le jeudi, nous prévîmes que la chose serait difficile. Déjà l'on se doutait ici que Charles arriverait dans la journée : vers le soir, quelques-uns allèrent à sa rencontre, d'autres l'attendirent à l'entrée du village, quelques boîtes furent tirées ; en un mot, il fut accueilli presque ouvertement comme le fiancé de Louise, et plusieurs d'entre les paysans parlèrent devant lui de la publication des annonces, fixée au dimanche suivant. Samedi, nous sûmes qu'on faisait des préparatifs de fête. Il s'agissait d'une collation champêtre et d'une danse en l'honneur des fiancés, qu'on devait prier d'y assister. Sans plus attendre alors, et dans le désir de régler du moins cette fête, puisque nous ne pouvions pas l'empêcher, nous fîmes savoir que danse et collation auraient lieu à la cure, et que Charles et Louise y conviaient les gens du hameau. Une vive allégresse et des cris de joie accueillirent cette nouvelle.

Dès le jeudi M. Ernest, que nous avions vu presque à chacun des jours précédents, ne s'était plus montré. Le samedi soir, je reçus un billet de Mme de la Cour, qui, supposant avec raison que je suis dans le secret des démarches et des sentiments de son fils, bien que je n'aie jamais eu l'occasion de m'en entretenir avec elle, me conjurait de retarder la publication des annonces, ou tout au moins d'empêcher qu'il n'y eût à ce sujet des réjouissances au hameau. Une brève allusion à l'état de son fils lui servait de motif et d'excuse à sa demande : tout son billet respirait le trouble et l'angoisse. Je lui répondis que, quant aux annonces, il m'importait d'en hâter la publication ; que, quant aux réjouissances, par des motifs de convenance dont j'étais pénétré, j'avais tout fait pour les éviter, mais sans pouvoir y réussir ; qu'au surplus, je me permettais de lui conseiller de s'éloigner avec son fils pour ce jour-là, en ayant soin de partir avant l'heure du service divin. Antoine, qui porta ma réponse, revint bientôt après, sans que Mme de la Cour l'eût chargé de m'apprendre ce qu'elle avait résolu. Il l'avait trouvée tout en larmes, il avait remarqué de l'agitation dans la maison, et, dans la cour, quelques domestiques, des journaliers, et un chasseur, nommé Paulet, ancien compagnon des désordres de M. Ernest, celui qui lui a aidé à perdre la fille Coissat. Ces gens, sachant de quelle part venait Antoine et à quel effet, l'ont accompagné d'injures et de huées. Cette ignoble agression, en me faisant craindre pour le lendemain quelques scènes de désordre, m'avait presque déterminé à tout suspendre, fête et annonces, lorsque, en examinant avec plus de sang-froid quelles pouvaient être les conséquences de ce délai et de cet éclat, j'ai résolu de m'en tenir au parti précédemment arrêté et de passer outre.

Le lendemain matin, je n'ai rien appris des de la Cour, jusqu'à l'heure du service. Tout était calme : les paysans se rassemblaient tranquillement devant le portail de l'église ; Charles, pour éviter toute démonstration de leur part, se tenait dans la maison. J'étais occupé dans ma chambre à relire mon sermon, lorsque, vers dix heures, j'ai vu arriver les domestiques des de la Cour, les deux frères Paulet, d'autres aussi, qui, comme eux, ne viennent jamais à l'église ; au lieu de se mêler aux paysans, ils se tinrent à l'écart. Cette attitude m'inquiétait. Je donnai l'ordre de sonner, et, avançant de vingt minutes l'ouverture du service, je me rendis à l'église en traversant la foule, qui y entra aussitôt après moi. Le temple était rempli, à l'exception du premier des trois bancs réservés aux notables ; des personnes venues de la ville occupaient les deux autres.

J'attendais impatiemment que la cloche eût cessé de sonner, afin de lire les annonces avant l'arrivée des de la Cour, dans le cas où, contre mon attente et mes prévisions, ils prendraient le parti de venir à l'église, lorsque, au bruit d'une voiture qui s'arrêta devant le portail, un mouvement de vive curiosité se fit apercevoir dans l'assemblée, et tous les regards se tournèrent du côté de la porte. C'étaient eux. M. Ernest entra le premier, la tête haute, affectant un air d'aisance mêlé de quelque nuance de dédain pour cette curiosité dont il était l'objet. Il chercha des yeux Louise, qui n'était pas dans le temple ; et, au moment où il rencontra ceux de Charles, ses traits, pâlis par l'émotion et contractés par l'effort, se couvrirent de rougeur et marquèrent comme un frémissement involontaire. Mme de la Cour venait derrière lui, son voile était baissé ; tous les deux, en entrant dans le banc demeuré libre, saluèrent, parmi les personnes de la ville, quelques-unes de leurs connaissances : je saisis ce moment pour lire les annonces. Mais, au premier mot que j'eus prononcé, M. Ernest se retourna, s'assit, et, les yeux fixés sur moi, il écouta, sans trahir le moindre trouble, ces courtes paroles, si amères pour lui, et, dans sa situation, si humiliantes. Le trouble et la compassion altéraient ma voix; et telle était ma tristesse, qu'en publiant cette annonce si désirée par moi, si heureuse pour mon pauvre Charles, j'éprouvais toute la douleur d'un juge qui prononce une fatale sentence! J'ai prié, j'ai prêché ensuite, mais sans chaleur, sans onction, sans pouvoir détourner ma pensée ni mes regards du malheureux qui était en face de moi. Lui-même, vers la fin du service, semblait ployer sous l'effort: son regard était terne, une expression de sombre chagrin envahissait sa figure et en détachait insensiblement ce vain masque de calme et de fierté.

Le service terminé, la foule s'écoulait, lorsque, de la chaire où j'étais demeuré, j'ai entendu des détonations et des cris. M. Ernest venait de sortir : je suis accouru. J'ai vu alors parmi les paysans un grand tumulte; à quelque distance, Charles, qui tenait terrassé sous lui un des Paulet; au loin, la voiture des de la Cour qui s'éloignait tranquillement. Voici ce qui s'était passé. Les paysans avaient eu l'égard de laisser partir M. Ernest avant de tirer les boîtes; mais, après la première détonation, des pierres, lancées de derrière une haie, étaient tombées au milieu d'eux et en avaient atteint quelques-uns. C'étaient les Paulet, à la tête de quelques journaliers. Deux venaient d'être saisis, et le reste avait pris la fuite. Je rétablis l'ordre, ces deux hommes furent relâchés, les boîtes et l'allégresse reprirent le dessus, une députation d'anciens vint dans le jardin complimenter Louise, Charles et M. Reybaz, et le reste de la fête s'est écoulé sans désordre et sans nouvelle alerte. Du reste, M. Ernest était déjà loin, et aucun de ses domestiques n'a été reconnu parmi ceux qui étaient avec les frères Paulet.

J'avais chargé Antoine de veiller de loin à ce qui se passait chez les de la Cour. Vers midi, une heure après le service, il a vu M. Ernest, à cheval, sortir de l'avenue et se diriger du côté de Chouilly; au moyen de ce détour, on se rend à la ville sans traverser le hameau. Ce matin, l'on a su que Mme de la Cour se dispose à rejoindre ce soir son fils à Genève, et à partir avec lui pour les cantons. Quant à la durée de leur absence et à l'époque de leur retour à la cure, ce sont choses qu'ils ne savent peut-être pas eux-mêmes. Si, plus tard, vous apprenez quelque chose à ce sujet, ayez la bonté de m'en informer.

Voilà, mon cher confrère, l'histoire de mes tribulations. Nous allons maintenant, je l'espère, jouir de quelque repos et goûter le bonheur de notre réunion. M. Reybaz s'est peu préoccupé de

M. Ernest; il a été tout entier à la fête et aux marques de considération qu'il a reçues des paysans. Pour Louise, cette journée, qui la mettait en vue, ne pouvait être fort de son goût; néanmoins elle a présidé le soir à la collation et à la danse, avec sa bonne grâce habituelle : on lui avait caché les scènes du matin. Quant à Charles, je vous laisse à juger de sa joie, de sa gaieté, de sa folle ivresse : à plusieurs reprises j'ai dû l'obliger à se contraindre, car il dépassait sans cesse cette ligne de tempérament qui plaît à M. Reybaz, et qu'il exige de Charles plus rigoureusement que de tout autre.

Il ne me reste plus qu'à vous rappeler, mon cher confrère, la promesse que vous avez faite à Charles. Voici les beaux jours : ces dames voudront, je l'espère, faire et lier connaissance avec Louise, qui est digne de les aimer et d'en être aimée. Charles ne voit que l'heure et le moment de réunir à sa famille de la cure sa famille de la ville : ce sont ses expressions; dans la bouche de cet orphelin elles me sont bien chères, et je ne les écoute pas prononcer sans que le sentiment d'une attendrissante gratitude remue mon cœur. Que son vœu s'accomplisse, je vous en prie; et qu'avant le 1er juin, ou pour ce jour au plus tard, vous soyez tous ici. Déjà on s'est occupé de vos logements; et ces préparatifs sont une fête ajoutée à cette fête perpétuelle où vivent aujourd'hui, sous nos yeux, ces chers enfants. Que Dieu soit béni qui m'avait réservé cette joie!

Votre bien affectionné, PRÉVÈRE.

LXXX

LE CHANTRE A CHAMPIN.

De la cure.

Pendant que tu noces, Champin, ici nous faisons les annonces. C'était dimanche passé. M. Prévère m'y a poussé, tant à cause de ce que le mystère n'était plus de saison, que pour en finir avec ce notable qui lui tient au cœur moins qu'à toi. M. de la Cour a paru le matin à l'église, comme pour s'y faire confirmer en public un refus que je lui avais signifié entre quatre yeux, et par deux fois. Aussitôt le prêche fini, il a monté à cheval et tiré vers la ville, où sa mère va le suivre. Ainsi épargne-toi des plaidoyers qui arriveraient trop tard. Quant à cette meute de langues, je ne vois plus ce qui leur reste à jaser; ainsi dépistées, force leur sera de se ruer sur une autre trace.

La journée était belle, et la mémoire en veut durer au hameau. Dès après le prêche, voici qu'au sortir, un tonnerre de boîtes éclate sur tous les côtés, mêmement que si la voiture de la Cour n'avait pas été loin déjà, ce n'est pas leur cocher qui aurait maintenu les chevaux. C'est à ce moment que des vauriens ont lancé des pierres; on en a rossé deux, les autres courent encore. Après les boîtes, j'ai été prévenu par Olivet que j'eusse à me rassembler au jardin avec ceux de la cure. Ainsi ai-je fait (dès la veille j'avais trente-cinq bouteilles de blanc toutes prêtes, et les verres rincés); c'était une députation du hameau, les anciens en tête, pour complimenter. Charles était là, Louise est descendue, on s'est placé sous la galerie, en avant du seuil, et Olivet, ayant donné le mot, ils sont entrés. Les anciens, Redard en tête, étaient vêtus en noir; le reste suivait, deux à deux, endimanchés; et en queue, les catéchumènes de l'année, rangés sur deux files : à gauche les filles, à droite les garçons; derrière, la marmaille du hameau. Arrivés en regard de nous, Redard a dit (j'ai copie de tout le compliment) :

« Monsieur Reybaz,

« On est chargé, de par le village, de vous complimenter de tout son cœur pour la susdite alliance, qui est un gage de la bénédiction de Dieu sur votre tête. Qu'il fasse reluire son soleil sur ce couple, et conserve vos jours aux fins d'en jouir, comme pour lui être en aide! »

« Monsieur Charles et mamselle Louise.

« De même part, on est chargé de souhaiter à votre union les fleurs et les fruits; bien certain qu'on est que les vertus ne manqueront pas, dont la preuve est au bout, étant la mère des malheureux. »

Ici, les boîtes ont tiré par deux fois successives; après quoi, les catéchumènes de l'année, venus sur le devant de la foule, ont chanté ce quatrain :

> Que le bon Dieu, de sa main sans pareille,
> Verse ses biens sur les ans de tous deux!
> Prions, prions, pour que son regard veille
> Sur ces conjoints au hameau si précieux!

Ici, les boîtes ont été tirées de nouveau. J'ai répondu :

« Je ressens un grand honneur au compliment du hameau ; et ces enfants, ainsi fêtés par nos anciens, sont remués au cœur, et résolus de mériter la bénédiction qui leur est souhaitée par des si dignes. »

Ici, les boîtes ont été tirées en quatrième récidive ; après quoi on s'est touché la main, et j'ai fait avancer la cave : moi et Charles servant aux anciens, et la petite versant du trempé aux enfants. C'étaient soixante-quatre assistants ; néanmoins, voyant les femmes guetter de derrière la haie, j'ai fait signe et elles sont venues se mélanger à l'assemblée (outre les trente-cinq de blanc, j'avais sous la main quinze de rouge). C'était riant à regarder, Champin, que le jardin ainsi illuminé de monde, et M. Prévère, qui, venu ensuite, a ravivé l'attention sur la chose et tempéré de sa présence l'allégresse du propos, toujours incline à s'émanciper après un verre de vin. Encore était-ce Charles qui faisait du mouvement et du bruit sa plus grande part. Le quatrain est de Lauron, le régent, et n'ayant pas encore servi, puisqu'il l'a fabriqué la veille sous les yeux d'Ami Jaquet, et en moins d'une heure de temps.

Le soir, vers trois heures, a commencé la fête, réglée par M. Prévère, durant que je vaquais à l'arrangement et à ce que chacun trouvât sa part, tant de victuaille que d'amusement. Le ciel étant clair, j'avais fait dresser les tentes sous les acacias, où c'était un coup d'œil à voir. M. Prévère tenait le bout d'un côté ; venaient ensuite les anciens, puis les villageois, pères, mères, garçons et fillettes ayant communié ; au milieu, Charles et Louise ; et à l'autre bout, moi, par rapport au tonneau de vin, placé à ma droite, avec Antoine pour tirer au fur et à mesure, plutôt à mon signe qu'à mon commandement. Mais j'étais contrarié par Brachoz, lequel, s'étant mis à portée du tonneau, se ravitaillait lui-même, sous prétexte d'être honnête envers ses voisins et discret envers Antoine, déjà chargé de besogne. Aussi, vers le milieu de la collation, il en était déjà à raconter des histoires de l'an quarante : la grande pache des trois frères Ramuz, le renfort de Césegnin, et cinquante parades, les unes pour le miraculeux, les autres pour le rire. Quand ensuite on s'est levé, le voilà qui festonne en arrière, où, rencontrant le talus, il s'étend par terre. Alors plusieurs l'ont entouré, aux fins que M. Prévère n'en eût pas le scandale ; et, moitié en le menant perdre, moitié en lui promettant du vin chaud, ils l'ont enfin reconduit au logis, où, à peine étendu sur le foin, il a ronflé à pleins naseaux. Pour la marmaille, on l'avait espacée sur le gazon, où Marthe répartissait à chacun sa ration pareille. Ils ont bu à tour.

Après la collation, les boîtes ont tiré en présage de la danse, et les ménétriers (c'étaient Dutoit, le violon, et Guédrin, la clarinette) ont donné le branle. Alors, du gazon où l'on était encore, les couples se formant, Charles et Louise en tête, ont cadencé vers la grange, où a commencé le moulinet, durant que nous autres anciens, épars à l'entour, on regardait cette jeunesse tournoyer. C'était dur pour les Coissat que de n'y pas voir leur fille. Braves gens, sans tare de père en fils, les voilà à même de porter envie à plus d'un qui ne les vaut pas; et ce n'est pas M. Ernest qui pourrait, de tout son argent, laver la souillure qu'il leur a faite. Encore, sans M. Prévère qui les a distingués, se tenant auprès d'eux, c'est tout s'ils allaient jusqu'au bout. Au soleil couché, j'ai fait signe aux ménétriers, qui ont joué la danse finale et quitté leur échafaud. On s'est alors souhaité le bonsoir, pour ensuite s'accompagner les uns les autres, en devisant au clair de la lune; d'où j'ai connu, aux propos qui se tenaient, que chacun s'en retournait content de la fête, et satisfait de quoi s'en souvenir. Une chose pourtant en marquera tristement l'anniversaire pour les Piombet. Durant qu'on dansait à la cure, leur fille rendait le souffle. Elle était fiancée à Paul Redard.

Te voilà au fait, Champin, de cette journée, où j'ai eu plus de contentement que je n'en attendais, me voyant ainsi soutenu de tout le hameau, et honoré de ma Louise, dont l'air, sauf un peu d'embarras, signifiait le contentement. Pour l'autre, je me serais contenté de transports plus tempérés et d'allégresses moins turbulentes. Néanmoins sa tenue de cette année, et ces examens où il s'est montré parmi les premiers, sont l'indice que le temps est en sa faveur, et qu'avec le temps ce vin qui fermente posera sa lie et prendra son bouquet. Il va demeurer ici quelque temps, durant que leurs académies chôment, et M. Prévère lui commencera l'hébreu, où ils lisent à rebours. Comme tu l'auras su, dans huit jours les Dervey nous arrivent, et ce sera l'heure de les accueillir comme ils ont accueilli ce garçon.

Si quelque jour, cet été, tu nous arrivais avec ta Catherine et son homme, je serai content de le connaître et de vous accueillir pareillement.

Ton affectionné   REYBAZ.

(*La correspondance est ici suspendue du mois de juin au mois d'octobre, pendant le séjour à la cure.*)

LXXXI

CHARLES A LOUISE.

De Genève, fin d'octobre.

Me voici, Louise, du ciel redescendu sur la terre.... Ces murs m'étouffent, ces maisons m'écrasent.... ma chambre, mes livres, un de mes professeurs que je viens de rencontrer, tout m'accable d'un incomparable ennui. Si, aimé de vous, je n'étais pas par là le plus heureux des mortels, combien ma destinée actuelle, après ces mois de félicité, me fournirait matière à de lamentables tableaux.

Quel soleil, quelles fleurs, quel riant éclat aux lieux où vous êtes ?.... Quels soirs ! J'adore ces sentiers, ce banc, ces vieux tilleuls, ce firmament de là-bas que nous regardions ensemble. Le moindre de ces ressouvenirs me donne des tressauts de bonheur et enlaidit à mes yeux tout ce qui bouge autour de moi, tout ce qui parle, tout ce qui se montre, tout ce qui n'est pas eux !... Je m'arrête, car mon cœur se serre, et tout mon bonheur ne m'empêcherait pas de verser des larmes de tristesse.

C'est dans quinze jours que recommencent les cours ; que ferai-je jusque-là ? J'ai revu quelques-uns de mes camarades : ils sont tout entiers à leur affaire, je veux dire à leurs études, tandis que je suis tout entier à la mienne, de façon que nous causons sans nous entendre. Hier pourtant ils m'entraînèrent à faire une partie de plaisir au mont Salève. De là-haut, j'ai vu la cure, j'ai distingué le clocher et, je crois, les tilleuls : mon cœur battait de joie.... Avec un de mes camarades, nous nous sommes assis à l'ombre de ce bouquet de hêtres que l'on voit de partout et que l'on appelle les *Treize Arbres* ; et là, je lui ai conté mon histoire. Comme il m'écoutait ! Louise, comme il me portait envie ! En vérité, j'avais compassion de lui. Et quelle différence c'est pour moi que de n'avoir plus à taire mon bonheur ! chez les Dervey, par exemple, maintenant qu'ils savent tout, maintenant qu'ils vous connaissent, maintenant qu'ils me trouvent le plus favorisé des garçons de la terre, et qu'ils s'en réjouissent avec moi comme d'aimables, comme de vrais amis qu'ils sont tous !

Cette montagne de Salève, Louise, est un charmant but de promenade ; je veux vous y conduire un jour. Elle est peu élevée et cependant abrupte : au sommet, ce sont des croupes désertes, sans arbres, sans habitations, d'où la vue se promène d'un côté sur le majestueux amphithéâtre des Alpes, d'où elle plane, de l'autre, sur les plus doux paysages que puissent enserrer des montagnes. Au fond du bassin, le lac, tranquille comme une glace, réfléchit les teintes tantôt grises, tantôt azurées du ciel ; et de ses rives jusqu'aux bleues parois du Jura s'élèvent en ondulant des coteaux enchantés, ici tout brillants de prairies, là tout sombres de bois ou tout scintillants de blanches bourgades. Dans les cieux flottent des nuées dont l'ombre se promène sur cette vaste scène, et l'on voit insensiblement les coteaux se voiler pour resplendir ensuite. Pendant que nous étions à contempler ce spectacle, une flottille de voiles, qu'on n'apercevait pas d'abord, sortit tout à coup de l'ombre, et ce fut comme si la vie et la lumière prêtaient un charme tout nouveau à cette scène déjà auparavant si majestueuse et si belle.

De ce sommet, nous sommes redescendus sur le revers opposé du mont. Ici, ce ne sont ni des précipices comme du côté de Genève, ni des groupes sauvages comme sur les hauteurs, mais des vallons agrestes, des coins d'ombre et de rochers, des chemins rocailleux, et tantôt de vertes clairières où paissent quelques vaches, tantôt des bouquets de noyers sous lesquels sont éparses de rustiques demeures. Tout dans ce vallon respire le calme, et à voir devant leurs demeures délabrées ces bonnes gens oisifs, on se sent l'envie de venir y partager cette insouciante paresse. Derrière le hameau de Monnetier, dans certaines retraites ignorées, j'ai noté deux ou trois places pour y bâtir notre chaumière, si jamais l'âge pastoral revient sur la terre, ainsi que vous en exprimiez un jour le vœu, en faveur des moutons de ce siècle ! Une chose cependant manque à ces endroits, ce sont de belles eaux.

Nous nous sommes arrêtés pour dîner à Mornex : c'est un village sur le penchant d'un mont couronné de ruines. Il y a là de jolies maisons, où des familles de Genève viennent passer quelques mois d'été. Aussi on y rencontre des citadins qui lisent sous l'ombrage, on y croise des caravanes de dames montées sur des ânes, des messieurs en frac, des demoiselles en parure de ville, des sociétés babillardes et folâtres, et toutes ces personnes, Louise (je me le suis fait affirmer par deux fois), sont là pour se guérir d'une multitude de maux.... Au fait, pourquoi pas ? On ne se porterait déjà pas trop mal, qu'à ce train de vie on se porterait bien mieux encore. Nous avons salué, salué ; puis au delà nous nous sommes retrouvés dans des bois de châtaigniers sous lesquels le sentier descend en serpentant jusqu'à la rive de l'Arve, où l'on retrouve le grand chemin. Cette montagne m'a plu infiniment, et je me suis promis d'y revenir, sans songer toutefois que voici l'hiver.

J'ai des nouvelles des de la Cour. Ils en ont eu vite assez des cantons. Depuis cinq semaines ils sont ici entreposés dans un hôtel meublé qu'ils louent au mois. M. Ernest sort à cheval de temps en temps ; je ne l'ai pas rencontré : on dit qu'il a l'air sombre et farouche. Vous avez pu voir, Louise, que mes fantômes d'autrefois n'étaient que trop réels. Mais, depuis les annonces, je ne le crains plus. Le portier ne m'en a plus dit un mot ; je lui aurais pourtant permis de m'apprendre ce qu'ils font dans cet hôtel, et s'ils passeront l'hiver ici ou à la cure. Qui vivra verra.

Mais dites-moi, Louise, n'irai-je point passer à la cure le jour de Noël? Fondra-t-on les plombs sans moi ? Vous chargerez-vous d'adresser ma requête à M. Prévère, à votre père ?... Ma destinée, toute belle qu'elle est, n'est pas close. J'aimerais aussi savoir s'il y aura un autel pour Marthe, une bourse pour Antoine, des loups pour Dourak et du vin pour Brachoz. Que j'aie en attente cette joie de vous revoir bientôt, et me voir sur-le-champ guéri de ma mélancolie, et je vais travailler en chantant. Si elle m'est refusée, je vais ne vous écrire que des doléances, qui vous rendront aussi ennuyée que je suis malheureux loin de vous.

Votre CHARLES.

LXXXII

LOUISE A CHARLES.

De la cure.

Vos doléances, Charles, ne me déplaisent pas : elles s'accordent assez avec la disposition d'esprit où je suis depuis quelques jours. Vous m'avez vue gaie, folle ; je suis maintenant posée, presque mélancolique; et ces prés, ces campagnes dont vous parlez avec tant d'enthousiasme, ne me semblent, à moi, ni bien fleuris ni bien riants. C'est apparemment à cause du déclin de l'automne....

Mais êtes-vous sujet comme moi à voir des sortes de refrains se loger, se fixer dans votre esprit et demeurer plusieurs jours sur le bout de votre langue? Aujourd'hui ce ne sont plus les *neiges d'antan*; c'est le premier vers du *Don Carlos* de Schiller.

> Die schœnen Tage in Aranjuez
> Sind nun zu Ende [1].

A peine ai-je eu repris mes habitudes domestiques et ce train vulgaire d'occupations que votre séjour était venu interrompre, qu'aussitôt a surgi ce vers; et je redis, et je ne puis m'empêcher de redire tantôt à moi-même, tantôt à voix basse, lorsque je suis seule:

> Die schœnen Tage in Aranjuez
> Sind nun zu Ende.

J'ai présenté votre requête à mon père. Il a jugé la demande juste, presque convenable, tout au moins naturelle, puisque enfin il s'agit là d'une cérémonie domestique et d'une opération, selon lui, sérieuse en bien des points. Pour moi, je me réjouis de vous revoir; mais ces pronostics, sans y croire, je les redoute, et depuis longtemps je n'assiste à ces jeux que pour ne pas perdre mon droit aux interprétations, que je tourne du côté favorable, quand mon père, ainsi qu'il y est sujet, incline au sinistre et s'en fait du souci.

Voilà donc un point qui est réglé: vous pouvez maintenant faire trêve à votre tristesse et travailler en chantant. J'ai communiqué vos nouvelles des de la Cour à M. Prévère; il en avait connaissance par M. Dervey, qui lui mande ne rien savoir de leurs projets pour cet hiver. Vous m'avez fait sourire avec cet air sombre et farouche que vous prêtez à M. Ernest: songez donc que je l'ai vu ici l'air riant et dégagé. Et puis sombre, passe encore; mais farouche!

Il me semble maintenant comme si j'avais parcouru ce mont Salève, dont vous me faites une si jolie description. Dès mon enfance je le connaissais de vue, comme une montagne bleue, rayée de lignes grises, interrompues en un point par une échan-

---

1. « Les beaux jours d'Aranjuez sont passés! »

crure profonde; au delà, je me représentais des cavernes, des solitudes, des loups, et, pas bien loin, les Alpes qui d'ici semblent posées sur ces croupes dont vous parlez ; je suis charmée d'apprendre que ce soient au contraire des pâturages, des huttes délabrées et des laboureurs qui goûtent le frais, les bras croisés. Seulement trouvé-je que vos caravanes babillardes et vos messieurs en frac gâtent un peu le tableau ; et, à cause de cela, je demeure fidèle à mes roches d'Allemagne, où la nature est moins belle sans doute, moins variée, mais où l'on est plus seul avec elles. D'ailleurs, je n'y retrouve pas nos belles eaux, et, sans cette fraîcheur de nappes limpides, sans ce mouvement et ce murmure des flots, la plus belle campagne ne vous laisse-t-elle pas regretter ce qui en ferait le charme principal. Souvenez-vous des poëtes : oublient-ils jamais ce trait, et imagineraient-ils un bocage où ne gazouillerait pas quelque ruisseau fuyant sur les graviers et baignant les tendres fleurs? Assurez-vous donc qu'en cet endroit où sera notre chaumière, quelque petit filet abreuve les herbes et sautille parmi les rocailles, qui nous semblera, dans son modeste cours, comme une image bien-aimée de notre vie. C'est là, au fond, le charme des ruisseaux, Charles ils ont le mouvement, ils ont les accidents de la vie ; ils passent, ils fuient comme nos jours ; à quelque distance nous les perdons de vue, mais nous les sentons fuir encore, fuir plus loin, fuir toujours, baigner de nouvelles rives tantôt ingrates, tantôt verdoyantes, pour s'aller mêler, sans s'y perdre, au grand réservoir qui appelle à lui toutes les eaux du monde. Image pleine d'attrait, n'est-ce pas ? image mystérieuse et pourtant frappante, où le cœur s'attache, se complaît, goûte de la mélancolie et de l'espérance, de l'attendrissement et du calme, ce calme qui naît de la grâce même des tableaux et de la confiance secrète en ces renseignements, qui sont comme la voix du créateur sortant de ces œuvres. Non, je ne dis plus, comme autrefois, que les poëtes se copient parce qu'ils se répètent; j'ai compris que chacun d'eux arrive, doit arriver à son tour à cette même source intarissable de poésie; et que, sur les mêmes sujets, sur les mêmes sentiments, ils chantent au travers des siècles un hymne toujours le même et toujours nouveau!

— C'est M. Prévère qui m'a aidée à trouver cela. Votre lettre, que je lui ai lue, nous a amenés à converser sur ces sujets. Oh! que j'aurais désiré que vous pussiez l'entendre! Comme il sent, comme il explique, comme il rattache tout au bien, sans effort, sans nulle intention de prêcher, en entremêlant ses paroles, graves de gaietés aimables, de remarques curieuses et toujours propres à exciter la pensée en la dirigeant! Le cours de l'entretien l'a conduit à me parler des diverses manières de cultiver les sciences naturelles, et, à ce propos, il m'a lu le soir quelques pages des écrits de de Saussure, qui m'ont donné une envie extrême de ne pas nous claquemurer dans notre chaumière, mais de faire de là quelques excursions vers ces hautes Alpes, dont cet auteur fait des descriptions si attachantes et si simples. « Ce savant, disait M. Prévère, est d'autant plus poëte qu'il ne songe pas à l'être. » Et pour me le prouver il m'a lu des vers de l'abbé Delille, sur le Montanvert, où cet abbé, pour vouloir poétiser son modèle, en fait un portrait tout brillant et tout faux à la fois. Il m'a semblé voir en effet, d'un côté, de l'or un peu fruste, et, de l'autre, quelque chatoyante verroterie. Après quoi M. Prévère, prenant sur sa table un petit volume tout usé, s'est mis à lire quelques vers dans un idiome inconnu. « Nous parlons de poésie agreste, a-t-il ajouté ; en voici qui est touchante, aimable, colorée, parfaite comme la nature même.... » Je l'ai grondé de me faire ainsi venir l'eau à la bouche, à propos d'un plaisir qui m'est interdit. « Mais je vous prêterai, Louise, la traduction de Delille. — Mais il aura rendu cela comme il a fait le Montanvert ? — Un peu, » a dit en souriant M. Prévère. Ce livre, Charles, ce sont les *Géorgiques*. Mon père, qui est survenu, a voulu dire son mot contre les livres en général, et contre ces *Géorgiques* en particulier. « Vous vous méprenez, mon cher Reybaz, lui dit M. Prévère, car c'est ici un livre d'agriculture ; il enseigne les préceptes de cet art que vous aimez. — L'agriculture des livres, a répondu mon père, ça n'a jamais fait pousser une carotte. L'agriculture c'est chose de pratique, non de plume. Les pluies et les chaleurs sont dans la main de Dieu ; pour le reste, c'est à l'homme d'y pourvoir de ses bras, de son habitude, de ses sueurs, sans que d'écrire avance ni retarde la croissance de l'épi ; et votre *Géorgique*, avec ses rimes, a moins fait pour faire baisser le prix de la coupe que s'il avait soigné son champ et pris la faucille avec les moissonneurs. » C'était fort drôle. Le dépit de ne pouvoir lire l'agriculture de Virgile a fait que je me suis mise du côté de mon père ; et nous avons guerroyé si agréablement, que la soirée s'est écoulée comme un clin d'œil, comme le petit ruisseau quand il arrive en ces endroits où son lit se resserre, où sa pente s'incline, où l'obstacle de quelques cailloux le réveille et l'excite, où il se lance comme un trait, puis ressort de dessous les bouillons pour aller dormir à deux pas, dans une flaque tranquille et profonde.

Votre Louise.

LXXXIII

CHARLES A LOUISE.

De Genève.

J'adore les ruisseaux, Louise, je cherche partout des ruisseaux : je veux aller à Allemagne avant que l'hiver enchaîne ce mouvement et fasse taire cette douce voix des ondes que vous m'enseignez à comprendre. J'aimais les torrents, l'écume, et ce beau vacarme des flots en fureur; mais, je l'avoue, je trouvais fades et monotones ces innocentes eaux qui murmurent éternellement entre deux rives uniformes, avant que le murmure bien plus doux encore de votre plume eût enchanté mon esprit et comme ouvert mon cœur à de nouveaux sentiments. Je vous l'ai dit déjà, je ne sais ni voir ni sentir; et dans ces domaines où se promène votre pensée, moi, avec mes yeux bandés, je n'ai d'accès qu'autant que votre main m'y conduit; de plaisir que si votre voix m'en révèle les mystères.

Ainsi je commence à croire qu'il avait bien raison, M. Dumont, trop raison! Plus j'apprends, moins je sais; plus j'étudie, moins je pense; plus j'avance dans la carrière où me voici engagé, plus le but auquel je croyais tendre s'éloigne et se décolore. Me voici en théologie; bon Dieu! que tout ceci répond peu à mon attente! Je m'étais figuré une étude attrayante, animée, parlant à l'âme plus qu'à l'esprit, enrichissant le cœur plus que la mémoire... Me voici apprenant de l'hébreu, apprenant des dogmes, apprenant de l'histoire, de l'homilétique, de l'exégèse, de l'apologétique... Les premiers jours, je me suis trouvé si désappointé, que j'en avais, je vous assure, le cœur gros, et que je n'ai pu m'empêcher de conter mes peines à M. Dervey. « Vous n'êtes donc pas, m'a-t-il dit, de l'avis de ceux qui voudraient dans nos études plus d'exégèse encore, de la dogmatique plus haute, de l'histoire plus profonde, et je ne sais combien de sciences, de doctrines et de systèmes qu'on fabrique en Allemagne? Oh! non, lui ai-je répondu.—Eh bien, mon bon ami, consolez-vous alors, en vous mettant bien dans l'esprit que la théologie n'est pas la religion; qu'elle est au contraire bien souvent funeste à l'esprit religieux ; et que, se composant partout et essentiellement des mêmes éléments, la nôtre présente cet avantage d'être restreinte dans de justes limites par des hommes de piété et de sens, qui savent que là ne se trouve ni le feu qui réchauffe, ni la flamme qui éclaire, et que la mission du ministre de Christ est une mission d'œuvres, non d'érudition. » Ces explications m'ont un peu tranquillisé. Il n'en est pas moins vrai que je trouve ceci trop froid, trop distant encore de la pratique, trop à côté de la chose, qui est après tout de s'enrôler à Jésus-Christ, non pas pour devenir savant, mais pour paître un troupeau, pour lui consacrer sa vie, pour le servir par le triple et puissant ascendant de l'exemple, des œuvres et de la prédication.

Bon Dieu! que je pense souvent à M. Prévère! que je regrette souvent cette merveilleuse école, où j'apprenais si bien dans le temps que je n'étudiais pas, où j'ai puisé ces sentiments, ces forces, ce vivifiant désir d'action, qui, je l'espère, résisteront au désappointement que j'éprouve! Ah! si à cette même chaire d'où l'on nous enseigne tant de choses, il venait avec l'autorité de sa vie, avec les lumières de son pastorat, avec la chaleur de sa charité et l'éloquence de son langage, nous instruire, non pas de la science des livres, mais de la science des hommes, de leurs maux, de leurs besoins, de leurs misères; s'il venait nous enseigner non pas telle doctrine célèbre, mais comment on préserve, on console, on dirige, comment on porte au bien ses semblables, comment les plus simples passages de l'Évangile contiennent, pour le fidèle qui les pratique, bien plus que pour le savant qui les commente, des trésors de sagesse et de contentement, en faisant trouver la joie dans l'abnégation de soi, la grandeur dans l'humilité, le gain dans le sacrifice; s'il venait nous révéler ce que c'est qu'un ministre de Christ, et, en nous peignant la difficulté non moins que la beauté de cette vocation, enflammer, exalter nos jeunes courages... quels ne seraient pas la vie et les fruits d'un pareil enseignement, les charmes et l'attrait de cette étude! et ne voyez-vous pas avec moi, Louise, toutes les théologies du monde, tous les docteurs de l'Allemagne laissés loin, bien loin derrière, dans l'art de former les jeunes hommes au saint ministère, par ce seul ministre professant ce qu'il a pratiqué, senti et prouvé par sa vie entière?

Il est bien vrai, Louise, qu'à mon âge on s'est fait des illusions que la réalité est destinée à décevoir : il est vrai encore que j'ai pris jusqu'ici tout juste dix leçons, et que c'est un peu tôt pour asseoir mon opinion ; mais je vous livre les miennes à mesure qu'elles viennent, quitte à les réformer ensuite : de cette façon enfle, au lieu de se vider, ce sac à babil que votre père croyait près d'être épuisé. A tout événement, je vous prie de ne pas communiquer ces remarques à M. Prévère; car de quel air soutiendrais-je mon dire devant lui ? N'est-il pas, lui et d'autres qui sont l'honneur de notre Église, sorti de cette école ? Au fait, je commence à croire que l'on est ce que l'on veut être, et que le désappointement et les critiques indiquent encore mieux le manque de volonté que le manque de ressources.

D'ailleurs, je vais vous voir à Noël ; ainsi trêve de doléances! Ah! remerciez votre bon père, qui a si bien compris que ma présence là-bas est nécessaire. Et qui donc, plus que moi, a droit à consulter le sort? Que n'aurais-je pas à lui demander sur ceux qui m'ont donné le jour?... Vous parlez de ces mots qui se logent dans l'esprit, qui demeurent sur le bout de la langue : les miens, Louise, depuis quelque temps surtout, c'est *mon père, ma mère!*... Où sont-ils? Pourquoi ignorent-ils la félicité de leur enfant? Les connaîtrai-je enfin? M'ont-ils oublié?... Ah! je ne puis le croire, et j'éprouve moins d'amertume à penser qu'ils sont morts qu'à me persuader qu'ils me savent vivant et qu'ils se dérobent à ma tendresse.

Mais ce ne sont pas les plombs qui dévoilent ces mystères! Pour vous, Louise, en redoutant ces pronostics ainsi que vous faites, vous donnez à penser que vous y croyez plus qu'il ne faut. Veuillez donc rire des mauvais et ne croire qu'aux bons. C'est ce que je fais. Que peuvent tous les plombs du monde contre la publique promesse de votre père, contre sa croissante confiance, contre son cœur qui m'accepte, en attendant qu'il m'aime? Je saurai l'y forcer, Louise.

Voulez-vous savoir à quoi je passe mes soirées? Au lieu d'interroger l'avenir, je rebrousse dans le passé; je relis, chacune à leur date, vos lettres de l'an passé, et, faisant un parallèle entre ma situation présente et celle d'alors, bien belle déjà, il me semble comme si j'avais monté du quatrième ciel au huitième. C'était l'époque de mes fantômes; votre père m'écrivait des rudesses; je tremblais devant ce portier. Fantômes, où êtes-vous? Monsieur Champin, où est votre malice? Et au lieu de rudesses... M. Reybaz qui veut que je sois à la cure le jour de Noël!... Et quand je serai à la cure, le jour de Noël, je ferai considérer à M. Prévère que le jour de l'an est tout voisin, et qu'en manquant trois jours seulement de dogmatique et d'hébreu, je pourrai finir auprès de vous ce petit bout de vieille année, pour entrer avec vous dans l'année nouvelle. Je confie ces arcanes à votre discrétion, Louise, sans vous empêcher d'ailleurs de commettre toutes les indiscrétions qui seraient favorables à l'accomplissement desdites arcanes.

Votre CHARLES

LXXXIV

LOUISE A CHARLES.

De la cure.

Si vous relisez mes lettres, Charles, j'en fais autant des vôtres, et j'y vois que ce n'est pas la première fois que vous éprouvez des désappointements dans le cours de vos études. J'espère donc qu'ici, comme par le passé, ces nuages sont passagers, et qu'ils ne nuiront en rien au résultat, comme par le passé aussi. Je me figure qu'il est inévitable que l'on vous fasse acquérir beaucoup de connaissances qui ne concourent qu'indirectement à vous former au saint ministère, et je ne m'étonne pas qu'ayant commencé par prendre, dans le commerce de M. Prévère, une si grande idée du but, vous soyez un peu désappointé lorsqu'on vous contraint, pour y arriver à votre tour, de rebrousser jusqu'au point de départ des chemins un peu arides qui y conduisent. Il m'a fallu faire toute cette dépense de raisonnements pour me tranquilliser; car que deviendrions-nous si, poursuivant sur la pente où vous voici, vous alliez vous décourager à mesure que vous approchez de ce port où mon père vous attend? Au surplus, cette conclusion si juste à laquelle vous arrivez, que le découragement serait plutôt le signe du manque de volonté que du manque de ressources, me rassure pleinement.

Voici l'hiver qui nous menace; mais quels beaux jours encore! Hier, ces campagnes étaient ravissantes d'éclat, et toutes paisibles de ce repos des champs qui ont fini leur travail et livré leurs récoltes. Pour ne rien perdre de ces dernières magnificences, j'ai couru tout le jour. Dès le matin, M. Prévère me proposa de faire une promenade. Nous avons été passer le Rhône pour côtoyer l'autre rive jusqu'à Cartigny. Ce village est agreste et paisible comme la cure; comme à la cure aussi, il y a une belle maison de notable. En passant auprès, devinez donc qui nous avons vu là? Devinez entre cent, entre mille....

Au milieu d'une nombreuse et gaie société qui était rassemblée devant la maison, un monsieur en redingote, d'une belle figure, et le bras en écharpe ! Tout à côté un gros, un très-gros monsieur, ample dans ses habits, ample dans ses gestes, d'épais sourcils, et le chapeau fort à la bonne !... J'ai dit : « Voilà M. Dumont.... et l'autre doit être M. Bellot ! — Ce sont eux effectivement, » m'a dit M. Prévère ; et, de derrière la haie, nous les avons indiscrètement regardés pendant un bon moment. J'avais presque peur, comme vous, à votre dîner ; mais j'éprouvais un vif plaisir à cette rencontre imprévue qui me faisait connaître deux hommes que j'aime de tout mon cœur à cause du bien qu'ils vous veulent. Nous n'entendions pas leurs paroles, mais il y a eu un moment où, sans doute à propos de quelque saillie, s'est fait entendre ce rire de M. Dumont dont vous m'aviez parlé, si bon, si franc, qu'il s'est communiqué à toute la société, et à nous-mêmes derrière notre haie. Bientôt nous avons passé outre sans être vus, et traversant de nouveau le Rhône au bac de Peney, nous sommes arrivés à la cure pour dîner.

Le soir, M. Prévère étant occupé et mon père absent, j'ai pris Dourak avec moi, et nous nous sommes rendus ensemble aux collines de Chevron. Jamais, Charles, je n'avais vu si beau encore le spectacle de cette verdoyante vallée, de ce mont Salève, de ces Alpes tout entières empourprées des rayons du couchant! Une transparente brume, répandue partout, au lieu d'assombrir la scène, semblait multiplier et répandre une fine et scintillante lumière, tandis que de toutes parts autour de moi resplendissaient les riches teintes des feuillages d'automne.... « Belle vallée ! belle et chère patrie ! » pensais-je avec un sentiment d'attendrissante gratitude.... puis mes regards se sont fixés sur la cure pour ne s'en plus détourner. Ah! Charles, quelles espérances planaient sur ce paisible séjour! quel avenir j'ai pu contempler !... quels rêves si présents, si réels, dont mon cœur s'enivrait! Des larmes de bonheur ont coulé de mes yeux, et je bénissais Dieu qui vous a donné à M. Prévère, pour que je pusse vous être donnée et trouver dans votre tendresse ma félicité, dans votre destinée, l'appui, le refuge, l'abri bien-aimé de la mienne.

Pendant que je me livrais tout entière à ces sentiments, Dourak retirait de dessous les feuilles sèches mon petit volume de *Paul et Virginie*, que j'y avais égaré la dernière fois. Il était dans un triste état; néanmoins je l'ai retrouvé avec un vif plaisir, tant j'éprouve d'attachement pour les livres sur lesquels j'ai lu pour la première fois quelque intéressant récit. Êtes-vous donc sujet à ces enfantillages ? La couleur des pages, le format, les moindres accidents des feuillets, la disposition des paragraphes, tout finit par s'associer bientôt au charme du livre ; de façon que, ces choses changées, le charme diminue, je lis avec d'autres impressions, ce ne sont plus ces mêmes lieux où je me plaisais tant. Toutefois, vous le dirai-je ? Charles, quand j'ai eu retrouvé mon volume, j'ai ouvert, j'ai voulu lire.... mais, à côté des émotions que je venais d'éprouver, ces pages m'ont paru froides, ces tableaux de bonheur pâles, ces choses sans puissance pour me captiver. J'ai refermé le livre et repris avec Dourak le chemin de la cure.

Votre Louise.

LXXXV

M. PRÉVÈRE A CHARLES.

De la cure.

Vous deviez, mon cher enfant, venir passer auprès de nous deux ou trois jours à Noël : je viens vous proposer un autre arrangement qui, sans nuire à vos études, vous sera une compensation du plaisir que vous vous promettiez. Nos quatre jours de vacances s'ouvrent le 29 ; nous irons passer ce jour-là et le suivant auprès de vous. M. Reybaz a des emplettes à faire à la ville ; en outre, il a promis à Louise de la conduire une fois au théâtre. Vous les y accompagnerez donc vendredi, si le spectacle est convenable.

Adieu, mon cher enfant. Nous nous réjouissons de vous voir; c'est dans cette chère attente que je vous embrasse tendrement.

Prévère.

LXXXVI

LE CHANTRE A CHARLES.

De la cure.

Hier, à la veillée, on a fondu les plombs : on était la petite Marthe et moi. Jean Redard vint un moment pour savoir, et tout autant pour faire parade des siens, où ils ont eu une bourse qui est significative, et un autel qu'il pense être marque d'hyménée pour une de ses trois filles, qui chacune se l'attribue.

Comme aux nôtres et à ceux de plusieurs du hameau il y a un sabre, indiquant du remuement entre les puissances et des rencontres d'armées ; ceci s'accorderait bien avec ce qu'on dit du Russe qui s'apprête, et de ces courriers qui battent la grande route d'Allemagne.

Pour revenir à la chose, c'est vers huit heures qu'ayant tiré de la boîte les menus plombs que j'ai recueillis de ci de là durant l'année, et notamment un gros provenant de la couverture du pigeonnier, j'en fis trois parts, pour autant que nous étions, regrettant de n'avoir pas à vous livrer la vôtre. Marthe fondit la première, et amena un plomb qui nous mit en gaieté, en ce que, n'ayant rien de sinistre, il était d'ailleurs parsemé d'autels lui pronostiquant des maris par douzaines, et, à l'angle, un vaisseau qui marque traversée et voyage d'outre-mer. Sur quoi la petite s'est invitée à sa noce, et moi au baptême de son troisième, pour en être le parrain, et la Combet ma commère. Marthe a quarante-six ans et n'est fréquentée de quiconque ; toutefois les plombs ne mentent guère, et ce ne serait pas la première au village qui, bien que mûre, trouve un garçon pour la marier, si, outre sa cinquantaine, elle lui apporte cinquante louis de bien. Pour ce qui est du vaisseau, c'est un jeu du métal ou une présomption de nos yeux ; car il n'y a chance que la pauvre Marthe s'en aille naviguer aux Amériques, ou boire son café à l'endroit où croît la plante.

J'ai fondu en second, et versé tout à la fois, d'un seul virement de la casserole, non à fil, comme il y en a qui font, voulant se ménager plus de chances, sans songer qu'ainsi faire, c'est prétendre gouverner le sort, et non qu'il nous gouverne. Aussi, que leur advient-il ? A une question sans droiture le sort fait une réponse ambiguë, et, au lieu d'une seule plaque dont les signes s'accordent en un pronostic clair et certain, ils en ont deux, trois, dont les signes s'opposent, se contredisent et aboutissent à un pronostic mensonger. Au surplus, la mienne n'a pas marqué grand changement en bien comme en pire, n'y ayant ni bourses plus amples que ce qu'il en faut pour le pain quotidien, ni cendres ou noirceurs tirant au sépulcre. Seulement y a-t-il, vers le rebord, deux sabres en croix, dont l'un, brisé à moitié, signale une défaite : et non loin, des pointes de langues, indiquant les dards du babil et le venin des paroles. Mais depuis Caïn le sang a coulé sur la terre, et depuis Ève la langue a travaillé ; ce n'est donc là de quoi se soucier plus que de coutume.

La petite est venue ensuite, riant de la chose et se donnant pour n'y pas croire, en quoi je ne la contrariais pas, dans la crainte de ce que pourrait amener son plomb, au-dessus duquel, durant qu'elle jouait, je voyais tournoyer une cendre qui s'y est posée, non sans m'assombrir. Le plomb versé, j'ai vu la cendre fixée pas loin du pourtour, et, la faisant disparaître furtivement, j'en ai gardé le pronostic en dedans de moi-même, sans que Marthe ni Louise, attentive aux autels, aux bourses et aux fleurs étoilées, aient vu dans ce plomb autre chose qu'hyménée, félicité et jours tressés de grâces du ciel. Moi-même je me suis regaillardi à leurs propos, en ce que si la cendre y était (et encore je l'y craignais peut-être plus que je ne l'y ai vue), du moins elle était sans noirceurs, sans fosses, et plutôt un jeu malicieux du hasard ou du vent, qu'un signe ordonné d'en haut. Que, dans tous les cas, ces choses demeurent ignorées de Louise.

M. Prévère vous a écrit qu'on ira à la ville jeudi pour séjourner deux jours, tant par rapport à des emplettes qu'à votre intention, et pour faire voir le théâtre à Louise, à qui j'ai promis, et à moi qui ne l'ai pas vu. Par la même occasion, on visitera le musée où sont ces pierres curieuses et tous les animaux féroces figurés au naturel ; puis le temple de Saint-Pierre, où se voient les douze apôtres en couleur, et ces hautes colonnes qui se rejoignent en voûte par-dessus les têtes, vraie maison de Dieu, où je ne suis pas entré que je n'aie eu comme l'impression de tabernacles, de parvis et de saint respect du Seigneur. Pas bien loin, je veux montrer à Louise cet escalier de l'hôtel de ville, qui vous fait monter par une rampe pavée, comme qui dirait une rue, jusqu'aux toitures de l'édifice, et où, dans les anciens temps, les quatre syndics montaient à cheval, suivis du cortége. Ces choses vues, ou chemin faisant, on songera aux emplettes où vous nous guiderez, connaissant les marchands, sinon la marchandise. Pour M. Prévère, occupé de son côté, il rejoindra aux repas et pour la soirée du jeudi, qu'on passera au coin du feu. Nous logerons chez Mme Chaumont, chez qui il vous faut retenir trois chambres, les mêmes, si faire se peut, qu'il y a deux ans.

Dieu merci, Louise est mieux que je ne l'aie encore vue. Appliquez-vous donc, Charles, à bien apprendre votre profession, et n'oubliez pas que, favorisé de Dieu, il ne vous reste plus qu'à vous rendre digne. Soyez comme ces arbres dont on ne sait qui les a plantés, mais que leur bonne venue fait épargner, jusqu'à ce que, à cause de l'ombrage qu'ils donnent et des fruits qu'ils portent, on s'en fasse honneur.

Votre affectionné REYBAZ.

LIVRE TROISIÈME

LXXXVII

CHARLES A MARTHE.

De Genève, fin de mars.

Cette fois le secret, le grand secret, ma bonne Marthe. Au reste, c'est pour vingt-quatre heures seulement. Demain, je me bats. Ce sera rien ou beaucoup. Il le faut, et surtout que personne ne m'en empêche. Ainsi, Marthe, grand secret !

Rarement, me dit-on, ces combats finissent d'une manière sinistre. Mais la chose peut arriver. Dans ce cas, Marthe, et c'est pour cela que je t'écris, tu trouveras, ici, dans ma table, tiroir à gauche, une note des choses que tu auras à faire, et les lettres que tu auras à remettre. La clef te sera remise.

Point de peur, ma bonne Marthe, tu me perdrais. Je sais ce que je risque, et je n'en ai aucune. Dévoue-toi pour ton Charles, qui ne peut, dans ce cas, se confier qu'à toi. Aussitôt l'affaire décidée, j'écrirai à la cure. Cependant, si je puis tout leur cacher, c'est mon vœu le plus ardent, mais alors je t'enverrai un exprès. Que surtout Louise ignore tout... Sans adieu, bonne Marthe, le cœur me manquerait.

LXXXVIII

CHAMPIN AU CHANTRE.

De Genève.

Pour le coup, Reybaz, tu en as ton compte. Ton gendre est

---

1. Ce troisième livre s'ouvre à la fin de mars, et les lettres s'y suivent sans interruption, à partir de cette époque, jusqu'à la fin de juillet.

un ferrailleur, rien d'autre. Ce matin, voilà qu'on le ramène piqué entre les côtes; deux pouces plus bas, il virait l'œil sur le temps. C'est moi qui ai été querir les drogues, de façon qu'au retour je l'ai trouvé étendu sur le lit, tous les Dervey autour, et pâle comme un mort. A ma vue, il s'est restauré pour me dire : Monsieur Champin ! c'est moins que rien, n'en soufflez mot là-bas. Avant trois jours je serai guéri, et nous leur éviterons un chagrin. — Oui, oui, » que je lui ai fait; comme tu sens bien qu'étant malade, et par-devant les Dervey, on ne voulait pas le contredire. En attendant il saignait à fil. Le chirurgien dit que ce ne veut être qu'une égratignure : je lui en souhaite, le farceur! Je n'en voudrais que deux comme ça pour être à plat dans ma bière.

Je suis ensuite allé aux enquêtes. La Jaquemay savait l'histoire dès hier au soir. C'est à une soirée chez Mme Domergue. M. Ernest tenait un propos, le tien arrive, et puis flac! un soufflet : le reste s'en suit. Les voilà quittes. Seulement, ton gendre y perd sa profession : c'est bien clair qu'ils vont l'éconduire de sa théologie, où il ne fait que d'entrer.

Un bon averti en vaut deux. Finis-en là avec ton enfant trouvé. Si tu manques celle-ci, te voilà embâté tout de bon. Laisse dire ton Prévère; ce n'est pas lui qui payera l'endosse.

J'apprends que ta servante savait l'affaire à l'avance, et aussi Mlle Sophie Dervey, qui l'a tenue secrète à son père. Et puis, fie-toi à ce gaillard qui se trouve des complices sous ton toit et sous le sien! Finis-en là.

Champin.

P. S. M. de la Cour sort d'ici. N'osant paraître chez les Dervey, il venait savoir des nouvelles. Je lui ai redit l'*égratignure* du docteur, et ce propos lui a ôté un poids de vingt livres.

LXXXIX

LE CHANTRE A CHAMPIN.

De la cure.

Remets l'incluse au jeune homme, sitôt que faire se pourra. Toutefois, pour qu'on n'en puisse rien causer contre moi, assure-toi auprès du chirurgien que le moment soit bon. Je ne le veux plus pour ma fille; mais hors de ça, Dieu m'est témoin que je ne lui garde pas rancune, ni ne lui veux mal aucun.

Sur le premier mot que j'ai touché de l'affaire à M. Prévère, il est parti, et doit être maintenant près de Charles. De cette façon, je n'ai pu lui faire part de mon dédit. Il l'apprendra assez tôt. REYBAZ.

XC

LE CHANTRE A CHARLES.

De la cure.

Je sais votre scandale. Cent fois je vous ai dit que vous finiriez mal; en voici la preuve, et votre profession manquée, par suite de quoi je vous retire ma fille.

REYBAZ.

XCI

MARTHE A CHARLES.

De Genève.

Ah! mon pauvre monsieur, que vous nous chagrinez tous! Ce malheureux a bien osé vous mettre à deux doigts de mourir! Grand Dieu! je me sens frémir d'y penser. Mon pauvre Charles, encore, si j'avais loisir de vous aller soigner! Je vous envoie, ci-avec des simples pour en cas. Redard dit que c'est souverain. Avec ces herbes, il s'est guéri son coup de faux.

On sait tout ici par votre portier, qui est l'ami de M. Reybaz, mais pas le vôtre. Jusque-là j'avais tout gardé, mais le bon Dieu sait seul avec quelle peine! M. Prévère est aussitôt parti. Dans le village, ils sont indignés contre ce misérable, et il aurait mauvais jeu à s'y faire voir pour l'heure. Pour M. Reybaz, il s'en est pris à vous, et son air me fait trembler. Une lettre de lui, pour le portier, part avec celle-ci.

Mais ce qui fait compassion, c'est cette chère demoiselle. Comment lui apprendre? Et lui cacher jusqu'au retour de M. Prévère, c'est plus malaisé encore! Cependant M. Reybaz le veut. Déjà elle remarque qu'il y a quelque chose alentour. Que vais-je lui dire si elle me questionne? Dieu nous soit en aide!

Laissez-vous bien soigner, monsieur Charles; comme je vous connais, j'ai peur que vous soyez imprudent. Sauront-ils vous donner ce qu'il vous faut? Sans mademoiselle, qui peut me requérir d'un moment à l'autre, vous m'auriez vu arriver tout courant.

Adieu, notre pauvre monsieur, je ne vis pas tant que je ne vous aurai pas revu.

MARTHE.

XCII

CHAMPIN A M. ERNEST DE LA COUR.

De Genève.

En tant qu'on est l'ami de Reybaz et désireux de le voir retirer le pied du bourbier, on vous fait savoir qu'il reprend sa fille à M. Charles. J'en ai le billet entre les mains, écrit et signé de bonne encre.

Ceci seulement pour vous faire savoir que la place est vacante; à la vérité rude à enlever, mais d'autres se sont vues plus imprenables, qui, avec le temps et un peu d'aide, ont ouvert leurs portes : M. Ernest n'en est pas à ignorer comment on apprivoise les pères et l'on enlace les fillettes. Bien entendu qu'on parle ici pour rendre service à Reybaz, qui finira par ouvrir les yeux, et non parce qu'on a été chargé de le faire, encore moins pour être compromis.

CHAMPIN.

XCIII

M. PRÉVÈRE A REYBAZ.

De Genève.

Je profite, pour vous écrire, mon cher monsieur Reybaz, des premiers loisirs que me laisse l'état de Charles, que j'ai trouvé grièvement blessé. Ce qui aggrave son mal, ce sont les inquiétudes qu'il se fait au sujet de la manière dont vous prendrez ce qui s'est passé. J'ai beau lui réitérer l'assurance que vous vous montrerez indulgent, je n'ai pu lui rendre la tranquillité d'esprit dont son état aurait besoin. Il faudrait, mon cher Reybaz, quelques mots de vous que je pusse lui lire.

J'ai voulu, avant de vous la raconter, savoir au juste comment la chose s'est passée. Voici l'exacte vérité. Depuis le jour des annonces, ils ne s'étaient pas revus. Vous savez vous-même combien peu dès lors Charles s'est occupé de M. Ernest. Celui-ci, au contraire, demeuré sous l'empire de l'humiliation et de la jalousie, n'a oublié ni Louise ni Charles, et tout me porte à croire que cette collision funeste, il la voulait, il la cherchait ! J'ai de ceci plusieurs preuves, mais une surtout qui vous frappera comme moi : c'est qu'après avoir fui le monde durant tout l'hiver, tout à coup M. Ernest reparaît dans le salon de Mme Domergue ; or, c'est le seul où il ait déjà rencontré Charles, et le seul presque où il pouvait espérer de le rencontrer encore. Lorsqu'il est entré, un mouvement de surprise s'est manifesté, le nom de Louise a circulé dans l'assemblée : plusieurs personnes, qui connaissent à la fois le caractère de M. de la Cour et la situation de Charles, ont mal auguré des conséquences de cette rencontre, qu'elles regardaient pourtant comme fortuite, et Mlle Sophie Dervey, avec un tact et une prudence au-dessus de son âge, a secrètement insisté près de Charles pour qu'il se retirât. Il l'avait, en effet, amenée au bal, et il pouvait trouver un prétexte plausible dans la nécessité de la reconduire. Charles n'a pas suivi ce conseil : c'est là son plus grand tort. Mais où est le jeune homme de son âge qui n'aurait pas cru, comme lui, devoir rester, non pas pour braver, pour affronter, mais pour ne pas paraître fuir timidement devant un rival dont, par cette démarche même, il aurait inculpé l'honneur et la loyauté ?

Cependant on les a bientôt perdus de vue. M. Ernest affectait un air d'aisance et de gaieté qui pouvait ôter toute inquiétude à ceux qui ne savent pas à quelle sombre et farouche humeur il s'est livré ces derniers mois; surtout il ne semblait pas faire à Charles la moindre attention, lorsque, par une fatalité déplorable, tous deux se sont rencontrés au même instant pour prier à danser Mlle Domergue. Celle-ci, fort émue et cédant à un sentiment généreux et délicat, a opté pour Charles, tout en promettant à M. Ernest la valse suivante. C'est alors que M. Ernest a dit poliment : « J'accepte avec reconnaissance ce que vous voulez bien me promettre, mademoiselle..... » Puis regardant Charles d'un air à la fois méprisant et moqueur : « N'ai-je pas l'habitude, a-t-il ajouté, de céder devant les avantages de monsieur? » A cette dure parole, tous les regards se sont portés sur Charles, qui, troublé et le rouge au visage, faisait effort pour se contenir. Dans cet instant, la musique a joué ; sans rien répondre, il a suivi le mouvement et s'est mêlé aux danseurs.

Mais cet incident avait attiré l'attention. Le propos de M. Ernest circulait de bouche en bouche, on commentait l'allusion qui y est renfermée, et le silence de Charles, interprété de différentes manières, donnait lieu aux uns de louer sa modération, aux autres de redouter quelque explosion de son ressentiment. Quand la valse fut terminée, Charles se trouva aussitôt entouré de quelques amis, tandis que M. Ernest demeurait isolé, au milieu de chuchotements qui blessaient sa fierté, et opposant un masque de dédain aux regards qui se portaient sur lui. Peu d'instants après, il suivit quelques jeunes gens dans une salle voisine, où, n'étant plus contenu par la présence des dames, il donna cours à sa funeste rage, et fit pleuvoir sur Charles l'ironie, l'outrage et la plaisanterie amère. C'est dans ce moment que celui-ci est entré, sans que sa présence ait arrêté M. de la Cour. Au mot de *bâtard*, Charles l'a frappé au visage, et les lois de l'honneur, telles que les a faites un inexorable préjugé, ont commandé le reste.

Voilà, monsieur Reybaz, l'exacte vérité. Comme vous le voyez, le pauvre Charles a été victime d'une indigne provocation, et, s'il a réprimé l'insulte avec emportement, ce n'est qu'après avoir donné une première fois l'exemple d'une modération bien rare et bien louable. Il n'y a qu'une voix sur la conduite brutale de M. Ernest, qui, honteux de sa conduite, est retourné secrètement au château avec sa mère. Deux fois on est venu de sa part chercher des nouvelles de Charles ; cette tardive commisération, après une si odieuse agression, m'inspire plus de dégoût que de reconnaissance.

Hâtez-vous, mon cher Reybaz, de rassurer Charles, et, si vous le jugez plus coupable que je ne le juge moi-même, ajournez, je vous en prie, tout reproche sévère. Ayez soin surtout de rassurer Louise sur l'état de Charles, et dites-lui que je ne le quitterai pas qu'il ne soit rétabli ou en pleine convalescence. C'est demain qu'aura lieu le premier pansement : s'il y a quelque chose de fâcheux, je vous le ferai savoir.

Votre affectionné   PRÉVÈRE.

XCIV

CHAMPIN AU CHANTRE.

De Genève.

J'ai pris mon temps, et je l'ai remise. Il allait mieux, et d'ailleurs, n'y ayant personne auprès, il fallait profiter des moments.

Comme il s'enquérait de vous autres et demandait des nouvelles : « J'en ai, que je lui ai fait, mais pas des bonnes ; » pour le préparer, tu m'entends. Du même temps je lui remets ta lettre, et il pâlit en reconnaissant l'écriture. Bientôt, ayant lu, le voilà qui se transporte, s'épouvante, se lève, et, quoi que je lui puisse dire, que le bandage de sa blessure a sauté et que le sang coule, il ne m'écoute mie, jusqu'à ce qu'il retombe sur son lit et y reste de faiblesse. Les larmes sont venues alors, et bien heureusement, sans quoi je ne savais plus qu'en faire.

C'est à ce moment que ton Prévère est rentré, et, voyant le désordre et ta lettre, il s'est contenu ; mais il t'en voulait, vois-tu bien, car cet homme-là veut te mener par le nez, et non pas que tu touches à tes affaires. Au lieu d'appuyer sur ton dire, il a consolé le jeune homme, lui promettant quasiment qu'il n'en serait rien, comme qui dirait : « Reybaz a fait ça, on le défera. » Et puis se tournant vers moi : « Aviez-vous reçu l'ordre de remettre cette lettre en ce moment ? — Oui, monsieur le pasteur. — Alors M. Reybaz est bien imprudent ! — Ça se peut, que je lui ai fait, mais M. Reybaz en est bien le maître. » Alors ton vaurien de jeune homme a tempêté contre toi, contre moi, et finalement prié M. Prévère qu'on ne me laissât pas rentrer dans sa chambre. J'ai calé à cause du pasteur, mais on se souvient du propos.

Y vois-tu clair, à présent ? Ils s'entendent comme larrons en foire pour t'amener où ils veulent. Nous verrons, cette fois, si, bien averti, tu sais tenir bon. Je ne te dis pas de renouer avec l'autre ; mais pour celui-ci, mets-le de côté, et bien vite. Pour le reste, fie-toi au temps qui porte conseil.

Adieu, l'ancien.

P. S. Les de la Cour sont retournés au château sans tambour ni trompette.

XCV

CHARLES AU CHANTRE.

De Genève.

Non, monsieur Reybaz, non, vous ne pouvez pas me repousser ainsi ! Non, vous ne pouvez plus m'ôter Louise !.... Vous ne le voulez pas !... Retirez ce billet funeste !

Et pourquoi, monsieur Reybaz ? parce que je n'ai pas supporté l'insulte; parce que, repoussant l'outrage, selon mon droit le plus sacré, on me prouve ensuite que l'honneur veut que je me batte ?... Où sont mes torts ? qu'ai-je cherché dans tout ceci ? Avant de me punir, montrez-moi ma faute.

Suis-je donc un emporté, un ferrailleur ? Moi qui ignorais ces lois barbares ; moi qui, provoqué par un cartel (c'est ainsi qu'ils appellent ces défis), trouvais le plus grand embarras à savoir comment me comporter ; moi qui ai dû mettre l'épée à la main pour la première fois de ma vie ! Que si j'eusse été un ferrailleur, je ne serais pas à présent sur ce lit, d'où je ne désire plus me relever si votre menace doit s'accomplir.

Si ma profession m'est ôtée, j'en prendrai une autre tout de suite avec courage ; que m'importe ? pourvu que Louise me reste, pourvu que je vous contente, pourvu que je me consacre à réparer par toute ma vie les chagrins que je vous cause malgré moi. O monsieur Reybaz, depuis quatre jours je les expie cruellement ; appréhendant votre peine autant que votre colère, sans nouvelles de Louise, épouvanté de la crainte de lui causer des émotions funestes.... Monsieur Reybaz ! ayez pitié ! pardonnez ! n'aggravez pas ce malheur, et songez que vous ne pouvez désormais me punir sans punir aussi votre adorable fille.

M. Prévère, qui me quitte demain, vous portera cette lettre. Si vous m'accordez votre pardon, hâtez-en l'annonce, et dites-moi que je puis écrire à Louise.

Votre respectueux et affectionné

CHARLES.

XCVI

CHAMPIN A REYBAZ.

De Genève.

Ton Prévère est parti ; bon voyage ! Avant de partir, il a fait ses promesses au galant ; car son idée, c'est que ce que tu as fait, il le défera toujours assez. J'en sais deux mots. N'a-t-il pas voulu m'englober, me mettre avec lui contre toi ? moi, Champin Jean-Marc, contre toi, Reybaz l'ancien ! Néanmoins, voulant goûter le potage, je n'ai pas renversé la marmite, comme on dit, en sorte que je l'ai laissé dire.

C'est ce matin même. Il est entré dans ma chambre, et, sachant bien comme son vaurien m'a traité devant lui : « Je pense, m'a-t-il dit d'abord, que vous excuserez les emportements d'un enfant qui se trouve sous l'empire d'un sentiment si vif et dans une situation si malheureuse ; dans tous les cas, je viens vous exprimer ses regrets de vous avoir parlé avec inconvenance et brusquerie. — Monsieur le pasteur est bien bon, lui ai-je répondu ; mais, comme on n'a pas peur des mauvais propos, on ne s'y prend pas. J'ai une lettre à remettre, je la remets ; on s'en prend à moi du contenu : affaire de mal élevé, voilà tout. » (« Attrape ! » que je me suis dit en dedans.)

Alors le câlin [1] : « Vous avez raison, a-t-il répondu ; mais même sous ce rapport, cet enfant, si vous connaissiez son histoire, mérite plus d'indulgence qu'un autre. Il n'a point de parents, et quelques soins de ma part ont été bien insuffisants pour remplacer la vigilance et les constantes sollicitudes d'un père, et surtout d'une mère. (J'aurais pu lui dire : « Justement, quand on n'est qu'un rien du tout, on ne prend pas le ton si haut ; » mais il a continué.) Cette malheureuse affaire menace de le replonger dans une condition bien digne de pitié. Toutefois, je ne pense pas que la résolution de M. Reybaz soit irrévocable, et *j'espère encore l'en faire revenir*. M. Reybaz est mon ami, il est un des hommes que j'estime le plus (hem ! ce miel !), mais il est prompt (brutal, entends-tu !), il peut n'avoir pas tout prévu (un nigaud, entends-tu !). J'ose compter que je le ferai revenir à ses premières intentions (qu'il te mènera par le bout du nez ; mais attends). Je serai plus sûr d'arriver à ce but, si vous, monsieur Champin, qui êtes lié d'amitié avec M. Reybaz, qui avez de l'influence sur son esprit (à mon tour du miel), vous me secondiez auprès de lui, en lui faisant les représentations que votre cœur ne saurait manquer de vous dicter. »

Il avait tout dit. « Monsieur le pasteur, ai-je répondu, a ses raisons pour vouloir du bien à ce garçon : on sait de reste que monsieur Prévère est charitable. Quant à sa demande, c'est ni oui ni non ; moi, je ne me mêle pas des affaires des autres. Reybaz est le maître, et, là où monsieur le pasteur ne fera pas, ce n'est pas Champin qui avancera. Pour ce qui est du jeune homme, je ne lui en veux pas, mêmement que, pour le prouver à monsieur le pasteur, j'y retournerai quand même. »

Alors (vois-tu l'espion ? Ils savent tout ce que je t'écris), comme ça ne le contentait pas : « Tout au moins, m'a-t-il dit,

---

1. Finaud.

je pense, monsieur Champin, que vous répugneriez à nuire à ce jeune homme, et que vous n'emploierez pas dans un sens fâcheux pour lui l'influence que vous avez sur M. Reybaz. Ce serait, permettez-moi de le dire, la meilleure preuve que vous n'en voulez pas à cet enfant, ainsi que vous me faites le plaisir de m'en donner l'assurance. — On remercie du conseil, » ai-je répondu. Et puis rien d'autre ; c'était assez d'avoir éventé la mèche. Il s'en est allé ; salut.

Tu vois, Reybaz, si je te disais vrai, et s'il s'agit de rien autre que de te pousser à en faire d'une fameuse. Et pourquoi? Lui s'ôte le fardeau, et, ta fille épousée, la tare du jeune homme diminue de la moitié qu'elle en portera. Pas bête. Mais toi! toi, Reybaz, ayant bon renom et pré au soleil, t'aller embâter d'un enfant trouvé, qui n'a rien, qui se croit plus que toi, qui soufflette et ferraille, qui n'a plus de métier, et lui donner ton unique!... Va, ne te dédis pas, et tu es sauf d'un vilain bourbier. Que tu aies dit oui une première, passe encore ; mais une seconde! Chat échaudé craint l'eau froide. Tu ne feras plus cette bêtise, ou bien tu n'es plus Reybaz, la fleur des anciens.

Que ton Prévère soit bon homme, je veux bien : on le serait pour moins. L'État ne les nourrit point pour des prunes, et ses cent louis de paye, il faut bien qu'il les gagne. La belle affaire ensuite qu'il soit charitable avec l'argent des autres, avec la fille des autres. C'est leur manière : s'il y a un véreux dans une paroisse, ils ne seront pas contents qu'ils ne l'aient mis sur le dos des honnêtes ; ils ménagent leur bourse et fouillent dans la vôtre ; ils donnent votre argent, et ils en ont les honneurs. Je les connais, va. Avec ça que, si on les touche, ils ne se font pas prier pour mordre : le mieux est de bien vivre avec eux, mais sans s'en laisser empaumer.

Après quoi je suis remonté chez l'autre. Il s'était combiné[1] avec M. Prévère ; car il m'a tendu la main en se disant fâché, et que je n'avais fait que mon devoir : « Mais songez, a-t-il continué, songez à l'état où devait me jeter cet affreux billet !... Impossible.... impossible, monsieur Champin, que M. Reybaz persiste... » Et il s'est mis à pleurer. « N'y comptez pas trop, que je lui ai fait : Reybaz est ferme ; quand Reybaz veut, il veut bien. — J'y compte, monsieur Champin, s'est-il écrié alors. Je n'ai pas de torts ; si j'en ai, j'en demanderai pardon à M. Rey-

1. Entendu.

baz... je les réparerai... Tout... tout!.., mais Louise m'être ôtée!... Louise! Louise! » Et il s'est remis à convulsionner par son lit, sanglotant des mieux et mordant ses couvertures. J'ai compris qu'il jouait sa scène, et je l'ai laissé faire.

Comme je ne disais rien : « M. Reybaz m'a promis! s'est-il écrié de nouveau... il a promis à M. Prévère... M. Reybaz n'est plus le maître de se dédire!... » Ses yeux flamboyaient « Doucement, jeune homme, lui ai-je fait, doucement ; c'est sa fille, personne n'y a rien à voir. — J'ai sa lettre, monsieur Champin, sa lettre où il me la donne!... — Et vous avez sa lettre aussi où il vous l'ôte. — Ah! » s'est-il écrié ; et il a recommencé sa scène, à tant que M. Dervey est entré.

« Ce jeune homme, lui ai-je dit, est déraisonnable, monsieur le pasteur. — Effectivement, Charles, a dit le noireau [1]. Je vous croyais plus de force, plus de retenue aussi. Qu'avez-vous à faire M. Champin le confident (attrape, Champin!) de ce qui ne devrait pas sortir de cette chambre? — Il sait tout, monsieur.... il est l'ami de M. Reybaz... il peut sur lui plus que M. Prévère lui-même. — Ça n'est pas, ai-je interrompu, et Reybaz sait bien se conduire sans qu'on s'en mêle (car, vois l'idée qu'ils ont de toi). — Ne vous en mêlez donc pas, et c'est tout ce que je demande de vous; si vous me le promettez, je suis certain dès à présent du pardon de M. Reybaz. — Jeunesse! lui ai-je dit, ce n'est pas Champin qui se mêlera des affaires des autres; et, quoique ça, ce n'est pas vous qui avez rien à lui demander, ni lui à vous promettre. Champin va son train ; Champin est à son poste; Champin est net et franc du collier... bien entendu qu'il n'aide personne à s'embourber (attrape!). — Vous l'entendez? a-t-il dit alors en se tournant vers M. Dervey, cet homme, ce misérable... — Charles! a dit M. Dervey... — Ce monsieur me nuit; il me calomnie, il me perdra... parce que je suis un... Ah! monsieur Dervey! Et il a fait semblant de gémir dans les bras du pasteur... Ah! misérable que je suis!... rebut des portiers même... rebut de ce qu'il y a de plus vil, de plus méchant! (Prends-en ta part; car je te vaux, tu me vaux.) Puis m'apostrophant: Que vous ai-je fait pour que vous me haïssiez? Qui êtes-vous pour venir encore ajouter à ma détresse?... — Finissons, a dit M. Dervey : vous êtes injuste, Charles, et dans un emportement que rien ne jus-

1. Allusion au costume noir du pasteur.

tifie, vous accusez là M. Champin d'une basse haine qu'il est incapable de ressentir, quand même vous lui auriez donné quelque sujet de plainte. Au surplus, M. Champin n'a rien à voir dans tout ceci, et vous savez que votre cause est entre des mains plus puissantes que les siennes. Calmez-vous, ne retardez pas votre guérison par ces emportements, et attendez avec patience, pour jouir ensuite avec reconnaissance ou pour supporter avec courage. Monsieur Champin, vous pouvez vous retirer. »

Je me suis retiré. Pour ces gens-là, nous sommes, nous autres, des zéros en chiffres. Il y a eu un temps où on ne l'était pas. En nonante-trois, nous lui aurions fait danser la gavotte avec les autres. Bref, je me suis retiré.

Que je le haïsse! moi! Reybaz, le connaissais-je? l'avais-je vu? N'était-il pas promis à la tienne avant que je susse qu'il y avait cet enfant trouvé au monde? S'il ne m'eût jeté de l'eau sale sur mon bonnet, massacré ma cage, me douterais-je encore à présent que ce hautain vit au-dessus de ma chambre? Que je le haïsse! Ah! vaurien d'étudiant! Moi qui l'ai surveillé pour ton compte, moi... que je le méprise! moi que je ne voulusse de lui ni pour peu ni pour beaucoup! ah! je t'en réponds; mais que je le haïsse! Va! c'est un méchant garnement que ton gendre, un drôle dont tu ne gaudirais jamais [1]. Tu as lu ce qu'il m'a dit; son air parlait encore mieux.

Je t'écris pour ta gouverne, n'étant pas ton ami pour rien. Après ça, suis ton idée. Je ne me mêle pas des affaires des autres; d'ailleurs, j'en vois assez qui te font les tiennes.

CHAMPIN.

XCVII

LOUISE A CHARLES.

De la cure.

Charles,

Je sais tout.... Je veux vous écrire, relever votre courage, adoucir, si je puis, vos douleurs; mais tremblante devant ces affreuses images, à peine trouvé-je assez de calme pour guider ma plume. Quoi, vous hasardez ainsi votre vie? Marthe me dit qu'il le fallait. Grand Dieu! dans quel monde vivez-vous?...

1. Dont tu ne viendras jamais à bout.

Mais je ne vous juge point ; le pourrais-je ? Votre mal me déchire ; votre conduite m'effraye et me touche ; en frémissant, mon cœur vous absout, il vous admire...

C'est ce soir seulement que j'apprends ces affreuses choses. Marthe vient de me les confier secrètement ; car on est d'accord pour me les cacher... Charles, quel éclat !... **Tout ce monde ! Mon nom prononcé !...** Moi la cause de ces funestes combats !... Vos jours menacés !... Marthe pourtant me rassure ; mais quand je songe que j'ai pu vous perdre, l'épouvante glace, empêche l'ardente prière que j'adresse à Dieu !...

Malheureux jeune homme ! comme il couronne une jeunesse sitôt flétrie ! Je ne le sache pas haineux ni méchant... Par quel aveuglement ?... Et sa mère ! son infortunée mère !

A chaque instant, je voudrais être assurée que vos souffrances diminuent ; mais gardez-vous de me l'apprendre vous-même. C'est moi qui veux ces jours-ci vous écrire... Pour aujourd'hui je m'arrête, impatiente que ces lignes vous parviennent. Puisse, Charles, le tendre adieu de votre amie vous trouver déjà mieux ! puissiez-vous partager la douceur avec laquelle il s'échappe du cœur de

Votre Louise.

XCVIII

LOUISE A CHARLES.

De la cure.

Je voulais vous épargner un triste récit... mais je lutte en vain. Si la honte me retient, la honte aussi me presse... Ma tendresse pour vous est sans bornes, mon cœur sans voile !... Je n'ai plus le droit, encore moins le désir, de vous rien cacher de ce qui intéresse le vôtre... Mais quels moments ! quelle vue ! M. Ernest lui-même !

Après son funeste exploit, il est venu ici cacher sa honte. On a bientôt su dans le village que sa mère était occupée de préparatifs pour le voyage qu'il va faire en Italie. C'est hier qu'il devait s'éloigner. Effectivement, à neuf heures, une voiture chargée de malles a pris le chemin de la ville. Le bruit s'est répandu aussitôt que M. Ernest était parti. Il n'en est rien. Cette voiture le précédait à Genève, où il devait la rejoindre dans la soirée.

Quand je l'ai cru parti, j'en ai ressenti beaucoup de soulagement, et je n'ai plus éprouvé qu'un sentiment de compassion pour sa mère. Je savais son affliction, sa honte aussi, qui l'avait seule empêchée de venir à la cure prendre part à notre peine, et déjà auparavant j'avais eu le désir de la voir, de la consoler autant qu'il était en moi. Mais lorsque ensuite je me suis figuré sa douleur et son isolement, après un départ si triste de toutes manières, je n'ai pu résister au désir de me rendre sur-le-champ auprès d'elle. Pour ne pas donner l'éveil sur ma démarche, j'ai dirigé ma promenade du côté du parc, d'où gagnant la petite porte, je me suis trouvée dans l'avenue...

J'y entrais, lorsque j'ai vu M. Ernest à quelques pas de moi. Dans le trouble où m'a jetée cette apparition, j'ai senti mes jambes fléchir... il est accouru pour me soutenir dans ses bras. Revenue à moi, sa pâleur, son regard, son air, son désordre, m'ont glacée d'épouvante ; je l'ai prié, je l'ai supplié de s'éloigner, de fuir!... Il ne se hâtait pas ; j'ai poussé un cri... Alors il a abandonné ma main, et, sortant comme d'un rêve, il a protesté de son respect pour ma personne. Cette expression m'a remplie d'horreur ; j'ai rebroussé pour m'enfuir.

Mais mes forces m'ont trahie... Il s'est jeté sur mon passage, et je l'ai vu à mes genoux !... Charles !... tout ce que le délire peut inspirer... tout ce que le désespoir peut inventer de menaçant... tout ce que la faiblesse peut imaginer de violences insensées !... Je demeurais incapable de fuir, incapable de parler, et l'effroi de me revoir entre ses bras, en m'ôtant un reste de force, allait m'y faire tomber de nouveau... C'est alors que, soit crainte, soit pitié, il a maudit devant moi son audace et m'a suppliée d'oublier, de pardonner ses indignes transports... Dans ce moment un domestique a paru au bout de l'avenue! Je n'ai écouté que ma honte : « Relevez-vous ! me suis-je écriée... Je vous croyais parti, monsieur... Je venais pour consoler votre mère... Conduisez-moi près d'elle, et partez sur-le-champ !»

Il n'a rien ajouté. Je l'ai suivi. Jugez de la surprise de cette dame en nous voyant entrer ensemble !... les larmes troublaient sa vue, un poids énorme semblait être ôté de dessus son cœur, elle m'accablait de caresses... mais j'étais interdite et brisée : M. Ernest gardait le silence. Après quelques instants, il s'est approché de sa mère, il l'a serrée dans ses bras, en lui annonçant son intention de partir sur l'heure ; puis s'étant incliné de mon côté, il s'est retiré. J'ai caché à Mme de la Cour ce qui s'est passé dans l'avenue, et, après une courte visite, je l'ai quittée pour m'enfuir précipitamment à la cure, où j'ai pu donner cours à mes larmes.

Je tremble encore en traçant ces lignes.. Ce trouble me quittera-t-il? J'ai passé une nuit affreuse : à chaque instant je tressaille de l'effroi de ces ressouvenirs. Je devais peut-être vous taire ces choses?... Je n'ai pu. J'en étais obsédée, souffrante, honteuse, jusqu'à ce que je vous les eusse confiées... Ne suis-je pas votre Louise ? Devrais-je vous cacher la trace de ce souffle impur qui a terni mon visage? Non, non, mon bien-aimé, j'ai bien fait, je le sens... Déjà cet aveu ramène la sérénité dans mon cœur.

Votre Louise.

P. S. On ne me dit rien encore. Cette situation ne peut durer, malgré la crainte que j'ai de compromettre la pauvre Marthe. A moins qu'on ne me prévienne, je veux ce soir même parler à M. Prévère.

XCIX

LE CHANTRE A CHARLES.

De la cure.

En réponse à la vôtre je m'en réfère à ma dernière. Du reste vous apprendrez que je suis d'accord. C'est entre moi, Louise et M. Prévère. Bien que vous en disiez, ma fille ne relève que de moi. A regret je vous l'avais donnée, à regret je vous la retire, puisque enfin vous faire peine n'est pas ce que je cherche. Seulement, vous avez mauvaise tête, je l'ai toujours dit, je le vois, et j'agis par sagesse de père.

Pour du mal, je vous en veux si peu, que, moyennant que vous nous laissiez tranquilles, je vous assure de mon affection mieux que par le passé, et serai disposé à vous la marquer à l'occasion. Quant à la montre, l'ayant destinée à mon gendre, vous me la rendrez ; c'est à ces fins que vous trouverez ci-jointe sa valeur en remplacement.

Je ne veux pas contester sur les propos qui sont dans votre lettre. Seulement conviendrai-je que Louise a du trouble; mais j'aime mieux un trouble qui en finisse, qu'un qui dure et recommence : avec vous, elle n'aurait jamais connu la paix. Dès votre bas âge j'ai voulu vous réformer, rétif et emporté que vous étiez, quand votre place était d'être humble et docile ; je n'y ai rien avancé : en voici les fruits. Vous sortez pourtant de mains qui vous ont donné d'autres exemples que ceux que vous mettez en pratique ; mais le naturel est plus fort, et il vous domptera si vous ne le domptez.

C'est à quoi vous devez songer, si vous voulez faire une bonne fin. Aujourd'hui que, libéré de vous, je n'ai de rancune ni secrète ni ouverte, vous pouvez vous fier à mon dire, et je ne veux vous le céler. Sans père ni mère, c'est à force de vous maîtriser que vous parviendrez ; la fierté, qui chez un autre s'excuse, vous porte détriment. Il vous faut peu d'ambition, encore plus de modestie, quand déjà un métier vous aurait mieux convenu qu'une profession. Comme vous commencez la vôtre ! et le bel exemple pour un ministre que de s'être battu comme un vaurien ! Dix ans ne vous laveront pas de celle-là ; et si jamais vous montez en chaire, de quel air prêcherez-vous contre les querelleurs, contre les violents, contre les gens qui soutiennent de coups les mauvaises raisons ? Quand on ne bride pas sa jeunesse, on gâte par avance son âge mûr. Fleur véreuse, poire gâtée. Vous êtes jeune ; mettez-vous à l'œuvre.

Louise sait tout et se conforme. Elle vous écrira encore une fois. C'est contre mon idée; mais je n'ai pas voulu, sur ce point, la contraindre. Que si vous lui répondez, comme je ne vous y invite pas, ce sera votre dernière. J'y compte, aimant mieux me fier que vous témoigner ici défiance. Et d'ailleurs, suivant comme vous serez, suivant vous me trouverez.

REYBAZ.

C

CHAMPIN AU CHANTRE.

De Genève.

La messagère a apporté ta lettre, mais ton jeune homme ne la tient pas encore. M. Dervey a dit qu'elle ne sera remise que lorsqu'il ira mieux. Ses emportements d'avant-hier ont rallumé la fièvre, en sorte que, ces deux jours, il s'est tenu plus tranquille. J'ai questionné le médecin comme il descendait. « La blessure est guérie, m'a-t-il dit ; mais, si ce jeune homme n'est pas plus sage, la convalescence sera longue. Il n'a point de raison. Aucun soin, aucune docilité ; il se joue des ordonnances ; j'y perds ma peine. — Il est jeune, lui ai-je dit. — Allez, c'est un gaillard qui donnera du fil à retordre ! » a-t-il répliqué. Il dit vrai.

Je ne sais donc pas encore ce qu'il en est de ta lettre et ce qu'elle lui apporte. Ça te regarde. En attendant, la Jaquemay tient de son neveu, qui étudie, que l'affaire a fait grande rumeur parmi les robes noires [1]; que vendredi, à leur assemblée, il en fut question, et que plusieurs étaient d'avis qu'après ce scandale il ne peut être admis à se vouer au saint ministère. On y dit que son caractère était violent et fier, en même temps que sa naissance honteuse; qu'ainsi il serait continuellement exposé à se croire insulté et à se battre; qu'il valait donc mieux le détourner, dès l'entrée, d'un état qui n'était pas fait pour lui, plutôt que de le laisser s'y engager pour avoir plus tard à l'en repousser, à son détriment et au grand scandale de l'Eglise. M. Dervey voulut le défendre; mais tout ce qu'il obtint fut que, pour l'heure, on ne déciderait rien, et que l'affaire serait remise à la prochaine assemblée. De ce côté donc, ça va mal.

D'autre part, tout ce qu'il y a de racaille parmi les étudiants a pris parti pour lui; c'est à qui louera sa ferraillerie, à qui ferraillera à son tour. Ils font queue ici pour avoir de ses nouvelles, mêmement qu'ils m'apportent dans mon escalier toute la boue du quartier, sans compter le vacarme. Rétabli, il va se donner encore plus à cette engeance. Hier, ils en huèrent un qui trouvait à redire à la conduite de ton jeune homme, et ils l'auraient battu, n'était le professeur qui survint. Cet un, c'est justement le neveu de la Jaquemay, par qui j'en appris bien d'autres encore.

Si tu avais consulté dans le temps, on t'aurait empêché de t'embourber. Mais les autres t'ont fasciné..... Dieu sait ce qu'il y a dans ta lettre! Je vois d'ici ton Prévère cajolant ou se fâchant, juste de quoi te faire tôper, te menaçant de brouillerie, faisant pleurer ta petite, et toi.... Nous verrons bien. Encore t'ai-je prévenu à temps. Ta petite n'en veut pas mourir, va. Eh! à moi ça! A vrai dire, je n'aurais pas commencé par la livrer aux mains de ce Prévère, pour l'élever à sa guise et t'en faire une raffinée. Par ce moyen, elle est plus à lui qu'à toi : qui se ressemble s'assemble. Il lit dans les livres, elle lit dans les livres; manières de monsieur, manières de demoiselle; dévotion de ci, dévotion de là, et toi, dans ton habit de bure, parlant

---

[1]. La compagnie des pasteurs.

patois plus souvent que le beau langage, tenant la bêche mieux que les livres, tu es mis de côté, on te soutire ta fille, et un beau jour tu t'aperçois que tu es père seulement pour dire amen. Par le même plan, il a fait de l'autre un monsieur, quant il eût mieux fait, s'il voulait l'élever, d'en faire un bon manœuvre, qu'encore ce lui était bien de l'honneur.

Par la servante des Dervey qui sort d'ici, j'apprends qu'il n'aura ta lettre que demain. On l'a saigné aujourd'hui. Ils ne voient pas que c'est l'incertitude qui l'agite. Moi, j'aurais remis la lettre ; car il ne fait que demander s'il n'y en a point ; dans son impatience il voulait me voir. Bonne, elle le guérissait ; mauvaise, il faisait son vacarme ; et puis, après l'orage, le beau temps. Jeunesse est légère : on ne meurt pas d'amour.

Je remets celle-ci à la messagère, avec une commission pour toi : c'est de savoir de Redard s'il a encore de son rouge de mil huit cent onze, et à quel prix.

CHAMPIN.

CI

CHARLES AU CHANTRE.

De Genève.

Monsieur Reybaz,

On me remet votre lettre..... Depuis hier elle était dans leurs mains. Ainsi donc, monsieur Reybaz, Louise m'est ôtée ! Vous voici *libéré* de moi !... Vivez heureux maintenant, et que la paix vous accompagne !

Vous êtes le maître ! Oui, le maître de me perdre, et vous me perdez ! le maître de me ravir jusqu'au moindre espoir, et vous me le ravissez ! Vous êtes le maître ? Ah ! je le sais trop ! C'est là ma misère..... et depuis longtemps, depuis ce jour où l'on me recueillit dans la cour de M. Prévère !... Voilà votre montre ; voilà votre argent. De quel droit me l'envoyez-vous ? Etes-vous le maître aussi de me faire l'aumône ?

Est-ce bien vrai ? Est-ce possible ?... Non ; vous ne me l'avez jamais donnée votre fille. Jamais ! Mais me leurrer d'une façon si cruelle !... Jamais vous ne me l'avez donnée ; ou bien, quels motifs auriez-vous de me la reprendre ?... Non, jamais ! Cela seul est vrai, cela seul explique votre inexplicable cruauté.... Ecoutez cette voix : *Enfant trouvé !* N'est-ce pas, monsieur Reybaz !... *Enfant trouvé !* et le fond du cœur démentait les promesses de votre bouche..... Impitoyable orgueil! et c'est vous qui me défendez d'être fier, qui me commandez de souscrire à vos mépris! Infortuné, misérable que je suis!

Mais vous ne dites pas vrai, monsieur Reybaz..... Entre vous, Louise et M. Prévère? Non; mille fois non! M. Prévère d'accord! Pendant que vous le calomniez, son cœur saigne, il gémit sur son enfant trouvé; s'il pouvait haïr, il haïrait ceux qui le punissent injustement, ceux qui se jouent de sa destinée..... M. Prévère d'accord! Ah! vous ne le connaissez pas, vous le jugez à votre mesure. Lui! il honore les enfants trouvés, il les recueille, il les comble de biens, il n'a pour eux que tendresse et entrailles, il leur revaut tout ce que les mauvais cœurs leur refusent..... M. Prévère d'accord! Ah! gardez-vous de croire, de dire qu'il ait jamais accédé à vos volontés barbares. Comme moi, il cède devant le père de Louise, mais en détestant sa dureté, en gémissant sur mon sort. Faites, faites; mais ne blasphémez pas contre celui qui est la bonté et la compassion même, contre celui que vous ne sauriez seulement comprendre!

Pour Louise..... Grand Dieu! Est-ce donc vrai qu'elle m'est ôtée? Oui, elle est d'accord; oui, vous dites la vérité..... J'en suis certain, elle vous obéit sans murmure. Ah! mais puissiez-vous, je n'y songe qu'avec effroi, puissiez-vous ne pas acheter à un trop haut prix sa soumission!... Monsieur Reybaz, laissez-vous toucher!... suspendez vos coups... imposez-moi l'épreuve que vous désirez..... Mais m'ôter votre fille!... c'est la perdre avec moi..... et plus sûrement encore que moi!...

Pour elle, monsieur Reybaz, j'ose demander grâce; pour l'amour d'elle, daignez m'écouter! Elle m'aimait; et vous savez ce que sont pour elle les affections..... une source de joie, de vie..... ou une source de déchirements funestes, mortels..... Eh bien, souvenez-vous de ces jours encore tout voisins de nous, où elle était si heureuse; venez lire ses lettres, toutes remplies de tendresse et de paix; et désormais, désormais soumise, et m'aimant toujours..... soumise, mais dans le fond de son cœur admirant M. Prévère, blâmant son père, l'accusant peut être... Quels combats! Comment les soutiendra-t-elle? Où trouvera-t-elle des forces, quand déjà, dans une bien plus faible lutte, elle a failli succomber?... Ah! monsieur Reybaz, n'êtes vous donc pas son père? Ce bonheur qui s'approchait, cet avenir si facile, si doux! tant d'heureux, et vous qui le fussiez devenu, vous dont la vieillesse eût été abritée dans le tranquille port de notre tendresse, de notre bonheur et de notre reconnaissance!...

Monsieur Reybaz, j'espère encore, je me jette à vos genoux, avec le seul regret de vous avoir offensé, avec le seul vœu de vous complaire..... humble et docile, comme vous le voulez ; prêt à condescendre à tous vos reproches, à profiter de toutes vos leçons..... Sans père ni mère, comme vous dites ; eh bien, je déposerai toute fierté, toute ambition ; je souffrirai l'outrage sans murmurer ; j'acquiescerai à ma destinée, trop belle encore, trop heureuse, je le sais, si vous m'avez rendu Louise...

Votre affectionné

CHARLES.

CII

LE CHANTRE A CHAMPIN.

De la cure.

Épargne-toi tant d'écritures, et notamment de conjecturer sur l'un comme sur l'autre. Avant tes lettres, j'avais agi en conseil avec moi-même ; de façon qu'écrivant pour me soutenir ou pour me pousser à faire ce que j'ai fait, tu n'en as néanmoins pas l'honneur. Avec ça, je te remercie de la peine, en tant que tu m'écris d'amitié et en te mettant à ma place.

Les scènes du jeune homme que tu me racontes ne m'ont pas étonné. J'y étais préparé, le connaissant emporté et sans frein une fois qu'il lui faut ployer ; à telles enseignes que, tout petit encore, je ne l'ai jamais frotté pour ses méfaits qu'il ne se débattît comme un forcené, tirant plus de mal de sa résistance que des coups, et, de rage, mordant le pré encore longtemps après. D'où je l'ai toujours jugé indomptable, craignant la punition, sans pour cela se contraindre de rechuter. On disait alors : « Vienne l'âge de raison! » L'y voici ; et, dès le début, il applique un soufflet et ferraille comme un mauvais sujet.

C'est dans le sang ; on chasse de race. Le sien ne saurait de prime à bord s'être dévicié. Fils de vaurien qui l'ont pu abandonner sur son grand chemin, après l'avoir engendré dans les bois comme des bêtes fauves, qui s'ira surprendre de ce que dans son naturel, à côté du bon, il y ait encore du mauvais alliage, une crasse d'origine, un résidu d'ingrédients misérables provenant de ses pères? Pourquoi, ainsi que les Redard, de père en fils, sont réputés pour être sûrs dans les marchés, se transmettant la probité (il n'a plus de son rouge de mil huit cent onze) tout aussi bien que leur vignoble, pourquoi tel, qui a gueusé de père en fils, ne transmettrait-il pas à sa lignée tout ou partie de son mauvais penchant? Celui-ci, pas plus haut que ma jambe, picorait déjà, attrapait les primeurs, maraudait dès l'aube, et au crépuscule encore, Je ne lui pleurais pas les corrections : il a dans l'épaule le petit plomb du garde champêtre, et sur le bras la marque des dents du chien des de la Cour, S'est-il corrigé, abstenu? Jamais. Instinct, vois-tu, inclination de race, pente native, que quatre générations n'effaceront pas, à supposer encore qu'il croise avec des honnêtes. De même pour cette rage au châtiment, cette fierté de fer, ces violences indomptables, autant de rejetons d'une souche gâtée. Et s'il a débuté ainsi, bien qu'élevé au bon par un digne homme, qui peut répondre de la fin qu'il fera? Qui sait bien ce qu'étaient ces misérables qui nous l'ont laissé? Qui sait seulement comment ils ont fini eux-mêmes?

Pourquoi les Roset, de père en fils, dans la commune, ont-ils eu l'instinct pour les taupes, de façon que, Pierre Roset défunté sans laisser d'enfant mâle, la commune a dû se passer de taupier? M. Ernest est dérangé? Son père n'était pas un saint, ou bien il vivrait encore. En veux-tu une autre, de preuve, qui va mieux à l'endroit? C'est à Cartigny. Ils avaient là un enfant trouvé de l'hôpital, à qui ils apprenaient le labourage et des gros ouvrages. Celui-ci, sans autres maîtres que les journaliers, avait un bon langage, un ton de monsieur, des idées aussi mêmement qu'il avait empire sur les autres enfants, et, si un avait fait tort au maître, il l'en reprenait. Propre sur lui, le dimanche, au lieu de boire, il lisait dans les livres ; et note bien, seul de la paroisse il chantait si bien à l'église, qu'il en aurait remontré au chantre : c'est Prélaz de Bourdigny. Un beau jour arrive une voiture pour le prendre, et tout le village d'accourir, sans trop de surprise néanmoins, tant ils le trouvaient digne. On l'avait réclamé par son chiffre : c'était l'enfant d'un noble d'Allemagne! Partant, tout ce qu'il avait fait, c'était d'instinct, de race, pour mieux dire, à commencer par la musique, où les Allemands ont le coup,

Ces idées-là, je les ai eues de tout temps, notamment que Thérèse n'en avait pas d'autres et que Louise elle-même, bien qu'élevée en demoiselle, c'est Thérèse trait pour trait. Mais par religion, comme je t'ai dit, et pour ne pas me raidir au vœu de

M. Prévère, comme aussi pour donner le temps à la Providence de se montrer, j'avais condescendu à promettre Louise à ce jeune homme, en tant que corrigé et tendant à son état par le droit chemin. Je n'en tirais ni regret ni gloire, certain de vouloir bien de cœur ce que je voulais, comme pareillement de ne vouloir pas ce que je ne voulais pas ; d'où je suis resté libre, et plus encore que si je n'avais jamais condescendu, puisque, la ténacité et la rancune étant mon défaut de nature, on pouvait toujours, sans cela, dire que j'y avais obéi.

Quand donc est venue cette catastrophe, je n'ai eu ni gloire à dépouiller ni regret à avoir. Je n'ai eu ni scrupule envers M. Prévère, à qui j'avais satisfait ; ni remords de religion, y ayant obéi auparavant dans la vérité de mon cœur ; ni doute envers la Providence, laquelle, pour l'avoir laissé faire, m'a donné un avertissement assez haut pour que je l'écoute à deux oreilles. Bien plus, ayant pour pratique de consulter la mémoire de ma chère et honorée femme, à telles enseignes que c'est par cette pratique que j'avais le mieux dompté ma rancune contre le jeune homme, vu que Thérèse était compatissante et sans haine, j'ai jugé combien cette catastrophe l'aurait épouvantée, et que pour rien au monde elle n'aurait commis sa Louise à un ferrailleur, sans compter sa naissance, et qu'il est clair que, sans bien, sans état, il se comporte tout contrairement à celui qu'il a choisi, dès l'entrée s'en fermant la route. Restait Louise pour seul obstacle, mais qui me gênait sans m'arrêter, jugeant qu'il est d'un mauvais père de ne savoir pour un peu de mal en prévenir un plus grand, et d'engager tout l'avenir, crainte d'affliger le présent. Aussi le mercredi, que justement la pluie arrêtait les ouvrages, je rôdai ma journée à l'écart, pour délibérer à l'aise ; puis, revenu, j'écrivis mon billet à Charles inclus dans la tienne, sans que depuis j'aie eu à dévier de mon dessein, et que, bien au contraire, chaque chose depuis, et notamment tes lettres avec ce qu'elles m'apprennent, m'y ont confirmé.

Aussi, laissant Louise pour après, j'ai attendu le retour de M. Prévère : c'était le samedi ; il savait donc ma lettre à Charles où je reprends ma fille. J'allai le trouver dans sa chambre ; mais rien ne se passa comme tu prédis, toi, Champin, en ce que, si M. Prévère est faible et trop débonnaire, il ne fut jamais câlin et rusé aux fins de se décharger sur les autres. En cela tu t'abuses, et tu serais malicieux avant que lui soit bon apôtre : j'entends homme de belles paroles plutôt que de bonnes actions. Il voulut d'abord m'effrayer sur ma résolution, prise trop vivement; je le laissai dire. Il parla sur le jeune homme, aux fins de m'apitoyer ; je lui dis que, quant à sa position, je la savais par cœur, notamment que j'étais prêt à entrer en part dans son entretien et à l'en soulager d'un tiers. Alors il me parla de Louise aux fins de me montrer le danger pour elle de rompre cet attachement; je lui dis que, quant à Louise, justement je redoutais plus la continuation que la rupture de cet attachement; qu'à moi, son père, c'était mon motif principal, et qu'au surplus de cette responsabilité-là, je m'en chargeais, comme juste, tout seul, regardant cela comme ma tâche première.

Me voyant ainsi résolu et cuirassé sur tous les points, il me dit : « Je vous trouve trop sévère, monsieur Reybaz. Je crains que vous n'ayez à vous repentir de votre précipitation; je voudrais ébranler vos convictions, pour votre bien même, pour celui de Louise, indépendamment de tout celui que je souhaiterais à mon pauvre Charles.... Mais si vous me réduisez à ne vous plus donner de conseil, si ce sont là vos volontés dernières comme père, alors vous ne me laissez que l'alternative de m'y soumettre.... J'avais voulu.... » Et il est resté court, de l'amertume qu'il avait. Je lui ai pris la main : « M'est avis, lui ai-je dit, monsieur Prévère, que vous avez toujours voulu le bien. Nous différons de conseil et non pas d'intention. Ma plus majeure peine, c'est de ne pas vous complaire ; mais c'est bien vrai que c'est ici comme père que je dis mon idée, et, si elle est fausse, ce n'est pas manque de l'avoir délibérée, à tant que je n'y saurais rien changer. — Tant pis, a-t-il repris; elle est funeste, votre idée, j'en ai la conviction profonde.... C'est trop tard.... Si vous persistez, je ne vous entraverai pas... mais je manquerais à l'amitié que je vous porte, monsieur Reybaz, si je ne vous laissais voir que je trouve votre résolution plus dangereuse encore que dure et cruelle. » Je n'ai pas voulu le contredire, et on s'est séparé froidement.

Champin, ne médis pas de ce pasteur : je le connais, et non pas toi. Ce qu'il veut me faire faire, il le ferait, et je tiens pour certain que, s'il avait une fille à donner à son Charles, il la lui donnerait, comme c'est sûr que je t'écris. D'accord avec toi que ça ne fait pas que je donne la mienne à cet emporté ; mais ne parle pas mal de ce pasteur, ni de sa paye qui va au malheureux, ne faisant que passer par ses mains. C'est à le voir faire que moi, serré de nature, étroit de patrimoine, j'ai appris à ne pas trop cumuler, comme j'y étais enclin, et comme c'est la pente de tous par nos campagnes. Et quand tu dis que, donnant l'argent des autres, ils en ont tout l'honneur, tu te trompes, quant à ce pasteur-ci, de toute la hauteur qu'il y a du ciel à la terre, puisque jamais âme vivante ne fut moins fière ni plus modeste à l'égard des biens qu'elle put répandre. De lui se peut dire, plus que de qui que ce soit, que *sa droite ne sait pas ce que fait sa gauche.* Cet homme a ses défauts, étant issu d'Adam; mais il est certain qu'ils sont de ceux-là dont les autres se feraient encore les plus belles qualités, ainsi que des haillons du riche nous nous endimancherions nous autres.

En effet, depuis tantôt cinquante-six ans que je regarde faire les gens, je trouve que, où le péché abonde, c'est dans le trop grand amour de soi, comme aussi à dévier en dedans du cœur de la vraie droiture, ce qui mène à ces faussetés que nous voyons de partout et qui salissent le monde. Ces deux choses ôtées, la miséricorde de Dieu aurait moins à faire. Mais c'est en cela que notre nature est corrompue et que, sans la grâce de Dieu, nous serions tous damnés, connaissant la loi et l'observant si peu. Eh bien, Champin, si ce n'était péché que de le dire, j'avancerais que M. Prévère est, sur ces deux articles, prêt à comparaître pour être sauvé par ses mérites, et que ceux de notre Sauveur et Seigneur Jésus-Christ lui seraient un ornement plus qu'une nécessité pour entrer en paradis. S'il aime quelqu'un, ce n'est pas lui; s'il fait du bien, du repos, ce n'est pas à lui; s'il travaille de l'esprit ou du corps, s'il laboure, s'il ensemence, c'est pour les malheureux, sois certain, Champin, et sans rien ôter aux heureux. Et pour ce qui est de dévier de la droiture avec soi-même, quel besoin en aurait-il, se comptant pour rien et n'ayant d'intérêt que le vôtre? Seulement, portant trop loin ces vertus, quand, pour bien dire, il vit parmi des hommes et non parmi des anges, il en peut abuser, et, une fois sa part à lui donnée, mal faire celle des autres. Il y a des devoirs encore par-dessus la bonté. Par compassion, il veut donner ma Louise à son jeune homme; est-ce à dire que moi, ayant à répondre du bonheur de ma fille, mon devoir ne doive prévaloir sur sa charité même?

Sous ses soins, que penses-tu que serait devenu un garçon ordinaire? Eh bien, celui-ci n'y a rien su profiter. De la douceur de son maître il a fait violence; de son humilité, fierté; de sa bonté, malice; de son respect des autres, nuisance pour les autres, transformant ainsi tout le bon en mauvais, hormis qu'il n'est chiche ni de son argent ni de celui d'autrui, mais sans discernement : notamment qu'un jour, ayant habillé de ses habits neufs un petit malheureux qu'il rencontra laissé nu dans un fossé par des malfaiteurs, il s'en revint à la cure mettre, lui, les habits vieux qu'il eût mieux fait de lui donner. Pour Louise, au contraire, d'accord avec toi que je regrette qu'elle ne soit pas paysanne, et c'était bien le plus sage; mais de dire qu'elle n'ait pas pris de M. Prévère tout le bon qu'il a voulu lui donner, tant pour le cœur que pour l'esprit, ce serait lui faire injure. Ainsi qu'une plante tirée d'un bon sol, elle a crû aux eaux du ciel en fleurs et en parfums; mais l'autre, mauvaise herbe, a poussé en épines et en aiguillons. Qu'est-ce à dire, si ce n'est qu'issus de races diverses, le sang les pousse à des destinées opposées : que, profitant des mêmes exemples, l'instinct les porte vers des penchants autres? Et où serait, Champin, la justice de Dieu, qui punit jusqu'à la troisième et la quatrième génération, si de la première on était sain et purifié?

C'est donc sans rancune, Dieu m'est témoin, sans rancune contre M. Prévère que j'agis au rebours de ton idée; c'est sans rancune aussi contre cet enfant, et prêt à lui faire du bien, quand même il m'insulte dans sa lettre, que je lui retire ma Louise, la fille de ma Thérèse, dont, par la mort de sa mère, la garde m'est confiée jusqu'à ce que j'aille en rendre compte à qui de droit. J'agis avec droiture, selon mes lumières; non que je les mette au-dessus de celles d'un digne pasteur, mais parce que, en ce qui touche son enfant, celui qui l'a fait peut, sans faire tort à personne, se croire le mieux éclairé et s'en prévaloir selon l'occurrence.

Après quoi, j'en suis venu à Louise. Pour bien te dire, depuis sa dernière, elle s'était refaite, ayant repris ses couleurs, et aussi de la gaieté et de l'entrain pour toutes choses. D'ailleurs, Champin, je ne me cachais pas qu'elle aime ce garçon, ne fût-ce que par bon cœur et en tant que M. Prévère lui est si affectionné; mais elle ne l'aime pas comme les filles aiment les garçons, j'entends qu'elle n'est pas son amoureuse ni faite pour l'être, de lui ni d'aucun autre. Rien que la pudicité l'en empêcherait : non pas qu'elle s'approche de ces idées, mais bien en avant d'elles elle s'arrête de peur; aussi ai-je souvent songé qu'elle n'est pas faite pour le mariage, notamment à voir que celles qui restaient filles lui faisaient comme du contentement. Que si jamais elle y vient, elle aura tant à vaincre, que ce sera bien autre chose encore que Thérèse, qui, plus d'un mois durant à compter de la noce, versait des larmes et vivait recluse, se plaisant plus seule qu'en ma compagnie. Ce n'est donc pas de lui ôter l'époux qui la saurait toucher grandement, et je parierais encore que ce serait la soulager de ce qui la trouble que de lui ôter l'attente du mariage, moyennant qu'on lui laissât poursuivre l'attachement sur le pied qu'il a cheminé jusqu'ici. En ce dernier point seulement, je l'ai réellement chagrinée.

La trouvant donc mercredi seule aux Acacias : « Louise, que je lui ai dit, si je veux faire ton bien, te trouverai-je soumise et raisonnable ?... » Mais elle, comme se doutant de quelque chose, est devenue pâle, et, toute tremblante, m'a prié de rentrer à la cure, où, s'enfuyant, je l'ai suivie.

C'était dans sa chambre.... Ses larmes coulaient à fil, j'ai voulu attendre. Mais elle : « Avant que vous me parliez, mon père, grâce, grâce pour Charles! » Et elle est tombée à mes genoux, prenant mes mains dans les siennes... « Louise, lui ai-je dit (car j'étais résolu à cause de son propre bien), Louise, si je veux agir comme j'ai jugé bon pour toi, te trouverai-je soumise et raisonnable ?... Soumise, a-t-elle dit, toujours!... au prix de ma vie.... mais ayez pitié de lui, mon père!... » Je voulais abréger cet ébranlement qui lui est funeste : « Louise! ai-je redit pour la troisième fois plus fermement, je suis ton père, te trouverai-je soumise? » Alors elle s'est relevée, les pleurs ont cessé tout à coup, et, assise devant moi, elle est demeurée immobile; en telle façon que j'hésitais à poursuivre, ayant bien sa soumission, mais n'ayant pas son oui. Et comme j'avais l'air d'attendre, au bout d'un moment, comme en sursaut : « Je vous suis soumise, a-t-elle dit, mon père. »

« Je n'en doutais pas, lui ai-je répliqué. Louise est Louise. Voici le plus difficile qui est fait. La raison achèvera. Il ne s'agit pas de châtiment, et partant, de grâce non plus. Je lui veux du bien à ce jeune homme. De ma bourse, je l'aiderai L'abandonner? il n'en est pas question. On le secondera à bien faire, on le tournera vers un autre état qui mieux lui aille, on ne le laissera à lui-même qu'une fois bien établi et en demeure d'arriver à bonne et due fin.... La seule chose, c'est que, lui refusant le mariage avec Louise, il faut qu'entre eux tout commerce cesse. Car, qui veut la fin veut les moyens. C'est en ceci que je **demande ta soumission.** »

Elle avait comme du frisson et du tremblement : « Ménagez-moi, mon père, murmurait-elle... ayez pitié !... J'avais surmonté... et voici une nouvelle lutte... aurai-je assez de forces ?... » Puis se jetant de nouveau à mes pieds : « Ah ! grâce pour moi !... pour moi seule, mon père ! » Et elle a derechef fondu en larmes. D'où, la voyant dans cet état, je m'en suis allé, renonçant à la contraindre.

M. Prévère, l'ayant de sa chambre entendue gémir, est descendu en cet instant auprès d'elle ; puis il est revenu à la charge auprès de moi : « De trop, lui ai-je dit, monsieur le pasteur, puisque aussi bien je ne demande plus rien. J'ai fait ma tâche, voulant détourner cette union que je regarde comme un grand malheur ; mais je connais que c'est à moi maintenant de me soumettre. Dites à Louise qu'elle est mon enfant, moi son père, et que pareillement elle a ma bénédiction. »

Il n'a rien surajouté ; et moi, vaquant aux ouvrages, mêmement que je me mis à compter dans la cour des fagots de sarment qu'on était à décharger, je contenais, par ainsi faire, la véhémence dont j'étais remué. Le soir venu, on s'est mis à table, M. Prévère à côté, la petite en face, qui ne mangeait pas, mais semblait plus tranquille. Au moment du bonsoir, c'est M. Prévère qui a pris la parole, disant ceci à peu près :

« Je vous parle à la place de Louise, monsieur Reybaz ; c'est elle qui m'en a prié, parce que, déjà ébranlée, elle se méfie de ses forces, et qu'elle veut éviter un attendrissement qui les épuise et qui vous afflige. Louise vous est soumise, monsieur Reybaz, elle vous l'a toujours été, même en vous demandant grâce. Elle ne récuse ni vos lumières ni votre autorité ; elle ne saurait goûter aucun bonheur en dehors du vôtre et en dehors de son premier devoir, qui est de vous complaire. Son affection, avant tout, lui commande de se conformer à vos volontés, qu'elle sait ne vous être dictées que par votre tendresse pour elle. Elle s'y conformera donc avec fidélité, en se prêtant à tout ce que nous conseillera notre expérience pour adoucir son regret ou pour relever ses forces, comme aussi en vous demandant l'unique permission d'écrire à Charles une seule fois, pour lui annoncer elle-même la séparation que vous désirez. Je n'ai pas besoin de vous dire, mon vieux ami, a-t-il ajouté, que je suivrai pour ma part l'exemple que me donne votre fille, et que je continuerai mes rapports avec mon protégé, en respectant toutes vos vues dans la nouvelle ligne qui m'est tracée. »

Après qu'il a eu dit, on s'est embrassé en silence. Seulement, j'ai recommandé à Louise de ne pas veiller après cette fatigue, présumant qu'elle pouvait bien s'aller mettre à écrire.

Voilà, Champin, comme tout a été arrangé; de façon que, s'il plait à Dieu, ma fille est sauve, et moi, je suis libéré d'un mal qui me dure depuis que je connais cet enfant. Tout ceci pour toi, et pour nul autre; ainsi gouverne ta langue, que je sais vagabonde.   REYBAZ.

CIII

M. DERVEY A M. PRÉVÈRE.

De Genève.

Je suis fâché de vous causer du dérangement, mon cher confrère; mais, si vous pouvez venir passer deux ou trois jours à la ville, votre présence y est bien désirable. Notre jeune homme est fort mal, et le médecin ne nous cache pas la gravité de son état. La fièvre avait diminué, lorsque la dernière lettre que nous lui avons remise a amené un redoublement très-vif. Cette nuit, il y a eu un peu de délire; dans ce moment, l'assoupissement commence à succéder.

Quelle fâcheuse affaire que ce duel, et que j'entrevois de chagrins et d'embarras à la suite de cette grave imprudence! Vous ignorez peut-être, mon cher confrère, que son entrée en théologie a été ajournée, quoique j'aie pu dire pour prévenir cette mesure. C'est vendredi passé qu'eut lieu la délibération, et, bien que l'on fût disposé à excuser le jeune homme, qui a inspiré de l'intérêt à tous ceux qui le connaissent, l'on a jugé absolument nécessaire de faire ce sacrifice à la crainte d'établir, par trop d'indulgence, un précédent funeste. Et il faut convenir que l'éclat fâcheux qu'a eu cette affaire motive jusqu'à un certain point cet arrêté, que je vous transmets avec un véritable chagrin.

Ne voulant pas retarder le départ de ma lettre, je remets de plus amples détails au moment où j'aurai le plaisir de vous voir.

Votre affectionné   DERVEY.

CIV

M. PRÉVÈRE A M. DERVEY.

De la cure.

Mon cher confrère,
Des motifs impérieux m'empêchent de partir sur l'heure; je

serai demain à la ville. En attendant que je vous remplace auprès de Charles, faites-moi l'amitié de ne pas le quitter. Dans l'état de crise où il se trouve, je ne saurais me fier qu'à vous.

Que la Providence veille sur cet enfant, si digne d'être aimé, malgré ses défauts, et pourtant tellement malheureux, abandonné, que, si dans ce moment Dieu le retirait à lui, ce serait sans doute un effet de sa divine bonté.

Ne me plaignez point, mon cher confrère, bien plutôt laissez-moi vous demander pardon de tout l'embarras que vous cause cette longue maladie et du chagrin dont elle est sûrement l'occasion pour votre bon cœur. Ou plutôt, bénissons ensemble notre bon Maître, qui permet à notre charité quelque exercice.

Que votre portier n'instruise personne ici de l'état de Charles; ce serait aggraver la situation, déjà bien misérable, qui me retient encore pour quelques heures.

L'arrêté dont vous me parlez renverse de bien chères espérances; il m'est cependant moins pénible, maintenant que de plus chères encore sont détruites.

Recevez mes amitiés bien sincères. PRÉVÈRE.

CV

CHAMPIN AU CHANTRE.

De Genève.

On répondra à la tienne plus tard. Ce mot-ci pour ta gouverne. M. Dervey sort d'ici pour m'enjoindre de ne pas t'écrire que le jeune homme est *fort mal, extrêmement mal.* Fort bien, monsieur Dervey.

Comprends-tu l'affaire? C'est combiné entre le jeune homme et lui, sachant bien entre eux que moi, dont ils ont méfiance. Piqué au jeu par leur défense, je ne manquerai pas de t'écrire bien vite que le jeune homme est à la mort. Alors tu te rétractes, et le jeune homme est guéri.

Le fait est qu'il va mieux, et, dans ce moment, dort comme une souche. Encore cette nuit il faisait bacchanal contre toi. Tiens-toi donc pour averti, et que s'il y avait mal réel, je ne suis pas là pour te le taire.

Adieu, l'ancien.

P. S. Tiens! une incluse de lui. Homme qui écrit n'est pas mort. C'est pour votre Marthe ; il l'a écrite dans son lit, à l'insu de M. Dervey, priant la servante de me charger de la faire parvenir à la cure. Je te réponds que cette lettre-là est ployée de sens rassis! Pas moyen d'y guetter un mot. Remets-la donc, et tâche de savoir.

CVI

CHARLES A MARTHE.

De Genève.

Marthe,

M. Prévère m'abandonne-t-il aussi ?... Oh! que j'aimerais le voir!... un instant seulement. Plus que lui! Marthe, plus que toi!... plus rien. Que le bon Dieu me retire!

Si tu peux faire savoir à M. Prévère... Oh! que je souffre! Marthe... Soigne-la beaucoup. Que de choses!

Je voudrais voir M. Prévère... Dis-lui que je voudrais le voir... Supplie-le, Marthe, pour que je le voie.

Adieu.

CVII

JACQUES [1] A MADAME DE LA COUR.

Verrèze, dans le val d'Aoste.

Comme madame m'a recommandé, je lui donne des nouvelles de not' monsieur, d'autant mieux à propos que j'imagine que madame n'en a point encore, not' monsieur n'ayant guère le cœur à écrire, tout désœuvré qu'il est, sans quoi il m'aurait donné des ordres pour porter à la poste. J'ai pris la liberté de l'y faire penser, et, sans disconvenir, il s'en est tenu à ne pas s'y mettre.

Pour bien dire, les premiers jours, on a eu assez à faire à cheminer, et, à un endroit par ces montagnes, où on s'est arrêté trois jours, c'était un trou qu'il n'y avait pas dans la banlieue une goutte d'encre, ni une plume, que celles qui sont aux poules, encore qu'ils n'en ont pas, le pays étant froid et donnant peu de grain, à raison des froidures, qui commencent tôt et finissent tard, par rapport aux montagnes. Un pays de loups, et encore

1. Domestique de M. Ernest.

que notre cabaret de Chevron est une bien superbe auberge à côté du bouchon où nous sommes restés ces trois jours, sans qu'à vrai dire j'aie bien su pourquoi. Mais not' maître étant taciturne, je ne lui ons rien questionné, me bornant à siffler pardevant la porte, et aider aux gens à qui j'ai appris comment on bouchonne une bête. C'est la paille qui leur manque.

Après quoi, les mauvais temps venus, on s'est racheminé, mais je n'y voudrais pas repasser. C'est par la montagne de Saint-Bernard, où ils tiennent auberge par là-haut, quinze curés, et des chiens qui feraient du nôtre une bouchée. On n'y paye rien, d'où j'y ai bu un coup de plus, par rapport au froid qui y est sec comme chez nous fin décembre, sans compter la neige, dont nous étions blancs comme des pénitents. Y avait du monde, not' maître a voulu repartir demi-heure après ; et de là nous sommes venus en deux jours jusqu'à ce village-ci, où nous avons pris pied depuis tantôt trois semaines.

Voilà tout jusqu'ici. Not' maître n'est ni bien ni mal, mais pas gai, c'est certain : à preuve que de tout ce temps il ne m'a pas dit un mot de parole, et que si j'essayais de jaser, ayant ramassé par l'entour des nouvelles, il me priait d'aller jaser ailleurs, ne se souciant de quoi que ce soit, pas plus que de rien du tout. Comme madame m'a tant recommandé de tout dire, sauf respect, je lui dirai que ce qui m'a le plus fait peine, c'est à voir comme not' monsieur s'est rangé à la sagesse, pour laquelle, bien portant, il n'avait pas de pente, ayant toujours quelques propos pour les fillettes, et pour les demoiselles des galanteries qui le faisaient bien vouloir, pour cette fois, il n'a pas bronché, fuyant toute personne, et les demoiselles aussi ; même qu'il y en a une ici qui est une merveille d'Italie, qu'il n'a pas seulement tourné les yeux sur elle. Des Anglaises l'ont fait fuir de Saint-Maurice, comme d'un repaire, et bien jolies encore, notamment qu'une donnait de l'air à mam'selle Louise de la cure.

Pour moi, je le dirai à madame, je n'aurais jamais cru que d'avoir piqué un mauvais drôle entre les côtes, et encore sans lui faire grand mal, ça pût vous changer un homme à ce point, et de gaillard et dispos vous le faire sombre comme une porte de prison. A savoir maintenant quand nous serons à Turin. Il se lève de grand matin, et s'en va courir à une masure de revenants qui est là-haut sur un rocher, comme vous diriez bien la tour Gosse à Salève, et il y passe sa journée à regarder l'herbe, tout farouche, et parlant plutôt aux bêtes qui sont à paître qu'à

moi, lorsque j'y monte pour voir un peu. Le soir il revient
dîner, et puis se couche pour recommencer demain. Les neiges
sont encore sur les hauteurs, et je les voudrais dans la plaine,
pour qu'elles nous chassent de ce trou où la vie se consume à
rien du tout; car, après l'auberge et des charbonniers qui sont
noirs comme des taupes et travaillent par les bois, il n'y a pas
plus de société que sur ma main. Avec ça qu'ils baragouinent
une langue que le diable n'y comprendrait rien, et que je suis
là à savoir comment ils s'entendent.

Madame me ferait plaisir de dire à not' père qu'on se porte
bien, et que par ici le vin est pour rien, si seulement ils savaient
le soigner.

On a celui de saluer madame avec respect. JACQUES.

CVIII

M. PRÉVÈRE A MARTHE.

De Genève.

Ainsi que je vous l'ai promis, ma chère Marthe, je viens vous
donner des nouvelles de votre Charles. Je ne vous cacherai pas
que je l'ai trouvé bien malade et bien changé. Il était assoupi
quand je suis entré dans sa chambre, et la fièvre l'agitant, il
prononçait quelquefois mon nom. Bientôt après, ayant ouvert
les yeux, il m'a reconnu, non sans quelque hésitation; des larmes abondantes ont alors coulé de ses yeux, et, dans les caresses qu'il m'a faites, sans toutefois parler, j'ai trouvé bien de la
douceur et lui quelque soulagement.

Je ne l'ai plus quitté; aussi bien m'a-t-il pris la main dès le
commencement de l'entrevue, comme pour me retenir auprès
de son lit. La ruine de ses plus chères espérances, détruites si
subitement et sans retour, l'a frappé d'une idée d'abandon et
de délaissement, et c'est sous cette forme que s'est manifesté
son délire. Il avait demandé à plusieurs reprises qu'on me
montrât à lui, et, dans ses transports, il croyait que les personnes qui le soignent d'ailleurs avec toutes sortes d'affections
lui cachaient ma mort. J'attribue à cette idée qui l'agitait le
bien que paraît lui avoir apporté ma présence. Mais il est
d'une maigreur extrême, et la tristesse de son regard, ordinairement si expansif, m'a causé une vive peine.

Ma chère Marthe, cet enfant qui vous doit tant et que vous

avez soigné avec une affection si méritoire et si aimable, il ne lui reste plus que nous deux qu'il puisse aimer sans contrainte parmi ceux qui se partageaient son cœur ; nul autre que nous deux ne se trouve associé aux souvenirs et aux courtes joies de son enfance, nul autre à ce sentiment si ancien, si fort, si rempli de bonheur, qu'il lui faut aujourd'hui briser, si encore ce sentiment ne le brise lui-même. Le monde où il entre a peu de temps à donner aux malheureux, et sa situation, sa naissance, ne l'appellent pas à trouver beaucoup d'amis. Ainsi son cœur, si avide d'affections, se portera vers nous, les seuls débris du naufrage où s'est perdue cette destinée que j'avais crue dans le port. Vous ne lui manquerez pas, ma bonne Marthe, et n'ayez crainte que je dise ceci comme pour prémunir mon Charles contre votre abandon. Je vous honore trop pour cela, je sais trop quelle douce chaleur la piété fait vivre dans votre cœur modeste ; et qu'il me soit permis de vous rendre ici cette justice, que, dans cette œuvre où je m'étais proposé de revaloir quelques joies à une pauvre créature déshéritée de tous biens, c'est dans la bonne Marthe que j'ai rencontré le plus constant, le plus modeste et, à mes yeux, le plus précieux appui.

Mais, ma chère Marthe, il faut tant de prudence dans le bien, tant de vigilance pour y atteindre, que si j'ai à vous prémunir, c'est contre les mouvements de votre propre bonté, bien plus que contre un abandon dont je vous sais incapable. C'est pour cela que, pendant que le sommeil calme et restaure notre malheureux ami, j'emploie ces loisirs à m'entretenir quelques instants avec vous sur une situation que vous pourriez aggraver plus que personne par la moindre imprudence.

Vous savez tout ce qui s'est passé ; je ne reviens point là-dessus. Mais je redoute quelque erreur de votre jugement, à l'égard des personnes qui jouent un rôle dans ces tristes événements ; et j'ai à craindre que votre fidélité, ne sachant vers laquelle d'entre elles se porter au milieu de ce conflit de vœux et d'influences, ne commette quelque déviation qui serait funeste à ceux-là mêmes vers lesquels inclinent vos sympathies. Eh bien ! Marthe, que je vous le dise : cette fidélité, vous la devez avant tout à M. Reybaz, non pas seulement parce qu'il la mérite pleine, entière, mais parce qu'il y a droit avant tout autre, avant moi-même, qui vous ai trouvée à son service et engagée par lui lorsque je vins m'établir à la cure.

Que ce soit là pour vous, ma bonne Marthe, la règle de

toutes vos actions, à quelques sollicitations que vous puissiez être en butte de la part de votre propre bonté, car c'est le seul ennemi que j'aie à combattre en vous. Si vous ne la perdez jamais de vue, cette règle, que d'ailleurs vos sympathies soient libres ; et c'est la joie du chrétien que d'aimer les malheureux, les souffrants, les déshérités.... aimez, aimez, bonne Marthe.... L'amour sanctifie, la charité est le sceau de ceux qui sont à l'Évangile, elle est la foi et la vie.... le vrai, le seul signe auquel Dieu reconnaît ses enfants !

Mais ne refusez justice à personne, ne fermez votre cœur à personne ; et, si M. Reybaz vous paraît dur envers deux enfants que vous chérissez, gardez-vous, Marthe, de vous abandonner légèrement à un jugement trop sévère. Quels que soient ses motifs, ils sont sacrés, car il est père ; ils sont respectables, car M. Reybaz est un homme d'une rare droiture ; car, s'il se trompe dans ses vues, si, à son insu même, des préjugés l'influencent, tout au moins agit-il selon ses lumières, et conformément à ce qu'il regarde comme l'intérêt d'une fille qui est bien certainement ce qu'il a de plus cher au monde. A tous ces titres, il mérite les égards, les procédés sincères, la bienveillance de tout le monde, mais de vous surtout, Marthe, pour qui il fut un maître doux, juste, souvent généreux, en tout temps reconnaissant des soins de mère qu'il vous admit, avec une honorable confiance, à donner à sa fille.

Que ce soient donc là, Marthe, les sentiments qui vous animent et les principes qui règlent toutes vos démarches dans la position difficile où vous vous trouvez avec moi, et où, plus que moi peut-être, vous êtes exposée à dévier de cette ligne étroite qu'il nous reste à suivre. Tout ce qui pouvait être tenté ouvertement pour détourner M. Reybaz de sa résolution, je l'ai tenté en vain ; maintenant il serait honteux et criminel d'en entraver l'accomplissement par ces secrètes influences, par ces voies douteuses où n'entrent jamais les âmes sincères et délicates ; il serait mal de nourrir chez sa fille ou chez Charles des espérances qui leur sont retirées par celui qui a le droit de les leur retirer ; il serait dangereux autant que coupable de favoriser une correspondance défendue, si jamais notre pauvre Charles, égaré lui-même par les suggestions de son cœur désolé, y cherchait un remède à ses chagrins.

Voilà, ma chère Marthe, ce que je voulais vous dire. En deçà de cette limite, que nous ne franchirons pas, consolons ces pauvres affligés, associons-nous à leurs peines, implorons sur eux les secours de la bonne Providence, mais surtout ayons confiance en ses voies, quelque cachées qu'elles soient pour nos faibles yeux, et soyons certains qu'au-dessus de ces vicissitudes passagères qui nous semblent si amères, sa justice et sa bonté demeurent : elles veillent, elles apprêtent dans l'éternité le bonheur au juste, la joie à l'affligé, la récompense au fidèle, à chacun la part que ses infortunes ou ses vertus lui auront méritée.

Votre affectionné   PRÉVÈRE.

CIX

LOUISE A CHARLES.

De la cure.

Il m'est permis de vous écrire encore une fois.... J'essaye aujourd'hui de recueillir mes forces ; je veux les employer toutes à vous parler avec calme. Vous m'écrirez aussi, je vous le demande, mais je vous supplie à l'avance de ménager l'état où je suis ; je vous supplie de respecter mon père, de soutenir sa fille. Tout m'accable, tout m'effraye, jusqu'à ces lignes que j'attends de vous. Que ne puis-je dès cet instant être assurée que le courage, la modération, ou, à défaut, la pitié vous les aura dictées !

Je n'ai rien à vous raconter. A une volonté sacrée pour moi, j'ai dû céder. J'obéis, je veux obéir, et il est de mon devoir, Charles, de vous le déclarer ici.... Que si, après cela, il vous est de quelque consolation de savoir à quel prix, je le dirai ; quels sont mes vœux, je le dirai encore. Je ne sais pas feindre, et la contrainte qui me fut toujours odieuse n'est ici plus de saison.

J'obéirai sans réserve comme sans murmure. J'aime, je chéris mon père, lui, rempli pour moi de la plus profonde tendresse ; lui, si sincère, si vénérable, et en toutes choses ne cherchant que mon bonheur. J'obéirai sans l'aimer moins pour les maux qu'il me cause.... D'ailleurs, vous le dirai-je ? Au milieu de ce trouble, au milieu de cette nuit où me voici replongée, ce m'est une consolation, et comme une lumière qui me guide, d'éprouver qu'en même temps qu'il a brisé mon cœur, mon cœur ne s'est point retiré de lui. A ceci, je puis reconnaître encore que j'ai gardé la ligne du devoir. Heureuse donc de n'avoir du moins pas bronché! Heureuse d'avoir appris de si dignes guides à reconnaître, parmi tant de sentiers divers, celui qui conduit aux moins affreuses rives!...

J'obéirai, Charles, je veux obéir. Loin de moi toute docilité feinte, toute trompeuse réserve! je succomberais, je mourrais plutôt que de trahir la juste confiance du digne père que m'a donné la Providence. Mais.... serais-je seule?... me trompé-je? Non, Charles, Charles lui-même, Charles, l'élève et l'ami de M. Prévère, Charles, à qui sont acquises mon estime et ma tendresse, Charles m'approuve, il me soutient; si je ne me sépare pas de lui, il ne se sépare pas non plus de moi, il se fait mon frère, et, uni avec moi dans un même respect pour l'auteur de mes jours, il ploie aussi sans murmurer....

Voilà, mon ami, ce que j'espère, ce en quoi je me confie, ce qui peut seul alléger ma peine. Que mon cœur rassuré vous parle maintenant sans contrainte.

Que je vous aime, Charles, que vous soyez celui à qui j'avais volontairement et avec joie engagé ma destinée et mon cœur, c'est ce que je n'ai plus à vous dire. Mais si par une gêne naturelle, ou par l'effet des préoccupations d'une âme soucieuse comme la mienne, j'ai pu vous paraître souvent bien froide ou bien réservée, que la douleur et le découragement qui m'accablent aujourd'hui vous soient un triste témoignage des sentiments que je nourrissais, de la force de cette attache qu'il faut briser, de l'infinie douceur avec laquelle je voyais ma vie liée à la vôtre, et mes alarmes trouver dans votre affection leur plus doux refuge! Ah! Charles, détournons nos yeux de ces joies taries!... Que ne puis-je en effacer la trace? Que servent ces retours sur le passé? Si l'espoir est ôté, du moins n'aggravons pas les regrets; que plutôt, avant de quitter pour jamais ce sujet, j'achève de vous ouvrir mon cœur.

Nous ne serons point l'un à l'autre; nos destinées sont désormais séparées et, pour de longues années du moins, nulle relation, nulle correspondance ne devra subsister entre nous: c'est là le vœu auquel j'ai souscrit, auquel je serai soumis avec fidélité.... Mais au delà, je reste libre, ou plutôt au delà ma volonté serait impuissante: et si mon cœur s'est donné à vous, mon ami, il ne se sera donné qu'une fois. Aussi bien que mon estime, ma plus tendre affection vous demeure, elle vous accompagne, elle vous suivra en quelque lieu que se poursuive votre carrière, elle trouvera sa plus vive joie à apprendre que vous rencontrez les succès et le bonheur dont vous êtes digne et que la Providence vous réserve, je n'en doute pas, si aux talents et aux qualités qui vous distinguent vous savez unir le courage, et tempérer par la résignation la trop vive fougue de votre caractère.

J'éprouve de l'embarras à vous dévoiler toute ma pensée ; cependant il le faut, les moments sont précieux. Charles, écoutez-moi, c'est mon cœur qui vous parle.... non pas sans effort, mais avec sincérité ; mon vœu, c'est que vous rencontriez plus tard une autre compagne.... Le coup le plus funeste qui pût m'atteindre encore serait que, par le malheur de m'avoir connue, votre vie se trouvât dépouillée de ce qui seul peut l'orner encore de bonheur et de paix, de ce qui seul peut vous revaloir tant de biens dont vous fûtes privé, et que vous ne retrouverez nulle part ailleurs que dans les douceurs d'une aimable union.

Que si vous repoussiez à jamais cette idée ; que si, par un fatal aveuglement, vous formiez de téméraires serments ; que si vous vous condamniez ainsi à végéter dans une situation toujours fausse et misérable, je veux que vous sachiez à l'avance qu'en empoisonnant la vie de celle qui vous fut chère, vous aurez moins de droits à son estime. Oui, Charles ; car que sera-ce témoigner, sinon que, ne vous soumettant point avec elle et comme elle, vous nourrissez des espérances qu'elle s'est interdites ? Que sera-ce faire, sinon vouloir manifester à tous que vous êtes la victime de son père ; rejeter sur lui l'odieuse responsabilité de votre infortune ; et, en demeurant isolé et malheureux, affliger sans remède et sans motif, tourmenter à toujours celle qui se reproche déjà avec tant d'amertume d'avoir troublé le cours de votre destinée ?

Je ne veux point ici vous présenter mille autres considérations qui se pressent sous ma plume ; je ne veux point raisonner, discuter.... aussi bien n'est-ce le moment ni pour vous ni pour moi ; et, en me bornant à vous exprimer quel prix j'attache à ce vœu, j'ai parlé, j'aime encore à le croire, le langage le plus propre à vous persuader. Je n'ajoute qu'une seule prière. Ne me répondez point sur ce sujet ; dans ces premiers moments, vous ne le feriez peut-être que comme il ne convient pas que vous le fassiez ; vous risqueriez, Charles, et j'en frémis, d'engager témérairement votre avenir, vous achèveriez de me briser. Mon vœu vous est connu, je le dépose dans votre cœur, j'y attache ma dernière consolation ; c'est tout. Que le temps, que la Providence, vous inclinent à l'accomplir !

Vous aviez choisi, en vue de moi surtout, la carrière du saint ministère, et, en vous exprimant une dernière fois combien je fus touchée de cette détermination, je prends la liberté de vous exhorter à y demeurer fidèle, en surmontant les obstacles qui vous en ferment temporairement l'entrée. Nulle carrière ne saurait être plus honorable ; mais, Charles, dans ma sollicitude pour vous, que je vous dise que nulle autre ne me paraît convenir autant et à votre caractère et à votre situation particulière. Pardonnez à mon inexpérience d'oser vous donner ces avis ; mais dans cette sainte carrière se tempérera, s'épurera cette véhémence de vos sentiments, qui, pour être toujours si droite et si généreuse, est quelquefois imprudente ; en telle sorte que cette fougue, dont ceux qui vous aiment peuvent redouter les écarts, consacrée au service de notre divin Maître et à la pratique des vertus chrétiennes, tournera à sa gloire et au bien de vos semblables. Surtout, Charles, à qui se donnera l'orphelin tel que vous, plutôt qu'à Celui qui aime l'orphelin par-dessus les autres ? où cherchera-t-il ailleurs son refuge ? où se passera-t-il mieux des avantages que le monde estime et que le sort lui a refusés, que dans cette carrière où le plus petit est le plus grand ; où la naissance, le rang, la fortune ne sont rien, parce que la charité et les vertus y sont tout ; où il est donné à tous, mais à vous surtout, que distinguent votre cœur et vos talents, d'atteindre au premier rang et de briller de ce doux éclat que le monde ne peut ternir, parce que c'est un rayon d'en haut ; qu'il ne peut retirer, parce qu'il ne l'a pas donné ; qu'il honore, parce qu'il lui est doux et bienfaisant ?

Pesez ces motifs, Charles, et accueillez mon désir ; j'en aurai plus de repos. Je voulais vous redemander mes lettres et vous rendre les vôtres ; j'y renonce. A d'amers sacrifices n'en ajoutons point d'illusoires. S'il est vrai que nos destinées soient irrévocablement séparées, il ne l'est pas moins que jamais, non jamais, nous ne saurions être étrangers l'un à l'autre ; alors pourquoi ces restitutions, signes trompeurs que démentent les sentiments ? Ah ! sans doute, si en détruisant ces lignes on pouvait anéantir le passé, rendre aux cœurs la paix, l'espérance, dissiper ce sombre nuage qui pèse sur nos têtes et voile l'horizon.... Et encore ! encore non ! Charles ; car, à ces heureuses années qui viennent de finir, aux joies, aux affections dont vous fûtes pour moi la source et l'objet, quel prix mettrais-je qui pût les valoir? J'en aime mieux le souvenir, j'en chéris plus la trace que je ne puis désirer un présent sans nuage, mais sans vous, sans la tendresse que je vous porte, et que je vous porterai jusqu'à mon dernier soupir.

Il faut, Charles, nous quitter.... aussi bien ne puis-je plus contenir les sentiments qui gonflent mon cœur : cet effort m'épuise, les larmes troublent ma vue.... Il faut nous quitter pour toujours! briser ce sentiment qui remplissait ma vie!... Adieu.... je ne puis poursuivre. Que Dieu me soutienne et qu'il soit avec vous ! c'est le vœu que forme en finissant votre malheureuse et toujours tendrement affectionnée

Louise.

CX

MARTHE A M. PRÉVÈRE.

De la cure.

Je remercie bien monsieur le pasteur de la lettre dont il m'a honorée, et où son trop de bonté m'a donné de la confusion. Monsieur le pasteur peut compter que, pour lui avoir manqué une fois, j'en ai eu trop de chagrin pour lui manquer une seconde et faire autrement qu'il ne me dit. Au surplus, monsieur le pasteur sait bien aussi que Mlle Louise ne faillira pas, si angélique qu'elle est; et que Dieu me préserve de l'y aider ! Pour M. Charles, sans mauvaise intention, il ne me laissera pas tranquille que je ne le satisfasse en lui donnant ci et là quelques nouvelles de Mlle Louise; et, si j'ai bien compris monsieur le pasteur, moyennant que je me borne à cela, ce ne sera pas manquer à M. Reybaz, ou bien j'aimerais mieux dire d'entrée que je ne pourrais pas refuser ce peu de bien à un si cher monsieur. Pour être servante, on ne peut s'ôter l'affection.

Que j'ai pleuré à le voir si malade, ce pauvre cher enfant! Le cœur me saignait de penser qu'une autre était à le soigner à ma place, et même à présent, je demanderais bien à monsieur le pasteur la permission d'y courir, si je pouvais laisser Mlle Louise ; mais, faible et misérable comme elle est, ce serait pitié. Ah ! mon pauvre monsieur, que je crains bien que tout ceci finisse mal, et bien autrement que M. Reybaz n'imagine! car elle se contraint devant lui, et il ne voit pas la moitié du mal. Ce qu'elle avait repris, c'est autant de perdu ; ses couleurs s'en vont, elle ne mange pas, et plus de bons moments. Sans parler qu'elle aimait M. Charles plus qu'un frère, elle se reproche d'être l'occasion de son malheur, et elle a mille craintes, mille regrets de ce qu'il va devenir, d'heureux et placé qu'il était, misérable et repoussé qu'il est de tous côtés. « Pauvre Charles! » qu'elle se répète quand M. Reybaz n'y est pas; et les larmes l'épuisent en même temps que cette douleur la mine. Qu'y puis-je faire? quand déjà je suis plus près de pleurer avec elle que de la contredire. Comme dit monsieur le pasteur, il faut compter sur la Providence, et je ne lui épargne pas mes prières; mais, à moins de rendre l'un à l'autre des enfants qui se sont ainsi aimés et qui n'iront jamais bien l'un sans l'autre, je ne prévois que du sinistre.

M. Reybaz m'a touché un mot de m'emmener avec notre demoiselle, pour un mois ou deux, dans un endroit. C'est pour la distraire et la tirer d'ici. Je lui ai dit de voir à faire pour le mieux, voulant me réserver le temps de vous en écrire; car, pour rien au monde, je ne veux laisser notre monsieur abandonné et pouvant avoir besoin de moi sans me trouver sous sa main; et quant à mademoiselle, il n'est besoin que je lui demande, pour être bien sûre qu'elle aimerait mieux me sentir auprès de lui qu'auprès d'elle. Je prie donc monsieur le pasteur de voir à ma place, afin de me conseiller pour le mieux, et selon qu'il croira le plus à propos pour le pauvre Charles. Que s'il est en état, monsieur le pasteur me ferait bien plaisir aussi de lui renouveler la bonne amitié de sa Marthe, et combien tout ceci lui serre le cœur.

M. Reybaz ne connaît pas cet enfant et, si monsieur le pasteur me permet de le dire, il ne l'a jamais connu; sans quoi il l'aurait chéri, au lieu de lui être toujours si adverse. Qu'il picorât (et ce n'était presque pas pour lui), il y voyait un vaurien; donnât aux autres ou aux pauvres, il y voyait un prodigue; qu'il supportât mal des mauvais traitements, il y voyait un garnement; qu'il se tînt en repos, c'était un paresseux qui ne gagnerait jamais sa vie. Le prenant ainsi tout de travers, il le trouvait toujours rêche, quand, pour bien dire, tous nous autres, sans compter monsieur le pasteur, nous le chérissions, ce qui était cause que M. Reybaz en avait de l'humeur, comme si nous l'eussions gâté.... C'est de là qu'est venu tout le mal, et que M. Reybaz s'est aveuglé à tant qu'il risque aujourd'hui de perdre un digne garçon sans sauver sa fille. Que monsieur le pasteur dise si jamais il l'a trouvé malhonnête, prodigue, vaurien ou seulement indocile! Que monsieur le pasteur dise si, outre que dans ses sottises il avait **toujours du bon**, on a jamais vu un garçon de cet âge ayant du cœur autant, et pour tout le monde, et à tous les moments : si prompt à sauter de joie au bien comme à s'emporter contre le mal; si entrain à obliger, si animé à faire plaisir, à tel point que, par le hameau, ils disent que tout est triste à présent et que ce n'est plus ça. Aussi, quand bien même il n'y aurait pas d'autre raison, rien qu'à cause de tant de belles qualités, je ne me consolerais pas qu'il ne fût pas à Mlle Louise, sans parler de moi, votre humble servante, qui perds tout en le perdant.

Je demande pardon à monsieur le pasteur de lui écrire si longuement, et je le prie de recevoir les affectueuses révérences de sa dévouée servante MARTHE.

CXI

REYBAZ À CHAMPIN.

De la cure.

Je t'ai déjà dit que Redard n'a plus de son rouge de mil huit cent onze, mais il te propose du quatorze, à vingt et un florins, rendu chez toi. Une pièce ne t'irait pas mal : c'est un vin qui tient la cave aussi longtemps qu'on veut, et puis soigné et sans déchet. Il te le mènerait samedi, allant à la ville pour son extrait de baptême, à raison d'un procès qu'ils ont avec leurs germains, par rapport à huit toises de vigne. C'est de ce même vin. Connaissant l'affaire, je donne tort aux autres, ainsi que je l'ai dit l'an passé, qu'ils me prirent pour arbitre. Tu feras d'autant mieux, que l'almanach n'annonce guère que de l'humide pour la saison qui vient, et qu'au cabaret ils ont déjà haussé d'un sou le pot.

Depuis que cette affaire est terminée, je me sens léger et je vaque à mes ouvrages plus librement que depuis deux ans peut-être je n'avais fait, toujours présentant du mal et boiteux de cette épine. Ma précédente t'a expliqué comment je suis en règle et exempt de reproches : j'entends de ma part, en ce que je crains ceux-là avant tous les autres. Restait Louise, qui me pouvait inquiéter; mais, grâce à Dieu, tout va bien de ce côté : je la trouve maintenant mieux que ci-devant, sauf l'appétit, qui reviendra à mesure qu'on avance vers les chaleurs. Marthe ne juge pas comme moi, mais c'est par prévention pour l'autre. Toutefois, ne voulant faire en ceci rien qui me pût tourner à reproche, j'ai mandé le médecin : c'est celui de Dardagny, qui reste aux Pierrettes. J'avais délibéré si j'en voulais un de la ville, et, quoique plus cher, je n'y aurais pas regardé ; mais, tout bien pesé, j'ai préféré celui-ci, qui connaît mieux les maladies de campagne, et qui a guéri la femme Dussaut d'un mal de foie qui l'emmenait en deux jours, sans une drogue dont il avait le secret.

Il a vu Louise, mais sans lui causer ; ceci sur ma demande, vu que je connais ses idées, et que jamais médecin ne l'approchera que déjà il ne lui donne la fièvre, rien qu'en lui faisant des questions. Seulement à nous voir ensemble, elle a rougi de la tête au pied. Quand elle s'est éloignée, je lui ai dit qu'elle avait du souci par nature, et un peu par circonstance, sans lui tout conter, et que l'appétit n'allait pas à ma fantaisie. Mais auparavant je lui ai demandé, comme pour l'éprouver, comment il traiterait bien le feu sacré (je l'ai eu). « Par le vin chaud, » qu'il m'a dit. D'où j'ai vu qu'il entend son affaire.

Au fait, vos médecins de la ville, ils ont du langage, mais souvent c'est tout. Ils en font venir un chez les de la Cour, qu'ils payent un écu, et le voyage à leurs frais, sans que le mal ait faibli pour tant de visites, et tant d'argent, et tant de paroles. Aussi disais-je bien : « Si c'est pour les paroles, cette dame ne le paye pas assez ; si c'est pour le bien qu'elle en retire, elle le paye trop d'un écu. » Il y a des états où la langue se délie, il y en a d'autres où elle se cloue au palais. Va-t-on parler à ces gens qui sont au bureau de la Chancellerie, tu vas trouver des muets qui vous pleurent les paroles, bien que payés pour vous répondre ; mais je n'ai pas vu de médecin qui eût la langue mal pendue, tant c'est vrai qu'elle est pour bonne part dans leur affaire. Déjà celui-ci, j'avais peine à le tenir en bride, aux fins qu'il m'écoutât, au lieu de bavarder de gauche et de droite. Ne voulait-il pas m'apprendre la maladie de ma fille, et non que je la lui disse !

Tant il y a qu'il est d'avis qu'on la déplace, et j'y avais déjà songé pour la distraire de cet endroit-ci, où bien des choses ne lui souriront pas de quelque temps. Lui dit qu'il y a un endroit qui lui sera souverain, à cause de l'air qui y est doux et vif en même temps, ce qui porte à manger ; sans compter que les sapins qui sont par là ont une odeur qui, mêlée au vent, vous restaure la poitrine et vous veloute l'intérieur. Il assure que, de Genève, on y envoie tout ce qui cloche d'un membre ou d'un autre, et que tout ça s'y remet à neuf en moins de rien. Il m'a aussi donné une drogue pour en cas, mais à vrai dire, je n'en aime pas la couleur; outre que la petite est formelle sur l'article, et que, à moins que je ne me fâche, elle ne goûtera jamais de ces boissons-là.

Cet endroit, c'est derrière le mont Salève, que d'ici nous voyons là-bas, en delà du Rhône : on l'appelle Mornex. Il y a des maisons où l'on prend les gens en pension. Je t'écris pour que tu t'informes à ce sujet et me dises le prix, faisant valoir comme juste que c'est pour une demoiselle qui ne fera pas grand dégât de cuisine et une servante qui ne paye pas prix de maître. Reste seulement moi, qui mange la mesure ordinaire, sans rien de plus pourtant. Deux chambres nous seraient assez; si simples qu'elles soient, on s'en contenterait, moyennant qu'il y fasse sec et que le vent des sapins y arrive au nez. On portera son linge, vu qu'en ceci rien ne vaut que d'être dans ses draps, et non pas dans ceux qui ont recouvert tant de souffreteux et de malingres.

Informe-toi donc. Et aussi, quand il y aurait une maisonnette où on pût s'établir seuls, je n'y répugnerais pas, emmenant Marthe qui nous ferait la cuisine : c'est toujours à meilleur compte. On mange ce qu'on veut et on ne paye pas ce qu'on laisse, comme dans ces auberges où ils ont plaisir à entasser des plats, tant et tant, que, en quatre jours, vous ne les mangeriez pas; et puis vous payez comme si, dans un quart d'heure, vous les aviez dévorés tous. Pour moi, quand je vois ces abondances, ça m'ôte la faim, rien que pour la vue, et je regrette l'omelette et le petit salé de notre bouchon, où vous êtes servi à votre appétit et où la bourse ne se désenfle que juste de quoi s'est enflé l'estomac.

Écris-moi aussitôt ce que tu auras appris. Le plus difficile est déjà fait, à savoir de me trouver un remplaçant à la cure; sur quoi j'ai longtemps délibéré entre Ramuz et Brelaz, sans que ni l'un ni l'autre me satisfasse des mieux. Ramus, beau chanteur dans le temps, n'a plus qu'un filet clair, à raison du coffre qui est usé; en telle sorte que, pour tenir la note, il est contraint de se secouer le timbre en se frappant la hanche du poignet droit, et encore a bien de la peine à suivre les paysans qui, faute d'être guidés, s'éparpillent, galopent, et arrivent à la fin du verset, que lui est encore au milieu. Il en peut naître du scandale dont j'aurais regret. Pour Brelaz, la voix est forte, mais sans tempérament, et vous mène un psaume comme une chanson à boire; mêmement qu'il se permet de faire des ritournelles dans l'entre-deux des reprises, n'ayant rien de respectueux dans l'allure ni de digne dans le timbre, et ne songeant qu'au plaisir de donner du gosier. Aussi l'orgue ne le peut pas suivre, et, les paysans s'excitant trop, il s'ensuit un chant orageux et sans révérence, qui serait pénible à M. Prévère. Je l'ai pourtant choisi après l'avoir raisonné et averti que je m'informerai.

C'est que d'être chantre, j'entends bon chantre, beaucoup s'en avisent, peu y parviennent. Chantre, ce n'est pas chanteur: sans quoi, allez-moi prendre ces gosiers de théâtre, qui roucoulent toute la gamme et par delà. La voix fait, à la vérité, par son timbre, mais peu par ses agréments, et m'est avis que rude, mais juste, simple et non enjolivée, elle convient mieux à cette musique pieuse. Avec huit ou dix notes bonnes et pleines, vous avez assez de marchandise pour tous les psaumes; le reste est dans la figure, dans la gravité, et la révérence pour le lieu et pour le Seigneur, dans le soin à tempérer à son gré l'auditoire et à le tenir en main, dans l'habitude de le conduire. J'ai bien peur que le mien, au sortir des mains de Brelaz, ne me soit rétif et dérangé. Ça me chagrine, mais qu'y faire? Il ne faut, disent les cavaliers, prêter son cheval; est-ce dire que, si le cas advient de ne pouvoir le refuser sans nuire, ils s'en tiendront au proverbe?

M. Prévère tarde bien à revenir, et toutefois je ne quitterai pas qu'il ne soit ici. Marthe dit que c'est le mal du jeune homme qui le retient; à part moi, je songe qu'il serait aussi bien placé ici, où les affaires de cure souffrent. Notamment que, dimanche, celui qui l'a remplacé, c'est un proposant qui ne sait pas encore son métier, bien qu'il ait du zèle, et seulement trop. Au sortir du prêche, les paysans disaient bien: « Celui-là, il faut qu'il mette de l'eau dans son vin. Quand la barbe lui sera venue, il apprendra à chapitrer plus doucement son monde et à ne pas en remontrer à ceux qui ont plus vu que lui » Avec cela, s'il prêchait souvent ici, il ferait tout de même tort à M. Prévère, en ce que, après ce sévère, celui-ci paraîtrait trop doux; après ce fier, trop humble; et que les paysans goûtent vite qui les rudoie.

Que fera-t-il de Charles? Combien il aurait convenu à cet enfant d'être mené dru et sans mollesse! Ainsi voulais-je faire;

mais tous me contrariaient, à commencer par M. Prévère, qui l'a toujours pris par la douceur, excusant, prenant patience, parlant quand il fallait punir, et ainsi manquant sa tâche, qui était de le dompter sitôt qu'il lui voyait un naturel violent et vicieux. Mais c'était plus fort que lui, et d'instinct il aimait ce garnement, comme si c'eût été un ange du ciel. Voyant qu'il l'aimait, les autres l'aimaient, il trouvait des flatteurs partout, chez Marthe et chez les autres, et puis tout a été perdu, comme cent fois je leur ai prédit. Adieu, voici l'heure de dîner, n'oublie pas ma commission.

REYBAZ.

CXII

CHAMPIN AU CHANTRE.

De Genève.

Une lettre de ta fille est arrivée l'autre jour, adressée à ce drôle. Ignorant si tu l'avais permis, et aussi pour te servir au besoin, j'ai soulevé la feuille et guetté quelques mots qui ne m'ont pas semblé sentir bon; en telle sorte que, pour ta gouverne, méfie-toi ce qu'il faut. L'amour est un rusé, et avec lui il n'y a sainte qui tienne. J'y ai lu des termes d'amourette joliment enflammés; et puis qu'elle espère qu'il se mariera avec une aimable union. On a été jeune, on connaît ces pauvrettes. Si je m'y entends, ça veut dire qu'elle ajourne. On ne me fera pas croire qu'une fillette conseille à son amant d'en épouser une autre.

Et puis, attends! Tu vas recevoir une lettre de M. Prévère, qui est pour frapper les grands coups. Voici l'histoire. Je lui portai hier celle de ta fille pour qu'il la remît au jeune homme. La lettre remise, je retourne à ma loge, d'où, auprès de la fenêtre, on entend tout ce qui se passe chez feu ton gendre. Je m'attendais à du bruit, rien. Mais voici M. Prévère et M. Dervey qui viennent consulter à voix basse auprès de leur propre croisée, de sorte que je m'y trouvais un tiers quasiment.

Ils ont longtemps parlé sur le jeune homme, sur toi, sur toute cette misère qu'ils te mettent sur le dos tout entière; ça ne fait pas un pli : « Tu n'y entends rien ; ce garnement est un petit saint, et puis, que va-t-il devenir ?... » Au fait, ils ne savent qu'en faire. M. Dervey avisait aux moyens, et, ce qui m'a confirmé sur la lettre de ta Louise, c'est qu'il était d'opinion qu'il ne fallait pas se tenir pour battus, mais laisser couler le temps et adoucir le mal des enfants, en leur laissant l'espoir que tu changeras d'idée. C'est vrai qu'ici ton Prévère, qui n'est pas si retors, l'a arrêté, disant qu'en aucune façon il ne s'y prêterait. Alors l'autre a bien osé lui dire : « C'est pousser trop loin le scrupule. Tout au moins, sans en parler aux enfants, ne perdons pas l'espoir de voir finir leurs peines ; *tant d'événements peuvent arriver !* outre qu'à *l'époque de leur majorité,* M. Reybaz sera un peu plus *gouvernable.* » Tu l'entends, Reybaz ! *Tant d'événements peuvent arriver !* comme qui dirait : « Tu pourrais virer l'œil, et on en serait bien aise ! et, si tu ne vires pas l'œil, on te fera les *sommations respectueuses.* »

Je n'ai pas entendu la réponse de M. Prévère. On frappait à ma porte. C'est une lettre de Marthe pour M. Prévère, que le fils Legrand, venant au marché, s'est chargé d'apporter. Cette Marthe, elle est dans leurs eaux, et elle s'entremettra tant qu'ils voudront. Si j'étais toi, je ne garderais pas cette allurée, qui a reçu Charles chez sa mère lors de son escampette, et qui a su le duel la première, à temps pour l'empêcher, et, sans vous rien dire, tant elle est vendue au garnement. Bref, comme ils ne causaient plus, je suis monté pour leur remettre cette lettre de Marthe, non sans y avoir guetté sous le pli des propos qui te concernent et des jérémiades sur ta fille, qui, à l'entendre, n'aurait pas deux jours de vie, épuisée qu'elle est de larmes et minée de chagrins : tout le menu d'usage. M'est avis qu'elles s'entendent, sans que je l'affirme, n'ayant pu tout lire.

Redescendu au poste, j'ai écouté. Je n'ai attrapé que des bribes ; mais, pour la fin, je la tiens bien. Ils venaient de lire la lettre de Marthe, joliment tournée à ce qu'il m'a paru. « Cette bonne femme, a dit Prévère, chérit cet enfant, elle l'a adopté dans son cœur... Ses remarques sont justes, quoique sévères.... Je vais écrire... ce qu'elle me dit de Louise m'y décide tout à fait. Peut-être M. Reybaz ne tiendra pas contre un si affreux tableau. » Là-dessus, l'autre s'est retiré pour le laisser écrire. Te voilà bien averti de la trame ; tiens bon, et vogue la galère !   Champin Jean-Marc.

P. S. On me remet la tienne dans cet instant. J'y vois que tout va bien. Je te l'ai dit : on ne meurt pas d'amour. Je vais m'informer de point en point, et sur l'heure; car il vous faut être loin quand celui-ci sera remis.

CXIII

M. PRÉVÈRE A M. REYBAZ.

De Genève.

Mon cher monsieur Reybaz !

Je crois devoir vous écrire ces lignes, non point pour revenir directement sur ce qui a été conclu entre nous relativement à ces enfants, mais pour vous soumettre quelques réflexions, et pour ne pas être exposé plus tard au regret terrible de ne vous avoir pas éclairé selon mes lumières, pendant qu'il en est temps encore.

Je ne viens point ici, mon cher Reybaz, en appeler à votre conscience, que je sais être légitimement en repos; car, dans l'usage que vous faites de votre autorité de père, je suis certain de la droiture de vos intentions. Ce n'est pas non plus votre humanité que j'invoque en faveur de ce malheureux enfant, dont l'état est tel pourtant, que je verrais sans crainte Dieu le retirer à lui. Il est trop juste que vous restiez libre de décider du sort de votre fille selon vos droits et selon vos convictions. En venant vous exposer les miennes, je ne me crois pas non plus moins faillible que vous; aussi, quel que soit le parti que vous prendrez, quels que soient les chagrins ou les joies que nous réserve la Providence dans la destinée de ces deux enfants, en bénissant ses décrets, je rendrai toujours et hautement hommage aux sentiments qui vous auront guidé dans cette importante résolution.

Mais, mon cher Reybaz, ce que je ne dois pas vous taire, ce sont mes craintes au sujet de Louise. Elles sont réelles, elles sont pressantes. Je vois cette jeune fille engagée dans une lutte où la victoire n'est pas douteuse, à la vérité, où l'obéissance triomphera de l'attachement, où le devoir aura vaincu le penchant, mais à quel prix ?... C'est là que de funèbres pensées m'assaillent; c'est là que je me demande avec effroi si nous ne semons pas aujourd'hui le germe d'une longue et irrémédiable affliction.

Je vous parle ici nettement et sans voiler mon idée : car c'est mon dessein, si elle a quelque ombre de fondement, de vous la présenter comme un épouvantail salutaire; et en ceci, mon amitié pour vous me guide plus encore que mon affection pour Louise. En effet, il y va du malheur, du désespoir de votre vie entière; et plus je sais quel tendre père vous êtes, plus je frémis à l'idée que vos résolutions pussent tourner contre votre enfant et qu'une affreuse erreur vous fût trop tard dévoilée.

Mais, mon cher Reybaz, comment se défendre de cette idée? Louise, malgré ces grâces qui la parent, malgré ce courage qui trompe sur ses forces, est une créature frêle.... Par mille traits, et malheureusement par celui-là, elle tient de sa mère, qui mourut à la fleur de l'âge. Comme chez sa mère, un corps délicat renferme une âme soucieuse, sensible, passionnée, et plus encore.... une âme courageuse au combat, dévouée au sacrifice; une âme à qui il fallait à tout prix éviter le combat, épargner le sacrifice.

Rappelez-vous son enfance, combien il fut difficile, combien il y avait peu d'espoir alors de conserver cette petite créature, si attachante dès lors par je ne sais quel charme de tristesse et de reconnaissance répandu sur son front, dans ses yeux, sur ses lèvres muettes encore.... Mais la riante paix de cet âge, les soins de Marthe, la société d'un autre enfant, ranimèrent cette frêle vie, et nous bénîmes ensemble le Dieu de bonté qui changeait nos alarmes en espérances fortunées.

Rappelez-vous combien ces temps de paix furent courts pour Louise, et comment son cœur, trop tôt sensible, fut de bonne heure en butte aux alarmes et à la peine.... Rappelez-vous les pleurs qu'elle versa, dès l'âge de neuf ans, lorsqu'elle vint à découvrir que Charles n'avait ni un père ni une mère qu'il pût aimer et serrer dans ses bras.... Rappelez-vous quelles alarmes pour les imprudences qu'il pouvait commettre, et quel chagrin ensuite lorsqu'il s'était fait punir. Rappelez-vous tous ces traits, et comment, à chacune de ces précoces douleurs, cette douce enfant pâlissait, perdait toute joie, ébranlait nos espérances.... Dès lors, monsieur Reybaz, c'était déjà périlleux que de vouloir ôter d'auprès d'elle son jeune ami.... et si, depuis, le corps s'est fortifié sans doute, combien plus encore s'est fortifiée cette affection!

Rappelez-vous au travers de quelles émotions, de quels orages, de quel ébranlement de tout son être elle passa de l'enfance à la jeunesse; quels profonds mouvements de sensibilité, de honte, de trouble, l'agitèrent alors, et nous firent douter si

elle sortirait de cette crise sans de périlleuses secousses....
Nous en parlions ensemble ; ensemble nous nous appliquions à
écarter de cette plante délicate tout souffle trop fort, tout rayon
trop ardent, toute injure de l'air.... Agirons-nous aujourd'hui
ensemble pour l'y exposer de nouveau ?

Enfin, rappelez-vous comment même un vœu satisfait, qui
devait, à mes yeux du moins, assurer son repos et son bonheur,
ne fut pas pour son cœur une joie sans trouble ; et qu'un mal
grave nous apprit, il n'y a pas un an, à quel prix s'achète, chez
cette trop sensible fille, toute révolution comme toute entrave
dans le cours de ses affections.... Néanmoins cette crise fut
courte, et, comme au fond nous avions rencontré son vœu,
suivi son penchant et assuré à son cœur un avenir que tout
liait au passé, chaque jour nous la montrait plus calme, plus
heureuse, une gaieté que nous ne lui avions jamais connue
était venue tempérer son aimable mélancolie. De douces couleurs animaient son teint, un feu charmant brillait dans ses
yeux, un tranquille enjouement se mêlait à ses discours, et son
bonheur semblait désormais assuré.... C'est au sein de cette
félicité que le coup l'a frappée ! En face de ces avertissements,
qu'attendre de l'avenir ? Ah ! je ne puis, monsieur Reybaz, contenir mon émotion, et, dans la certitude où je suis que nous
compromettons non-seulement le repos, mais les jours même
de celle qui nous est si chère, je ne sais plus que prier Dieu
pour que, dans sa bonté, il détourne de nous ce calice...

Réfléchissez donc encore, mon cher et vieil ami ; réfléchissez,
je vous en conjure, si de pareilles craintes, fussent-elles en
quelque degré exagérées, ne demandent pas de votre part une
sérieuse attention ; si elles ne justifiaient pas pleinement à
vos propres yeux un retour à notre ancien projet. Au surplus,
ne vous abusez point sur Louise, elle ne vous montre pas tout
le mal auquel elle est en proie : Marthe en sait plus que nous à
cet égard. Mais si, au lieu de Marthe, Dieu avait voulu que ce
fût votre digne femme qui assistât aux secrètes angoisses de sa
fille, croyez-vous, monsieur Reybaz, qu'elle se fût roidie contre
un spectacle si digne de toute pitié ? Pensez-vous que cette
tendre mère, dont vous révérez la mémoire, hésitât en face des
dangers que je vous signale ? qu'elle ne se joignît pas à moi
dans cet instant pour vous conjurer de tout sacrifier à de si
légitimes alarmes ? Pour moi, je ne puis douter, et c'est pourquoi je vous supplie, je vous adjure, monsieur Reybaz, de ré-

fléchir sérieusement sur votre œuvre, de peser bien la responsabilité que vous allez encourir, et de revenir à l'instant sur vos pas, si vous pensez que, dans les considérations que je vous présente, il se trouve quelque ombre seulement de vérité. C'est le conseil que vous donne en terminant votre véritable ami

Prévère.

CXIV

JACQUES A MADAME DE LA COUR.

De Verrèze, dans le val d'Aoste.

Voici les semaines et puis les mois qui vont leur train, sans que, pour bien dire, nous ayons bougé d'ici. Ayant voulu faire observer à not' monsieur que, logis pour logis, autant aurait valu rester chez soi, il a mal pris l'avis, de façon que je ne m'en mêle plus. Un pays de loups ; encore n'y sont-ils pas à l'aise, et, plutôt que de brasser la neige par là-haut, ils s'en viennent jusque par ici rôder autour des maisons, de telle sorte que, sauf le grand jour et en compagnie, je ne quitte pas le logis, où ils disent que ces bêtes n'entrent jamais, si nuit qu'il fasse. D'où je blâme not' monsieur, qui tout de même s'en va dans les ravins, se faufile par les bois et redescend tard, pendant que je suis dans les transes, jusqu'à ce que je l'aie revu non entamé par ces féroces. Que madame joigne à ça tous ces charbonniers qui, assis à boire dans la salle basse, noirs comme ils sont, vont se querellant à toute heure ; et, là où nous autres nous baillons un coup de poing, eux, ils jouent du couteau. Si bien que, quand je les vois qui s'allument, j'en ai des frayeurs que mon dîner s'arrête court sous le gosier. Mais ce qui m'a donné le plus de mal, c'est l'hôte qui m'a conseillé de ne pas dire qu'on est protestant, et que, si on allait à la messe deux ou trois fois, on s'en trouverait bien ; qu'autrement ils sont forcenés, et vous font de mauvais partis où quelquefois on reste. J'y ai été tout courant ; mais voilà que, revenu, il m'a dit qu'ayant commencé, il me fallait poursuivre, ou bien que je serais plus en danger qu'auparavant. Je vas donc à la messe, et c'est un grand péché ; mais, sitôt sorti de ce repaire, je m'en repentirai tant et tant que le bon Dieu sera emprunté à m'en vouloir. Toutefois, si madame voulait garder ceci pour elle, on en serait bien aise.

A ne pas mentir, not' monsieur est toujours plus triste, c'est à ne plus le reconnaître. J'ai cherché à savoir, et m'est avis que ce n'est pas tant de cette côte qu'il a piquée comme d'autre chose qui lui remue le cœur. Pour être fidèle à madame, j'ai un peu visité ses écritures, sachant lire, grâce à Dieu et à la Lancaster. Ici, sauf le curé et l'hôte pour tenir ses comptes, ils ne connaissent pas une lettre, d'où provient ce diable de ramage qu'ils parlent entre eux et à la messe. Pour des écoles, adieu, je t'ai vu : une fois nés, on ne leur apprend rien jusqu'à l'âge du charbon, où ils sont envoyés au bois et y vivent en sauvages l'été durant. Là, ils gagnent quelques argents qu'ils mangent l'hiver à boire et à se quereller, et, moyennant qu'ils se confessent, on ne leur dit rien. L'hôte m'a bien dit que de tuer un hérétique, c'est pour eux comme de boire un verre d'eau, et qu'ils n'en vont que plus droit en paradis, si le curé leur donne l'absolution, qu'il ne leur refuse guère, tenant d'eux des agneaux, des œufs et toutes sortes de victuailles. C'est son casuel.

J'ai donc visité ses écritures, où il passe des moments. C'est des chiffons de lettres : plusieurs à madame, mais seulement commencées ; d'autres à M. Reybaz, de la cure ; une à Mlle Louise. Celle-ci, c'est un billet d'amour, ou bien je m'y connais pas, notamment qu'il lui dit *qu'il mourra ayant sa figure devant les yeux et sa pensée dans le cœur*, et d'autres choses enflammées, où il s'accuse et lui demande pardon. Et puis, sur la même page, des gribouillis, des petits ronds, deux pâtés; comme qui dirait, par supposition, un homme qui écrit pour écrire plus que pour envoyer, et, dans l'entre-deux des propos, batifole sur la marge. Il y a un de ces pâtés qui ressemble à un oison ; on dirait un merle qui monte la garde. Dans les écritures pour madame, c'est tout pareillement des doléances à propos de cette demoiselle, disant que *plus il s'en éloigne, plus il est malheureux;* que *moins il est digne d'elle, plus il l'aime*, et d'autres propos d'amoureux, qui montrent bien pourquoi il reste dans ce trou, crainte d'aller plus loin. Et à ce propos je dois dire que, si ce n'était l'histoire de repasser cette montagne du Saint-Bernard, je crois bien que madame nous aurait déjà revus, not' monsieur ne pouvant se souffrir dans une contrée où Mlle Louise n'est pas.

Madame voit donc que j'ai découvert toute l'affaire. C'est d'amour que not' monsieur est dérangé ; et son amour, c'est pour

Mlle Louise, une bien bravette fille, mais qu'on n'aurait pas cru que not' monsieur voulût marier, étant né au château et en mesure de mieux trouver parmi tant d'opulentes qui le prendraient avec les quatre doigts et le pouce. M'est avis tout de même que cette demoiselle Louise est bien charmante, c'est certain, pour en avoir ensorcelé deux comme ça. Faire battre ses galants et puis prendre le vainqueur, c'est comme aux anciens temps. A vrai dire, je crois qu'il en faudra finir par les conjoindre et madame n'avancera rien à croiser l'envie de not' monsieur qui me semble pris à n'en pas revenir. D'accord que ce serait trop d'honneur pour M. Reybaz; mais encore vaut-il mieux que not' monsieur se mésallie que s'il tombait en idées noires, comme Chevrot, qui, de tristesse pour la fille des Ravy, s'est laissé dévaler en bas des moraines, et on ne l'a plus revu. Et ic, ce ne sont pas les moraines qui manqueraient, si l'idée y était.

Encore une chose que je dirai à madame, c'est que not' monsieur ne m'a causé qu'une fois, et c'était par rapport à l'objet, vu que j'avais reçu une lettre de mon père, qui me donne des nouvelles de la cure. « Voilà, lui ai-je dit, que M. Reybaz est bien content (il a dressé l'oreille), sa fille lui reste. » Alors il m'a questionné de toutes sortes de façons, mêmement qu'il a voulu lire la lettre; et là où mon père dit que c'est d'accord entre tous et M. Charles aussi, et que finalement Mlle Louise ne sera pas embarrassée de trouver un mari qui soit de meilleur lieu, il a eu comme une tempête d'allégresse, si bien qu'il voulait partir sur l'heure pour retourner à la cure. Mais, comme je faisais déjà les paquets, la réflexion lui est venue, et puis la tristesse; et il est si bien retombé, que, quand je suis venu pour lui dire que tout était prêt, il m'a envoyé promener, et bien loin encore. Alors j'ai défait les paquets et recommencé mon train. Ce qui me fâchait le plus, c'était de retourner à la messe, où si à présent j'omettais d'aller une seule fois, je n'aurais pas chance d'un mois de vie. Toute ma peur est que nous soyons encore ici aux fêtes, et qu'il me faille communier et aller en procession. Déjà l'hôte parle de confesse.

Incluse une pour mon père, que madame m'obligerait de lui faire tenir. Si not' monsieur recevait telle lettre qu'il plaira à madame, il n'en serait pas plus mal, et on déguerpirait de ce trou.

On a celui d'être, sauf respect, son bien dévoué domestique.

JACQUES.

CXV

(Incluse dans la précédente.)

JACQUES A SON PÈRE.

De Verrèze, dans le val d'Aoste.

Bonjour à tous, et bienheureux que vous êtes dans votre natal. Pour moi, je péris ici à me consumer tant d'ennui que de frayeur parmi ces amphibies. Rien que des pouilleux, pas plus décrassés que mon sabot, et qui ne connaissent que le couteau en fait de raisons; car si vous me trouviez une bonne place, et que le Saint-Bernard se fondît un peu, je retournerais volontiers.

Le monde est joliment grand, mais pas beau. Passé notre canton, je n'ai vu que des tanières. Leurs montagnes, c'est tout glace et roc, quelques champs pelés; ou bien ici, que le terrain serait bon, ils ne cultivent que leur charbon, et leurs vignes poussent en feuilles, faute d'échalas. Le bon Dieu les bénisse! des fauves comme on n'en voit pas; avec ça, buveurs comme des éponges et criards comme un troupeau de canes.

Not' maître a une humeur de cheval, que c'est à le donner au diable cent fois le jour, et je n'y manque pas. Il brûle de cette petite de la cure. Il s'agit de pas moins que de vouloir l'épouser, et je ne vois pas ce qui empêche, si cet autre s'est retiré. Informez-moi un peu, ça pourrait peut-être nous tirer d'ici; et faites bonne grâce à madame, pour si la ferme venait à vaquer, ou que par ce mariage il y eût du revirement où je trouverais place. Tu me feras plaisir de l'aller saluer au château, comme pour dire que M. Ernest est bien heureux de m'avoir, et que j'en suis bien honoré, et tant qu'on ne travaille pas pour des ingrats, et que d'ailleurs l'attachement à ses maîtres c'est ma qualité, étant de l'endroit, et fidèle à tout jamais. Tu verras voir. Et tu remets la lettre bien fermée à madame, pour éviter le port. Ça coûte vingt-six sous, à cause des neiges où ça passe dans un traîneau au travers des loups. Il en périt plus qu'il n'en arrive.

Bonjour à tous; mes amitiés à Jeannette. On pense assez à elle. Si toutefois elle fréquentait quelque garçon du village, avisez-moi pour que je la plante là; aussi bien ses parents grèvent-ils leur terrain à tant que ce ne sera plus la peine. Que s'ils

empruntent encore un sou, je me tourne ailleurs, ne voulant pas épouser une hypothèque, et voilà tout. Va-t'en saluer M. Prévère et lui donner de moi bon témoignage, et comme quoi leurs messes de par ici, ça me soulève le cœur, sans compter les capucins qui vont nu-pieds et barbus comme des boucs. Par la même occasion, mes amitiés au père Reybaz, et que je me recommande pour en cas.
JACQUES.

CXVI

MADAME DE LA COUR A ERNEST.

De la cure.

Votre long silence m'inquiète, mon cher fils, et vous m'affligez en tenant si mal vos engagements. Comment pensez-vous que je puisse supporter votre absence, dans l'ignorance où vous me laissez de tout ce qui me concerne? Depuis votre billet de Bex, aucune nouvelle; j'en suis réduite à recourir au père de Jacques pour savoir au moins par lui que vous n'êtes pas empêché de m'écrire par la maladie.

Je sais la cause de votre taciturnité, mon cher enfant, mais cette cause ne vous justifie pas à mes yeux; et bien au contraire, vous manquez à ma tendresse pour vous lorsque vous ne me confiez pas vos peines. Vous savez bien, Ernest, que malgré ma répugnance à vous voir contracter une union si peu en accord avec votre fortune et votre condition, j'ai écarté tout scrupule cet à égard, renoncé à d'autres projets que j'avais tant à cœur, et qu'il n'a pas tenu à moi que votre vœu ne fût rempli. Payerez-vous ma tendresse d'indifférence, et vous verrai-je, alors que vous êtes malheureux, vous retirer de moi et me refuser la confidence de peines qui sont devenues les miennes? Tout au moins tirez-moi de l'angoisse où je suis, et que vos lignes, mon cher enfant, me rendent un repos que je n'ai pas goûté depuis votre triste départ.

Vous m'aviez promis de visiter quelques villes d'Italie et de chercher à vous distraire, et j'apprends que vous êtes confiné dans un village du val d'Aoste. C'est bien mal, Ernest, et vous êtes peu ménager des larmes de votre mère. Que puis-je espérer, ou plutôt que ne dois-je pas craindre, lorsque je vous vois, au mépris de vos promesses, nourrir votre chagrin, vous consumer dans d'inutiles regrets, retomber volontairement dans ces transports qui m'effrayent? Oh! que je gémis, mon enfant, et sur vous et sur moi-même! Que vous êtes faible, et que je suis inhabile à vous conduire! Que la perte de votre père fut pour tous les deux une perte affreuse et irréparable! N'ajoutez pas à ces maux, mon Ernest, je vous en conjure; faites quelque effort sur vous-même, et le temps, qui est contre vous tant que vous vous livrez à vos regrets, sera avec vous aussitôt que vous le voudrez bien.

Hélas! le malheur a visité ces campagnes, et dans cette cure, autour de laquelle errent vos pensées, il n'y a maintenant plus de joie. Je n'ai vu personne, mais je sais ce qui s'y passe. M. Reybaz a confirmé son refus, malgré toute l'influence qu'a sur lui M. Prévère, et ces deux jeunes amants sont maintenant séparés. Mlle Louise va partir pour Mornex, où son père l'accompagne : on espère que ce déplacement la distraira et la relèvera de l'abattement où ces événements l'ont plongée. Quant à Charles, guéri de sa blessure dès les premiers jours, il a eu depuis une grave maladie dont il commence à se rétablir. Que va devenir cet enfant ainsi déçu et abandonné? Songez, Ernest, combien il est plus malheureux que vous; car ce bonheur que vous enviez plus que tout au monde, l'affection, la préférence et la main de cette aimable demoiselle, il possédait toutes ces choses, et elles lui sont enlevées, quand déjà il n'a rien d'autre au monde. Il lui reste le digne M. Prévère : mais vous, Ernest, il vous reste une mère qui vous chérit. Pourquoi la délaissez-vous?

Je vous en supplie, mon cher fils, écrivez-moi tout ce qui se passe dans votre cœur. Si je ne puis remplir votre vœu, du moins je soulagerai vos douleurs; mais surtout quittez cet endroit, et que vos premières lettres soient datées de Turin. Il est impossible que la distraction, que le cours du temps, que la vue de choses nouvelles et intéressantes ne parviennent pas à vous rendre du calme. Vous savez que je suis prête à voler sur vos traces, et ce que je ne vous pardonnerais jamais, ce serait que vous eussiez l'idée de me cacher quoi que ce soit qui demandât ma présence auprès de vous. Adieu, mon cher fils, recevez mes tendres amitiés, et hâtez-vous de m'ôter l'angoisse où me plonge votre silence.

Julie DE LA COUR.

CXVII

CHAMPIN AU CHANTRE.

De Genève.

Tu trouveras inclus les renseignements que tu me demandes. Je me flatte que tu seras pour la maisonnette, par rapport au prix d'abord, et à la liberté ensuite. Leurs pensions sont des prix de fous, tout comme si l'argent se ramassait par les rues, sans compter qu'on y est avec un tas de fiers qui croient vous faire bien de l'honneur encore que de vous laisser manger à leur nappe. Si tu es d'accord, tu peux y entrer dès mercredi. Les sapins d'Escri sont en face, et sous le vent. Tu flaireras, Reybaz, du sapin tout à ton aise. Ton médecin sent le farceur avec son sapin, et puis, comme on dit, la foi fait tout; tant mieux pour ceux qui l'ont. Mais, crois-moi, sois ferme, c'est le meilleur remède, et je ne te donne pas un mois que ta fille est remise. Si tu bronches, ce n'est pas le sapin qui la refera.

L'autre commence à se rétablir, et, si tu ne te hâtes, tu risques de le rencontrer dans la rue, à ton passage. M. Prévère voulait retourner; mais avec les forces le dépit revient au malade, et, pour ne pas le laisser tempêter, il s'est décidé à ajourner son départ. Raison de plus pour que tu files avant qu'il soit revenu te prêcher. Tu dois avoir reçu sa bombe, et, j'espère, de pied ferme, sachant par moi comment ils avaient arrangé leurs batteries. Tiens-moi au courant.

Ta Marthe a circulé hier par ici, et elle a vu M. Prévère, sinon le malade. Surveille-moi cette mouche, ou mets-la de ton côté, sans quoi elle te jouera quelque mauvais tour. M. Prévère s'est fait informer s'il n'y a point de lettre de toi pour lui. Vois-tu bien! il compte déjà sur la réussite de la sienne.

Adieu, l'ancien.

CXVIII

MARTHE A M. PRÉVÈRE.

De la cure.

Ainsi que monsieur le pasteur m'en a chargée, de retour à la cure, j'ai demandé à M. Reybaz s'il a bien reçu de lui, ces derniers jours, une lettre exigeant réponse. Il m'a répondu que oui, et qu'il y répondra en temps et lieu. Toutefois il a eu méfiance de ma question et à ce propos ne m'a pas épargné quelques reproches, me faisant, mais d'une façon bien dure, les mêmes recommandations que monsieur le pasteur, sur ce que je dois lui être fidèle. Notamment, il a trouvé mauvais qu'étant allée à la ville pour ses affaires de départ, j'étais allée voir M. Charles sans lui dire d'avance ou après, car c'est vrai que, sauf ces questions, j'aurais gardé la chose pour moi, et sans croire mal faire.

Mais ce n'est rien que cela, si monsieur le pasteur me permet de lui raconter ce dont je suis encore tout émue. Ayant quitté M. Reybaz, je suis revenue vers notre demoiselle avec l'intention de la rassurer sur M. Charles, dont elle est inquiète depuis longtemps, à cause de son silence et de votre long séjour auprès de lui. Mais, dès qu'elle s'est doutée que je l'avais vu lui-même, son trouble a été si extrême, que, ne pouvant le maîtriser, elle a fermé sa porte en dedans, comme pour ne pas risquer d'être surprise par son père, à qui elle cache tout son état, quand je voudrais seulement qu'il en pût être témoin. Et quand ça lui ferait peine, je n'y saurais voir que du bien.

La porte fermée : « Bonne Marthe, qu'as-tu à me dire ? » Alors j'ai arrangé mon discours de manière à la ménager, lui disant que je l'avais vu mieux qu'on ne pouvait l'espérer, et assez calme pour le moment ; mais comme je suis embarrassée à feindre, et que les mots ne me venaient pas au naturel, elle n'en a eu que plus d'effroi que je lui fisse secret de choses graves : « Dis-moi tout, bonne Marthe, a-t-elle repris ; aussi bien la vérité m'effraye moins que ce mystère.... »

Alors, étant dans cette idée moi-même, je lui ai raconté quels transports il a eus à ma vue ; comment il m'a couverte de baisers et de larmes, rien qu'à sentir que je vis auprès de sa Louise ; et que, pour lui avoir dit seulement qu'elle était en santé, mais bien malheureuse, il m'a lâchée tout à coup pour prier le bon Dieu de la soutenir, de la conserver, ne lui demandant que ça, que ça au monde, rien pour lui, qui n'aurait jamais dû naître ! Au reste, monsieur le pasteur a été témoin de la scène jusqu'ici, et comme c'est alors qu'il nous a laissés seuls, je vais lui faire le récit du reste, plus au long que je ne l'ai fait à Mlle Louise, en demandant pardon à monsieur le pasteur si j'ai été trop ouverte avec elle ; mais c'est si difficile de feindre auprès d'une si angélique créature, que je serais mieux à même de lui taire tout en m'éloignant d'elle, que de la tromper en restant auprès.

Sitôt donc que monsieur le pasteur a été loin, M. Charles m'a fait mille questions sur Mlle Louise, et j'ai pu connaître que monsieur le pasteur n'a pas encore jugé à propos de lui remettre la lettre de cette chère demoiselle. « C'est l'attente de cette lettre, me disait-il, qui me soutient : Louise l'a promise, elle l'écrira. Je lirai encore des lignes qu'elle aura tracées pour moi.... Marthe, j'ai soif de ces lignes ; et je redoute de les avoir reçues ; car après, rien !... plus rien !... » Il s'est tu quelques instants. « Pourquoi Dieu ne m'a-t-il pas retiré à lui ? Pourquoi vivre.... pourquoi naître, quand tous vos biens doivent vous être arrachés ?...., Marthe ! songes-tu que Louise m'aimait, que Louise m'était donnée, qu'elle en était heureuse, que je m'abreuvais de toutes les délices de la joie, de l'espérance, du ciel ?... Ah !... » Et il est tombé dans des sanglots qui me navraient le cœur, en sorte que je restais à le consoler, quoique me repentant de l'avoir ainsi agité par ma venue.

Comme je l'exhortais à se calmer : « Laisse, ma pauvre Marthe, je serai calme quand il faudra. Tu es ma mère.... Je romprais sous l'effort si, même auprès de toi, je devais cacher mon désespoir.... » Il s'est alors calmé, puis se reprenant : « Louise me donnera l'exemple du courage ; je le sais à l'avance.... Je sais encore que si, moi du moins, je ne la ménage, quand son père la traite d'une manière si barbare, elle succombera sous le faix.... Mais j'aurai du courage, du calme ; je lui en montrerai du moins ; ma lettre dernière sera écrite pour elle et non pas pour moi.... » Ses yeux s'animaient : « Oui, a-t-il ajouté, je ne me sacrifierai pas à demi !... Je ferai ce qu'elle voudra ; je lui paraîtrai tranquille, plein de courage ; tout, tout, plutôt que de ne pas alléger, en ce qui dépend de moi, les maux de cet ange de grâces, de vertu et d'humanité ! »

C'était votre servante, monsieur le pasteur, qui fondait en larmes à ces propos, si naturels à notre jeune maître qu'on l'aimerait de tout son cœur, quand bien même il aurait bien des défauts que je suis certaine qu'il n'a pas, quoi qu'en dise M. Reybaz. Je l'ai bien encouragé dans ces bonnes pensées, et surtout par un mot de Mlle Louise que je lui ai répété, et qui indique qu'elle s'effraye à l'avance de ce qu'il pourra lui dire d'agité dans cette lettre. C'est alors que lui-même m'a dit : « Marthe, dès ce soir, tu lui diras que tu m'as vu guéri et rempli de calme et de courage. » Si touchée que j'étais, je n'ai pourtant pas voulu promettre tout à fait, tant j'étais frappée de sa figure si pâle et si changée, et de sa faiblesse qui l'empêchait, malgré le transport, de se mouvoir librement dans son lit; encore que, pour qu'il m'embrassât, j'avais à le soutenir.

Il m'a ensuite parlé de monsieur le pasteur, qui est son bon Dieu sur la terre, comme il l'appelle ; disant que, tant que monsieur est auprès de lui, il se sent comme consolé par sa présence, et qu'il ne sait pas comment il pourra se passer de le voir à toute heure. « J'abuse de sa bonté, a-t-il dit ; mais plus qu'un ou deux jours, et j'aurai la force d'être courageux pour lui aussi. Mais vois, ma bonne Marthe, quand le corps est si faible, l'esprit n'a pas encore sa tenue, et c'est pour ce prétexte que, vis-à-vis de moi, j'éloigne le jour où je veux essayer de marcher seul..... Si tu savais, Marthe, pendant mon délire, je le croyais mort.... des figures étranges m'annonçaient sa mort.... c'était comme une nuit autour de moi.... rien dans l'univers!... Je suis bien heureux, mais je souffre moins qu'alors.... »

Voilà, monsieur le pasteur, le récit de tout. J'en ai ôté bien des choses pour le refaire à Mlle Louise, mais je ne dirais pas qu'elle ne devinât au travers autant que j'en mets ici. Pour ces choses, et connaissant si bien le jeune homme, on lui mentirait qu'elle verrait le vrai par-dessous. Aussi toute sa douleur s'était-elle ravivée, plus forte et plus compatissante que jamais, lorsque M. Reybaz s'est présenté à ma porte. Trouvant fermé, il en a, j'en conviens, dû avoir du soupçon ; mais, une fois que je lui ouvrais aussitôt, ce devait être fini.

Il est entré, et, bien qu'il n'ait rien dit à Mlle Louise qu'une caresse, j'ai bien vu à son œil qu'il était irrité contre moi. Aussi, le soir, Mlle Louise étant couchée, il m'a fait descendre pour me gronder, disant que je lui avais manqué, que je fermais les portes pour le tromper, pour lui désobéir, pour faire les messages de ce drôle, et, contre ses ordres, aggraver le mal de sa fille; que, quand j'aurai perdu sa confiance, il n'entendait pas me garder pour lui nuire, et qu'il savait d'autre part que je ne lui étais pas fidèle... J'en demande pardon à monsieur le pasteur, mais je lui ai répondu que j'étais prête à sortir, que je sortirais s'il me défendait d'avoir compassion pour une jeune demoiselle si malheureuse, que j'étais persuadée qu'elle ne supporterait pas ce coup dont il la frappe, et que si je voulais, à la vérité, être fidèle et ne rien tramer pour le tromper et le contrecarrer, comme j'avais fait en tout temps, et aujourd'hui même, je ne voulais pas non plus m'associer à personne pour perdre ma maîtresse !... Alors il y a eu comme de la crainte, et s'étant radouci : « Je ne demande que cela, Marthe, et si j'y compte, parce que tu es une honnête femme, je t'aimerai mieux auprès de Louise que nulle autre. Si tu n'avais pas fermé la porte, j'étais dans mon tort ; mais quand on se cache de ses maîtres, ce n'est pas tout pour du bien. » Je n'ai pas voulu lui dire que c'est Mlle Louise qui a fermé la porte, aimant mieux qu'il se méfie de moi que d'elle, et on s'est séparé. Il m'a prévenue que jeudi nous partirions pour Mornex ; j'en avertis monsieur le pasteur, qui trouvera la maison en ordre, et Jacqueline en remplacement de moi. C'est M. Reybaz qui a arrangé ainsi, et qui lui a payé moitié d'un mois de gages par avance, à raison de ce qu'il m'ôte à monsieur le pasteur.

Je prie monsieur le pasteur d'accueillir les humbles amitiés de son affectionnée servante

MARTHE.

CXIX

JACQUES A MADAME DE LA COUR.

De Verrèze, dans le val d'Aoste.

J'écris à madame pour lui dire que ça va toujours plus mal, et qu'à moins de bonnes nouvelles, qui disent que madame veut bien permettre ce mariage avec Mlle Louise de la cure, not' maître ne peut aller longtemps de ce train, triste comme il est et changé du jour à la nuit, tant du dehors qu'à l'intérieur. Je voudrais que madame le vît, barbu comme il est, lui qui était des plus lustrés.

Et puis le monde commence à se douter. L'hôte disait : « Ce jeune homme est amoureux, ou je ne m'y connais pas ; » à tant que j'ai été bien près d'en convenir. L'hôte est un homme d'idée ; il m'a questionné, et puis, comme il me trouvait serré par rapport à ce qu'on est fidèle et qu'on garde sa langue pour soi, il a surajouté : « Si vous êtes un brave domestique, vous devez écrire à ses parents qu'ils fassent leurs efforts pour contenter son envie et le tirer de cet état. Ça ne peut mener à rien de bon. »

Tout au moins par le passé allait-il au dehors, pour revenir avec du sommeil et de l'appétit quelque peu ; mais ces temps-ci, il se tient dans sa chambre, et c'est tout s'il me laisse assez de temps pour la faire, sauvage comme il est devenu. Et encore si je disais à madame qu'il a ouvert la bouche seulement pour me dire qu'il n'avait plus besoin de moi et que je pouvais, jusqu'à ce qu'il me rappelle, faire une tournée et voir les environs. J'en suis resté bleu, car enfin ce n'est pas ces charbonniers qui lui feront son service. J'ai donc répliqué que je ne le laisserais pas tant qu'il ne m'aurait pas chassé ; qu'on n'était pas pour lui faire massacrer son service par un tas d'inquilins ; que d'ailleurs je me moquais des environs, les ayant assez vus et de trop, sans lui parler des loups encore, qui ne m'attirent pas ; qu'ainsi je prenais la liberté de l'induire à continuer son voyage... Sur quoi, il m'a dit de garder pour moi mes conseils, et, au surplus, de faire ce que je voudrais. Me v'là bien planté !.. Depuis deux mois je fais ce que je veux, et jamais je ne me suis si mal trouvé ; sans compter que je désapprends mon service, faute d'emploi.

Si donc madame me veut croire, elle suivra à l'envie de not' monsieur, et ça fera le bonheur de plus d'un. Mlle Louise est de la campagne, d'accord ; mais elle a été éduquée par M. Prévère, et m'est avis que, n'était son père, on la prendrait pour une notable. D'ailleurs tout s'égalise avec le temps ; et ses enfants, nés au château, n'en seront pas moins des de la Cour. Où le nom reste, tout s'oublie ; l'argent en a doré de moins proprettes. Une lettre seulement qui dirait à not'maître : « Je vais aller chez Reybaz lui demander sa fille pour vous, not' fils ; » et M. Ernest entrerait du coup dans le paradis du ciel, ou bien je ne m'appelle pas Jacques.

Madame pardonnera ce petit conseil d'un pauvre serviteur qui ne veut que le bien de ses maîtres. Avec ça que, s'il se trompait, madame n'est pas pour lui en vouloir. Auquel cas, le mariage arrivant et la petite maison étant habitée, on se recommanderait bien pour la ferme, en tant que l'on y mettrait sa peine à tout bonifier, une fois établi avec Jeannette, à qui l'honnêteté ne manque pas, ni le bien non plus, ce qui est toujours plus sûr pour des maîtres ; car qui a du bien à soi ne convoite guère celui des autres.

On a celui de saluer madame avec respect.   JACQUES.

CXX

MADAME DE LA COUR A CHAMPIN.

De la cure.

J'ai su, monsieur, à propos de la démarche que vous avez faite dans le temps auprès de mon fils, que vous vous trouviez être dans l'intimité de M. Reybaz, et cette circonstance servira à vous expliquer par quels motifs j'ai aujourd'hui recours à votre obligeance pour obtenir quelques informations.

Mon fils, vous le savez, monsieur, après ce malheureux duel, s'éloigna de Genève et de la cure, autant par délicatesse que pour chercher quelque distraction à ses déplaisirs. Les nouvelles que je reçois de lui me donnent la certitude que ses sentiments pour Mlle Reybaz n'ont fait que prendre plus de force, et qu'au lieu de regagner du calme, il est chaque jour plus malheureux et plus à plaindre.

Je viens donc, monsieur, à l'insu de mon fils, qui sans doute condamnerait ma démarche, mais pressée par mes sollicitudes maternelles, m'informer auprès de vous si vous pensez que je puisse au besoin nourrir quelque espoir de voir plus tard s'accomplir une union que je n'ai pas recherchée, mais à laquelle je serais disposée à acquiescer, une fois qu'elle est devenue l'unique remède à un état qui afflige mon cœur. Certainement je n'eusse jamais, et pour aucun prix, songé à venir à la traverse des droits de M. Charles, et à faire valoir en faveur de mon fils des avantages de position et de fortune, si je ne savais que M. Reybaz a positivement retiré sa promesse à ce jeune homme. Mais, une fois que ceci est un fait accompli, je crois pouvoir sans indélicatesse me hasarder à vous demander quelles chances peuvent rester encore à mon fils, d'après ce que vous connaissez vous-même des intentions de M. Reybaz et des sentiments de sa fille. C'est à ce sujet, monsieur, que je réclame de votre obligeance toutes les données qui peuvent servir à m'éclairer, bien sûr que vous devrez être de trouver en moi une discrétion que je réclame instamment aussi de votre part. Je ne puis, dans tous les cas, je le sais, nourrir que des espérances fort éloignées ; mais c'est l'impossibilité même de recourir pour le moment à M. Reybaz ou à sa fille qui est cause que je m'adresse à vous pour obtenir des lumières indirectes, mais précieuses. J'aurais été les chercher dans un entretien, si ma venue dans la maison que vous habitez n'eût risqué de dévoiler une démarche qui doit rester entièrement secrète.

Je vous remercie à l'avance, monsieur, de toutes les informations que vous voudrez bien me transmettre, et, en vous donnant l'assurance du plaisir que j'aurai à vous être utile, je vous prie d'agréer mes salutations empressées.

Julie DE LA COUR.

CXXI

CHAMPIN A MADAME DE LA COUR.

De Genève.

Il y a longtemps, madame, que, sans avoir celui de vous connaître, je prêche pour votre paroisse : tant c'était mon idée de préférer un joli cavalier de marque et de fortune à un ferrailleur sans parents et sans bien. A force de travailler, voici pourtant le premier acte qui est fini. Ce jeune homme est éconduit tout de bon, et pas bien malheureux, le vivre lui étant assuré, partie par M. l'révère, partie par M. Reybaz, qui pousse la bonté jusque-là. C'est assez dire que le jeune homme lui est redevable, et non sa victime.

En travaillant à défaire, j'avais toujours l'instinct que monsieur votre fils profiterait quelque jour de ma peine et m'en saurait gré, non moins que Reybaz, qui probablement finira par y voir clair et par comprendre que le bon vaut mieux que le mauvais, et un gendre de bon lieu qu'un gendre issu des bois. Aussi, n'était que la lettre de madame m'a devancé, dont j'ai regret, je lui aurais écrit moi-même, le moment venu ; surtout ayant connaissance d'autre part que M. Ernest reste pris au filet, et s'entortille aux mailles, loin de s'en débrouiller.

Mais où madame a bien songé, c'est de s'adresser à moi, qui, je puis le dire, mène l'affaire ; sans compter que, par le vent qui souffle, un seul mot à la cure aurait tout gâté à tout jamais. Outre le temps, qui est de nécessité ici plus qu'ailleurs, je me flatte qu'il n'y a que moi qui connaisse le terrain pour y poser les pieds, et approcher de l'oiseau sans lui faire peur. Je ne refuse pas d'agir pour le contentement de madame, ne demandant qu'à rendre service sans distinction de personnes.

Mais il y a ici plus que Reybaz et sa fille ; il y a M. Prévère, que madame connaît bien, et qui, sans moi, menait ces bonnes gens à leur perte, à louable intention si l'on veut. Pour M. Reybaz, qui n'a jamais voulu de Charles, il est joyeux de son dédit, en sorte que de son côté ce n'est pas le plus difficile. Sa demoiselle, c'est une fillette, comme toutes les fillettes : marrie d'être contrariée dans une amourette, mais à qui je ne donne pas six mois pour en être bien revenue, d'autant que c'est une fille d'esprit, et qu'avec l'esprit on distingue bientôt le blanc du noir. Mais il y a au-dessus de ceux-là M. Prévère, qui, intéressé à placer là son enfant trouvé, ne manque pas d'ascendant pour le faire, ni pour disposer selon ses fins d'une fille qui est encore plus à lui qu'à son père. D'autant plus à craindre, que l'on n'ôterait de l'idée de personne que cet homme agit uniquement pour le bien des autres, encore que lui seul ait intérêt à ce mariage, où il trouve une décharge d'un vaurien dont il ne sait plus que faire, après l'avoir ramassé dans sa cour. Cet homme-là, qui, depuis des années, couve sa proie, ne la saurait lâcher du coup ; et je n'ignore pas que, même en ce moment, sa trame continue. A la vérité je le tiens pour vaincu ; mais, à supposer que les choses tournassent du côté de M. Ernest, madame n'ignore pas que ces ministres, qui font tant profession de charité, sont sans pitié sur l'article des fredaines de jeunesse, dont on dit que M. Ernest n'a pas été exempt. Le monde a mauvaise langue ; d'ailleurs, en tout état, les saints sont rares.

De tout ceci, madame peut conclure que, pour l'heure, il n'y a rien à faire qu'à maintenir M. Reybaz dans son refus, et, en outre, qu'elle doit bien se garder de bouger, me laissant le soin de son affaire, qui se fera par moi si elle peut se faire, ou ne se fera par nul autre. Le moment venu, on agira, et dès aujourd'hui on peut, dans sa petite influence, ne pas perdre de vue le désir de madame, qui serait d'être secondée par son serviteur, quitte à ce qu'elle lui réciproque dans l'occasion, comme il est clair qu'elle n'entend pas abuser d'un pauvre homme et le compromettre aux avant-postes, où il risque tout au moins de se brouiller avec son intime et d'offenser un puissant, sans connaître par-devers elle que service appelle service, et discrétion, discrétion. C'est la loi de l'Évangile. Je dirai encore un mot, seulement par forme : c'est qu'il y a quelque temps, si on avait voulu seconder tel ou tel qui s'appelle Prévère ou Dervey, pour aider Reybaz à s'enfoncer, outre qu'on serait aujourd'hui un saint à dire d'experts, on ne se fatiguerait peut-être plus à gagner sa misérable vie entre un établi sans ouvrage et une porte à ouvrir. Mais non, l'amitié avant tout, et la conscience aussi. Gagner en faisant le mal, c'est crime; en faisant le bien de tous et des honnêtes gens, c'est pain bénit.

On a l'honneur d'être, etc.

CHAMPIN.

CXXII

LE CHANTRE A CHAMPIN.

De la cure.

Je te remercie de la peine. C'est la maisonnette que j'ai choisie, comme tu sais; et je m'y rends demain, ayant renoncé à attendre le retour de M. Prévère, à qui je préfère écrire de là-bas, et après l'essai.

C'est que, Champin, j'ai eu de l'ébranlement depuis toi; et peu s'en faut, encore à présent, que je ne revienne à ce malheureux, qui est la croix de ma destinée, au point que je ne sache pas quand je serai délivré de sa pensée. J'éprouve bien que, parmi les épreuves que le Seigneur envoie dans notre vie, les plus cruelles ne sont pas celles qui frappent fort d'une fois, mais celles qui soucient et fatiguent à la durée. Demi-livre à porter sans relâche, c'est plus que manier un quintal pour deux minutes.

Je ne l'aime pas ni ne m'inquiète de son sort, que j'assure pour ma quote-part sans y être astreint; mais c'est dans ma fille que je trouve de quoi me soucier. Voici que la lettre de M. Prévère, jointe à ce que j'ai pu voir, m'a remué avec véhémence; et j'ai senti combien la lumière de l'homme est obscure, et sa force faible, en me voyant incertain dans ce que j'avais vu manifeste; flottant, dans ce qui m'avait paru fixe comme le roc des montagnes.

Épargne-toi, Champin, encore une fois, de médire de ce pasteur et de voir de la ruse à ses actions. Je t'avais, sur ce point, dit assez pour te le faire connaître, et pour que tu comprennes qu'il ne peut m'être séant ni agréable de t'entendre ainsi parler d'un homme que je révère, justement pour n'avoir jamais surpris en défaut sa droiture, ce qui est chez les hommes ce que je prise avant tout. Aussi moi-même ne désiré-je rien aujourd'hui, si ce n'est de ne pas dévier de la mienne en m'abusant volontairement dans le parti que j'ai à prendre. Or j'en dévierais si, pour suivre ma rancune, que je ne décline pas, j'étais injuste envers ce garnement; j'en dévierais non moins, et d'une façon bien plus funeste, si pareillement je m'aveuglais sur les risques que je fais courir à Louise; cessant ainsi de voir son bonheur, ou tout au moins sa conservation avant tout, bien que j'avance le contraire, et y préférant au fond mes propres instincts. Que le Seigneur me guide et m'éclaire; surtout qu'il me préserve!

Mais il y a à réfléchir plus profond que je n'avais cru, et M. Prévère m'a jeté dans un grand trouble par sa lettre. Son idée est que Louise ne supportera pas ce coup, étant délicate de nature, tandis que, de cœur, elle est exposée aux ravages, tant parce qu'elle est faible, que d'autre part parce qu'elle est forte : d'où suit le combat intérieur des affections et du devoir. Cette idée qu'il me suggère de la petite, en s'appuyant d'exemples, je la trouve vraie; et si je dispute, c'est sur le degré qu'elle peut supporter, chose où chacun raisonne d'instinct plus que sur preuve, l'avenir étant dans la main de Dieu. Seulement, si je me trompe, mon erreur est capitale et porte sur la vie de mon enfant; tandis que celle de M. Prévère s'arrête en deçà, et, bien que par un mauvais remède, vise à me la conserver.

Il dit en outre que Thérèse, les choses étant ainsi qu'elles sont, serait de son bord et me supplierait avec lui ; que je risque de sacrifier Louise au manque de son avocat naturel, qui serait sa mère. Ceci m'a remué plus fort que tout le reste, en ce que je suis à la vérité certain que, sur cette lettre, Thérèse n'aurait écouté que la crainte pour son enfant, et que je n'ai pas droit ni volonté de supprimer le bénéfice de sa mémoire au détriment de sa Louise. Mais si Thérèse, femme et craintive, eût été moins ferme et moins tenace que son homme, est-ce à dire que je ne l'en eusse fait revenir, et que, plus elle m'eût vu craintif comme elle pour notre enfant, plus aussi elle m'eût dans le reste écouté d'autant mieux, accoutumée qu'elle était à me condescendre et à subjuguer ses volontés et ses motifs, variables comme sont ceux d'une femme, à la verdeur et à la ténacité du dire de son époux ?

Aussi me suis-je promené solitairement à l'entour de la cure, pour être plus à même de manier ce point; faisant supposition que j'écoutais Thérèse elle-même parler, comme il est vrai que, de là-haut où est sa demeure, elle m'écoute elle-même réfléchir, et lit dans moi ce qui s'y agite pour cette enfant qu'elle m'a donnée. A ces entretiens, j'ai peu avancé, toujours me retrouvant en face de l'alarme légitime de cette femme soucieuse, et lisant dans son œil comme un présage de tristesse maternelle. Seulement trouvais-je qu'à des craintes reposant sur un avenir encore enfoui, j'opposais des raisons réelles, reposant sur cette vérité déjà accomplie, que ce jeune homme est mal né, vicieux, décrié et sans état, avec mêmes éléments aujourd'hui que ci-devant pour chuter à nouveau, eût-il son pardon.

N'y avançant rien et me trouvant dans l'angoisse, je demandais au Seigneur de m'éclairer, lorsque le temps, qui était mauvais, s'est mis tout à coup à s'éclaicir, comme si c'eût été une façon de pronostic à mon usage. J'en ai ressenti de la paix; et, m'avouant que j'avais réellement en intention le mieux, sans détour et subterfuge, l'idée m'est venue que ce soleil qui m'arrivait de la nue était comme une clarté du ciel envoyée pour reluire sur la résolution qui en ce moment naissait dans mon esprit : c'était de ne rien hâter, crainte de repentir, et, à défaut de lumières provenant de la réflexion, d'attendre celles qui proviendraient de l'état de Louise, surtout à la veille d'un changement de vie ; suspendant pour l'heure toute réponse à M. Prévère, et me bornant à partir le plus tôt possible pour Mornex.

Ainsi avais-je résolu, lorsque, rentré à la cure, et entendant comme un gémissement de Louise, je suis monté droit à sa chambre, où j'ai trouvé la porte fermée en dedans.... Marthe (car c'est elle qui avait fermé, dont je lui garde rancune) est venue ouvrir, et j'ai trouvé Louise dans un état à faire compassion ; si bien qu'il est certain que, si je l'eusse vue ainsi accablée sous son propre faix, et non sous les propos d'une servante qui avait fermé en dedans pour mieux la remuer à son aise, j'écrivais le soir même à M. Prévère, lui donnant satisfaction, et abandonnant Louise à son Charles. Néanmoins, j'ai été de nouveau remué fortement, et si je m'en suis tenu à mon premier projet, celui de toujours partir, c'est qu'à vrai dire, ce n'est pas huit jours de plus qui peuvent nuire à Louise, et qu'en huit jours j'aurai plus de calme et de loisir pour répondre à M. Prévère.

Voilà, Champin, où je suis redescendu, et en quelles idées je quitte la cure. Si donc M. Prévère revient à demander ma lettre, dis-lui qu'étant ébranlé, j'ai pris du temps pour réfléchir ; ou bien lis-lui celle-ci, qui lui mettra le vrai sous les yeux; cachant seulement le reproche que je te fais de lui être injuste. Durant mon absence, il me sera de bon usage et plaisir que tu m'écrives, en ce que tu es un ancien qui m'affectionnes, et aussi en ce que tu parles et entends mon langage. Seulement te prierai-je de me dire tout le vrai, mais sans plus, t'abstenant de jeter de malice sur les choses que tu ne fais que deviner, et encore plus de juger légèrement notre commun prochain. Je trouve, Champin, difficile d'aimer, comme c'est le devoir de chrétien et la suprême loi de son Maître; aussi ai-je répugnance, lorsque j'ai de l'affection pour un semblable, qu'on me la refroidisse, et que je rebrousse sur la pente que non sans peine j'avais gravie. Sans ta lettre, j'eusse moins rudoyé Marthe pour sa faute, bien que réelle; et si tu me montrais toujours ce pasteur comme un rusé, je pourrais faillir et finir par me méprendre. Alors qui aimerais-je? Louise?... mais son sang, on l'aime toujours assez. Que si tu m'affectionnes, comme j'en suis certain, en me voyant si proche de ne pas garder l'équilibre entre tant de personnes et de raisons qui me sollicitent en égale mesure, tu éviteras de me coudoyer, même légèrement, par de faux chocs, crainte que tu me voies broncher, et tomber là où peut-être est un abîme.

Ce m'est souci de quitter mon endroit et mes ouvrages. C'est la première fois, depuis dix-huit ans, alors que je menai Thérèse à Montreux. La pauvre femme était déjà bien souffrante, et nous arrivâmes à grand'peine; mais c'est là qu'elle me dit (car d'instinct elle savait déjà sa mort) combien il la fâchait de me quitter et de s'en aller hors de ma tutelle, sous laquelle elle avait connu le respect, l'affection et plein repos en l'estime qu'elle me portait. (Jamais femme, Champin, ne sut dire comme Thérèse!) Je lui répondis qu'elle s'abusait sur son mal; que néanmoins, si elle venait à me quitter, c'était pour aller, sans toutefois m'oublier, sous une tutelle meilleure et sans fin, où ma tâche serait de chercher à la joindre. Parmi ces discours, je vis qu'elle avait souci de cette petite fille (elle la sevrait, après cinq mois d'allaitement). « Que Dieu, disait-elle souvent, lui conserve son père! — Dieu, lui fis-je, lui conservera aussi sa mère; et s'il venait à la lui retirer, Thérèse, n'aie crainte qu'après toi je lui en donne une autre. » Ce propos a fait la paix de sa mort, et j'ai souvent eu joie en moi-même de l'avoir tenu.

C'est pour cela, Champin, que j'ai continué en tout la mémoire de ma Thérèse, et gardé mon veuvage fidèlement, quand, à vrai dire, jeune encore et ayant un ménage à tenir, j'étais sollicité par l'âge et par l'économie à prendre une femme en secondes. Mais je n'eusse pas promis, qu'encore aurais-je tenu ; car, si la chair a ses aiguillons et l'économie ses volontés, encore est-il que l'affection a aussi les siennes, et que donner ce qui a déjà été donné ne se peut, ne se doit. Une coupe une fois versée dans la coupe d'un ami ne se saurait verser à un autre, encore ; tout au plus quelques gouttelettes sont là, peu dignes d'être offertes, et qu'il vaut mieux ne pas distraire du breuvage, pour le laisser pur et entier. Ainsi ai-je voulu faire, ainsi ai-je fait sans trop de peine ; et aujourd'hui, parvenu à la descente de la vie, en telle sorte que je commence déjà à mesurer de l'œil d'ici à ma tombe, ce m'est paisible et cher de songer que j'y entrerai seul, pour n'y trouver que ma Thérèse, ayant gardé, franche d'alliage, cette foi que je lui ai promise et donnée, quand j'étais libre de ne pas le faire, et quand la mort, non par sa faute, lui en enlevait la jouissance.

Te dirai-je, Champin, qu'après dix-huit années, quittant de nouveau la cure pour la santé de cette enfant, j'en éprouve un pressentiment sombre, au point qu'il me devient sinistre de bouger d'ici, comme si de bouger me dût porter malheur pour la fille ainsi que pour la mère ? Ce matin encore, si tout n'eût été prêt, et sans la crainte des propos, je renonçais à partir ; et plus l'instant s'approche, plus je vais me repentant d'avoir à la légère formé ce projet. Le cœur me bat tout comme le jour que je mis Thérèse sur le char, et que les gens du hameau étaient là à l'entour, lui touchant la main, sans trop d'idée de la revoir. Au départ, la bête s'abattit, et je connus bien sur leurs visages ce qu'ils en auguraient. Sûr, sûr, Champin, que, pour l'heure, je donnerais gros pour être dispensé de partir. Ce m'est pourtant un soulagement que de te conter ces secrets, en ce que j'ai l'idée que de dire, pourvu que ce soit sans bravade et irrévérence, ça déjoue les pressentiments, et que le sort se tourne ailleurs ; comme si, d'être deviné, ça le déroutait. Toutefois, le mieux est d'avoir confiance au bon Dieu ; et c'est dans ces défilés de la vie, où le chemin est étroit, le précipice à côté, que l'on sent qu'à lui seul on peut tendre la main, tout autre appui étant piége et menterie. Aussi blâmé-je la veuve Crozat, qui s'est brouillée avec le bon Dieu et en attend des avances. Cette malheureuse avait de la religion, si bien qu'elle était un exemple au troupeau. Le bon Dieu lui retire son mari, puis le cadet de ses fils, puis l'autre périt dans l'incendie de sa maison : tout cela en moins de trois ans. Alors elle n'est plus venue à l'église, disant dans son affliction : « J'avais fait tous mes devoirs ; je l'aimais, je le priais chaque jour : en récompense, il m'a tout ôté. Allez à lui, vous à qui il fait du bien, pour moi je n'y retourne pas. » Pauvre femme, qui s'égare. Avec un grain de religion de plus, elle se résignerait et aurait la paix du fidèle ; toutefois, telle qu'elle, je la mets haut dans mon idée : car elle n'est ni incrédule ni impie, et bien plutôt victime de son plus de foi que les autres. C'est erreur, et non irréligion. Dieu est miséricordieux.

M. de la Cour est toujours absent. Peut-être, non loin, reviendra-t-il. On le dit toujours épris de la petite, et que sa mère en reçoit des nouvelles misérables ; nous ne l'avons plus revue. Si celui-là avait tourné au bien, au lieu de salir sa jeunesse, il serait heureux à cette heure, et nous sans angoisses. Tout ce que je lui demande aujourd'hui, c'est de rester à l'étranger et de ne plus hanter cet endroit, où sa venue aggraverait le mal. Voici que la Croissat, qu'il a perdue, est enceinte une seconde ; cette fois, ce n'est pas de ses œuvres. Il l'a passée à ce vaurien de Paulet qui lui avait aidé à l'avoir, et qui déjà s'en dégoûte et la morigène. L'autre jour, rentrant de la chasse, il l'a maltraitée sans compassion, enceinte comme elle est, et de sa crosse il lui a meurtri la hanche. Aux cris on est accouru, et encore ne l'a-t-on pas dégagée sans risque, l'autre menaçant de son plomb quiconque s'entremettrait. Ces Paulet sont la lie de la commune ; ce sera un bienfait quand le bon Dieu les appellera pour rendre compte.

Ton affectionné   REYBAZ.

CXXIII

(Incluse dans la suivante.)

ERNEST A MADAME DE LA COUR.

De Verrèze, dans le val d'Aoste.

J'ai reçu votre lettre, chère maman, et j'y répondrai avant peu de jours. J'espère retrouver bientôt plus de calme. Très-occupé aujourd'hui de mes préparatifs de départ, vous excuserez la brièveté de ce billet, que suivra de près une plus longue lettre.

Adieu, chère maman. Aimez toujours votre fils, malgré les peines qu'il vous cause, et que votre cœur lui pardonne en faveur de ce qu'il souffre.
Votre Ernest.

CXXIV

JACQUES A MADAME DE LA COUR.

De Verrèze, dans le val d'Aoste.

Hélas! mon Dieu, on ne sait trop par où commencer à écrire! Il faut que madame vienne ; qu'elle soit déjà ici ! J'y perds la tête. Que madame soit vite ici : nous le tenons, mais qui sait ? Que madame vienne donc au vu de cette lettre, et qu'encore elle nous trouve en vie, au moins mon maître. Soit dit sans effrayer madame, il est bien, Dieu merci, sans mal ni douleur.

C'est hier matin. Il m'a remis l'incluse[1] pour la faire partir. « Bon, que je me suis dit : madame sera bien aise. » Et puis le courrier avait déjà passé : donc c'est pour demain, j'entends le jour d'aujourd'hui. Néanmoins not'maître avait veillé toute la nuit en écritures, et voilà que, ce matin, entrant dans sa chambre, j'y trouve déjà l'hôte, avec une figure renversée. Comme je le regarde, il me fait des signes : voilà que la peur me prend, et la sueur me vient par les jambes. Alors je vois un pistolet qu'il tenait moitié caché sous son bras.... Je n'ai plus rien revu, n'étant ni pour m'enfuir ni pour rester en place....

Quand je suis revenu à moi, ils causaient ensemble. Not' maître était couché ; l'hôte lui parlait vivement, même qu'il le forçait presque du poignet à rester tranquille. Finalement not'maître m'a crié, d'une voix à arrêter une roue de moulin : « Va-t'en ! » J'ai filé.

Plus tard, ils m'ont fait appeler : « Tu resteras dans cette chambre, m'a dit l'hôte, pour soigner ton maître qui est malade. J'enverrai mon fils pour t'aider, en cas qu'il en soit besoin, et pour que tu puisses aller et venir pour le service. » Il avait toujours le pistolet sous le bras, et un en outre que je n'avais pas vu d'abord. J'ai obéi, tout transi que j'étais, et m'y voici depuis hier, que je n'ai quitté que pour le temps d'écrire à madame.

Voyant cela, je m'étais dit à moi-même que c'est des brigands,

---

1. La lettre précédente.

dont le pays abonde, qui auront voulu faire un coup ; alors l'hôte les aura désarmés sur le temps, et puis il veut tenir la chose secrète pour ne pas nuire à son auberge. Je m'étais dit com' ça, jusqu'à ce que le fils de l'hôte, sans avoir l'air, m'a fait signe que c'est not' maître qui s'a voulu tirer dessus !... Ainsi, que le bon Dieu nous garde ! et que madame arrive tout courant ! Je promets à madame de ne pas quitter la chambre, où l'hôte a tout ôté de ce qui peut servir à se nuire, et assisté au repas, par rapport aux couteaux. Un digne homme ! qu'avec lui je ne craindrais pas un bataillon de loups. Que madame vienne !

Incluse encore une de l'hôte, qui me la remet en cet instant.
On a celui de saluer madame avec respect.

JACQUES.

CXXV

(Incluse dans la précédente.)

L'HOTE A MADAME DE LA COUR.

De Verèze, dans le val d'Aoste.

Madame,

Sans avoir l'honneur de vous connaître, je me trouve dans le cas de vous écrire au sujet de monsieur votre fils, qui loge chez moi depuis quelques semaines. J'ai eu le bonheur de l'empêcher d'attenter à ses jours, et, en vous priant, madame, de vouloir bien le rejoindre au plus tôt ; je me hâte de vous assurer de la manière la plus propre à calmer votre angoisse que, d'ici là, je veillerai sur lui comme sur mon propre fils.

Ce jeune homme, indépendamment du caprice qui le portait à rester dans cet endroit, m'a paru dès les premiers jours en proie à un chagrin sombre ; mais ce n'est que depuis peu de jours que j'ai pu concevoir, d'après ses allures, quelque inquiétude sur les projets qu'il pouvait avoir. Je conseillai même à son domestique de vous en écrire quelques mots. Il ne sortait plus du tout, il gardait un silence farouche, et ses nuits se passaient à écrire. Hier au soir, voulant lui porter quelque chose, le garçon trouva, contre l'ordinaire, la porte de sa chambre fermée en dedans. Il vint me le dire ; je lui fis des questions, et c'est ainsi que, par un bienheureux hasard, j'appris qu'il avait été chargé dans la journée de procurer à M. de la Cour deux pierres à fusil.... Je courus à sa chambre.

Il était déjà couché. J'usai de ruse pour me faire ouvrir, car je pouvais par la moindre imprudence hâter l'accomplissement de son projet. Il se leva ; mais j'entendis distinctement qu'avant de m'ouvrir il faisait quelques dispositions. Lorsque je fus entré, ayant refermé sur moi la porte, je vis sur la table de nuit un linge qui recouvrait quelques objets dont je compris aussitôt la nature ; aussi, soulevant le linge à coup sûr, je m'emparai du même mouvement de deux pistolets.

Ce jeune homme resta quelques moments interdit, en proie à la colère autant qu'à la honte ; puis il voulut prendre le ton d'un étranger qui commande à son hôte, et qui pense être libre dans sa chambre. Mais je suis homme d'âge, madame, de taille et d'humeur d'aller au fait sans me prendre aux paroles ; je répondis à ses ordres en lui donnant les miens, et en lui déclarant qu'il ne savait ni où il était ni à qui il avait affaire, et qu'avant qu'un crime se commît dans ma maison ou ailleurs, si je pouvais l'empêcher, il y avait à être plus fort que moi et les miens, et d'autres au besoin. Ce ton le calma et dès lors je pus lui parler raison. Il m'avoua son projet ; et tout ce que peut dire en pareil cas un père qui se met à votre place, madame, je le lui ai dit. J'ai fait plus, je me suis donné autorité sur lui, j'ai pris mes mesures, et, dans ce moment même, il est mon prisonnier plus que mon hôte. Mon fils le garde à vue, car je n'ai pas cru pouvoir me reposer de ce soin sur le domestique, qui n'a ni sens ni tenue. A la vérité, j'ai promis de ne pas vous instruire de ce qui s'est passé ; mais c'est là, je pense, une de ces promesses qu'un honnête homme est dispensé de tenir.

Comme vous le comprenez, madame, cette situation ne peut se prolonger, et, sans faire valoir ce qu'elle peut avoir de difficile pour moi, je pense que l'unique moyen d'en sortir heureusement, c'est que vous arriviez ici. Quand, toutefois, la maladie ou toute autre cause impérieuse vous empêcherait de partir sur l'heure, veuillez me le faire savoir, et je verrai à vous le faire reconduire, si encore je ne me décide pas à vous le ramener moi-même, ce qui me serait pourtant très-onéreux dans ce moment. Le Saint-Bernard est praticable : c'est la route la plus courte et, dès samedi, jour où vous pouvez y arriver, un de mes gens vous y attendra avec une lettre et redescendra avec vous jusqu'ici.

En me trouvant heureux, madame, d'avoir eu l'occasion de vous épargner un grand malheur, je vous prie d'agréer l'assurance de mon respectueux dévouement.

Louis Mathey.

CXXVI

LE PÈRE BARRAS A L'HOTE DE VERRÈZE.

De l'hospice du Grand-Saint-Bernard.

Mme de la Cour est au Bourg-Saint-Pierre, d'où nos marronniers arrivent en cet instant; ayant pu par bonheur l'empêcher de s'engager plus avant. La tourmente a repris ces jours-ci, et, du mont Velan, l'avalanche a atteint ce soir trois voyageurs. Les chiens en ont indiqué deux à temps qui sont chez nous à cette heure, et sans grand mal; le troisième est encore dessous : c'est Benoît d'Aoste. Les pères y sont allés; car nos marronniers étaient rendus.

Aussitôt la tourmente passée, j'enverrai quérir cette dame avec une litière, car de quinze jours encore les mulets ne pourront descendre. Pareillement je la ferai accompagner à la descente. Du côté d'Aoste, la route est bonne; il ne s'agit que de choisir le moment. Aussi je vous renvoie votre homme avec ces deux mots pour que vous soyez tranquille.

Le père Barras.

P. S. On retire en ce moment Benoît. C'est Lion qui l'a trouvé sous vingt brasses de neige, quand les autres chiens étaient incertains. Le pauvre homme est bien mort; il avait bu à la cantine.

CXXVII

LE MAIRE DE NYON A CHAMPIN.

De Nyon, canton de Vaud.

J'ai fait, monsieur, quelques recherches sur l'objet au sujet duquel vous êtes venu me consulter. Mais vous m'avez fourni si peu de données, que je ne suis parvenu à rien de positif. La seule chose que j'aie à vous dire, c'est que le même mois, à deux jours de la date où ces misérables durent quitter votre canton, je trouve sur le registre un homme et une femme reconduits à la frontière de France comme vagabonds et n'ayant pas de papiers. Il se peut que ce soient les parents de votre jeune homme; mais dans ce cas il serait mieux, ce me semble, de laisser ce point dans l'ombre, puisqu'il ne peut en résulter pour lui que du déshonneur et probablement aucun bien. Ce n'est qu'à la sous-préfecture de Gex que l'on pourrait apprendre quelque chose de plus sur ces deux individus; mais, à moins que vous ne parveniez à retrouver leur nom, tous autres renseignements seront incertains et presque inutiles.

J'ai l'honneur d'être, etc. PERRIN, maire.

CXXVIII

MADAME DE LA COUR A CHAMPIN.

Du Bourg-Saint-Pierre, en Valais.

Je suis partie subitement, monsieur, sur la nouvelle de l'état déplorable où la tristesse et le désespoir ont jeté mon fils. Arrêtée ici par les neiges, qui m'empêchent de voler auprès de lui, je vous écris à la hâte, réduite que je suis à mettre tout mon espoir en vous.

Toute ma reconnaissance vous est acquise, monsieur; aucune récompense ne vous manquera si vous sauvez mon fils,.... Il n'est pour cela (j'en ai maintenant la triste certitude).... il n'est pour cela qu'un unique moyen : c'est que, par nos efforts et surtout par vos prudentes démarches, il puisse obtenir la main de Mlle Louise.... Qu'ainsi rien ne vous arrête, que tout vous encourage : et croyez bien que, si d'autres auraient pu reconnaître vos services, je le pourrai, je le devrai mieux encore que personne au monde. Car c'est pour la vie de mon fils que je sollicite, que je mets à vos pieds et que je vous promets ici de ne point vous devoir un si immense bienfait sans que vous ayez à vous louer de ma généreuse gratitude.

Son découragement est affreux, je me vois avec un sombre effroi encore séparée de lui ; je vais tout tenter pour le rejoindre. Mais il faut, pour le sauver, que je le trompe ; il faut que je lui donne de l'espoir, que je lui montre comme facile ce qui présente tant d'obstacles, que je lui cache mille circonstances, dont la moindre le porterait à s'opposer lui-même à toute tentative. ..

Il faut que j'aie fait tout cela avant même d'avoir reçu aucune réponse de vous ; mais vous êtes honnête et compatissant, vous ne manquerez pas à ma confiance, et je compte sur vous. Assez. Ces lignes vous seront remises en main propre. Veuillez adresser les vôtres à Verrèze (val d'Aoste), chez l'aubergiste Mathey.

Julie DE LA COUR.

CXXIX

CHAMPIN AU CHANTRE.

De Genève.

Ta lettre où tu t'ébranles, à vrai dire, m'a fait pitié, et je m'étonne que toi, Reybaz, homme de tête, tu t'embrouilles ainsi dans les misères de rien. A quoi sert donc que je t'aie prévenu que cette lettre de M. Prévère était un coup monté entre ces deux ministres, si, à la lire, voilà que tu défailles et vois blanc ce que tu voyais noir tout à l'heure ?

Puisqu'il t'en écrit, des lettres, que je t'en écrive donc aussi. Les raisons ne me manquent pas ; mais où sera la fin, si tu tournes à tout vent et n'as pas toi-même aucune assiette dans tes résolutions ? Ta fille est délicate, exposée aux ravages de cœur, aux combats ?... Bonne raison, ce me semble, pour ne pas la confier à un vaurien qui jusqu'ici n'a fait preuve que de malice. Eh ! mon pauvre ami, ne sais-tu pas la vie ? Si aujourd'hui dépendant, si ton obligé, si maintenu par M. Prévère, et, outre tout cela, amoureux, il en fait déjà des siennes, que sera-ce quand il sera maître, maître de vous tous et de ta fille ? En es-tu donc à savoir que, de l'amant au mari, il y a la distance de l'agneau au loup ? et si ta Thérèse n'a pu vivre, malgré qu'elle eût rencontré dans son homme affection et tutelle, t'imagines-tu que ta Louise en vivra mieux d'être unie à un violent qui, une fois rassasié d'elle, ne la ménagera pas plus qu'il ne ménage tant d'autres, lorsque la crainte ou l'intérêt ne le musèlent pas ? Avec plus de vrai que M. Prévère, je te dirai : « Si tu veux que sa vie s'abrége, marie-la à ce vaurien, sans compter la misère qui les attend. »

Encore serait-ce temps de délibérer, si le plus gros du mal n'était pas fait. L'orage lui est contraire, à ta fille ? Mais l'orage est fini ; quelques gouttes encore, et nous avons le beau temps. En revenant sur ton dire, tu n'auras abouti qu'à amener une seconde secousse : ta fille repassera à la joie sans repasser à la sécurité, ni toi non plus. Je ne donne pas une semaine que déjà tu te repentirais ; et alors lui ôteras-tu ce Charles une seconde fois ? C'est bien ainsi que tu la perdrais à coup sûr, et que, pour n'avoir pas eu la force de l'affliger une première fois, tu la briserais sans retour une seconde. Sois donc certain que si, à grand bonheur échappé de cette maille, tu t'y reprends, c'est pour toujours. Je gage bien que ton Prévère ne t'a pas dit cela. C'est à bonne intention, j'en suis certain ; mais toujours est-il qu'il a son intérêt là dedans, et que moi qui te parle ici, je n'ai point d'enfant trouvé à te commettre.

Tu as donc oublié d'où il sort et qu'on chasse de race, comme tu disais ? Si ce n'était qu'on n'est pas pour lui nuire, à ce jeune homme, on te mettrait la puce à l'oreille, sans autre peine que de te débiter ce qu'on entrevoit de ces misérables qui ont enfanté dans le bois. Ce n'est pas moi qui m'étonnerais qu'il finit mal : mais bien plutôt je suis surpris de voir Reybaz tout prêt à enter sa race sur un sang de vagabonds, menés par les gendarmes de frontière en frontière. Penses-tu que si Louise se doutait de cela, rien que la terreur ne fût à même d'empoisonner sa vie et de la mener à la tombe par cette voie aussi sûrement que par une autre. Ah ! c'est bien moi, va, qui regrette ici la Thérèse ! Bien sûr qu'avec elle, depuis longtemps tu serais hors de ce pas.

Pour ton rayon de soleil et tes pronostics, je mets cela avec les sapins du docteur. Va donc faire dépendre le sort de ta fille de la pluie et du beau temps ! Va te boucher l'oreille aux raisons qui te crient de rebrousser bien vite, pour te laisser éblouir d'un rayon ou attrister d'un cheval qui bute ! Autant vaut jouer le sort de ta fille à croix ou pile : je dis mieux vaut, car au moins as-tu dans ton gousset de quoi te décider, le jour comme la nuit, par la pluie comme par le beau temps. Plante-moi donc là ces manières de faire, avec lesquelles on se donne entorse à soi-même ; et sois certain que, pour déjouer le sort, il n'est rien tel que se décider sur motif, et puis de s'y tenir.

Quant aux remontrances que tu me fais sur ce que je suis malicieux, c'est vrai, l'ancien : je tiens ce défaut de race ; et je ne l'ai pas corrigé à vivre auprès de ma femme, qui en tenait aussi, par filiation, depuis Ève. Avec ça, bon enfant, comme tu sais ; et vert encore, n'était cette jambure. La malice conserve : ainsi disait mon père, qui prit ses quatre-vingt-cinq ans avant de mourir. Toutefois, prêt à croire et à dire de plein cœur que ton Prévère est le saint des saints, si seulement il en demeure là et cesse de vouloir verser son écuelle dans la tienne et se débarrasser à tes dépens. Autrement, je garde ma malice, que moi j'appelle bon sens; et je la jetterai, non point, comme tu dis, sur ce que je devine, mais sur ce que je vois bel et bien de mes deux yeux ouverts : un saint ministre employant toute sa sainteté et tout son crédit pour te faire livrer ta fille à un garçon qu'il a ramassé par terre, à un garçon sans nom, sans bien, sans parents; à un garçon qui, de son su à lui et à toi, est indomptable, vicieux, dépensier, ferrailleur; le plus propre entre mille à faire chevrer [1] un beau-père et se dessécher une épouse : déjà déchu de sa profession avant d'y être entré, tout comme avant de vivre il était déjà marqué d'infamie; tout comme avant d'être époux il aura ravagé, tourmenté, vexé tous ses patrons et inondé de larmes sa future. Tu crains l'abîme? eh bien, il est là, Reybaz. M. Prévère te le cache sous sa robe; moi je te le montre au doigt, je te le mesure, je t'y fais voir les rocailles, les pointes, les aiguillons où se brisera, où se déchirera ta Louise; où, une fois précipitée, tu n'iras pas la sauver, mais plutôt tu l'y suivras pour périr avec elle! Si c'est malice que de te parler ainsi, toutefois n'est-ce pas malice pour rire, mais malice pour te retenir au bord de cette crevasse. Dis-moi que tu es fermement décidé à ne t'y pas jeter, et sur l'heure, je conviens que je suis un malicieux, je rétracte mon dire et je demande pardon entre tes mains d'avoir pu mal penser de ton ministre.

A propos des de la Cour dont tu jases dans ta lettre, on a eu l'occasion de voir cette dame à son passage à Genève [2], c'est au sujet d'une maisonne te qu'elle possède à la rue du Temple, et qu'on aurait l'idée de lui acheter entre mon gendre et moi, pour se tirer de cette loge et y jouir de son reste d'années. Sans avoir l'air de songer à autre chose qu'à cette affaire, on lui a demandé si son absence serait longue. C'est ni oui ni non; la chose dépend de son fils, bien revenu de ses fredaines, mais toujours attaché à ta Louise et ne se consolant pas de l'avoir manquée faute d'un peu de tenue. En attendant, il voyage par l'Italie. Je n'ai que faire, moi, de ce garçon-là, et je me bats de ses amourettes d'autrefois comme de sa bonne conduite d'à

---

1. Endêver. — 2. Ce mensonge s'explique par la lettre suivante.

présent ; mais j'admire comment tu raisonnes à son sujet. Te voici près de t'allier un vaurien qui porte une tare de naissance que rien ne saurait enlever ni blanchir : et en même temps, le cas échéant, tu enverrais promener bien loin un cavalier de bonne maison, qui porte seulement quelques fredaines de jeunesse déjà oubliées et toutes réparables ; car, enfin, à vingt-cinq ans, c'est assez tôt pour rentrer dans la voie. Ne le prends pas, à la bonne heure ; mais avec bien plus de motifs repousse l'autre, ou bien je dis que tu as la berlue. Sans compter que, dans cette bonne dame, tu retrouverais une mère à ta Louise, sans détriment à ton veuvage, que tu as bien fait de garder loyalement.

Adieu, l'ancien. Pèse tout ceci, et surtout ne va pas t'engager que je ne le sache. Te privant ainsi d'un dernier conseil de celui qui t'affectionne de cœur.

CHAMPIN.

CXXX

CHAMPIN A MADAME DE LA COUR.

De Genève.

Si on agissait par intérêt, on aurait bien pu renoncer de prime abord à seconder madame, sur la lecture de sa dernière, datée du Bourg-Saint-Pierre. La charge est rude à prendre, et encore subitement comme cela, sans s'être concerté, et pour que je confirme ici, au milieu de difficultés plus grandes que jamais, ce que madame promet là-bas, sans autre peine que de parler. Mais, comme j'ai dit, on a compassion de la détresse de madame, et comprenant (quand bien même sa lettre ne s'explique pas là-dessus) que son fils a eu quelque mauvais projet, comme qui dirait de se détruire, on n'en veut pas autant à madame d'avoir ainsi précipité ses instances et jeté dans le trouble et l'embarras un pauvre diable comme son serviteur.

Je dirai à madame que depuis son départ tout s'est dérangé de plus belle. Comme j'avais prédit, le bon pasteur a les serres tenaces, et il ne lâchera pas sa proie qu'il ne lui en laisse les marques. De concert avec M. Dervey, il a écrit à M. Reybaz une lettre où il lui montre sa fille morte avant trois mois s'il refuse Charles ; et Reybaz a topé de tout son cœur dans la prédiction, étant homme dévot et à pronostics, de façon que sans moi il rebroussait du coup. Tout ce que j'avais pu faire à grand'peine, c'était de le maintenir en suspens, lorsque avant-hier je reçois comme une bombe une lettre de madame, et que je reste quasiment sur le coup.

Revenu à moi, je me suis mis à répondre à la dernière de Reybaz, où il me conte son ébranlement en faveur de Charles; et à raison de ce que j'aimerais mieux, à sa place, donner ma fille à un manœuvre qu'à ce garçon-là, je lui ai écrit d'abondance et d'amitié pour le retenir sur le bord de l'abîme, et en mêmes termes que j'aurais fait si de ma vie je n'eusse entendu parler de madame.

Et puis, réfléchissant que madame travaille là-bas de son côté, promettant ce qu'elle me charge de tenir; la peur m'a pris de ne pas avoir fait assez pour elle; alors que j'ai tâché dans la fin de ma lettre, et sans avoir l'air, de préparer les voies : m'avançant sur bien des articles où je n'ai pas mission, mais dans l'idée que si, à distance et sans pouvoir s'entendre, madame compte sur moi, il faut de nécessité qu'en retour je puisse compter sur elle. Il fallait bien, devant par la suite communiquer avec madame, trouver un prétexte qui écarte le soupçon; j'ai donc imaginé de dire à Reybaz que j'ai vu madame à son passage à Genève, par rapport à une maisonnette (j'avais en vue cette petite masure que madame possède rue du Temple) qu'on aurait l'intention de lui acheter, pour finir ses jours loin de monde et du bruit, comme dit la chanson. De cette façon, Reybaz sait pourquoi j'ai à communiquer avec madame; et d'autre part, il dépendra de madame (si d'ailleurs j'ai bien compris ses intentions) de faire en sorte que le prétexte soit bien trouvé, ayant cru agir dans son intérêt comme dans le mien. Je demande donc que madame confirme et s'explique avant de m'engager plus avant; étant prêt à tout lâcher et à remettre la besogne à d'autres, si elle trouve que j'ai outre-passé ses intentions et abusé du pouvoir qu'après tout je ne lui ai pas demandé.

On a l'honneur, etc. CHAMPIN.

CXXXI

MARTHE A M. PRÉVÈRE.

De Mornex [1].

Il faut que je rende compte à monsieur le pasteur de notre départ et de notre établissement ici, d'autant plus que je suis remplie de joie, en voyant que les choses ne sont pas en aussi mauvais état que l'on pouvait craindre.

C'est jeudi que nous sommes partis de la cure. La veille, M. Reybaz m'avait semblé inquiet et triste, se dérobant maintes fois pour aller rôder solitairement, malgré la pluie et bien des préparatifs où il n'était pas de trop. Avant le départ, je le trouvai encore plus sombre, et comme chargé d'une grande tristesse. Mamselle Louise ayant paru devant lui, il lui est venu une émotion forte; sur quoi, non sans embarras, il l'a caressée plus vivement qu'il n'est ordinaire à sa retenue, et puis, n'y trouvant pas remède à son trouble, il a eu de l'attendrissement..... « Ça me rappelle un mauvais jour..... » a-t-il dit. Et il me semblait manquer de courage pour partir. Mamselle Louise, comme vous savez que c'est un ange, s'est prise alors à le consoler avec tant d'affection et de bons propos, comme si elle eût été tranquille et contente, que, remis de ce mauvais moment, il a dit d'atteler.

C'est le char à bancs des Legrand. M. Reybaz y avait mis lui-même pour mamselle le banc couvert, soit en cas de pluie, soit afin qu'elle s'y trouvât plus retirée et moins en vue. Ensuite, ayant voulu qu'elle y fût seule pour plus d'aise, il s'est placé sur le banc de derrière, qui est découvert. Legrand l'aîné nous menait.

J'avais pitié de ce pauvre père, tant il me paraissait à cette heure malheureux du souvenir de sa femme, qu'il emmena ainsi il y a dix-neuf ans. Lui qui est si ferme et quelquefois bien rude, il était comme faible et rempli d'angoisse : regardant au cheval, au cocher, aux roues, et craignant à tout bout de champ quelque présage mauvais; au point qu'agité outre mesure au tournant de Vernier, il a saisi ma main. Pourtant, tout cheminant bien,

[1]. Petit hameau situé à deux lieues de Genève, sur le penchant du mont Salève, dans une contrée boisée d'où l'on voit toute la chaîne du mont Blanc.

il a fini par être plus tranquille, surtout après la ville, quand nous avons eu quitté la même route qu'il fit autrefois en conduisant sa défunte à Montreux.

Pour notre jeune maîtresse, monsieur le pasteur se doute bien qu'elle n'était pas tranquille. Elle s'était efforcée de parler à son père le long du chemin, lui proposant même de venir s'asseoir auprès d'elle ; mais dès l'approche de la ville elle cessa de s'occuper de nous, et, cachée dans la chaise, elle dut ressentir bien plus vivement encore l'émotion qui nous tenait silencieux, en passant tout près de la rue où demeure M. Dervey. Pauvre chère âme ! Que d'angoisses, que de troubles, quand elle était digne de toute sorte de paix et de bonheur ! si douce qu'elle est, si innocente de tout cela ! Ça me fend le cœur à chaque fois que j'y songe.

Aussi, voyant M. Reybaz si ébranlé, quand moi-même je l'étais pareillement, je n'ai pu me contraindre ; et d'ailleurs c'était mon idée, bien que sa servante, de lui parler encore une fois pour ma maîtresse, ne voulant me risquer aux regrets de m'être tue. « Monsieur Reybaz, lui ai-je dit, que nous voici tous malheureux ! — C'est vrai, qu'il m'a répondu, et le plus lourd pèse bien sur moi..... Ce garçon est la croix de ma destinée !.... Et encore, si ce n'était que moi, aurais-je la force de me débattre..... »

Il s'est tu. Alors, j'ai repris, tâchant d'excuser ce pauvre M. Charles, et comme quoi l'âge le voulait tempérer, ainsi que tant d'autres qui, pour avoir été difficiles dans leur jeune temps, n'en ont pas moins fait bonne fin ; que sous la tutelle de M. Prévère, et aimant Louise comme il fait, on pouvait bien répondre de lui pour la suite ; que la leçon d'ailleurs aurait été forte, et que, s'il y revenait, c'était sûr qu'alors il faudrait le délaisser, mais en pardonnant encore cette fois ; que s'il me le permettait, je pouvais bien affirmer que feu sa femme aurait incliné à la douceur ; qu'enfin je ne pouvais lui taire qu'à mon idée, le remède, quant à Louise, était pire que le mal, et que j'avais la conviction que le coup pouvait à la longue... Il m'a interrompu : « L'âge, a-t-il dit, ne le tempérera pas. L'âge ne fait que le montrer plus vicieux... Contre les instincts du sang, il n'y a tutelle ni direction qui fasse... et, quant aux promesses d'à présent, j'y ai peu de foi : après l'amoureux vient le mari ; après l'esclave, le maître...... Pour ce qui est de pardonner cette fois, c'est se lier à pardonner toujours ; car, si d'une première secousse

Louise a été ployée, d'une seconde je la briserai...... C'est la croix, la croix de ma destinée ! »

Il s'est tu encore; après quoi il a repris : « Toutefois, Marthe, cette enfant qui est là-dedans... Que le ciel me soit en aide !... » Et les paroles ne venaient plus. J'en ai pris occasion d'achever mon dire sur mamselle Louise, lui apprenant bien des choses qu'il ne pouvait savoir, entre autres comment, par bonté d'âme elle lui montre du courage et de la tranquillité, pour payer ensuite cet effort par des douleurs qui la consument. Je lui ai appris que, le jour qu'il m'a grondée, c'est elle-même qui, pour lui cacher plus sûrement ses pleurs, avait fermé la porte en dedans, sans qu'il y eût d'autre mystère que ces déchirements qu'elle lui cache. Enfin, je ne lui ai pas tu que je la trouve faible, s'amaigrissant, et, par bien des signes, montrant qu'elle dépérit sous le souffle de l'amertume, du trouble et du chagrin.

C'est à ce moment qu'il m'a dit sa pensée. « Je le vois, Marthe, c'est devant ces signes que je recule. Mon idée était de voir comment ira ce séjour et de me laisser guider d'après le mieux ou le pire; mais, remué depuis tant de temps, et n'ayant plus l'âge où cette véhémence se supporte, je me sens fléchir à hâter cette réponse et finir ce combat..... Que le ciel me soit en aide! » a-t-il répété; et, comme on approchait, nous nous sommes tus. Mais j'ai pu deviner assez quelle sera sa réponse à la bonne lettre de monsieur le pasteur, d'où j'ai ressenti une joie qui ne me quitte plus.

Nous sommes arrivés à la maisonnette. C'est sur le penchant du mont. Quand il a fallu quitter le char, mamselle Louise s'est avancée pour descendre ; mais, faible qu'elle est et émue de ce changement de situation, comme aussi honteuse de tout regard (il y avait là les hôtes de la maison et des gens du village), elle a, dans son trouble, manqué l'essieu, et, ainsi trompée dans son mouvement, elle est tombée assez rudement, sans toutefois se blesser autrement qu'au bras, une contusion de peu de chose. Elle a été aussitôt debout ; mais j'ai vu sur la figure de M. Reybaz plus de signes d'effroi que je n'eusse pu croire. Il n'a rien dit ni ne s'est beaucoup enquis du mal, sa fille, d'ailleurs, lui affirmant qu'elle n'en avait aucun ; mais, troublé et rempli d'angoisse, il ôtait précipitamment les paquets, sans ce soin qu'il met toujours aux choses domestiques. Entrée dans la maison après lui, je l'ai vu qui s'était assis dans une chambre basse, en dehors du passage, regardant le carreau et s'essuyant le front de son mouchoir, sans songer à l'établissement ni aux affaires d'arrangement qui se sont faites par les soins de mamselle Louise.

Le soir, on a soupé tristement, sans se rien dire de ce nouveau séjour. C'est M. Reybaz qui m'a dit qu'ici je ferais table avec eux ; et, après que mamselle Louise a eu embrassé son père, on s'est retiré. Mais M. Reybaz, tard encore, était assis sur une rocaille qui est à deux pas du jardin.

Voilà, monsieur le pasteur, comment s'est passée cette journée. Bien que mamselle éprouve une fatigue qui indique assez combien elle a déjà perdu de forces, et que sa tristesse ait redoublé quand elle s'est vue dans cette maison étrangère, je suis heureuse néanmoins en pensant que ses maux vont finir ; car il me semble impossible que M. Reybaz, dans l'état où je l'ai vu, hésite à sortir de ce combat par la seule porte qui lui soit laissée. Que le bon Dieu l'y incline ! c'est la plus ardente prière que lui adresse votre bien respectueuse et affectionnée servante.

MARTHE

CXXXII

MADAME DE LA COUR A CHAMPIN.

Verrèze, dans le val d'Aoste.

Ces deux mots, monsieur Champin, pour approuver ce que vous avez fait. Quant à cette maison de la rue du Temple, bien que vous ignoriez peut-être la valeur assez grande de cet immeuble, je ne refuserais pas d'acheter à ce prix un service qui me rendrait mon fils.

Je suis maintenant auprès de lui. Dans quel état l'ai-je trouvé, grand Dieu !... Et encore, je doute qu'il y ait remède..... Instruisez-moi, je vous prie, de ce qui se passe à la cure. ... La plus grande difficulté, c'est de ranimer ses espérances. C'est à peine si je puis aborder ce sujet sans qu'il le repousse avec désespoir..... Votre lettre venue sur ces entrefaites, pour m'apprendre les irrésolutions de M. Reybaz, m'a remplie d'effroi !... Que deviendrai-je, si tout ce que je dis ici ne se trouve être que tromperie ? Agissez, monsieur Champin ; j'ai honte de vous y porter, mais je suis si malheureuse !

Si mon fils reprend quelque courage, mon intention est de quitter le plus promptement possible cet endroit misérable. Je donnerai des ordres pour que vos lettres me parviennent à Turin, où je compte le conduire et peut-être y séjourner quelque temps. Instruisez-moi de tout. Plusieurs fois, dans mon impatience, j'ai été sur le point d'écrire directement à M. Reybaz ou à M. Prévère. Tenez-moi fidèlement au courant, pour que je ne risque ni d'écrire mal à propos, ni de manquer l'occasion de le faire.

Je suis, etc.   Julie DE LA COUR.

CXXXIII

LE CHANTRE A CHAMPIN.

De Mornex.

M. Prévère doit être encore à la ville. Tu y monteras, et tu lui remettras l'incluse, dont néanmoins il t'est loisible de prendre lecture auparavant, si c'est ton envie.

J'ai lu ta lettre, je l'ai pesée, et je t'en remercie. Comme père, je donne droit à M. Prévère, bien que, de penchant, j'incline pour ton dire. Le combat fini, ne le recommence point ; abstiens-toi de juger, et, si tu veux me plaindre, que ce soit sans que j'aie à t'entendre.

Me trouvant ici, j'y resterai le mois tout au moins. Si, durant ce temps, tu ne m'écris pas, j'en aurai plus de repos. En revanche je ne passerai pas la ville, au retour, sans t'aller voir.

Ton affectionné,

REYBAZ.

CXXXIV

(Incluse dans la précédente.)

LE CHANTRE A M. PRÉVÈRE.

De Mornex.

Ma réponse, monsieur Prévère, c'est que je pardonne. Si c'était pour contredire, je déduirais mes motifs ; mais pour être d'accord, ce n'est pas la peine. Annoncez la chose, tant à Charles qu'à Louise. Je ne lui en ai rien dit, et je ne m'en veux pas mêler.

Votre affectionné,   REYBAZ.

CXXXV

CHAMPIN AU CHANTRE.

De Genève.

Tu le veux, ainsi soit-il ! Ta commission sera faite ; pas de suite pourtant, M. Prévère étant reparti ce matin pour la cure. Il ne reviendra que dans quatre jours. Tu as donc encore le temps de songer et de te dédire, j'entends de sauver ta fille du gouffre où, contre toute raison et de tout devoir, tu vas la précipiter, après avoir pris sur toi de lui refuser un parti honnête et brillant.

Te juger ? c'est déjà fait, n'étant pas de ceux qui jugent après coup. Pour ce qui est de te plaindre, j'en ai peu le loisir, t'ayant bien averti et t'avertissant encore. Mais plaindre ta Louise, ceci je n'y manque pas, et sans t'en parler, puisque enfin tu crains déjà le reproche. Tu n'éviteras pas les tiens, Reybaz! Reviens donc à toi, sauve ta Louise ! Le temps t'en est laissé, par un bonheur du ciel.

Pour ce qui est de ne pas t'écrire, comme tu m'y invites, on s'y serait conformé plus tôt, si seulement tu avais fait signe. Sois donc en repos, si tu peux, et ne te fais de moi souci aucun.

Rien qu'un mot, sans plus : *Tu ne sais pas sur ce jeune homme tout ce que je sais.*

CHAMPIN.

CXXXVI

CHAMPIN AU MAIRE DE NYON.

De Genève.

Il devient urgent, monsieur le maire, que vous me donniez un coup de main. C'est pour que je puisse obliger un ami qui, avant trois jours, peut s'être embourbé sans remède, si je ne l'en ai détourné, preuve en main. Importuner autrui pour faire une bonne action, ça s'excuse, et ainsi espéré-je de votre part. J'aurais couru moi-même à Gex, si j'étais qualifié pour. Mais où un maire se fait écouter, un pauvre diable se fait éconduire.

Depuis votre dernière j'ai fait une course sur les lieux. Ils ne savent rien dans le hameau où l'enfant a été exposé ; mais ayant poussé jusqu'à Saint-Genis, qui est sur la route que durent suivre ces misérables, j'ai recueilli davantage, en ce que, grâce au ciel, ils eurent l'idée d'y voler quelques nippes, d'où l'attention fut éveillée sur eux, et leur nom connu. Je vous l'écris comme ils le prononcent. C'est *Schindler* ou *Schinder*. Le jour de leur passage, consigné au procès-verbal dressé par le maire, tombe juste sur la date du jour qui sépare celui où ils quittèrent le bois de celui où ils furent éconduits de Nyon; en sorte qu'il n'y a nul doute que ce soient les parents de l'enfant.

Vous rendriez donc, monsieur le maire, un important service à une famille respectable et à moi, votre serviteur, si vous aviez la trop grande bonté de faire faire à Gex la vérification du nom, d'y recueillir tous les renseignements possibles sur ces gens, d'en faire signer la déclaration à qui de droit, et de me retourner le tout y compris la note des frais, lesquels seront acquittés sur l'heure. Seulement vous prie-t-on de n'oublier pas, monsieur le maire (je vous en fais mes excuses), que trois jours au plus est le terme fatal après lequel une famille respectable peut se trouver déshonorée à son insu, faute d'un peu d'aide des autorités. Pour ce qui est du jeune homme, on est discret, et on peut donner sa parole d'honneur que ni lui ni âme vivante ne sera instruit, non plus que lésé, par rapport à cette information.

En vous réitérant mes instances, monsieur le maire, j'ai bien celui d'être avec un profond respect votre très-humble et très-obéissant serviteur,

CHAMPIN.

CXXXVII

M. PRÉVÈRE A LOUISE

De Genève.

Je vous envoie ci-incluse la lettre de Charles, ma chère amie. Il me l'a remise ce matin, à mon retour de la cure, où j'ai passé ces deux derniers jours. Comme il a désiré que je pusse vous l'adresser moi-même, je profite avec un bien vrai plaisir de cette occasion pour m'entretenir quelques instants avec vous.

Que je vous dise, ma chère enfant, que Charles est entièrement rétabli depuis quelques jours ; ses forces sont revenues, il commence à sortir, et je suis dans ce moment à la ville pour tâcher d'organiser la reprise de ses travaux. Que je vous dise encore qu'il a toute la volonté et tout le courage que, dans ces circonstances, nous aurions pu désirer plutôt qu'espérer; et puisse la certitude que je vous donne des dispositions qu'il manifeste contribuer à répandre quelque paix sur vos journées !

J'ignore ce que contient cette lettre que je vous transmets, mais je ne puis supposer que vous la lirez sans éprouver cet ébranlement que je voudrais tant vous épargner. De grâce, mon enfant, fortifiez-vous contre ces émotions, évitez de les prolonger, et, certaine que Charles est courageux et que je veillerai sur lui et sur son bonheur tant que la bonté de Dieu me laissera un souffle de vie, réfugiez-vous, je vous en conjure, avec quelque calme, dans le doux sentiment du sacrifice que vous avez fait à la volonté, mais surtout à la paix et au bonheur de votre excellent père. C'est là pour vous, Louise, le vrai germe de consolation et de force, destiné à croître, à grandir pour abriter vos douleurs. J'en ai l'espérance, les jours sereins reviendront.

Écouterez-vous mes avis, reconnaîtrez-vous les droits de mon amitié, si, au milieu de vos peines, elle vous demande encore des choses difficiles ? J'ai bien abusé de ces droits, chère enfant; mais votre douceur m'y encourage, comme ma sollicitude m'y porte sans cesse. Reprenez peu à peu vos occupations d'autrefois, je vous en prie; surmontez les premiers dégoûts en vue de me faire plaisir, et, plus tard, vous retirerez des fruits salutaires de cette distraction apportée à vos tristes pensées. Que ces travaux d'aiguille, que ces soins domestiques où s'écoulaient bien des heures, que la lecture et ces moments d'étude où vous trouviez du charme ne soient point abandonnés; que nos entretiens, lorsque vous reviendrez à la cure, ne soient point exposés à tarir faute d'objets; et songez, Louise, vous qui faites tant pour les autres, que je serais frustré de ce qui fut pour moi le plus doux aliment de mes journées. Que si j'osais, je vous exhorterais encore à ne pas fuir toute société. Vivre tout à fait retirée, ce serait vous priver du plus actif moyen de distraction; car, dans le commerce des autres, il y a nécessité que l'esprit soit présent, que la peine se taise, et cette nécessité allège en quelque sorte un effort qui, à l'avance, paraît impossible. D'ailleurs, Louise (mais je suis sûr que vous en avez le sentiment), il importe tant qu'une jeune fille n'attire pas la curiosité, même par les plus innocentes choses!

Encore un mot, avant que je vous laisse avec Charles. Je suis bien seul, Louise; vous, votre père, Charles, Marthe, tout ce que j'aimais, est absent de la cure; ayez un peu pitié, écrivez-moi. Que je n'ignore pas comment se passent vos journées; que vos loisirs, que vos moments ne me soient point étrangers : s'ils sont calmes, j'en jouirai, les miens s'embelliront; s'ils sont mauvais, sombres, mon amitié n'y pourra-t-elle rien? Du moins souffrira-t-elle plus à les ignorer qu'à y entrer en part?

Adieu, ma chère enfant ; mes tendres amitiés à vous tous, et dites à votre père que Brelaz, son remplaçant, chemine à ma satisfaction.

Prévère.

CXXXVIII

(Incluse dans la précédente.)

CHARLES A LOUISE.

De Genève.

Depuis deux jours seulement j'ai votre lettre.... Il est donc vrai qu'au milieu de la plus affreuse peine il peut y avoir des transports de bonheur! En lisant ces lignes, tout s'effaçait, tout s'efface encore: il me faut de la réflexion, du calme, pour retrouver la douleur.

Vous êtes, Louise, un ange du ciel. Votre voix me parle d'en haut, votre visage m'apparaît comme du sein des blanches nuées ; je ne sais quelle sagesse tendre, quelle bonté céleste s'exprime par votre bouche, quels traits pénétrants et doux s'échappent de vos accents et portent jusqu'au fond du cœur le respect avec l'amour, le calme avec le transport!

Ces lignes ne me quitteront plus, c'est le trésor qui me reste: trésor grand, immense, si je n'en avais possédé un plus immense encore. C'est l'aliment dont mon cœur veut se nourrir, c'est l'ami dont le vœu sera ma règle, et le conseil, ma loi suprême.... De quoi me plaindrais-je? Avec quel mortel au monde voudrais-je échanger ma misère?... Quoi! j'ai eu votre tendresse, j'emporte votre affection, votre estime!.... Doux sentiments, gloire, bonheur que je ressens en cet instant, inondez mon cœur, chassez-en les regrets qui le serrent, rendez-lui la force et la vie !

Pardonnez, Louise, ce dernier essor d'une ivresse bientôt condamnée à se taire. Il faut, je le sais, quitter ce ton, cesser ce langage, refouler ce flot qui déborde.... Je le ferai, c'est votre vœu ; et que me reste-t-il donc qui puisse encore sourire à mon âme, si ce n'est de vous complaire une dernière fois, en suivant de loin vos exemples ? Ne redoutez donc point mes paroles.... ces lignes seules m'ont été pénibles dans votre lettre, où vous semblez craindre de ma part un emportement irrespectueux ou d'indiscrets transports.

Ah ! sans doute, Louise, sans doute, quand j'ai été tout à coup précipité du bonheur suprême dans cet abîme où me voici plongé, mon désespoir n'a plus connu de bornes, et, dans le délire où j'étais, j'ai pu m'oublier et répandre en paroles violentes l'amertume de mon cœur : j'ai pu méconnaître que le père de Louise a droit à tous mes respects.... Mais aujourd'hui je ne viens plus que m'accuser auprès de vous de ces moments d'oubli, et, en renonçant à votre main, puisque telle est sa volonté, reconnaître qu'avec le respect je lui dois ma reconnaissance pour les jours de bonheur qu'il me permit de goûter, au prix de sa tranquillité, de ses penchants, et au sacrifice de ses légitimes vœux.

En effet, Louise, je ne m'abuse plus et j'apprends à connaître qui je suis. Je vois que je suis marqué d'une tache ineffaçable. Il y a dans ma naissance quelque chose qui attire le mépris des hommes, même des meilleurs ; et telle est l'impression que j'en reçois, qu'il m'arrive de trouver quelque consolation dans l'idée que ce poids je le porterai seul. J'ai cru longtemps que votre père me repoussait avec joie ou m'acceptait avec regret par l'effet d'un préjugé qui lui était personnel ; c'est que je vivais auprès de vous trois, et que, le comparant à vous et à M. Prévère, je ne pouvais alors avoir une autre opinion. Mais depuis je suis entré dans le monde, j'ai vécu parmi les hommes ; et partout, et toujours, j'ai senti que je ne suis l'égal d'aucun d'eux, même des plus misérables. Alors j'ai jugé différemment celui envers qui j'étais injuste, je lui ai voué une estime sincère, et il m'est arrivé plus d'une fois, Louise, de m'attendrir, de pleurer de reconnaissance en songeant que M. Reybaz, partageant alors et plus peut-être que les autres hommes ce préjugé qui me condamne, avait eu néanmoins cette noblesse d'âme et cette droiture de cœur, que de n'y pas condescendre et d'en faire le sacrifice à ce qu'il jugeait être votre bonheur et le mien. Je n'oublierai point cette faveur qu'il me fit ; et si je l'oubliais, l'avenir, qui sûrement ne m'en réserve plus de pareille, m'apprendrait à replacer votre père à ce haut degré d'estime où je l'ai mis dans mon cœur. Il vous ôte à moi maintenant, mais pour d'autres motifs, du moins légitimes s'ils ne sont justes, et auxquels je me soumets sans murmure. C'est cette soumission entière et respectueuse dont je lui donne l'assurance dans la lettre incluse, que je vous prie de lui remettre.

Ainsi, Louise, j'obéis avec vous ; oui, comme vous le dites avec cet accent angélique qui n'appartient qu'à vous, Charles vous approuve, Charles vous soutient, Charles se fait votre frère.... Ah ! bien plus, il vous admire, il est encore heureux de ce que vous l'associez à votre filiale soumission, et, loin de murmurer, il ploie en respectant, en bénissant l'homme à qui il dut une félicité telle, qu'encore que nulle joie ne vînt luire désormais sur sa vie, il devrait compter parmi les heureux d'entre les mortels,

Et puis, Louise, amie généreuse et tendre, qui étais-je pour que le ciel m'unît à vous ? Sur ce point aussi j'ai réfléchi, et un triste savoir des choses que j'avais ignorées me ramène à une humilité tardive et accablante. Non ! il ne pouvait se faire que celui qui est mis si bas dans l'opinion des hommes fût placé si haut par la destinée que de devenir votre époux. Si, à la vérité, je n'accepte pas ce mépris qui pèse sur ma naissance, encore moins sais-je me roidir contre le fait que ce mépris existe, et me persuader qu'il fût juste, qu'il ne fût pas indigne de moi, d'altérer en quelque degré le pur éclat qui vous environne. Non, Louise, ce furent des illusions que le temps devait détruire : M. Prévère les caressait, vous les partagiez, charmante amie, et moi, dans mon ignorance, j'en savourais les délices... votre père seul, resté dans la réalité, cédait avec répugnance ce que l'opinion devait le blâmer un jour d'avoir cédé....

Triste savoir, amère expérience que celle que j'acquiers !.... Mais que fussé-je devenu, si ces affreuses découvertes m'eussent surpris sans défense, sans que je trouvasse rien en moi, rien dans ma vie passée, à leur opposer ? Où est la fierté qui, profondément blessée, toujours blessée, peut ployer toujours ? Où est la fierté qui consent à choisir entre l'outrage ou la pitié ?

qui, sans cesse en butte à l'invincible atteinte d'un préjugé barbare, ne s'y brise pas plutôt que de fléchir sous lui ? Mais, j'en bénis la Providence, il suffit à la mienne d'avoir été aimé de Louise, aimé de M. Prévère ; cette assurance la calme, ce souvenir la fortifie; elle peut désormais être mise à l'épreuve, et s'exposer, sinon sans dégoûts, du moins sans danger, au contact des hommes. Ainsi, Louise, encore après vous avoir perdue, le malheureux qui vous parle vous devra tout; votre image est là pour embellir sa misère, pour guider ses pas dans cette route aride et morne, pour le défendre contre un désespoir qu'avec elle il pourra dompter, mais qui sans elle l'aurait déjà perdu.

Détournons nos yeux..., C'est à votre lettre que je veux répondre. Mais pourquoi, chère amie, ne cédâtes-vous pas à cet embarras qui vous portait à taire une pensée qui m'afflige, qui m'outrage presque ?... Louise, quel impossible vœu osiez-vous former! quel funeste conseil traçait votre plume !.... Voudriez-vous donc m'ôter le seul bien qui me reste, et pensez-vous que sans ce culte, qu'en renonçant à vous mon cœur vous conserve, la mort ne me parût mille fois préférable à la vie ?... Dois-je vous apprendre que mon bonheur a fini et que je n'en attends point d'autre ?.... Souffrez donc que j'en emporte les débris, que je les conserve purs, intacts, sacrés ! Ne me conseillez pas, ne me souhaitez jamais de désirer d'autres trésors !... Des serments ? Liens misérables, vaines et trompeuses formules, bonnes pour les cœurs qui doutent d'eux-mêmes !... Des serments ? J'en ferais, si je savais qu'ils pussent me préserver de vous oublier ; mais le sentiment qui me possède est plus fort que tous les serments, et je consens à ne pas me lier pour les temps où il n'aurait plus d'empire.

Et ne me dites pas, Louise, qu'en usant ici de mon droit le plus cher et le plus sacré, je témoigne que je veux nourrir des espérances qui me sont interdites, que je ferai peser sur votre père une odieuse responsabilité, que je vous tourmenterai à toujours.... Vous douteriez donc de la sincérité de ma soumission, de mon respect pour votre père ; bien plus, de ma tendresse pour vous! Fiez-vous à ce seul sentiment, chère amie, et que vos alarmes se dissipent. Par ce sentiment je puis tout ; mais, si vous me condamniez à en éteindre la flamme dans d'autres affections, c'est bien alors que sans force, sans courage, avili à mes propres yeux, vous pourriez tout craindre de mon découragement ou de mon désespoir.

Rétractez donc ce vœu, Louise ; plus de ces sinistres paroles qui répandent le trouble dans mon âme. Si vous les renouveliez, bien qu'incapable jamais d'y condescendre, elles n'en seraient pas moins comme un odieux et nouvel obstacle que vous tenteriez en vain d'élever entre vous et moi, comme une défense à ma pensée elle-même d'errer autour de vous..... Louise! vous qui dites : « Au delà, je reste libre! » vous qui comblez de joie et de consolation celui même à qui vous êtes ravie, en lui disant que votre cœur ne sera donné qu'une fois... vous, de la même plume, sur le même papier, vous enjoindriez à cet ami d'immoler sa liberté, d'être parjure à son propre cœur, de le donner deux fois!... Non, une sollicitude généreuse, de fausses alarmes égaraient votre pensée, et aujourd'hui déjà j'ai la conviction que, revenue de votre erreur, vous comprenez que vous demandiez des choses funestes, impossibles, et que, si je puis supporter le coup qui me frappe, si je puis renoncer à vous voir, à vous parler, à vous écrire jamais, c'est parce qu'il reste du moins à mon cœur un monde où vous êtes, où il peut vous aimer sans contrainte, sans partage, sans fin, et, à ce prix, chérir encore la vie!

J'en viens, Louise, à un autre vœu que vous n'eûtes point d'embarras à former, et que vous entourez de tous les motifs qui peuvent me le rendre aimable et cher. Oh! qu'ici votre sollicitude m'est douce! que vos avis me sont précieux! que les instances de votre raison élevée, tendre et pieuse, m'entraînent mollement vers ces rivages où vous voyez un port pour votre ami! Je n'avais pas renoncé encore à cette belle carrière : toutefois j'avais peu de courage pour surmonter les obstacles récents qui m'en ferment l'entrée ; mais que ne pourrai-je pas si, soutenu par la pensée de vous complaire, j'apporte à cette poursuite difficile la persévérance, la modération et le courage! que ne pourrai-je pas, quand le doigt même de Louise me montre le but, quand sa main me soutient, quand sa douce voix m'encourage, quand ses éloquents accents rallument une ardeur éteinte et relèvent une volonté brisée!

Ainsi, Louise, je vous en donne ici l'assurance : à cause de vous, à cause de moi, et par les raisons que vous m'exposez, je me vouerai, en tant que cela dépendra de moi, à la carrière du saint ministère. J'y veux chercher l'indépendance et la paix, j'y veux mettre à l'abri et ma faiblesse et mon infortune, j'y veux chercher un refuge contre le mépris et un aliment à quelques vertus; j'y veux de loin, de bien loin sans doute, suivre les traces, imiter les exemples de M. Prévère, réjouir son cœur, honorer ses leçons, surtout ne pas me montrer trop indigne d'avoir été formé à la même école où vous cultivâtes tant de vertus qui vous parent, et dont votre modestie seule ignore le vif et charmant éclat. Je veux, Louise, en me faisant le serviteur et le ministre de Jésus-Christ, vaincre cette fierté, dompter cette véhémence dont vous redoutez les écarts, nourrir dans mon cœur l'humilité et l'amour des hommes, tendre sans cesse à briller un jour de ce doux éclat « que le monde ne peut ternir, parce que c'est un rayon d'en haut; qu'il ne peut retirer, parce qu'il ne l'a pas donné; qu'il honore, parce qu'il lui est doux et bienfaisant! » Ce sont vos éloquentes paroles, c'est la vérité même, et, dans votre bouche, elle a toute autorité sur moi.

Enfin, Louise, vous si tendre et si craintive, écoutez encore. Je veux que, en apprenant que vous m'êtes ôtée, nul n'ait jamais lieu de voir en moi une victime, et je réserve, pour atteindre ce but, tout ce que je puis avoir de vigueur et de courage. Loin qu'à cause de moi le monde puisse jamais blâmer votre respectable père, je veux, fiez-vous-en à celui qui aime votre repos bien plus encore que sa vie, je veux qu'il ne s'en occupe pas, ou, s'il s'en occupe, qu'il le justifie, qu'il l'approuve. Mais le monde! vous ne le connaissez pas, Louise, vous le jugez d'après vous : le monde l'eût blâmé, votre père, de vous avoir donnée à moi; pourvu que je vive, pourvu que je travaille, pourvu que je parvienne, de quelque manière que ce soit et à quoi que ce soit, le monde ne songera pas même qu'il puisse y avoir à blâmer; il me citera comme un vivant exemple de son indulgence, il m'estimera trop heureux encore pour un misérable que sa seule naissance devait priver de tous biens. Voilà, Louise, n'en doutez pas, ce que pensera le monde. Et s'il est injuste envers votre digne père, ce sera bien plutôt en ne louant pas ses bontés à mon égard qu'en blâmant ses rigueurs. Ainsi, plus d'alarmes, chère amie; vous ne sauriez les conserver que vous ne fissiez injure à mon affection pour vous ou à la sincérité du respect que je professe ici pour l'auteur de vos jours.

Oh! combien la douceur de m'entretenir avec vous endort ma peine!... Que je serais heureux encore aujourd'hui, même en renonçant à vous, sans cette désolante idée que je vous écris pour la dernière fois!... Pour la dernière fois!... Entretiens charmants, commerce enchanteur, lignes chéries où tout parlait à mon cœur, émouvait mon âme, charmait, éclairait ma pensée! ainsi donc, tout m'est ôté à la fois, et, de ce breuvage enivrant, la source est donc tarie!...

Du moins, vous me laissez vos lettres. Aurais-je pu m'en séparer? je ne veux ni le savoir ni le dire. Mais, aux paroles dont vous accompagnez ce bienfait, j'ai senti faillir mon courage..... Non, je ne puis être à l'épreuve d'une tristesse aussi tendre! Quand vos regrets viennent s'unir aux miens, la mesure se comble, l'amertume déborde de toutes parts..... Ah! malheureux!... Pourquoi ce fer sur mon chemin?... L'avais-je cherché?... Que ne m'ôtait-il la vie, puisqu'il devait vous ôter à moi?...

Je m'arrête..... Je veux finir sous l'empire des sentiments et des résolutions qui vont régler ma vie nouvelle. Chère Louise! vous, de tout temps la bien-aimée de mon cœur, vous qui fûtes et qui serez toujours ma providence... je vous quitte. Puissé-je, de loin, vous savoir heureuse et paisible..... Qu'au-dessous de ces témoignages d'estime et d'affection que j'emporte et qui vont réjouir ma vie, je ne sente pas la sourde et poignante amertume d'avoir empoisonné la vôtre et détourné de son cours fortuné votre innocente destinée!... Je suis plein de force, rempli de courage! Je veux être heureux, je puis l'être, je le serai, n'en doutez pas un instant, Louise : je le serai, si seulement, par mes efforts et à mon ardente prière, vous recouvrez la félicité au sein des affections qui vous entourent, et dans celle aussi dont les débris seuls suffisent encore au bonheur de

Votre CHARLES.

CXXXIX

CHARLES AU CHANTRE.

De Genève.

Monsieur Reybaz,

Avant d'en venir à ce qui fait l'objet de cette lettre, j'ai des excuses à vous faire pour les paroles emportées dont j'ai pu me servir avec vous, dans un moment où le désespoir et la maladie me rendaient moins capable de mesurer mes expressions sur le respect et l'affection que je vous dois, et que je vous conserverai toujours.

Je vous remercie, monsieur Reybaz, pour bien des bontés

que vous avez eues envers moi, pour les jours de bonheur dont je vous suis redevable, et surtout pour le sacrifice que vous aviez fait en m'accordant la main de votre fille. Je reconnais que vous avez pu, après une imprudence que vous considériez comme une faute grave et comme un empêchement à ma carrière, me retirer légitimement une promesse que je devais à votre générosité.

C'est dans ces sentiments, monsieur Reybaz, que je déclare me soumettre volontairement et sans réserve à vos intentions, et qu'en renonçant pour toujours à la main de votre fille je ne cesserai d'adresser à Dieu mes plus ardentes prières pour son bonheur et pour le vôtre.

Votre très-dévoué et respectueux CHARLES.

CXL

LOUISE A M. PRÉVÈRE.

De Mornex.

Il est temps, monsieur Prévère, que je réponde à votre affectueuse lettre. Dans la situation où je suis, elle m'a rendu un peu de ce courage dont j'ai si grand besoin. Sans votre appui, sans vos conseils, sans votre indulgente amitié, que deviendrais-je ainsi désolée, ainsi accablée par une lutte si ancienne, bien qu'à diverses reprises elle ait changé de nature? Ne m'abandonnez point : vos lignes sont puissantes sur moi ; je veux suivre vos avis, je veux fuir les larmes, je veux fuir le découragement ; j'ai hâte, j'ai soif de retrouver quelque calme, si ingrat, si morne qu'il puisse être.

Cependant, mon cher maître, faible comme je suis, ne demandez point que je concentre tout dans mon cœur. Si je réserve mes forces pour rendre la paix à mon père et pour cacher à Marthe elle-même cette tristesse qui me ronge, que du moins je puisse vous la laisser pénétrer ; que j'aie cette consolation de savoir qu'il est au monde une personne à qui je peux ouvrir mon âme, et que cette personne est vous, vous seul, vous que c'est mon bonheur de vénérer et de chérir, l'unique qui me reste pur et entier !

J'ai à vous instruire de ce qui se passe ici. Mais auparavant, que je vous parle de la lettre que vous m'avez fait parvenir. Oh! monsieur Prévère, tout m'est contraire, mes vœux mêmes conspirent contre moi !... Cette lettre, je la craignais emportée, irrespectueuse pour mon père, menaçante pour Champin ; et, si elle eût été telle, elle m'eût fait, je crois, moins de mal.... Mais à cette tristesse résignée, à cette fierté qui se soumet, à ce langage tendre, respectueux, noble, rempli d'un courage calme, inspiré par le plus touchant dévouement... monsieur Prévère ! que je vous dise tout !...... la pitié, l'admiration, le regret, l'amertume, ont à l'envi inondé mon cœur, ils y ont reporté l'orage et l'angoisse ; j'ai douté si je puis rompre une si forte attache, et ce combat dont je me croyais affranchie, il a fallu le recommencer pour en sortir plus brisée, moins forte, aussi accablée par la victoire que j'eusse pu l'être en succombant. Que votre voix me soutienne, monsieur Prévère !... Je rougis de ma faiblesse... Mais elle est trop grande, trop prête à renaître, pour que je vous la cache. Soutenez-moi !

Pauvre jeune homme que je délaisse ! ami digne de toute tendresse et de toute estime, que nous repoussons loin de nous, complices que nous sommes d'un monde injuste, de préjugés détestables ! Une âme si droite, un cœur si expansif, un esprit si aimable, si gai, si heureux jadis... le charme et l'aliment de ma vie, celui qui en remplissait les heures, quelquefois d'alarmes soudaines, mais bien plus souvent de sentiments vifs, chers, pleins de mouvement et d'attrait ; celui que j'aimai toujours, dès mes plus jeunes ans, jusqu'à ce que j'apprisse à l'aimer chaque jour plus encore, à ne voir plus ma destinée que dans la sienne, mon bonheur que dans cette affection que je lui portais ! Frappé d'un coup si cruel, dépossédé de tous biens dans le présent et dans l'avenir, le voilà qui s'efface pour ne songer qu'à moi ; le voilà qui, brisé de douleur, retrouve le sourire pour le ramener sur mes lèvres ; qui, découragé, me promet le courage ; qui, désespéré, feint le calme ; qui, profondément blessé, masque ses blessures et ne respire que douceur et modération !...

Je vous envoie sa lettre, monsieur Prévère ; après que vous l'aurez lue, vous excuserez le désespoir où je suis retombée ; comme moi, vous connaîtrez mieux encore que ce jeune homme, malgré des défauts, malgré des écarts, et surtout malgré cette tache qu'on impute à sa naissance, est une créature noble, brillante de qualités aimables et excellentes, un caractère de choix, dont le feu et l'énergie ne le cèdent qu'à cette droiture plus grande encore, à cette sensibilité douce et vive tout ensemble, dont les exemples sont si rares !

En relisant ces lignes, cher monsieur, et le ton dont je vous y parle, j'en éprouve de la honte... Ne m'égaré-je point?..... Il m'arrive de le redouter, au milieu du trouble qui me possède et des efforts que je fais pour me contraindre. Toutefois, j'écris à un maître plein d'affection et d'indulgence; je lui manquerais plus, ce me semble, en voilant de quelque artifice l'état de mon âme qu'en lui laissant voir tout ce qui s'y passe. Pardonnez donc, mon cher maître!

Nous voici établis depuis deux jours dans cette nouvelle retraite. J'y éprouve comme un poids d'accablement, d'ennui, d'amère solitude. Ce pays si beau, ce vallon si paisible, toute cette nature empreinte de calme et de silence ne m'offre qu'un contraste douloureux avec le trouble où je vis; elle me reporte sans cesse aux temps où je jouissais avec ivresse de ces mêmes impressions; sans cesse elle ajoute à ma peine présente l'odieux sentiment d'un vif retour aux joies d'autrefois. Il est d'ailleurs impossible d'être mieux que nous ne sommes, accueillis par de meilleures gens que ceux qui nous entourent, ni plus libres de nous comporter en toutes choses selon notre fantaisie. Si mon père recouvre assez de paix pour retourner à ses habitudes, il y a un petit jardin contigu à l'habitation, qu'il pourra gouverner et labourer à son gré.

Mais, monsieur Prévère, ce pauvre père me fait une pitié profonde. Je connais si bien la droiture de ses motifs, sa justice, sa tendresse, son entier désintéressement en tout ce qui me touche! et je le vois, pour des répugnances qui se confondent en lui avec sa justice, avec sa tendresse, pour des préjugés qui font corps avec sa conscience, faire son malheur et consommer le mien, sans que je puisse lui porter aucun secours! Il ne peut pas ne pas faire ce qu'il a fait, et cependant ce qu'il a fait le déchire, l'alarme; je l'ai vu prêt à revenir sur ses pas, prêt à tout oublier, et puis se vaincre, avec un douloureux effort, par la certitude où il est qu'en agissant ainsi, il aurait à se faire des reproches pires encore.

Aussi était-il en arrivant ici sombre et abattu comme il ne m'était point encore arrivé de le voir. En descendant du char qui nous avait amenés, j'eus la maladresse de me laisser tomber, sans d'ailleurs me faire aucun mal; en me relevant, je le vis pâle, défait, en proie à une violente agitation intérieure, m'accablant de caresses pour se retirer bientôt à l'écart et ne plus reparaître dans cette soirée. J'eus le loisir alors de réfléchir de nouveau sur ma situation, sur celle d'un père si vénérable, si dévoué, à qui je n'ai encore donné que des joies inquiètes ou des tourments sans cesse renaissants, et émue de reconnaissance envers lui, pénétrée du regret d'avoir si peu fait pour son bonheur et de la crainte d'empoisonner ses vieux jours, je résolus de lui montrer plus de courage et de contentement, de lui rendre, s'il m'était possible, le calme qu'il a perdu et la joie qu'il ne connaît plus.

Hier matin il fut aussi triste, et, contre mon attente, il s'enquit peu de moi, préoccupé qu'il était par ses pensées. Mais, vers dix heures, ayant envoyé à la ville un enfant pour y porter à son ami un billet dont j'ignore la teneur[1], il revint à moi plus tranquille et s'informa de choses relatives à notre demeure. Dès lors je m'efforçai de lui paraître courageuse et satisfaite. Je lui assurai que cette demeure et ce pays me plaisaient beaucoup ; que je ne doutais pas que je ne m'y fisse grand bien, si seulement je l'y voyais heureux et disposé à retrouver le calme, comme je l'étais moi-même. J'en étais là, lorsque arriva votre lettre. Je me retirai dans ma chambre pour la lire, ainsi que celle de Charles ; et je vous ai dit comment cette dernière me fit chanceler dans mes résolutions et perdre encore une fois tout courage. J'achevai ma journée, seule, et sans que mon père, contre son ordinaire, épiât ma tristesse et mes larmes.

Ce matin j'avais repris quelque force, surtout j'avais à remettre à mon père la lettre que Charles lui adresse en renonçant à moi. Je suis allée le rejoindre dans le jardin. Il tenait lui-même un billet de son ami, que la messagère venait d'apporter[2] : son front s'était assombri de nouveau ; et ce n'est pas la première fois que j'ai cru remarquer que les lettres de cet ami produisent sur lui cet effet. Je l'ai abordé avec un air tranquille : « Voici, lui ai-je dit, une lettre de Charles pour vous, mon père : elle était incluse dans celle qu'il m'a écrite avec votre permission ; c'est la dernière qu'il m'écrira.... Charles est plein de résignation, de courage, de respect pour vos volontés.... » Je me suis tue, car mon père venait d'ouvrir la lettre de Charles, dont je vous envoie copie ci-incluse ; et, à mesure que ses yeux parcouraient ces lignes, quelque mécontentement, et un sentiment d'estime qu'il ne pouvait s'empêcher d'accor-

---

1. Le billet dans lequel était incluse la lettre où le chantre pardonne. —
2. Celui de Champin, où sont ces mots : « Tu ne sais pas sur ce jeune homme tout ce que je sais. »

der, quoique à regret, se lisaient sur sa figure : « Si ces choses sont vraies, a-t-il dit en scrutant mon visage, et si je peux croire au bien que tu éprouves.... » Il s'est arrêté, comme ressaisi par un doute funeste. C'est alors que j'ai protesté de toute ma force, et de la sincérité de Charles, et du bien-être que j'éprouvais en comparaison de ces jours passés, en voyant cette lutte finie et en n'ayant plus d'autre volonté que celle d'oublier le passé, de reprendre mes distractions ordinaires et de pourvoir à mon entier rétablissement, qui serait d'autant plus prompt et assuré maintenant, que je n'avais plus d'inquiétudes sur Charles et sur les dispositions avec lesquelles il supportait le changement de son sort.

Ces paroles n'ont pas produit sur mon père tout l'effet que j'attendais, et, au lieu de le sortir de l'anxiété où je le vois depuis que nous sommes ici, elles semblaient l'y replonger. Hélas! monsieur Prévère, je ne le devine plus comme autrefois, je m'en aperçois avec un amer chagrin. Sa confiance s'est-elle retirée de moi? Les tourments que je lui cause l'ont-ils aigri contre sa fille? Vous ne sauriez croire avec quelle tristesse je me suis vue frustrée dans l'attente où j'étais de le soulager, de le voir se livrer à moi, se prendre aux espérances que je lui offrais, et éprouver une de ces crises, muettes à la vérité, mais véhémentes, comme il est naturel à un caractère de la trempe du sien, et au sortir desquelles il est calme et trahit sa satisfaction par d'imperceptibles signes qui n'échappent pas à mon cœur. J'ai néanmoins poursuivi, et, quand je l'ai quitté, j'étais parvenue à lui inspirer quelque confiance en mes paroles.

Voilà où nous en sommes, monsieur Prévère. Secondez-moi, je vous en prie. Il faut que je rende la paix à mon père. Je sens que je trouverai quelque consolation à remplir ce devoir. La pitié profonde qu'il m'inspire balance et soulage mes propres chagrins ; elle me donne de la force pour agir, quand je ne saurais où en chercher ailleurs. Tant qu'il ne me croira pas heureuse ou en voie de le redevenir, il sera tourmenté, déchiré, reporté peut-être vers des projets qu'il ne peut plus, je ne le sens que trop, accomplir sans être plus tourmenté, plus déchiré encore : tant les préjugés, les pressentiments, les instincts, empruntent en lui de ténacité de la droiture même de son âme, des scrupules de sa conscience, du désintéressement de sa volonté! Comme l'excès de son agitation l'avait reporté vers Marthe, qui n'a garde de lui faire un secret de mes larmes, je saurai me contraindre avec Marthe elle-même, et la faire concourir peut-être à réparer le mal dont je suis la première cause. Dieu veuille me donner la force d'accomplir cette tâche! Dieu veuille faire qu'ici je sois la seule malheureuse! et j'aurai reçu de sa bonté tout ce que je puis désormais en attendre.

Je n'ai plus la permission ni la volonté d'écrire à Charles; mais je crois ne point enfreindre les ordres de mon père en vous chargeant, monsieur Prévère, de lui exprimer, non point le trouble où m'a jetée sa lettre, mais les consolations que je puise dans l'espoir que son courage est vrai, que ses résolutions sont durables, sa résignation sincère. Dites-lui que, s'il en est ainsi, Louise l'estime, l'admire, le remercie; dites-lui qu'elle goûte, pour lui seul, autant de paix et de bonheur qu'il lui est donné d'en goûter dans le naufrage de ses espérances et de ses affections les plus chères... Qu'ajouterais-je? Rien que vous ne sachiez lui dire avec plus de prudence et autant d'affection que moi-même; ainsi je vous quitte, mon cher maître... je vous laisse avec lui; et c'est, de tout ce que je vois, de tout ce que je sais, la seule, l'unique chose qui donne une consolation véritable à votre tendrement affectionnée

LOUISE.

CXLI

LE MAIRE DE NYON A CHAMPIN.

De Nyon.

Je suis, monsieur, sur la trace de ces gens et fort près de connaître leur histoire, qui n'est effectivement pas brillante. Toutefois il m'est impossible de vous fournir des renseignements exacts et copie des pièces dans le terme que vous me prescrivez. C'est à Bourg que le père a été jugé, il y a treize ans, et je ne puis d'ici obliger les employés à qui je me suis adressé à faire gande diligence. Que votre ami gagne donc du temps, et il pourra savoir au juste ce qu'il fait. Du reste, je m'en remets à votre loyauté pour ne faire de ces pièces que l'usage strictement convenable.

J'ai l'honneur, monsieur, etc.

PERRIN, maire.

CXLII

CHAMPIN AU CHANTRE.

(Par un exprès.)

De Genève.

Ne bouge, ou tu risques d'être à jamais déshonoré, toi et la Louise. Heureusement, ton billet est encore entre mes mains !

Dans quelques jours tu sauras d'où il sort, et tu connaîtras que toi seul tu pressentais juste avant qu'on t'eût fasciné. Des malfaiteurs, Raybaz ; la prison, l'infamie !... Je ne sais pas tout. Ne bouge.

Ton ami, pas pour rien, comme tu vois. CHAMPIN.

CXLIII

M. PRÉVÈRE AU CHANTRE.

De la cure.

Vous avez dû recevoir une lettre de moi, monsieur Reybaz. Elle est déjà ancienne, mais elle était pressante, et je ne puis croire que vous vouliez la laisser sans réponse. J'ai su que vous aviez désiré prendre du temps pour réfléchir ; mais je viens vous dire qu'il faut vous hâter, vous hâter beaucoup. Votre fille soutient une lutte à laquelle il lui serait impossible de résister longtemps. Je ne vous soumets plus des doutes, des craintes, mais une conviction profonde.

Non, mon vieil et cher ami, non, je ne vous aimerais pas comme je vous aime, je serais indigne de vous serrer jamais la main, si, par des ménagements qui n'auraient que vous pour objet, je vous cachais le péril imminent où je vois notre Louise. Ecoutez-moi, je vous en conjure, écoutez cette alarme solennelle que j'éprouve, et que je voudrais ardemment vous communiquer, pendant qu'il en est temps encore ! Encore une fois, Dieu m'est témoin qu'ici je ne songe point à Charles. C'est Louise, monsieur Reybaz, à qui je songe ; c'est vous, mon ami. Vous vous égarez, j'en ai l'assurance, je le vois avec un effroi croissant, et j'ai pour le voir des lumières que vous n'avez pas. Pour vous rendre le calme, Louise vous trompe !... et plus vous la voyez tranquille et satisfaite, plus l'effort de paraître ainsi la

consume, plus cette plaie qu'elle vous cache s'étend en ravages
secrets et en cuisantes douleurs. Vous le concluriez vous-même
des lettres qu'elle m'écrit, et dont je vous livre ainsi le secret,
bien qu'il m'en coûte, parce que je vous le dois, parce que je
livrerais ma vie pour la sauver, et vous avec elle!

Louise, monsieur Reybaz, aime Charles plus, bien plus que
vous ne l'avez pu penser, bien plus que moi-même je ne l'aurais pu croire; elle l'aime avec une tendresse vive, ardente,
profonde, que rendent plus pénétrante encore l'estime qu'elle
fait de son caractère et de ses talents, et la pitié que lui inspire
sa situation. Qu'elle s'abuse sur bien des points, c'est possible;
mais c'est ce qui importe peu. Elle l'aime, elle l'aime, après
vous, uniquement; elle ne saurait plus s'en détacher, et, condamnée à rompre violemment un lien si fort, un lien qui embrassait pour elle tout son avenir et pour Charles toute son
existence, elle se consume à refouler dans son cœur brisé les
sentiments qui en faisaient le bonheur et la vie. Déjà vous avez
pu voir sa santé altérée profondément, ses joues pâles, ses yeux
éteints, et ce courage factice qui cherche à vaincre une langueur
réelle et profonde. Marthe n'ose tout vous dire; mais moi, je
sais par elle ce que sont les nuits de Louise, et quels signes de
dépérissement ces quelques semaines ont déjà apportés en elle.

Que je ne vous cache rien, mon brave ami. Votre fille se soumet à vous, mais non pas sans combat; je dirai mieux, non
pas sans remords. Ces considérations de naissance sont sans
force sur elle, ou plutôt elles en ont pour l'approcher de Charles,
bien plus encore que sur vous pour l'écarter de ce jeune homme.
Dans son amour pour cet infortuné, la générosité, la pitié même,
entrent pour beaucoup; et de là une source de trouble amer,
plus propre encore à l'abattre, à la miner sourdement, que le
chagrin même des vœux déçus. Ah! pitié pour elle, mon cher
Reybaz, pitié pour cet ange! ne risquez point que ces célestes
traits de son cœur se tournent contre lui pour le déchirer; ne
risquez point que cette noble et touchante créature soit victime
justement de ce qui l'élève au-dessus de toutes les autres! Si
vous persistez, elle le sera, n'en doutez point.

Et vous, vous mon vieil ami, sans parler de cet avenir qui
vous menace dans ce que vous avez de plus cher au monde,
voyez le présent. Êtes-vous heureux? Non, l'angoisse vous possède, le souci vous ronge, vous n'avez point cette paix qui suit
les résolutions évidemment bonnes ou évidemment nécessaires.

Je fais plus que de m'en douter, je le sais : je le sais par votre fille même, parce que, en vous voyant dans cet état, elle se fait des reproches amers, elle s'impute d'avoir empoisonné vos jours, et, pour réparer ces maux, elle ajoute à ses autres tourments l'effort de vous sembler heureuse ! Ah ! rebroussez, rebroussez bien vite, mon cher Reybaz, vous vous perdez ! et Dieu veuille que l'heure n'ait pas déjà sonné, après laquelle le retour est vain, le remède stérile !

Je vous écris avec un trouble extrême, car ma vue est nette, une vive lumière m'éclaire ; je me reproche de n'avoir pas parlé avec la même instance dans ma précédente lettre. Rebroussez, mon cher Reybaz ! c'est ici notre enfant. Vous ne l'aimez pas plus que moi. Vous ne perdriez pas plus que moi.... J'aurais à me faire autant de reproches que vous..... Rebroussez ! rebroussez, mon bon Reybaz ! qu'une lettre de vous m'en rapporte promptement l'annonce ; c'est l'instante et solennelle prière de votre fidèle et tendrement affectionné

Prévère.

CXLIV

LE MAIRE A CHAMPIN.

De Nyon.

Je vous adresse, monsieur, ci-incluses, les pièces en question ; vous y trouverez, aux papiers de l'instruction, la preuve directe que votre jeune homme est bien l'enfant de ces deux personnages. J'ajouterai ici quelques détails que j'ai pu recueillir en dehors des pièces mêmes, dont je vous prie de me faire rembourser les frais au plus tôt. Ils s'élèvent à 47 fr. 50 cent.

Le père de ce jeune homme est né à Colmar. Il occupait dans cette ville une position assez honorable ; mais une probité suspecte, la passion du jeu et d'autres mauvais penchants l'entraînèrent par degrés dans une foule de désordres qui l'amenèrent une première fois devant les tribunaux, où, condamné à deux ans de prison, il subit sa peine et acheva de perdre durant ce temps toute honte et toute moralité.

C'est avant cette affaire, et quand sa femme légitime vivait encore, que commencèrent ses relations avec la mère de votre jeune homme, qui était alors en service chez lui. Après sa première captivité, elle le suivit, et ils menèrent pendant deux ou trois ans une vie errante, tantôt cherchant à gagner leur vie par l'exercice de quelque petit métier, plus souvent contraints par la plus entière détresse à mendier leur pain. Un premier enfant qu'ils avaient eu périt à l'âge de quatre ans, soit par suite de cette misère, soit par les mauvais traitements dont le père l'accablait. C'était un homme dur, et d'une violence sans frein. C'est lui qui, à force de brutalités, contraignit cette malheureuse femme à ne pas s'éloigner de la frontière à l'approche de ses couches; c'est lui qui, malgré ses cris et ses prières, porta l'enfant jusque dans la cour d'une cure voisine, où l'ayant abandonné, il persuada à cette femme qu'il avait péri. C'est ce que constatent toutes les réponses de cette infortunée, qui n'a cessé de pleurer son enfant.

Plus tard, cet homme, devenu à ce qu'il paraît la terreur des villages qu'il fréquentait, se livra à différents méfaits et finit par s'affilier à une bande de malfaiteurs qui infestait le département. C'est à la suite d'un vol commis avec violences qu'il a comparu, lui et cinq autres, devant la cour d'assises de Bourg, pour s'y voir condamner à vingt années de réclusion. Il est mort longtemps avant l'expiration de sa peine, il y a deux ans environ. Après sa condamnation, sa compagne, qu'il avait précédemment délaissée, est venue s'établir à Bourg, où elle existe encore. Elle n'a cessé de le visiter dans sa prison, de partager avec lui son modique nécessaire, et, par sa conduite autant que par sa situation, elle s'est attiré l'estime et la commisération de quelques honnêtes gens, qui l'emploient ou subviennent à ses besoins.

Voilà, monsieur, tout ce que j'ai pu recueillir. C'en est assez, je l'imagine, pour éclairer votre ami. Du reste, le jeune homme n'est pas légalement le fils de ces gens; sa mère le croit mort, et de plus, à ce que j'ai appris, il est peu probable qu'elle-même vive longtemps encore. Si donc d'autres considérations parlent en faveur du jeune homme, il se peut qu'elles doivent prévaloir. C'est, au reste, ce dont je ne suis point juge; et la seule chose que je vous recommande de nouveau, c'est de ne pas compromettre ma loyauté par l'usage que vous pourriez faire de ces renseignements.

J'ai l'honneur, etc.   Perrin, maire.

CXLV

CHAMPIN AU CHANTRE.

De Genève.

Tout est connu maintenant, Reybaz. Ce que tu as failli faire, c'est de donner ta Louise, ta Louise sans tache, à l'enfant de deux malfaiteurs, brigands de grands chemins, rebuts de prison, dont l'un, la mère, vit encore!... J'ai les pièces, certifiées conformes par les autorités de Nyon, de Gex, de Bourg, et tu viendras, je te le demande, les voir de tes yeux, ne voulant pas les laisser sortir d'entre mes mains, puisque après tout c'est ton bien que je cherche, et non le mal de ce garçon, au rebours de lui qui m'en veut.

Quand tu pressentais du mal de ce drôle, quand tu voyais dans cette tête violente et indomptée les signes d'un sang vicieux, d'une race perverse, tu voyais juste, Reybaz ; mais, dis-le, voyais-tu tout? et, pour t'être figuré des vagabonds, t'étais-tu bien approché de l'idée de malfaiteurs infâmes, traînés pour leurs crimes de prison en prison ? deux ans à Colmar, vingt années à Bourg, tout près de nous! Vois-tu à présent à quelle souche rapporter tes observations passées, tes craintes de l'avenir, cette terreur qui t'enchaînait à suspendre, jusqu'à ce qu'enfin, par une grande faveur de Dieu, ton billet vint à passer par mes mains pour y être retenu jusqu'à ce que le voile fût levé et l'affreux mystère mis en lumière ? Comprends-tu, aujourd'hui, que les instincts d'un père de sens, d'un ancien de race vierge et sans tare, sont plus droits et plus sains que les lumières mêmes d'un pasteur qui s'embrouille dans ses vues, dans sa charité ou ses bonnes intentions ? Bénis Dieu, Reybaz : il détourne aujourd'hui de toi le coup de mort, et de ta race la tache qui ne se lave plus.

Assez. Je t'épargne d'autres choses encore qui font frémir. Et note bien que le père débuta comme le fils (je dis ceci sans vouloir faire à ce dernier son procès), c'est-à-dire qu'il était élevé pour le bien, dans une situation honorable, mais suspect quant à la probité (souviens-toi des primeurs), et d'une âme fougueuse et emportée. Puis les désordres, puis le concubinage, puis la prison, puis la liberté durant laquelle, vagabondant comme des sauvages, après avoir fait périr un malheureux enfant de quatre ans, ils déposent celui-ci sur le pavé de votre cour, pour aller, à trois mois de là, mêlés à une bande, voler à main armée, et pourrir dans les cachots, où le père est mort il y a trois ans !

Tout ceci secret, bien entendu. Mais maintenant, gouverne-toi. Ton billet, je le garde, pour si jamais il était besoin d'avoir à le montrer. Dis ce que tu voudras au pasteur, moyennant que ce soit un refus clair et net. Pour ce qui est de ta fille, je te réponds d'elle, une fois que tu ne bronches pas. Quant au garçon, M. Prévère a si bien fait, qu'ils le reprennent en théologie ; il s'est déjà remis à l'étude, comme si de rien n'était. Il va se lancer de son côté, elle se distraira du sien ; et dans six mois il ne sera plus question de rien, sinon de rendre grâces, jusqu'à ton dernier jour, de la délivrance que le bon Dieu t'a apportée, juste la veille de ta perte !

Champin.

CXLVI

LE CHANTRE A M. PRÉVÈRE.

De Mornex.

Que le bon Dieu prenne pitié de nous ! monsieur Prévère ; qu'il détourne cette verge de fer dont il me frappe sans relâche, et aujourd'hui avec tant de rudesse, qu'il est besoin que je me roidisse à grand effort pour ne pas ployer sous le coup !... J'ai vu peu de jours sereins, le souci s'est de bonne heure cramponné à moi : mais j'entrevois que c'étaient là les bords du vase, les douceurs de la vie, bien qu'amères elles me parussent, et que, si le bonheur s'élève peu haut sur cette terre, il en est autrement du malheur, qui, par degrés d'abord, puis ensuite par bonds et par secousses, peut descendre sans terme dans un abîme sans fond.

J'étais riche hier encore, riche de bonheur au milieu de mes angoisses ; aujourd'hui je suis opulent en misère, tant de celle qui m'advient que de celle que je puis entrevoir : si bien que je ne sais guère d'issue à cette noire nuée qu'au terme du voyage, dans cette hotellerie du sépulcre, dont l'âge m'approche et où commence la paix. Aussi, battu par la main d'en haut, je refoule un murmure prêt à surgir, et, sans demander si j'ai mérité ce supplice, je prie pour qu'il ne brise pas mon âme, laquelle j'ai pu jusqu'ici maintenir saine et en équilibre, mais quand c'était aisé.

Je vous porte respect et affection, monsieur Prévère ; ainsi comment aurais-je songé à ne vous pas répondre ? Mais je vous le dis, avant que l'angoisse m'eût saisi au cœur et secoué jusque dans mes entrailles, enchaîné par la crainte de ce Charles, je ne savais me résoudre à lâcher une parole irrévocable. Toutefois, et bien avant votre dernière, la terreur pour mon unique et bien-aimée enfant avait fait taire mes plus véhéments instincts, et c'est alors que je vous ai répondu, que je vous ai dit que je pardonne, que je les unis... Ces choses, je les ai écrites. Le billet est depuis huit jours entre les mains de Champin, chargé par moi de vous le remettre.

Ce qui est survenu, vous l'ignorez ; et, si c'est, comme il dit, une faveur du ciel que de le savoir à temps, c'en eû été une plus grande que de l'ignorer toujours. Une épouvantable chose ! monsieur Prévère, une chose qui donne créance et lumière à tous mes pressentiments, à tous mes instincts, en même temps qu'elle pose entre ces enfants une barrière qui ne se peut franchir jamais, que je ne franchirai pas.... je le déclare d'entrée, Charles est le bâtard de malfaiteurs qui, pour leurs crimes, ont été en prison !... Inutile que j'en dise davantage, à vous surtout, mon digne monsieur, sur qui le coup portera fort, et pour qui le fait parle seul, sans que les détails y ajoutent ou retranchent. Ces choses sont authentiques, les pièces en existent, sans qu'il soit au pouvoir de qui que ce soit de les effacer de la scène du monde. Tout ce qui est en nous, c'est d'enfouir dans le plus profond de nos cœurs l'affreuse tache de cet infortuné. Il faut qu'il parte.

Je reste avec mon enfant, blessée à mort peut-être, comme vous le donnez clairement à entendre, et comme je ne puis me défendre de le présager quelquefois. C'est donc ici la volonté de Dieu !... A chaque fois que je m'approche de ce jeune homme, il frappe et il me détourne de lui par de manifestes avertissements ! Cette fois, il m'en donne un terrible, un dernier.... M'aveuglerai-je pour ne pas le voir ? Non. J'obéirai. Que si Dieu, pour récompense, me sauve ma fille, je le bénirai à chaque jour de ma vie, et, le cœur plein, je vivrai de la joie de ses miséricordes ; que s'il me l'ôte.... la douleur sera véhémente, mais pour peu de durée... A chaque jour ce souffle qui me retient sur la terre deviendra plus chétif, pour bientôt s'éteindre ;

et, secouru par vous, mon digne et bien cher pasteur, j'apprendrai comment on ploie sous une main qui, bien qu'injuste et sans compassion pour nos faibles yeux, n'en est pas moins sainte, parfaite et abondante en gratuités.

Votre affectionné

REYBAZ.

LIVRE QUATRIÈME

CXLVII

MADAME DE LA COUR A CHAMPIN.

De Turin, août 1.

Il devient nécessaire, monsieur Champin, que je vous mette au fait de ce qui se passe ici. Je suis parvenue à relever quelque peu le courage abattu de mon fils, mais en faisant briller à ses yeux des espérances que je suis encore bien loin de partager moi-même. Toutes celles que je puisse former reposent sur vous, sur vous seul; aussi viens-je solliciter de nouveau toute l'activité de vos secours, jusqu'au moment où je pourrai communiquer directement avec M. Reybaz.

C'est de Turin que je vous écris. Nous y sommes établis depuis huit jours. J'ai eu toutes les peines du monde à tirer mon fils de ce funeste endroit où il s'était arrêté. Cependant ma venue, ma société, mes pressantes caresses ont eu sur lui quelque empire, surtout lorsque, les premiers jours passés, j'ai pu hasarder de l'entretenir sur l'objet qui est la source de son désespoir. Dès le premier moment, j'ai dû lui dire que ses vœux pourraient être un jour accomplis, que toutes choses avaient bien changé à la cure, que le temps approchait où je pourrais hasarder

---

1. Ce quatrième livre s'ouvre au commencement d'août, et les lettres s'y suivent sans interruption, à partir de cette époque, jusque vers la fin de l'année.

telle démarche que les circonstances nouvelles rendront facile, et qui deviendrait une joie pour M. Reybaz et une planche de salut pour sa fille; mais je n'osais et savais rien préciser. D'ailleurs lui-même m'écoutait avec indifférence et ne m'adressait aucune question. Ce n'est que lorsque nous avons été en route qu'il a pour la première fois parlé sur ce sujet, à propos d'une lettre écrite à Jacques par son père, et sur laquelle mon fils jeta les yeux il y a quelques mois. Cette lettre, écrite en dehors [1] de toute influence des personnes intéressées à lui farder la vérité, lui fit alors beaucoup d'impression et laissa dans son cœur un germe d'espoir, auquel il s'est rattaché depuis qu'il a repris quelque calme.

C'est avec un véritable bonheur que j'ai découvert cette circonstance, car elle seule a contribué à donner à mes paroles un poids qu'elles n'auraient eu en aucune façon par elles-mêmes, mon fils se doutant parfaitement que, dans l'état où je l'ai trouvé, ma tendresse pour lui m'aurait dans tous les cas portée à lui tenir les discours que je lui ai tenus. Mais cette lettre, qui parlait de la rupture du mariage de Charles comme d'une chose dans laquelle tous étaient d'accord, et en particulier les deux intéressés, Charles et Louise, a contribué à prêter à ses yeux quelque vraisemblance aux assurances que je lui donne sans cesse que tout peut se renouer, qu'il ne faut que laisser aux souvenirs le temps de s'effacer, et qu'en se présentant plus tard, ses démarches, dès lors aussi honorables pour lui que flatteuses pour Mlle Reybaz, ne pourront manquer d'être agréées. Je me suis donc beaucoup avancée de ce côté; et Dieu veuille que les circonstances ne viennent pas démentir mes promesses et me replonger dans l'affreuse angoisse d'où je commence à peine de sortir!

Aussi je frémis, monsieur Champin, en voyant les semaines s'écouler sans que je reçoive de lettres de vous; car je présume que, si vous aviez de bonnes nouvelles à me communiquer, vous ne me laisseriez pas un seul jour dans la peine où je suis. Votre dernière lettre me montrait toutes choses remises en question: M. Reybaz très-ébranlé et M. Prévère sur le point de déterminer l'assentiment de ce malheureux père, en faisant valoir des motifs d'une nature telle, que, quoique exagérés sans doute, ils m'ont fait verser des larmes. S'ils avaient à vos yeux

---

1. Voyez la lettre CXIV du livre troisième, où il en est question.

la moindre apparence de fondement, je vous demande de m'en prévenir avant toute chose, monsieur Champin ; car, quelle que soit l'affreuse situation où je me trouve, que Dieu me préserve à jamais d'en vouloir sortir en faisant courir le moindre risque à cette aimable demoiselle ! Instruisez-moi, je vous prie, de l'état de sa santé. Les craintes que m'a suggérées cette phrase de votre lettre sont venues s'ajouter à mes autres angoisses, et elles ont été si vives, que si j'avais pu songer un instant à quitter mon Ernest, je serais accourue à la cure pour juger par mes propres yeux de ce qu'il est encore permis de tenter. Mlle Louise n'est pas forte. M. Prévère est clairvoyant et sincère... Que ne donnerais-je pas, bon Dieu ! pour que mon fils n'eût jamais connu cette jeune personne !

Nous partons demain pour Florence, d'où nous reviendrons ici au bout de quelques jours. Pour plus de sûreté, continuez d'adresser vos lettres à Turin. Quand mon fils sera plus tranquille et que les circonstances le permettront, je reviendrai à Genève pour y passer quelque temps avant de retourner à la cure. Ce sont là mes projets pour l'heure, mais que l'heure qui vient peut changer. Dans tous les cas, écrivez-moi par le retour du courrier.

Julie DE LA COUR.

CXLVIII

CHAMPIN A MADAME DE LA COUR.

De Genève.

Calmez-vous, madame, plus d'angoisse. Vous m'avez dit d'agir, et on a agi ; de réussir, et on a réussi. Le plus difficile est fait, le reste viendra. Faites-vous donc du bien, et votre fils du courage : tout comme moi, rien qu'à obliger tant de monde et à sauver Reybaz et sa fille, j'en éprouve du contentement, quoique désintéressé dans l'article.

Ceci est un secret, un affreux mystère que madame gardera pour elle, puisque aussi bien n'importe-t-il pas à ses désirs que la chose se répande. Au moment où Reybaz était, non pas ébranlé, mais décidé (notamment que je tiens dans mon tiroir le billet où il pardonne à Charles et lui rend sa fille), voici les découvertes qui se font, les renseignements qui arrivent à la file, et ce Charles qui se trouve être le fils de deux brigands traînés, pour leurs méfaits, de prison en prison, deux ans à Colmar, vingt ans à Bourg; la mère vit encore! Sur le temps, j'informe Reybaz, lequel, déjà un pied dans l'abîme, l'en retire et bénit le ciel qui le sauve par la main de votre humble serviteur.

Tout ceci, comme madame le pense bien, ne s'est pas fait d'un coup de baguette, et, si je lui ai tenu les lettres rares, ce n'est pas pour m'être d'ailleurs épargné les écritures. Pendant que madame s'avançait de son côté, je ne perdais pas mon temps du mien; et, tandis qu'il ne lui en coûtait que des paroles, pour moi il m'en coûtait labeur et argent, tant en lettres qu'en démarches et courses amenant chacune un déboursé dont je tiens la note à sa disposition. Avec ça, quand le procès est gagné, ce n'est le cas de se plaindre. Nous voici, pour l'heure, dûment débarrassés de ce Charles; le bon pasteur est en déroute, et le champ reste libre avec l'oiseau au milieu, qu'il s'agit maintenant de prendre tout doucement et sans que madame s'en mêle encore.

Que madame emploie donc ces temps à réconforter ce pauvre jeune homme. Voici la barrière posée entre Mlle Reybaz et ce Charles; je connais Reybaz, il ne la franchira pas. Or m'est avis que les fillettes, quand il y a barrière d'un côté, se retournent de l'autre, de celui où il y a un mari. Ainsi ne frémissez mie pour Mlle Reybaz. Les phrases sont des phrases; je vous rapportais celles du bon ministre, qui est *clairvoyant*, comme vous dites, et c'est pour cela qu'il ne se fait faute de faire les gens malades quand son affaire y peut gagner. N'ayez crainte. Mlle Louise, déjà en partant de la cure, n'était pas si mal; et, tranquille là-bas, respirant l'air des sapins, choyée par son père et par cette vieille qui la sert, elle se refait à vue d'œil et devient ronde comme une abbesse. Pour l'autre, pour Charles, il va quitter le pays, et tout sera dit de son côté.

C'est ici un coup du bon Dieu. Si l'hyménée se fût fait et qu'après Reybaz eût découvert le mystère, c'étaient victimes sur victimes. Mais j'étais là. Ces malheurs sont détournés; la route est sûre maintenant et l'avenir à nous, si seulement personne ne me traverse. Que madame se tienne donc coite, faisant son affaire de son côté, me laissant faire la mienne sans y toucher, et m'est avis que le jour viendra où elle sera satisfaite et libre d'être reconnaissante, ainsi qu'elle en donne l'assurance dans son avant-dernière.

On a l'honneur, etc. CHAMPIN.

CXLIX

M. PRÉVÈRE AU CHANTRE.

De la cure.

Je lis et je relis votre lettre. Elle me pénètre d'effroi ; cette épreuve est la plus cruelle qui pût m'atteindre dans tout ce que j'ai de plus cher, et tout particulièrement dans vous, mon vieil et bien cher ami. Cependant, et j'en rends grâces au Seigneur, une consolation me reste, douce, vive, grande, au milieu de ce naufrage : c'est que l'avenir, quel qu'il puisse être, vous trouvera préparé ; c'est que vous me montrerez bien, à cette occasion et au sein de l'angoisse, cette force résignée et chrétienne, aussi prête à ployer sans murmure sous la main qui frappe qu'à bénir sans fin la main qui sauve et qui réjouit. Non, mon cher Reybaz, vous n'apprendrez rien de moi ; mais, unissant nos chagrins, nous nous consolerons, nous nous fortifierons ensemble ; nous trouverons ensemble, dans la douleur même, ces richesses que la religion assure à celui qui croit, qui espère et qui aime !

Ce que j'ai toujours pu craindre est arrivé ; mais je n'imaginais pas que mon Charles, que mon pauvre Charles eût à redouter d'autres révélations que celles que le hasard pouvait faire surgir ; je n'imaginais pas qu'un homme, qu'un chrétien, pût se plaire à rechercher des choses qui devaient perdre sans retour une créature déjà digne de pitié.., qu'il pût mettre son devoir, sa conscience peut-être, à faire ce qui ne peut manquer d'être un grand crime aux yeux du Maître charitable et plein de bonté que nous servons. Je désire bien sincèrement qu'il n'y ait ici qu'erreur de votre ami, faux zèle vis-à-vis de vous ; mais cette erreur même, qu'elle est dure, qu'elle est voisine d'une odieuse perversité !

Je vous dois ici quelques mots d'entière franchise, mon cher monsieur. Que j'ignorasse tout ce que vous m'apprenez, je n'ai pas besoin de vous le dire ; mais je n'ai jamais joui à ce sujet d'une complète sécurité. Charles ne pouvait être que le fils de misérables ; et telle était l'opinion que je me formais d'êtres assez criminels pour exposer un malheureux enfant, que, dès le premier moment, je me refusai à faire aucune recherche sur leur compte. En effet, la première conséquence de tout renseignement positif devait être de me forcer à leur faire reprendre cette petite créature, au risque qu'elle pérît sous leurs mauvais traitements, ou que, si elle survivait, elle se corrompît et se dégradât sous l'empire de leurs exemples. A ce dernier égard, je me loue d'avoir écouté une répugnance que plusieurs trouvaient blâmable, d'avoir sauvé du vice et de la corruption un enfant qui semblait y être voué par sa naissance ; je rends grâces à Dieu de ce que Charles est plutôt un infortuné qu'une créature indigne de lui plaire.

Toutefois, monsieur Reybaz, j'ai à vous faire un aveu que vous trouverez, je le crains, bien tardif. Il m'en coûte, mon cher ami, d'altérer peut-être l'estime que vous me portez ; mais le moment est venu de me décharger d'un secret qui pèse dès longtemps sur mon cœur, et je laisse à votre droiture d'apprécier en quel degré j'ai pu être coupable envers vous.

Je n'ai rien su, monsieur Reybaz, mais j'aurais pu tout savoir. Il y a dix ans, je reçus une lettre anonyme. Elle était timbrée de Gex. On m'offrait de me faire, sur les parents de l'enfant, des révélations qui *pourraient*, disait-on, *m'être pénibles et lui être fatales*; et on prétendait ne vouloir me les faire qu'autant que j'en témoignerais l'envie ou que j'y serais intéressé. Cette lettre me jeta dans la plus vive anxiété ; j'hésitai pendant bien des jours sur le parti que j'avais à prendre. Je n'y avais pas encore répondu, lorsqu'une seconde lettre me rendit quelque repos et détermina ma décision. L'auteur de la lettre affirmait n'avoir découvert qu'incidemment, et sans le secours de qui que ce fût, ce qu'il se trouvait savoir sur les parents de Charles ; il avait cru devoir me faire, à tout hasard, une ouverture à ce sujet, et, me laissant d'ailleurs à décider ce qu'il était convenable de faire, il se bornait à m'affirmer par serment et devant Dieu que le secret ne serait pas divulgué. Je sais aujourd'hui qui est cette personne ; il y a trois ans que je reçus le billet que je vous transcris ici :

« Ces lignes, mon cher confrère, vous seront remises après mon décès. C'est moi qui vous ai écrit deux lettres anonymes au sujet de l'*enfant* Le secret s'en va avec moi. Il n'y a plus qu'*une personne* au monde qui le connaisse, et vous ne courez aucun risque de ce côté, je vous en donne l'assurance.

« Je vous loue, mon cher confrère, et je vous exhorte à poursuivre votre œuvre. Elle est conforme aux leçons du Maître que nous servons, et auprès duquel, j'en ai l'espérance, sa miséricorde nous réunira quelque jour.

« Votre confrère   Lejeune, curé de Gex. »

Voilà ce secret, mon pauvre ami. A chaque jour il a pesé d'un plus grand poids sur mon cœur. Mais rappelez-vous qu'à l'époque où je reçus ces lettres Charles était un enfant de neuf ans; qu'il n'était nullement question de Louise alors ; que je pouvais m'envisager comme libre, bien plus, comme engagé, par des motifs d'humanité, et entre autres par les mêmes qui m'avaient détourné précédemment de faire des recherches, à ne pas encourager des révélations funestes, à préserver, si je pouvais, de tout mal, de toute flétrissante tache, la jeune plante qui croissait à mon ombre; que j'aimais mieux moi-même ignorer de funestes choses, qui m'eussent, en mille occasions, lié les bras, et que je n'eusse pu être assuré de toujours tenir secrètes. Enfin, je croyais, mon cher Reybaz, je croyais, avec ce bon curé, qu'en agissant ainsi je me conformais mieux aux leçons de notre Maître, et qu'il appartient à la vraie charité de voiler ce qui peut nuire, et de ne s'ôter aucun des moyens de faire le bien.

Tels furent mes motifs alors. Quand, plus tard, devenu un jeune homme, Charles s'est attaché à Louise, j'aurais dû vous éclairer; et c'est ici, mon cher ami, que je crains d'avoir manqué à ce que je vous devais. Mais que pouvais-je faire? Que de nécessités qui me pressaient de toutes parts! et, si je vous devais quelque chose, que ne devais je pas aussi à un infortuné sauvé à grand'peine, élevé par mes mains, auquel j'étais tendrement attaché, que je n'eusse su comment éloigner de moi, que je perdais en révélant ce qui, d'après la lettre du curé, ne devait plus être révélé par personne! Comment, plus tard encore, quand j'ai vu la destinée de Louise se lier insensiblement à celle de ce jeune homme, une douce attache s'établir entre eux au sein d'une obscure retraite, l'espérance et le bonheur planer sur ces deux enfants, et votre fille aimer, dans mon Charles, ce qui justement eût écarté de lui tant de cœurs moins généreux et moins élevés que le sien, comment eussé-je repris sur moi de faire ce qu'a fait votre ami? de précipiter dans l'abîme deux êtres tendrement aimés et qui paraissent faits l'un pour l'autre? J'ai failli envers vous, monsieur Reybaz, mais je ne puis me persuader que cet homme n'ait pas failli bien plus envers Dieu! Il tenait entre ses mains notre bonheur et notre malheur à tous... de lui dépendait peut-être la vie de votre fille!... Ah! que jamais, jamais, grand Dieu! ce misérable n'ait lieu d'apprendre par une terrible leçon, par le supplice des plus cuisants remords, quelle responsabilité pesait sur lui, alors que, soustrayant votre lettre, il s'employait à en rendre vaines pour toujours les sages, les bienfaisantes, les charitables intentions!

Vous déclarez, mon cher ami, ne vouloir pas franchir cette barrière? Il ne m'appartient pas d'insister. Vous aviez fait un grand sacrifice ; je m'en réjouis : pour vous, parce que Dieu vous jugera ; pour moi, parce que j'en ai plus d'amitié et d'estime pour vous. Je comprends votre terreur, je reçois votre déclaration, je la respecte ; mais, au delà, les lumières me manquent. Seulement je ne prends point comme vous ces révélations pour un avertissement que Dieu vous donne de poser cette barrière. Dieu nous a donné sa loi pour nous guider et nous instruire, puis il nous a laissés libres ; c'est à nous de la mettre en pratique selon nos lumières. Que si, de notre propre autorité, nous faisons sortir des faits qui nous entourent et qui nous frappent d'autres guides, d'autres leçons, d'autres avertissements que ceux que nous donnent sa loi et notre conscience, nous risquons de substituer nos désirs à ses commandements et l'erreur à la vérité ; nous détruisons toute loi morale ; nous donnons à votre ami le droit d'imputer à je ne sais quel avertissement de Dieu ce qu'il a pu faire de plus contraire, de plus opposé à la loi que Dieu nous a donnée. Monsieur Reybaz, ne gardez point cette idée, dont vous ne faites d'ailleurs qu'un respectable usage ; croyez à la loi divine, et croyez à l'entière liberté de l'homme pour la suivre et pour l'enfreindre ; ne sortez point de ces deux conditions de tout bien, de toute vertu digne de ce nom, de toute doctrine relevée, pure, morale, universelle : car, si vous vouliez voir dans ce qui se passe un avertissement de Dieu, dites, ne serait-ce pas celui qu'il impose à votre charité une nouvelle, une plus forte épreuve, bien plus qu'un avertissement qu'il vous donne d'écarter Louise de Charles?

Donnez-moi, je vous prie, des nouvelles de cette chère enfant ; qu'elle ignore à jamais ces funestes choses! Surmontez votre tristesse pour lui montrer un air paisible. Ne vous concentrez point en vous-même, osez lui parler de Charles. Qu'il n'y ait point entre vous cette séparation qui s'établit lorsqu'on n'ose s'approcher d'un sujet dont pourtant la pensée est remplie. Essayez par tous les moyens, par tous les sacrifices de votre propre humeur, d'adoucir, de tempérer, d'ôter toute tension ; de rendre à Louise, sinon le bonheur, du moins une tristesse calme, expansive et tendre ; et, si vous n'y parvenez point, revenez ici, mon cher Reybaz, et que ma part dans cette tâche ne me soit point ôtée.

Je suis d'accord avec vous : il faut que Charles s'éloigne. Ici, l'opprobre le menace, et encore y échappera-t-il ailleurs? Je ne sais ; mais c'est dans l'idée que ce malheur peut arriver, et que ma présence pourrait devenir indispensable pour préserver ce jeune homme d'un violent désespoir, que je le déplace sans l'éloigner. Je compte qu'il se rendra à Lausanne dès la semaine prochaine ; il y reprendra ses études de théologie, interrompues ici à cause de sa fâcheuse affaire. Annoncez ce départ à Louise, en y donnant pour cause ce dernier motif, dans lequel elle trouvera quelque source de consolation ; et continuez, mon cher Reybaz, à m'écrire comme à aimer votre tout affectionné

PRÉVÈRE.

CL

M. PRÉVÈRE A CHAMPIN.

De la cure.

Monsieur,

Bien que la prière que j'ai à vous faire soit urgente, et que je vous sache en possession d'un secret dont vous avez déjà abusé d'une bien cruelle manière, j'ai dû attendre, pour vous écrire, que je pusse mettre dans mes paroles la modération et l'esprit de charité dont je voudrais ne pas m'écarter.

Il y a longtemps, monsieur, que je vous sais contraire au vœu que je formais, de voir unis ensemble l'enfant que j'ai élevé et la fille de M. Reybaz. Bien que je ne comprisse pas vos motifs pour nuire à la destinée d'un jeune homme auquel vous aviez de tout temps été étranger, je regardais comme de votre droit, et comme de votre amitié pour M. Reybaz, de l'éclairer de vos conseils, de lui donner vos avis ; mais ce qui est survenu depuis m'a inspiré une vive indignation, et jeté dans le doute sur vos intentions comme sur votre moralité.

En effet, monsieur, si je suis bien informé, contre tout droit et toute délicatesse, comme au mépris de toute humanité, vous

vous êtes permis de retenir entre vos mains une lettre de M. Reybaz, lettre adressée à moi, d'où dépendait le sort de deux enfants qui me sont chers ; et cette lettre, vous ne pouviez avoir d'intérêt à la retenir entre vos mains qu'autant qu'il vous fallait de temps pour rechercher et découvrir un secret dont la révélation n'était propre qu'à perdre sans retour un innocent !

Voilà votre conduite, monsieur.... Aux yeux des hommes, elle serait bien basse, bien méprisée, s'il advenait qu'ils pussent la connaître ; mais il est, vous le savez, un Juge qui voit et qui pèse ce que les hommes ne voient ni ne connaissent, et c'est auprès de lui que vous aurez à répondre un jour de ce que vous avez fait. A côté de ce jugement terrible, vous n'avez que faire de celui que je pourrais porter ; aussi n'ai-je rien à vous dire là-dessus. Seulement vous apprendrai-je que, si vous avez compté nuire, et nuire cruellement, vous devez être satisfait, vous le serez davantage encore. Charles est malheureux, ruiné dans ses espérances, sans famille et sans appui dans l'avenir ; il demeure sous le poids menaçant d'un opprobre qu'il ignore, mais qui ne manquera pas de l'atteindre tôt ou tard : ce n'est point ici le mal. C'est à la fille de M. Reybaz, à la fille de votre ami, que vous avez porté le coup mortel ! Louise avait résisté à grand'peine à de plus légères atteintes ; c'était à la vue d'un dépérissement dont les signes ne sont plus équivoques que j'avais de toutes mes forces pressé mon ami Reybaz de revenir sur ses déterminations et d'écrire cette lettre qui devait sauver sa fille.... Ce dépérissement va suivre son cours ; la douleur, les regrets, la pitié, le trouble, vont achever de consumer cette frêle vie : et un ange de bonté, de grâces et de vertus, aura vu la terre, seulement pour s'y flétrir au souffle empesté des méchants, et pour y laisser la longue, l'impérissable douleur de sa perte ?

Si ces choses arrivent, et je prie Dieu chaque jour qu'il les détourne de nous, elles auront été votre ouvrage, monsieur. Autant qu'il aura été en vous, et gratuitement, vous les aurez provoquées. S'il vous reste alors quelque sentiment d'humanité, vous serez navré de douleur ; si quelque religion vous demeure, vous tremblerez de crainte.... Mes paroles vous étonnent, vous pensez que j'exagère pour me venger de vous et de vos méfaits? A Dieu ne plaise ! ou plutôt plaise à Dieu que je m'égare, et que vous puissiez vous applaudir un jour de ce que vous avez fait !... Mais non, je vous dis la vérité, je vous la dis le désespoir dans le cœur; vous êtes âgé, bientôt vous irez rendre compte, et néanmoins, je le pressens, la tombe de cette enfant se fermera avant la vôtre !...

Peut-être votre conscience est tranquille; peut-être vous vous flattez d'avoir accompli un devoir sacré ; vous avez fait, à vos yeux, un petit mal, pour qu'il en arrive du bien. Misérable sophisme que les Écritures condamnent formellement, mais où tombent les âmes vulgaires, celles que gouvernent de basses passions, de vils penchants : l'orgueil, l'envie, l'intérêt, et qui s'approuvent au moyen de ces hypocrites maximes, maximes sans valeur auprès du Très-Haut, parce qu'elles sont en dehors de l'amour et de la charité ! Non, je ne sais quel esprit vous anime ; j'ignore, je ne conçois pas même vos motifs, mais je me refuse à croire à une haine désintéressée, à un acharnement gratuit contre ce jeune homme; je suis certain que de pareils actes recouvrent toujours de basses pensées ; je suis persuadé que vous avez fait le mal pour qu'il en arrive du bien, non pas à votre ami, mais à votre orgueil ou à vos intérêts.

Telle est, à mes yeux, la grandeur de votre crime, monsieur, que, s'il excite mon indignation la plus vive, je vous trouve néanmoins encore plus digne de pitié que de mépris. Vous êtes un grand pécheur : à ce titre je vous aime, je vous offre le secours de mes prières, de mes entretiens ou de mes directions. Vous êtes un grand pécheur : à ce titre vous avez encore tout recours en grâce auprès de Dieu, que vous avez offensé. Repentez-vous donc; voyez la laideur du mal que vous avez fait ; pleurez, pleurez avec sincérité sur vos égarements; implorez le pardon de Dieu et l'intercession de Notre-Seigneur ; c'est votre seul refuge,

J'en viens, monsieur, à ce qui est le but principal de ma lettre. Je sais que vous êtes possesseur d'un secret dont la révélation peut achever de perdre mon jeune ami, et je sais aussi que vous avez entre les mains des pièces dont vous ou d'autres pourraient faire un dangereux usage. Si vous étiez tenté de garder ces pièces, de ne pas me les remettre immédiatement à la sommation que je vous en fais, je perdrais le peu de confiance que vous pouvez m'inspirer encore, et je suis décidé, dans l'intérêt même de Charles, pour l'aider à supporter un opprobre qui peut l'accabler à l'improviste quand je ne serai plus, et pour attirer au moins l'intérêt sur lui, en montrant de quelles gratuites et basses machinations il est la victime, à publier à la fois et ce que furent ses parents, qu'après tout il ne connut jamais, et comment ce qui devait rester enseveli dans un profond mystère a été mis au jour par l'odieuse perversité d'un méchant. Vos serments, monsieur, vos serments solennels, catégoriques! ces pièces entre mes mains! ou l'opprobre, l'opprobre public sur vous: c'est l'alternative que je vous propose. Je veux pareillement, si vous aviez laissé transpirer ce secret auprès de qui que ce soit, hors M. Reybaz, que vous me fassiez connaître ces personnes; et, si vous ne le faites pas, et que la suite me montre votre criminelle indiscrétion, à ce moment-là toute la vérité sera connue!

Je vous demande, monsieur, une prompte réponse,

PRÉVÈRE.

CLI

CHAMPIN A M. PRÉVÈRE.

De Genève.

Monsieur le respectable pasteur,

J'ai celui de vous adresser incluses lesdites pièces, affirmant devant Dieu que tout est bien là, comme aussi que nul ne les a vues, pas même Reybaz; et que, hormis Reybaz, qui sait la vérité, nul ne s'en doute, ne s'en doutera, par mon entremise, tant dans le passé que dans l'avenir, et au delà.

Comment je les ai eues: c'est de Bourg même, par des gens qui ne savent la personne ni ne s'en soucient. La mère vit encore; c'est à savoir: elle se mourait il y a deux mois. Dans une course que j'ai faite, apprenant par hasard quelque chose sur ces malheureux, j'ai poussé plus loin, tant par curiosité, dont j'ai regret et repentir, comme dit monsieur le pasteur, que par l'envie qu'on avait de préserver Reybaz d'une chose funeste; n'ayant pas comme monsieur le pasteur la judiciaire cultivée, ni la connaissance de ces deux enfants, en particulier de la mauvaise santé de Mlle Louise. Un pauvre homme, éloigné des personnes, ne comprend qu'à demi; et ainsi, à bonne intention, il peut gâter et faire du mal, sans que le bon Dieu lui soit aussi adverse que monsieur le pasteur se l'imagine, dans son chagrin qui me peine tant.

Je remercie monsieur le pasteur de ses avis bien que sévères, et je me recommande à ses prières, tout comme je demande au bon Dieu que ses pronostics n'aient pas d'accomplissement. J'espère qu'ayant fait satisfaction pleine, entière et sans réserve, monsieur le pasteur y songera à deux fois avant de perdre un vieillard, père de famille, et qui d'ailleurs a péché d'erreur plus que d'intention ; en telle sorte que bien des gens qui auraient fait tout comme lui pourraient se trouver encore plus à même de le plaindre que de le blâmer.

On a l'honneur, etc. CHAMPIN.

CLII

LE CHANTRE A M. PRÉVÈRE.

De Mornex.

Je viens répondre à votre lettre, monsieur Prévère ; aussi bien, que fais-je ici que végéter, privé de ce labeur domestique qui emploie les heures et ravive la tête, et coulant des journées oisives plutôt que tranquilles ? Toutefois vous dirai-je que, depuis cette catastrophe qui a surgi, sans être plus fortuné, j'éprouve moins d'angoisse ; ainsi qu'il advient lorsque, par l'impossibilité de faire une chose, on se résigne de nécessité, et l'on est plus incertain entre des motifs qui se balancent. Que si l'espoir, l'espoir seulement, avait vie encore, je dirais que, au milieu de cette amertume, je serre encore le bonheur entre mes bras ; car rien ne le peut altérer beaucoup, de tout ce qui ne menace pas Louise..... Qu'ai-je au monde qu'elle ? la fille de ma Thérèse, le fruit de ses entrailles !.... Et si, après avoir vu périr l'une, je devais voir s'éteindre l'autre, quel sort m'aurait donc fait la Providence, et sur quoi m'appuierais-je ensuite pour comprendre ses décrets et pour les bénir encore ? En chargerai-je mes lèvres ? Non ; je serai impie avant que j'apprenne à discorder mon langage d'avec les sentiments du dedans.

Mais il n'en sera point ainsi, mon cher monsieur Prévère. Je compte sur l'innocence de cette vertueuse enfant. Je compte sur les prières que vous faites à Dieu, de votre bouche digne qu'il l'écoute. Je compte sur les miennes, qui ne lui manquent pas, faites avec ferveur, et non pour moi.... Ce n'est pas moi que j'aime dans cette enfant. Je ne suis rien à mes yeux. La vie, je commence à la trouver un bien amer et doutux, même avec elle : la vie sans elle ?... ce seraient quelques moments avant de rejoindre, moments de séparation plus courts que si, mourant avant Louise, j'avais à l'attendre là-haut.... Toutefois, quand je vous vois douter que nous la conservions, l'épouvante me secoue, et comme un flot d'amertume bouillonne au dedans de moi, s'il est vrai que cette créature jeune, vertueuse, mienne enfin, et à qui j'ai droit de souhaiter toutes les bénédictions du ciel, porte déjà le trait funeste, entrevoit sa tombe, savoure qu'elle me délaisse, que de trois que nous étions, un seul, et le plus vieux, va demeurer jusqu'à ce qu'aussi le chagrin le ploie, le brise et le couche dans sa fosse ! Mon Dieu, préservez-nous ! Ayez compassion de cette enfant ! ne soyez point hâtif à la reprendre ! Mon Dieu ! ne frappez point de faibles créatures que vos coups mettraient en danger de vous offenser ! Sauvez, sauvez-nous ! ou bien retirez-nous ensemble, et que notre trace s'efface de dessus cette terre misérable !

Ah ! mon pauvre monsieur, où sont les jours passés, lorsque nous vivions sans cette alarme ? où sont même ces jours tout proches de nous, où j'écrivais ce billet qu'il a retenu, où je pouvais l'écrire, où, donnant ma fille à contre-cœur, encore la voyais-je sauvée ? Champin, en voulant me rendre service, ne m'a-t-il pas perdu ? Toutefois, si son action est fatale, elle n'est pas perverse, monsieur Prévère ; il a cru me servir en me faisant savoir, comme vous-même en me voulant cacher ce dont je ne vous garde pas rancune, certain que je suis de votre intention charitable. Néanmoins je vous blâme, dans mon idée, de n'avoir pas éloigné Charles à temps ; pour demeurer libre de me cacher quelque chose, vous deviez ne point laisser s'engager l'affection de ma fille. Si, dès les premiers signes, ils eussent été séparés, à l'âge où l'impression est légère et l'affection flexible, n'est-ce pas que tous ces malheurs qui ont suivi auraient été épargnés, à vous, mon bon monsieur, autant qu'à moi ? Ainsi soyez indulgent envers Champin, puisque l'imprudence est le sort de l'homme ; la confiance dans son idée, commune à tous ; et la faute, aussi bien du ressort des meilleurs, comme vous, que des médiocres, comme Champin.

J'ai eu loisir de réfléchir à ce que vous me dites des pronostics, et j'imagine que, mieux à même de tout peser, vous devez avoir raison. Toutefois je ne suis pas convaincu, ne saisissant pas pourquoi, lorsque les lumières manquent, faute d'éducation ou d'entendement, et dans les cas où la loi ne dit rien d'applicable à la chose, le bon Dieu n'emploierait pas ce genre d'avertissement, plus à la portée des simples que ne peut l'être une résolution qu'il faut tirer d'entre tant de raisons qui s'opposent, se balancent, se rangent en bataille les unes contre les autres, bien plus pour faire une mêlée qu'une victoire. De cette mêlée, comment me tirerai-je si je ne regarde pas au signe qui m'apparaît, si je n'accompagne cette lumière qui brille de ce côté, si je n'écoute cette voix qui vibre confuse, mais forte, dans mon âme, disant : « Fais ainsi et n'aie crainte? » Froissé, avide de calme et de décision, je l'écoute, je me range ; et si je puis penser que ce soit une voix d'en haut, quand je sais déjà que ce n'est pas une voix de la terre, pourquoi me hâterais-je de la méconnaître?

D'ailleurs, si je ne puis nier ces raisons que vous alléguez, et auxquelles je veux bien désormais donner plus d'empire, puis-je également chasser de mon idée tant de fois où le malheur a suivi de près le pronostic que j'avais ressenti sans le rechercher? J'en sais d'éclatants dans ma vie ; et, aujourd'hui, un récent, un tout semblable à celui qui, il y a dix-huit ans, au départ pour Montreux, m'annonça la perte de ma Thérèse, m'agite, me trouble, se cramponne à moi pour m'ôter tout repos, quand bien même, à la vue de Louise, qui est calme, j'y serais enclin. C'est le jour où nous avons quitté la cure. Toute la journée j'avais eu crainte de quelque sinistre ; aucun ne s'était réalisé ; la bête n'avait point buté, le ciel était clair et comme ouvert à l'espoir, je reprenais confiance, lorsque, arrivée ici, au port, sur le seuil, et comme pour que le pronostic fût plus éclatant, la pauvre enfant tombe et se blesse, en descendant du char qui l'avait apportée! Bientôt après m'arrivait l'affreuse nouvelle. Encore est-ce bien à cette nouvelle que le pronostic s'appliquait? et ici, comme autrefois pour Thérèse, n'est-ce point un signe de choses bien plus funèbres ?

Vous me demandez des nouvelles de Louise. Que vous dirai-je? Les jours s'écoulent, c'est tout. Elle ignore ce secret funeste, en telle sorte que, malheureuse, elle n'a néanmoins pas l'effroi de cette livide tache empreinte au front de cet infortuné. Elle a reçu sa lettre dernière qui, je l'ai bien vu, l'a remuée jusqu'au fond. Par cette même lettre, il me faisait tenir sa renonciation, conçue en des termes plus posés que je ne m'y étais attendu. Le billet où je lui pardonnais en lui rendant Louise était déjà parti ; j'aurais pu parler, j'en avais le mouvement ; mais je ne sais quel scrupule, sans compter un mot de Champin [1],

---

1. Ce même mot : « Tu ne sais pas sur ce jeune homme tout ce que je sais. »

me retint d'apprendre à Louise ma résolution. C'est ainsi que Dieu m'a préservé. Car si, cédant alors au besoin de lui dire que je lui rendais Charles, elle eût bu à cette coupe de bonheur, que fussé-je devenu alors que, peu de jours après, m'arriva l'épouvantable nouvelle ?

Louise s'est remise à vivre à son ordinaire, au moins d'apparence ; si bien que parfois, la voyant faire les mêmes choses qu'auparavant, je me surprends à oublier que les temps soient si changés. Seulement ne la vois-je point lire ; d'où je pronostique qu'elle est trop à ses pensées pour se complaire à celles des autres. Elle se lève plus tard ; levée, elle me rejoint ; nous causons ; elle se met à quelque ouvrage d'aiguille, puis se retire dans sa chambre, pour se promener ensuite quand vient le soir. Des dames qui sont par là ont recherché sa compagnie, et, reçues par elle, se sont retirées, emportant cette affection qu'elle répand autour d'elle ; toutefois, si à la vérité elle ne les écarte pas, elle évite plutôt de les rencontrer. Au lieu de se complaire, comme autrefois, à passer la veillée dehors, elle se retire de bonne heure, parfois seule, parfois avec Marthe. Je demeure alors avec moi-même, et les idées noires ne me manquent pas.

Ce qui me donne le plus de déplaisir, c'est à voir combien, malgré l'air qui est vif et la promenade qui exerce, elle prend peu de nourriture. La preuve s'en montre moins sur son visage que par le cou et les épaules, où je la trouve amoindrie. Sans être rondelette, elle n'avait rien de pauvre ; et aujourd'hui, sans paraître changée, elle a l'air plus frêle. Marthe, qui la déshabille, m'assure que je ne me trompe pas, et que telle robe qui lui serrait la taille aujourd'hui lui est ample. Tout ceci m'est cruel, monsieur Prévère, mais toutefois moins encore que certains signes que je remarque à l'entour des yeux, bien que je répugne à les y considérer. C'est au coin de l'œil une peau plus tirée, et si fine et tendue, que la veine, se voyant au travers, forme comme des nuances bleuâtres qui signalent à mon idée la peine de l'esprit et l'amoindrissement du corps. Thérèse avait ce signe. Est-ce ressemblance de figure avec sa mère ? est-ce ressemblance de venue fragile ?.... Toutes ces choses me poussent à prendre conseil de quelque habile médecin, si encore on en rencontre parmi ces beaux diseurs dont le langage m'a l'air d'être paré et complet, à raison de ce que le savoir est mince et borné.

Vous me dites de lui parler de Charles. Je l'ai fait ; mais, pour bien dire, non sans m'y contraindre moi-même à grand renfort de volonté, et sans penchant à y revenir. Avec ce que je sais maintenant, ce nom me fait effroi. Pour en parler d'une façon aisée et commode, il faudrait que j'ignorasse ses affreuses taches, quand déjà j'aurais peine à faire que, sous tel propos que je pourrais tenir, la petite ne devinât pas cette rancune ancienne, cette répugnance d'instinct, que jamais je n'ai pu dompter, et qui, à présent encore, résiste à la compassion, pourtant vraie, que me fait ce malheureux. Je suis roide, monsieur Prévère; j'ai une nature lente et obstinée, l'instinct vivace, l'idée droite, mais sans plus de souplesse que la barre du pressoir. Que si je raisonne, que si même je me blâme, que si je veux changer, je sens néanmoins, au-dessous de cette surface, des poids, des lourdeurs, que rien ne remue, qui ne bougent, qui me retiennent à elle, eussé-je envie de m'en éloigner. Aussi serai-je, au jour du jugement, de ceux qui auront combattu, mais qui n'auront rien avancé; c'est pourquoi je compte sur les mérites de Notre-Seigneur, les miens n'étant qu'en germe et dans le vouloir plus que dans le fait.

C'est l'autre jour que je lui en parlai, à l'occasion de votre lettre. Nous étions à promener par ces ravins, et vers ce même côté où toujours elle me mène, en delà d'Eseri, à une plaine qu'ils appellent la *Plaine des Rocailles*. Elle est bien nommée; un immense pays, fermé de bois et de monts, où pas un arbre n'ombrage le terrain, mais seulement des roches épaisses gisent çà et là sur une herbe sauvage. Louise affectionne cet endroit, apparemment parce qu'on n'y rencontre âme vivante. En nous y rendant, j'avais sur les lèvres de lui parler de Charles; il me fallut bien deux heures avant que de m'y mettre : et elle en ressentit assez de trouble pour que je ne fusse pas tenté de m'y arrêter longtemps. Néanmoins elle apprit avec douceur qu'il pourra continuer sa profession de ministre et qu'il est assez bien pour partir. Quand j'eus dit cela, j'étais soulagé et disposé à parler d'autre chose ; mais c'est elle qui, troublée à son tour, est demeurée silencieuse. Le retour a été triste, et la nuit mauvaise, m'a dit Marthe.

Mais je ne m'étonne point trop de ces choses, au sortir d'une si forte secousse. C'est le temps qui, après Dieu, est un grand médecin pour les âmes; et le temps, nul n'en peut hâter le cours. Louise est là, affligée, mais pas souffrante, et, si l'esprit venait à se calmer, le corps se referait à sa suite. C'est sur cet espoir que je vis et que je veux rester ; ou bien, que deviendrais-je ? Quant à mon humeur, n'ayez crainte ; le malheur et l'angoisse l'ont adoucie, et je n'ai à me roidir que contre moi-même pour ne pas fléchir sous le chagrin qui me travaille.

Votre affectionné   REYBAZ.

CLIII

CHAMPIN AU CHANTRE.

De Genève.

Eh bien, mon vieux ! te voici en sûreté. Avec un peu d'aide, on t'a sorti de ce gouffre au fond duquel tu étais près de tomber : maintenant pose la crainte, chasse la défiance, oublie ces misères, bois un coup, et engraisse-moi cette fillette. Un peu les sapins, un peu le temps, un peu l'humaine nature, vont chasser ses petits chagrins et te la remettre à neuf, sans compter qu'on boit à la sienne tous les jours.

Vois-tu bien, mon pauvre ami, retiré que tu es dans ta sacristie, tu as perdu les traditions ; pour nous, frotté au monde, beau cavalier il n'y a pas longtemps encore, nous connaissons le bois dont sont faites ces petites, et nous ne nous prenons pas au son qu'il rend. Plus d'une a fait la désespérée, qui, trois mois après, guérie de tout mal, ne songeait que noces et amourettes à nouveau. Te souvient-il de Rose, que je demandai en premières ? Son père refusa, à raison du bien que je n'avais pas, et la pauvre fille jura que, la vie ne lui allant plus, elle ferait un malheur ; mêmement que plus de huit jours on la garda à vue.... C'est cette même Rose, qui, six mois après, épousait Berthoud le charpentier, et encore d'*urgence*, comme on dit. Qu'on meure de chagrin, possible : mais qu'on meure d'amour, ça ne s'est vu. On pleure un galant, c'est trop juste, mais jusqu'à ce qu'il en vienne un autre. Chez toutes le cœur est volage, l'idée changeante, et la chanson a raison qui dit :

> Belle souvent gémit et pleure...
> Mais c'est pour l'amant qui demeure,
> Ou qui bien vite est de retour.

Ta Louise veut être comme les autres.

Toutefois, Reybaz, c'est à toi de veiller, pour qu'échappée de ce filet elle ne s'embrouille plus qu'à bonnes enseignes, et m'est avis que, faite comme elle est, il faut qu'en père sensé et affectionné tu y regardes de près. L'éducation change notre être, raffine nos manières ; la sienne lui a fait des sentiments et des idées auxquelles un de notre condition ne répondrait pas. Si les fillettes sont volages, et, plutôt que de mourir, changent d'amoureux, encore est-il qu'on n'en voit guère de gentilles prendre un malotru, de raffinées se choisir un rustaud. Que si une le fait, c'est bon un temps ; mais, quand l'amour n'aveugle plus, on y voit clair : alors viennent les discordances ; ce sont deux ennemis que, pendant leur sommeil, on a attachés ensemble ; réveillés, ils vont se reconnaître, puis se chamailler jusqu'à tant que la chaîne rompe. On t'a fait de la tienne une délicate, une fille à sentiments, une demoiselle enfin, c'est donc un monsieur qu'il lui faut ; non un monsieur de contrebande, comme l'autre, et dont la tare est plus visible, à raison de ce qu'il contrefait les honnêtes, mais un monsieur de bon lieu, un notable, sûr de ses parents, de joli air, de manières conformes et ayant des espèces de quoi. Ce dernier point, les fillettes n'y tiennent pas ; deux cœurs et une chaumière, dit la chanson : mais c'est aux anciens d'y tenir pour elles. Sans l'argent, pas de marmite.

Aussi, pour te bien dire, Reybaz, c'est ici la crainte qui me reste, à savoir que tu aies peine à rencontrer l'homme qu'il te faut ; car encore est-il que les étrangers ne viennent pas d'ordinaire prendre femme au village, et que ta fille ne serait guère d'humeur à quitter vous tous et son endroit, quand bien même un monsieur de la ville se présenterait. Là est donc le nœud de l'affaire maintenant. Heureusement il n'y a pas d'urgence, et le temps porte conseil ; sans compter sur le bon Dieu qui veille sur les braves gens, comme tu l'as pu voir sans t'y fatiguer les yeux. Seulement ne t'abandonne plus au pasteur ; méfie-toi de ses façons de voir, si ce n'est de ses intentions. Souviens-toi que, tout charitablement, il te menait perdre, et non pas si innocemment que tu pourrais bien croire, puisque je me doute qu'il en savait sur ce garçon plus qu'il n'en voulait dire ; auquel cas, son intention, toute bonne qu'elle était, ne valait guère. Souviens-toi que ces gens, par état, se croient de petits bons dieux qu'il faut satisfaire, contenter, adorer, ou bien on n'est pas bon à donner aux chiens ; que toujours faisant au nom du ciel, ils disposent à leur guise de nos petites affaires ; et que, à leurs yeux, le bien et le mal, c'est ce qui nuit ou complaît à l'Église. Souviens-toi que, par état aussi, ils redoutent la jeunesse comme inconsidérée, la richesse comme source de tous vices, le renom comme vanité ; en telle sorte que, si tu prends celui-ci pour conseil, il t'éloignera de tel gendre qui ferait un beau sort à ta fille, pour t'approcher de quelque affamé qui vivra sur ton bien. N'est-ce pas, même à prendre ce Charles pour un légitime, ce à quoi il visait ?

Méfie-toi, Reybaz, il y va de ta fille ; crois-moi, moi qui t'ai sauvé, moi qui suis un ancien, un obscur comme toi, de même bord, fortune et condition, et, à ces titres, mieux à même de juger ton affaire à droit fil et de te donner un conseil sûr et affectionné. Méfie-toi, d'autant plus que ton Prévère est un prêcheur habile, et que le lustre des paroles fait briller ses mauvaises raisons, tandis que la rudesse des miennes leur ôte de leur bonté. Méfie-toi de ce que, honoré que tu te trouves, comme de juste, de l'amitié d'un pasteur, tu en es plus près d'acquiescer à son dire, et que la parole d'un gros, sans valoir mieux, pèse plus que celle d'un petit. Méfie-toi surtout, puisque je tiens entre mes mains une lettre de lui où il me maudit, où il m'excommunie, où il me donne au diable, pour l'avoir éclairé. Est-ce là la lettre d'un homme qui n'aurait eu à cœur que tes intérêts, ou bien est-ce celle d'un homme qui ne me pardonne pas d'avoir contrecarré les siens ? Qui t'aime donc mieux, de celui qui te sauve, ou de celui qui te mène à ta perte ? de celui qui s'enquiert de ce qu'il t'importe de connaître, ou de celui qui, pouvant s'enquérir tout comme moi, et bien mieux que moi, n'en fait rien, et laisse s'engager l'affection de ces deux enfants, bien certain pourtant que ta fille ne peut qu'y perdre, et son bâtard qu'y gagner ? Ouvre les yeux, Reybaz ; et, si tu crois qu'il n'y a là qu'erreur, encore était-elle fatale. Méfie-toi.

Par cette lettre, il m'enjoint de lui remettre les pièces relatives au jeune homme ; c'est un cadeau que je lui aurais fait sans qu'il m'en priât ; puis il me demande de n'en souffler mot, comme si on était pour nuire à un malheureux. Je lui ai répondu sans contester sur rien, et en termes respectueux, sachant bien qu'autrement je t'aurais fait peine. D'ailleurs, que voulais-je ? te sauver. C'est fait sans nuire à personne qu'à moi ! qu'ai-je à m'inquiéter en sus ?

Il a fait partir son jeune homme vendredi. C'est sage à lui. Qu'avait-il à faire ici que de végéter, une fois qu'ils l'écartent de ses études ? Ce que j'en regrette, c'est que je l'avais mieux sous ma main pour le surveiller à l'occasion. Assure-toi que, de là-bas, il ne travaille pas par-dessous, et qu'aucune lettre n'arrive à ta Louise par l'entremise de cette Marthe. Les Dervey lui ont fait la conduite jusqu'à la voiture ; on aurait dit le beau Dunois « partant pour la Syrie. » Note bien que j'étais sur le pas de ma porte quand ils ont passé, m'attendant au petit pourboire qui fait ma rente, et d'autant mieux que sa maladie ne m'avait pas diminué l'ouvrage : j'en ai été pour ma peine. De monnaie, point ; d'adieu, pas davantage. Il a filé comme un grossier qu'il est, et un peu ladre. Mais ce qu'on n'a pas d'une façon, on l'attrape d'une autre. Il recevra un petit compte dont on n'avait pas l'intention de l'ennuyer. Qu'en dis-tu, Reybaz ? Pendant que cet orgueilleux me refuse mon légitime salaire, pas un gueux ne montait l'escalier qu'il ne lui donnât, ou de son argent qu'il me devait, ou de ses nippes qui, en bonne règle, me reviennent de droit. C'est égal ; le voilà déguerpi : bon voyage !

CHAMPIN.

CLIV

LE CHANTRE A CHAMPIN.

De Mornex.

Tu es de mon bord, Champin, et de ma condition ; mais tu n'es pas de ma nature. Dans cette infortune, tu trouves à sourire ; et quand il faut serrer les rangs, tu t'efforces de me désunir d'avec celui qui, de ce fardeau, porte avec moi la plus lourde part !

Je te l'ai déjà dit, n'attaque pas ce pasteur. Je te l'ai dit : je te croirai malicieux avant que je le croie intéressé ou perfide, ou que je lui ôte, dans mon idée, cette charité que je lui sais. Je te l'ai dit, Champin, épargne-toi de m'écrire, ou bien respecte ce pasteur, dans l'affection duquel je veux demeurer et mourir. Qu'il ne m'ait rien découvert à temps, c'est son tort, dont il s'accuse ; que tu aies recherché, trouvé, mis en lumière la tache de ce jeune homme, c'est où tu triomphes ; mais le Juge souverain, c'est le Seigneur, de qui les voies ne sont pas nos voies, et en face de ses jugements, qui nous atteindront un jour, l'humilité est seule de mise quand déjà la joie et la vanterie ne doivent point être mêlées à des choses sinistres et funèbres.

Je ne trouve pas, moi, Champin, que le lustre des paroles fasse briller les mauvaises raisons, et plus je vois de mots employés à soutenir un dire, plus je le soupçonne équivoque, ambigu. Tu parles de la rudesse du tien? Je le trouve, pour ma part, point assez simple et discret. S'il est rude, c'est d'apparence; et le langage du pasteur, moins fautif sans doute, présente aussi moins d'artifice. Que si c'est l'abondance des raisons, l'instance des mots, qui donnent du poids aux paroles, tu me sembles l'emporter; que si c'est l'habitude du cœur et le poids du caractère, c'est M. Prévère. Cet homme est plus haut que tes coups. Quand tu les diriges sur lui sans l'atteindre, tu me blesses et me désaffectionnes de toi.

Ces choses, Champin, je te les dis d'amitié, froissé que je suis par ta lettre, et néanmoins reconnaissant pour tes services. J'ai l'âme remplie d'angoisse: que l'aigreur et la méfiance n'y aillent pas trouver place à côté; et, quand tu vois qu'à grand effort je m'équilibre entre tant de maux accomplis ou de maux qui menacent, ne heurte pas, mais bien plutôt appuie.

Tu parles à l'aise de ma Louise, Champin; je t'en dispenserais. Tu te sers à son sujet de propos comme il s'en tient entre anciens qui devisent autour de la table, et tu te méprends. Ce n'est ici ni Rose ni aucune; tes traditions ne vont pas à l'endroit. Si le cœur de cette enfant est volage et son idée changeante, j'entrerai dans ton dire; mais si elle est blessée à l'aile, si peut-être elle saigne déjà de sa blessure dernière, sois certain que ce qui se dit de mille ne se peut dire d'elle; que ce qui va aux vulgaires ne lui va pas à elle; et qu'ainsi qu'il est criminel de parler légèrement des choses sacrées, il est malséant de ne pas se revêtir de gravité et de respect quand on cause à l'entour de cette créature.

Mais où pareillement tu t'abuses, c'est quand tu chantes triomphe, te flattant de m'avoir sauvé. Tu m'as sauvé de la honte, non du désastre. Louise est aussi misérable qu'auparavant, et moi, bien davantage. Avec la même angoisse, je n'ai plus ce dernier remède de lui rendre Charles. Tu m'as sorti d'un gouffre pour me poser sur la pente d'un autre, où je demeure pour m'y débattre, sans autre espoir, cette fois, qu'un miracle du bon Dieu. As-tu bien fait? Sans doute, d'intention; mais, de fait, tu as soulevé un voile qui ne se peut baisser, quand mon salut était peut-être qu'on ne le levât jamais. Ceci, Dieu seul le sait. Toutefois, au milieu de ce double sinistre, épargne-toi le triomphe, et à moi ces propos de gaieté qui font outrage à ma misère.

Toute ta lettre, et tes conseils aussi, m'ont été à rebours,
Non qu'ici je n'accède en bien des points ; mais, quand c'est la
conservation de mon enfant qui fait ma seule prière du soir
comme du matin, qu'ai-je à faire de raisonner du droit d'un
mari, et en face de cette alarme, comment me soucierais-je du
reste? Viennent des temps meilleurs, alors je songerai à ces
choses. Encore sera-ce tôt ; car, si, à vrai dire, ce serait pour
moi une mort d'angoisse que de laisser cette enfant sans homme
qui l'abrite et la protége, comment présager qu'elle fléchisse
jamais vers d'autres affections et se donne une seconde fois, si
cruellement frustrée une première ? Que le ciel l'y incline ! C'est
mon envie ; mais, pour lors, que me viens-tu parler de l'homme
qu'il lui faut, de choix, de directions, de menées? Que seulement cet homme qu'elle aura préféré soit sans tare, et n'imagine pas qu'alors je l'écarterai pour être pauvre comme pour
être citadin ou étranger. L'adversité nous ploie, le temps change
nos esprits, le malheur et l'angoisse nous amènent où nous ne
voulions point être. Ce Charles lui-même, sans cette barrière
d'opprobre, n'imagine pas que ce fussent aujourd'hui ni sa pauvreté, ni ma rancune, ni mes instincts, ni ton dire, qui m'empêcheraient de lui commettre ma Louise. Je le faisais de mauvais
vouloir dans ce billet que tu as gardé ; à cette heure, je le ferais
avec félicité, j'y verrais mon salut autant que mon obligation.

Du reste, je devine où tend ta lettre, mais sans goûter ce détour que tu prends pour m'incliner vers M. de la Cour. A parler
droit, tu t'épargnais du papier, et je ne t'entendais que plus
volontiers. M. de la Cour, je l'ai répudié dans le temps, sans que
M. Prévère s'en soit mêlé, comme tu veux le faire accroire, mais
par cette seule raison, que je voulais pour ma fille du moins
dissipé et du plus bourgeois. Que si jamais, revenu au pays et
rangé par l'âge, il regardait à ma Louise, l'obstacle, sois certain, viendrait d'elle avant que de venir de moi. Pour l'heure,
il court l'Italie avec sa mère, et ce n'est pas le chemin de la
cure, quand déjà la constance ne fut guère sa vertu d'habitude,
ni son affection pour Louise au goût de sa famille. Tranquillise-toi donc sur l'article, et emploie ta plume en d'autres soins
que de me pousser ou de me prémunir à son sujet.

Aie soin surtout, Champin, de contenir ta langue, quant à
cette funeste histoire. Tu es enclin à parler, et de ceux qui
t'entourent, notamment la Jaquemay, plusieurs ont l'éveil, qui,
sur un signe, devineraient au pire, sans que plus rien les retînt

d'accabler ce malheureux. Ce serait lui créer un second mal, moins réparable encore que le premier. Le voici transplanté à Lausanne, où ils l'ont admis à étudier : si un mot seulement était prononcé du sang dont il est issu, c'en serait fait ; et quelle ressource lui resterait-il ensuite que de mal tourner comme ses pères, et sur meilleur prétexte qu'eux, puisqu'on l'aurait de force chassé de la bonne voie ? N'y touche donc pas à ce jeune homme, ni pour peu, ni pour beaucoup ; n'en dis rien, abstiens-toi de m'en entretenir ; que sa mémoire s'efface, que sa trace se perde ! Et pour ce qui est de ton salaire légitime dont il t'a frustré, je te l'adresse ci-avec, aux fins que, sur nul prétexte, tu ne t'ingères plus dans ce qui le concerne et que tu vives comme ne l'ayant jamais connu. Quant à la bonne grâce dont en partant il t'a frustré aussi, m'est avis que tu ne devais guère t'y attendre, lui ayant été adverse dès l'entrée et ayant couronné l'œuvre par cette sinistre découverte qui le perd. Tu me diras que, ceci, il l'ignore ; mais le cœur se doute, Champin ; sans savoir, il pressent, ainsi qu'un chien, encore qu'il ne voie pas le loup, flaire qu'il est alentour. C'était mieux à toi de ne pas te trouver sur son passage qu'à lui de te témoigner amitié. Ainsi, trêve encore à ce point ; efforçons nous d'oublier que ce malheureux soit jamais venu au monde pour nous troubler comme pour y souffrir.

Reybaz.

CLV

PRÉVÈRE A LOUISE.

De la cure.

Les jours s'écoulent, ma chère enfant, votre absence se prolonge : je veux, en vous écrivant, tromper l'impatience que j'ai de vous revoir ; je veux aussi vous provoquer à m'écrire. Ce long silence de votre part m'est encore plus cruel en ce qu'il trahit votre découragement qu'en ce qu'il me prive de la douceur de votre commerce.

J'ai eu de vos nouvelles par votre père. Il n'est point trop mécontent : l'espoir se fait jour dans son cœur, le calme semble y renaître. Mais, si je reconnais à ces choses le fruit de votre filiale tendresse, celui que vous attendiez de vos efforts et de vos sacrifices, je n'en suis que plus inquiet à votre sujet, que plus avide de savoir si ce bien que vous lui faites est acheté à trop haut prix ; ou bien si, comme je l'espère, vous commencez à partager ce calme que vous lui avez rendu et à savourer, à côté de vos chagrins qui s'adoucissent, cette sorte de courage consolateur qui accompagne toujours l'accomplissement des plus pénibles devoirs. Écrivez-moi, ma chère enfant ; ne me cachez ni vos souffrances ni vos déchirements ; ne me privez pas de l'infinie douceur d'apporter, si je puis, quelque baume à vos blessures.

J'ai lu la lettre de Charles que vous m'avez fait passer. Je vous remercie, Louise, pour cette communication. Vous m'avez procuré l'occasion de confondre mes larmes avec les vôtres et celle de contempler dans mon Charles cette élévation et cette droiture de sentiments que je lui ai connues, mais qui eussent pu, dans de pareilles circonstances, fléchir sous l'atteinte du désespoir. Il n'en a point été, il n'en sera point ainsi. Chez les belles âmes, l'épreuve met en lumière ce que le bonheur laissait enfoui ; elle fait appel aux vertus difficiles, et ces vertus répondent à l'appel. Charles s'est montré digne de vous, ma chère enfant, et je ne doute pas qu'il ne suive tous les exemples de courage et de résignation que vous ne manquerez pas de lui donner. Combien j'aimerais à revenir ici sur sa lettre ! mais c'est une contrainte que je m'impose que de ne pas réveiller des émotions dont il faudrait pouvoir tarir la source.

Mais, Louise, vous vous faites de bien injustes reproches, quand vous vous accusez de délaisser cet ami, complice que vous vous dites d'un monde cruel, de préjugés détestables. Ces reproches recouvrent un sentiment triste pour vous ; l'amertume en rejaillit sur votre père, sur moi-même, qui m'associe maintenant à ses vues sans que je voulusse certes accepter cette complicité dont vous parlez. Votre cœur vous abuse ; votre générosité, vos regrets, votre modestie même, conspirent contre vous, mon enfant. Vous êtes soumise à votre père, ainsi que c'est votre devoir de l'être ; vous immolez à sa sollicitude pour votre bonheur tout ce qui faisait le vôtre. Bien loin que vous soyez complice, vous seriez victime, si ce n'était librement et par obéissance volontaire aux suggestions du devoir et de la tendresse filiale, que vous renoncez à de chères espérances. Reste votre père, qui est seul en cause. Prendrais-je le soin de le justifier auprès de vous ? A Dieu ne plaise ! S'il est complice de quelque chose, c'est, vous le savez comme moi, de sa seule tendresse pour vous, des alarmes que lui cause votre avenir, de certaines impressions qui sont dans sa nature et qu'ont fortifiées les défauts de Charles ou ses imprudences. Mais complice de ces préjugés détestables ? Non, non, Louise. Longtemps il les partagea avec ceux du hameau ; mais, de ce jour où naguère il entendit à l'église l'appel de la charité, de ce jour-là, il secoua leur empire, il se tint en garde contre eux ; et d'autres motifs dès lors ont dirigé sa conduite. Et pensez-vous, Louise, ma chère enfant, pensez-vous que moi, son ami, le vôtre, le protecteur de Charles, j'eusse reculé devant l'obstacle d'un simple préjugé ? que j'eusse consenti à vous en voir devenir la victime ? que je n'eusse pas, à mes périls et risques, combattu jusqu'au dernier instant une barbare maxime ? qu'enfin j'eusse acheté l'amitié de votre père, quelque chère qu'elle me soit, au prix d'une condescendance lâche et criminelle à mes yeux ?

Chassez donc, chère enfant, ces pensées amères ; n'envenimez pas une blessure déjà si cruelle ; écoutez plutôt ce qui peut l'adoucir, sinon la fermer. Notre jeune ami est ce qu'il nous a promis d'être : il ne se laisse point abattre. Encouragé par vous à suivre la carrière du saint ministère, il s'y achemine avec ardeur, il s'aide à lever les obstacles, et, par ses soins autant que par les miens, le voici admis depuis hier à suivre à Lausanne ses études de théologie. C'est un grand bonheur sur lequel je n'osais compter, et qui lui assure désormais une existence honorable et sûre. Plus tard, nous saurons mieux s'il convient qu'il soit consacré à Lausanne ou ici : ces deux voies lui seront ouvertes. En attendant, il s'y fait déjà apprécier, aimer ; je reçois de quelques-uns de mes confrères de Lausanne des lettres où perce un sentiment d'intérêt et d'estime pour cet aimable jeune homme. Je lui reconnais comme vous des talents naturels, sur lesquels je fonde beaucoup d'espoir ; à côté de cette fougue de sentiments et de cette imprudence du cœur, qui, réglées et tempérées par l'âge, se tourneront en douce et vivifiante chaleur, il a du mouvement et de la noblesse dans la pensée, son style, incorrect encore, mais point faussé, ne manque ni de ces traits qui captivent ni de cette abondance féconde qui convient à la prédication. Mais surtout, quelle naissance, quelle vie, quelles infortunes mieux que les siennes sont faites pour lui valoir, et de bien bonne heure, cette expérience, ce jugement, cette connaissance du monde, de ses injustices, de ses chocs, de ses misères, et aussi, Louise, de ses plus célestes joies, sans lesquelles le ministre de Christ est inhabile à sa tâche; sans lesquelles il ne sent pas, il parle à faux; sans lesquelles, plus asservi qu'un autre aux préjugés qui lui sont propres, il prêche de tradition, il est l'homme de l'Église plus que l'homme de Christ, le juge en titre de son prochain bien plus que son frère? Pauvre enfant! dans cette lettre même qu'il vous écrit, je ne pouvais m'empêcher de remarquer avec une satisfaction bien mêlée d'amertume cette précoce science des hommes, cette lutte d'humiliation et de fierté, ce flot de sentiments et d'émotions, qui, tempérés par l'élévation du cœur, me semblent être comme les prémices d'une future éloquence, persuasive, entraînante, mais, hélas! bien chèrement achetée.

Que la perspective de cet avenir qui attend notre ami dans cette sainte carrière où le voici engagé vous soit un sujet de consolation, Louise; qu'elle allége ce sentiment de pitié qui se mêle à vos regrets. Et si vous portez vos regards sur sa situation présente, sachez voir qu'elle n'est pas aussi à plaindre qu'il paraît. Les sentiments qu'il vous exprime sont sincères, j'en retrouve l'expression dans les lettres qu'il m'écrit; n'y voyez donc point un masque dont il recouvre le découragement ou le désespoir. Sa plus grande infortune, ce n'est pas de vous avoir perdue, c'est d'avoir troublé votre destinée. Votre lettre est pour lui une source de biens : il s'y anime et s'y console tour à tour; il y trouve tracée de votre main la règle qu'il veut suivre religieusement et à cause de vous. Les témoignages de votre estime, de votre affection le soutiennent, le font vivre, le font jouir. Si je pouvais lui transmettre l'annonce que vos jours sont plus sereins, que vous recouvrez vos forces, votre santé; le bonheur, Louise, oui, le bonheur, je vous le jure, luirait encore pour lui. Que vous dirai-je, enfin? ou plutôt dois-je vous dire ces choses? Cette assurance, que votre cœur ne se sera donné qu'une fois, le transporte, l'enivre.... c'est assez pour charmer son malheur, pour donner à sa résignation la chaleur de la vie et le mouvement du courage.

Louise, mon enfant, ma chère enfant, que ces témoignages agissent sur votre cœur, et qu'ils en chassent le trouble et l'amertume. Revenez, revenez à la paix; qu'ici se montre dans tout son éclat cette raison élevée qui vous distingue, cette religieuse et douce soumission, seul remède à de cuisantes morsures. Considérez les biens qui vous demeurent, les coups qui vous sont épargnés; considérez que pour tous, et je n'ai garde d'en excepter Charles, il nous reste encore mille biens à goûter, si seulement quelque paix vous est rendue, si seulement votre affliction se décharge de ce qu'elle a de trop lourd pour vos forces; si seulement, après tant de secousses, un calme, même ingrat, renaît en vous, de qui dépend notre joie et notre bonheur à tous.... Confiez-vous en moi, écoutez mes conseils. L'épreuve, vous le savez, ne m'est point étrangère; j'ai connu de cruels déchirements.... Eh bien! Louise, la volonté, l'effort, la prière, l'espérance, le devoir, des affections qui demeuraient, d'autres qui devaient naître, ont cicatrisé la plaie; et plus que jamais je bénirai l'existence, si, comme je l'entrevois, Dieu permet qu'il en soit de même pour vous et pour mon Charles.

J'ai à vous annoncer, ma chère enfant, une triste nouvelle. Le pauvre Brachos, qui avait semblé se remettre de sa chute, après avoir traîné ces derniers mois une misérable vie, vient de succomber à ses souffrances. Cet homme était, malgré son penchant à l'ivrognerie, aimé à juste titre dans le hameau. Il était serviable, plus généreux que ne le sont d'ordinaire nos gens, et capable de beaux dévouements. Ce fut lui, vous vous en souvenez, qui, au péril de ses jours, pénétra dans l'étable de la pauvre Crozat, au travers des flammes, et parvint à lui sauver son unique vache. Ce fut lui qui, seul, se présenta pour descendre dans le puits où gisait Paul Rouget, et qui le retira de dessous l'éboulement. Il a supporté son mal avec résignation, et, en plusieurs occasions, lorsque je l'ai visité, il a de lui-même manifesté du repentir de ses excès, et reconnu ses faiblesses avec une humiliation touchante. Ces derniers jours, il m'a chargé de vous remercier de vos bontés pour lui et pour sa famille, et, en regrettant que vous vous trouvassiez absente de la cure dans ce moment, il m'a prié de vous parler en faveur de sa femme, qu'il laisse effectivement dans une grande misère.

J'ai tâché, Louise, de suivre toutes vos recommandations à l'égard de vos pauvres. L'abondance des récoltes et le haut prix des journées ont rendu ma tâche facile et les secours peu nécessaires. Mais, chez plusieurs, je m'aperçois qu'on tient plus encore à vos visites qu'à vos libéralités; et ce sont questions sur questions pour savoir à quand votre retour. J'ai remis, de votre part, à Pauline Roset son voile de communion et le petit psaume; cette pauvre enfant ne se sentait pas de joie, et ses père et mère, la voyant si bien parée, en avaient l'œil tout rempli de larmes. Elle a été reçue avec les sept autres, et l'après-midi je les ai toutes réunies à la cure comme je l'avais fait pour les garçons. Mais cette fois j'ai senti plus durement votre absence, et, en vérité, j'étais emprunté de savoir comment traiter cette compagnie de petites filles. Elles ont joué dans le jardin où je leur ai fait servir un petit goûter ; puis, sur le soir, on s'est promené en causant, et j'ai été content des dispositions que m'ont manifestées ces chères enfants. L'une d'entre elles, Charlotte Combaz, aurait quelque penchant à l'exaltation ; mais comme il n'y a rien ici qui puisse alimenter ce penchant, il sera, j'espère, passager. Au retour, nous avons rencontré votre petite orpheline, qui regardait Pauline Roset de tous ses yeux. Je lui ai promis de votre part qu'il lui en était réservé tout autant si elle continue d'être sage et de contenter ses patrons. Cette petite est attrayante. Elle est remplie de candeur et de gaieté. C'est un de ces naturels heureux et faciles qui se développent également bien dans toute condition, parce qu'ils plaisent à tout le monde. Ce qui me fait éprouver un sentiment bien doux, c'est de voir que, dans le village, loin d'être jaloux de ce qu'elle est votre protégée en titre, ils l'accueillent tous avec affection, et lui font, dans l'occasion, partager leurs plaisirs. L'autre jour, on mangeait des merveilles chez les Redard, à l'occasion d'un anniversaire : la petite vint à passer avec ses deux chèvres ; ils l'appelèrent, comme elle était, et lui donnèrent sa petite part qu'elle mangea au milieu d'eux. Ces façons de faire me réjouissent, et surtout ceci, qu'ils ne lui donnaient pas les merveilles comme on fait à une mendiante, pour aller les manger plus loin, mais qu'ils l'associaient, en quelque sorte, à leur repas de famille. Qu'il y a de goût, de tact, de bien, Louise, dans tout ce qui part du cœur !

Faites, je vous prie, mes amitiés à M. Reybaz et à Marthe. Dites à celle-ci qu'on a donné tout son chanvre à filer à la veuve Crozat, selon son intention, et que cette pauvre femme a reparu hier à l'église. Elle m'en avait prévenu jeudi en fondant en larmes et en me disant avec une naïveté touchante qu'elle ne pouvait plus supporter d'être *en brouille* avec le bon Dieu. Je l'ai félicitée de ce retour à des sentiments dans lesquels seulement elle trouvera de la consolation ; et elle s'est retirée comme soulagée d'un grand chagrin, en me remerciant de l'avoir toujours visitée malgré ses erreurs. Dites à votre père que son remplaçant me satisfait, et que son champ s'est réglé d'une façon suffisante pour que je n'aie plus d'inquiétude. Enfin, re-

cevez, ma chère enfant, les plus tendres amitiés de votre affectionné
PRÉVÈRE.

CLVI

CHARLES A M. PRÉVÈRE.

De Lausanne.

Nos cours ont recommencé, monsieur Prévère, Je tâche à les suivre ; j'y vais, j'y assiste, je reviens, je m'enferme dans ma demeure... Ah! mon maître, mon digne maître, si je vais vous paraître ingrat, sans courage, ne me repoussez pas néamoins ; plutôt tendez-moi la main, retenez-moi sur cette pente où je me sens entraîner!

Les premiers jours, j'étais plus agité, mais moins malheureux. Je mettais du prix à vaincre les obstacles qui m'empêchaient d'accomplir le vœu de Louise... L'obstacle est franchi, la carrière m'est ouverte, je n'ai plus qu'à y marcher... mais je ne puis, monsieur Prévère. Point de but, aucun espoir, un dégoût profond; rien qui fixe, qui attire, ou qui seulement distraie mon esprit. Que puis-je étudier, durant que le regret, la douleur gonflent mon cœur ou le rongent? J'écoute, j'écris, je veux penser à ces sujets qu'on m'expose; quelquefois j'y réussis, alors que, sous les yeux des autres, ma peine est comprimée, ma plainte retenue ; puis je me retrouve avec moi-même.... C'était temps! la tristesse déborde, des torrents de larmes coulent de mes yeux ; cette chambre où je m'enferme est le morne asile où, loin de vous, loin de tout ce qui m'est cher, mes journées se consument en stériles gémissements.

Que ferai-je ? monsieur Prévère... Qu'ai-je promis? L'épouvante aussi me saisit.... Il faut que je suive cette carrière ; Louise, vous, vous comptez sur moi... et déjà je trompe vos vœux, votre espérance ! je veux pourtant, je veux, je vous le jure, mon digne maître, mais je ne puis! Cette coupe est trop amère, ce poids trop lourd pour mes forces ; mon cœur brisé n'a plus de ressort que pour la douleur...

Mais ai-je pu promettre de suivre une carrière à laquelle il est mal de se vouer si une vocation particulière ne vous y appelle ? Suis-je fait pour percer jamais ce voile d'humiliation et d'avillissement qui m'enveloppe, qui m'étouffe ? Suis-je fait pour faire luire quelques vertus, quand tout ce que j'ai de force suffit à peine à combattre l'outrage de ma destinée? Je pourrais apprendre, mais qu'est donc le savoir dans cette sainte profession? et la première condition n'est-elle pas le talent, qui me manque, ou, à défaut, cette position dans la société que je n'aurai jamais? Moi, misérable, à qui puis-je être utile? Qui ne dédaignera pas mes soins, mes conseils, mon dévouement? moi, moi, enfant trouvé, marqué d'une tache ineffaçable, moi sur qui pèse le mystère de l'infamie; moi qui suis l'enfant... l'enfant de qui?.. de qui? monsieur Prévère... Tout est-il connu du moins? N'ai-je plus à craindre? N'y a-t-il rien encore derrière ce berceau que vous relevâtes?... plus de nouvelle tache, plus de livide ulcère?... Ah! que je m'abreuve de sanglots! que l'angoisse et la terreur s'emparent de mon cœur! qu'elles le percent, qu'elles le tordent, c'est mon partage.

Vous dire ces choses, c'est déchirer le vôtre, mon bien-aimé maître... mais vous les taire toujours!... Elles me rongent, elles me livrent en proie à la violence de la haine, de l'orgueil, du murmure, de mille passions mauvaises.... Elles me font bondir sur ma couche et accuser le ciel et les hommes... Je fus si heureux! j'ai goûté sous votre aile tant de sécurité! je savais si peu craindre, prévoir, m'alarmer! et frappé ainsi! et précipité de cette félicité suprême dans ce sombre abîme! saisi par la mort au sein des transports et dans toute l'ivresse du bonheur! Ah! monsieur Prévère, il est donc vrai, j'ai perdu Louise. Louise, la plus céleste des créatures, néanmoins la seule qui daignât m'aimer! Je vivais de son affection, je vivais de ses paroles, de sa vue; je n'étais que par elle et pour elle; cette union promise, c'était mon bouclier, mon soutien, mon courage!... Non! ce n'est pas le bonheur seulement que j'ai échangé contre une affreuse infortune... j'ai encore perdu ma force, mes ressources, le souffle qui me faisait vivre, tout ce que les autres hommes puisent à mille sources où ne s'abreuvent point des misérables tels que moi.

Que deviendrai-je, monsieur Prévère? La honte seule me retient à ces travaux. J'ai promis; mais, au dedans, je sens que je suis parjure déjà! Je prie, je demande des forces à Dieu, j'attends; mais les jours s'écoulent, et chacun ajoute à mes dégoûts. Je voudrais m'enfuir, aller au loin cacher ma vie, vous débarrasser de moi, qui ne sus que troubler la vôtre, qui ne saurai jamais rien vous rendre pour les bienfaits que vous m'avez prodigués, comme pour les chagrins dont j'ai abreuvé votre âme tendre et compatissante. C'est là, mon maître bien-aimé, le comble à ma misère; un dernier espoir m'aurait soutenu, je ne l'ai plus ! voué à l'infortune et à l'opprobre, toujours mes douleurs pèseront sur ceux qui m'aiment ; et d'entre les hommes, le seul à qui je dois tout, c'est celui-là seul dont j'aurai empoisonné les jours et abrégé la vieillesse !

Ces idées m'obsèdent. Je rougis de moi, de mon ingratitude, de mon néant. En ces orages, mon cœur se dégraderait-il ? Me reconnaîtrez-vous ? Vous fuir !.... monsieur Prévère ! Hélas ! que suis-je donc devenu ? Vous fuir !.... c'est la première fois que cette horrible pensée m'est venue. Le pourrais-je ? Non, mille fois non. Et cependant elle me domine, elle m'apparaît comme une nécessité, comme un devoir.... Je vous avoue ces choses en tremblant, avec honte... le cœur serré d'une poignante tristesse.... mais je vous les avoue, puisqu'elles sont, et que vous êtes mon père, mon maître vénéré et chéri ; je vous les avoue, puisqu'en vous les avouant elles me maîtrisent moins ; puisqu'en cherchant à saisir votre main dans cette obscurité où me voici plongé, je fais la seule chose qui puisse encore me préserver du mal et me défendre contre moi-même.

Je ne sais rien de Louise, rien, plus rien !.... Et cependant ! Ah ! monsieur Prévère, si ses jours sont calmes, si ses forces reviennent, si vous êtes à son sujet sans alarmes, plein d'espoir, faites-moi mystère, j'y consens, de tout ce qui se passe sur ce mont Salève, dont les bleuâtres sommités enchaînent d'ici mes regards. Mais s'il en était autrement !.... Me le cacheriez-vous ? m'empêcheriez-vous de courir, de voler auprès d'elle ? de me jeter aux pieds de M. Reybaz, d'obtenir de ses larmes, de son effroi ou de ses remords, ce qu'il refusa à mes prières et à mon désespoir ? Dites, dites, mon bien-aimé maître. Ce dernier et triste recours m'est-il laissé, ou bien dois-je même alors, et sans rien tenter, voir Louise se briser contre l'inflexible volonté d'un père sans entrailles ?...

Le tremblement me saisit, la douleur m'égare.... Pardonnez, mon cher maître... Je me dompterai, je me rangerai à vos conseils.... à vos exemples... ayez pitié de votre

CHARLES.

CLVII

M. PRÉVÈRE A CHARLES.

De la cure.

Oui, votre lettre me chagrine, elle me perce l'âme ; je blâme cette faiblesse mêlée d'emportements, ce prompt abandon de résolutions qui devaient vous être sacrées ; oui, je déplore ce lâche découragement, ces insensés projets. Ce ne sont là ni les expressions, ni les sentiments, ni les vœux de mon Charles, de celui que j'estime et que je porte dans mon cœur. Relevez-vous, Charles ! arrière cette mollesse, cette violence, ces indignes transports ! apprenez que vous ne pouvez être ingrat à mon égard qu'en trompant le conte que j'ai pu faire sur vos vertus. Apprenez que c'est dans l'épreuve que se montre l'homme, le chrétien ; et que, si votre infortune est grande, le premier remède à y apporter, le seul, c'est de vous y résigner avec dignité, en marchant à l'accomplissement des devoirs qui vous demeurent ou qu'elle engendre.

Mais vous êtes mon enfant : je compatis à vos souffrances, j'excuse ces moments de délire : et, pour vous parler un autre langage que celui de la plus tendre affection, il faudrait me faire une trop pénible violence. Charles, mon enfant ! revenez à vous-même.... Je ne vous reconnaissais point dans ces lignes ; mes larmes coulaient en les lisant, non point celles qu'il m'est consolant de verser en commun avec vous, mais des larmes telles que votre infortune même ne m'en arracha point d'aussi amères. En effet, il y a quelque chose de bien plus triste, de bien plus à craindre que l'infortune : c'est lorsque les tempêtes du cœur et le désordre des passions amènent la déraison ; c'est lorsqu'un caractère bon, droit, aimable, se manque à lui-même, récrimine, s'aigrit, devient injuste, se livre en proie à des mouvements dont il ne sait plus être maître ou dont il ne s'efforce pas de modérer la violence. Revenez à vous-même, mon bon ami. Reprenez ce gouvernail de votre âme que vous laissez flotter à l'abandon. Effacez jusqu'à la trace ce premier chagrin que vous m'avez causé ; oui, Charles, ce premier : car ce qui est douleur, je m'y associe ; ce qui est imprudence, irréflexion, je l'excuse ; mais ce qui dément le caractère et trompe l'estime, je le ressens avec une peine vive et profonde.

Je ne m'étonne ni de vos souffrances, ni de vos dégoûts, ni de cette torpeur que vous ressentez à l'étude; mais je vous demande, mon ami, de poursuivre et de vaincre. Je vous demande de rechercher cette société qui vous comprime, et non cette solitude où vous vous livrez sans témoin à de honteux transports. Je vous demande de songer que, tandis que vous vous comportez ainsi que vous faites, moi je console Louise en lui parlant de votre courage et de votre avenir maintenant assuré. Je vous demande de ne démentir ni mon langage ni le vôtre, ni l'attente de cette angélique amie. Je vous demande de n'aggraver rien d'une situation déjà si misérable, si difficile, et dont l'issue fatale ne saurait être douteuse, si vous veniez à faillir. Je vous demande enfin, Charles, de vous souvenir des commandements d'en haut, de me montrer que vous les avez compris, que vous les respectez, et que cette religion qui est en vous n'est pas une semence stérile qui, sans racines dans le sol, est dispersée par le vent des premiers orages, mais qu'elle est un germe fécond qui a crû pendant les jours sereins pour fleurir dans les jours d'épreuve.

Voilà, mon ami, mon avis, mes conseils. Ils vont, j'en suis certain, pénétrer jusqu'à votre cœur pour le fortifier et pour le changer. Après cela, discuterai-je l'un après l'autre ces sophismes que contient votre lettre? Non, Charles, ce serait mettre en doute votre jugement, qui n'aura pas attendu ces lignes pour reprendre sa droiture, ou votre filiale docilité sur laquelle mes vœux auront, je le sais, plus d'empire que mes raisonnements.

Mais si je ne veux pas discuter ces sophismes, je veux vous faire connaître mon opinion sur tel point où jusqu'ici j'ai été moins libre de le faire. Il était difficile, en effet, que je vous parlasse du choix de votre carrière sans porter à cette occasion vos réflexions sur votre naissance, et de ce dernier sujet, je répugnais à en entretenir votre pensée avant que l'âge eût formé votre jugement et la religion préparé votre cœur. Aujourd'hui, mon cher enfant, il est temps de renoncer à ces ménagements; les circonstances le demandent, votre âge le permet, et la religion habite en vous.

Charles, de tout temps, dès vos plus jeunes ans, en considérant quelle est votre situation dans ce monde, j'ai désiré de vous voir engagé dans la carrière du saint ministère. Quand l'âge a développé votre caractère, je l'ai désiré encore plus; quand j'ai vu et la nature de vos facultés et celle des talents que Dieu vous a départis, ce qui était espoir s'est changé en un vif désir : je me suis applaudi mille fois d'avoir dirigé de ce côté vos idées et votre instruction. Je ne me suis jamais entretenu avec Louise sur ce sujet; mais un sens fin et précoce des choses et une sollicitude envers vous aussi tendre qu'éclairée devaient la porter plus tard à former le même vœu que le mien. Eh bien, si par ces motifs que je vous expose, et indépendamment de la beauté de cette carrière, indépendamment du vœu de Louise, j'ai jugé de tout temps que cette carrière vous convenait entre plusieurs, aujourd'hui je juge qu'elle vous convient seule entre toutes !

Et ici, je n'ai pas à cœur rien que votre avenir matériel, Charles; je n'ai pas en vue que le salut de votre âme, ce salut, à mon sens, bien plus difficile à atteindre pour le pasteur que pour les brebis du troupeau ; j'ai à cœur, j'ai en vue votre repos, mon enfant, votre situation honorable et heureuse dès ce monde. Oui, je ressens de toute l'amertume de mon âme ces angoisses de votre fierté blessée, cette légitime révolte contre les préjugés qui vous atteignent, ce malheur d'être sans parents, sans famille; et je veux que ces aiguillons s'émoussent, que cette misère se tourne en paix, en vertu, en doux éclat. Si je ne partage pas cette irritation que je rencontre et que j'excuse en vous, si je regarde ce monde contre lequel vous vous emportez comme plus léger encore que barbare, comme plus vaniteux qu'inhumain, je sais, je sais, mon pauvre enfant, qu'il vous a été rude, qu'il vous le sera encore, et je veux vous soustraire à ses coups. Pour cela, allez à Christ; ne relevez que de lui. Pour lui, aimez, servez vos semblables; allez faire en son nom la douce et sûre conquête de leur estime et de leur affection.... Ce maître c'est le mien : je le connais, je sais avant vous comment il tient ses promesses; et je vous répète avec conviction, avec autorité, avec tendresse : « Allez à lui ! »

Et en effet Charles, portez vos regards autour de vous, examinez ces carrières diverses offertes à votre ambition, et dites-moi celle où vous trouverez plus aisément ce refuge qu'il faut à vos misères; montrez-moi celle où vous ne serez pas exposé à consumer vos forces sans atteindre à ce tranquille sommet au-dessus duquel luiront pour vous le bonheur et la paix. Dépouillé des biens les plus généralement répandus, qu'auriez-vous pour réussir dans le monde, que les avantages que vous lui demanderiez à lui-même, et qu'il vous accorderait dédaigneusement, s'il ne vous les refusait avec dureté? Qu'auriez-vous pour appui que sa fragile faveur, que sa capricieuse bienveillance, tandis que sa vanité toujours la même, son orgueil toujours prêt à blesser, ses préjugés toujours aveugles et cruels, vous opposeraient à chaque pas d'infranchissables obstacles? Ah! ne vous engagez point à ce maître, mon enfant, et bien plutôt allez au Seigneur des humbles, des petits, des déshérités. Soyez son serviteur fidèle ; et alors, plus vous êtes bas placé dans l'opinion des hommes, plus le ciel vous a départi de privations, d'épreuves, de flétrissures non méritées, plus aussi votre âme sera dégagée d'entraves mondaines, libre dans son ministère, vraie dans son humilité, et sincèrement charitable. Votre lumière luira devant Dieu, qui vous donnera le contentement véritable, le bonheur indépendant du monde ; votre lumière luira devant les hommes, qui ne vous refuseront ni leur cœur, ni leur estime, ni leur hommage, soyez-en bien sûr, Charles, car non-seulement tous les hommes aiment, estiment, honorent le dévouement, la charité la vertu ; mais en outre tous, et les puissants eux-mêmes sont bienveillants, justes, respectueux envers celui qui ne leur demande rien de leurs biens frivoles, qui ne jalouse pas leurs avantages ni ne menace leurs intérêts. Belle carrière, mon enfant, pour les âmes haut placées ! Situation digne d'envie, digne d'effort pour les cœurs noblement ambitieux ! car tout obscure qu'elle puisse et qu'elle doive être, elle n'en domine pas moins, en indépendance et en élévation, celle des monarques eux-mêmes ; et le seul écueil que j'y sache, mais réel, mais perfide, c'est cet orgueil qui naît si vite de toute condition élevée et de tout devoir rempli.

Que si j'examine maintenant votre caractère, je m'applaudis mon enfant, de vous avoir engagé dans une carrière où vos bonnes qualités pourront se développer au profit de vos frères et de vous-même, tandis que vos défauts s'y corrigeront, s'y tempéreront, et se tourneront, pour la plupart du moins, en germes bienfaisants. Cette fougue, Charles, cette véhémence imprudente, source de presque toutes vos fautes passées, ces transports qui vous égarent, cet abattement aussi violent en vous que pourrait l'être chez tel autre la colère elle-même, que leur manque-t-il pour vous précipiter, et nous avec vous, dans un abîme, sinon de désordres, du moins de maux, de démarches funestes et irréparables, si ce n'est de ne pas rencontrer de frein assez fort et assez doux en même temps pour les vaincre en les réglant ? Et que leur manque-t-il aussi pour devenir chaleur féconde, passion généreuse, vigueur, vaillance, bravoure de charité, que d'être mis sous le drapeau de la religion et au service de Christ, notre glorieux Sauveur? que d'être employés sur sa trace et d'après ses exemples ? Ce sont là aujourd'hui vos défauts, mais ce peuvent être vos vertus ! Car heureux, Charles, ceux dont l'âme, au lieu d'une stérile torpeur, offre le bouillonnement d'une surabondante séve! heureux ceux qui sentent vivement, ceux dont le cœur est susceptible de bouleversements et d'angoisse, de transports véhéments et de tendresse brûlante! heureux s'ils se vouent au Seigneur! Ils seront des soldats agissants, habiles, victorieux : car la force est en eux, l'amour est en eux pour aider, pour corriger, pour relever, pour secourir, pour combattre ; et ce qu'il faut déplorer, c'est bien moins si cette noble flamme, attisée ou détournée par le souffle des vents orageux de la terre, marque son passage de quelques dégâts, que si elle n'existait pas ou si elle venait à s'éteindre. Dieu, vous le savez, Dieu lui-même rejette les tièdes : il pardonne mieux l'égarement que la torpeur.

Vous avez lu, mon ami, la Vie de notre Sauveur. N'y avez-vous point reconnu au-dessous de ce calme austère et céleste qui n'appartient qu'à une âme divine en qui tout est beauté et harmonie morale, cette chaleur vivifiante, ce feu d'ardente passion, si j'ose dire ainsi, sans lequel nous comprendrions moins encore sa charité infinie ? Ne la sentez-vous point, cette chaleur qui prête à toutes ses paroles, à ses consolations, comme à ses reproches, à ses préceptes comme à ses prophéties, à ses plus simples paraboles comme à ses plus vives apostrophes, un charme insinuant et secret, une autorité menaçante aux endurcis, douce aux affligés, secourable aux tombés, pleine de douceur et d'attrait aux serviteurs humbles et fidèles? Eh bien! nous, ministres de ce divin Maître, sans doute que nous ne saurions avoir quelques-unes de ses qualités, qu'elles ne soient sujettes, par l'effet de notre faiblesse, de notre corruption, ou seulement de leur manque d'accord et d'harmonie, à mille imperfections ; mais est-ce à dire que sans elles nous puissions le servir efficacement? est-ce à dire que, parce qu'en nous le mal se mêle toujours au bien, nous devions n'estimer pas ce bien ? que, parce que nous abusons de la force, nous devions préférer l'engourdissement ? que, parce que la passion peut nous égarer par instants, elle doive être rejetée, mise au-dessous de l'inaction passive, de la stérile oisiveté, de cette sorte d'harmonie morale qui n'est pas l'accord, mais l'absence, mais le vide des qualités du cœur comme celles de l'âme ?

Ainsi, connaissez-vous vous-même, mon enfant, et, au lieu de laisser ces forces qui sont en vous se consumer, se dévorer elles-mêmes, secouer votre âme jusqu'à ce qu'elles l'aient accablée ou pervertie, sanctifiez-les bien plutôt par l'objet auquel vous les appliquerez et donnez-leur carrière. Vous y trouverez une source de vertus et un aliment de bonheur ; car c'est beau, Charles, c'est honorable et plein d'attrait, que de porter la vigueur et la véhémence dans la charité. Jeune, on peut dans cette voix faillir par excès, mais on ne se tempère que trop dans l'âge mûr ; et, de cette opulence, on conserve du moins quelque chose pour la vieillesse ; puisque enfin c'est une imperfection de notre pauvre nature, qu'il lui faille l'excès dans un temps pour avoir le nécessaire dans un autre, pour que les glaces de l'âge, qui envahissent le corps, ne recouvrent pas l'âme tout entière sous leur inerte et stérile froidure. Élancez-vous donc dans cette mêlée de maux, de douleurs, de catastrophes, où se débattent vos frères ; soyez-y sous l'œil de Dieu, l'homme de tous ! Alors vous aurez trouvé votre place, rencontré votre vocation, assuré votre bonheur ; alors vous vivrez de votre vie propre ; et ce monde égoïste, léger, dédaigneux, qui vous repousse aujourd'hui.... mon pauvre ami ! ce monde, vous le plaindrez, vous l'aimerez comme faible, misérable, digne de compassion, bien plus que vous ne le haïrez comme dur ou que vous ne le craindrez comme puissant. Ce monde.... vous reconnaîtrez bientôt que ses hommages sont presque aussi vains que ses mépris ; que triompher de lui, c'est une gloire médiocre, une récompense sans saveur ; que sans l'âme, qui se sent sur le chemin de la vie, et surtout sans Jésus, qui nous voit et qui nous aime, ce serait peu, ce serait rien, que d'avoir amené la terre entière aux pieds de sa vertu !

Vous parlez de talents qui vous sont refusés, et vous entendez sûrement parler de ces talents qui ornent la prédication et qui la font briller d'un flatteur éclat. Même sur ce point, mon cher enfant, je pourrais vous rassurer, en vous disant ce que j'augure des vôtres ; mais je craindrais de blesser votre modestie et non moins de vous abuser sur le compte que l'on doit faire de cette parure extérieure, de cette enveloppe éclatante sous laquelle se produit la pensée de quelques hommes privilégiés. Que je vous dise plutôt que c'est se tromper que d'y aspirer comme à la chose essentielle, et que c'est s'en éloigner que d'y tendre…. Le vrai talent, le véritable éclat, l'éloquence, en un mot, Charles, elle n'est point dans l'enveloppe, mais dans ce que l'enveloppe recouvre : elle n'est pas dans cette forme extérieure dont les rhéteurs se flattent de nous enseigner la coupe et les proportions ; elle est dans la pensée elle-même, dans le cœur : c'est de lui qu'elle procède, c'est de lui et par lui qu'elle trouve ses formes, non pas toujours éclatantes, mais toujours propres à l'objet, colorées, touchantes, heurtant au bon endroit du cœur des autres. Or le cœur, mon ami, c'est par une absurde erreur que, même sous le rapport de l'art, on le croit peu susceptible de culture et de développement. Le cœur, comme la parole, se développe, se réchauffe, grandit, se fortifie par l'exercice : l'action lui donne du tact et de l'expérience ; l'accomplissement des devoirs lui donne de la dignité et du sérieux ; la lutte exalte ses sentiments et ses forces ; l'infortune, si elle ne l'aigrit pas, l'épure : elle l'enrichit de mélancolie, de pitié, de profondeur, de sensibilité chaude, pénétrante, irrésistible…. Celui qui a dit que les grandes pensées viennent du cœur, celui qui a dit qu'il faut avoir de l'âme pour avoir du goût énonçait dans ces deux adages toute la théorie de l'éloquence ; et, s'il eût ajouté : « Cultivez donc ce cœur par la pratique des vertus difficiles ; cultivez donc cette âme, non par de vaines études, par de stériles préceptes, par de précoces essais de prose ou de poésie ; non par la connaissance, mais par la pratique du beau ; » il eût donné la plus complète et la plus brève, la plus lumineuse et la plus féconde des poétiques.

Je pourrais vous faire toucher au doigt ces choses en vous montrant tant de ministres de Christ dont la prédication est sans solidité, sans action, sans puissance, non pas parce qu'elle manque de formes élégantes ou heureuses, mais bien au contraire parce qu'elle n'a que cela ; parce qu'elle est molle, creuse, vide comme leur vie. Mais j'aime mieux mettre sous les yeux d'autres exemples. Vous connaissez M. Laurent, ce jeune homme dont déjà s'honore l'Église, comme elle fait de ses plus vieux et de ses meilleurs soldats ; vous savez ses succès de prédication, et comment il s'empare de ceux qui l'écoutent, comment il les saisit à la ceinture et les amène à lui. Eh bien, ses études furent médiocres, ses débuts ne donnaient aucun espoir : sa composition était froide, son organe sourd, vulgaire. Nommé ministre, il végéta quelques années, occupé seulement de polir ses discours et de chercher du talent dans l'étude des auteurs et dans le secret de la rhétorique ; il devint un prédicateur fleuri, et on le citait comme un exemple de l'impuissance des règles pour former celui à qui le ciel n'a pas départi le génie de l'orateur, lorsqu'il fut nommé à une cure du canton. Là il entra pour la première fois dans la pratique de ses devoirs et de ses sentiments qu'il avait prêchés sur ouï-dire ; pour la première fois il ferma ses livres, et, soutenu par une volonté forte, il se fit simple soldat du Christ : il se mit à la brèche ; il se porta, prodigue de ses forces et de son courage, partout où était l'ennemi, dans cette mêlée de douleurs, de maux, de vices, de plaies dont je vous parlais tout à l'heure et qui assiégent l'humanité en quelques lieux que ce soit ; il soutint, il adoucit, il consola, il combattit, il terrassa, et, de ce champ de bataille, il sortit autre et transformé. Il avait oublié, désappris ces pompes du langage, ces artifices de la composition, auxquels il demandait autrefois l'honneur d'un succès frivole. Il n'était plus un rhéteur mais un homme ; plus un écrivain, mais un ministre du Seigneur ; plus un soldat de parade, mais un guerrier venu du champ d'honneur, hâlé aux feux du soleil, beau des haillons de la guerre et des cicatrices de la bataille. Dans ces hommes, dans ces femmes, dans ces jeunes filles auxquelles il s'apprêtait à parler au nom de Dieu vivant, il ne voyait plus, comme autrefois, un cercle d'auditeurs, une société d'esprits dont il briguait les suffrages, mais des pères honorables ou vicieux, des épouses chastes ou égarées, des filles pures et des filles exposées ; dans tous, des frères qu'il connaissait, qu'il avait visités, dont il avait ressenti les joies, partagé les douleurs, et qu'il embrassait tous dans une commune et vive affection... Alors, riche de pensée, d'expérience, de raison, de charité.... alors, s'attaquant à de vivants adversaires, il commença cette série de simples prônes si solides, si justes d'application, si pressants de motifs, si animés de tour et d'expression, où les formes de discours, après lesquelles il ne courait plus, arrivaient à la file, variées, nettes, chaleureuses, appelées chacune par l'idée et réchauffées chacune par le sentiment. Ses modestes sermons firent refleurir la vie religieuse dans un troupeau jusqu'alors remarqué par son engourdissement ; ils attirèrent les fidèles des paroisses voisines, ceux même de la ville, et ils firent à leur auteur ce renom d'éloquence mâle, vraie, remarquable par ses traits originaux, et non moins remarquable par sa vigueur à frapper, à manier, à réchauffer les âmes.

C'est là la vraie route, Charles, celle qui, bien que par une voie détournée, mène seule à ces résultats bienfaisants et glorieux. Mais ceux qui aspirent à conquérir la forme sans avoir le fond poursuivent une ombre vaine, c'est en ce sens que je vous disais que c'est s'en éloigner que d'y tendre. Toutefois, si peu parviennent à ces résultats, c'est que peu s'engagent dans le chemin qui y conduit. M. Laurent, dès avant ses succès, s'il paraissait médiocre, se montrait persévérant du moins; et, s'il était sur une fausse route, il y marchait avec constance. Lorsque cette force de volonté a rencontré des objets dignes d'elle, elle a vivifié aussitôt des efforts mieux dirigés. Mais qu'attendre de ceux qui ne l'ont pas? Que peut-il sortir de cœurs qui végètent, d'âmes qui sommeillent, de pasteurs qui se mêlent au troupeau plutôt qu'ils ne le paissent, qui occupent leur place plutôt qu'ils ne la remplissent, et qui ne sauraient trouver, au sortir de devoirs languissamment remplis, que de languissantes pensées et de somnolents discours? La pensée! mais d'où leur viendrait-t-elle? La connaissance du monde, l'amour de leurs ouailles, l'indignation, la pitié, la joie vive et sainte, toutes ces affections qui donnent du mouvement au discours, des couleurs aux paroles, de la vie au geste et à la figure, d'où leur viendraient-elles? Ah! c'est à ceux-là qu'il appartient de parer leur discours de tout ce qu'a pu leur apprendre l'art des rhéteurs, afin de cacher sous l'éclat d'une brillante enveloppe le vide honteux de leur esprit, afin d'ensevelir le cadavre dans des linceuls de pourpre! C'est à ceux-là qu'il convient de proclamer que l'on naît orateur pour s'excuser de n'avoir rien fait pour le devenir; de dire que l'éloquence ne se conquiert pas pour n'avoir pas la peine de la conquérir.

Mais vous, mon bon ami, vous n'imiterez pas ces serviteurs négligents ou infidèles. Aux forces que vous avez, vous imposerez à la fois le joug et l'éperon de la volonté; et, les mettant au service de notre divin Maître, vous remplirez votre vocation et vous remplirez le plus cher de mes vœux, le seul dont l'accomplissement fera la joie de ma vieillesse et le repos de ma mort. Puissé-je, avant qu'elle arrive, vous avoir vu entrer dans ce port! Puissé-je avoir vu mon Charles, après tant de maux et de traverses, arrivé enfin dans cette haute région de la foi et de la charité, où s'émoussent les traits de l'infortune, où se dissipent l'amertume et l'aigreur, où l'âme n'est pas insensible aux biens terrestres, mais d'où elle les domine, d'où elle les voit s'approcher ou fuir sans enivrement comme sans désespoir, et d'où, au moment suprême, elle s'élève vers les cieux, remplie d'espoir, légère de regrets et chargée d'œuvres !

Votre tendrement affectionné PRÉVÈRE.

CLVIII

MARTHE A M. PRÉVÈRE.

De Mornex.

Monsieur le pasteur m'a fait promettre de lui donner des nouvelles, et, si elles avaient été plus plaisantes à sa bonté, j'aurais été moins tardive à le contenter. Ma dernière, bien ancienne déjà, puisque j'y comptais notre arrivée ici, annonçait des biens qui ne sont pas venus, sans que j'en devine la raison. Dans le char M. Reybaz m'avait parlé comme décidé à revenir de sa résolution et à vous *hâter sa réponse*, et il vous a écrit dès le lendemain. Je croyais donc la joie près d'éclater, quand au silence qu'il a gardé s'est ajoutée, dès ce même jour, une tristesse plus sombre qu'auparavant, et si misérable, que, bien que j'en eusse le motif, je n'ai pas hasardé de questionner, et encore moins d'user d'instance. Monsieur le pasteur lui-même l'aurait osé avec peine : tant était grande la douleur de ce pauvre père, et visible qu'enchaîné par une nécessité secrète, ainsi que l'habitude de se concentrer l'y rend sujet, des questions eussent été malséantes et des instances cruelles. Je n'en fis donc point, et je pris garde de n'aller pas donner à Mlle Louise des espérances que je voyais bien s'être envolées.

On s'est donc établi ici au milieu de ce nuage sombre, si bien que, les premiers jours, faute de se parler, chacun tirait de son côté, sans que l'habitude se prît d'une façon de vivre ordrée et domestique ; jusqu'à ce que, petit à petit, elle est venue, en telle sorte que nos journées d'aujourd'hui, sans être plus récréatives, se ressemblent mieux l'une à l'autre.

C'est de notre demoiselle que monsieur le pasteur veut que je lui parle. Mais que lui en dirai-je ? craignant également de la lui peindre plus malade qu'il n'y paraît, ou moins attaquée que je ne crois. Bien des gens, à la voir en certains moments, l'estimeraient plutôt délicate de tempérament qu'amoindrie par un mal. Si jolie qu'elle est, et si bien ajustée, sa bonne grâce pare à tout, son air déguisé, ses yeux trompent; et jusqu'à la contrainte qu'elle se fait en causant aux gens, ou en craignant un propos qui toucherait à ses chagrins, lui colore les joues d'une rougeur vive, qu'ils prennent pour santé des montagnes. Mais pour moi, pauvre servante de cette angélique demoiselle, je vois d'autres signes qui me rendent ceux-là menteurs. J'assiste à ses solitudes, j'assiste à ses abattements et à ses pâleurs, j'assiste à ces moments où elle se délivre de cette contrainte comme d'un lourd fardeau que décharge à terre un malheureux ; où elle pose cet air comme un masque qui lui blesse la face, où ses yeux s'éteignent et se mouillent, où, de tout cet artifice, il ne reste que cette bonne grâce dont elle ne saurait se dépouiller plus que de sa bonté du ciel.

Ah! monsieur Prévère, j'assiste à ses veillées, à ses nuits, je la déshabille.... Que je pleure avec vous, mon digne pasteur ; elle s'est amaigrie ! J'ai voulu, tant que j'ai pu, n'y point croire; mais ses robes lui sont amples ! ce m'est à chaque matin une terreur de les lui boucler, croyant voir, à chaque fois, que le crochet joue plus gaiement. L'autre jour, qu'elle m'a surprise émue à cet office, elle a deviné mon idée, et elle-même s'est prise à pleurer sans m'en dire la cause, ni moi la lui demander, de crainte de fondre en larmes et d'aggraver le présage qui nous venait à toutes deux. Pauvre cher ange! pauvre créature ! qui à l'âge d'embonpoint s'aperçoit flétrir par le chagrin, et qui en devine, j'en suis certaine, plus de douleur pour autrui que pour elle-même! J'ai déjà rétréci à la taille une de ses robes, non pas sans tremblement et sans larmes, car j'étais seule ; mais tant que je n'aurai pas défait cet ouvrage funèbre, l'angoisse, bien plus que l'espérance, me serrera le cœur.

Pour ce qui est de sa peine intérieure, j'en vois bien les effets dans ces choses et les signes chaque jour, mais plus en devinant que, comme autrefois, en apprenant d'elle-même. A raison de sa soumission fidèle à son père et de l'envie de ne rien aggraver pour se mieux refaire, comme aussi de n'y pas consumer les forces dont elle n'a pas de reste pour se maintenir en état aux yeux de M. Reybaz, elle se contraint aussi avec moi de parler de ses affections et de ses misères, aimant mieux souffrir en silence que de risquer des discours qui la mèneraient de l'un à l'autre à un comble de douleur qu'elle serait moins maîtresse de suspendre ou de cacher. Deux ou trois fois je lui ai causé de M. Charles, pour lui en donner de bonnes nouvelles: elle a écouté et vivement ressenti mon dire, mais sans s'y arrêter, sans le relever, et comme en fuyant. Et si peu que c'était, il y en avait assez pour lui troubler son calme durant toute la journée, comme il arrive après un mot qui, si court soit-il, bouleverse.

Cet endroit où l'on s'est établi est des meilleurs pour la liberté et l'agrément, si ce n'est que c'est tout montagne, et que les villageois y sont plutôt bonnes gens que plaisants à voir ou à rencontrer. Il y a, sur le derrière de la maison, une galerie ouverte sur ces grandes neiges, du côté du mont Blanc, et, au-dessous, un jardinet à notre usage ; pas bien loin, un bois qui finit au torrent, d'où l'on remonte sur l'autre revers, où se trouve un désert qu'ils appellent la *Plaine des Rocailles*. C'est là que nous allons presque tous les jours avec mademoiselle. Le matin, on déjeune sur la galerie, où, pour bien dire, l'on cause de choses et d'autres, tout exprès pour ne pas causer de celle qui est sur les lèvres ; après quoi on se réunit au jardin, ou bien l'on promène jusqu'à la grande chaleur, alors que M. Reybaz, d'habitude, fait un somme sous les arbres. C'est à ce moment que, passant le Viaison, nous allons par delà Ésery, Regny, jusqu'à la plaine des Rocailles, y portant quelque ouvrage, qui est, pour notre demoiselle, une contenance plus qu'un labeur ; car elle est à sa tristesse, se contraignant bien de m'en parler, mais non pas de demeurer pensive ou angoissée, et bien souvent des larmes dans les yeux, qui tombent contre son gré, et que j'essuie de sa collerette, où, venant à être aperçues de M. Reybaz, elles lui donneraient de la défiance. Je ne dis pas à notre demoiselle: « Pourquoi pleurez-vous ? » ne le sachant que trop. Je ne l'invite pas non plus à se contraindre, sachant que ses larmes lui sont un soulagement, et me trouvant d'ailleurs reconnaissante de ce qu'à moi seule elle n'en refuse pas la vue.

Ainsi nous ne causons plus, si ce n'est que moi, pour l'avertir du retour, et qu'il faut se contraindre, afin que ses yeux ne témoignent pas qu'elle a pleuré. Alors, sortant comme d'un rêve, elle se réveille par un effort, et sa figure prend, jusqu'au lendemain, un air qui trompe encore plus qu'il ne réjouit. On dîne au retour, M. Reybaz la regardant sans cesse au visage et y surprenant, selon les jours, tel signe qui fomente en lui le trouble intérieur, au point que, cessant de manger, il se maintient à peine et cache son tremblement derrière sa tristesse. Ces jours-là, le dîner fini, il se retire dans le bois, où plus tard mamzelle m'envoie à lui la première, comme pour le remettre et l'adoucir; puis, rôdant alentour, elle nous retrouve, et les moments sont plus calmes. Que si, un autre jour, il voit sa fille plus à son idée, et si, se prenant à ses discours, à son air qu'elle compose à tant d'effort, il méconnaît sa tristesse et se fait espoir avec peu, comme il y est enclin aujourd'hui au rebours d'autrefois, alors il se maintient plus mal encore: rougissant de contentement, et gauche à montrer autant qu'à cacher sa joie de père. Mais ses yeux caressent à défaut de sa main; et, ne sachant mieux faire, c'est à moi qu'il adresse ses gaîtés, comme pour les faire luire devant sa fille, sans qu'elles lui soient opportunes. Ces jours-là, le soir lui est riant au dehors, comme au logis, et il trouve le sommeil sur sa couche; tandis que Mlle Louise, rentrée dans sa chambre, s'y assied, abattue sous l'effort qu'elle vient de faire, et veille jusque par delà minuit, agitée de tout ce qui s'est accumulé d'amer durant ces heures, dont la contrainte lui devient de jour en jour plus lourde à porter. L'abattement alors lui tient lieu de repos, jusqu'à ce que sa peine lui revienne dans toute sa force, y mêlant la douleur de ne pouvoir donner à son père quelques heures d'illusion qu'en lui servant ces fruits de mensonge. Je la presse de se mettre au lit, où elle n'entre qu'avec répugnance, après avoir fait à genoux sa prière, qui est son seul moment de repos véritable. Couchée, elle veille longtemps encore; bien que s'attachant à retenir jusqu'à ses soupirs, afin que, la croyant endormie, je m'endorme moi-même. Mais je ne m'y prends plus, depuis qu'ayant rallumé deux ou trois fois pour m'assurer qu'elle sommeillait, je l'ai trouvée le front brûlant, les larmes ruisselant sur son oreiller, et, dans sa couche, le désordre de la fièvre et de la veille. Que si elle repose enfin, bien souvent des paroles échappées de son rêve en montrent la tristesse, comme aussi l'angélique bonté de son âme, même au sein du sommeil.

Voilà, mon digne maître, et ses jours et ses nuits, dont je vous fais le portrait, ne sachant mieux m'y prendre pour vous instruire, quand d'ailleurs il n'appartient pas à votre servante d'arrêter votre idée sur ce qu'elle pense à l'égard de sa chère maîtresse. Pour moi, c'est fait. Encore que bien souvent, et tout le temps que je suis auprès d'elle, je me fasse des illusions et un plein espoir, ne pouvant concevoir qu'une si charmante créature puisse courir un danger de la part du ciel, néanmoins je la crois atteinte bien fort, et comme saignante d'une blessure que la contrainte avive et que le temps ne guérit pas. J'ai, de plus, souvenance des temps passés, que M. Reybaz a oubliés apparemment, et où de bien moindres secousses, en arrêtant sa venue et en troublant son être, l'ont mise à deux et trois fois au bord de sa tombe. Cette alarme me ronge : car cette demoiselle, si je ne l'ai pas portée dans mes entrailles et allaitée de mon lait, c'est bien comme; sans compter son pauvre père, qui, pour s'être aveuglé, se prépare peut-être une affliction d'une grandeur à le briser comme un jonc de marais, tout fort et robuste qu'il soit.

Il est lui-même bien changé, monsieur Prévère. D'actif et soucieux des ouvrages de campagne, il est devenu nonchalant de corps, mais turbulent du dedans, et toujours jeté de l'espérance de temps meilleurs à l'épouvante de malheurs prochains; restant assis des heures entières, ou se promenant alentour, non pas à l'aventure, mais comme craintif de s'éloigner; sauvage d'accès, hormis lorsque ce sont gens qui peuvent retenir sa fille ou la distraire, et ne s'inquiétant pas plus du chantre qui le remplace, ou de ses foins qui se coupent à la cure, que de ces roches grises que d'ici nous voyons au penchant du mont. Comme sa fille, il a ses souffrances solitaires, dont nul n'est témoin, mais dont les signes se font voir ou dont les traits se surprennent; et m'est avis que ce somme qui le visitait quotidiennement autrefois, vers le milieu du jour, s'est changé en lourdes angoisses et en aiguës atteintes. Sa nature sobre et discrète lui refuse les larmes bien plus qu'elle ne lui épargne les douleurs, qui, ne pouvant le ployer, le secouent. Soit cette vie oisive, où ses membres et son visage se sont alanguis, soit ces tourments où il se débat sans aide ni secours, sa figure s'est amaigrie et son front comme plissé de rides, qui, moins brûlées par le soleil, en sont plus en vue. Pour moi, jusqu'à notre départ de la cure, et encore dans ce char qui nous a amenés ici, j'ai compris qu'il fût rude à M. Charles, à sa fille et à lui-même; mais, l'ayant vu si près de revenir de sa résolution et avec bien moins de motifs qu'aujourd'hui, je ne sais que m'imaginer des chaînes qui l'y retiennent. Il a un ami qui est contraire à M. Charles; mais monsieur le pasteur sait tout le premier que M. Reybaz, homme secret et volontaire, n'est pas pour se laisser conduire, quand déjà l'affection pour sa fille prévaudrait sur toute autre pour le gouverner. Est-ce donc que cette affection l'aveugle pour le perdre? Que le bon Dieu l'éclaire donc, et lui fasse voir où peut mener le chemin où nous sommes! C'est ce que je lui demande à chaque prière.

Je remercie bien monsieur le pasteur pour les amitiés qu'il m'adresse par l'entremise de cette chère demoiselle, et pour le soin qu'il a pris de remettre mon chanvre à la Crozat. J'ai toujours dit que cette pauvre femme reviendrait à Dieu et qu'elle serait repentante de son erreur, trop fort pour être de durée. C'était l'idée de M. Reybaz aussi. Que si monsieur le pasteur veut bien lui payer pour moi le montant de ce que je lui dois, j'en serai reconnaissante ; et en même temps lui dire mes amitiés, et mon plaisir à la savoir revenue au bon Dieu, hors duquel il n'est que ténèbres et angoisses, sans terme ni répit.

Recevez, mon digne maître, les respects de votre bien affectionnée servante

MARTHE COMBAZ.

CLIX

LE CHANTRE A CHAMPIN.

De Mornex.

Depuis ta dernière, dont je t'ai grondé en son temps, voici bien le mois et plus qui s'est écoulé, sans amener de changement visible en mal comme en bien ; si encore j'en suis juge! car vivant avec ma fille à toutes les heures, l'accoutumance peut me tromper, et des signes, qui d'un jour à l'autre prennent place insensiblement, m'être dérobés, lesquels ne le seraient point à un survenant qui ne l'aurait vue ce mois durant. Ce qui me fait dire ainsi et m'incline à croire que je n'y vois plus juste, me laissant séduire par des signes vacillants et mensongers, c'est que, Louise étant bien certainement pareille, ou à peu près, aujourd'hui que hier, il m'arrive néanmoins de la voir toute différente ; en telle sorte qu'un jour je vis d'effroi, un autre d'espoir, ou, pour mieux dire, d'allégresse. Dans ces jours-là, ta lettre me revient à l'esprit, et je combine en moi-même ces idées que tu insinues au sujet de M. de la Cour, arrivant jusqu'à voir dans ce jeune homme une planche de salut pour l'avenir, si Dieu permettait que ma Louise, en se refaisant de santé, renouât avec la pensée d'un appui pour quand je ne serai plus. Je t'ai dit les rapports que j'ai eus dans le temps avec ce notable, et qui étaient pour l'éconduire ; depuis, je n'en ai eu d'aucune sorte avec lui ou les siens, ni n'en veux avoir ; soit qu'il ne peut être question de rien avant que les années aient guéri et changé l'état présent, soit parce qu'il n'appartient qu'à l'homme de s'avancer, et surtout à un notable, vis-à-vis de paysans. Toutefois il m'est aussi revenu de la cure, où les parents de Jacques, instruits par lui, en ont causé plus qu'il n'est séant, qu'à partir de ce duel le jeune homme ne s'est pas tenu pour guéri de son attachement, et que c'est à cause du chagrin qu'il en conserve que sa mère est partie pour aller le consoler. À ce propos, je me suis souvenu qu'au sujet d'une maisonnette que tu lui voulais acheter, lors de son passage à Genève (une maisonnette à la rue du Temple), tu eus loisir de parler à cette dame. Si donc à ce moment-là, ou depuis, tu en as appris davantage sur ce jeune homme et sur l'idée où serait à cette heure sa mère, de tout temps contraire à ce mariage, aie soin de m'en instruire à l'occasion, sans que d'ailleurs rien ne presse.

Pour en revenir à ma Louise, c'est à son propos que je t'écris aujourd'hui pour que tu m'aides d'un conseil, trouvant que l'heure est venue où, sous peine d'abuser de mon penchant qui est contraire à la médecine, je ne dois tarder davantage à prendre l'avis d'un médecin. J'aurais fait venir celui de la cure, qui nous a envoyés ici ; mais, y ayant réfléchi, je me décide pour un de la ville, à raison de ce qu'étant autre il y a chance qu'il soit meilleur en même temps ; à raison aussi de ce que je crois qu'un de la ville, outre qu'il a vu plus de maladies, a l'idée, autant que la main, plus légère, tandis que le nôtre, accoutumé à des villageoises fortes et durcies, pourrait ne savoir pas tempérer sa médecine en regard d'une délicate. Et, en effet, ce qui restaure un robuste emmène un débile que l'âge ou le mal a déjà sourdement fracassé.

Je veux du conseil plus que des drogues et du sens plus que du savoir. Les drogues, Champin, me jettent dans la méfiance, hormis, lorsque, les ayant composées moi-même, j'ai l'intelligence du but comme du moyen ; et encore les employé-je telles que, si elles ne font le bien, ce qui est incertain dans chaque cas, elles ne puissent du moins faire le mal et troubler cette habitude du corps qui, si elle n'est toujours la santé et le bien-être, est du moins un équilibre fait par un plus savant que nous.

Je me le figure, cet équilibre, comme celui d'un homme qui, mal assis et mal assujetti au bord d'un abîme, néanmoins, en ne bougeant, n'y tombe pas, et qu'un présomptueux, en le voulant affermir, y précipite. Que si j'étais ces hommes-là (et je le suis quand la maladie me tient), je dirais au plus sûr de me sauver : « Retirez-vous ! » Mais, si j'entrevoyais dans la foule un timide et compatissant à la fois, je le laisserais s'approcher, voir où je tiens, par où j'appuie ; et, quand il serait assuré qu'il ne peut compromettre la motte qui me soutient, le caillou qui me cote, je lui permettrais de tenter doucement quelque état incertain, mais non périlleux. C'est à cela que je réduis l'office de la médecine.

Mais ces drogues inconnues, à qui ils se croient en droit de donner passage au travers de notre corps, j'en ai défiance, les sachant actives, et que par cette cause, si elles ne guérissent pas, elles aggravent. Maniées par un ignorant, elles seraient un poison ; maniées par un savant, que sont-elles ? Ce savant ne l'est que d'une moitié de ce qu'il lui faudrait connaître. Il sait sa drogue et son pouvoir ; il sait ce qui y entre : trois ou quatre ingrédients, dont chacun déjà, associé aux autres, change de nature ; et, quand je dis qu'il sait ce qui y entre, je m'exprimerais plus juste en disant qu'il sait ce qu'il veut qui y entre : car il ne livre qu'un papier de logogriphes, déchiffrable au pharmacien seulement, ou à son apprenti, lequel opère hardiment le mélange, avec des ingrédients pour lesquels lui-même s'en est remis à ceux-là qui les lui vendent ou qui les lui préparent..... Ne voilà-t-il pas de belles causes de sécurité ! Et quand, de ce logogriphe muet, sera issu ce breuvage, fait au poids et à la balance par gens qui n'en connaissent ni la raison ni le but, le pourrez-vous donner sans tremblement à votre malade ? Pour moi, non. Aussi aimé-je les remèdes de tradition, comme il en court de bouche en bouche, éprouvés d'un chacun, et se composant de matières dont l'usage est familier et la connaissance à tous. A défaut encore, préféré-je l'avis du médecin qui tient lui-même la pharmacie, comme c'était à la cure, avant que Nicolet eût joint la drogue à son épicerie ; ou bien celui du pharmacien-médecin, comme on en voit qui, en cachette des docteurs, vous font causer dans l'arrière-boutique, et, sachant votre mal, vous tirent d'un flacon la chose qui s'y applique. Là, du moins, je n'ai qu'une main, qu'une tête, qu'un vouloir agissant de concert en face des causes et en vue du terme, et non pas un clairvoyant qui se fait servir par des aveugles, et moi entre eux, qui puis mourir de leur concert comme de leur désaccord, sans qu'au moins j'aie à qui m'en prendre.

Et c'est pourtant là, Champin, cette moitié de savoir que je ne leur conteste pas. Mais l'autre, la science du corps humain, tissu de tant de veines, de nerfs, d'os, de filets qui s'entre-croisent, de tant de liquides qui se balancent, se mêlent, s'éparpillent et font leur travail hors de la vue, dans cette nuit intérieure du corps, comment puis-je croire qu'ils l'aient en mesure convenable et certaine? Et je la leur accorderais, que ce n'est rien encore, s'ils n'ont en outre la science du corps humain de chaque homme, en chaque temps de sa vie, à chaque moment de son mal ; et celle-là, peuvent-ils dire qu'ils l'ont ou qu'ils puissent l'avoir? ils ne la cherchent pas même. Sortis de l'école, ils me traitent en vertu de leur diplôme, non en vertu de ce qu'ils me connaissent mieux que hier qu'ils ne l'avaient pas ; et ils sont plus pressés de m'administrer leur remède que d'apprendre ce qui est dans mon corps à qui ils l'adressent. Ainsi vont-ils remédiant sans connaître, au lieu de tenter de connaître avant de remédier. Tout au plus quelques-uns, rendus plus réfléchis par l'expérience, deviennent craintifs ; et le progrès qu'ils ont fait, c'est de douter de ce savoir qui les rendait si audacieux, et de s'abstenir d'en faire usage, le sentant si boiteux et si près d'être nuisible. Ceux-là droguent peu et regardent beaucoup : ils sont sobres d'action, timides de conseil ; quittant peu à peu ces hauteurs de la médecine pour redescendre à cette science de pratique, qui n'est véritable que parce qu'elle se sait bornée, et que, au rebours de ce qui se fait, on devrait priser plus encore pour ce qu'elle avoue ignorer que pour ce qu'elle dit savoir. C'est un de ces médecins-là que je te prie de me trouver, te prévenant, ainsi que je t'ai dit, que je veux du conseil plus que des drogues, auxquelles d'ailleurs Louise répugne plus fort encore que je ne les redoute. Que si tu peux me le choisir qui ne soit pas bavard et qui sache voir avant de dire, s'enquérir avant de prononcer, tu m'obligeras d'autant mieux que, m'en tenant à celui-là, je ne te donnerai pas le soin de m'en fournir un autre.

Et puis, Champin, quelle drogue donner à cette enfant qui aille à son mal? et est-ce avec des breuvages que se dissipe la douleur de l'âme? Tout au plus peut-on aider d'un régime prudent, et de choses appropriées, les remèdes du temps et de la volonté. Pour ce dernier, la chère enfant ne se l'épargne pas, faisant un effort de tous les moments vers un état qui me satisfasse, et s'y usant, je crains. Son visage m'est doux à voir, et sa parole me tempère : mais c'est qu'à la place des pleurs elle y met le sourire, quand elle le tourne de mon côté ; et qu'à la place du gémissement ses lèvres ne laissent passer pour moi qu'un paisible et consolant parler, auquel je me séduis temporairement, mais sans y puiser une durable confiance. Les semaines, les mois s'écoulent, sans que je voie tomber ce trait qui l'a blessée ou se fermer la plaie qu'il a ouverte. Sa frêle vie s'emploie toute à souffrir et à cacher ; et voici que j'en suis réduit, faute de remède véritable, qui m'est désormais interdit, à recourir aux dires équivoques d'un médecin. Ah ! Champin, je te pardonne, à raison de l'intention ; mais je crains, je pressens que tu m'as perdu en levant ce voile ! J'en ai des pronostics, et si le cœur se pouvait déployer à la lumière, sous ces tempêtes qui bouleversent le mien, sous ces vagues qui le battent, tu y découvrirais, tout au fond, des craintes fixes, des lourdeurs qui pèsent sur la place, et qui ne sont que la prescience encore secrète d'un terme fatal vers lequel on s'avance, bien qu'on ne l'aperçoive pas, bien qu'on en détourne les yeux !

Quand c'est à ces idées que j'incline, Champin, et que, ne détournant pas les yeux, je cherche à regarder dans l'avenir et comme du côté de ma tombe, je m'imagine voir en avant d'elle une fosse !... Cette vue m'égarant, c'est à grand'peine si je me maintiens, et une frayeur profonde que Louise ne surgisse alentour peut seule, en m'envahissant, me commander le silence des sanglots que jusqu'ici je n'ai pas connus. Cette fosse, glaçante à contempler, ce n'est qu'une image, ou, pour bien dire, qu'un ressouvenir ; mais pourquoi sort-il à cette heure des profondeurs de la mémoire, où s'enfouissent tant de choses, pour flotter à la surface de mon esprit ? pourquoi donc cette fosse, quand je l'exècre, quand mon âme s'en détourne avec frémissement, lui apparaît-elle en quelque sens qu'elle fuie, et derrière quelque abri qu'elle s'aille blottir ?

Quand nous étions à la cure, j'affectionnais, pour y sommeiller, une herbe fraîche, ombragée d'arbustes et surombragée de ces grands hêtres qui sont du côté du portail de l'église. Ce lieu sans culture en est plus paisible, quand d'ailleurs les chariots ne s'en approchent qu'au temps des récoltes, pour dépouiller les champs voisins, la route étant éloignée. Auprès, est le cimetière, où le silence, qui déjà est la voix des morts, est de règle pour les vivants. De loin en loin, il s'y ouvre une fosse pour un de la commune rejoignant ses pères. L'an passé, on y descendit la fille de Piombet le bouvier. C'était une belle créature, saisie dans ses dix-huit ans, et fiancée déjà, pour être entraînée sous terre. Je n'eus cure de sa mort, plus que de tant d'autres qu'à mon âge on a vues ; et chaque jour, après mon somme, revenant à la cure pour vaquer aux ouvrages, je foulais, sans m'y attrister, cette tombe, fraîche d'abord, puis bientôt recouverte par cette herbe vivace qui s'engraisse de nos os, enfin par ces fleurs qui croissent là comme une insulte à notre misère, faisant d'un lieu de deuil un lieu de fête. C'est cette fosse, Champin, si peu remarquée alors, qui m'obsède à cette heure : distincte, fumante, au premier soleil, fanée à l'heure du midi, avec ses herbages, avec ses feuilles sèches tombées des hêtres, et notamment, à l'angle du levant, deux reines-marguerites se balançant à l'envi sous le souffle de l'air ! Quand pareillement, ici, je vais à l'heure chaude chercher le sommeil dans le bois qui est à deux pas, quand je m'y assieds, quand je m'y lève, cette fosse vient reluire à ma vue, et se cramponner à ma mémoire, jusqu'à me rendre hideux l'aspect d'une fleur, l'attouchement de cette terre que je foule, et glacer toute mon âme d'une froide sueur.

C'est donc ainsi ballotté, et comme tremblant, que je coule les semaines, demandant à chacune ce que chacune jusqu'ici n'a pas apporté. Et peu pourtant me serait à richesse, à trésor ; si bien que parfois voyant ma Louise moins travaillée, ou seulement se livrant à un entretien, voilà aussitôt que je renoue le bonheur à venir au bonheur d'autrefois, et que cette fosse s'abîme et disparaît sous les plus vraies fleurs de la joie : d'une joie de fête, pleine, nouvelle, retrouvée, quand je la croyais perdue à tout jamais !

Adieu, Champin ; et te préserve le ciel de ces joies achetées à si grand prix de douleurs, pour n'être que comme une ombre impossible à lier et à retenir !

Ton affectionné Reybaz.

CLX

CHAMPIN AU CHANTRE.

De Genève.

Tu fais bien, l'ancien, de t'adresser à moi. J'ai vu cette dame, et j'en sais des nouvelles de différents côtés, des nouvelles qui te veulent réjouir. Tu me grondes dans ta précédente de ce que j'insinue au sujet de son fils, au lieu de t'en parler sans embages ; mais, mon vieux, tu oublies qu'en face de ton chagrin on est craintif de le heurter par des ouvertures hors de saison, et encore à propos d'un damoiseau que, dans le temps, tu n'aimais pas. De là ce langage couvert, qui, s'il t'était peu à gré, ne m'allait guère. Aujourd'hui tu en demandes, on t'en dira.

Mais qu'auparavant je te réconforte, mon pauvre Reybaz ; car ta misère, et cette fosse, bien que lubie de tête sombre, tout ça m'a fendu le cœur. A te manger ainsi les entrailles, je ne te donne pas deux ans de vie ; et, transposant tes fosses, je vois la tienne en avant de l'autre, de toute la longueur de cette verte vieillesse qui te reste à consumer. Qu'auras-tu avancé là, en te leurrant de pronostics, de lourdeurs et de gabegies[1], que tu inventes aussi aisément qu'un autre des bonjour et des bonsoir ? Je ne te reconnais plus, Reybaz. Autrefois tu étais ferme comme un roc, jasant solide, obstiné à ne croire qu'où tu voyais de tes yeux, et, par suite, homme de droit faire et de bon conseil, la pierre angulaire de nous tous. Et aujourd'hui, te voici fluctuant comme une onde molle, jasant fantômes, t'accrochant à des berlues, et te creusant la tête pour des reines-marguerites ! Frotte-toi les yeux, Reybaz, reviens à la chose ; et crois bien que l'affliction, si on la caresse, s'en prévaut ; si on l'épouse, est une folle femme qui vous empoisonne la vie de son ramage, de ses caprices et de ses extravagances, tant qu'on ne l'a pas réduite à sa légitime.

Non que je ne sache et ne partage la tienne qui est juste, mon vieux, mais dans une certaine mesure, et combattue encore du fait de ce péril d'où le ciel t'a tiré par ma main ; ce dont un jour, au lieu de m'en faire des apostrophes, tu me béniras. Qu'est-ce donc ? ta pauvrette est fâchée, désolée ; ses joues sont

---

1. Tracasseries, soucis.

plus pâles et l'appétit moindre? Reybaz, est-ce donc là de quoi rêver fosses et enterrements? Aux trois quarts des demoiselles cela arrive; et bien peu vont à l'hyménée autrement que par cette route, j'entends les sages. J'en sais plus de dix, plus de vingt, par ici, et des frêles, et des grêles, qui ont dû marquer le pas, leur amant ayant filé sur la gauche, qui ont perdu la fleur des joues, la flamme de l'œil, le goût du plaisir, l'appétit des mets, et qui, après le temps voulu, ont repris tout cela, et un mari avec! J'en sais une qu'on mit à Mornex : Mornex n'y fit rien; qu'on traita aux drogues et boissons: drogues et boissons n'y firent rien; elle maigrissait à vue d'œil, et s'en allait crevottant, au dire des caillettes et du médecin aussi. C'est que son amoureux lui avait été emporté dans l'autre monde par la petite vérole. Son père, ne sachant plus qu'en faire, la mène aux bains de Saint-Gervais, où un jeune ministre, qui était là à boire soufré, la prit en pitié, lui fit des lectures, et lui plut tant et la consola si bien, que le mariage était conclu entre eux et les parents qu'ils buvaient encore soufré. De ce moment la morte ressuscita, ce qui fit honneur aux bains; et le maître en attribue la vertu à ses eaux « puantes, avoue-t-il, mais souveraines pour les filles en déclin. » Cette ressuscitée, c'est aujourd'hui une grosse maman, c'est M‍ᵐᵉ Dervey, où était ce Charles! Et voilà, Reybaz, le monde et le train du monde! le vouloir mieux fait, c'est permis; mais s'y apitoyer et s'en faire de la bile à potées, c'est pleurer de ce que la terre est ronde, et la lune au-dessus des réverbères.

Ta Louise est plus remuée que d'autres, elle a le cœur percé plus avant? J'en suis certain (et aussi que tu m'as mal compris, en me reprochant de n'être pas révérencieux à l'entour d'elle), mais qu'est-ce à dire, sinon qu'il faudra un peu plus de temps, quand d'ailleurs tu as tout loisir, et aussi les moyens de la dorloter à ton gré? Qu'est-ce à dire, quand déjà, et d'ici, on te sait un époux pour elle, au besoin, et pour le temps qu'il sera opportun : fût-ce dans deux ans, dans trois ans, dans dix ans; un époux tout placé là-bas à ta porte : monsieur, et pourtant campagnard, riche, et par bonheur ton voisin; de telle façon qu'ils se pourront lier sans que personne s'en mêle, se rencontrer sans autre peine que de ne se pas fuir, et se conjoindre au temps seulement qu'ils l'auront désiré! Allons, Reybaz, relève-toi! change-moi cette fosse en nuptiale couche, ces reines-marguerites en couronne d'épouse; et, au lieu de te dépenser en tortures, garde-toi pour les joies de la noce et pour les couplets du festin !

Tu vois que j'en sais plus que tu n'en demandais. Seulement ne t'en aurais-je rien dit sans cette avance que tu me fais, te sachant contraire à l'article, et que d'ailleurs ce n'est pas le moment. Et ce que j'en sais, c'est de première main, ayant eu, comme tu le rappelles, occasion de jaser avec cette dame, lors de son passage à Genève, et lui ayant écrit depuis à propos de cette maisonnette, sans négliger de ci, de là, de lui demander des nouvelles de son garçon, qu'elle m'avait dit si malade. Sache, Reybaz, qu'il se mourait d'amour pour la tienne ; et que, quand Mme de la Cour a quitté la cure, c'était pour le rejoindre promptement, les nouvelles lui annonçant que son jeune homme, de peine et de désespoir, s'en allait grand train dans l'autre monde. Elle y courut donc, et sachant qu'on est ton ami ancien et prouvé, en passant par la ville, elle me tâta, ainsi que tu me tâtes, sur quoi je lui dis: « Il n'y a rien à faire. Passe encore pour Reybaz, qui peut-être, par affection pour sa fille, se déferait, pour la donner, de ses idées à lui, qui sont contraires à votre jeune homme, mais pour sa fille, elle est à même, si on lui en levait la langue, d'en prendre occasion de jurer célibat, plutôt que d'entendre parler si contrairement à son affection d'à présent. Oh ! oh ! madame, que je lui dis, vous ne savez pas quelle fille c'est ! Sage, fidèle et éduquée de sentiment comme d'esprit, un cœur comme on n'en fait pas faire, et qu'a élevée M. Prévère dans les lettres comme dans les vertus. — Je le sais, qu'elle me répondit en pleurant, c'est une personne qui honorerait de plus dignes que mon fils. » Et je voyais dans ses yeux briller l'envie d'avoir ta Louise pour bru ; car c'est une bonne dame, et qui, pour avoir prétendu plus haut et parmi son monde, n'en sait pas moins la valeur de ta fille, que d'ailleurs elle aime et chérit pour l'avoir vue enfant, et, tout récemment, après le duel, qu'elle en reçut une visite qui l'a touchée au coin sensible.

Voilà ce qu'on a dit dans le temps. Et depuis, dans ses lettres, revenant parfois sur l'objet, on lui a répété toujours la même chose. Bien plus, m'est avis que, dans la situation, tout en tenant secret ce que nous causons ici, c'est la même chose encore qu'on devra lui répéter ; en évitant seulement de la brusquer ou de l'éconduire trop fort, et en laissant entendre que, s'il n'y a rien à faire pour l'heure, du reste Dieu seul sait l'avenir. Ainsi, je ne bouge, Reybaz, que tu ne m'en donnes l'ordre ; l'instruisant seulement que, aussitôt les temps venus, tu trouves de mon côté une voie toute ménagée, et la seule que tu aies à employer. Tu connaîtras alors si on sait te servir dans la bonne comme dans la mauvaise. Et la seule chose que je t'impose pour le succès, s'il advenait qu'il dût se réaliser, c'est de tenir tout secret entre toi et moi, pour que tu n'aies, en cette chose délicate, et pourtant chose de salut peut-être, à gouverner que moi, qui, dès ce jour, me mets sous ta main, pour être réglé et éperonné par toi seul, en tant que tu sais mieux le bien de ta fille, et que tu la sauveras par mon aide amicale et docile.

Nous voici donc bien d'accord. Toi, tu ne bouges, tu ne parles, et moi, je laisse tremper la ligne dans l'eau, sans l'agiter, sans la retirer, laissant le poisson guetter l'appât jusqu'à ce que tu dises : « Champin, il me faut ce poisson. » Mais au moment où tu bouges, au moment où tu parles et ne t'en remets plus à moi seul de cette œuvre, je plante tout là, ligne et amorce, et je vous laisse pêcher en eau trouble.

Reste à te répondre sur l'article du médecin. Pardieu ! je t'ai reconnu, mon vieux, dans ton plaidoyer contre les drogues et les drogueurs ; c'est là parler en homme qui ne s'embrouille pas. Tu n'as pas la foi, ni moi non plus. Ce sont des Cagliostro, comme dit Ramus ; inventeurs de maladies, entreteneurs de misères ; à qui il faut des malingres, comme aux avocats des procès. S'ils n'en ont, ils s'en font. Tu en veux un qui ne soit pa bavard, je t'entends : c'est le cas d'allumer la lanterne de Diogène. Leur art est de mots, leur science de phrases ; comment ne seraient-ils pas opulents en paroles ? Ils ne connaissent ni le mal ni la drogue, mais ils nomment le mal et ils logogriphent la drogue, s'entendant, au moyen de cet argot, avec le pharmacien, comme larrons en foire : c'est là tout le métier. Le malingre meurt, ou réchappe : c'est la faute de la nature, jamais du médecin ; ou c'est l'honneur de la médecine, jamais de la nature, et de cette façon l'argent est toujours bien gagné. Leur métier étant ainsi affaire de langue, ils y deviennent bavards, intarissables de babil, habiles aussi envers chacun à lui servir, outre les drogues de la médecine, les drogues du langage. J'en connais un qui, rien que dans cette maison à quatre étages, a pour chacun sa façon d'entretien : momier au second, avec deux vieilles dames qui s'enrouent à chanter des cantiques; compagnie [1] au premier, avec M. Dervey, qui n'aime pas les momiers; faisant du nonante-deux avec un vieux représentant qui tousse au troisième, et des capellades d'englué [2] à un ancien premier [3], qui trône au quatrième. Au moyen de quoi, tous avalent ses pilules ainsi dorées, à preuve qu'une des deux vieilles vient d'y rester; et la survivante, crainte d'en faire autant, s'est jetée aux mains des homéopathes, qui lui affirment que, rien qu'avec un dix-millionième de poudre de perlimpinpin, ils lui auraient sauvé sa sœur.

Et note bien, Reybaz, que ces deux bonnes dames, fortes momières [4] et lancées avant dans la secte, ne parlent de l'autre monde qu'en soupirant après ses biens invisibles: notamment qu'elles méprisent comme impies tous ceux qui, trouvant celui-ci déjà bien joli, sont peu empressés à le quitter; et puis, quand le médecin les aide à se rendre dans leurs biens invisibles, voici l'une qui n'y va qu'en rechignant, et la survivante qui, irritée contre ce bon docteur, vrai conducteur des âmes, se cramponne aux homéopathes, rien que parce qu'ils lui promettent de la retenir dans celui-ci avec leurs poussières! Preuve, ce me semble, que les bonnes dames aiment ce mauvais monde-ci comme la prunelle de leurs yeux, et que leur affection pour l'autre ressemble à celle du chien de Jean de Nivelle,

Qui s'enfuit quand on l'appelle.

Momières donc; le nom est bien trouvé: car ces parades de sentiment, qu'est-ce, sinon momeries pures, quand le cœur ni la conduite n'y répondent? Combien as-tu vu de gens, Reybaz, qui allaient en paradis comme à la noce, parmi ceux qui sont toujours à en chanter merveilles? Combien en as-tu vu qui s'ôtent la bonne chère de dessous la dent, la plume de dessous leur corps, les domestiques, les équipages, les commodités de la ville et les plaisirs de la campagne, parmi ces gros qui nous chantent si haut *la seule chose nécessaire?* Si bien que je suis toujours tenté de leur dire, le dimanche, qu'ils viennent en bonne calèche, de leur château d'été, à leur église ici voisine: « Eh! l'ami, si ta croix te fatigue, pose-la un peu; bien volontiers la prendrais-je! »

1. Porté pour les pasteurs dont la réunion s'appelle *compagnie*. — 2. Nom donné pendant la révolution aux plébéiens attachés à l'aristocratie. — 3. Premier syndic. — 4. Méthodiste.

Pour en revenir aux médecins, j'approuve d'ailleurs que tu en consultes un de bon sens, non pour lui donner empire, mais pour adjoindre son expérience à la tienne. A ces fins j'en ai choisi un qui a de l'âge, et néanmoins se déplace encore, et je lui ai conté de l'histoire de ta fille ce qu'il doit en savoir, vu que c'est critique que de leur laisser deviner, et qu'ils pourraient vous traiter pour le feu sacré tel qui aurait la fièvre quarte. Il m'a laissé dire, puis il a ajouté : « Il faudra que je la voie. » Ainsi tu n'as qu'à me le faire dire, et je te l'envoie. C'est un M. Maigrat, rue du Soleil-Levant. Quant au prix, que j'ai demandé, il a fait le délicat, disant qu'il n'a point de prix que celui qu'on juge à propos de lui faire. On verra bien si c'est parade aussi : momerie, comme je m'en doute, l'argent étant aussi chose dont on médit, mais qu'on empoche.

Sur ce, adieu, Reybaz, et remonte-toi, sans oublier de donner de tes nouvelles à ton ami, dans la bonne et dans la mauvaise, à la vie et à la mort.

CHAMPIN.

CLXI

MADAME DE LA COUR A CHAMPIN.

De Turin.

A mon retour de Florence, je trouve ici votre lettre, monsieur Champin. Elle détruit tous mes projets, elle me remplit d'épouvante. Quoi ! cet infortuné est l'enfant des misérables dont vous me parlez ?... la prison, l'infamie ? Et vos lignes ambiguës me donnent à entendre que c'est vous qui avez travaillé à soulever ce voile ! Grand Dieu ! quel homme êtes-vous ? A qui ai-je affaire ? Où suis-je descendue ?

Mais votre audace, monsieur, passe toute limite. Comment ! vous osez m'écrire *que je vous ai dit d'agir, et que vous avez agi !...* vous osez me faire ainsi la complice d'une action dont j'ignorais jusqu'à la possibilité même ! d'une action odieuse, criminelle, et devant l'accomplissement de laquelle j'eusse certes reculé, au risque de compromettre sans retour et le sort et la vie même de mon fils !... Rétractez sur-le-champ ces indignes paroles. Hâtez-vous de reconnaître, dans les termes les plus clairs et de la façon la plus péremptoire, que, si je vous ai chargé de faire quelques démarches en faveur de mon fils, jamais, non jamais la pensée d'ôter à M. Charles rien de ce qui pouvait lui être acquis, encore moins celle du nuire à cet infortuné, n'est entrée dans mes vues et ne vous a été ouvertement suggérée ni indirectement insinuée par moi. Hâtez-vous, monsieur Champin, ou vous me verrez aussitôt non-seulement rompre tout rapport avec vous, mais désavouer hautement vos services, dévoiler votre trame et vous démasquer auprès de M. Reybaz, si vous ne lui avez pas tout dit ; auprès de M. Prévère, qui sûrement ignore vos menées ; auprès de tous ceux qui me connaissent et qui s'intéressent à Charles, auprès de Charles lui-même !...

Et non-seulement vous m'avez épouvantée par vos audacieuses démarches, mais vous vous abuseriez grossièrement si vous pensiez m'avoir servie en employant ces honteux moyens. Cette barrière que vous éleviez entre Charles et Louise, vous l'avez élevée en même temps entre elle et mon fils... Ne faudrait-il pas qu'il fût dépourvu de tout sentiment d'honneur pour oser s'avancer dans les circonstances actuelles, pour tirer avantage de l'affreuse situation où vos découvertes ont jeté un malheureux ? En en tirant bénéfice, ne paraîtrait-il pas, ne serait-il pas le complice de vos manœuvres ? Non, sachez-le, du même coup vous avez ruiné sans retour la destinée de M. Charles et éteint cette lueur d'espoir que j'étais parvenue à reconquérir pour moi-même et à faire briller aux yeux de mon fils !

Vous me recommandez la discrétion. Je ne vous reconnais aucun droit à me l'imposer au sujet d'actes que je n'ai pas autorisés, que je maudis, et que vous avez la hardiesse de me confier en m'y impliquant autant qu'il est en vous. Par mon silence, ou en l'acceptant, à quelque degré que ce soit, cette obligation de garder votre secret, je tomberais dans le piége que vous me tendez, et je partagerais avec vous une responsabilité qui vous demeure et qui vous demeurera entière. Je me considère donc comme libre de parler, et je parlerai, soyez-en sûr ; je parlerai à mon fils lui-même ; je lui ferai connaître toute votre trame, si vous ne vous hâtez pas de rétracter auprès de moi, de la façon la plus péremptoire, vos insolentes et perfides paroles. Car alors il y va de mon honneur qu'il sache ce qui s'est passé, et je ne courrai certes pas ce danger qu'il m'impute un jour, fût-ce après ma mort, d'avoir pris la moindre part à ces criminelles machinations, qu'il flétrisse sa mère, qu'il maudisse sa mémoire, qu'il l'accuse d'avoir ajouté à sa misère l'opprobre et l'infamie !

Voilà, monsieur Champin, où ont abouti vos odieux services. La situation de mon fils en est pire, la mienne est désespérée. Cet espoir auquel je l'avais rattaché, parce que je le partageais moi-même, vous me l'avez ôté. Que puis-je dire, que puis-je faire désormais? Cette alliance, à présent, j'en ai honte, effroi; et, dans mon désespoir, il ne me reste plus qu'à demander au ciel de voir mon fils capable d'y renoncer sans succomber!

Dans cette situation, il devient inutile que vous continuiez d'agir auprès de M. Reybaz. Ainsi ne faites plus rien en vue de nous. Je verrai, après votre réponse, à récompenser vos services passés. Quant à celui dont vous ne craignez pas, dans votre dernière lettre, de vous vanter comme d'un succès, qu'il n'en soit, je vous l'ordonne, jamais question de vous à moi, non plus que de ces odieuses écritures, de ces courses que vous avez pris sur vous de faire et que vous osez me présenter comme faites à mon intention. Sur toute chose, hâtez-vous de rétracter vos audacieux mensonges, et que ce soit là le seul objet de votre prochaine lettre, que j'attends avec impatience.

JULIE DE LA COUR.

CLXII

CHAMPIN À MADAME DE LA COUR.

De Genève.

Sous le respect que je dois à madame, sa lettre m'a fait tomber des nues. J'y vois que madame s'inquiète beaucoup aujourd'hui de ce M. Charles, de qui tout à l'heure elle ne se faisait pas grand souci, m'employant tout justement à lui souffler sa belle. J'y vois que madame, après m'avoir lancé dans tout ce commerce où je n'avais que faire, me repousse du pied un peu vivement, oubliant que, si elle relit mes lignes, je relis les siennes qui ne sont pas ambiguës, notamment celles où elle me dit: *Qu'ainsi rien ne vous arrête!* et ailleurs : *Agissez, monsieur Champin; j'ai honte de vous y porter, mais je suis si malheureuse!* J'y vois que madame, pour récompense du mal que je me suis donné à son intention, me menace en termes qui ne sont pas doux, oubliant aussi que, pour ce qui est de me démasquer aux yeux de Reybaz, je m'en suis déjà chargé; auprès de M. Prévère.... je m'en suis chargé pareillement, puisque je lui ai moi-même envoyé les pièces. Reste M. Charles, auprès de qui je n'ai pas cru devoir me *démasquer*, au risque de lui apprendre ce qu'il est heureux qu'il ignore. Que si madame veut prendre ce soin, elle en est libre; mais je lui dirai, avec plus de justice qu'elle ne me le dit : *La responsabilité lui en demeure, et lui en demeurera entière.*

Du reste, pour ce qui est de la mienne, je ne la décline pas, et, puisque madame est si impatiente de me voir charger sur mon dos ce poids dont je lui avais réservé sa quote-part, qu'à cela ne tienne! Je le prends, et, qui plus est, je le soulève sans peine. Je rétracte tout ce qu'il plaira à madame ; je suis prêt à signer, pour lui rendre le repos, non pas que je la *désavoue*, ce qui pourrait l'offenser, mais que je ne l'ai pas connue, que je n'ai pas agi sur sa demande et pour son compte ; que si je me suis mêlé de l'affaire de Mlle Louise, c'était pour mon amusette et en façon de passe-temps. On signera tout cela, et plus encore, si madame y gagne une heure de bon sommeil; et ce, sans réclamer d'elle autre faveur que celle de ne pas lui rendre ses lettres, hormis la dernière, si elle y tenait. Mais madame fera plus prudemment de ne pas se fâcher et de se tenir en repos, sans obliger à la défense un pauvre diable qui est bon pour la servir, mais qui, attaqué un peu vivement, trouverait encore un coup d'œil pour parer et des dents de quoi mordre.

M'est avis aussi que madame fera bien de ne pas suivre à son projet de tout dire à son fils, bien que, pour ma part, je l'en laisse libre. Il pourrait prendre la chose vivement, et, se voyant empêché par cette infamie dont parle madame de ne jamais s'allier à Mlle Louise, retomber dans ces idées noires dont madame l'a tiré, et qui mènent droit à l'autre monde. Que madame donc, qui est si tendre pour lui, se garde d'en rien faire; je lui en donne le conseil d'autant plus librement, que c'est son intérêt qui me guide ici, et non pas le mien. Que peuvent me faire les apostrophes et les catastrophes de M. son fils? Fallait-il donc, pour le contenter, laisser Reybaz greffer sa race sur un rejeton véreux? et parce que le père de ce Charles se trouve avoir été un gredin, est-ce M. Ernest qui en peut mais, et qui doit s'en faire souci? Je dirai bien plus : si madame, au lieu de me faire tout ce vacarme de colère et d'injures dont sa lettre est venue m'étourdir, m'avait demandé en termes honnêtes de prendre tout sur mon bonnet : « Qu'à cela ne tienne! » aurais-je répondu; car ce qu'on a fait, on l'a fait pour empêcher Reybaz de s'enferrer, et on serait prêt à recommencer, n'étant ni un ami de Reybaz, ni un ancien de race, pour se tenir coi quand il faut remuer, et pour se clouer la langue quand c'est l'heure de parler. Et, après tout, si madame tient tant à ce que je lui donne cette assurance, que j'ai *démasqué* ce Charles à cause de Reybaz avant de le faire à cause d'elle, eh bien! je la lui donne ici, cette assurance, écrite et signée de ma main. Qu'elle soit donc contente, et qu'elle ne vienne plus me chicaner sur des mots; encore moins me marchander sur quelques francs d'écritures, qui sont un lingot pour moi, un liard pour elle. Veut-elle donc que j'en envoie la note à Reybaz, à M. Prévère? ou bien entend-elle que, de mes deniers, j'alimente ces messieurs de la justice ; que, de mon nécessaire, je les engraisse? En vérité, j'aime mieux que ces cinquante francs me reviennent, afin que l'hiver, qui est là tout à l'heure, me trouve chaudement vêtu et prêt à le recevoir dans ma loge, d'où ce n'est pas le bon feu qui l'éloigne.

Si donc madame se refuse à solder, ce sur quoi je n'ai garde de la presser, qu'elle soit certaine que j'envoie mon mémoire à Reybaz ou au pasteur; quitte à ce qu'ils décident entre eux et elle à qui revient la dette, et me bornant à fournir sur ce sujet les petits documents que l'on réclamera de ma complaisance. J'ai peur qu'ils ne soient peu favorables à l'intention que manifeste madame d'économiser ces cinquante francs ; car, pour bien dire, M. Prévère m'aurait détourné d'agir; M. Reybaz ne m'y a pas poussé; restent au procès seulement les lettres de madame, suffisamment éclaircies par la position où elle était, et d'ailleurs sans énigme pour qui sait lire : « *Que rien ne vous arrête!... Agissez, monsieur Champin! j'ai honte de vous y porter, mais je suis si malheureuse!* De quoi donc madame avait-elle honte? Était-ce d'avoir recours à l'assistance d'un portier?

Tout ceci fera comprendre à madame que je n'ai pas été à l'aventure, comme un niais, et que le comment ni le pourquoi des choses ne me passent loin du nez. Je veux bien tirer les marrons du feu pour que madame les croque; mais je demande au moins qu'elle me laisse ne m'y brûler la patte que le moins que je pourrai. Elle verra pareillement qu'elle n'a d'autre parti sage à prendre que de se tenir tranquille; de continuer, sans y rien gâter, une œuvre qui va bien, et de s'en remettre à moi du tout, sans plus bouger que par le passé, et sans se remettre en rébellion comme dans sa dernière, afin de ne pas apprendre à ses dépens, et à mon grand regret, que je ne suis pas de ceux qui se laissent tranquillement mettre le feu à la barbe, sans que celui qui tient la chandelle ne s'y brûle plus que les doigts et ne crie bientôt merci.

Et puis, que madame écoute, et qu'elle remercie le bon Dieu de ce qu'elle n'a rien gâté encore, ni soufflé mot à son fils de choses qui, à présent que les cailles lui tombent toutes rôties, lui tiendraient les dents serrées et les lèvres cousues. Qu'elle écoute, et que sa colère tombe, que ses angoisses se dissipent. Qu'elle apprenne qu'aujourd'hui, comme je l'avais prévu et comme j'y avais travaillé, c'est Reybaz lui-même qui s'approche, qui reluque son garçon, qui y voit une planche de salut pour sa fille, et un port après ces orages! Qu'elle apprenne que, tandis qu'elle était en train de tout gâter, tant en divulguant à son fils qu'en s'insurrectionnant contre moi, Reybaz, venant de lui-même se prendre aux rets que j'avais tendus, m'écrivait dans les mêmes termes, et par les mêmes motifs qui ont poussé madame à m'écrire dans l'origine, m'invitant à tâter le terrain, pour l'avenir, bien entendu, et à le tenir au fait de ce qu'on dit du jeune homme, et de l'idée où serait sa mère, qu'encore à présent il croit peu favorable à ce mariage. Et que si madame doute de ces nouvelles si heureuses, si inespérées pour elle, je suis prêt à lui envoyer sur l'heure les lettres où Reybaz va tout juste au-devant de ce qu'elle désire le plus au monde.

Voilà où en étaient les choses quand est venue la lettre où madame me parle comme de Turc à More, me traitant de telle façon que, si l'on n'était dévoué à ses intérêts, le motif ni les moyens ne me manqueraient de lui faire plus de mal et de tort que je la défie de m'en pouvoir faire. Mais je ne me prends pas à ses gronderies dictées par le trouble, le scrupule, et par sa situation dont j'ai pitié, voulant l'en retirer malgré elle, pour recevoir récompense en même temps que justice. Pareillement, elle ne se prendra pas aux propos de ci-dessus, que je lui tiens pour l'éclairer, et non pour me départir du respect dont je suis tout plein à son égard. Qu'elle ne bouge donc, sinon pour entretenir son fils et m'en donner des nouvelles; et que, pour le reste, elle s'en fie à moi, se gardant par-dessus tout d'y mettre la main, ou seulement le bout du petit doigt. En continuant l'œuvre, dont tout le difficile est fait, et où il ne reste plus qu'à tirer le fil doucement, j'instruis Reybaz de ce qu'il doit connaître, et je ménage l'heure où, tout étant prêt, madame n'aura plus qu'à paraître pour que l'affaire soit bâclée. Alors deux dignes parents seront tirés d'affliction, deux dignes enfants seront l'un à l'autre, et, de toute cette tempête, il ne demeurera qu'un souvenir bien propre à faire reluire encore mieux la sérénité des jours, sans rien gâter à la douceur des nuits. Que madame se tranquillise donc et compte sur les services dévoués de son respectueux serviteur

CHAMPIN.

CLXIII

MADAME DE LA COUR A CHAMPIN.

De Turin.

Si votre lettre, monsieur Champin, n'a pas été celle que j'attendais, et si je suis loin de souscrire aux insinuations et aux interprétations qu'elle contient, je n'en juge pas moins qu'il serait inutile et hors de propos de continuer des contestations sur le même sujet. Nous resterons donc en bon accord, en ce sens que, ne revenant pas sur le passé, c'est de l'avenir seul qu'il s'agit, et que, sur ce point, nous nous entendrons mieux.

Je veux bien travailler à ranimer les espérances de mon fils; les bonnes nouvelles que vous me transmettez m'y inviteraient, quand je n'en serais pas d'ailleurs à n'avoir, pour l'entretenir, pour le soutenir, d'autre ressource que celle-là. Mais son état est tel, il faut le ramener de si loin, que les avances de M. Reybaz elles-mêmes m'ont effrayée, comme étant prématurées. Il faut que le temps s'écoule, il faut que le sort de M. Charles se dessine, s'améliore, il faut enfin que les dispositions de Mlle Louise changent, avant qu'il puisse être question de rien ; autrement, nos efforts tourneraient contre nous-mêmes. Telle est ma façon de voir bien arrêtée, que je vous transmets pour que vous vous y conformiez, en ne tentant pour le moment, et dans tous les cas sans mon approbation préalable, aucune espèce de démarche. Je ne reviens point, comme vous le voyez, sur le passé ; mais j'entends, comme vous le voyez aussi, que rien à l'avenir ne soit fait qu'avec mon agrément. Si donc vous m'enjoignez de ne bouger pas, je vous l'enjoins pareillement; et j'ajoute que c'est à cela que je distinguerai si le dévouement dont vous me parlez est sincère et sans arrière-pensée, si je puis continuer à me fier à vous, ou si j'ai affaire à un homme dont la moralité est suspecte et l'assistance dangereuse.

Que ce langage ne vous étonne pas, monsieur Champin; ce sont vos deux dernières lettres qui m'ont jetée dans le doute à cet égard. Qu'il ne vous irrite pas non plus, car je vous offre un moyen bien simple et bien facile de me prouver votre dévouement, en ne vous demandant d'autre service que celui de vous effacer tout à fait et de ne rien faire sans ma participation. Sachez seulement que mon intention parfaitement positive est de ne vous récompenser qu'après que vous aurez fait ces preuves que je vous demande, et que, s'il vous arrivait de manquer à mes injonctions actuelles, en quelque degré que ce fût, vous auriez à vous passer de tout salaire de vos services. Car alors, en les payant, je donnerais l'unique preuve que je les eusse agréés. Puis donc que vous n'êtes pas un niais, comme vous le dites et comme je le pense, employez votre intelligence à me comprendre, et votre habileté à ne rien faire : c'est le seul parti que ayez à prendre.

JULIE DE LA COUR.

CLXIV

MADAME DE LA COUR A REYBAZ.

De Turin.

Ces lignes, mon cher monsieur Reybaz, vous surprendront: mais j'ose espérer qu'elles se feront lire de vous, et qu'après avoir compris le sentiment qui me les dicte vous accueillerez le vœu que j'y dépose. Hélas! vous avez vos douleurs, mon cher voisin; j'ai les miennes : tous les deux nous sommes éprouvés dans ce que nous avons de plus cher au monde ; que déjà cette commune affliction nous rapproche, qu'elle nous fasse rencontrer l'un auprès de l'autre appui, consolation et, s'il se peut, remède!

Mon cœur est déchiré d'angoisse, je verse des larmes en vous écrivant. Depuis que j'ai quitté la cure, je ne connais plus de jours paisibles. Ni le temps, ni la raison, ni les obstacles, n'ont changé le cœur de mon Ernest, monsieur Reybaz. Uniquement épris des charmes de votre angélique fille, et de cette rare vertu dont l'empire, une fois senti, est irrésistible, il n'a cessé, il ne cesse pas un jour d'attacher sur elle sa pensée, alors même qu'il n'entrevoit aucune chance favorable à l'accomplissement de ses vœux. Après avoir tenté une lutte inutile contre cette ardente passion, il était tombé dans un sinistre abattement dont il me cachait les signes, lorsque Jacques m'écrivit quelles étaient ses journées, ses nuits, ses transports, et je volai auprès de lui. C'était le moment où l'on venait d'apprendre que vous aviez retiré à Charles la main de Mlle Louise. Consternée en voyant l'état de mon fils, je ne pus me défendre de faire briller à ses yeux une lueur d'espoir, qu'il ne voulut pas pendant longtemps accueillir, mais qu'aujourd'hui il ne repousse plus avec une incrédulité aussi absolue.

Telle a été, telle est encore ma situation, monsieur Reybaz. Mère désolée, je m'efforce de rattacher mon enfant à la vie en lui parlant de la vôtre ; mais voici qu'à mesure que je parviens à lui rendre quelque courage, l'effroi me saisit d'autre part, et je me demande si cet espoir que je fais luire à ses yeux n'est pas un leurre, si cette unique ressource dont je fais usage, je suis destinée à me la voir ravir. C'est cet effroi qui me presse de vous écrire, mon bien cher voisin. Je viens à vous toute tremblante de désir et de crainte. Je me jette à vos genoux, comme devant celui dont une seule parole peut me rendre à la vie ou me plonger dans un abîme de tourments. Ah! monsieur Reybaz, songez que vous êtes père ; et que du moins cette parole ne sorte pas de vos lèvres, si elle doit m'être fatale!

Au surplus, ne vous hâtez pas de supposer d'impossibles demandes, des prétentions insensées. Je sais, mon bien cher voisin, quelle est votre situation et celle de Louise. Je sais que cette chère enfant, brisée par la douleur et le cœur saignant de regrets, n'entendrait aujourd'hui prononcer le nom d'Ernest, ou de tout autre que Charles, qu'avec effroi et dégoût ; je sais aussi que vous ne consentiriez jamais à disposer de l'avenir et de la main de votre fille, au risque de contrarier ses vœux ou de forcer sa volonté ; aussi ne viens-je point faire auprès de vous une démarche dont l'importunité, dans les circonstances actuelles, vous serait odieuse à juste titre. Ma requête est plus humble, et, si j'y attache toute la puissance de mon désir, c'est que le peu que je vous demande, que j'implore de vous, ce peu, c'est tout pour moi, c'est le salut peut-être de mon enfant. Apprenez-moi, monsieur Reybaz, que vous, le père de Louise, et seulement en ce qui vous est personnel, vous ne repoussez pas à l'avance l'idée d'une union que le cours du temps pourrait rendre possible, et dans laquelle, en y concourant tous les deux, nous pourrions trouver tous les deux une planche de salut : c'est tout ce que je vous demande, et, si vous répugnez à vous unir dès aujourd'hui avec moi dans ce commun concours, alors je vous demande moins encore : c'est de ne pas ruiner, par des paroles formelles, par un refus sans appel, l'unique ressource qui me reste pour soutenir le courage de mon enfant ; c'est de me permettre, bien que vous lui ayez refusé une première fois la main de votre fille, de l'envisager comme digne encore d'obtenir cette main, aux mêmes titres que tout autre homme, si jamais les obstacles qui, longtemps encore, s'opposeront à ce que votre fille se choisisse un époux, venaient à s'aplanir. Voilà mon humble prière ; au delà, je ne demande rien ; au delà, je n'ose pas même jeter un regard ; au delà, tout ce que je sais faire, c'est d'adresser à Dieu une continuelle et fervente prière pour qu'il ne frappe ni sur vous ni sur moi, mais que plutôt, compatissant à nos souffrances, il nous sauve l'un par l'autre.

Je vous connais et je vous honore, mon cher voisin. Aussi me garderais-je bien de vous parler de la position et de l'opulence de mon Ernest : ces choses, que le monde prise au-dessus de leur valeur, elles sont sans prestige pour votre esprit sage et fier au bon endroit. Mais ne vous dirai-je rien de tant de changements qui se sont opérés en lui, depuis que, pour la première fois, il s'est vu sous le charme des vertus plus encore que de la beauté de votre angélique fille ? Ah ! monsieur Reybaz, vous qui l'avez vu léger, dissipé, que ne pouvez-vous l'avoir connu depuis que ce sentiment a épuré son cœur et donné à ses pensées un tour grave et noble à la fois ! Que n'avez-vous pu reconnaître comme moi, et mille fois, quelles sont les choses qu'il aime en Louise, et comment c'est aux rayons de sa sagesse, de sa dignité, de sa pureté, que s'est attisé le feu qui le consume, et non point à ses traits du visage, pourtant si éclatants de beauté, si attrayants de candeur et de grâce ! Que ne pouvez-vous entendre comme moi, le jour et la nuit, ces rêves d'une ambition à la fois humble et passionnée, et qui n'ont pour unique objet que le vœu de rendre heureuse une créature adorée, que la gloire de s'élever par la vertu à la hauteur d'une créature céleste ! Non, monsieur Reybaz, Ernest n'est plus l'homme que vous avez connu, je vous le répète, et je vous conjure de ne pas l'oublier. Les dernières fumées de sa jeunesse se sont dissipées dans ce fatal duel, comme les traits les plus pénétrants de la passion se sont fixés profondément dans son cœur, alors que, peu de jours après, ayant rencontré votre Louise dans l'avenue, il reçut d'elle l'accueil de la douceur et du pardon, et quitta la cure transporté d'amour et de désespoir...

Tel est l'état de mon Ernest, monsieur Reybaz ; et, si ce tableau fidèle que je vous fais d'une passion qu'a inspirée votre fille n'avait rien qui dût vous toucher, ne puis-je au moins augurer que vous trouverez dans la considération de l'avenir de Louise des motifs de m'être favorable? Vous commencez à approcher des confins de la vieillesse, mon cher monsieur Reybaz ; et, tandis que le cours de la nature vous appelle à précéder dans la tombe votre fille bien-aimée, vous n'envisagez sûrement pas sans effroi l'idée qu'elle vous survive dans le délaissement et dans l'abandon. Eh bien, monsieur Reybaz, après ce premier naufrage de ses affections, et aujourd'hui qu'elle est pour toujours séparée du jeune homme sur qui son choix s'était fixé, vers quel port tendrez-vous, où elle trouve l'abri qu'il lui faut? et ne devez-vous point, sinon la diriger vers celui qui est le plus voisin, vers celui où je l'accueillerai comme ma fille et comme mon ange sauveur, du moins ne lui fermer d'avance l'entrée d'aucun, et permettre qu'après tant d'orages elle retrouve peut-être le repos, l'abri, le bonheur sous notre aile commune, et, après nous, dans l'amour de mon Ernest? Oh! si c'était là que la Providence dût nous conduire au travers de tant d'angoisses et après tant de souffrances, que ces maux qui m'accablent me sembleraient légers un jour! que de joie dans mon cœur, que de paix sur ma tombe et sur la vôtre!...

Et vous feriez-vous illusion d'ailleurs sur tant de choses qui ont nécessaires au bonheur de votre fille, et qui rendent si difficile pour elle le choix d'un époux? Que de conditions à remplir, que de ménagements à garder, que d'exigences qui découlent de sa situation particulière et presque exceptionnelle! Ne pas heurter cette délicatesse de sentiments et de goûts qu'elle doit aux directions de M. Prévère ; ne pas l'entraîner loin d'une retraite dans laquelle elle a vécu toujours, et pour laquelle elle est née ; ne pas l'arracher du milieu des êtres qu'elle chérit, de ceux dont elle est l'appui et la providence, de ces pauvres sur lesquels elle règne par l'empire des bienfaits... Que de choses à rencontrer dans le même homme, monsieur Reybaz, dont plusieurs, vous ne pouvez le nier, se rencontrent dans mon Ernest? Dépouillez-vous donc, je vous en conjure, des préventions que vous avez pu nourrir jusqu'ici contre lui, et que la tendresse même que vous portez à votre enfant vous parle en faveur du mien. Ou plutôt, mon cher voisin, unissons-nous pour prendre ensemble le gouvernail de ces deux destinées ; du sein de la tempête, efforçons-nous ensemble de cingler vers de fortunés rivages ; et là où notre concours peut être si puissant, ne commettons pas nos intérêts les plus chers aux aveugles et durs caprices du hasard !

Je vous ai ouvert mon âme, monsieur Reybaz, vous y lisez comme moi-même. Le respect et l'amitié que je vous porte m'interdisent tout détour, toute feinte ; la douleur et l'angoisse ne me laissent ni le loisir ni l'envie d'apprêter mes discours. J'aurais encore bien des choses à vous dire, bien des motifs à presser ; mais ce que n'aura pas fait sur votre cœur la prière d'une mère désolée ou le langage de votre propre raison, mes paroles ne sauraient le faire. Que si ma lettre vous trouve favorable à mes désirs, hâtez-vous de m'en donner l'annonce ; que si elle vous trouve insensible à ma voix et contraire à mes vœux, ne vous hâtez pas de me répondre, demeurez en suspens jusqu'à ce que vous ayez eu le temps de réfléchir ; ou plutôt gardez le silence, laissez-moi me débattre dans les tourments, et ne m'ôtez pas jusqu'à la dernière et misérable ressource de leurrer mon fils en m'abusant moi-même !

Votre dévouée JULIE DE LA COUR.

CLXV

REYBAZ A MADAME DE LA COUR.

De Mornex.

Ma réponse ne se fera pas longtemps désirer, madame, et, bien qu'incertaine autant que l'avenir et obscure non moins que les voies de Dieu, puisse-t-elle vous être de quelque réconfort ! Je sais ce que sont entrailles déchirées, et qu'en toute position une mère est une mère ; d'où j'ai compassion de vous comme si vous étiez de ma condition, bien que vous n'en soyez pas, et encore que je n'aime pas votre fils.

Vous voyez par ce propos que vous ne me devancerez pas en franchise ; mais, du reste, qu'il ne vous donne pas de crainte. Si je n'ai pas changé, les choses ont changé, et, dans le péril où je suis, je ferai bon marché, pour m'en retirer, de mes rancunes comme de mes affections. Je vous dirai plus encore : cette idée que vous avez de marier nos enfants, je l'ai eue comme vous, et aux mêmes enseignes, à savoir, pour y chercher un sort à ma fille et un terme à tout ceci. Que le bon Dieu veuille que ma fille seulement ne refuse pas, et vous pouvez être certaine que ce n'est pas de Reybaz que viendra l'empêchement. Heureux ceux-là qui se peuvent choisir leur gendre! Le bon Dieu m'a seulement accordé d'en avoir écarté un, et trop d'infortune s'en est suivie pour que j'incline à recommencer.

Toutefois, ma chère madame, que ces paroles ne vous abusent pas, et, si vous en faites usage pour redonner à votre fils un courage que j'estime qu'il ferait mieux de tirer de lui-même, ayant la force et le sexe en sa faveur, que ce soit à vos périls et risques. Vous me demandez si, le cas advenant, je vous serai contraire, et je vous donne l'assurance que non. Mais le cas adviendra-t-il, et peut-il advenir? Plût à Dieu! et ne doutez pas de la véhémence de mon souhait; plût à Dieu! car, pour qu'il advînt, j'aurais donc conservé mon enfant, ma Louise, le fruit de ma Thérèse! Et quand j'en suis à craindre pour le souffle de sa vie, je n'aurais donc plus qu'à tressaillir d'allégresse, en songeant que, quoi qu'il arrive, ma Louise ne me sera pas redemandée, qu'elle ne me précédera pas, flétrie dans sa fleur, vers ce sépulcre avide de jeune chair et d'âge tendre! Plût à Dieu! Et je vous le redis encore : Plût à Dieu!

Pauvre madame, vous dites bien, quand vous dites que, si vous avez vos douleurs, j'ai aussi les miennes ; vous dites bien encore, quand vous avancez que l'épreuve rapproche. Je le sens d'une façon toute manifeste, quand je vois Mme de la Cour, riche, notable, et la première de nos campagnes bien loin à la ronde, aux pieds de Reybaz le chantre, et Reybaz le chantre, ni fier, ni honteux, ni surpris de l'y voir. Pourtant, j'aime les distances qui séparent le grand du petit, et que nul ne les franchisse ; mais je ressens maintenant que, si les hommes sont échelonnés par les choses qui viennent du monde, ils sont une rase plaine par les choses qui viennent d'en haut, qui ont leur source et leur issue en haut; par les affections et par les devoirs, ou, si vous voulez, par le cœur, qui renferme les uns et qui a la garde des autres. Je ressens que, si Dieu frappe un riche et un moins riche dans leur argent, la distance qui les séparait demeure ; que s'il les frappe chacun dans leur enfant, elle s'efface; et aussitôt se mettent à nu ces cordages d'affection primitivement tressés d'un cœur à l'autre par la main du Créateur et toujours subsistants sous les nippes, tantôt haillons, tantôt broderies, qui nous recouvrent. Je ressens que tous les hommes sont frères en Adam, inégaux en fortune et en abondance, mais égaux par le sang, tenus de s'aimer comme membres de la même famille, et n'y manquant guère quand l'infortune les rapproche, au lieu qu'ils y manquent sans cesse quand Dieu les bénit et les comble de biens. Je ressens qu'en ceci notre nature est boiteuse, car c'est une corruption que de ne pouvoir pratiquer l'amour que sous le fouet de la calamité, au lieu de le goûter sous le soleil du bonheur. Enfin je ressens la *nécessité* du **précepte** : *Aimez-vous les uns les autres*; et je ne sais plus voir dans cette étrange et dure parole : *Dieu vous châtie pour votre bien*, que le signe de la tendresse du Créateur pour les enfants des hommes ? Pourquoi faut-il que l'épreuve, en même temps qu'elle est salutaire pour l'âme, soit plus âcre et plus amère que le plus odieux de ces breuvages qui servent à refaire la santé du corps ?

En vous voyant donc à mes genoux, ma pauvre dame, je ne m'en trouve pas fier, mais bien plutôt peiné. Je voudrais soulager votre misère, ne fût-ce que pour être trouvé digne que l'on soulage la mienne ; mais que puis-je ? Vous voyez que je doute déjà si je conserverai mon enfant ; mais, à supposer que cette félicité advienne, comment l'inclinerai-je, à moins que je ne l'y ploie de force, à se vouloir marier, elle qui avait déjà donné son cœur bien plus qu'elle n'estimait avoir donné sa personne, et qu'une pudicité native pousse secrètement à demeurer vierge devant Dieu ? Comment l'inclinerai-je à oublier Charles pour se donner à M. Ernest, qu'elle estimait peu, qu'elle n'affectionnait guère, et à qui elle reproche du fond du cœur d'avoir été funeste à Charles ? Que puis-je vous dire ?... Plaise à Dieu ! rien d'autre. Je ne nie pas la force de vos raisons : je cherche à appuyer cette jeune vigne sur quelque rejeton qui la soutienne, après que moi, vieux chêne fracassé, j'aurai péri ; je verrais en vous au besoin la mère de ma Louise, après Thérèse, qu'elle n'a pas connue ; et dans votre fils, celui-là justement qu'il lui faut, et par les motifs que vous dites ; mais que puis-je faire ? Et quand vous me parlez d'unir notre concours, ne voyez-vous pas que vous demandez la chose qui est impossible ? Le concours de mon envie, oui ; de mes vœux, encore ; mais de mon action, c'est ce qui ne se peut : et j'en ai de la douleur autant pour moi que pour vous, ma chère et pauvre madame.

Voilà ce que j'avais à vous répondre. Comptez que mon envie serait prête à se rencontrer avec la vôtre ; comptez que ni rancune ni préventions ne se feront écouter de moi ; comptez encore que j'ai compassion de vous, et que je suis certain que vous plaignez mon mal. Mais ne comptez sur rien autre, et, au delà, comme vous dites vous-même, priez Dieu, ainsi que fait de son côté votre bien respectueux

REYBAZ.

CLXVI

MADAME DE LA COUR A CHAMPIN.

De Turin.

Grâce au ciel, je puis me passer de vos services, monsieur Champin. Me voici en relation directe avec M. Reybaz. A peine affranchie de vos manœuvres, mon premier mouvement est de faire éclater devant vous la joie que j'en éprouve, de braver vos insolentes menaces et de vous marquer tout le mépris que vous m'inspirez.

Quand l'état de mon fils me porta à recourir à vos services, je vous croyais le digne ami de M. Reybaz; je fus bientôt désabusée lorsque je vous vis vous-même, et d'entrée, mettre un prix à ces services. Néanmoins, bien que je vous regardasse dès lors comme dépourvu de toute élévation d'âme, je n'avais pas encore appris à voir en vous un de ces hommes dont les services sont empoisonnés. Mais ce que je ne savais pas, vous vous êtes chargé de me l'apprendre vous-même dans cette lettre pleine d'artifice, où, tout en me laissant entrevoir la méchanceté de vos secrètes menées, vous essayiez de me prendre au piége de vos insinuations perfides et de vous décharger sur moi de l'odieux de votre œuvre; plus tard enfin, dans votre dernière lettre, lettre d'insolence, d'ironie, de menace, où vous avez compté m'effrayer, mais où vous n'avez abouti qu'à me faire sentir la nécessité de n'avoir plus ni à vous employer ni à vous craindre.

Vous êtes méchant, pervers, monsieur Champin ; vous êtes hypocrite et perfide ; vous méritez le mépris des âmes honnêtes, et ce mépris, croyez-m'en, vous atteindra tôt ou tard, et sans que j'y travaille comme je pourrais le faire. Vous n'aimez pas votre ami, et pour que cet homme droit et honnête vous estime, ou même pour qu'il vous parle encore, il faut que vous l'ayez trompé comme vous me trompiez moi-même. Tout en vous vantant auprès de moi de travailler pour lui, vous ne songiez évidemment qu'à gagner un salaire, en satisfaisant une basse rancune contre cet infortuné jeune homme; et, tout en vous vantant auprès de M. Reybaz de l'avoir sauvé du déshonneur, sûrement vous n'aviez garde de lui dire que vous vous étiez d'avance assuré auprès de moi la récompense du service criminel que vous comptiez lui rendre à mon insu, en dévoilant la naissance de Charles. Mais c'est là ce qu'il pourra savoir quelque jour, s'il devient nécessaire qu'on lui fasse comparer entre elles les lettres que vous lui avez écrites et celles que je tiens de vous. Quant aux miennes, qui restent entre vos mains, libre à vous de les produire, et vous me verrez peut-être moi-même vous provoquer à le faire. Car apprenez, misérable, que la réputation des honnêtes gens n'est pas aux mains d'un pervers; apprenez que, si dans les ténèbres ses coups peuvent être à craindre, ils ne le sont plus au grand jour; apprenez que de l'honnêteté au crime la distance est trop grande pour que vos mensonges la puissent combler, et qu'entre Mme de la Cour et vous le procès est jugé avant d'être entendu!

Mais assez, monsieur Champin, assez pour que vous sachiez qui je suis, qui vous êtes, et pour que je ne vous rencontre plus sur mon chemin. Il ne me reste qu'un mot à ajouter. Je vous crains assez peu et je respecte trop ma parole pour que je frustre votre cupidité du salaire qu'elle convoite, et que je lui ai laissé espérer dans le temps où je ne connaissais ni votre audace ni votre méchanceté. Vous trouverez inclus un billet de cent louis, dont je vous fais un don gratuit. Qu'après cela, monsieur Champin, je n'entende jamais parler de vous; que je ne vous aperçoive nulle part mêlé à quoi que ce soit de ce qui me concerne, moi ou mon fils; ou bien je vous démasque à l'instant même, auprès de M. Reybaz que vous avez trompé, auprès de M. Prévère que vous avez joué, et auprès de M. Charles que vous avez perdu! Rentrez, je vous le conseille, rentrez dans les ténèbres, pour y cacher à tous les yeux votre venin; faites comme ces reptiles qui, sûrs d'être écrasés par le premier passant qui les verra se glisser sous l'herbe, s'enfoncent dans la vase et vivent dans la nuit!

JULIE DE LA COUR.

CLXVII

CHAMPIN A MADAME DE LA COUR.

De Genève.

La lettre de madame m'a fait peine vraiment, tant j'y vois que madame s'abuse sur mon compte et me prend pour qui je ne suis pas. Sans doute, on est un pauvre homme, qui a plus d'envie d'obliger que de prudence pour savoir faire, et de besoin de gagner que de temps ou d'argent à perdre pour le service des autres ; mais voilà tout. Si madame y veut bien réfléchir, après que sa colère, qui vient de son angoisse, aura passé, elle sera d'accord que sa sévérité est bien dure, et que ses termes ne peuvent s'ajuster à un vieillard estimé dans le quartier, employé par M. le pasteur Dervey, ami d'ancienne date de Reybaz, ayant domicile, enfants, et n'ayant fait, que je sache, à personne tort d'un sou, bien que dans son état, où l'on manie de l'or, la défiance soit prompte, en cas de louche.

Je dis cela à madame, bien plus pour lui montrer quel cas on fait de son estime, et que, si on l'a affligée, c'est par mégarde, que pour lui rien contester dans un moment où elle n'a pas besoin qu'on la peine en la contrariant. C'est sûr que, si on avait prévu son affliction, et mieux compris ce qu'elle demandait, et jusqu'où elle voulait qu'on agît, on lui aurait épargné bien du mal, et à soi bien du tourment : celui entre autres d'être maltraité par une respectable dame, quand on a cru bien faire. Aussi, quoiqu'on ne veuille plus bouger, à raison du désir de madame et à raison de ce qu'elle s'entend à présent avec Reybaz lui-même, comme j'y ai bien contribué pour ma quote-part, elle peut être certaine que, s'il lui convenait d'employer encore son serviteur, il ne serait qu'un fil entre ses mains, immobile à moins qu'elle ne le secouât, et détendu dix fois avant que d'être entortillé. Il serait bien aise que madame lui en fournît l'occasion, rien que pour avoir celle de lui montrer que si, pour avoir du pain, on accepte un salaire auquel on ne s'attendait plus et qu'on n'aurait pas eu la vergogne de réclamer, on sait aussi travailler pour rien et servir les honnêtes gens, seulement pour l'honneur de leur être en aide. Au surplus, madame n'est pas encore au bout, et ainsi il ne tiendra qu'à son bon vouloir que je lui fasse la preuve qu'elle s'est trompée sur le compte d'un brave homme qui se recommande à ses bontés, sachant bien qu'il ne peut rien contre un fort qui voudrait lui nuire.

Puisqu'il paraît que madame est en rapport de lettres avec ceux de la cure, et peut-être avec M. Prévère, je lui demanderai seulement une grâce qui me sera agréable, en même temps que madame y verra la preuve que, plein de confiance en elle, je ne crains pas de lui livrer des moyens de me nuire, pour le cas où elle aurait désormais à se plaindre de moi, ce dont Dieu me préserve à tout jamais. Cette grâce, c'est que madame ne laisse pas voir à ce digne pasteur qu'elle ait rien appris *par moi* sur les parents de M. Charles; vu qu'il pourrait m'en vouloir d'en avoir levé la langue, bien que ce ne soit qu'à couvert, et auprès de madame seulement, qui n'est pas pour vouloir nuire à ce jeune homme. Mais, pour que M. Prévère ne se puisse douter de la chose, le plus sûr, c'est que madame se taise auprès de Reybaz sur ce que j'ai pu lui dire, à ce même sujet, dans les lettres qu'elle a reçues de moi, et en échange desquelles je serai prêt à lui rendre les siennes. Pour bien dire, c'est ce qui serait le plus à propos, tant pour la sécurité de madame que pour clore tout ceci à la satisfaction des parties; puisque les paroles, autant en emporte le vent, tandis que les écritures demeurent et, mal interprétées, peuvent nuire tant à soi qu'aux autres.

Bien sûr que madame n'a rien à redouter de moi; mais je suis vieux et infirme, et qui l'assure qu'après mon décès ces lignes que je lui citais dans ma dernière, moi n'étant plus là pour expliquer ou contredire, ne seraient pas interprétées contre elle? Qui peut l'assurer que, si elle parvient à marier son fils à Mlle Louise, ces lignes, venues à la connaissance de M. Charles, éconduit et victimé, ne lui seraient pas comme une révélation que son sort lui vient de madame autant que de moi? Qui peut l'assurer, enfin, que cette lettre dernière où madame, bien qu'en me maltraitant, ne laisse pas de m'envoyer cent louis pour mes services, ne pourrait, en aucun cas, se redresser contre elle, tout au moins venir à la connaissance de M. Ernest, et lui donner à penser, à lui déjà si délicat sur l'article, que sa mère, pour peu ou pour beaucoup, a trempé dans la trame à laquelle il aura dû sa femme? Que madame veuille bien peser ces raisons, et se souvenir que je tiens là le paquet de ses lettres, prêt à être remis à quiconque me remettra de sa part le paquet des miennes.

Au surplus, quoi que madame fasse, elle peut compter sur mon soin à lui complaire en toute chose, et en particulier à ne la traverser en rien, aussi bien qu'à ne m'ingérer en quoi que ce soit de ce qui concerne elle ou son fils. Je n'aurais pas quitté ma lime pour me mêler de ses affaires, si elle ne m'en eût prié ; c'est, je pense, de quoi elle est convaincue autant que moi. Il ne faut donc pas que malheur m'advienne de ce que madame m'ait prié de lui donner aide ; c'est déjà assez qu'en retour je sois traité par elle comme bien souvent on ne traite pas les malfaiteurs. La leçon est bonne pour m'apprendre à ne plus me mêler que du petit labeur qui me fait vivre, bien qu'à grand' peine. Je vais donc m'y restreindre ; et, si c'est là ce que madame appelle s'enfoncer dans son trou et vivre dans la nuit plutôt que de se faire écraser par un gros, son ordre sera ponctuellement accompli par celui qui a l'honneur d'être

Son très-humble et très-obéissant serviteur,

CHAMPIN.

CLXVIII

LE CHANTRE A M. PRÉVÈRE.

De Mornex.

Voici l'automne, mon bien cher monsieur, et je ne puis dire qu'éloigné de vous, et livré à l'angoisse, cette saison d'été, belle qu'elle fût, m'ait paru courte. Depuis ces jours-ci, le brouillard du matin nous recouvre jusque vers le midi, et il me semble comme si ce voile gris était un vêtement qui s'assortisse au deuil de mon âme. Encore quelques semaines, et les froidures nous vont atteindre ; déjà hier quelques frimas brillaient sur la pointe du Môle, qui pourtant disparurent avant le soir. Ces préludes de l'hiver m'ont provoqué à hâter la venue d'un médecin de la ville, tant parce que j'y ai vu mon devoir à l'égard de Louise que parce qu'il me fallait un conseil pour la saison froide.

C'est lundi qu'il est venu, et par une pluie qui me contrariait, ayant désiré, vu les répugnances de Louise, que nous puissions la joindre dehors, comme en nous promenant, et non pas la surprendre au gîte de sa chambre, pour l'y retenir honteuse et contrainte, en face d'un homme dont la profession permet un regard qui scrute la personne et des questions qui épouvantent la pudicité. Prévoyant donc que l'entrevue n'aurait lieu que sous le couvert de la maison, je m'acheminai à la rencontre du médecin, afin de lui donner le mot sur la petite, et combien il devait se garder de la prendre à rebours. C'est bien là que j'ai connu que ces médecins de ville ont mieux le sens d'une discrète retenue que nos guérisseurs de campagne. Du premier coup, celui-ci m'a semblé comprendre que son affaire serait de deviner encore plus que de heurter par des questions ; car, de lui-même, il s'est pris à me dire : « Je viens, monsieur, déjeuner avec vous et Mlle votre fille ; rien d'autre. » Ce propos m'a réjoui en m'ôtant une épine.

Ce médecin, c'est un grand, qui, à vrai dire, ne paye pas de mine ; mêmement que je n'échangerais pas ma tenue contre la sienne, où se trouvent des négligences, et notamment sa cravate, qui était à l'envers. Au premier aspect, le voyant de loin grimper sur la route, à côté du char, je l'ai pris pour le conducteur, lui trouvant toutefois trop de figure et trop peu de mise pour un cocher. Mais aussitôt qu'il a eu ouvert la bouche, son parler m'a plu, et ses manières m'ont remué par une sorte d'affection simple et ouverte, au lieu du beau langage que j'attendais. On a monté la côte ensemble, et au rebours de plus d'un docteur que j'ai vu, il m'a laissé deviser tant que j'ai voulu sur la petite, se bornant à m'écouter dire, et comme s'attachant déjà à cette enfant qu'il n'avait pas encore vue. Et comme je lui signalais à mots couverts un chagrin de cœur, il m'a interrompu pour me prier de tout dire, crainte d'obscurité, son métier n'étant déjà que trop sujet à erreur. Alors je lui ai conté nos traverses, lui devenant grave à mesure que ma crainte et ma misère se répandaient dans mon discours. Quand j'ai eu fini : « Le temps, m'a-t-il dit, et la prudence sont ici les vrais médecins ; mais s'il en faut un troisième, comptez, monsieur Reybaz, sur mon dévouement. » Ainsi devisant, nous sommes arrivés à la maison, d'où Louise, nous ayant aperçus, s'est retirée de la galerie où elle était à considérer la campagne.

Bien que l'ayant avertie de mon envie de consulter un médecin, je n'avais pas voulu lui annoncer d'avance cette visite, en telle sorte que je cherchais à la prendre à part pour l'y préparer, lorsque du seuil nous l'avons vue qui disposait le déjeuner dans la salle. Aussitôt, sans me laisser le temps de rien dire, le médecin est allé vers elle, et lui ayant familièrement pris la main, comme à un enfant, il lui a abrégé l'angoisse en disant : « Je suis médecin ; mais comme je vois bien à votre figure que vous n'avez que faire de mes drogues, je vous demande seulement la permission de déjeuner avec vous. » La rougeur de Louise alors est tombée, mais son trouble s'est changé en une tristesse où se mouillait sa paupière. Quand ensuite le médecin, qui la suivait sans avoir l'air, a eu causé de choses et d'autres, elle s'est remise, prenant peu à peu part au discours sans toutefois se livrer à l'entretien.

Après le déjeuner, elle s'est retirée, et, comme le temps se remettait au beau, j'ai attiré le médecin au jardin, où, nous promenant en long et en large, c'était à mon tour de l'écouter dire. Comme tous ceux qui approchent de cette enfant, il s'est pris à louer tant de bonne grâce, et à me tenir de ces propos dont je redoute aujourd'hui l'orgueil qu'ils peuvent me donner comme étant un présage de ruine et de sépulcre, puisque l'orgueil marche devant l'écrasement, et que la mort, pour mieux montrer les vanités du monde, fauche les belles fleurs de préférence aux herbes communes. Puis, venant à l'objet, il ne m'a pas caché que l'état de Louise est fâcheux, à cause de son âge et de sa constitution, laquelle est plus frêle, dit-il, en raison de l'âme qui s'y agite et la secoue, qu'elle ne l'est de nature, le corps étant sain et la venue belle de tout point. Après quoi, et comme pour m'en dire ensuite davantage, il a demandé à voir Marthe, avec qui je l'ai laissé. Ils ont causé longtemps ensemble, durant que j'attendais debout sous le porche, veillant à ce que Louise n'entrevît rien de ces entretiens. Quand ils se sont quittés, j'ai connu aux yeux de Marthe qu'elle avait pleuré.

Ici l'angoisse, qui s'était dissipée au milieu de l'attente et du mouvement de cette visite, m'a ressaisi aux entrailles, en telle sorte que, voyant Marthe se retirer l'œil humide et le médecin s'avancer d'un air sinistre, j'ai eu cette sueur du moment suprême, où le corps tremble et l'âme se glace. Le médecin m'y laissait en proie, pour dire à son homme d'atteler, après quoi il m'a proposé de prendre avec lui les devants, aux fins de causer de Louise. A grand'peine alors me suis-je contenu d'éclater en sanglots véhéments, voyant mon enfant comme perdue, et sa destinée écrite dans le visage du médecin, dans le silence du mont, dans la pâleur du ciel, jusque dans le repos de cette bête immobile qu'attelait cet homme sans rien dire. Ah! monsieur Prévère, si jamais je perds cette fille, avec vérité pourrai-je dire que, de pensée, de tourment et de déchirure, vingt fois je l'aurai perdue avant qu'une dernière elle me soit arrachée ; entelle façon que je me demande si ce ne sont point là les secousses de Dieu pour rompre, pour déchirer, pour détacher par degrés ce jeune lierre de cet arbre fracassé, mais noueux et profond en racines!

Toutefois, je m'étais frappé plus qu'il n'était séant. Les paroles du médecin ont été d'espoir encore plus que de découragement. Il envisage le mal comme une crise qui, arrêtée à ce point, irait décroissant devant l'active séve d'un corps exempt de mal et tout fécond de jeunesse. Sur ce que lui a dit Marthe, il s'est tu ; et par respect pour mon enfant, comme aussi contenu par le jour du ciel et la vue des passants, je n'ai ni voulu ni osé le presser. « J'ai, m'a-t-il dit, donné à cette bonne femme quelques directions, dont elle fera un usage salutaire à l'insu même de votre fille; pour des drogues, il n'en peut être question : le mal est dans les affections. » Et comme à ce propos je lui ai parlé de vous : « C'est là, a-t-il ajouté, le vrai médecin pour votre fille. » Ainsi, m'a-t-il dit, mon cher monsieur, ainsi je vous rapporte. Après quoi il m'a annoncé la nécessité de passer à Mornex la saison froide, tant parce que ce revers, protégé contre la bise, est plus doux aux débiles, qu'à cause surtout de ce qu'une rentrée à la cure serait pour Louise une secousse nouvelle et une occasion de ressouvenirs trop récents pour ne pas lui être funestes à chaque jour et à chaque heure du jour. J'avais déjà auparavant pressenti ces nécessités, en sorte que, m'y soumettant sans contradiction, il ne me reste plus qu'à y accommoder les choses de la cure.

C'est à cet effet, mon cher monsieur, que je viens recourir à votre amitié. Il s'agit que je puisse aller là-bas vaquer à tant de choses que réclame cet arrangement, et je ne voudrais pas que, cette absence durant, Louise se trouvât délaissée dans cette solitude. Je vous demande donc, bien que sachant à qui vous vous devez en premier, de leur détourner ces quelques jours pour en venir apporter le profit et le baume à ma fille. M'est avis qu'à cette condition mon absence lui sera un soulagement plus qu'une peine, en ce qu'elle se contraint devant moi et que, de mon côté, mal appris à feindre, je ne sais lui dérober ces tristesses du visage, signes de l'infortune du dedans. Votre amitié est tendre autant que la mienne, et mieux tempérée; vous avez le parler qui console, la chaleur qui amollit et pénètre... D'ailleurs, en ces temps d'alarme et de tempête, à qui confierais-je qu'à vous cette possession si chère, autour de laquelle, même présent, je vis craintif et misérable? Sûr de votre assentiment à ma respectueuse prière, j'attendrai donc, mon bon monsieur, que par votre réponse vous me fixiez le jour où vous viendriez prendre ma place ; ce sera pour une semaine ou un peu plus.

Je n'ai rien à ajouter au sujet de la petite, puisque vous allez la revoir. Tantôt je m'effraye de la crainte que vous ne la trouviez changée, tantôt je me réconforte de l'espoir qu'elle vous apparaîtra plutôt comme souffrante que malade, et triste encore plus que troublée. A vrai dire, le gros de la secousse a porté, et, si le coup devait la blesser à mort, les ravages auraient suivi aux ravages, et non pas cette habitude lente et insensible, assez douteuse pour que l'espoir s'y ajuste et que la terreur s'y émousse. Inclinons donc à ces lointaines joies que Dieu nous réserve peut-être, et gardons-nous de tenter sa bonté par nos prévisions sinistres. Voudra-t-il faire retomber en catastrophes sur nos têtes tant de ferventes prières? Et si par mes péchés ou par ces lenteurs de charité et d'amour que je sens en moi je l'ai irrité, voudra-t-il pour m'en punir frapper sur cette enfant qui n'a su qu'aimer, et qui ne souffre aujourd'hui que pour avoir aimé celui-là que moi seul j'ai rebuté?

Votre affectionné   REYBAZ.

CLXIX

LOUISE A M. PRÉVÈRE

De Mornex.

Il y a longtemps que j'aurais dû vous répondre, mon bien-aimé maître, ou plutôt il y a longtemps que je ne sais plus ni ressentir ni dire rien qui puisse n'être pas pénible à ceux qui m'aiment. Mon cœur brisé a perdu son ressort; il est en proie à cet égoïsme de la douleur qui éteint la tendresse et qui glace les affections les plus chères.

C'est aujourd'hui l'anniversaire de ce jour où il y a un an, ayant porté mes pas vers les chênes de Chevron, Dourak retira de dessous un amas de feuilles flétries ce petit volume de *Paul et Virginie*, que je retrouvai avec tant de plaisir. Comme aujourd'hui, le pâle soleil d'automne versait sur les campagnes une tendre lumière; comme aujourd'hui les monts, vus au travers d'une argentine vapeur, semblaient s'être reculés au loin; comme aujourd'hui les champs, ayant donné leurs moissons et leurs herbes, reposaient au soleil, réjouis par cette fête des derniers beaux jours... Je m'assis sous les chênes, je contemplai ces paisibles spectacles, je voulus lire, comme j'avais fait tant de fois, ces pages de touchante innocence qui précèdent de si déchirants tableaux... je ne pus. Ma pensée n'était plus libre, mon cœur n'avait plus de place que pour un seul ; l'espoir avec la sécurité, la joie avec la tendresse, venaient enfin d'y pénétrer, et, en face de ce bonheur inconnu et nouveau, le charme des choses d'autrefois s'effaçait et ne pouvait renaître. Je songeais à Charles, à l'ami de mon cœur, à l'époux choisi par vous, agréé par mon père, à celui dont la tendresse m'était déjà chère plus que la vie, à celui dont l'esprit m'instruisait, dont la gaieté triomphait de mes tristesses, dont le caractère me captivait autant par ses généreux écarts que par ses qualités aimables. J'arrangeais par la pensée notre avenir, je le fixais au milieu de ces campagnes bénies... j'entrevis ce faisceau d'une famille dont mon père était le chef, dont vous étiez l'âme, dont Charles et moi nous étions l'espoir et la joie. Ces doux rêves, où je m'abreuvais sans les tarir, se prolongèrent jusqu'à ce que le soleil se fût couché derrière les cimes du Jura. Alors je me levai, je repris le chemin de la cure, et, tandis que Dourak jouait autour de moi, je reconnaissais devant Dieu, et avec actions de grâces, que l'inquiétude, les alarmes, ce vague souci auquel je suis sujette, sont de passagères nuées, mais que l'âme a ses beaux jours, que le calme est aussi de ce monde et que le bonheur plein, sans tache, sans ver caché, a ses moments sur la terre !

Rêve d'un jour ! C'étaient là les pages d'enivrante félicité ; au delà devaient suivre les pages d'amère douleur. Que je n'insiste pas sur ce parallèle qui vous navre ainsi que moi, mon cher maître ; que je ne tourne pas un à un les feuillets de ce livre pour voir ce qui est écrit au dernier. Que plutôt j'espère ! que plutôt je vous demande votre main amie pour la presser et m'y soutenir, votre sourire pour m'y réchauffer ; ou bien que j'implore votre menace et votre colère, si, déjà indigne de vos leçons ou trop épuisée par la lutte, vous jugez qu'il faut ces forts mais tristes étais à mon âme qui ploie et à mon cœur qui s'abat !

Je le vois, et c'est la lie de ce calice, il faut aussi que je me contraigne avec vous, mon bien cher maître, et que je retienne au dedans ce flot bouillonnant de regrets, de souffrances, d'effrois sinistres. Si je lui donnais cours, je n'en serais plus maîtresse, et votre indulgence infinie serait mise à l'épreuve ; votre tendresse pour moi, honteuse peut-être d'elle-même. Que ces choses n'arrivent pas! Que je vive, que je souffre sous votre aile sans la blesser, que je m'y réchauffe sans en ternir la blancheur ; que désormais, à charge aux autres, inutile aux souffrants et aux affligés, j'exerce au moins quelques-unes des vertus de l'infortune, et, si je ne puis atteindre à la résignation, que je montre quelque courage ! Dieu n'abandonne pas ses enfants. Je suis au fort de la lutte ; après cette crise, sans doute il m'accordera des jours moins odieux... ou bien il fortifiera mon âme, il pansera mes plaies et il me donnera sa main pour marcher vers le moment suprême.

Cependant, mon bien-aimé maître, vous serez jusqu'au bout le dépositaire de mes intimes pensées, et, si c'est la volonté de Dieu, de mes désirs et de mes intentions, jusqu'au bout ma tête endolorie reposera sur votre sein et vous laissera recueillir ces soupirs que je dois cacher à d'autres. Ainsi, je vous dévoile ces pensées sinistres qui m'assiégent plutôt que je ne les aborde, et qui peuvent n'être que les caprices d'une imagination en tout temps inquiète, et maintenant égarée par la douleur. C'est mon vœu qu'il en soit ainsi, et vous n'en doutez pas... bien que frappée si cruellement, je veux vivre, je le désire de toute la force de mon âme ; je ne puis envisager sans épouvante et sans horreur ce triste départ qui briserait mon père, qui m'arracherait d'auprès de vous, qui serait encore à cette heure pour Charles la ruine de sa destinée et un crêpe sur sa vie. Enfin, que vous dirai-je ?... Je suis jeune.... J'avais compté vivre.... Encore aujourd'hui, je suis préparée à souffrir, mais non pas à descendre dans la tombe.

Toutefois, mon bien cher maître, je me vois, je me sens, et, quoique j'ignore et que je ne veuille point savoir les signes de maladie, je ne puis pas ne pas reconnaître que le sang coule de toutes mes blessures, que mes forces vont diminuant, que je me traîne plutôt que je ne marche, dans ce sentier dont je ne vois pas l'issue. Sans que j'éprouve de mal, il me semble comme si la vie se retirait de mes membres pour s'aller confondre dans le tumulte de mon cœur ; et, en même temps que toute secousse, tout ressouvenir, m'ébranlent dans tout mon être, une paresseuse disposition me rend plus fatigantes de jour en jour ces courses où, récemment encore, je n'éprouvais d'autre lassitude que celle de ma tristesse. Avant-hier, le temps se découvrit dans l'après-midi, et je voulus gravir avec Marthe ce mont couronné de ruines et tout voisin de nous, contre lequel est adossée notre habitation. Dès la moitié de cette courte montée, je sentis l'air me manquer et mes forces défaillir. Marthe me pressait de redescendre ! mais, effrayée et comme pour ne pas m'avouer à moi-même ces signes d'affaiblissement et de déclin, je voulus poursuivre, et j'arrivai au sommet anéantie sous l'effort que je venais de faire. Le repos et la vivacité de l'air me remirent de cette lassitude ; mais alors, livrée à l'assaut de subites impressions qui ravivaient tous mes souvenirs, je ployai de nouveau sous le faix, et des torrents de larmes vinrent m'épuiser plus que me soulager.

De ce sommet, on découvre le lac. Je ne l'avais pas revu depuis que nous sommes venus habiter sur le revers de cette montagne. A l'aspect de ces rives si connues, si animées, ont surgi tout à coup mille doux ressouvenirs, toutes les pures joies de mes premières années, tous les riants projets de mon adolescence, tout ce bonheur passé, dont aujourd'hui je détourne avec tant de soin mes regards. Le coteau de la cure m'était caché par les roches du petit Salève ; mais, en face de moi, au delà de ces belles plages dont le calme et la sérénité m'étaient un spectacle à la fois doux et amer, je découvris ces rives de Lausanne ; et pouvais-je empêcher mon cœur d'y voler aussitôt, de s'y rencontrer, de s'y confondre avec celui de Charles, de s'unir avec lui dans la douleur d'un accablant regret, d'une affreuse infortune ? Telle fut la véhémence de ce mouvement, monsieur Prévère, telle fut la réaction soudaine de cette mortelle tristesse vers un puissant besoin de joie et de bonheur, que la pensée me vint de descendre aussitôt, d'aller me jeter aux pieds de mon père, d'implorer sa pitié, de vaincre ses scrupules, d'effrayer sa tendresse, de conquérir les débris au moins du bonheur passé, et de le soulever de lui-même en osant prendre le gouvernail de ma destinée... Pensée coupable, délire peut-être ; mais, peut-être aussi, conseil d'en haut ! Je l'aurais suivi, sans aucun doute, si la preuve récente du déclin de mes forces, si ces pensées sinistres d'une vie qui s'en va, d'une existence dont la moindre secousse, et celle du bonheur même, romprait inévitablement le fil, ne fussent venues jeter sur ces illusions le funèbre voile du découragement et du désespoir...

Il est trop tard ! mon corps est devenu faible pour la joie

comme pour la douleur ; il succomberait à cette ivresse de félicité, à ces tardives étreintes du bonheur : c'est une mourante qui serait rendue à Charles, et cet ami, après m'avoir perdue une première fois, serait rappelé pour me voir périr entre ses bras!... Entre ses bras! A moi, monsieur Prévère, à moi, cela me serait doux encore. Mourir auprès de lui et pour lui ; lui donner mes derniers jours, mes derniers regards, mes dernières paroles ; recevoir ses adieux tendres et la rosée de ses pleurs; lui donner rendez-vous dans le ciel! Ah! que je détourne les yeux! ces douceurs, quelque funèbres qu'elles soient, me captivent et m'entraînent à elles! Mais lui! grand Dieu! lui, cette âme profonde et fougueuse, autant pour le désespoir que pour la tendresse ; lui, témoin de ce déclin, de ces ravages, de ces pâleurs; lui! témoin de la mort de sa Louise!... Devinez-moi, mon bien-aimé maître, je n'ose tout dire. En quelque temps que s'ébruitent ma souffrance et mon péril, en quelque temps que Dieu éteigne le pâle flambeau de ma vie, que ce jeune homme se trouve auprès de vous, que de vous seul il reçoive, adoucies et émoussées par votre infinie charité, les paroles qui transperceront son cœur, qui feront bondir et délirer son âme !

Ah! que profonds sont mes maux, monsieur Prévère! Au-dessous de ces souffrances, d'autres, secrètes d'abord, se sont remuées, se dégagent, grandissent et flottent jusqu'à la surface de mon âme, pour s'y étendre et y grandir encore. Il y a eu un jour, un seul jour où, moins soumise à mon digne père, où, pour la première fois de ma vie, rebelle à sa volonté, je l'eusse sauvé, et moi avec lui! Ce jour-là, après avoir en vain demandé grâce pour Charles, j'eus la vue distincte de tout ce qui arrive, je pressentis une funèbre issue, je me jetai aux pieds de mon père : « Grâce! m'écriai-je, grâce pour moi! » Il tressaillit d'effroi, il fut saisi aux entrailles, il se retira, renonçant à me contraindre. A ce moment-là, tout était sauvé : ma vie, la destinée de Charles, votre propre bonheur, mon cher maître, et celui de mon père! Mais je ne pus supporter d'enfreindre la soumission filiale, je ne pus voir sans frissonnement cette impie contrainte exercée par une enfant sur son père, je n'osai pas mettre mes lumières au-dessus des siennes, je présumai de mes forces, j'obéis!... A mesure que les journées apportent leur tribut de douleurs, de déclin, de funestes présages, cette pensée me domine davantage, elle me ronge, elle pèse déjà sur mon cœur de tout le poids d'un remords; et je ne trouve de refuge contre ces perçantes atteintes que dans la pensée qu'ayant sacrifié mon penchant et ma vie à mon devoir, ainsi que Dieu le commande, il était dans ses vues que j'en fusse la victime.

Je ne vous parlerai pas de mon père, monsieur Prévère, vous allez le voir. Il faut que nous passions ici l'hiver: c'est l'avis d'un médecin; je ne sais ni m'en réjouir ni m'en attrister. La visite de ce médecin, qui autrefois m'eût causé une bien vive répugnance, ne m'a été que triste, mortellement triste, monsieur Prévère. J'ai ressenti, en la présence même de cet étranger, et sans pouvoir en dérober les signes à mon pauvre père, un vif mouvement d'amertume; tant il est vrai que je suis peu résignée, et que tous ces liens qui m'attachent à ce monde, pour être froissés, ne sont pas rompus!

Mon père ira à la cure dans peu de jours pour y arranger ses affaires... Il reverra ces lieux. Les reverrai-je, moi!... Mon cœur se serre.,. je vous quitte, mon cher maître... Mais vous, vous, ne vous reverrai-je plus?

Votre Louise.

CLXX

CHARLES A M. PRÉVÈRE.

De Lausanne.

J'ai honte de moi-même, monsieur Prévère; vous avez dessillé mes yeux et rendu la règle à mon âme. Vos graves paroles et vos tendres reproches m'ont jeté, du délire où j'étais, dans un morne abattement; j'ai douté si j'avais jamais été digne que vous m'aimassiez, digne que vous me nommassiez votre élève, que vous m'appelassiez votre enfant. J'ai eu honte, et je n'ai plus osé vous écrire, j'ai voulu attendre d'être redevenu tel, que votre indulgence puisse encore m'accueillir, et votre bonté ne plus rougir de moi. J'ai dompté les transports, j'ai armé ma volonté, je me suis fait de vos conseils un appui, de vos vœux un but; et aujourd'hui, moins indigne de me présenter devant vous, je viens vous exprimer mon repentir, ma douleur, et la résolution où je suis de reconquérir votre estime et de n'aggraver plus vos chagrins.

J'ai lu vos belles pages, mon cher maître, je me suis pénétré du sens qu'elles renferment, j'ai tâché de vous suivre à cette hauteur où vous vous élevez ; de mes faibles yeux j'ai entrevu comme au delà des nuées, dans le pur azur des cieux, cette céleste palme que vous avez déjà cueillie et que vous proposez à ma jeune ambition. J'ai compris et la misère où je puis descendre, et la grandeur où je puis monter, en me faisant, sous l'œil de Dieu, l'ami et le serviteur de mes semblables. J'ai senti que, sur la trace du Christ, mon cœur peut s'épurer, mes passions se sanctifier, le tronc brisé de ma destinée pousser de nouveaux rameaux, se couvrir de feuillages et porter enfin des fruits. J'ai vu, sur ces sommités où vous m'avez guidé, la source de votre vertu que je vénère, de votre charité dont je suis le témoignage, de votre humilité devant Dieu et devant les hommes. J'ai lu et relu votre rhétorique chrétienne et sublime, et je me suis rendu raison de l'éloquence avec laquelle vous heurtez en maître à la porte des cœurs. Pénétré à la fois de confiance et de soumission, rassuré par vos paroles remplies de bonté, grandi à mes propres yeux en vous voyant descendre jusqu'à moi, j'ai tenté de me relever, j'ai fait effort pour me tenir debout, et si je marche encore avec la lenteur d'un convalescent, du moins je sens que les forces me reviennent et que je suis à l'abri de ces chutes honteuses qui vous affligent. O mon cher maître ! mon cœur a saigné de douleur et d'opprobre. Votre bouche m'a pardonné; mais laverai-je jamais cette tache qu'a dû laisser sur la blancheur de votre âme l'indignité de la mienne! Avez-vous bien mis sur le compte d'un délire dont je n'étais pas le maître et qu'excusaient le malheur, les mécomptes, un affreux isolement, ces paroles ingrates, ces violences impies, les lâches transports, dont le souvenir me couvre de rougeur? Jamais je n'en aurai l'assurance assez certaine, et ce doute sera ma dure punition longtemps encore.

Autant que je l'ai pu, je me suis fui moi-même, je me suis réfugié dans l'étude et le travail. Bientôt vont finir les cours de ce premier semestre, et, si je ne puis vous promettre qu'ils m'auront profité comme si ma pensée était libre, je puis croire que je franchirai honorablement l'épreuve des examens. Je redoute cet intervalle d'inaction qui suivra, et je me propose d'augmenter, si je le puis, le nombre des leçons que je donne, et dans lesquelles je trouve une ressource pour combattre mes préoccupations. Je ne puis encore supporter de rentrer dans le monde, mais j'ai recherché la compagnie de quelques-uns de mes condisciples ; enfin, quand je suis seul, je combats encore, je travaille, je lis... mais c'est ici, mon cher maître, que ma volonté succombe quelquefois, que des retours vers le passé viennent m'assaillir, et que, songeant à votre long silence, à cette ignorance où je suis des choses de la cure et de Mornex, l'inquiétude me travaille et l'effroi me bouleverse.

C'est pourquoi je vous conjure, mon cher maître, de me donner des nouvelles que, dans ma situation, je ne puis et je ne veux chercher qu'auprès de vous. Ne craignez point, en me parlant de Louise, d'ajouter à ma préoccupation ou de nourrir des espérances auxquelles j'ai solennellement renoncé; mais prenez pitié de mon isolement et du vide que j'éprouve à ne rien savoir de celle qui, il n'y a pas bien longtemps, remplissait mon passé, mon présent et mon avenir. Croyez que la seule assurance qu'elle supporte l'épreuve, et que son état ne vous inspire aucune crainte, me comblerait de joie ; qu'elle me rendrait, non pas l'espoir, mais le courage et le calme dont j'ai besoin pour remplir vos intentions. Croyez surtout que rien ne peut m'être aussi funeste que votre silence et la façon sinistre dont quelquefois je l'interprète. Car, à la seule idée que Louise ploie sous l'effort, que peut-être sa santé est atteinte ou que ses forces déclinent, je ne suis plus maître de moi; cet empire que j'ai ressaisi sur mon âme m'échappe, les sanglots gonflent ma poitrine, et à grand'peine je puis me retenir sur la pente où m'entraîne une affliction sans mesure. Je vous implore donc, monsieur Prévère, je vous conjure, au nom de vos bontés pour moi ; prenez en pitié ma faiblesse, ne me laissez pas sans lueur dans ces affreuses ténèbres.

Je vous ai dit plus haut que je donne quelques leçons et que je me propose d'en augmenter le nombre ; aussi je vous demande la permission, monsieur Prévère, de me laisser essayer de cet hiver, à partir du mois de janvier, de me suffire à moi-même. Ce n'est pas tant, mon bien-aimé maître, pour vous soulager des sacrifices que vous faites pour moi et pour les mettre à votre disposition en faveur d'autres malheureux, que pour m'imposer à moi-même des devoirs et des obligations dont j'éprouve le besoin. Je désire la gêne, je désire le joug, je désire tout ce qui peut faire diversion à ma peine et m'aider à en dompter les atteintes. Je désire, après tant d'heureuses années où j'ai été, par vos bontés, défrayé de tout soin, de tout souci, de tout pénible labeur, entrer dans la vie réelle, et y rencontrer des obstacles, des luttes, des nécessités, jusqu'à ce que j'y trouve des intérêts et des sentiments. C'est le seul moyen que j'imagine pour me défendre contre moi-même ; et tel est le besoin que je ressens de ces secours, qu'il me semble parfois que l'infortune même, que de nouveaux coups qui me frapperaient, sans partir de Louise ni l'atteindre, me seraient comme un appui pour ne pas succomber à ceux qui m'accablent, comme un fardeau nouveau, mais plus léger, qui se substituerait à celui sous lequel je ploie. Veuillez donc réfléchir à ma demande et m'accorder sur ce point votre agrément. Je me suis lié avec un jeune étudiant fort pauvre, qui subvient à son entretien et qui élève un de ses frères. Nous aurions le projet d'unir nos petites ressources, en prenant un logement en commun. Je pense que ses exemples sont de ceux qui conviennent à ma situation, comme sa compagnie est celle où je trouve jusqu'ici le plus d'attrait. Il se nomme Desforges. Nos professeurs l'estiment particulièrement.

En attendant, monsieur Prévère, que vous m'ayez accordé ma demande, j'ai consacré mes économies à l'emplette de quelques présents, que je vous prie de faire passer à ma bonne Marthe. La montre est pour Antoine, qui n'en a point ; le reste, tout à cette femme, qui a été ma mère et qui l'est encore, j'en suis certain, par les sentiments d'affection qu'elle me conserve. Combien j'aurais aimé à lui écrire ! Mais elle est trop près de Louise, et je dois croire que cela même m'est interdit ; surtout je craindrais que, comme l'autre fois, sa tendresse pour moi ne l'engageât dans quelque démarche qui plus tard lui causerait du chagrin. Faites, je vous en prie, ce que je ne puis faire ; dites à ma bonne Marthe que je la chéris toujours, que le souvenir de son affection et de ses tendres soins m'accompagne ; que, si je n'ose lui écrire, je puis encore moins l'oublier et effacer de mon cœur le filial amour que je lui porterai jusqu'à mon dernier soupir. Je termine, mon cher maître, en vous exprimant encore mon sincère repentir, en vous recommandant avec instance ma prière et en vous embrassant avec tendresse et respect.

CHARLES.

CLXXI

M. PRÉVÈRE AU CHANTRE.

De la cure.

Dans trois jours, au plus tard, je serai auprès de Louise, mon cher monsieur Reybaz; et je m'arrange pour rester là-bas pendant ces deux semaines. Je serais parti sur l'heure, et j'en éprouvais un vif désir, sans la prédication de dimanche, pour laquelle il m'a été impossible jusqu'ici de me procurer un remplaçant.

Je vous remercie pour les détails que vous me donnez. Ils m'ont intéressé plus qu'ils ne m'ont réjoui, et une lettre de Louise, qui accompagnait la vôtre, n'a pas calmé mes inquiétudes. Il faut que je la voie. J'ai trop tardé. J'envoie en cet instant un exprès à M. Dervey; il m'apportera une réponse ce soir, et, si elle est favorable, vous me verrez arriver demain même. Tenez-vous prêt à partir. Après que nous aurons causé ensemble de cette chère enfant, je désire me trouver seul auprès d'elle, je veux sonder ses blessures, je veux savoir où est le mal, où est le remède, ce qu'il nous faut faire et ce qu'il nous faut demander à Dieu.

Annoncez à Louise ma prochaine venue, en la fixant à une huitaine de jours d'ici; et que demain vers midi, ou à défaut lundi à la même heure, je ne risque pas de la rencontrer hors de la maison, où ma vue lui causerait un trouble d'autant plus fâcheux, qu'elle voudrait le comprimer.

Je m'étais flatté de l'espoir de vous revoir tous à la cure cet hiver. C'était un grand bonheur; il n'y faut pas seulement songer. Arrangez donc tout en conséquence, et, pour ce qui est de votre remplaçant, ne vous en faites aucun souci : je cheminerai avec celui que vous m'avez procuré cet été, ou avec un autre. Comme je reviendrai à la cure au bout de la quinzaine, laissez-moi vos ordres pour tout ce que vous n'auriez pas pu faire ou achever durant ce court espace de temps.

Je vous écris en hâte, et par le même exprès que j'envoie à M. Dervey. Adieu, mon bien cher ami. Ma pensée est déjà auprès de vous, je suis impatient de l'y suivre et de vous embrasser.

Prévère.

CLXXII

M. ERNEST DE LA COUR A M. PRÉVÈRE.

De Turin.

Monsieur,

Vous serez surpris de recevoir ces lignes d'un jeune homme qui n'a pas su, dans le temps que cela lui était facile, se concilier votre amitié ni votre estime, et qui vient aujourd'hui vous demander une grâce. Mais vous êtes la seule personne au monde à qui il puisse s'adresser dans la position où il se trouve, et votre indulgence excusera une importunité qu'il n'est pas en son pouvoir de vous épargner.

Ce n'est pas le jeune homme que vous avez connu qui vous écrit, monsieur Prévère; c'est un malheureux qui savoure les fruits amers de ses fautes passées, qu'une catastrophe a jeté dans les tourments de la honte, et qu'une passion profonde a subjugué, quelque effort qu'il ait fait et qu'il fasse encore pour l'arracher de son cœur. Ce malheureux vient chercher auprès de vous le mot de sa destinée. C'est votre probité qu'il invoque, c'est la vérité qu'il réclame; non votre aide, non votre concours, dont il se sait peu digne. Quelques mots vous feront savoir comment il en est venu à n'avoir plus d'autre ressource que celle de vous prier respectueusement de faire luire quelque lumière au sein des ténèbres où il se débat.

On ne croit pas à votre ombre sans s'embellir de grâces et de vertus, monsieur. De bonne heure, Mlle Reybaz a uni aux charmes de la figure les charmes plus rares de l'esprit et du caractère. De bonne heure aussi, elle a fait impression sur mon cœur, et j'ai demandé sa main. Elle me fut refusée, et je sentis avec humiliation que ces avantages de fortune et de condition, sur lesquels j'avais compté avec cette présomption qu'encouragent le monde et ses exemples, ne suffisaient pas pour éblouir l'obscur chantre d'une paroisse de campagne. Mais, si ce refus froissa mon amour-propre, il ne fit qu'irriter mon ardeur. Déjà je n'aimais plus au monde que Mlle Louise, déjà j'avais réformé ma vie, et je m'attachais à devenir digne que le sort de cette jeune personne me fût confié, lorsque j'appris avec le public que M. Charles était l'époux que M. Reybaz donnait à sa fille. Pourquoi vous cacherais-je, monsieur Prévère, que mon humiliation, cette fois, fut plus grande encore, que mon dépit fut plus vif, que ma passion elle-même fut attisée par l'insurmontable obstacle qui aurait dû y mettre un terme? Il n'échappe pas à vos yeux clairvoyants que ce furent ces secrets mouvements qui, quelques mois plus tard, mirent la rage dans mon cœur et l'outrage sur mes lèvres. Nous croisâmes le fer... vous savez le reste.

Après cet éclat, après cette fatale issue, honteux de ma triste victoire, je me déterminai à m'éloigner. Dans la situation d'âme où j'étais alors, peut-être eussé-je retiré de ce qui venait de se passer des leçons salutaires, et, faisant un effort suprême pour arracher de mon cœur l'image de celle que je venais d'offenser, j'aurais recouvré le calme et rendu le repos à ma mère; mais, le jour même du départ, Mlle Louise m'apparut sous l'ombrage de l'avenue... Elle me croyait parti, elle venait consoler ma mère. J'osai lui parler... Elle me permit de l'accompagner, de l'introduire auprès de ma mère. Bientôt je dus m'arracher d'auprès d'elle, mais j'avais lu mon pardon dans son regard; mon cœur était soulagé d'opprobre, embrasé d'amour, et sans défense contre lui-même!

Je partis. Ces récents souvenirs remplirent le vide des premiers jours; mais vinrent bientôt les impossibles souhaits, les vœux sans espoir, tout ce supplice d'un mal immense et sans remède. Après avoir franchi les gorges du Grand-Saint-Bernard, je m'arrêtai dans un petit hameau du val d'Aoste, et j'y vécus durant quelques semaines, ignoré des hommes, tout entier à ma peine. Je ne pouvais plus supporter rien de ce qui me distrayait de mes pensées, et mes pensées, de plus en plus sombres, me conduisaient par degrés vers le projet d'une criminelle délivrance. Un moment, ces projets furent suspendus. Je venais d'apprendre que M. Reybaz avait retiré sa parole à M. Charles et que sa fille était libre désormais; mais je sentis aussitôt qu'elle n'en était que plus perdue pour moi, et je laissai de nouveau le désespoir fondre sur moi pour me dévorer. Mes préparatifs furent découverts, ma mère avertie, elle vola auprès de moi.

Vous prévoyez vous-même, monsieur Prévère, tout ce qu'elle put me dire; combien sa tendresse et son effroi durent trouver d'ingénieuses paroles pour me leurrer par de vains discours et pour faire renaître dans mon cœur quelques lueurs d'espérance. Je ne m'abusais point. Je ne feignais pas même de me laisser tromper par ces bruits flatteurs. Ils frappaient mon oreille, mais sans charmer ma souffrance, et, si rien ne fût survenu depuis, et tout récemment, ma plume ne tracerait pas ces lignes.

Mais grand Dieu, je n'ose y croire... A cette seule pensée, mon cœur se trouble et s'abîme dans la joie... Quoi! c'est aujourd'hui M. Reybaz qui, devenu doux et craintif envers sa fille, qui, abjurant ses refus passés, consentirait à cette union, ma félicité et ma vie! C'est aujourd'hui M. Reybaz qui verrait dans cette alliance un port pour lui-même, le terme de ses traverses et la sécurité de ses vieux jours! C'est M. Reybaz qui en aurait donné l'annonce à ma mère, et qui, s'unissant avec elle dans un même vœu, verrait dans moi... dans moi... ô comble de bonheur! ô joie sans mesure! le futur appui de son enfant, le protecteur de sa Louise après lui!... Ah! mère imprudente! si ces paroles sont vaines, si elles doivent m'être retirées, qu'avez-vous fait? Quel poison dans ce doux breuvage, et, après cette heure d'enivrement, quelle nuit funèbre!

Telles sont les assertions qui m'ont violemment rejeté du sein du désespoir dans les transports du bonheur. Je les ai repoussées comme trompeuses, je les ai niées comme impossibles; et, bien qu'aujourd'hui elles me soient présentées comme émanées de M. Reybaz lui-même, comme énoncées par sa propre bouche en termes formels, je n'ose y croire, je les repousse encore, je les repousserai jusqu'à ce qu'elles m'aient été confirmées par votre témoignage. Répondez-moi donc, monsieur Prévère. Si ces choses sont, elles vous ont été confiées; si elles ne sont pas, vous le savez aussi. Répondez-moi, rendez la vie, et bien plus que la vie, à un infortuné qui se traîne douloureusement sous le faix d'une misère infinie, ou bien donnez-lui la mort, et que sa destinée s'achève!

Tel est le service que j'ose attendre de votre bonté, cher et vénéré monsieur; et puisse votre réponse être telle, qu'elle m'ouvre, avec l'espoir de recouvrer le bonheur, celui de rentrer en grâce auprès de vous, de reconquérir votre estime et votre amitié! Tout au moins, veuillez dès aujourd'hui me considérer comme meilleur que je n'étais, et comme plus digne de votre intérêt. Cette même passion, qui, changée en désespoir, m'a rassasié de combats et de tortures, a en même temps épuré mon âme, réformé mes pensées, mes vœux et ma vie. J'aime Mlle Louise, non pas comme on aime une mortelle, mais comme on adore en la vénérant une créature céleste; je l'aime de toute l'admiration que je porte à ses angéliques qualités; je l'aime de tout le mépris que je porte à mes erreurs passées, aux écarts de ma jeunesse, à ces futiles dissipations où j'ai dépensé les jours qui m'étaient donnés pour m'approcher d'elle et pour lui plaire. Un insatiable désir me dévore, bien moins de la posséder que d'être jugé digne d'elle, bien moins d'être son appui que de la servir, que de lui apporter en hommage tout ce que j'ai de tendresse, tout ce que je veux avoir de vertus!... Mais en même temps, monsieur Prévère, une morne conviction me demeure, c'est que, sans Louise, tout est pour moi dans l'univers vide, silence, ténèbres; les cieux se voilent, et la terre n'est plus mon séjour!

Nous resterons à Turin pendant toute la durée de ce mois. Veuillez, monsieur Prévère, m'y adresser votre lettre poste restante, et agréer l'expression du profond respect avec lequel j'ai l'honneur d'être votre reconnaissant et affectionné

Ernest DE LA COUR.

CLXXIII

M. PRÉVÈRE AU MÉDECIN.

De Mornex.

Monsieur,

J'ai eu l'honneur de me présenter chez vous, samedi, en passant par la ville pour me rendre auprès de la fille de M. Reybaz. Vous veniez de sortir, et, comme j'avais hâte de me trouver ici, je renonçai à vous attendre.

M. Reybaz m'a mis au fait de ce que vous lui dîtes lors de la première visite que vous avez faite à sa fille. Pensant que vous aviez peut-être cru devoir atténuer vos craintes devant ce malheureux père, je n'ai pu considérer vos discours comme l'exacte expression de votre pensée; et c'est à cause de cela que j'ai recours à vous, pour que vous vouliez bien ne rien me cacher. Je suis l'ami de ces deux êtres si intéressants, si menacés; je suis en part dans tous leurs chagrins : il importe que je sache si je puis encore les servir par mes conseils et tenter un dernier effort, ou s'il ne me reste plus qu'à préparer l'un et l'autre à supporter le coup d'une affreuse infortune. Dites-moi donc la vérité, rien que la vérité sur cette chère enfant; associez-moi pleinement à vos craintes ou à vos espérances; prenez en pitié mes vives, mes poignantes alarmes, non pour les ménager, mais pour qu'elles ne s'aggravent pas sans mesure par l'idée que nous laissons peut-être se perdre les dernières heures qui nous sont accordées pour rendre cette angélique créature à la vie et au bonheur.

Vous savez son histoire, monsieur. Vous savez d'où lui sont venus ces souffrances, ce déclin. Son père vous a sûrement dit qu'il y a d'insurmontables obstacles à ce que Louise épouse ce jeune homme. Que ce propos n'ait aucun poids auprès de vous. Parlez, parlez! Jugez-vous qu'il soit temps encore? Ah! Dieu le veuille! et alors ces obstacles tomberont, se dissiperont comme une vaine poussière ; et un jour M. Reybaz vous bénira ; ainsi que ces deux enfants, ainsi que moi... Parlez, monsieur; et, si seulement vous pensez que cette démarche doive être tentée, ne tardez pas d'une minute à me le dire.

J'ai trouvé ma jeune amie bien changée! Mon cœur est navré. Qu'y a-t-il donc à faire? Pensez-vous que vous dussiez vous aider du concours et des lumières de quelques-uns de vos confrères? Voyez, je vous en prie, et appelez-les, et conjurez-les en mon nom, au nom du père de cet ange, de venir aussitôt avec vous. Plus d'une vie peut-être tient à celle-là. J'implore votre humanité.

C'est samedi passé que je suis arrivé. L'enfant ne m'attendait pas pour ce jour-là. Depuis trois mois bientôt nous étions séparés. A ma vue, elle a défailli, et, revenue à elle, ses larmes ont ruisselé. C'était le soir : la nuit avait été mauvaise, et, dimanche matin, elle n'a été plus tranquille qu'à la condition de s'abstenir de me parler. Quand son père, qui se rend à la cure, a été parti, je suis resté auprès d'elle; et sur ce motif qu'elle est ici privée de l'exercice de son culte, je lui ai fait une lecture religieuse et une prière. Seulement alors elle est redevenue maîtresse de sa douleur, et nous nous sommes entretenus de son état et de sa situation. Je voulais éviter d'entendre des paroles tristes, je voulais combattre des présages funestes, ramener le calme de l'espoir, me prévaloir de l'amitié et de la confiance de cette jeune fille pour la leurrer de discours paisibles et consolants... J'ai rencontré des convictions sinistres, une enfant qui se croit mortellement atteinte, de déchirants retours, domptés à peine par une angélique résignation... et la mienne, monsieur, la mienne, éprouvée pourtant par bien des malheurs, m'a abandonné! J'ai faibli, j'ai ployé sous le poids d'une mortelle affliction. Venu pour consoler, je n'ai pu que gémir!...

Que Dieu nous soit en aide! qu'il nous guide, cher monsieur; qu'il vous inspire, qu'il dirige nos efforts! Je suis sûr que votre cœur souffre avec nous. J'éprouve de la douceur à vous causer; je vous implore avec confiance... Elle est changée, mais non pas altérée; maigrie, mais non pas maladive Sa figure a toute son expression de jeunesse, de vie, de sensibilité. Ces retours vers le passé, ces combats pour ressaisir, cette lutte où je l'ai trouvée, ne sont-ce pas des signes de force, des motifs d'espoir? Ma venue n'a-t-elle pas été pour beaucoup dans cette faiblesse et ce trouble qui m'ont épouvanté? Voici trois jours que je suis ici, et déjà il me semble que je la vois plus forte, plus calme, moins triste. Ce matin nous avons fait une courte promenade du côté d'Eseri; elle n'éprouvait point trop de fatigue, et des gens que nous avons rencontrés ne l'ont point regardée curieusement, comme l'on fait à ceux que l'on voit changés par le mal. Au retour, elle a dîné avec quelque appétit, et je viens de m'assurer, auprès de la bonne femme qui la sert, qu'elle repose tranquillement.

Hâtez-vous, mon cher monsieur, de m'écrire votre pensée tout entière. Que dans tous les cas, et pour éviter tout retard, votre lettre vous précède. Je l'attends demain soir par le retour de l'homme qui vous portera celle-ci. Je suis ici pour une quinzaine de jours. J'y serai pour un mois, pour tout l'hiver s'il le faut, si vous jugez que cette enfant en puisse retirer le moindre bien, le moindre adoucissement. Je vous quitte en vous exprimant mes désirs, ma reconnaissance et mon affectueuse estime.

Prévère.

CLXXIV

LE MÉDECIN A M. PRÉVÈRE.

De Genève.

Je m'empresse de répondre à votre lettre, monsieur. Vos questions sont pressantes, mes lumières incertaines; de plus, il y a dans cette jeune fille quelque chose de si attachant, dans cette affection qu'elle inspire quelque chose de si peu commun, que je ne trace pas ces lignes sans une émotion qu'une longue pratique des souffrances et des catastrophes humaines m'a rendue peu familière. Je me recueille néanmoins, je fais appel à tout ce que je puis avoir d'expérience, et, soutenu par le vif désir de vous éclairer, par la profonde envie de concourir au rétablissement de cette jeune fille si aimée, si digne de vivre, je vais répondre à vos questions aussi péremptoirement que possible.

Je vous fais grâce des termes techniques. D'ailleurs ils ne seraient pas ici de grand usage. J'ai reconnu, tant par son propre examen que par les détails que j'ai recueillis de la femme dont vous parlez, qu'il n'y a point encore de désordres graves dans la constitution de cette jeune demoiselle, mais seulement les indices d'un dépérissement occasionné sans aucun doute par la lutte et la souffrance auxquelles son cœur est en proie. J'ai vu bien fréquemment, dans des situations analogues, des indices semblables inquiéter passagèrement et disparaître bientôt avec le seul cours du temps ; mais il est vrai qu'ils ne se montraient pas chez des jeunes filles dont le caractère m'ait paru aussi formé, la sensibilité aussi développée et la passion aussi vive. Dès le premier abord, j'ai été frappé à la fois, et de ce que l'aisance de cette jeune personne, sa bonne grâce, sa taille svelte, le facile mouvement de ses membres, marquaient de force et de santé, et de ce que son visage, sous un air de mélancolie, marquait de feu profond, de peine sourde et amère. Dès le premier abord, j'ai vu que l'enveloppe est frêle pour cette âme ardente et orageuse, que les prescriptions de mon art seraient de peu de secours, et qu'avant d'oser toucher à ce corps fragile et y porter quelque trouble salutaire, il fallait qu'auparavant la crise morale fût moins terrible, que le temps, l'amitié et vos secours eussent étanché le sang qui coule de ces blessures invisibles, mais réelles et profondes. Je l'ai dit à son père en l'invitant à recourir à vous, monsieur, puisqu'il avait le bonheur de vous avoir pour ami.

Telle est l'impression qu'a fait naître en moi ce premier coup d'œil, que nous ne devons pas, dans notre art, consulter uniquement, mais qui renferme souvent quelque précieux élément de vérité. Tout ce que j'ai vu ou appris ensuite n'a fait que me convaincre de la justesse de cette impression première ; en telle sorte que vous prévoyez déjà la réponse que j'ai à faire à votre question principale : à savoir s'il y a quelque chose à tenter, ou, en d'autres termes, s'il est à espérer que, les obstacles étant levés et M. Charles étant rappelé auprès de Mlle Reybaz, celle-ci recouvrerait la santé avec le bonheur. Certes, je considère comme une chose nécessaire, indispensable même, que plus tard l'on renoue cet attachement qui demeure brisé, mais qui ne sera jamais rompu ; et je vous engage de toutes mes forces à en ménager la possibilité auprès de M. Reybaz. Mais je ne pense pas que, dans le moment actuel, on puisse rien tenter auprès de sa fille sans un extrême danger. Je crois, ou plutôt j'ai la conviction, que cette réaction véhémente d'une profonde angoisse vers une joie si forte, si inattendue, que cette crise nouvelle substituée, ou plutôt ajoutée à une crise qui a déjà reçu du temps et de l'habitude quelque tempérament, et qui est sur son déclin de violence, sinon d'amertume, serait un ébranlement funeste, décisif peut-être, pour ce corps fragile et déjà fracassé. S'il y avait des degrés dans une tentative de cette nature, je serais d'avis qu'il faut faire quelque chose, que l'on peut encourager des lueurs d'espérance et adoucir ainsi la peine, en attendant qu'on puisse la soulager tout à fait. Mais il n'y en a pas : au premier mot, cette jeune demoiselle aura tout saisi, tout découvert ; elle sera livrée à l'assaut de mille sentiments fort turbulents ; cette réaction, que j'estime dangereuse dans ce moment, aura été produite. Ajoutez à cela les émotions qui suivront, lorsqu'elle recevra les lettres de M. Charles, lorsqu'elle devra le revoir après de si cruelles traverses ; ajoutez aussi la tristesse, l'amertume peut-être, au sein même de la joie, lorsqu'elle se reprochera, injustement à la vérité, mais selon toute apparence, d'avoir reconquis ce que son père lui avait ôté, d'avoir froissé ses scrupules et contraint sa conscience ou sa tendresse. Attendons, monsieur, et, quoi qu'il advienne, soyez bien certain que, dans l'état où est Mlle Reybaz, il est trop tard ou il est trop tôt pour tenter le moyen au sujet duquel vous demandez mon avis. C'est là mon dernier mot. Agissez, préparez les voies auprès de M. Reybaz, afin que son assentiment soit prêt lorsqu'il en sera besoin; mais, quant à sa fille, bornez-vous, pour l'heure, à tempérer sa souffrance, à fortifier son courage, à appuyer sa faiblesse sur le doux étai de l'amitié et de la religion, et ne risquons pas de brusques mouvements sur un terrain qui craque et chancelle.

Une chose, monsieur, ajoute à mes yeux de la force aux motifs que je presse ci-dessus : c'est que la femme de M. Reybaz est morte à la fleur de l'âge, à la suite de ses premières couches. Elle était faible, peut-être malade déjà, alors qu'elle portait dans son sein cette jeune fille. De ce que m'en a dit M. Reybaz, j'ai conclu que c'était une femme supérieure à sa condition par le tour élevé de ses sentiments, mais délicate aussi de santé, comme le sont si souvent ces êtres distingués et précoces. Cette circonstance doit nous imposer une extrême prudence. J'aurais voulu recueillir quelques renseignements précis et détaillés sur la maladie de cette dame; malheureusement, le médecin qui la soigna dans les dernières années de sa vie est mort depuis longtemps : peut-être vos souvenirs m'apporteront-ils quelque lumière sur ce sujet. Veuillez les recueillir ; vous m'en ferez part lors de la visite que je me propose de vous faire au premier jour.

Je suis honoré, monsieur, par vos paroles de confiance et d'affectueuse estime ; je suis pénétré de l'inquiétude et de l'affliction que vous ressentez, et que je partage de tout mon cœur; aussi, comptez bien que nul sentiment d'amour-propre ne me dicte ce qui me reste à dire en réponse à l'une de vos questions. Je serai toujours prêt, et aujourd'hui même, si vous en manifestez encore le désir, à m'associer quelques-uns de mes collègues pour unir leur expérience à la mienne ; cependant je me permets de vous soumettre deux observations, qui vous porteront peut-être à ajourner cette mesure. L'une, c'est qu'il ne s'agit pas ici d'un mal compliqué et d'un danger imminent, seuls cas où ces sortes de consultations sont d'usage ; l'autre, c'est qu'il faudrait que mes confrères pussent voir Mlle Reybaz en même temps que moi, et il me paraît que cette entrevue lui serait assez pénible, et assez fâcheuse peut-être, pour qu'on doive la lui épargner, si elle est superflue. Veuillez y réfléchir, tout en étant persuadé que, pour ce qui me concerne, j'inclinerais plutôt en faveur d'une mesure qui me soulagerait en partie d'une responsabilité dont je sens profondément l'étendue et la gravité. Au surplus, je vais ne pas tarder à vous voir, et nous pourrons nous entretenir sur ce point comme sur les autres.

Agréez, monsieur le pasteur, l'expression de mon dévouement le plus sincère et le plus affectueux.

MAIGRAT.

CLXXV

LOUISE A SON PÈRE.

De Mornex.

Vous m'avez fait promettre, mon cher père, de ne pas vous écrire, parce que vous redoutiez pour moi toute fatigue. Me pardonnerez-vous si je vous désobéis? J'en suis certaine ; car votre bonté veut que je satisfasse toutes mes envies, et c'en est une grande et chère que de m'entretenir avec vous.

Vous m'avez laissée bien triste et bien troublée ; je me suis fait bien des reproches de n'avoir pas supporté avec plus de courage la vue de M. Prévère, et de vous avoir laissé emporter de moi une image si désolée. Mais, mon père, ces moments ont été courts, je vous l'assure ; et aujourd'hui je suis dans un état qui ne vous causerait aucune alarme, si vous pouviez me voir.

Aussitôt après votre départ, M. Prévère revint auprès de moi ; il me lut un sermon, il fit une prière : ses discours, sa piété, sa tendresse me furent comme un baume dont la douceur endormit mon trouble et me rendit à ce calme où je suis maintenant. Ainsi, mon cher père, que votre front ne s'assombrisse pas de ces nuages qui me causent tant de chagrin ; que votre sommeil soit tranquille, et propre à vous rendre cette force de santé que vous aviez. Vous êtes toujours inquiet pour votre Louise ; songez aussi qu'elle a bien le droit et le motif de n'être pas en sécurité sur vous, et soyez serein pour lui faire plaisir.

Ces jours suivants, nous avons arrangé notre vie d'une façon bien douce et bien propre à me faire profiter de la présence salutaire de M. Prévère, qui a la bonté de se prêter à toutes mes fantaisies et à toutes les habitudes de notre petit ménage. Je suis paresseuse, vous le savez : aussi on a mis le déjeuner à neuf heures, et, encore, s'il m'arrive d'être endormie à cette heure tardive, on ne me réveille pas ; si bien, cher père, qu'avant-hier votre Louise dormait encore de tout son cœur à onze heures. Ainsi voyez si vous devez vous faire un scrupule de prendre du bon repos, tout autant que la nuit peut vous en donner. Après le déjeuner, nous allons nous asseoir sur la galerie, où M. Prévère s'entretient avec moi de choses pieuses et s'attache à faire du bien à mon âme, qui était si malade et si oublieuse de faire ses devoirs. En effet, je crains, cher père, que moi surtout, mais vous aussi, nous ne nous comportions quelquefois, dans nos craintes et nos alarmes mutuelles, comme si notre confiance en Dieu n'était pas entière, véritable, comme si elle variait avec le bien qu'il nous fait ou les maux qu'il nous envoie : c'est là une offense envers lui, et un malheur pour nous, le plus grand qui puisse nous atteindre. Je me figure, bon père, que si je venais à vous perdre, la douleur me posséderait comme si j'étais une créature abandonnée, quand il me resterait pourtant Dieu et ses promesses ; je me figure que, faute de lui être assez soumise et attachée, j'outragerais sa bonté, sa justice, sa puissance, par ma faiblesse et mon désespoir ; j'outragerais votre mémoire, en ne sachant pas me comporter ainsi que votre tendresse m'eût demandé de le faire, et en ne parvenant pas à me vaincre, à me soutenir, pour l'amour de vous. Vous voyez, puisque je vous prêche ainsi, que j'ai le cœur tranquille et le corps exempt de maladie ; mais, si plus tard, si une fois Dieu voulait que je ne dusse pas vous survivre, s'il me retirait à lui avant vous, une seule chose, je vous l'assure, m'empêcherait de regarder sa dispensation comme un bienfait, ce serait de ne vous savoir pas assez ferme dans votre confiance en lui pour supporter ce coup sans fléchir. Nous ne savons pas ses desseins ; je suis plus frêle que vous, vous avez plus d'ans que moi.... Bon père ! pendant que le calme règne, pendant que nos cœurs s'entendent, pendant qu'ayant plus de tranquillité ils jugent avec plus de justesse, pénétrons-nous de résignation et de courage ; engageons-nous ensemble à être appuyés sur ce roc de la confiance en Dieu pour l'heure de la séparation, à n'outrager, à n'affliger jamais la mémoire l'un de l'autre, à faire que, de nous deux, celui qui ira le premier rejoindre ma mère n'emporte pas dans les cieux cette affreuse idée, qu'il délaisse son compagnon dans le désespoir de l'abandon, dans le péril du murmure, dans l'angoisse et l'ennui du monde, au lieu de le laisser dans la résignation et l'espoir, qui sont les bienfaits et les signes de la confiance, comme ils sont les arrhes des cieux et les prémices de la réunion !

Quelle prêcheuse, allez-vous dire, que cette enfant qui en remontre ainsi à son père !... C'est bien vrai que j'éprouve un peu de honte, mais moins que si vous ne m'aviez laissé prendre toute sorte de manières qu'une fille moins gâtée par votre tendresse n'aurait pas. Vous m'avez fait la reine de votre maison, la princesse de votre ménage ; et, comme les puissants, je prends des tons et je me mêle de vous dire mes idées. Heureusement encore qu'elles ne sont pas celles de ma propre tête ; mais je les tire de mon cœur, où les a mises mon maître, M. Prévère, celui contre qui nous ne voudrions contester, ni vous ni moi : tant nous savons que ce qu'il dit est appuyé sur l'Évangile, éclairé par ses lumières et prouvé par sa vie ! Je ne suis donc, qu'une enfant, mais une enfant qui redit des choses que son père lui-même peut écouter, qu'elle peut le conjurer d'accueillir et de graver comme elle au plus profond de son cœur.

J'oublie que je voulais vous décrire notre vie. Après ces entretiens, nous allons, quand le temps est beau, faire une promenade aux environs. Lundi, nous dirigeâmes nos pas du côté d'Eseri; M. Prévère m'entretenait de moi, de vous, et aussi des objets que nous rencontrions. Il a voulu voir le château, qui, de loin, a l'air vaste et considérable, et qui, de près, est ruiné et agreste. Les bonnes gens qui l'habitent ont apporté un banc, et nous nous sommes assis sur la terrasse, d'où la vue est si paisible et si magnifique. Pendant que nous étions à contempler, le curé s'est approché de nous, et, M. Prévère lui ayant adressé quelques questions, il a raconté des choses intéressantes sur le château d'Eseri et sur celui de la Roche, que l'on découvrait à l'horizon, au pied des Bornes. Après cet entretien, nous sommes revenus au travers des bois, jusqu'au torrent, qu'on passe près d'Essert, sur le pont du Loup. Il y a, de ce côté, des chemins charmants, que je compte explorer si nous sommes encore ici au printemps. Au retour de ces excursions, on dîne, et M. Prévère a voulu que ma bonne Marthe continuât de manger avec nous, quand, par respect, elle avait retranché son couvert. Après dîner, comme la soirée dans cette saison est bientôt là, je fais faire un peu de feu dans la chambre de M. Prévère ; et tantôt il m'entretient, tantôt il me fait quelque lecture, jusqu'à l'heure du coucher. Alors il dit à Marthe de monter ; et, après quelques moments pour se recueillir, il fait la prière du soir, toute pleine de ferveur, bon père, toute belle de vérité, d'onction, de foi, de confiance, de cette force douce et puissante qui appartient à M. Prévère, et qui, durant qu'il parle, se répand dans le cœur pour le remplir et le restaurer. Il demande le rétablissement de votre enfant, et il n'oublie pas de demander la patience, la tranquillité, la résignation pour mon père. Après cette prière, nous nous séparons pour nous coucher aussitôt : c'est une règle que M. Prévère a établie pour tous.

Vous voyez, bon père, que ces journées ne sont point ingrates ni stériles ; et, je vous le répète, mes nuits sont meilleures. Si j'avais le bonheur de vous embrasser chaque jour, il ne me manquerait rien de ce que, dans les circonstances où nous sommes, je puis raisonnablement attendre. Mais, si je songe que vous aviez affaire à la cure, que vous êtes bien aise de vous y retrouver et qu'on est bien heureux de vous y revoir, cette privation passagère m'est plus légère, et je jouis avec reconnaissance de ce que vous vous êtes fait remplacer par M. Prévère, que je n'avais pas vu depuis si longtemps. Soyez donc sans crainte: défaites-vous des alarmes que vous avez emportées, et vaquez en liberté d'esprit à tant de choses pour lesquelles il faut profiter de votre séjour à la cure. Faites mes tendres amitiés aux amis que j'y ai laissés, et quelques petits plaisirs en mon nom aux enfants, surtout à ma chère orpheline. Je ne vous donne pas d'autre recommandation, puisque M. Prévère a tout mis en ordre pour les pauvres qui s'attendent à moi. Il vous prie de m'envoyer mon rouet, et je vous promets que j'essayerai de m'y remettre. En repassant par Genève, n'oubliez point de m'acheter une robe chaude, dont je veux faire présent à Marthe à l'approche du nouvel an. Voilà bien des commissions, cher père, et comment j'abuse toujours de votre bonté. Recevez les amitiés de Marthe et de M. Prévère, avec le tendre embrassement de votre fille

Louise.

CLXXVI

LE CHANTRE A M. PRÉVÈRE.

De la cure.

Me voici à la cure depuis tout à l'heure quinze jours, mon cher monsieur, et j'y ai plus à faire à partir d'aujourd'hui, pour terminer maintes choses, qu'en arrivant, pour les entreprendre. Ma faute, c'est d'avoir mis à l'œuvre des maçons, lesquels sont gens à faire traîner l'ouvrage d'un jour un mois durant, tant pour laisser sécher le mortier de chaque assise que pour s'humecter le gosier en prenant des quarts d'heure sur leurs jointes. Toutefois il n'y avait pas à attendre, sous peine de voir, après quelque gel de cet hiver (l'almanach qui vient de paraître annonce des rigueurs, à cause du 9 qui est dans le millésime), le mur de la cure, au midi, descendre dans le jardin, emmenant la toiture et mes fagots qui sont en dessous ; sans compter que, dans ces désastres, un pan de muraille en tire un autre après lui, et que le clocher, qui date des anciens temps, venant à manquer d'appui, pourrait menacer l'église, quand déjà la cloche charge de ce côté. A cette occasion, j'y suis monté pour voir un peu. Va bien pour la cloche et son batail, mais tout le reste ne tient que d'habitude et pour avoir tenu. En maint endroit, la pluie a détaché le ciment à l'extérieur, laissant à nu la molasse, qui s'en va par écailles ou en lente poussière ; tandis qu'à l'intérieur, outre les lézardes anciennes qui n'ont pas été recouvertes en divers temps, j'en ai compté deux nouvelles, où entrerait bien le revers de la main. Ces deux sont de l'an passé, puisque l'année d'avant je ne les y ai pas vues, et qu'en outre la cassure y est plus fraîche, et non encombrée comme les autres d'insectes et de débris. J'estime que, l'an prochain, il y faut poser une clef d'une face à l'autre, quand c'est déjà arrêter le mal que de réparer le mur du midi, où j'ai fait reprendre tout le bas. Pour la toiture du clocher, n'ayant que vingt ans, elle est comme neuve, et, ainsi que dit François le sonneur : « C'est un chapeau de conscrit sur la tête d'un vétéran. » J'y ai trouvé une chouette, encore ai-je eu du mal pour la prendre. Ils s'en amusent par le village.

Ceci, mon cher monsieur, m'a fait penser que ce terme de quinze jours, que je vous avais donné comme long de reste, se va trouver trop court d'une quinzaine. A la vérité, vous pourriez revenir et suivre à l'achèvement de cet ouvrage ; mais il y en a d'autres que j'aurais à cœur de poursuivre, étant des travaux d'intérieur qui demandent l'œil du maître, tant pour l'économie qu'à cause de la sûreté des objets domestiques, et pour que ces gens ne massacrent pas d'une part, tandis qu'ils réparent de l'autre. Toutefois ma raison principale, c'est une lettre de la petite, où j'ai vu, au travers de propos tristes qui s'y trouvent, qu'elle éprouve du mieux de votre venue, et que vos discours la tempèrent, ainsi que j'avais préjugé. Depuis longtemps, mon cher monsieur, je n'avais eu à écouter d'elle des paroles si paisibles, notamment qu'elle me décrit votre vie là-bas, et ce curé d'Eseri qui vous a fait des histoires sur la terrasse d'un château. Il y a dans sa lettre de ces mots plus prochains du sourire que des pleurs : entre autres quelle arguë de ce qu'elle dort mieux, pour m'engager à faire de mes sommes d'autrefois, si bien que ces simples lueurs m'ont frappé comme une vive lumière, et qu'inclinant à l'espoir j'ai vu dans ses propos sinistres des restes de la tempête passée plutôt que des augures d'orages à venir. La lettre me fut apportée jeudi, comme j'étais seul dans mon pré d'en haut ; et, après qu'elle m'a eu pleinement remué dans cette solitude, en regardant au loin la campagne, j'y ai trouvé des ressemblances à mon impression d'alors, en ce que, au travers des brumes du soir, ci et là luisaient quelques rayons de soleil, pâles à la vérité, mais réjouissants pour l'arrière-saison et indices de temps serein.

J'avais grand besoin que ces lignes vinssent me trouver et chasser de ma mémoire ce que j'avais emporté de Mornex, tant du samedi que vous y parûtes que du dimanche matin où je vous y laissai, n'ayant encore pu ouïr un mot de cette bouche close d'amertume, ni un parole de caressante ce cœur toujours pour vous, et ce jour-là muet de gonflement. Quand je vous eus quittés, me trouvant seul et immobile dans ce chariot couvert, je sentis la tristesse m'étreindre, de façon que je fis arrêter pour descendre à pied la montagne et me sentir au moins la compagnie des rochers, du grand air et du ciel, qui me figure toujours l'habitation de Dieu, bien que je le sache partout et que son regard est autant dans le fond des cavernes que sur la crête nue des monts. Après Étrembières, craignant de me rembrunir dans cette boîte à quatre roues, j'y fis monter le conducteur ; et, prenant le fouet et les rênes, je m'assis sur le siége, d'où j'eus la distraction des campagnes et celle de gouverner la bête, qui serait rétive et prompte à s'effaroucher (notamment d'un tonneau de vendange laissé sur la route), si ce n'était l'âge qui lui a tempéré le sang. Mais la bouche est dure.

A ce propos, monsieur Prévère, je vous dirai qu'ayant fait la revue de nos bêtes de la cure j'ai trouvé que la cavale approche d'avoir fini son temps, non pas qu'elle n'aille encore et ne fasse du service de quoi, mais c'est le râtelier qui est usé jusqu'à la racine à force d'avoir servi ; en telle sorte que la pauvre bête, mangeant avec peine, y emploie son temps de sommeil : ce qui s'aperçoit à ses côtes, visibles comme des tuyaux d'orgue, et à son œil qui saillit, faute de chair autour. Ce serait chose d'humanité que de la faire abattre, de crainte qu'après vingt-cinq ans de bons services elle ne périsse de faim en face de sa crèche. Quant à l'âne, je l'ai trouvé gaillard et vivace, faisant son œuvre ou plutôt la laissant faire sur lui, sans se soucier ni manquer un chardon. Trouvant que les travaux ne le réclament plus et que voici le temps des mauvais chemins, où son dos ferait plaisir à Louise pour la porter dans ces endroits qu'elle dit, je me suis décidé à le lui envoyer. Demain, dès l'aube, le petit Legrand partira monté dessus, vous portant cette lettre. Vous lui direz s'il est possible que vous demeuriez là-bas une quinzaine encore, M. Dervey étant d'accord qu'il vous remplacera autant que vous voudrez, jusqu'à l'approche des fêtes de Pâques.

Bien qu'ayant lu sur cette montagne chaque dimanche un sermon, j'avais grande hâte et envie de me retrouver à l'église. J'y fus dimanche, sans avoir voulu tenir le chant, afin de juger comment s'en tire Brelaz. J'ai été, à vrai dire, peu satisfait, bien qu'il fît effort en ma présence pour s'abstenir de ritournelles dans l'entre-deux des reprises. Mais son chant est peu révérencieux ; et, si je le compare à un homme qui guide son cheval, je dirai qu'à un bête ayant la bouche capricieuse, il tient les rênes libres : de façon qu'elle recule ou qu'elle anticipe, au lieu de garder une allure réglée. Il oublie que pour un chantre c'est l'œil qui tient lieu de fouet ; et qu'aux enfants qui faussent la note ou aux vieillards qui la prolongent, il faut qu'un regard les redresse ou qu'un froncement les aligne. Il oublie encore que s'il ne s'aligne lui-même sur l'orgue, c'est deux maîtres qui commandent à la fois, et qu'on ne sait auquel entendre. Heureusement que, me trouvant là, j'ai donné de la voix aux endroits périlleux, de façon que, les paysans s'y ralliant sans paraître, M. Dervey n'a eu à se chagriner de rien. Au sortir de l'église, j'ai prévenu Brelaz que, pour dimanche prochain, je tiendrai le chant, et que, sans chanter lui-même, il m'écoute gouverner.

Pour ce qui est de M. Dervey, il a fait à nos paysans un sermon de ville qu'ils ont trouvé bien beau, sans que je sois certain qu'ils l'aient saisi plus que moi, ni qu'ils se soient trouvés pris au collet, ainsi qu'il arrive quand l'idée est vraie, le langage fort, et que la parole devient comme une pointe aiguë qui perce les enveloppes que Satan a faites autour de la conscience. Son discours portait plus de fleurs que de fruits, et encore pour les cueillir on s'y fatiguait les bras, étant trop au-dessus de nos têtes. Pour sermonner les paysans, il faut les connaître, et pour les remuer, il faut secouer brusquement. Ils ont leurs vertus, toujours menacées par le cabaret ; et ils ont leurs défauts, pas tant sujets à grossir que lourds et tenaces. Aux unes, il faut des étais qui ne soient pas fragiles ; aux autres, il faut des coups vigoureux et bien ajustés : sinon, c'est du bruit, et autant en emporte le vent. Aussi me disais-je bien : « Ces gens de ville, ainsi qu'ils n'ont pas la peau calleuse comme nous autres, de même ils n'ont pas comme nous autres la conscience calleuse, si tant est que ces fleurs sans épines suffisent à l'égratigner. »

Du reste, j'ai bien eu de plaisir en revoyant la cure, gens et endroit ; mais pas sans mélange. Déjà une heure avant d'arriver par delà Verdier et du côté des bois, j'avais le cœur remué, quand j'ai trouvé sur la route les Besson qui, ayant su quelque chose, se promenaient à ma rencontre. On s'est touché la main avec tous et embrassé avec la femme, qui est ma commère pour le troisième des Redard. Ne pouvant les avoir avec moi dans mon char, je suis descendu pour cheminer avec eux ; mais voici qu'au contour du chemin de Chouilly, je trouve, assis sur le rebord du fossé, tous les Duruz qui m'attendaient, et notamment le grand-père, chargé de ses quatre-vingt-deux ans, à cause de qui ils s'étaient arrêtés ; plus loin, ce sont les Redard avec mon filleul, y compris la pauvre Brachoz qui s'était jointe à eux, et la Crozat, à qui j'ai fait un accueil à elle en regard de ce qu'elle s'est réconciliée avec le bon Dieu ; enfin vers la fontaine, c'étaient les Frozet, les Durand, Jacqueline la borgne, François le sonneur, Élise Roset, la petite Combat, et l'orpheline de Louise. A tous et à chacun c'était à recommencer pour les nouvelles de Mornex, que je leur donnais de bonne grâce, bien qu'en ces moments d'allègre revoyance ce fût me contraindre à mélanger le triste avec le jovial. Toutefois je m'étais maintenu, lorsque, du bas du pré de la cure, apercevant la fenêtre de la petite, et tout alentour les arbres, les clédals, les vergers, dont chacun me ramenait en mémoire des spectacles d'agrestes amusements et de joies journalières, j'ai eu le cœur gonflé, et leur disant de me laisser seul, j'ai passé derrière la haie, où, m'étant assis pour n'être plus sous le regard, j'ai donné issue à des larmes abondantes, bien qu'amères. C'est Dourak qui, étant survenu, m'a fait honte par le tumulte de ses caresses, en sorte que j'ai surmonté cette faiblesse et cheminé vers la cure. Voulant brusquer les impressions qui me restaient à endurer, j'ai été droit à la chambre de Louise, où, ayant ouvert les contrevents, la lumière du soir est entrée et m'a fait voir deux de ses vases dont la plante s'est desséchée. Cette vue m'a été cruelle.

M. Dervey venait de repartir, après avoir fait le catéchisme de l'après-midi. Antoine m'est venu saluer, et le journalier, et les gens de la vendange, qui est finie. Le vin sera dur, et encore pas si abondant qu'on avait cru avant cette grêle de septembre. Hormis ce qu'il en faut pour votre usage diminué d'un tiers du nôtre, j'ai tout vendu à huit sous le pot, et comptant:

ce qui me fait de l'argent pour régler là-bas ; le reste sera à prendre sur mes foins, où il y a à gagner, l'eau n'ayant pas tari sur mes prés, tandis que la sécheresse a tué les regains partout alentour. Cette vente faite, j'aurai à régler pour mor tiers de ce que coûte ce malheureux, ainsi que je l'ai dit, et sans que j'estime que vous deviez m'en empêcher. Je ne vous dis rien des impressions lugubres que j'ai ressenties à chacun des endroits où son souvenir s'attache, et où je vois comme une souillure provenant de l'infamie de ses pères. Ils ne m'ont rien demandé sur lui par le hameau, me causant en cela un soulagement véritable. Est-ce retenue à mon égard ? je le crois d'autant plus que, ignorant ce qui était dessous le voile qu'a levé Champin, sans me blâmer, ils regrettent l'infortuné de tout ce qu'ils plaignent Louise.

Dès le lendemain, j'ai vaqué aux affaires et mis à part de la récolte ce qu'il nous en faut garder, pour vendre le surplus en son temps ; et le jour suivant, qui était le mardi, j'ai fait une course à Genève pour empléter des articles, à propos d'une idée que je vous dirai tout à l'heure. J'avais le projet de faire un tour chez Champin, à qui j'ai promis dans le temps ; mais voici qu'arrivé à la ville, au retour de Coutance, du char où j'étais, je l'aperçois qui, faisant face à une jardinière, lui marchandait des navets, et qu'au lieu de descendre pour lui dire bonjour j'ai crainte seulement qu'il ne se retourne et ne m'aperçoive. Pourtant voici tantôt sept ans qu'on ne s'est vu ; mais c'est lui qui a levé ce voile et manié ces souillures, et l'aversion de la chose se participe à celui qui l'a découverte, bien qu'à bonne intention. Du reste, pour ce peu de temps que je l'ai entrevu, il m'a semblé vieilli, ayant bien toujours de l'aplomb dans le buste et du superbe dans l'allure, mais le dos s'est voûté, l'enflure lui appesantit les jambes, et il lui faut pour marcher un bâton, ce troisième pied des vieillards et des infirmes.

Cette idée, la voici, monsieur Prévère : c'est de remettre à neuf et d'orner de parure cette chambre de Louise, qui n'a pas été rafraîchie ni retenue depuis que Thérèse, ma défunte, l'y a enfantée. Elle m'est venue pendant que j'étais à considérer ces deux plantes desséchées et les fleurs éparses sur un plancher si ancien, que les nœuds du bois, ayant mieux résisté à l'usure du marcher, y font saillie comme des têtes de pavé, tandis que la boiserie est rousse de vétusté et la muraille recouverte de ce papier à fleurs qui, pour avoir eu son beau temps, n'en paraît par moins fané ; d'autant plus qu'il a été rajeuni par places de pièces ayant leurs couleurs fraîches et vives. J'ai vu que, ces choses réparées, la fenêtre serait à refaire et la porte aussi, dont le panneau d'en bas a sa fente et dont le pourtour, trop petit pour la battue du cadre, clôt mal et laisse passer l'air, sinon le jour. Mais bien que sachant que, si on touche à une ruine, c'est une maison à rebâtir, je me suis laissé séduire à faire cette dépense, y trouvant du plaisir et du rassasiement, à raison même de ce qu'elle est extrême pour mes moyens. J'y ai trouvé un aliment depuis que je suis ici ; et j'en emporterai en provision pour cet hiver, l'attente d'installer au printemps mon enfant dans cette demeure que j'aurai parée pour la recevoir.

J'ai donc aussi mis à l'œuvre maçons et charpentiers, et le travail avance, chaque chose reprenant par degré un air de jeunesse et de bonne façon qui s'assortit si bien à celui de la petite, que j'en suis à me demander comment j'ai pu la voir tant d'années dans ce réduit sans y réfléchir autrement. Le plancher est refait, en sapin net et éprouvé, avec deux bandes en bois de noyer qui se croisent droit au milieu. Trouvant que la poutraison du dessus avait mauvaise grâce à recouvrir ce parquet clair et lustré, je l'ai fait masquer d'un plafond de plâtre, où ils à sont ajuster une moulure qui marque le pourtour à trois pouces de la paroi. D'autre part, je fais faire sous mes yeux la fenêtre qui aura six carreaux de bonne grandeur, et une espagnolette à bouton de laiton ; plus la porte, en bois de chêne aussi, avec une serrure neuve fermant en dehors et en dedans : le tout sera rendu jeudi qui vient, et posé le jour suivant. La chambre étant petite, une armoire aurait convenu plutôt que cette grande garde-robe en noyer ; mais j'étais certain que Louise, ainsi que moi, ne reconnaîtrait plus sa chambre là où ne serait pas ce meuble, qui est entré dans la maison par apport de sa mère : je l'y ai donc laissée pour conserver à la nouvelle demeure le prix de l'ancienne. Pareillement, je n'ai rien changé au lit, qui a été ma couche de garçon, et qui d'ailleurs, pour la solidité et la durée, serait malaisé à remplacer. Restait la table ; la trouvant bonne, j'ai préféré faire les frais de garnir les trois chaises et le fauteuil, ayant le crin, et de plus, ce ramage en moiré que j'ai hérité intact de Thérèse, après le lui avoir donné. Modeste qu'elle était, le bleu et le rose qui s'y trouvent parsemés sur un fond cannelle lui en parurent trop lustrés pour sa condition, même aux jours de fête.

C'est pour le faire ajuster que j'ai mené mardi le crin et les chaises à la ville, chez un de ces tapissiers qui entendent la chose, et vous rendent votre étoffe dans son lustre, sinon toute; d'ailleurs, avant de livrer la mienne, j'en ai pris la mesure. Par la même occasion, j'ai été choisir un papier à mettre sur la muraille, et, au milieu des abondances qu'ils en ont fait passer sous mes yeux, j'en ai, d'instinct, choisi un qui veut plaire à Louise, ou bien je me suis mépris. C'est un fond de couleur claire, sur lequel se voient des verdures entrelacées, avec des oiseaux parmi, et, d'une branche à l'autre, des balançoires avec une bergère dessus, dont vous diriez, à voir sa robe plissée par le vent, qu'elle flotte par les airs. Le marchand m'a assuré que les couleurs en sont fines, notamment le jaune et le vert, et que j'ai mis le doigt dessus un papier d'entre ses plus charmants. Chez le même, j'ai acheté un miroir de douze pouces sur sept, encadré de bois rouge, avec deux patères pour le soutenir en l'inclinant. Il est déjà en place, et c'est réjouissant que de voir la lumière qu'il attire en mirant le ciel et les tilleuls : vous diriez une fenêtre de plus. J'ai tout rapporté le soir même, hormis les chaises, qui viendront samedi par le retour des Piozel, qui vont mener leur paille au marché. La paille est chère; et c'est encore une raison pour se défaire de la cavale, si d'ailleurs elle en est à maigrir faute de dents.

Pour déménager la chambre, force m'a été de faire sauter le tiroir de la table, où se trouvait la clef de la garde-robe qu'il a fallu dégarnir, afin de pouvoir la sortir de biais par la porte qui est étroite. Dans un recoin du tabla du milieu, j'ai trouvé des papiers dont la vue m'a été amère, monsieur Prévère, si bien qu'ayant voulu les feuilleter je les ai bien vite éloignés de ma vue : c'étaient les lettres de ce malheureux. J'ai délibéré si je les voulais détruire, et supporté à ce sujet un combat intérieur, où a prévalu le respect pour l'intention de ma fille, joint à ce que, ayant fait sauter le tiroir et agissant dans le secret, un instinct m'a retenu. Mais je n'aurai pas de contentement que ces lignes, issues d'une source tarée, ne soient anéanties de ma maison, et ces pages loin de l'attouchement de ma Louise. Pour l'heure, sans les lire, je les séquestre, ne voulant pas qu'elles tachent cette demeure que j'ai reblanchie, et que je verrais sombre et noire, si je les y avais recélées. Combien faudra-t-il d'années encore pour que s'efface tout vestige de cet infortuné?

J'ai aussi tenu son livre de comptes qui est, page par page, une liste d'aumônes, avec quelque harde ci et là pour sa personne. Mais, de ces aumônes, une m'a soucié, qui est plus forte que les autres, et inscrite à chaque trois mois, du 1er au 3, sans nom de personne. J'ai compté que la somme va à deux cent cinquante florins par an, depuis quatre ans environ, ce qui ressemble plus, vu ce chiffre majeur, à une pension qu'à une aumône ; et, sur ce, je me suis creusé la tête pour deviner une chose si marquante et si secrète. Je ne vous cache pas, monsieur Prévère, que des idées me sont venues au sujet de ce malheureux, et cruelles, en ce que la somme la dernière livrée est de la semaine où nous sommes partis de la cure; d'où je pourrais inférer que Louise m'aurait manqué en cela. Toutefois je n'y saurais croire avant que je ne le voie, quand déjà le motif à cette aumône manquerait, puisque ce malheureux est défrayé de tout, entre vous et moi. Je reste donc en suspens sur ce point. J'ai aussi reçu une lettre pour elle qui m'a soucié pareillement, en ce que sous l'enveloppe, timbrée de Genève, j'entrevois au travers du papier une autre adresse, comme d'une lettre venant d'ailleurs, et arrivant par ricochet à la personne. J'ai lié ce mystère avec l'autre, et j'ai grand'hâte d'en être éclairci, sans néanmoins ouvrir la lettre, ce qui serait faire outrage à mon enfant, jusqu'ici droit et sans reproche. Et encore, le tort en serait-il à elle, si c'était de Lausanne que, sans sa participation ni sa demande, on eût osé lui écrire ?

Mais je chasse ces pensées, qui, venant à me dominer, m'ôteraient ce peu de repos dont je jouis et l'entrain de poursuivre ces préparatifs. J'aime mieux croire que ma volonté a été vénérée et ma confiance en elle jamais abusée ; seulement si vous saviez quelque chose, monsieur Prévère, je m'en remets à vous pour me l'apprendre, afin que nous y portions remède ensemble; et plutôt vous que moi, qui, froissé, pourrais froisser à mon tour cette enfant. Embrassez-la pour moi, sans lui cacher, de cette lettre, les choses qu'elle en peut savoir et qui la pourront distraire ; et dites-lui que j'entrevois d'ici le jour de la revoir pour ne plus la quitter.

Avec respect, votre affectionné

REYBAZ.

CLXXVII

M. PRÉVÈRE AU CHANTRE.

De Mornex.

Je me hâte de vous répondre, mon cher monsieur Reybaz, afin de détruire vos soupçons et de prévenir toute imprudence de votre part. Mais ce n'est pas l'objet principal de cette lettre. Je viens attaquer de front vos plus légitimes prétentions, et frapper à la porte de votre cœur un coup suprême. Je ne doute point que, cette fois je ne réussisse ; aussi ce que je demande à Dieu, c'est qu'après avoir obtenu de vous un immense sacrifice nous obtenions de lui un immense bienfait.

Mais auparavant, mon cher Reybaz, chassez toute défiance au sujet de Charles ; je vous réponds de lui comme de moi-même. Pas un instant il n'a songé ni ne songera à violer ses promesses et à tromper votre confiance et la mienne. Au moment où vous me communiquez vos soupçons, il n'ose pas écrire à Marthe, parce que, dit-il, elle est trop près de Louise, et qu'il pense que cela même lui est interdit. Au moment où vous pouvez penser qu'il accepterait de votre fille de secrètes largesses, sa prière auprès de moi, c'est que je lui permette de se suffire à lui-même. Au moment, enfin, où vous vous figurez ce jeune homme comme capable de désobéissance et de tromperie, il déploie les plus hautes qualités et les plus difficiles vertus ; du sein du désespoir, et au travers de mille dégoûts, il s'engage dans la carrière que je lui ai choisie, il s'apprête à consacrer au service de Dieu et des hommes une vie dépouillée de bonheur et un cœur brisé par toutes les sortes d'infortunes. Voilà ce que fait Charles, monsieur Reybaz ; aussi n'ayez de lui aucune défiance. S'il y a quelque mystère dans cette lettre, dans ces aumônes, soyez certain qu'il recouvre quelque action belle et chrétienne ; gardez-vous d'en douter, comme de vouloir lever les voiles où s'enveloppe la charité de Louise.

J'en viens maintenant à l'objet dont je suis plein. J'ai vu Louise : toutes mes craintes, toutes mes prévisions, étaient fondées ; elle dépérit, elle s'en va !... Ces mots sont affreux à entendre, mon cher Reybaz, ils déchirent votre oreille, ils percent votre cœur, mais il faut que vous les ayez entendus ; ou bien vous risqueriez de méconnaître la toute-puissante force des motifs qui doivent sur-le-champ fléchir votre volonté, annuler les déclarations que vous avez faites au sujet de Charles, et me délier, moi, des engagements que j'ai pris auprès de vous. Il faut que vous consentiez à ce que Charles soit rendu à Louise : non pas que j'ose affirmer que cette tardive résolution la sauvera, non pas même qu'il soit possible de lui en donner l'annonce aujourd'hui ni de longtemps peut-être ; mais afin que nous soyons tout prêts à faire luire l'espoir dans cette âme désolée, aussitôt que son corps aura repris quelque force, ou à tenter une dernière ressource si sa santé et ses forces continuent à décliner. J'attends donc votre réponse avec impatience, car Louise est plus paisible, mes entretiens ont agi sur elle, je suis parvenu à tempérer son chagrin, à relever un peu son courage, et, à chaque instant, il se peut que je trouve l'heureuse occasion d'ajouter à ce calme renaissant la douceur restauratrice d'une première lueur d'espoir. Je ne le ferai pas que je n'en aie obtenu de vous l'autorisation. Mais les jours, mais les moments, sont précieux. Ne contestez point, gardez-vous de refuser..... C'est du bord de la tombe de votre enfant que je vous parle, que je vous adjure..... Si vous repoussez ma prière, il ne me reste plus qu'à la préparer à y descendre.

A ces motifs si impérieux, et que je presse au nom du digne médecin qui a vu Louise, en ajouterai-je d'autres ? Je le ferai, bien qu'à la hâte ; je le ferai, pour n'avoir pas à m'adresser, en aucun temps, de tardifs et cuisants reproches. Vous avez trop écouté, monsieur Reybaz, des répugnances instinctives, que votre devoir de chrétien serait de vaincre, quand même votre intérêt, votre tendresse de père, ne vous crieraient pas d'étouffer leur sourde et dangereuse voix. Vous vous accusez devant Dieu d'avoir des rancunes, des antipathies, d'être lent à aimer... Mais, devant Dieu aussi, vous abandonnez à ces sentiments l'empire de votre cœur quand il dépend de vous de les en chasser quand tout vous en fait une nécessité et un devoir. Mon bon ami, à l'œuvre cette fois ! Sondez ces instincts, assurez-vous que ces lourdeurs, que ces poids dont vous me parlez, ne sont pas le levain de l'orgueil, cet ennemi de Dieu et de l'homme, cet hôte du cœur qui aveugle, qui perd, qui écrase ; et, si vous le reconnaissez, écrasez-le vous-même sous les étreintes de la charité. Souvenez-vous de ce jour où vous entendîtes son appel à l'église, et où, pour y avoir fait droit dans la sincérité de votre cœur, vous recouvrâtes la paix avec vous et avec Dieu.

Une heure avant cet appel, vous raisonniez ainsi que vous faites aujourd'hui : vous vous approuviez sans être pour cela content; vous vous justifiiez sans pouvoir vous absoudre... Une heure après, vous versiez des larmes, et cependant vous étiez soulagé; vous aviez fait un sacrifice, et pourtant vous trouviez avoir gagné; vous avez fait violence à tous vos instincts, à toutes vos antipathies, et, chose admirable! vous étiez paisible, satisfait, heureux, comme si vous n'eussiez fait que suivre le gré de vos désirs. Ce sont les immortels, les indestructibles dons faits à la charité par notre Père céleste; ce sont ceux qu'il vous assure à cette heure, comme autrefois, comme toujours, si vous écoutez sa voix, si vous accomplissez ses enseignements.

Je devrais vous parler ainsi, mon cher Reybaz, quand même aucune raison tirée de l'état de Louise ne m'y porterait. Mais, si je considère Charles lui-même, pensez-vous que j'aie jamais pu acquiescer aux motifs qui vous portent à l'écarter, et que vous semblez envisager comme inébranlables, comme sacrés? Pensez-vous que, devant Dieu, sa naissance, son opprobre, comme il vous plaît d'appeler l'infortune de ce jeune homme, pussent justifier une plus longue résistance de votre part?... Mais, mon bon ami, en dehors de ce vulgaire et cruel préjugé auquel vous obéissez, montrez-moi donc cette loi qui vous oblige à punir l'enfant pour le crime de ses pères. Montrez-moi, dans l'Évangile, celle qui, au contraire, dans les circonstances où vous êtes, lorsque Louise aime Charles et qu'elle se l'est choisi pour époux, ne vous commande pas de tendre la main à cet infortuné, de le sauver en l'approchant de vous, de le blanchir en lui donnant votre fille. Ah! monsieur Reybaz! vous que je connais si droit, si sincère, si pieux, relisez, relisez donc les commandements du Sauveur, interrogez-vous ensuite, et dites si vous les accompliriez en vous roidissant contre des suggestions de simple humanité, en perdant peut-être votre enfant, pour n'accepter pas un opprobre imaginaire et qui ne saurait l'atteindre, fût-il réel mille fois. Car il est secret encore, cet opprobre, et il dépend de votre ami qu'il le soit toujours, mais, vînt-il à être divulgué, où est la tache, je vous prie, où est la honte?... Charles n'est-il pas mon élève, mon enfant bien-aimé?... N'est-il pas honoré par-dessus mille autres par le choix et l'affection de Louise?... La tache qui lui reste, la seule, ne serait-elle point celle-là seulement que vous lui imprimez en l'écartant de votre alliance ?... Encore une fois, où est la tache, où est la honte ? La honte, grand Dieu ! la honte ! elle est au cœur de ceux qui n'honoreraient pas votre charitable conduite; elle est au front de ceux qui oseraient en médire; elle est à ce monde, trop petit, trop jaloux, trop vain peut-être pour vous approuver hautement, mais trop bon aussi, trop intelligent de ce qui est beau, noble et désintéressé, pour ne pas vous honorer et vous bénir en secret!...

Mais j'ai honte moi-même, mon cher ami, d'insister si longtemps auprès de vous : c'est méconnaître et votre cœur de père et votre chrétienne soumission aux enseignements de notre divin Maître. Répondez, hâtez-vous ; déliez-moi de cet engagement funeste que j'ai pris avec tant de regret, que j'ai tenu avec tant de douleur ; que je sois libre, si encore il n'est pas trop tard, de réchauffer cette âme qui va se glaçant, de retenir à la terre cet ange près de prendre son vol vers les cieux!...

Restez à la cure aussi longtemps qu'il le faudra. J'accepte les offres de mon ami M. Dervey. Il me serait impossible de quitter Louise dans ce moment. J'ai vu le médecin hier : dans tout ce que je vous demande, il est d'accord avec moi. Hâtez-vous ! Que nulle considération ne vous arrête, et qu'avant demain, avant peu d'heures, je tienne votre lettre.

Votre affectionné   Prévère.

CLXXVIII

LE CHANTRE A M. PRÉVÈRE.

De la cure.

C'est minuit qui vient de frapper, monsieur Prévère. Je tiens la plume depuis quelque couple d'heures, mais sans que la véhémence du tumulte que vous avez soulevé chez un père déjà rempli de misère m'ait laissé libre de la guider. Je compte néanmoins que, vers le jour, je pourrai clore et faire partir ce papier, qui portera ma volonté bien réfléchie et non moins fixe.

Je me croyais en repos et suffisamment défendu de ce côté où vous avez frappé votre coup suprême, monsieur Prévère ; et, à vrai dire, je l'aurais redouté de quiconque avant que de le craindre de vous. Quand, il y a quelques mois, ces affreuses choses furent révélées, deux fois j'avais pardonné à ce bourreau de ma vie ; deux fois j'avais donné ma Louise, la fille de Thérèse, le fruit de ses entrailles et l'unique de mon cœur, à cet enfant relevé dans la boue, et que je n'ai jamais aimé, n'osant le haïr! Je m'estimais donc en règle avec le Créateur, ayant tranché dans le vif de mon orgueil, et labouré, non sans sueur, ma part du champ de la charité. Voici que je n'ai rien fait encore, si je n'amène dans ma famille la tache qui ne se lave pas! si je ne mets dans la couche de ma fille le rejeton d'une chair adultère ! si je ne lui donne pour mère, en remplacement de ma Thérèse, la créature chargée de méfaits, vivante encore, et tout infâme de la senteur des cachots! Arrière alors la charité ! Je ne ferai pas ces choses. Dieu est puissant pour contraindre ; mais, à moins qu'il ne brise ma volonté, ce n'est pas moi qui m'aiderai à la ployer. Je n'ai pas lu dans sa loi qu'on n'eût au monde qu'une fille rien que pour la tremper dans la fange, et j'attends qu'il donne ce commandement nouveau, plus nouveau que l'autre. Qu'il parle donc, qu'il frappe, qu'il tonne!... Alors je la livre, mais, pour que je me porte à ce qui me semble crime, infamie, la voix d'un mortel ne suffit pas, non pas même la vôtre, monsieur Prévère, bien qu'accoutumé à y accéder, parce que je la respecte....

Et combien elle vous est peu familière, cette cruauté que vous commettez avec moi, en disant que, pour sauver ma Louise, il faut absolument que je passe sur ce point d'opprobre, que je la précipite moi-même dans ces boues, que Dieu le veut, que c'est mon devoir, et qu'il dépend de moi de l'accomplir !.. en me présentant durement ce choix épouvantable, ou de salir le front sans tache de celle que vous appelez un ange, ou d'en être le parricide meurtrier!... Non ! non! je suis accablé de souffrance, ma vie est plus misérable que n'est la mort et ses angoisses; mais je n'en suis pas à cette torture d'enfer que d'avoir à choisir entre cette double horreur... Non ! non! la colère de Dieu a ses bornes ; son bras s'impose de ne pas frapper de toute sa force; il n'a pas jeté sur ce monde de pareilles plaies... Il peut me retirer ma fille, mais il ne peut pas vouloir me la faire acheter au prix de l'infamie... Il me l'ôtera? dites-vous, c'est que ce sera sa volonté, mais non pas ma faute.

Monsieur Prévère, vous accusez mes instincts, mes répugnances ; néanmoins, jusqu'à cette barrière d'opprobre, que, dès l'entrée, je vous ai déclaré ne pas vouloir franchir, je les ai accusés avec vous, j'ai tâché de les étouffer, et deux fois je les ai étouffés... A mon tour j'accuse, moi, votre charité! J'ai toujours repoussé ce malheureux; mais toujours vous me l'avez ramené... Vous l'avez élevé auprès de ma fille... Vous n'avez pas cherché à connaître, quand vous pouviez, quand c'était votre devoir, quand ce coup suprême nous eût sauvés tous. Voilà ce qu'a fait votre charité! Pourtant, quand est venue la catastrophe, je l'ai respectée, et, je puis le dire, ménagée.... Vous me rendez mal la pareille aujourd'hui, et, pour bon chrétien que je vous sais et que vous êtes, vous me posez dessus un poids trop fort, quand je suis déjà fracassé sous celui que je porte ; un poids dont il faut vous charger autant que moi ; ou plutôt, car je vous demande pardon si le trouble où je suis me pousse à vous manquer, un poids qui est celui de l'infortune et non du péché, et que nous devons porter en commun, en nous aidant, en nous serrant l'un contre l'autre pour l'alléger, non en nous le renvoyant pour nous accabler....

Retirez donc votre funeste demande, monsieur Prévère, et hâtez-vous de me délier de cette chaîne d'angoisse dont le nœud m'étreint et me blesse, tant que vous ne l'avez pas défait ; hâtez-vous : sans quoi, moi résistant, vous attaquant, où serait la concorde ? En d'autres temps, je me serais rendu captif à vos raisons ; qu'en ceci ce soit vous qui ployiez, puisque, pour ce qui est de moi, en le voulant tenter seulement, je m'y briserais. Je vous le répète, je vous le crie : « Cette coupe, je ne la boirai pas! ce malheureux, je le servirai, je l'aimerai, s'il le faut, mais je ne l'approcherai pas de moi! et, si ma volonté a quelque empire par delà ma mort, jamais, jamais ma fille ne portera son nom! » Je vous le dis ici, monsieur Prévère, afin que votre loyauté s'en souvienne, afin que ma mémoire ne soit pas outragée, afin qu'au moins je descende en paix au sépulcre...

Vous avez les pièces, vous pouvez les lire ; car je me prends à croire que vous ne l'avez pas fait, puisque vous me proposez de semblables choses pour celle que vous aimez en commun avec moi, et dont avec moi vous devez chérir la blanche renommée. Pour moi, je ne les veux pas voir ; bien en deçà je m'arrête : à peine pus-je achever de lire le récit de Champin, tant il me semblait, à chaque ligne, que ma Louise se trouvât souillée, pour avoir durant tant d'années mangé, parlé, vécu dans la familiarité de ce malheureux! A peine pus-je contraindre ma plume à vous signifier furtivement ce qu'était votre protégé, trouvant que c'était effrayant de s'y appesantir et peu charitable d'y appuyer devant vous. Mais lisez, lisez ces pièces! Vous y verrez toutes les impuretés de la chair, cet enfant issu du commerce maudit de deux malfaiteurs sauvages... Lisez encore! vous verrez la vie vagabonde, la mendicité, puis le vol, puis le brigandage, puis la justice saisie enfin de tant de crimes, et envoyant père, mère, pourrir dans l'ombre souterraine des cachots! Et que je donne ma fille à leur bâtard! que j'assemble ce lis des champs à cette ronce des déserts! Et c'est M. Prévère qui me le propose, ou qui, pour mieux dire, me l'enjoint de toute cette autorité de pasteur et d'ami que je n'ai jamais traitée sans respect!... Non, lisez, lisez, vous qui aimez Louise et son père; lisez, et que votre cœur retourne à l'équité et à la justice! Je vous renvoie aux pièces, et je ne surajoute rien; ma volonté est inébranlable comme le roc des montagnes.

Mais vous ne me rendrez pas ce calme temporaire que j'étais à goûter quand m'a atteint votre coup suprême. Ces travaux me semblent un songe. Cette chambre où s'était suspendue mon affliction, comme pour s'y reposer sur une branche fleurie, cette chambre, je n'y prends plus de plaisir... cette parure me navre... ce moiré, ces blanches boiseries, me serrent le cœur... Un nouvel abîme s'est entr'ouvert, et non refermé en entier; des crevasses demeurent, où je ne tomberai pas, mais qui s'ouvrent à ma vue et qui troublent par ressouvenir... Même une lointaine idée, qui avait sa douceur, s'est comme décrochée de mon esprit pour se submerger dans ce bouleversement... Il y a quelque temps, je reçus une lettre suppliante de Mme de la Cour, pour que, Dieu et les années aidant, nous cherchassions l'un et l'autre un terme à nos traverses dans l'union de nos enfants... Je lui répondis qu'à moi aussi, bien que n'aimant pas son fils, cette pensée m'était venue, mais que, sans rien faire contre, j'étais impuissant à rien faire pour; puis, voyant Louise plus paisible, la crise marchant à son terme, ce malheureux éloigné de nous, je m'attachais de jour en jour à ce projet, comme à une ressource lointaine, mais du moins paisible et sans poison, comme à une sécurité pour mon vivant ou pour après moi... Mais, sans votre concours, sous votre menace, surpris où je me croyais gardé, troublé là où je goûtais la sécurité, je sens la vanité de tout répit, de tout espoir; la méfiance de tout appui où je me repose, de tout cordage où je me soutiens, et le vide morne, le néant ténébreux fait de moi sa proie !

Voici le jour. J'ai hâte que ces lignes vous parviennent, mon cher monsieur.

Votre affligé
REYBAZ.

CLXXIX

M. PRÉVÈRE A CHARLES.

De Mornex.

Je profite, mon cher enfant, d'un moment de loisir pour répondre quelques mots à votre lettre. S'il n'y avait pas un sujet dont tous les deux nous sommes préoccupés et sur lequel je ne dois m'entretenir avec vous qu'avec une grande réserve, je vous écrirais plus souvent; car j'en éprouve le besoin, et tous les jours mieux je sens que votre affection est mon bien le plus cher, le seul qui me reste encore pur et entier.

Votre lettre, mon bon ami, m'a fait verser des larmes de joie; non point qu'elle m'ait surpris, au contraire, parce qu'elle a répondu à ce que j'attendais de vous. Votre repentir m'a touché, vos résolutions m'ont rempli d'espérances; j'ai vu qu'en vous accordant toute mon estime, je ne m'étais pas trompé, et qu'en comptant sur votre piété et sur votre courage je n'avais pas trop présumé de vous. Douce conviction, Charles, qui m'a fait goûter le bonheur au sein même de l'affliction! Signe précieux de l'empire que vous savez prendre sur vous-même et de ce que je puis attendre de vous si à cette épreuve Dieu en fait succéder d'autres. Il nous les épargnera, je l'espère; mais s'il en était autrement, que je n'aie plus à vous tendre la main; que bien plutôt je puisse, à mon tour, m'appuyer sur vous. Vous êtes devenu homme, mon enfant; ce que les années vous apportent de vigueur, elles me l'ôtent; je ressens tristement que je n'ai plus pour souffrir la même force qu'autrefois, et que, si mon courage ne m'a pas abandonné, ce sont mes reins qui ploient sous le faix.

J'approuve entièrement, mon bon ami, votre projet de vous suffire à vous-même, afin de vous imposer le joug salutaire des devoirs et de la nécessité. Comme vous, je ne saurais imaginer un moyen plus efficace de faire diversion à vos chagrins et de redonner du ressort à votre âme. Pareillement, j'approuve le mode de vivre que vous avez choisi et cette société que vous allez former avec ce jeune homme qui élève un de ses frères. Vous trouverez dans cette nouvelle situation des charges et des difficultés qui seront des douceurs pour vous, et dans ce commerce d'une humble amitié un charme assuré. Il me suffit, à moi, d'être certain que vous regardez au besoin comme vôtre tout ce que j'ai, et que vous comptez sur moi comme sur un tendre père; car je le suis, mon bon ami, et je suis fier de l'être! Parlez de moi à votre ami; dites-lui avec combien de plaisir je ferai un jour sa connaissance, et que dès aujourd'hui je ne saurais être étranger de cœur à quiconque partage avec moi l'amitié de mon Charles.

Vous m'instruirez plus en détail de ce qui concerne votre nouveau genre de vie lorsque vous y serez établi. Je désire aussi savoir quelles leçons vous donnez et à qui vous les donnez. Selon l'esprit que vous apporterez à cette occupation, qui est réputée ingrate et ennuyeuse, vous y trouverez, j'ose vous l'assurer, de l'intérêt et du plaisir. Vous la commencez dans le but de vous être utile à vous-même, et je vous en loue; car, dans l'état où vous êtes, c'est vertu. Mais que bientôt vous ajoutiez à ces motifs celui d'être sincèrement utile à vos jeunes écoliers, et vous verrez votre travail s'animer, les heures s'enfuir plus légères, et les obligations qui vous fatiguent devenir comme un attachant délassement. Enfin, mon bon ami, même dans cette mince profession, dans cet obscur métier, tout en vous rendant utile et agréable au monde, rendez-vous indépendant du monde en rattachant tout à Dieu dans le secret de votre cœur. C'est, vous vous le rappelez, ce que je vous ai toujours enseigné en vous montrant qu'en lui seulement est le terme où s'attachent nos vertus, où se reposent nos désirs, où se réalisent nos espérances, et qu'il n'en est pas d'autre... Je vous l'ai toujours enseigné, vous l'avez compris; mais voici l'heure de mettre ces choses en pratique, sans dédaigner d'appliquer de magnifiques vérités à d'humbles devoirs. Les humbles devoirs, mon enfant, sont les vrais, sont les purs, sont les aimables devant Dieu, parce qu'ils sont les seuls qui soient dépouillés de cet alliage mondain de gloire, de célébrité, d'éclat où la vanité entre en partage avec la conscience.

Je vais maintenant vous parler de Louise. Je suis auprès d'elle; c'est de Mornex que je vous écris Si je n'avais à vous entretenir que du courage de cette chère amie, de sa résignation, de la façon simple et pieuse avec laquelle elle supporte de douloureux pensers et une cruelle séparation, je pourrais encore, mon enfant, réjouir votre cœur et vous présenter, dans cette jeune fille, le plus bel exemple que vous puissiez vous proposer de suivre; je pourrais vous dire, moi qui lis dans son âme, qui connais la profondeur de ses affections et la grandeur de ses sacrifices, que je n'ai pas encore rencontré, sur le chemin de ma vie, une créature aussi digne d'admiration et de respect; je pourrais, en commençant par vous avouer, Charles, que je me réchauffe à sa piété et que je me sanctifie à ses vertus, je pourrais vous déclarer que nul n'a été digne qu'elle l'aimât, que nul ne sera digne qu'elle l'ait aimé et préféré, que celui qui est et qui sera lui-même distingué par une haute piété, par de vraies et fortes vertus... Et voilà pourquoi, mon bon ami, votre avant-dernière lettre m'a tant affligé; voilà pourquoi aussi votre dernière m'a rendu la sécurité, le bonheur, en me rendant la confiance en vous, mon estime pour vous, en y ajoutant encore; car, je le sais, il est plus difficile de se relever de la chute qu'il ne l'est de ne jamais choir. Si donc vous voulez désormais ne pas descendre du rang où vous a mis, avec justice et discernement, cette jeune fille angélique, en vous donnant son cœur et en vous choisissant pour époux alors qu'elle en était libre... persévérez! prenez votre essor vers les régions élevées de la résignation sans abattement, du courage sans transport et sans violence, de la patiente douceur, de l'abnégation de soi, du renoncement efficace, c'est-à-dire du renoncement sans égoïsme, sans solitude, sans désertion des devoirs, des affections sociales, des vertus pratiques et journalières... Persévérez! vous dis-je; car ces sublimes et chrétiennes vertus, elle en est le modèle et le martyr; car elle se serait trompée, elle aurait mis sur une tête vulgaire la couronne magnifique de sa tendresse et de son estime, si vous ne les aviez pas vous-même ou si vous étiez incapable de les conquérir.

Si vous avez compris ces paroles, Charles, que maintenant je vous traite en homme, et en homme digne de Louise! Vous voulez que je vous donne l'assurance qu'elle supporte l'épreuve et que son état ne m'inspire aucune crainte; je ne le puis, mon bon ami, sans manquer de sincérité. Sa santé s'est flétrie, ses forces ont décliné; je remarque en elle les longs progrès d'un dépérissement funeste, et je ne compte plus que sur le secours de Dieu, que j'implore à chaque moment du jour. Un habile médecin, que nous avons consulté, assure que c'est ici une crise dont le terme heureux est peut-être prochain ; mais, en même temps, il croit que Louise ne pourrait, sans danger, quitter cette retraite, où l'hiver est plus doux que dans la plaine, et il redoute pour elle toute secousse, tout ébranlement. Ces prescriptions ne m'ont pas rassuré. Je suis venu prendre auprès d'elle la place de M. Reybaz, que ses affaires appelaient à faire un séjour à la cure ; et, en revoyant Louise après trois mois d'absence, j'ai été navré de chagrin. Toutefois, les premiers jours passés, j'ai repris quelque espoir : il m'a semblé que ma présence lui faisait du bien, que mes entretiens ramenaient en elle un peu de calme, tout au moins un peu de cette mélancolie où l'âme se ravise au sortir de la douleur. Elle est peu changée : son air n'est pas altéré, sa grâce est la même. Tous les jours nous faisons ensemble une promenade ; et, si son appétit est encore bien faible, ses nuits sont meilleures. Voilà, mon bon ami, la vérité tout entière. Elle vous navrera comme moi, mais elle ne vous abattra pas plus que moi. Vous saurez gémir sans vous abandonner au désespoir ; vous saurez aussi mettre la confiance à la place du murmure et la prière à la place du transport. C'est parce que j'y compte que je vous ai dévoilé mes alarmes. Si j'étais déçu, mon dernier bien me serait enlevé ; vous seriez mon protégé toujours, mais non plus mon espoir, ma gloire, l'appui et le trésor de ma vieillesse !

Il faut que je vous quitte. J'ai remis la montre à Antoine et vos présents à Marthe ; tous les deux m'ont marqué leur contentement et leur reconnaissance. Je me réjouis de ce que vous avez senti vous-même que vous ne deviez pas écrire à Marthe, et je vois, dans les sentiments que vous exprimez à son égard, une preuve de la droiture de votre cœur. Oui, cette femme a été votre tendre et bonne mère ; elle l'a été, elle l'est tous les jours pour Louise : l'un et l'autre vous êtes justes en vouant un filial amour à cette pauvre servante, si excellente dans sa simplicité, si humble dans son dévouement.

Je serai ici pour quelque temps encore, mais continuez de m'adresser vos lettres à la cure, d'où elles me parviendront. Adieu, mon cher enfant, aimez-moi comme je vous aime, et que nos communs chagrins s'adoucissent par notre commune résignation aux décrets d'en haut. Je vous embrasse.

PRÉVÈRE.

CLXXX

CHARLES A M. PRÉVÈRE.

De Lausanne.

Non, mon maître, non, mon bien-aimé maître, non ! je ne tromperai pas votre attente.... Mais, grand Dieu !..... jusqu'où la plainte m'est-elle permise ?... Le sanglot me suffoque !... Ne craignez point.... je dompterai.... Mais qu'à ce premier moment les larmes ruissellent ; que le cri d'une affreuse douleur puisse s'échapper de ma poitrine oppressée !

Louise dépérit ? Bon Dieu ! bon Dieu ! prenez ma vie.... et sauvez-nous ! Louise dépérit ? elle se glace, elle va s'éteindre ?... Monsieur Prévère ! il faut que je puisse voler auprès d'elle ! Il faut que je la voie !... Je la réchaufferai de mes caresses, je la ranimerai de mes étreintes, de mon souffle.... Suis-je donc un monstre dont l'approche souille ?... dont l'attouchement puisse salir ?... Parlez à son père, monsieur Prévère ; dites-lui que moi seul je sais le secret de réjouir sa Louise, de toucher à ses blessures sans les irriter, à ses douleurs pour les endormir !... Dites-lui que je ne veux pas sa main, que j'y renonce à tout jamais ; mais que son cœur, c'est moi qui sais y pénétrer pour y faire luire la joie, pour y faire renaître le calme, pour y ranimer la chaleur, la vie !... Dites-le-lui, conjurez-le, qu'il se hâte, qu'il m'appelle ! J'en ai le pressentiment, je lui sauverai sa fille, et, après l'avoir sauvée, je m'éloignerai....

Bon Dieu ! quoi ! est-ce vrai ?... le déclin, des alarmes !... Entendez-vous donc un danger ?... la mort !... Ah ! malheur inouï ! coup épouvantable ! doute qui glace la terreur !... Qui est donc ce M. Reybaz qui tue son enfant... qui la retient dans ses serres.... qui ne lâche pas quand elle crie merci !... Je vous offense, monsieur Prévère, mais je dis la vérité. Comment comprendrais-je, comment pourrais-je concevoir cette impitoyable volonté ?... Je suis enfant trouvé, mais pas infâme !... et, plutôt que de me rendre sa fille, il va la perdre, il va nous perdre tous, et lui avec nous !... Mystère impénétrable !... Ignoré-je quelque chose que les autres connaissent ?.... Suis-je souillé sans le savoir ?... Ah ! dites, dites, mon maître.... Que m'importe à moi ? et je saurai du moins pourquoi ce père est barbare ; et, au lieu de détester sa cruauté, je l'excuserai, je la justifierai, je ne maudirai que moi-même....

Angélique Louise! céleste fille! créature adorable et adorée!... Non! non! Je ne descendrai point de ce rang où vous m'avez mis en fixant sur moi votre amour et votre choix!... Modèle et martyre de toutes les vertus et de toutes les affections, non, vous n'aurez point à rougir de m'avoir estimé.... Non! je suivrai vos traces, je me nourrirai, je me rassasierai de vos exemples!... Votre seule image m'exalte, me transporte, me remplit d'une force invincible.... et cette couronne ne me sera point ôtée! Je le jure entre vos mains, mon digne maître, je le jure solennellement. Je veux persévérer. Je veux monter et non pas descendre. Je veux me rendre digne, égal, et non pas demeurer inférieur. Je veux m'apprêter au combat, triompher dans ces luttes, conquérir ces sublimes et chrétiennes vertus.... Je suis l'ami de Louise, l'époux de son cœur! je suis l'espoir de M. Prévère, et le trésor de sa vieillesse!...

Comptez donc sur moi, mon bien-aimé maître; cette mer de douleurs ne me submergera pas. Grâce à vous, je me sens dans la voie; j'ai compris vos paroles, vous ne serez pas déçu. Mon cœur est transpercé de mille traits aigus, mais je gouverne ses bonds, et c'est sans délire, sans transports, que je vous presse de nouveau et avec instance, d'implorer M. Reybaz pour qu'il m'appelle, pour qu'il s'en fie à ma tendresse pour sa fille du soin de la fortifier sans secousse, et d'ajouter à cette mélancolie le levain de l'espoir, du contentement. Mon malheur est pour beaucoup dans la peine de cet ange compatissant : qu'elle m'ait donc vu satisfait, courageux! Ma fougue est pour beaucoup dans ses appréhensions : qu'elle m'ait donc vu changé, ferme, préparé à tout! C'est une montagne de pitié, d'angoisse, que j'aurai ôtée de dessus son cœur, et alors.... alors cette crise sera finie, le rongement sera détruit, le ver ôté.... sur l'aile de la paix, la force et la santé reviendront.... L'idée m'est venue de partir sur l'heure, d'aller me jeter aux pieds de M. Reybaz; il est seul à la cure, je ne pouvais troubler que lui, irriter que lui.... j'ai craint de vous déplaire.

J'attends quelques lignes, un mot de vous, mon bien-aimé maître, vous ne me laisserez pas dans cette mortelle angoisse.

Votre affectionné

CHARLES.

CLXXXI

M. PRÉVÈRE A CHARLES.

De Mornex.

Gardez-vous de bouger, de vous montrer, mon bon ami. Ce que vous m'avez demandé de faire, je l'avais déjà tenté, mais sans succès. Oui.... c'est votre naissance. Il est des choses que vous ignorez, qui m'attachent à vous, qui effrayent M. Reybaz, qui sont inconnues de Louise. Ces choses, vous les apprendrez de moi, mon enfant, car il n'est plus temps de les taire, et vous êtes mûr pour les connaître. Mais sachez attendre. Dans ce moment, je suis à Louise tout entier, et le calme me manque, ainsi que le loisir, pour vous faire ces révélations, qui n'ôteront rien à ce que vous êtes, qui ne changeront rien à votre carrière, qui ne seront pas même une épreuve digne du courage et de l'élévation qui respirent dans votre lettre. J'ai reçu votre solennel serment; je le porte dans mon cœur, comme un présent que vous m'avez fait et qui me paye avec usure des soins que je vous ai donnés et des larmes que vous m'avez coûtées. Que Dieu soit béni, qui a béni mon ouvrage!

A l'avenir, je vous entretiendrai de Louise. Je n'ai rien à ajouter à ce que je vous ai mandé à son sujet il y a si peu de jours. Adieu, mon cher enfant; je vous embrasse avec tendresse.

PRÉVÈRE.

CLXXXII

LE CHANTRE A LOUISE.

De la cure.

J'ai retiré un grand bien de votre lettre, mon enfant; et, n'étaient ces maçons qui refont le mur, et cinquante affaires qui m'assaillent pour profiter de ce que je suis là, bien sûr que je vous aurais répondu plus tôt. Aujourd'hui je ne le ferai qu'à moitié, tant à cause de ce que le loisir me manque, qu'à cause de ce que je vais vous revoir tout à l'heure.

J'ai fait toutes vos commissions, et notamment j'ai donné de votre part à votre orpheline une paire de sabots, toute ressemblante à des souliers forts, en ce que le cuir en est vernissé et la tranche du bois dissimulée le long de la semelle. Ils assurent que c'est bon et solide. A tout événement, j'ai fait entendre à la petite que ce sera sa parure du dimanche, et quand les chemins seront secs. Elle a eu bien du plaisir de cette largesse, et ne s'est pas mise en peine de le cacher. Seulement ai-je soupçon qu'elle n'a pu attendre au dimanche, car vendredi je la vis de loin qui allait en champs, et il me sembla voir reluire quelque chose à ses pieds, quand, d'ailleurs, au lieu de courir comme de coutume pour me saluer, elle se prit à chasser ses chèvres et à disparaître derrière la haie des Olivets. La toilette est l'instinct des femmes, et, à partir d'Ève, plus d'une a répondu à la tentation.

Je vous porterai (outre une lettre qui est arrivée ici pour vous) le rouet et le meilleur de mon chanvre, tant en nature, pour que vous teilliez, qu'en filasse, pour que vous nous fassiez du fil ; de cette façon, l'ouvrage sera plus varié. Du chanvre à la chemise il y a loin ; c'est pourquoi, ayant visité les miennes, j'ai trouvé que, l'an qui vient, plusieurs auront besoin d'être remplacées; et j'ai parlé au tisserand, qui s'engage à me rendre une pièce en septembre, moyennant qu'il ait le fil à Pâques, ou à la Pentecôte au plus tard. Voici donc de la besogne, mon enfant ; voici les veillées et le feu au foyer. Si je vous vois la quenouille en main, il me semblera que nous avons r'avancé d'un bout vers la tranquillité d'autrefois. Soyez certaine qu'il y a, dans cette roue qui tourne, dans cette cadence du pied, dans ce murmure de la mécanique, une sorte de chanson domestique, qui est pour le trouble intérieur comme sont, à l'enfant qui crie dans son berceau, les vieilles chansons du temps passé. Je vous porte en sus l'almanach de cette année, qui est fertile en histoires, les unes pour la surprise, les autres pour le rire ; et une image figurée du grand tremblement de terre qui est arrivé en Italie, par rapport au Vésuve. M'étant aperçu déjà au psaume, où la lettre est grosse, que l'âge m'allonge la vue, et voulant toutefois vous faire cette lecture moi-même, j'ai acheté à Genève une paire de besicles qui rapprochent que c'est plaisir. Ils disent que c'est le second numéro.

J'écoute bien tous vos conseils, mon enfant, et encore mieux en ces matières pieuses, où Jésus Notre-Seigneur a dit que les enfants les entendent à l'égal des savants, si ce n'est mieux. Je ne suis ni un savant ni un enfant, tout au plus un simple, qui peut recevoir la sagesse de quiconque, mais surtout de vous,

Louise, parce que votre vie est pure, votre nature pieuse, et votre discours parfumé de l'amour que je vous porte. J'ai confiance en Dieu; ou bien que deviendrais-je? Je m'appuie sur lui ou bien sur qui m'appuierais-je? Et pensez-vous que l'exemple de la pauvre Crozat, qui, plus d'un an durant, lui a retiré sa confiance pour y revenir après, soit une trace que je voulusse suivre? Heureuse encore que, pendant ce séjour qu'elle a fait sur la montagne, Satan ne l'ait pas tentée, comme il fit à Notre-Seigneur, et envahie à ses ténèbres! Mais c'était une femme victime plutôt de son trop de foi que de son incrédulité; et Dieu, qui est bon, s'y est tenu avec elle, ainsi qu'un chien fidèle fait la garde autour de son ivrogne étendu sur le grand chemin.

Ce pour quoi je vous écris, mon enfant, c'est pour vous prier d'une commission auprès de M. Prévère. Il vous reviendra; mais pour dimanche il faut qu'il soit à la cure; c'est à cause d'un accès de goutte qui retient chez lui M. Dervey, ainsi que sa femme m'en a fait prévenir tout à l'heure. S'il veut donc partir après-demain, vendredi nous nous croiserons en route, puisque je quitterai la cure ce jour-là vers dix heures, pour ne m'arrêter qu'à Genève, où j'achèterai cette robe de Marthe. Ainsi, ces deux jours écoulés, j'aurai la joie de vous retrouver, mon enfant, et vous de serrer dans mes bras.

Votre affectionné père REYBAZ.

CLXXXIII

M. PRÉVÈRE AU CHANTRE.

De Mornex.

Je ne serai à la cure que samedi, mon cher monsieur Reybaz, afin de rester un jour de plus auprès de Louise, et aussi afin de passer quelques moments avec vous. Mon amitié pour vous est inaltérable, et j'espère que la vôtre est à l'épreuve des déplaisirs que je puis vous causer à bonne intention.

Ce départ, dans ce moment, me contrarie vivement. Tout au moins je compte revenir au plus tôt, si cette attaque de goutte ne se prolonge pas. Pour le corps, Louise ne va pas mieux, tant s'en faut : certains symptômes de fièvre se sont déclarés, et le médecin nous a fait visite ces deux jours de suite. Au moral il y a moins d'angoisse, des moments d'un calme entier. Avant-hier, elle fit une petite excursion, portée sur l'âne; mais hier et aujourd'hui elle n'est pas sortie. Vous la trouverez ou elle vous paraîtra un peu changée; veuillez surveiller votre émotion et ne provoquer aucun ébranlement. Tâchez d'arriver entre deux et trois heures, j'irai seul à votre rencontre.

Adieu, mon cher Reybaz, recevez mes tendres amitiés.
PRÉVÈR

CLXXXIV

LE CHANTRE A M. PRÉVÈRE.

De Mornex.

J'ai voulu, monsieur Prévère, laisser passer ces quelques jours avant de vous donner des nouvelles de la petite; aussi bien, quand vous venez de la quitter, que vous aurais-je appris? Je ferais mieux d'attendre à demain, que le médecin viendra, pour savoir vous dire si elle a de la fièvre; mais j'en ai peu la patience, et, à la voir tranquille comme elle est et vaquant à divers soins, j'aime mieux vous faire partager mon contentement et l'idée où je suis que la fièvre a passé outre, sans attendre le docteur.

Le vrai docteur, c'est vous, mon bien cher monsieur. Venu à temps, vous avez tempéré, adouci et ramené cette habitude paisible, où, depuis cette catastrophe, je n'avais plus revu ma Louise. Cette tristesse douce où je la trouve, c'est contentement, c'est joie, en comparaison de cette douleur comprimée où elle se consumait. En même temps que la contrainte s'est dissipée, ses caresses auprès de moi sont redevenues plus aisées et son parler plus tendre. En outre, au lieu de cette nonchalance de l'affliction, d'où elle ne sortait que pour me complaire ou pour me leurrer, elle vaque librement à des choses diverses et s'est refait un emploi des heures. Elle lit dans les livres que vous lui avez apportés, elle a repris ses habitudes d'écrire, et jusqu'à son rouet, que ces deux soirs j'ai vu tourner, avec un contentement qu'il me serait malaisé de dire avec des mots. C'est seulement quand j'ai voulu, comme autrefois, lire des histoires dans l'Almanach, que je lui ai trouvé le cœur gonflé par-dessous sa contrainte : soit que l'histoire ne lui allât pas (c'était celle d'un père de famille retiré d'un puits), soit qu'encore trop liée à sa peine, ces choses du monde la blessent en l'en distrayant. Bien vite j'ai abrégé l'histoire, sans avoir l'air, et refermé le livre comme s'il m'était importun à moi-même. Ce n'était qu'un nuage, ainsi elle s'est remise bientôt. Tout ceci m'a comblé d'aise à son sujet et de reconnaissance envers vous, monsieur Prévère ; en sorte que, si ce n'était prématuré, et qu'il ne faut pas se glorifier du raisin avant que la grappe soit cueillie, je dirais que, par la bonté de Dieu, nous touchons au terme de cette crise cruelle, après laquelle ceci déjà me semble le paradis dès ce monde !

Je lui ai remis cette lettre que j'ai apportée de la cure, sans lui rien demander, mais sans en rien apprendre, contre son ordinaire, qui est de m'indiquer la chose en deux mots. Et si j'avais eu le soupçon tourné de ce côté, je n'aurais pas été emprunté de savoir où le diriger : car c'est de ce moment qu'elle s'est mise aux écritures, où elle passe trois heures de matinée. En d'autres temps, peut-être m'en soucierais-je ; mais je suis devenu jaloux des heures de répit que Dieu m'accorde, et n'ai garde d'en aller rompre l'équilibre par quelque faux mouvement. D'ailleurs, j'ai confiance en ma Louise, et, pour ce qui est de la curiosité, là où les meurtrissures saignent, elle ne démange guère.

J'ai trouvé Marthe quasiment plus changée que Louise, pour ce peu de temps que j'ai été loin d'elles. La pauvre femme est cassée et comme engourdie de ses membres, sans que je puisse dire que ce soit la fatigue du service, lequel est bien plus léger qu'à la cure. Pareillement, son regard est terne, et son visage si sombre, que j'en suis à craindre que Louise ne s'y attriste. J'ai voulu la réjouir de ce mieux qui est en Louise : sans contredire, elle a coupé court. J'ai pensé alors que ses regrets pour ce malheureux (dont elle ignore l'opprobre), ravivés par ce présent qu'il lui a fait, lui ont remué le cœur ; et, voyant ses yeux se gonfler de larmes, j'ai abrégé l'entretien.

La messagère attendant ce papier, force est de le clore, quand j'aurais encore plus d'une chose à vous dire. La plus urgente, c'est de vous presser de revenir, en tant que ce vous sera possible, pour achever votre œuvre ; et, une fois nos quartiers d'hiver bien établis, nous vous laisserons à vos ouailles. A l'heure qu'il est, vous avez vu la chambre de Louise, et je serai aise d'en avoir votre avis. Le mur doit tirer sur sa fin ; il faudrait du beau pour sécher.

Votre respectueux et affectionné REYBAZ.

CLXXXV

M. PRÉVÈRE A M. ERNEST DE LA COUR.

De la cure.

Monsieur,

Si quelques semaines se sont écoulées depuis que j'ai reçu votre étrange lettre, c'est que j'avais d'abord formé le projet de n'y pas répondre. En la relisant aujourd'hui avec plus de sang-froid, je reviens sur ma détermination et je prends la plume.

En effet, monsieur, vous me paraissez être dans une situation d'âme qui mérite compassion. Je vous plains sincèrement, je viens vous offrir mes conseils ; mon amitié vous appartient comme à tous les malheureux qui peuvent y trouver quelque soulagement ou quelque secours. Quant à mon estime, il ne tient qu'à vous de l'obtenir ; mais ce ne sera qu'au prix du courage, du sacrifice et de l'accomplissement de devoirs dont vous me semblez méconnaître la sainteté.

Comment! monsieur, vous me parlez d'estime, vous me parlez de changement dans vos principes ou dans votre cœur, lorsque, en même temps, vous vous présentez à moi comme un homme qui s'est laissé devenir le jouet de sa passion, comme un fils qui fait le tourment et l'effroi de sa mère ; qui, chose impie! après avoir, une fois déjà, tenté de s'ôter la vie, semble n'avoir pas renoncé à ses criminels projets, mais se faire du suicide une ressource, une menace, et qui oublie, dans son brutal égoïsme, et la loi de Dieu et les pleurs de sa mère ! De l'estime ? monsieur. Non ! non ! du mépris sur vous, du mépris sur votre mémoire, si jamais vous pouviez accomplir ces lâches desseins. Et vous parlez de vos erreurs passées ? elles ne sont rien au prix de vos égarements présents ; de votre admiration pour Mlle Reybaz, de votre culte pour ses vertus, de votre insatiable désir d'être jugé digne d'elle !... Ah ! monsieur, vous vous méprenez ; et, si, du même cœur, vous croyez pouvoir caresser le crime et adorer la vertu, offenser Dieu et mériter l'estime, c'est ailleurs qu'il faut adresser vos vœux, vos hommages ; ici, ils ne seraient ni agréés ni même compris.

Revenez à vous, monsieur Ernest, revenez à vous. Vous dites que votre âme s'est épurée : voici l'heure de le montrer ; car il est digne de louange, digne d'admiration, de se relever de la chute, et les plus belles palmes ne sont pas pour ceux qui ne faillirent jamais, mais pour ceux qui, du fond de l'abîme, reprennent, par un effort sublime, leur essor vers les hauteurs. Vous êtes malade, vous êtes à plaindre, vous m'inspirez une vraie pitié ; mais rien n'est perdu, la miséricorde de Dieu est bien plus grande que vos péchés ; de vous dépend la victoire. Voulez-vous mon aide ? je vous l'offre : mes secours journaliers ? venez à moi : venez, pauvre âme, venez, mes entrailles sont émues pour vous ; venez, je vous accueillerai comme ce père accueillit l'enfant prodigue; venez, je panserai vos blessures, et, bientôt convalescent, bientôt plus fort, bientôt vainqueur, vous jouirez de la paix de Dieu, du contentement d'esprit, des joies de votre mère, de l'estime assurée de celui qui vous parle à cette heure !

Je découvre, mon cher monsieur, dans votre lettre, tous les sophismes de la passion, tous les détours de la faiblesse, toutes les ruses du désir. Votre âme est sans gouvernail, elle flotte au gré du vent orageux qui ne la pousse pas même vers les rives où elle s'imagine tendre. Aussi je ne m'étonne point qu'elle ait failli se briser contre les écueils ; mais je m'étonnerais que vous ne fissiez rien pour la sortir de cet état dangereux. Voulez-vous que je vous dise, monsieur Ernest, à quelle époque elle commença à devenir ainsi le jouet des vents ? C'est quand le plaisir, quand la dissipation, les compagnies légères, les propos railleurs, en eurent chassé les derniers restes de religieuse candeur, de pieux principes. Alors elle se trouva libre, mais pour se retrouver plus tard honteusement asservie aux passions, qui sont des maîtres rudes, ingrats, brutaux, n'est-ce pas, monsieur Ernest ? des maîtres qui frappent comme Dieu et plus fort que Dieu, mais qui abrutissent, au lieu qu'il sanctifie, qui dérèglent, au lieu qu'il réforme et qu'il sauve. Revenez donc à ce maître, mon bon ami, rebroussez dans vos sentiers jusqu'au point où vous l'avez quitté, et demandez-lui humblement son pardon et son aide ! Alors vous retrouverez et un gouvernail et une boussole ; vous connaîtrez où vous êtes, vous dominerez l'orage et vous éviterez les écueils ! L'expérience précoce que vous avez faite des plaisirs du monde et de toutes les doctrines, de tous les principes, de toutes les voluptés auxquels on peut enrôler son corps ou son âme doit prêter à vos yeux de la force aux vérités que je proclame ici ; car le pécheur en sait plus sur la vanité de ces choses que le juste, et vous n'avez pas promené votre jeunesse de ténèbres en ténèbres sans connaître aujourd'hui ce que vaut la lumière.

Après ces exhortations, que vous ne trouverez pas déplacées, monsieur, dans la bouche de votre pasteur, et que vous imputerez à l'intérêt sincère qu'il vous porte, j'en viens à ce qui fait l'objet de votre lettre. Je ne suis pas au fait des choses sur lesquelles vous me demandez de vous éclairer. Seulement, j'ai lieu de croire, d'après quelques mots que m'en a écrit M. Reybaz, que les assertions de madame votre mère sont fondées sur des ouvertures qui ont effectivement eu lieu entre elle et lui. Mais, si j'ignore la nature précise de ces démarches, je sais malheureusement assez d'autres choses qui me mettent à même de vous répondre, et c'est ce que je vais faire avec la plus entière franchise.

Mlle Reybaz, monsieur, est aujourd'hui dans un état de langueur qui inspire les plus vives alarmes ; je la considère, moi, comme mourante ! Après ce duel dont vous parlez, M. Reybaz retira sa parole à M. Charles et lui ôta sa fille. C'est à partir de ce jour que celle-ci a été en proie à un dépérissement qui suit son cours et qui approche de son terme. Ainsi, monsieur, dès ici, chassez tout espoir et prenez le deuil, non pas de vos vœux seulement, mais aussi de la plus angélique créature qui ait jamais visité la terre. Mais il y a plus : Mlle Reybaz aurait vécu, elle serait destinée à vivre, qu'encore faudrait-il vous désister de toute prétention à obtenir sa main. Son cœur s'était donné à Charles, et elle lui a déclaré à lui-même qu'il ne se sera donné qu'une fois. Elle meurt pour avoir été arrachée à l'ami de son choix; certes elle n'aurait pas vécu pour s'unir à un autre... à vous, monsieur, qui avez provoqué Charles, et qui, involontairement, je veux le croire, mais avec une coupable imprévoyance, avez été le premier auteur du coup sous lequel il gémit et sous lequel elle succombe!

A vrai dire, monsieur, je me suis étonné de la légèreté avec laquelle vous passez sur ce duel funeste, et encore plus que vous n'ayez pas compris la situation dans laquelle il vous plaçait vis-à-vis de Mlle Reybaz, situation dont l'honneur seul, votre honneur mondain, à défaut de motifs plus élevés, vous faisait une obligation de ne pas sortir. Comment donc ! Est-ce sur la ruine d'un enfant qui n'avait rien au monde que ce que vous lui avez ôté par les conséquences de votre injuste provocation, que vous auriez dû vouloir établir votre triomphe? Est-ce tout que de croiser le fer? et cela suffit-il pour anéantir le passé, pour blanchir l'avenir? Avez-vous pu croire?... Mais, monsieur, l'égoïsme de la passion vous aveugle entièrement! Au lieu de gémir sur vous-même, gémissez donc sur cet infortuné dont vous avez dépouillé la destinée, perdu le bonheur sans retour! Voyez les maux dont vous avez été la cause; et, commencez par vous guérir de l'affreux mal de n'aimer que soi-même! Reconnaissez enfin que, Mlle Reybaz revînt-elle à la vie, vous acceptât-elle pour époux, c'est vous, vous, monsieur, qui devriez refuser l'honneur de lui appartenir.

Au surplus, monsieur, il est des circonstances que vous ignorez peut-être et qui, dans ce cas-là, seraient à votre décharge. Je ne puis ici vous parler qu'avec une extrême réserve. Il y a des secrets à garder, des ménagements à avoir. Après que, à l'occasion de votre duel, M. Reybaz eut une première fois retiré la main de sa fille à mon protégé, M. Charles, il vit bientôt qu'elle ne supporterait pas ce coup porté à sa plus chère affection, et il se résolut par degrés à pardonner. C'était l'époque où l'on apprit votre criminelle tentative sur vous-même et le départ précipité de madame votre mère... c'était celle aussi où un homme qui se dit l'ami de M. Reybaz, et qui sûrement connaît bien les préjugés et les faiblesses de cet homme respectable, commença à ourdir contre mon Charles une infernale trame. M. Reybaz, alors à Mornex, avait pardonné; il m'avait écrit de rappeler Charles. Son billet fut retenu par l'officieux ami... et, trois jours après, ce misérable faisait passer à M. Reybaz des révélations sur la naissance de mon protégé. Ces révélations posèrent, aux yeux de mon ami Reybaz, d'infranchissables barrières entre Charles et Louise. C'est donc de ce jour, et non plus à partir du duel, que date la ruine de ces deux enfants. Jugez maintenant vous-même si, dans aucun cas, vous auriez pu devoir la main de Mlle Reybaz au succès de ces ténébreuses et perverses machinations, dont je sais toute l'histoire et tout le résultat, mais dont la cause ou la source première est encore un mystère à mes yeux, à moins que je ne veuille la voir tout entière dans la méchanceté gratuite de cet homme qui se nomme Champin.

Ce mystère, du reste, Dieu le connaît et l'avenir le révélera. L'on saura alors quelle main est allée chercher dans les ténèbres où la bonté de Dieu l'avait caché ce trait empoisonné, qui, lancé si à propos, a frappé si juste, si avant... trop avant ! car le méchant fait une œuvre qui le trompe. On saura dans quel intérêt, pour quelle basse satisfaction, par quel ignoble mépris, je ne dis pas de toute charité, mais de l'humanité la plus vulgaire, a été entreprise, menée à bien cette trame d'enfer ; et malheur ! malheur alors, et dans le temps et dans l'éternité, à ceux qui en auront été les instruments ou les auteurs!... Malheur à eux! car ils ont immolé un ange ; ils ont dépouillé un noble jeune homme ; ils ont déjà porté le coup qui doit infailliblement abattre un digne père... Malheur à eux ! ou plutôt veuille notre Père céleste leur envoyer le remords, la pénitence, et les sauver par son Fils Notre-Seigneur.

J'ai l'honneur d'être, monsieur, avec une considération distinguée,

Votre dévoué PRÉVÈRE.

CLXXXVI

LOUISE A M. PRÉVÈRE.

De Mornex.

Il faut, mon cher maître, que je prenne la plume pendant que j'ai encore assez de force pour la tenir. Je ne dispose plus que d'un petit nombre de jours, et, sur le point de vous quitter, j'ai tant de choses à vous dire! Déjà c'est un travail pour moi que de rassembler mes pensées, que de mettre quelque ordre dans ce que je vous écris, surtout que de me maintenir dans cette attitude de recueillement. Aussi, à chaque fois que je prends la plume, il me semble que ce doive être la dernière. Mais je laisserai des notes, afin que vous donniez suite aux intentions de votre Louise quand l'heure sera venue. Il s'agit de minces choses, mais auxquelles mon cœur attache du prix, et où, dès maintenant, il trouve la seule distraction qui lui convienne.

Avant d'en venir à l'objet qui me porte à vous écrire aujourd'hui, que je vous rende grâce, mon cher maître, pour les jours que vous m'avez consacrés. Je recueille les fruits de vos tendres soins ; mon âme résignée se détache insensiblement de la terre, tous les cordages se détendent, je m'apprête à la séparation ; et cet état où je suis n'est pas sans douceur auprès de celui d'où je sors. Je ne sais si, destinée à vivre, j'eusse jamais retrouvé la paix, sans laquelle il n'est point de bonheur ; mais aujourd'hui si je ne puis dire que je sois heureuse, je suis du moins paisible: le calme n'est pas acheté par autant de contrainte, et le flot de mes douleurs, toujours amer, n'est pas orageux. Je trouve dans la prière, non plus seulement un exercice durant lequel l'auguste présence de Dieu impose silence à ma peine, mais comme un doux sommeil où se restaure mon âme. Je me rappelle vos entretiens, j'y cherche l'appui dont j'ai besoin pour ne pas chanceler ; et, certaine que j'approche du terme de ma vie, je franchis cet intervalle de jours qui m'en sépare comme un chemin qui conduit hors d'une triste vallée. Oui, mon cher maître, je vous en donne l'assurance, je vois d'ici ma tombe sans trop d'effroi : c'est la couche où je vais m'endormir dans le sein de Dieu et dans le souvenir de mes amis. Après un peu de temps, ils m'y auront portée ; et, tandis que maintenant ils sont désunis à mon sujet, ils s'uniront alors à cause de moi, ils s'aimeront à cause de moi, ils m'appelleront au milieu d'eux, et j'y serai présente. Je le leur dis aujourd'hui que ma voix leur parle encore, pour qu'ils s'en souviennent quand ma voix ne leur parlera plus.

J'en viens, mon cher maître, à cet objet dont je ne veux pas confier le secret à des notes éparses, qui pourraient tomber sous d'autres regards que les vôtres. A son retour de la cure, mon père m'a remis une lettre qui n'était pas destinée à passer par ses mains, et dont le mystère ne doit être pénétré ni par lui ni par qui que ce soit, si ce n'est par vous, peut-être... Je l'ai brûlée. Ce sont des choses qui ont rapport à la naissance de Charles. J'ai hésité à ensevelir ce secret avec moi ; mais, après y avoir réfléchi, je trouve qu'il y a quelque utilité à vous le révéler, à vous seul, quand d'ailleurs il me serait pénible de commencer aujourd'hui à vous cacher quelque chose. Seulement, mon cher maître, je mettrai dans ces révélations la réserve dont je ne crois pas devoir me départir, même vis-à-vis de vous, afin que d'indiscrètes confidences ne vous gênent pas dans la direction des destinées de cet ami. Ainsi je ne vous dirai pas comment je me suis procuré dans le temps la connaissance de ces choses ; je ne vous dirai pas tout ce que je sais ; mais tout ce que je vous dirai sera exactement vrai.

Dès l'âge le plus tendre, dès l'âge de neuf ans, je crois, je me suis préoccupé de la naissance de Charles, lorsque lui-même n'avait point encore songé à s'en soucier. Dans mes enfantines illusions d'alors, voyant cet enfant si aimable, si rempli de qualités généreuses et brillantes, je m'étais persuadée qu'il ne pouvait être que le fils de parents nobles et infortunés : je supposais que, par une suite de romanesques aventures, ils avaient été conduits à le placer sous la sauvegarde de M. Prévère, jusqu'à ce qu'ils vinssent le redemander ; et cette confiance si bien placée me portait à les aimer sans les connaître. Cependant ils ne venaient point. J'en conçus du chagrin, et je me mis en tête de rechercher leur trace, afin de rendre à Charles un nom et une famille. Ces recherches, que je ne pus étendre bien loin, n'aboutirent à rien ; et j'avais renoncé à les continuer, lorsque, il y a quatre ans environ, une circonstance fortuite [1] vint me mettre sur le chemin de la vérité. Je la sus tout entière : elle était telle que je dus en faire mon secret ; mais j'en reçus une impression profonde, et le bouleversement de mon âme occasionna cette maladie que je fis alors. Néanmoins, la découverte que je venais de faire ne fit que m'attacher davantage à Charles, en même temps qu'à vous, mon cher maître. C'est alors que je m'avouai pour la première fois la pensée d'être un jour son épouse et de lui revaloir les biens dont il était frustré ; c'est alors aussi que le sentiment de sœur avec lequel je l'avais aimé auparavant se changea insensiblement en ce sentiment plus vif, plus grave, plus profond, dont je l'aime aujourd'hui et que j'emporterai dans la tombe.

Mais ce qu'il importe que vous sachiez, monsieur Prévère, et que Charles puisse savoir dans un avenir prochain, c'est que les auteurs de ses jours ne sont plus. Son père est mort, depuis douze ans, et cette lettre que j'ai brûlée contenait l'annonce que, depuis un mois, sa mère a cessé de vivre. C'est pour détruire à cet égard tout espoir comme toute crainte que je me suis déterminée à parler, voulant avant de mourir clore cet abîme, puisque la Providence semble m'y avoir appelée. Ainsi donc, quand le temps sera venu, dites à Charles qu'il est orphelin, et dites à votre ami Reybaz qu'il traite comme son enfant celui que sa Louise a aimé comme un frère et bien plus qu'un frère ; dites à Charles que, si à la vérité son père, issu d'une bonne famille, ne sut pas honorer le nom qu'il portait, sa mère, sortie d'une condition commune et jetée dans une carrière de désordres, sut ne s'y pas corrompre, mais qu'elle fut l'appui et la con-

---

[1]. Voir au commencement de ce livre, lettre CXLIX, le billet du curé de Gex, transcrit dans une lettre de M. Prévère.

solation de celui qui l'avait perdue. Dites-lui qu'il peut honorer sans crainte sa mémoire ; dites-lui qu'elle n'a eu ni à souffrir ni à se dégrader dans sa détresse ; dites-lui, enfin, qu'il peut la chérir... car l'infortunée a pleuré jusqu'à son dernier soupir l'enfant qui lui fut brutalement arraché pour être exposé dans la cour de M. Prévère!

Vous devinerez assez, mon cher maître, que je n'ai pas porté ce secret durant quatre années sans inquiétudes et sans hésitations. Plus d'une fois j'ai tenté de le révéler à Charles, plus d'une fois à vous ; en tout temps il a troublé mon repos par la crainte que, de quelque part, un mot, un signe, une lueur n'attirât de ce côté le soupçon ou le regard de mon père. Mais ce que vous ne devinez pas, c'est que c'est ce secret qui m'a perdue.... Ce jour[1] où je demandai grâce à mon père, et où il s'éloigna, renonçant à me contraindre... ce jour où Charles m'était rendu, bien plus ! où il ne m'était pas ôté encore..... ce jour-là, je sentis qu'il est des secrets mortels à connaître! Demeurée seule dans ma chambre et maîtresse de mon sort, il me sembla que je venais d'abuser de la confiance d'un père en acceptant ses sacrifices sans lui dire la vérité..... Il me sembla qu'en surprenant sa bonne foi je me préparais ses reproches et ses mépris..... Je me figurai sa malédiction comme suspendue sur ma tête, comme prête à m'écraser, s'il venait à découvrir que je l'eusse trompé et, selon ses idées, déshonoré..... Subjuguée alors, éperdue, je me livrai, je livrai ma vie.... je la livrai contre votre conseil, malgré votre suppliante prière, malgré la prophétique tristesse de votre regard, mon cher maître..... Vous savez maintenant le motif d'une résistance qui dut vous affliger, mais que j'ai trop cruellement expiée pour que j'aie besoin d'implorer votre pardon.

Voilà ce que j'avais à cœur de vous dire, monsieur Prévère ; et combien de choses encore !..... mais je manque de courage pour poursuivre... Ce passé, dès que je m'en approche, me ressaisit à lui ; et ce sont, pour m'en arracher, de nouveaux déchirements..... Ces larmes, que j'avais crues taries, jaillissent et m'inondent. . . . .
. . . .

Quel riant soleil enchantait de ses doux rayons ce futur hyménée !... O mon maître ! ma tristesse est mortelle : la douleur

---

[1]. Voyez, au troisième livre, la lettre CII.

me voile les cieux!... Où est votre main qui me guidait au sépulcre ? . . . .
. . . .

Je voulais vous parler de mon père, mais la plume échappe de mes doigts. Vous trouverez dans mes papiers quelques directions que je vous prie de suivre à son égard et une lettre pour lui, où je tâche d'amollir sa douleur. Y parviendrai-je ? Je ne sais; mais je sais que de mes mains il passera dans les vôtres. Je ne vous le recommande pas, je vous le confie, à vous, monsieur Prévère, et à Charles. Tous les deux vous connaissez de quel amour il m'aime, de quelle trempe est son âme ; et tous les deux, mes tendres amis, vous connaissez avec quelle angoisse, avec quel effroi, je le délaisse. Entretenez-le de moi, de sa Thérèse, de notre future réunion ; prévenez surtout, étouffez, dès qu'elle se montrera, cette voix de reproche qui, si elle vient à retentir dans son âme, y portera dans le silence le ravage et la mort, comme fait dans l'ombre de la nuit un fougueux orage. Redites-lui qu'il a usé de ses droits de père comme il devait en user, selon ses lumières, sans autres guides que son inébranlable droiture et sa tendresse infinie pour moi. Redites-lui qu'un peu plus tard il m'aurait perdue, parce que j'ai apporté peu de vie en venant au monde, parce que je suis née d'une mère faible et déjà malade quand elle m'enfanta ; dites-lui enfin que je m'éteins avant le milieu de la vie, après en avoir savouré toutes les douceurs et avant d'en avoir connu les souffrances; que je meurs non pas comme Thérèse, ma mère, en quittant un époux et un enfant, mais libre, sans indissoluble attache, sans déchirure saignante, digne des regrets de ceux qui m'ont aimée, mais non pas digne d'être plainte, à moins que je ne dusse laisser après moi un père qui, abusé par sa propre tendresse, s'imputerait à reproche ce qui est une voie de Dieu et peut-être une dispensation de sa bonté !

Quant à vous, monsieur Prévère, que vous dirai-je ? ma voix est trop humble en tout temps, trop faible aujourd'hui..... Je suis votre créature, votre disciple ; vous m'appelez votre amie ; j'accepte, je chéris ce doux titre, mais non pas pour m'en prévaloir. J'ai vécu et je mourrai sous votre aile ; vous aurez tout fait pour moi, sans qu'il m'ait été donné de rien faire pour vous..... mais tel est, mon bien-aimé maître, l'abandon de votre Louise en votre céleste charité, qu'en vous laissant après elle une grande et difficile tâche elle sait qu'elle vous laisse le seul héritage dont vous soyez jaloux et le seul hommage dont vous soyez digne.

Votre tendrement affectionnée   Louise.

CLXXXVII

JACQUES A SON PÈRE.

De Turin.

Vendredi dernier je vas à la poste par l'ordre de not' maître, et en secret de madame, pour quérir une lettre qu'il attendait de M. Prévère : c'était mon office de chaque jour, depuis deux mois durant. Ce jour-là les gens du bureau me font signe qu'il y a quelque chose, et qu'on est à faire le triage. Bon, que je me dis, not' maître sera content et moi aussi, que ce métier n'amuse guère. Pour lors, je me plante devant la porte à attendre. A ce moment, j'aperçois venir, du bout de la rue, la calèche, avec madame dedans, que je reconnais aux plumes blanches de son chapeau. Je m'enfonce dans l'allée : la calèche file devant la porte, comme un éclair ; et de ce mouvement a dépendu la vie de not' maître, comme vous allez voir. A cette heure, ils l'embaument, durant que nous autres nous faisons les paquets pour retourner au natal, où on l'enterrera, faute d'un coin ici dans leur terre sainte qu'ils gardent pour eux, vous offrant la voirie.

La lettre reçue, je retourne à l'hôtel ; et, bien avant d'y être, je rencontre not' monsieur qui me l'arrache des mains, fait sauter le cachet et dévore le contenu. Comme je suivais, il se retourne en disant : « Laisse-moi ! » On était dans la rue du Pô. N'ayant où aller, je vas devant moi jusqu'au pont, où je m'arrête à regarder un train de bois qui descend la rivière. Durand que je regarde, voici des dragons au grand galop, tout le monde s'espace, et puis la voiture du roi, et puis trois voitures de princes et de princesses, et puis encore des dragons, et puis la foule qui se referme derrière, d'où brûlé de soleil et de poussière, j'entre dans un bouchon, où je me rafraîchis d'un demi-pot, et pas sans eau : car leurs vins, pour n'être pas chers, n'en vont que plus droit à la tête. En tout, j'avais bien employé une heure, quand je m'achemine vers l'hôtel. Voilà que, dès le bas de l'escalier, j'entends un tumulte : je vois, sur une galerie d'en haut, le valet de chambre qui vaque effaré ;

et, entré dans une salle, j'y trouve notre dame, qu'on entrepose sur une chaise longue. Elle était échevelée, les yeux fermés, du sang au bras et sur ses attifements : le coup était fait. Not' monsieur, rentré à l'hôtel, avait forcé le secrétaire de madame pour lire ses papiers ; après quoi, il s'est mis deux balles dans le cœur. Si donc, devant la poste, madame m'avait vu, aussi sûr comme j'écris, elle aurait voulu prendre la lettre elle-même, et, retournée à l'hôtel, sa présence et son soupçon empêchaient ce malheur. J'en suis net : j'avais mes ordres.

Revenue à elle, madame a fait des plaintes et des sanglots, que c'était à fendre le cœur, voulant qu'on la laissât auprès de son fils et répétant toujours : « Misérable ! misérable ! » d'où j'étais scandalisé, croyant qu'elle traitait ainsi M. Prévère. Mais j'ai su ensuite que c'est un nommé *Champin*, de qui elle recevait, en secret de son fils, ces lettres qu'il a lues dans le secrétaire, et sur le vu desquelles il s'est détruit. Tant il y a que, dès le soir même, elle nous fait venir dans sa chambre, moi et la femme de chambre qui sommes de la cure, pour nous dire qu'on nous fera notre deuil et une gratification ; mais cette dernière, à condition seulement qu'on soit discret et qu'on n'écrive rien au pays de ce qui a eu lieu, mais seulement que son fils est mort d'une mauvaise fièvre, comme il n'en manque guère dans ce pays de soleil et de marécages, et pour les étrangers notamment. On lui a promis ; ce que je vous dis pour votre gouverne à tous, et surtout par rapport à la cure, où va-t'en premier leur annoncer cette fièvre, tant à M. Prévère qu'à M. Reybaz, afin que madame sache qu'on a été discret et qu'on puisse lui en fournir la preuve, en cas que, d'autre part, la chose se répande, comme c'est à croire.

Voici maintenant le fin de l'affaire, comme on le conte à l'office. Cette lettre de M. Prévère disait à not' maître que, quand bien même on a fait une manœuvre pour perdre M. Charles, en recherchant ses père et mère, qui se sont trouvés être des repris de justice, cette manœuvre ne lui profiterait pas à lui, M. Ernest, parce que Mlle Louise épouserait quiconque avant de l'épouser lui. Là-dessus, not' monsieur épouvanté force le secrétaire, et il y trouve la preuve de cette manœuvre faite par un nommé *Champin*, qui a reçu de madame cent louis pour la faire. Alors, se voyant tout ensemble déchu de son espoir et perdu d'infamie, il s'ôte la vie, et, trois minutes après, la calèche arrive.

A vrai dire, depuis cette première de Verrèze, que l'hôte empêcha, not'maître n'avait fait que différer. Seulement, ces derniers temps, à partir d'une lettre qu'il écrivit à M. Prévère, et dans l'intervalle de la réponse, il avait repris un peu bonne humeur, hormis qu'à l'heure du courrier, quand j'arrivais les mains vides, il me faisait des fureurs à épouvanter une borne, comme si j'en pouvais mais. C'est depuis ce mieux que notre maîtresse se hasardait à le perdre de vue de temps en temps, et jamais plus d'une heure, dont bien mal lui en a pris, à la pauvre dame. Depuis le soir qu'elle nous a parlé, on ne l'a plus revue, si ce n'est la Rose qui pénètre dans sa chambre pour le service et aussi le médecin pour prendre ses ordres par rapport à l'embaumement, et un cercueil de plomb, où sera mis not' maître. Quant au jour du départ, on n'en sait rien encore, sinon que, ce matin, j'ai eu l'ordre d'aller à la police pour retirer les passe-ports. Et bien aise que je suis d'en être revenu! Ils m'ont fait entrer dans un cabinet, où j'ai été questionné tant sur moi que sur mon maître, de façon que j'en tremblais de tous mes membres, sachant que, pour la politique, ils ne badinent pas, et que, si on a seulement l'air, ils envoient maître et valet pourrir dans un cachot noir, à six cents lieues d'ici, au milieu d'une forêt, où l'on n'entend qu'un bruit de chaînes et de fantômes. J'ai dit que mon maître s'était tué par amourette, et que, pour ce qui est de moi, je sers à table et je frotte les chambres, notamment que, l'autre jour, encore, sur le pont du Pô, j'ai crié : « Vive le roi ! » avec les autres. Là-dessus, ils m'ont délivré, et je cours encore.

De tout ceci, reste à savoir ce qu'il adviendra, si je resterai au service, ou si madame me donnera la ferme, ou enfin quoi. En attendant faites la guerre à l'œil, et saluez M. le pasteur, à qui je donne raison, sachant qu'il n'est pas pour faire tort à personne ; et encore que, si ça pouvait me nuire de lui avoir menti sur cette fièvre, je vous délie à son égard, et alors dites-lui tout, lui recommandant le secret, et que j'ai bien hâte de rentrer en pays chrétien, surtout étant de son bercail. Sur ce, bonjour à tous, et à la Jeannette, qui a bien fait de remoucher Paul Redard, sans quoi je la plantais là, et c'est pas lui qui l'aurait relevée.

Votre affectionné   JACQUES.

P.S. On s'en va par le Simplon, qui est une montagne creusée par Bonaparte, où il y a un grand trou dans le roc, s'ouvrant de ce côté-ci et débouchant en Valais. J'aimerais mieux le plein air, si ce n'est qu'il n'y a pas de route, et seulement des frimas, avec des brigands parmi, qui tirent sur tout ce qui a quatre sous. Que la Jeannette prie seulement bien, matin et soir, et vous tous. Une fois réchappé de ces repaires, faudra, **pour que je m'y remette**, qu'ils me viennent chercher.

CLXXXVIII

MARTHE A M. PRÉVÈRE.

De Mornex.

Soyez ici ce soir, monsieur le pasteur; je succombe à maintenir ce père. Que sa fille trouve au moins un abri pour s'éteindre!

Il y a quelques jours que ma chère maîtresse me parla de sa mort, qu'elle sait prochaine. C'était à propos de papiers qu'elle veut vous faire tenir en cachette de son père. A diverses fois depuis, elle m'a pressée de couper ses cheveux, dont elle veut disposer elle-même, et je m'y étais toujours refusée, quand, hier au soir, voyant qu'elle s'apprêtait à s'y fatiguer, je pris de ses mains les ciseaux, et, aveuglée par les pleurs, je coupai ces chères dépouilles.... A ce moment, M. Reybaz, que nous avions cru couché, est entré!... Il voulait parler, mais sa voix s'est brisée en un gémissement, et, sans achever, il est sorti... J'ai obtenu de ma maîtresse de demeurer et de se mettre au lit, à condition que je ramènerais son père auprès d'elle.... Je l'ai trouvé dans la salle d'en bas, debout, sans lumière, et en proie à cette angoisse muette qui est chez lui signe de véhémence.... Sans m'écouter ni me répondre, il m'a suivie, pour demeurer distrait et fixe, durant que sa fille l'accablait de caresses et de propos du ciel.... Sorti de la chambre à minuit, il ne s'est pas couché, et au petit jour, il a fait partir une lettre.

En ce moment, il se promène dans le jardin, en regardant à la fenêtre de Mlle Louise, vers qui j'ai hâte de retourner, voulant, si je puis, la retenir au lit et l'empêcher de descendre avant que vous soyez arrivé.... Elle sait que je vous écris.... J'envoie par le char de Chevalier, qui vous ramènera.... Dans cinq heures, vous pouvez être ici. Ne tardez pas, par pitié, pour votre servante.

MARTHE.

CLXXXIX

LE CHANTRE A CHARLES.

De Mornex.

Celui qui vous a été rude et contraire dans votre bas âge, tant par instinct, que, plus tard, à cause de la tache que vous ignorez, revient à vous.... Prenez sa Louise !

Je suis tardif à vous appeler.... Encore est-ce l'épouvante qui m'y dompte.... Déjà elle prenait congé de la terre.... J'ai vu sa chevelure ravie par elle au sépulcre pour vous être conservée !... Venez donc, pour l'amour d'elle ; sauvez-la, et mon cœur vous bénisse à meilleur droit qu'il ne vous maudissait durant cette noire tourmente!

Votre père et votre mère, Charles, ont vécu de crime et péri dans les cachots! Vous êtes le fruit perdu de leur adultère !... Apprenez ces choses, maintenant que, cette tache livide, je l'accepte, que je veux l'effacer, et ma Louise la blanchir.

REYBAZ.

LIVRE CINQUIÈME

ET DERNIER

Dès que j'eus reçu la lettre que l'on vient de lire, je volai à Mornex. M. Prévère y était arrivé de la veille. A partir de ce jour, nous demeurâmes réunis autour de Louise, et toute correspondance cessa entre nous.

Ainsi cette lettre clôt cette histoire, dont il n'est que trop aisé de présager l'issue. Je pourrais m'arrêter ici, et j'en étais tenté, car le mystère convient à ces tristes jours, et d'ailleurs tout récit est froid auprès de ces lettres où chacun des personnages tour à tour se peint et répand son âme. Toutefois je frustrerais à regret cette affectueuse curiosité que je me plais à supposer chez ceux qui ont poursuivi jusqu'ici la lecture de cet écrit : c'est pour y satisfaire que je vais ajouter quelques pages aux pages qui précèdent. Mon intention n'est plus de peindre, de faire revivre tant de sentiments et de passions qui s'agitent encore autour de Louise mourante ; mais j'essayerai, dans un simple et court récit, de conduire rapidement à leur terme ceux des faits de cette histoire que le livre précédent laisse inachevés.

J'étais parti de Lausanne dans l'après-midi ; je traversais Genève à dix heures du soir, et vers onze heures je gravissais le coteau de Mornex, sans savoir vers quelle habitation diriger mes pas. Mais M. Prévère, instruit dès le matin de la démarche de M. Reybaz, avait calculé l'heure de mon arrivée et prévenu mon embarras. Comme j'arrivais au sommet de cette montée qui s'élève en chaussée, au-dessus d'une carrière déserte, j'aperçus un homme assis. A mon approche, cet homme se leva ; je reconnus le chantre, et je volai vers lui. Il ne put rien me dire ; mais, pendant que je le serrais dans mes bras, je sentais sa poitrine tressaillir avec violence. Avant de me guider vers la maison, il s'assit de nouveau, s'efforçant en silence de modérer sa douleur et d'en faire disparaître les traces. C'est dans ce moment qu'un bruit de pas nous annonça l'approche de M. Prévère. Il avait voulu laisser libre cette première entrevue, et il se joignait ensuite à nous pour me presser dans ses bras et pour tempérer l'affliction de M. Reybaz.

« Nous sommes, dit-il bientôt, trois infortunés que la main céleste frappe dans toute sa rudesse.. Nous ne laisserons pas pour cela de la bénir. Charles est préparé..... M. Reybaz l'est moins, de qui les yeux se sont dessillés plus tard, parce qu'il vivait près de cet ange, dont la patience et la douceur sont un irrésistible leurre... Qu'il fasse donc un fervent appel à Dieu, qu'il s'appuie sur nous, que surtout il songe à sa fille, envers qui il peut tant encore, soit que Dieu veuille nous la rendre, soit que... » M. Prévère ne put poursuivre. Sa peine, ainsi que la mienne, devenait muette en face de celle du chantre, et nous étions en proie à cette compassion, énergique à la fois et stérile, qui fait bouillonner le cœur et tarir la parole. Nous nous acheminâmes en silence vers la maison.

De tous les personnages de cette histoire, M. Reybaz est

celui qui se peint le mieux dans ses lettres. Chacun a pu y voir de quelle trempe était son âme, droite, sensible, pieuse, digne d'une rare estime, mais tenace et obstinée. Au fond de cette âme, un préjugé, ou, comme M. Reybaz l'appelle mieux encore, un instinct, qui, chez lui, tenait de l'honnêteté plus encore que de l'orgueil, fut le ver qui devait la ronger, pour la résoudre un jour en poussière. Il ne m'avait jamais aimé, jamais connu peut-être, et, à l'exception de ce court intervalle, pendant lequel il consentit à voir en moi le futur époux de sa fille, durant vingt années de ma vie, dès mes plus jeunes ans, il s'était roidi contre moi, roidi contre mes vœux, contre mon approche, jusqu'à ce moment fatal où, ma naissance lui étant dévoilée, il frémit d'horreur et posa cette barrière qu'il ne voulait plus franchir. C'est seulement alors que commença pour lui le vrai combat, et que cette véhémence, dont il parle souvent dans ses lettres, dut être employée tout entière à maintenir son âme entre l'effroi où le jetait le déclin de sa fille et l'effroi non moins grand d'accepter la tache qui ne se lave point. Sans doute il s'aveuglait par moments sur l'état de Louise; d'autres fois il comptait sur ses prières, sur la pitié de Dieu envers cette créature innocente ; néanmoins, à partir de ce moment, son calme ne cache plus que des tortures, et l'on sent que son âme est près d'être précipitée de ces hauteurs où elle se cramponne à tant d'effort, lorsque, guidé par la tendresse ou poussé par l'angoisse, il entre dans la chambre de Louise... A la vue de cette chevelure coupée, seulement alors, il m'appelle. Pendant quelques moments, peut-être ce sacrifice de ses longues rancunes et de ses légitimes instincts leurra-t-il sa douleur; mais, dès cette nuit même, ses yeux se dessillèrent : il vit comme à nu qu'il avait joué et perdu le bonheur de sa fille, et son cœur violemment brisé demeura sous le faix d'une souffrance sombre, amère, sans mesure. C'est cette souffrance dont le spectacle ôtait la parole à M. Prévère, si accoutumé pourtant à consoler les affligés, et qui, chassant de mon cœur jusqu'au sentiment de mes propres maux, n'y laissait de place que pour plaindre avec une cuisante pitié celui-là même qui en était l'auteur.

Quand nous fûmes arrivés à la maison, M. Reybaz se retira dans sa chambre, et je demeurai seul avec M. Prévère, qui ignorait encore dans quelles dispositions j'étais arrivé. Je lui appris que la lettre du chantre, au lieu de me remplir de joie,

m'avait frappé d'épouvante, et que, bien convaincu qu'elle ne
lui avait été arrachée que par l'imminence du danger, j'étais
accouru, certain déjà que les jours de Louise étaient comptés.
M. Prévère se hâta de me confirmer dans cette affreuse certitude;
puis, détournant peu à peu ma pensée de dessus moi pour la
porter sur le sort de Louise, si triste, et pourtant susceptible
encore d'adoucissement, il m'entretint pendant longtemps avec
un accent rempli de tendresse et de confiance, faisant tourner sa
propre douleur, son estime, ses sentiments de piété, quelque
noblesse d'âme dont j'étais capable, et surtout mon amour pour
Louise, au profit de ce courage un peu exalté, mais sincère,
sans lequel je n'eusse pas manqué de m'abandonner à tous les
égarements du désespoir. Pendant qu'il parlait, Marthe parut
sur le seuil de la porte, et s'adressant à M. Prévère, sans
presque remarquer ma présence : « Cette attente l'épuise, dit-
elle... que monsieur le pasteur fasse entrer M. Charles... ce
sera un soulagement et une joie pour ma pauvre maîtresse. »
M. Prévère sortit aussitôt pour s'assurer que M. Reybaz était
demeuré chez lui ; puis, étant revenu, il me prit par la main,
et, précédés de Marthe, nous montâmes dans la chambre de
Louise. Dès qu'on ouvrit la porte, elle prononça mon nom, et
j'étais dans ses bras...

Louise, avertie dès la veille par M. Prévère, et avec d'infinis
ménagements, que j'aurais le bonheur de la revoir et que c'était
du consentement de son père, avait accueilli cette ouverture
avec joie et sans trop de trouble. Pressentant que je ne me
ferais pas attendre, elle avait voulu, cette nuit-là, demeurer
vêtue : je la trouvai assise sur sa couche. La rougeur de l'émotion colorait ses joues, ses yeux brillaient de joie, la tendresse
ranimait ses forces et réchauffait ses étreintes ; elle ne me parut
ni menacée ni débile... un moment, il me sembla que toutes
ces alarmes passées fussent des songes, et je ressaisis, avec un
transport d'incomparable joie, ce bonheur que j'avais cru
envolé pour jamais. Elle s'en aperçut, et comme effrayée de
mes illusions, elle voulut tempérer cette ivresse en laissant
échapper quelques paroles de douce résignation. Alors seulement elle reprit sa pâleur, son regard perdit son feu, je la vis
changée, et je fus rendu à moi-même. M. Prévère s'étant levé
engagea Louise à prendre quelque repos, et il m'entraîna hors
de la chambre.

Au jour, je descendis dans le jardin et je fis quelque chemin sur la route. Les paroles sinistres de M. Prévère, la douleur anticipée du chantre, m'avaient frappé d'épouvante; et pourtant Louise était à moi, je me trouvais auprès d'elle, mes vœux étaient comblés. Entre ces craintes puissantes et ces joies sans douceur, mon cœur gardait un morne équilibre, et j'errais çà et là, en proie à une sorte de stupeur. On était aux derniers jours de décembre : la neige couvrait les hauteurs voisines, un jour sans soleil éclairait d'une lueur blafarde ces roches grisâtres et ces forêts dépouillées; en sorte que ce même endroit que j'avais vu une seule fois auparavant si riant et si animé s'offrait à mes yeux confusément empreint de l'éclat des souvenirs et de la tristesse de la réalité.

Bientôt M. Reybaz parut sur le seuil. Je me dirigeai vers lui, et, sans nous être parlé, nous nous éloignâmes ensemble de la maison. Il était plus tranquille, son air était affectueux, et, sans qu'il me témoignât plus d'amitié qu'autrefois, il semblait comme navré de m'avoir haï, comme honteux et surpris que ces instincts, jadis si tenaces, aujourd'hui disparus de son âme, le livrassent sans défense à l'assaut des reproches et du repentir. Quand nous eûmes cheminé quelque temps, je lui appris que j'avais revu Louise, et je lui contai les détails de cette entrevue: il m'écouta sans émotion. Mais, quand je voulus parler de l'état rassurant dans lequel je l'avais trouvée, et de l'espoir qui restait encore, son cœur se gonfla, son front s'assombrit, et, sans dire une parole, du geste il repoussa ces lueurs. Je me tus. Alors, touché peut-être de cette situation, où c'était le jeune homme, innocent de ces choses et dépouillé pour la vie, qui consolait un vieillard auteur de tant de misère, il saisit ma main pour l'étreindre, ses yeux se remplirent de larmes, et il me regarda avec tendresse pour la première fois de sa vie. Aussitôt mon cœur bondit de chaude affection, je me jetai à son cou, je l'accablai de mes vives caresses, et je fus son fils. Quand, ce jour même, je contai à M. Prévère les détails de cette entrevue: « Malheureux Reybaz! dit-il avec un accent de navrante tristesse, qui apprenez si tard, et à si haut prix, combien vite fuit la haine au premier souffle de la charité! »

Vers le milieu du jour, comme nous étions rassemblés tous les trois dans l'appartement d'en bas, Louise y descendit, appuyée sur le bras de Marthe. Elle venait s'asseoir à table avec nous. Le sentiment de sa présence m'ôtait, à moi, toute tristesse; son regard m'inondait de plaisir, et au son de sa voix, que je n'avais pas entendue depuis si longtemps, j'éprouvais des tressaillements d'allégresse. Il fallait la présence de M. Prévère, et surtout celle du chantre, pour réprimer les transports auxquels, seul avec Louise, j'aurais donné un libre essor. Pour elle, préoccupée de la douleur de son père, elle arrangeait pour lui ses discours et son maintien, réprimant sa tristesse sans oser feindre le contentement, et cachant même le plaisir que lui causait notre réunion si désirée, dans la crainte d'effleurer de trop près la pensée d'une séparation prochaine. Néanmoins son doux sourire, ses marques de tendresse, les signes de sa mélancolique joie, s'adressaient à tous, en s'appropriant à chacun de nous; et, sous le charme de son angélique parole, le chantre lui-même passait insensiblement de ce calme contraint et tendu qu'il s'imposait devant sa fille à une tristesse plus tempérée, mais dont le flot, plus insinuant aussi, humectait malgré lui sa paupière et donnait à sa voix le tremblement de l'émotion.

Louise n'avait point encore appris de moi comment j'avais été accueilli par son père, ni comment, dans cette étreinte du matin, s'étaient dissipées ses longues rancunes; mais du premier regard elle eut tout deviné, et, à d'imperceptibles signes, je reconnus de quelle amertume se mélangeait pour elle la douceur de cette réconciliation tardive et stérile. Tout était prêt enfin pour ce banquet d'union et de félicité qui avait été le rêve de sa vie..... Elle seule allait manquer à l'appel. J'étais auprès d'elle; vers la fin du repas, sa main chercha la mienne pour la presser, pour s'y appuyer, pour résister à l'assaut de mille pensers douloureux, de mille regrets désolés. Ses yeux brillaient d'angoisse, le frisson marbrait ses pâles joues, et ses derniers efforts retenaient à peine sur ses lèvres un sourire menteur. Je regardai M. Prévère, qui, s'étant levé de table, dit à M. Reybaz : « Laissons-les ensemble! » Et ils sortirent. Alors se versa le calice. Je jette un voile sur ces choses que les mots ne peuvent peindre et qu'il n'est pas séant d'étaler aux regards. Seulement dirai-je que ce furent là les plus violents, mais les derniers tumultes au sein desquels s'acheva ce déchirement sans lequel une jeune fille tendre, adorée et près de poser sur sa tête la couronne d'épouse ne se sépare pas de cette terre.

Ainsi s'écoula cette première journée. Dès le lendemain, ces impétueux mouvements qui signalent les époques solennelles de joie ou d'infortune firent place à une sorte de calme, au milieu duquel les habitudes se créaient peu à peu, noyant les transports, les combats, la tristesse même, dans le cours de leur paisible uniformité. Celles de Louise, du reste, si l'on fait attentions aux rigueurs de la saison, étaient peu changées. Chaque jour elle descendait dans l'appartement d'en bas pour prendre son repas particulier à la même table où nous prenions le nôtre. C'était le seul moment où nous nous trouvions réunis tous ensemble; le reste du jour, elle nous voyait chacun à part. M. Prévère entrait le matin dans sa chambre pour s'y entretenir avec elle, jusqu'à ce que M. Reybaz vînt lui succéder; tous les autres moments étaient à moi jusqu'au soir. Vers sept heures, après que chacun de nous était venu pour lui donner un baiser d'adieu, M. Prévère faisait retirer Marthe et demeurait encore quelques moments auprès d'elle.

J'étais arrivé à Mornex la nuit même de Noël. Jusque vers les derniers jours de février, les semaines s'écoulèrent d'un cours assez paisible; et à cette époque l'état de Louise, loin d'avoir empiré, parut au contraire avoir subi quelques changements favorables. Depuis que j'étais reconcilié avec son père, sa tristesse avait perdu de son amertume; ma présence auprès d'elle remplissait ses heures et réalisait le dernier vœu qu'elle eût formé; enfin les témoignages assidus de ma tendresse étaient pour elle une douceur journalière, au charme de laquelle son cœur, si longtemps comprimé, se livrait avec un abandon tantôt mélancolique et tendre, tantôt vif et passionné. Au milieu de ces habitudes nouvelles, ce déclin, dont le rapide progrès avait frappé d'épouvante M. Prévère, semblait avoir suspendu son cours; et, comme il arrive lorsque les apparences mêmes les plus trompeuses vont à la rencontre des désirs les plus chers, tandis que quelques lueurs d'espoir se faisaient jour dans l'esprit de M. Prévère, dans celui du chantre lui-même, j'en étais à ne me souvenir pas même des alarmes passées et à goûter un bonheur sans mélange. A mes yeux, Louise était convalescente; chaque jour je lui trouvais plus de force; la saison seule s'opposait encore à son entier rétablissement; je vivais le triomphe et l'allégresse dans le cœur. Seulement, par égard pour M. Prévère, pour M. Reybaz, pour Marthe elle-même, je comprimais en leur présence l'essor trop vif de ces sentiments; et c'était auprès de Louise, c'était en couvrant ses mains de baisers, en la pressant avec transport dans mes bras, que je laissais s'épandre ma puissante joie et couler mes pleurs de reconnaissance et d'amour. Pour elle, ses lettres révèlent qu'elle n'avait pas cru vivre jusque-là ; et si, à la vérité, en aucune occasion, depuis ces derniers déchirements dont j'ai parlé, elle n'affecta de parler de sa fin prochaine, il n'est pas à croire non plus qu'elle ait jamais ressaisi l'espérance ; mais, prenant ses jours de répit comme un don de la bonté de Dieu, elle s'attachait à n'en troubler pour personne le calme fragile. Ainsi, tandis que chaque jour, dans ses entretiens avec M. Prévère, c'était au travers du sépulcre que sa pensée avait à s'élever vers les cieux et l'éternité, chaque jour aussi, sans me leurrer, sans me désabuser non plus, elle assistait à ma joie, elle accueillait, non sans secrets soupirs, mais tendrement et avec des larmes de gratitude, mes caresses et mes transports. Ce fut néanmoins vers cette époque qu'elle me parla de son désir de *revoir* la cure. J'étais si aveuglé, que la tristesse même de cette expression dont elle se servit ne dessilla pas mes yeux. Je souris à ce projet ; j'en parlai à M. Prévère, à M. Reybaz ; le médecin fut consulté, et il fut convenu qu'aux premiers jours du printemps nous retournerions tous à la cure. Il fallait y faire quelques dispositions appropriées aux habitudes nouvelles et à l'état de santé de Louise. Ce soin me fut confié, et, le 23 mars, je quittai Mornex pour m'y rendre.

La veille de ce jour, j'eus avec M. Reybaz un court entretien, dans lequel il me donna ses ordres particuliers. Il s'agissait de choses sans importance, et je m'étonnais de le voir s'y attacher et m'en parler d'une voix émue lorsque je compris que ces choses n'étaient qu'un détour pour arriver à l'objet dont la pensée le troublait : cet objet, c'était la chambre de Louise. Il voulait m'instruire des changements qu'il y avait faits et me fournir un tour pour en parler d'avance à Louise, dont il redoutait à présent la surprise lorsqu'elle se verrait au milieu de ces apprêts de fête et de cette demeure renouvelée. Mais je pus deviner bien plus qu'écouter ces détails ; car, malgré les détours par lesquels M. Reybaz s'était approché de ces souvenirs de récente espérance, un funèbre rapprochement se fit dans son âme, qui lui ôta la parole. J'essayai de lui faire partager mes illusions et ma joie ; mais, comme l'autre fois, du geste il repoussa mes paroles et il me fit signe de m'éloigner.

Je m'étais promis de voir M. Dervey, en passant à Genève, pour le remercier de ses soins passés et pour lui donner des nouvelles de Louise. Il était absent quand je me présentai chez lui. Comme je redescendais l'escalier, je vis monter un vieillard qui, au bruit de mes pas, leva la tête et pâlit à ma vue. C'était M. Champin. J'étais moi-même embarrassé de savoir comment me comporter avec lui, lorsque, sondant mon regard et enhardi par mon embarras même, il hasarda aussitôt auprès de moi le ton gaillard et familier qui lui était habituel. Après quelques propos : « Faites à ma loge, me dit-il, l'honneur d'un bout de visite... J'y vis reclus, sans rien savoir de tant de gens dont vous me donnerez des nouvelles. » Je le suivis dans sa loge, où je n'entrai pas sans répugnance, tant elle me rappelait d'odieux souvenirs ; mais j'ignorais entièrement alors les relations de M. Champin avec Mme de la Cour et la part qu'il avait prise à la découverte du secret de ma naissance, en sorte que, lui pardonnant volontiers ses anciennes préventions, j'étais reconnaissant de son accueil et tout prêt à oublier le passé pour lui rendre mon amitié.

M. Champin est l'auteur de la mort de Louise et de la ruine de ma destinée. Si, à la vérité, il serait injuste de mesurer la perversité de cet homme à l'étendue des maux qu'il a faits, il serait peu sensé aussi de voir en lui un de ces êtres monstrueux dont on ne trouve le type que dans l'imagination des romanciers. La cupidité, l'esprit d'intrigue, appartiennent à bien des hommes et sont la cause de bien des actions basses et méchantes ; l'orgueil, le défaut de principes, cette démangeaison de la langue qui porte tant d'oisifs à rechercher et à répandre le mal plus aisément que le bien, ce qui est secret avec plus de plaisir que ce qui est découvert, sont à la fois des traits communs à une foule d'hommes et des sources fécondes de maux et de catastrophes. M. Champin, unissant à ces défauts des qualités d'esprit et d'intelligence que n'ont pas tous ses pareils, ne fit guère que ce qu'ils feraient tous s'ils venaient à se trouver dans une situation semblable à celle où il se trouva lui-même sans l'avoir cherchée. Dès le principe, sa curiosité s'attacha à ce mystère, dont plus tard il devait déchirer le voile : sa malice s'appliqua à dénaturer mes démarches, puis, s'autorisant de la bassesse même de ma naissance, elle s'aigrit de mes justes mécontentements : sans être encore perverse, elle était déjà empoisonnée. Après le duel, un instinct cupide, et ce bas orgueil qui, en vertu d'une contradiction qui n'est qu'apparente, accable d'une part, tandis qu'il rampe de l'autre, l'approchèrent de M. Ernest de la Cour, dont il servit méchamment la cause, bien plus encore pour se venger de mes mépris que pour aucun motif de générosité et d'attachement envers ce jeune homme ou envers M. Reybaz. C'est jusque-là que, tout en étant le même qu'il fut depuis, il ne fut pourtant que ce que sont tant d'êtres de sa sorte, à qui le hasard seul épargne de plus coupables noirceurs. Mais, lorsque, plus tard, l'orgueilleuse malice de ce pervers trouve un flatteur appel dans les instances de Mme de la Cour, un prétexte dans son infortune, un appât dans son opulence, alors il caresse les préjugés, il attise les rancunes de son ami; et, quand ce malheureux, tremblant devant ce qu'il a fait, chancelle, se débat et va s'échapper du rets où on l'enlace.... pour l'y retenir, l'audacieux portier descend au crime : il me perd, et, avec moi, tous ceux qu'il prétend sauver. Frappant exemple de ces maux que sèment dans l'ombre les basses passions, les sourdes manœuvres d'un misérable; de ces crimes secrets que la loi n'atteint pas, qui rongent et dévorent dans les ténèbres, et où trempent, à divers degrés, beaucoup d'hommes que ne règle, à défaut d'un cœur honnête, ni la crainte de Dieu ni l'amour de leurs semblables.

Il a pu paraître étrange qu'un tel homme se trouvât être l'ami de M. Reybaz; et cependant qui n'a pas observé combien les souvenirs d'enfance, l'égalité de condition, des goûts analogues, une instruction de même degré, ont de force pour approcher deux hommes différents de naturel, et plus différents encore de moralité? Mais d'ailleurs, ici, cette amitié était ancienne plutôt que continuée, familière bien plus qu'intime. Longtemps elle avait pu subsister, fondée sur des rapports de jeunesse et de plaisir; plus tard, elle se fût éteinte d'elle-même sans les circonstances qui vinrent la renouer d'une manière si funeste, alors que, depuis six ans déjà, M. Reybaz et M. Champin, l'un retiré à la cure, l'autre retenu à la ville par sa profession, ne s'étaient plus rencontrés. C'est ce que marque la première lettre de M. Champin au chantre. Au surplus M. Reybaz, exercé, à la vérité, dans la connaissance de la nature humaine, en vertu de cette consciencieuse droiture qui le portait sans cesse à s'approfondir lui-même, à sonder ses motifs et ses intentions, était d'ailleurs peu connaisseur en hommes, et malhabile à démêler la nature et la valeur particulière des individus. En ceci, il apportait des instincts plus que de la réflexion; il partait de ses répugnances et de ses sympathies bien plus qu'il ne raisonnait les unes ou les autres : et c'est ce qui explique comment il était si indulgent pour son ami et si sévère pour moi; comment aussi,

ferme et obstiné dans ses propres idées, il se rencontrait avec
M. Champin, bien plus qu'il n'était mené par lui, et finit par
être la victime, et non pas la dupe de ce fourbe. Enfin, il y
avait telles menées, telles sortes d'actions dont son âme honnête
ne concevait pas même la pensée; et, s'il comprenait que son
ami, pour le sauver d'un opprobre éventuel, allât jusqu'à rechercher les parents de Charles, il ne soupçonna jamais un seul
instant que l'on pût être guidé, dans une action semblable, par
la cupidité ou même par l'orgueil.

M. Champin fait allusion dans ses lettres aux troubles de
notre révolution. Il n'y avait joué aucun rôle qui pût le faire
remarquer; mais, avec d'autres de sa condition, il y était arrivé
au partage du pouvoir, et il avait assisté avec satisfaction à
l'abaissement des familles aristocratiques. C'est durant cette
époque qu'il s'était imbu, à l'égard de la religion et de ses ministres, de ces idées à la fois hostiles et moqueuses, qu'il avait
contracté l'audace de la pensée et la haine rebelle des supério-
rités. Le cours des événements l'avait ensuite remis à sa place;
mais, tandis que, par ses opinions et par ses antécédents, il
était demeuré le jaloux ennemi des classes riches et puissantes,
le sentiment de son abjection et de ses besoins, ou les conseils
de sa cupidité, le rendaient souple, rampant, à l'égard des individus haut placés dont l'approchaient les circonstances ou ses
intérêts. Par une autre inconséquence, assez ordinaire aux
vieillards qui ont traversé cette époque, quand il semble qu'il
aurait dû être favorable à toutes les nouveautés issues des progrès dus à la révolution, en particulier à l'affranchissement de
l'industrie, enchaînée autrefois par les maîtrises et les jurandes,
il avait au contraire le mépris des produits modernes, le regret
et l'estime des choses du temps passé, de cette montre du
chantre, par exemple, qui lui donne occasion, dans l'une de ses
lettres, de s'irriter contre l'horlogerie du siècle. Cette génération d'hommes, produit des révolutions qui affranchissent les
masses populaires des sentiments de respect, d'ordre, de bienveillance et de religion, pour les déchaîner contre ceux qui les
oppriment, et, pendant longtemps aussi, contre ceux qui les
gouvernent, tend à se perdre, mais pour renaître à chaque fois
que les mêmes orages renaîtront, et pour montrer à quel haut
prix les sociétés achètent des avantages souvent incertains;
pour montrer surtout quels maux préparent à l'humanité ceux
qui, hommes ou classes d'hommes, oppresseurs ou fauteurs de

troubles, rendent inévitables ces secousses violentes, d'où le peuple ressort plus libre et moins bon, affranchi, mais déréglé, et lent à reprendre les vertus de sa condition.

J'étais entré dans la loge de M. Champin. Le rusé vieillard, tout en ne paraissant que m'interroger sur les personnes de la cure, eut bientôt reconnu que je n'étais au fait d'aucune de ses menées, et un sentiment de joie se mêla à l'inquiète curiosité dont son visage laissait percer les signes. Il me parla avec respect de M. Prévère, avec intérêt et décence de Louise, en amenant à propos des exemples de jeunes filles que des contrariétés de cœur avaient rendues malades, et que l'accomplissement, même tardif, de leurs vœux, avait rendues à la santé. Puis, profitant de ce que j'ignorais entièrement la destinée de M. Ernest pour toucher ce point délicat : « Ce sont, dit-il comme incidemment, les fièvres du pays qui l'ont emporté. Il s'y est joint un mauvais traitement, une saignée hors de propos, qui sait?... Il ne manque pas de langues qui assurent qu'il s'est aidé à laisser couler la saignée, sinon à la faire. » J'écoutais ces paroles, le cœur troublé, songeant avec compassion au triste sort de ce jeune homme enlevé à sa mère, et avec effroi à ces mystérieux discours dont sa mort était l'objet. C'est sous cette impression que je me levai pour sortir, pendant que M. Champin cherchait à me retenir, tout en multipliant les propos gais et affectueux, afin de dissiper ma tristesse et d'endormir ma curiosité. J'insistai pour partir. Alors il descendit avec moi l'escalier, il m'accompagna jusque dans la rue, où il eut l'art de me retenir quelques moments encore, comme pour rendre les passants et les voisins témoins de notre entrevue; et, après m'avoir dit adieu, il demeura sur le seuil, en me suivant du regard jusqu'à ce que j'eusse tourné l'angle de la rue.

C'est là le dernier entretien que j'ai eu avec M. Champin, bien que, parvenu à une extrême vieillesse, il ait survécu à la plupart des personnages qui figurent dans cette histoire. M. Prévère l'avait pénétré et jugé, quand toute une partie de sa trame était encore enveloppée dans le plus profond secret, et que Mme de la Cour, qui seule venait d'en entrevoir l'odieuse perversité, reculait d'épouvante. Moi-même, je ne devais pas tarder à connaître cette trame ; cependant M. Champin est mort, il y a un an seulement, sans avoir rencontré sur cette terre la punition de ses œuvres, ni même le mépris et la haine qu'il méritait de la part des hommes. Nul d'entre nous ne songea jamais à tirer une inutile vengeance de ce vieillard en divulguant ses menées; et la personne qui aurait pu être directement intéressée à le faire, Mme de la Cour, en perdit jusqu'à la pensée, aussitôt qu'elle eut rencontré chez M. Prévère, au lieu du blâme et du soupçon, l'estime, la pitié et d'affectueuses consolations. Un seul homme, à la cure, dont cette révélation aurait profondément bouleversé l'âme et aggravé l'infortune, en lui montrant de quel misérable il s'était, à son insu, fait le complice, s'est éteint sans connaître la trame de M. Champin : c'est le chantre, et sa noble et droite conscience s'est moins reproché sans doute une fatale obstination et le sacrifice trop tardif de ses instincts et de ses rancunes, qu'elle ne se fût épouvantée d'avoir fait triompher le ténébreux complot d'un scélérat. Ainsi M. Champin a pu se traîner de longues années encore, sans voir éclater cet orage toujours suspendu sur sa tête; il a pu, du fond de sa loge, contempler en paix ces tombes ouvertes par lui et engloutissant l'une après l'autre ses victimes. Nul bruit du dehors, à peine un sourd murmure, est venu l'inquiéter dans cet antre, où bientôt le retinrent ses infirmités, et où, vers la fin de sa carrière, il a vécu des secours de son gendre, devenu veuf, et des aumônes de M. Dervey. Il n'y a que peu de mois que j'ai appris à ce pasteur sur quel misérable étaient tombés ses bienfaits; et, en l'interrogeant à mon tour, je me suis confirmé dans la pensée que M. Champin, durant ces années de solitude et de réflexion, a végété dans les langueurs d'une égoïste et fausse paix, sans connaître les remords d'un cœur honnête ni le repentir consolateur d'une âme religieuse.

Je m'étais acheminé vers la cure, ému de ce que je venais d'apprendre au sujet de M. Ernest; mais, à mesure que j'approchais, ma pensée changeait d'objet. Dès que je fus entré dans le hameau, je me vis entouré des paysans qui accouraient à ma vue, s'appelant les uns les autres et sortant de leurs maisons pour m'accueillir avec mille témoignages d'amitié et en m'accablant de questions sur M. Reybaz et sur sa fille. Aucun d'eux ne se doutait que la vie de Louise fût en péril, et leur sécurité se communiquant insensiblement à moi, je leur donnais des nouvelles de plus en plus rassurantes, non sans être arrêté à chaque pas par les survenants, à chacun desquels je devais redire les mêmes choses. La plupart m'accompagnèrent jusqu'à la cure. Ce séjour aimé de mon enfance, embelli en été de toute la parure des hêtres, des herbes, des fleurs et de ces plantes qui masquent de touffes verdissantes la vétusté des antiques murailles, était alors nu, grisâtre comme le ciel et froid comme l'air. Dès que j'y fus entré, j'allai droit à la chambre de Louise, et, surmontant les émotions qui m'y attendaient, je m'occupai aussitôt des dispositions pour lesquelles j'étais venu. Elles consistaient principalement en précautions à prendre contre les rigueurs de cette fin d'hiver. Je fis aérer toutes les pièces de l'habitation, pour chasser l'humidité qu'auraient pu y laisser les réparations de maçonnerie faites l'automne précédent, et je priai la pauvre Crozat de venir habiter, jusqu'à notre arrivée, cette demeure longtemps déserte, afin d'y entretenir du feu et d'y ramener la chaleur. Lorsque ces préparatifs et d'autres furent achevés, j'allais repartir pour Mornex, lorsqu'un incident me força de coucher encore une nuit à la cure.

Dès mon arrivée, les paysans m'avaient mis au fait des bruits qui couraient sur la mort de M. de la Cour. Pensant que j'obtiendrais quelques lumières sur ce sujet par les parents de Jacques, j'allai chez eux; mais, se voyant déjà compromis par leurs précédentes indiscrétions, ils prétendirent, auprès de moi, ne savoir rien autre chose que ces bruits vagues qui circulaient dans le hameau, sans qu'on sût, à les entendre, d'où ils étaient venus. J'en étais donc demeuré au point où m'avait laissé M. Champin, lorsque le lendemain, vers deux heures de l'après-midi, on vit arriver au village deux voitures traînées par des chevaux de poste. Du siége de l'une d'elles Jacques sauta à terre, qui courut dire bonjour aux siens. Il était en deuil. On apprit de lui que Mme de la Cour était dans la première voiture, et que, dans la seconde, était le cercueil de M. Ernest, mort à Turin d'une fièvre du pays. Sans s'arrêter plus longtemps, Jacques se mit à courir pour rejoindre les voitures qui, dans ce moment, montaient lentement le coteau de la cure, et qui, bientôt après, entrées dans l'avenue, allèrent s'arrêter devant la maison de Mme de la Cour.

Mme de la Cour avait choisi pour arriver le moment où, les habitants de la cure étant encore tous réunis à Mornex, elle se trouverait affranchie de diverses démarches que les convenances exigeaient et que sa situation actuelle à leur égard aurait rendues pénibles ou impossibles. Mais, pendant que les voitures montaient le coteau, elle vit avec étonnement les volets ouverts à la cure et la fumée qui sortait des cheminées; en sorte que, ayant questionné Jacques, elle apprit de lui le prochain retour

32

de Louise et ma présence au hameau. Cette nouvelle la jeta dans le trouble. A peine descendue de voiture, elle m'envoya un domestique pour me prier de sa part de passer auprès d'elle avant de repartir pour Mornex. Je répondis que je m'y rendrais dans une heure; mais, avant que ce terme fût écoulé, je m'acheminai vers le château. En traversant le vestibule, j'aperçus le cercueil déposé dans une chambre basse, où un homme en deuil veillait auprès. Cette vue me fit une impression profonde, et j'arrivai pâle et tremblant dans la chambre de Mme de la Cour, où je fus introduit.

En me voyant, cette dame me tendit la main avec une expression de visage où se peignaient à la fois la compassion et un inquiet effroi : « Parlez-moi, me dit-elle en sondant mon regard, de Mlle Reybaz... Pourquoi cette longue absence de M. Prévère? Pourquoi ces lettres sinistres?... » Sans bien comprendre tout le sens de cette question, j'y répondis en lui peignant l'état de Louise, ainsi que je me le représentais à moi-même. Quand j'eus terminé : « Que Dieu vous entende! » reprit Mme de la Cour, puis, saisissant ma main qu'elle serra avec effusion : « Ah! Charles! Charles! quand vous saurez tout, au lieu de me détester, vous me plaindrez... Ne suis-je pas la première victime de ce monstre? » Je ne compris rien à ces paroles. Mme de la Cour s'en aperçut, et, donnant essor à une agitation qu'elle ne pouvait plus surmonter : « Eh bien! s'écria-t-elle en se levant, sachez tout... Aussi bien ce poids est trop lourd sur mon cœur. »

En disant ces mots, Mme de la Cour, passant sous l'empire de sentiments qui faisaient taire sa douleur, s'approcha d'une table sur laquelle était déposée une petite cassette, d'où elle sortit une liasse de papiers, puis elle vint reprendre sa place. C'est alors que, pour la première fois, je fus mis au fait de la trame dont le lecteur a suivi le fil dans cette correspondance de Champin, que Mme de la Cour tenait alors dans ses mains, et que je connus de quelles menées j'avais été la victime. Quand elle eut achevé ce récit, où la douleur, le ressentiment, le regret, tantôt humectaient ses yeux, tantôt enflammaient ses paroles, elle ouvrit la liasse, elle y choisit, parmi les lettres de M. Champin, pour m'en faire lecture, celles qui mettaient le plus en évidence l'astuce et la méchanceté de cet homme; elle me fit connaître celle que lui avait écrite M. Reybaz; enfin, elle mit sous mes yeux ces pages de M. Prévère, qui, en retirant à son fils tout espoir et en le mettant sur la trace des manœuvres entreprises pour me perdre, avaient provoqué son désespoir, porté sa honte au comble et armé son bras contre lui-même. Je conçus, de toutes ces lectures, bien plus de douleur que de ressentiment, attentif que j'étais à tant de combats, de craintes, de sinistres prophéties, dont Louise était l'objet dans toutes ses lettres, et surtout dans la dernière. Sous l'empire de cette impression, je sentais se dissiper les illusions qui me restaient encore, plus rien que de funeste se trouvait dans mes souvenirs, et, tandis que Mme de la Cour, effrayée de ma tristesse et de mes larmes, me pressait d'instantes questions, je détruisais une à une, en y répondant, les espérances que je lui avais données quelques instants auparavant, jusqu'à ce qu'enfin elle s'écria avec désespoir : « Elle est perdue!... et M. Prévère ne s'est pas trompé! » A ce cri, je demeurai frappé de stupeur, mes larmes tarirent, et pendant que Mme de la Cour, affaissée d'angoisse, semblait avoir oublié ma présence, j'éprouvais la pressante envie de m'éloigner. C'est que notre infortune n'avait plus rien de commun, si ce n'est de se rapporter à un même objet : mon cœur saignait de douleur, le sien était assailli par le reproche et glacé d'épouvante. Je pris tristement congé, sans qu'elle parlât ni de me retenir ni de nous revoir, et je regagnai la cure. Au sortir de l'avenue, je rencontrai Antoine qui m'apportait un billet arrivé pendant ma visite au château. Je transcris ce billet.

« Charles,

« Revenez vers votre Louise, revenez, mon bien-aimé, et retournons ensemble vers ces lieux que j'aimerais revoir.

« La volonté de mon père chancelle : il est près de renoncer à ce voyage. Pour l'y déterminer et lui épargner cette lutte, arrivez à Mornex avec deux voitures.

« LOUISE. »

Je partis le lendemain avant le jour, afin d'entrer à Genève aussitôt que les portes de la ville s'ouvriraient. J'y louai deux voitures, et, vers dix heures du matin, je me trouvais à Mornex. Mais, quelle que fût mon impatience de revoir Louise, on ne me laissa entrer dans sa chambre que dans la soirée, lorsque tomba la fièvre, qui ne la quittait plus que durant de courts intervalles.

Elle me combla de tendres caresses, qu'elle entremêlait de

paroles résignées ; puis, levant par degrés les derniers voiles, elle me parla de sa fin prochaine. Je sus ici maîtriser ma douleur et adoucir la sienne. Dans un long entretien, je lui dis mes résolutions, mes projets, mes serments ; je reçus le dépôt sacré de ses vœux, de ses intentions dernières, de ses espérances, de cette tendresse, enfin de cette patiente et chrétienne douceur, dont il semblait que, près de quitter la terre, elle voulût laisser au milieu des siens le charme consolateur.

Le soir même, avec Marthe et M. Prévère, nous disposâmes tout pour le départ, après y avoir fait consentir M. Reybaz, qui semblait comme enchaîné par une sorte de stupeur à attendre son sort sur ce rocher de Mornex. Le lendemain, quand on chargea les effets sur un char, il voulut, un moment, aider aux préparatifs ; mais, à la vue du rouet et d'autres objets qui appartenaient à Louise, l'émotion le saisit, et il s'éloigna. Ce char s'achemina le premier. Quand tout fut prêt, Marthe et moi nous montâmes dans la voiture où nous attendait Louise, à demi couchée, tandis que M. Prévère et le chantre, montés dans l'autre voiture, venaient de prendre les devants.

Durant ce triste voyage, Louise nous entretint, Marthe et moi, avec calme, mêlant à ses discours mille témoignages d'affection et de reconnaissance, et s'attachant à tempérer à l'avance nos futurs regrets par les derniers souvenirs qu'elle nous aurait laissés. Lorsqu'on approcha de Genève, elle jeta les yeux sur ces remparts, sur ces maisons, sur ces antiques tours de Saint-Pierre, comme pour faire un adieu à sa patrie ; mais quand nous eûmes traversé la ville et que nous approchâmes de la cure, elle redevint silencieuse et ses yeux se mouillèrent de larmes dont elle cherchait à nous dérober la vue. M. Prévère avait fait recommander aux paysans de ne pas entourer la voiture, de n'avoir pas l'air de s'en occuper ni d'y reconnaître quelqu'un. Mais, pour mieux faire, ces bonnes gens se tenaient dans leurs maisons regardant de derrière les vitres, et laissant ressentir à Louise le sentiment de cette sinistre curiosité dont elle était l'objet. Au milieu de ce hameau désert, une jeune enfant seule, cette orpheline dont il a été question, du seuil d'une étable, d'où elle reconnut Louise, accourut en poussant des cris de joie. Louise fit arrêter : l'enfant monta sur le marchepied de la voiture pour s'élever jusqu'à la croisée de la portière, et remarquant peu, dans sa joie, la pâleur de sa bienfaitrice, elle lui fit des amitiés naïves auxquelles celle-ci s'abandonna sans tristesse. La voiture se remit en route, et, après avoir gravi la montée, elle tourna près de la mare pour venir s'arrêter devant la porte de la cure. M. Prévère nous attendait sur le seuil; en l'y voyant seul, Louise demanda aussitôt où était son père. « Un peu plus tard, » répondit M. Prévère. Ces mots contristèrent Louise, qui, sans insister, descendit de voiture et entra lentement dans la maison. Arrivée au milieu du corridor, elle fut obligée de s'arrêter quelques instants. Je la soutins dans mes bras, et, quand elle eut repris courage, je lui aidai à monter le petit escalier qui conduisait à sa chambre, où elle entra. A la vue des changements qui y avaient été faits, de cette parure de fête, de ces témoignages d'affection et d'espérance, elle fut pénétrée d'un amer attendrissement, et, s'étant assise sur une chaise qui était à côté de la porte, elle y demeura, cherchant un appui contre moi et serrant en silence mes mains que mouillaient ses pleurs. J'étais, pour la consoler et la soutenir, rempli de force et de calme. Dès que je lui eus fait quelque bien par mes discours et par mes caresses, elle témoigna le désir que j'allasse auprès de son père, et je sortis aussitôt que Marthe fut venue pour lui aider à se mettre au lit.

Je ne trouvai dans la maison ni M. Prévère, ni M. Reybaz. M. Reybaz, habitué au grand air et au repos des campagnes, n'imaginait pas de chercher la solitude dans une chambre ; et, s'il était dominé par quelque angoisse, il sortait comme pour respirer plus seul et plus à l'aise. A peine descendu de voiture, il s'était réfugié dans cette place solitaire, où autrefois il avait coutume de chercher le sommeil durant la chaleur du jour. C'est là que je le retrouvai avec M. Prévère, qui ne l'avait quitté un instant que pour se trouver sur le seuil au moment de l'arrivée de Louise. M. Reybaz, peu attentif aux exhortations de son ami, tantôt se levait, tantôt demeurait assis, s'adressant à lui-même des paroles entrecoupées. J'allai droit à lui et je le conjurai de se posséder. Je lui dis que je serais son fils, son appui, uni pour toujours avec lui par le même amour, par la même vénération pour sa Louise; mais qu'avant toutes choses nous devions adoucir l'amertume de ses derniers jours, et qu'en ce moment même elle souffrait de ne l'avoir pas encore revu. A ces derniers mots, son agitation parut cesser, et se levant : « Allons la voir, » dit-il. Nous nous rendîmes ensemble dans la chambre de Louise.

Marthe s'y trouvait, qui voulut se retirer. M. Reybaz, regardant cette pauvre femme du même œil dont il aurait accueilli sa Thérèse : « Reste, Marthe, lui dit-il, restez tous.... j'ai plus d'amis que je ne suis digne! » S'approchant ensuite de Louise, il l'embrassa et s'assit auprès du lit. « Mon enfant, reprit-il, je n'ai pas oublié les conseils de votre dernière lettre.... Cette chambre, je l'avais renouvelée pour vous.... Si Dieu ne veut pas.... N'ayez crainte que je murmure.... Qu'elle vous soit alors un plus digne vestibule à ces demeures où il vous appelle et où vous attend votre mère.... » Le chantre continua de discourir, pendant que nos cœurs s'ouvraient à la consolation. Pour la première fois, en effet, on osait parler en commun de la commune peine, et l'affliction, dépouillée de contrainte et mise sous la protection de Dieu, était pénétrante, sans être aussi amère. Marthe fondait en larmes. M. Prévère écoutait d'un air grave et comme touché du religieux effort de son ami ; et Louise, attendrie, mais soulagée, prodiguait à son père les plus tendres et les plus faciles caresses. Elle voulut nous exprimer la douceur qu'elle goûtait à nous voir autour d'elle unis et résignés, et elle dit ce jour-là tout ce qu'elle désirait nous dire de commun à tous.

Les jours suivants, son déclin fut rapide, mais son calme croissant. On était aux premiers jours d'avril : les arbres commençaient à bourgeonner et le soleil à dorer plus souvent les campagnes; deux ou trois fois Louise exprima le désir d'être assise auprès de sa fenêtre : nous fûmes obligés de l'y porter sur nos bras. Durant tous les moments que lui laissaient de libre l'angoisse ou la fièvre, nous demeurions réunis auprès d'elle, l'entretenant tantôt de discours pieux, tantôt des choses et des gens du hameau, ou des petites commissions dont elle nous avait chargés pour eux. A mesure que le moment fatal approchait, il y avait chez tous et chez le chantre aussi plus de calme ; l'admiration pour Louise nous inspirait en sa présence une sorte d'exaltation; son courage se communiquait à nous, les soins se multipliaient: en sorte qu'au milieu d'émotions si variées et de journées si remplies, la douleur demeurait comme suspendue. Le 25 avril, se sentant quelque force, elle fit appeler son orpheline, la veuve Crozat et quelques femmes qu'elle aimait à cause de l'affection qu'elles m'avaient toujours témoignée; elle leur dit quelques paroles d'amitié et d'adieu ; et le 26, comme nous étions tous réunis autour d'elle, son regard se ternit, la parole expira sur ses lèvres ; ses mains seules, en cherchant les nôtres, parlèrent pour elle, et, au coucher du soleil, elle entra dans le sein de Dieu.

Je me tiens en dehors de ce récit. Simple spectateur, je contemple cette jeune fille qui s'éteint... et mon âme est remuée jusque dans ses profondeurs. Où sont les mots qui rendent ce spectacle, les images qui le peignent ? C'est ici plus que le lis tranché par la faux, plus que la jeunesse et la grâce qui disparaissent, frappées par une impitoyable main !... C'est la vertu, la pureté, la filiale tendresse, qui périssent victimes d'elles-mêmes ! Spectacle bien digne, ou d'un affreux et éternel murmure, ou d'une éclatante et immortelle espérance ; d'un impie désespoir ou d'une soumission pleine de confiance, de respect et d'amour !

Le bruit de cette mort sema le deuil et le regret dans ce petit hameau, dont Louise avait été l'ornement et la providence; de touchants témoignages accueillirent la triste nouvelle, et ces pauvres paysans sentirent qu'ils venaient de perdre un bien qui ne leur serait pas rendu. D'eux-mêmes, ils s'abstinrent de tout bruit autour de la cure ; ils se rendaient silencieux à leurs travaux, et, suspendant les jeux du soir, ils se tenaient rassemblés sous le porche de leurs maisons, s'entretenant des afflictions de la cure et de cette jeune demoiselle sortie de leurs rangs pour demeurer l'amie de tous et la protectrice de leurs enfants. Dès le lendemain, M. Prévère, sensible à ces marques d'un décent et affectueux regret, et jaloux d'y attacher, en s'y associant, quelque utile direction, descendit au hameau, et vint s'asseoir au milieu de ses paroissiens. Il les entretint de Louise, de sa fin, de la place qu'ils avaient tous eue dans son cœur. Il admira devant eux cette piété vraie et simple qui avait donné à une frêle enfant un courage d'homme fort, cette bienfaisance si ancienne et tant d'intelligence à secourir et à consoler. Les femmes, plus faciles à émouvoir, et avec qui Louise, initiée à leurs soucis domestiques, avait eu de plus intimes rapports, fondaient en larmes ; et les hommes, tout rudes qu'ils sont au village, graves et remués, écoutaient avec respect. Pendant qu'il parlait, M. Prévère avait approché de lui l'orpheline de Louise, lui rappelant les marques d'affection de sa protectrice et lui faisant des caresses où sa propre douleur trouvait un adoucissement. Quand il se leva pour se retirer, les paysans se découvrirent ; l'un d'eux demanda au nom de tous quand aurait lieu l'enterrement, « afin d'y accommoder les ouvrages, et que chacun pût faire son devoir à l'entour de cette respectée demoiselle. » M. Prévère leur annonça que ce serait pour le lendemain à dix heures, et il les quitta, accompagné de deux des anciens, qui le reconduisirent jusqu'à la cure.

Pendant son absence, Mme de la Cour l'y avait fait demander. Il s'y rendit, me laissant auprès du chantre. Le désespoir de cette malheureuse dame, lorsqu'elle apprit la mort de Louise, avait éclaté en cris de douleur et de remords, et tandis que le véritable auteur de tant de maux vivait tranquille derrière l'abri de ses ruses et de ses mensonges, elle s'accusait hautement d'indignité et de crime. C'est à ces transports que M. Prévère la trouva livrée. Il avait toujours eu le soupçon que M. Champin avait été mis en œuvre de ce côté-là, et les bruits qui s'étaient répandus sur la mort de M. Ernest l'y avaient confirmé. Cependant, avec ce tact d'un homme à la fois rempli d'indulgence et de discernement, il n'avait jamais douté que la part vraiment criminelle de l'œuvre n'appartînt tout entière à Champin. Quant à Mme de la Cour, qu'il connaissait bonne de cœur, honnête et généreuse de sentiments, il n'avait garde de lui attribuer d'autres torts que ceux de la faiblesse et de l'imprudence, et de lui imputer autre chose que des démarches inconsidérées, où le lâche abattement de son fils l'avait entraînée malgré elle. Ce fut animé de cet esprit qu'il se présenta à Mme de la Cour, « certain, lui disait-il, qu'elle s'accusait injustement et que son âme honnête tournait en reproches de justes regrets. » Il l'écouta, il la plaignit, il lui parla avec cette autorité de caractère et de charité qui lui soumettait les cœurs; et, après l'avoir calmée, il lui dit qu'il entendait demeurer son ami, et que ce lui serait une douceur nécessaire que de parler souvent de Louise avec ceux qui l'auraient connue et regrettée. Dès lors il a tenu sa promesse. Ces entretiens ont sauvé cette pauvre dame du désespoir; et, bien qu'elle ne se soit jamais consolée d'avoir été involontairement la cause de la perte de Louise, bien qu'elle l'ait pleurée plus douloureusement encore qu'elle n'a fait son propre fils, l'amitié et les soins de M. Prévère, ceux que j'ai eu la douceur de lui rendre, ont contribué à tranquilliser sa conscience et à lui rendre le repos dont elle a joui durant les quinze années qu'elle a survécu à Louise.

Le lendemain, dès neuf heures du matin, tous les hommes du hameau et des habitations éparses alentour dans les champs étaient rassemblés sous les tilleuls de la cure, du côté opposé à celui où se faisaient les préparatifs du convoi. Au loin, dans les vergers, derrière les haies, les mères, les filles, contemplaient ces tristes apprêts. Bientôt la bière fut descendue et parut devant le seuil de la maison. On voyait dessus la couronne de blanches fleurs qui, dans nos usages, pare le cercueil de celles qui meurent vierges. Derrière s'avançait le chantre, ayant à ses côtés le fiancé de sa fille ; après eux, M. Prévère et un paysan parent de Thérèse ; ensuite, deux anciens du hameau, appelés à défaut de parents du côté de M. Reybaz. Ce triste cortége se mit en marche, et, au contour du portail de l'église, tous les hommes s'y ajoutèrent deux à deux, dans le plus profond silence. Arrivée au cimetière, la tête du convoi s'arrêta devant une fosse peu distante de celle qui, trois semaines auparavant, s'était refermée sur M. de la Cour. Pendant que l'on y descendait le cercueil, M. Prévère voulut s'approcher du chantre et le distraire de ce spectacle ; mais le chantre l'écarta du bras et demeura l'œil sec et attaché sur l'œuvre des fossoyeurs. Quand ce fut fini, il leur donna lui-même l'obole funèbre, et, s'appuyant sur moi, il demeura quelques secondes immobile ; puis, s'étant retourné, il reprit le chemin de la cure. Là, les six personnes du convoi se placèrent devant le seuil, et tous les paysans, ayant passé devant elles, la tête découverte, se dispersèrent dans le hameau pendant que nous rentrions dans la maison.

Quand Marthe nous vit rentrer, cette humble et compatissante femme qui, depuis tant de temps occupée jour et nuit autour de Louise, lui avait souri jusqu'à son dernier moment, s'abandonna aux transports de la plus douloureuse affliction. Elle pleurait jusqu'à cette dépouille mortelle aux côtés de laquelle elle venait de veiller avec tendresse et consolation. M. Reybaz s'approcha d'elle, il l'embrassa, et, d'un ton plein d'affection : « Marthe, lui dit-il, il n'a pas tenu à vous que Louise vécût, et il a tenu à moi qu'elle ne pérît pas... *Vous avez choisi la bonne part, et elle ne vous sera point ôtée.* »

Dès le soir de ce même jour, M. Prévère s'entretint avec moi, et il me fit part de l'intention où il était que je restasse à la cure durant cet été et que je ne reprisse le cours de mes études que l'hiver prochain. Il le désirait pour lui-même, mais surtout pour M. Reybaz, à qui mon affection, mes soins, ma présence, allaient devenir de jour en jour plus nécessaires. M. Prévère

me dit qu'il comptait désormais sur la résignation et le courage de son malheureux ami, mais qu'il n'était pas sans inquiétude au sujet des ravages que ce coup terrible avait déjà faits dans sa constitution ou de ceux qu'il pourrait y faire encore. « Notre unique consolation, mon cher enfant, ajouta-t-il en s'attendrissant, c'est d'accomplir religieusement les vœux de Louise... »
Il s'arrêta, et nous pleurâmes ensemble.

En effet, ce malheureux père avait été frappé au cœur, et l'altération de ses traits, dès cette époque, ne justifiait que trop les sinistres prévisions de M. Prévère. M. Reybaz n'avait pas une de ces physionomies qui s'effacent du souvenir en s'y confondant avec celles que l'on a remarquées chez le commun des hommes. Sa taille était nerveuse plutôt que forte, sa démarche grave, ses manières empreintes de dignité, et sa mise de campagnard toujours attrayante par l'air dont il portait sa bure, autant que par une sorte d'agreste et fraîche propreté. Mais ce qui parait cet homme, c'était la droiture de son âme, visiblement empreinte sur sa figure rude et hâlée. La véhémence et le souci y avaient leurs signes; mais aussi cette chaste austérité, cette fine et naïve façon de sentir, et cette habitude de pensée, qui s'alliait en lui au défaut d'instruction et de lumières. Accessible à mille sentiments forts ou délicats, et aussi inhabile à les dissimuler qu'enclin, par une sorte de retenue naturelle, à en comprimer l'essor, son visage en était le miroir muet, mais fidèle; et tous ces mouvements du cœur, dont son langage était sobre, son œil les révélait avec une vive et franche simplesse. Jusqu'à l'époque où je quittai la cure, et cette dernière fois qu'il vint à la ville avec Louise et M. Prévère, il avait encore, à côté des mâles dehors de l'âge mûr, les riches fleurs de la jeunesse, et ses cheveux courts et fournis en conservaient la brillante noirceur; mais, quand je le revis alors, ils avaient passé, dans l'espace de quelques mois, à une blancheur prématurée. Les rides s'étaient accumulées sur son front, le tourment avait creusé ses joues, brisé sa vigueur; et il semblait que ce ne fût plus que l'ombre de cet homme dont la robuste verdeur rappelait jadis involontairement ces chênes noueux, dont la sève est puissante et l'âge difficile à dire.

Aussi, malgré son religieux effort de résignation, bien que docile à tous nos conseils et sensible à nos moindres soins, M. Reybaz s'acheminait visiblement vers sa Louise. Dès les premiers jours, il se remit aux occupations que nécessitaient les désordres apportés dans son petit bien par les temps d'absence et par les dépenses de maladies ; il s'occupa des travaux de campagne, et, au bout d'un mois, il voulut reprendre ses fonctions de chantre ; mais il n'était déjà plus de cette terre : ces efforts mêmes tournaient contre lui, et ces vains mouvements lui servaient à peine à fuir des loisirs odieux ou à échapper aux atteintes d'une affliction chaque jour plus profonde. Lui-même se sentait intérieurement détruire, et, sans oser se réjouir dans ce sentiment, il y puisait une secrète consolation et le courage de supporter le fardeau d'une vie qu'il ne porterait pas bien loin. Hormis les moments où il était occupé, nous ne le laissions, M. Prévère ou moi, jamais seul, et je couchais dans sa chambre. Il accueillait nos soins avec une humble reconnaissance, il écoutait nos discours, il acquiesçait à nos avis ; mais, tandis qu'il nous soumettait cette volonté que, par le souvenir de sa fatale obstination, il semblait avoir abdiquée, au fond de son âme vivaient, sourds et tenaces, un chagrin rongeur, des regrets dévorants et une inconsolable douleur. Déjà, vers la fin de l'été, il fallut qu'il renonçât à remplir ses fonctions de chantre, et sa santé devint si chancelante, qu'au mois de novembre, à l'époque où, selon nos projets, je devais reprendre le cours de mes études, M. Prévère jugea à propos de ne pas m'éloigner de la cure. J'y demeurai donc pour assister au rapide déclin du chantre, qui s'éteignit dans nos bras, le 19 février, dix mois et sept jours après le décès de sa fille, auprès de laquelle il a été enseveli. Je ne livre plus au lecteur, sur cet homme si respectable, si intéressant et si à plaindre, que cette dernière pièce, que nous trouvâmes après sa mort dans l'endroit qu'il nous avait lui-même indiqué. Elle achève de le peindre et clôt dignement son histoire.

Moi, Pierre Reybaz, jouissant de mon sens, assez pour dire mon remords et mes intentions dernières, j'écris cette pièce, qui est mon testament.

Depuis le jour où Charles a été mis sur le pavé de la cour, c'est M. Prévère qui a suivi la droite ligne de l'Évangile, et c'est moi qui m'en suis écarté.

Sans être des pires de ce monde, j'ai causé de grands maux. Mon âme s'est nettoyée tard du levain d'orgueil, et, quand mes yeux se sont dessillés, la main de l'Éternel s'est abattue sur ma fille. J'implore son pardon, j'adore le fouet de sa colère, et je meurs, comptant sur ses miséricordes.

Je lègue, sur mon bien, cinq cents florins aux pauvres de la paroisse, trois cents à la veuve Crozat, et mille à la bonne Marthe.

Je lègue à Champin deux couverts d'argent marqués à mon nom et, comme il n'est pas moyenné, en sus, un présent de deux cents florins, mis à part dans le tiroir de gauche, avec son nom dessus. Je n'ai pas à lui pardonner, puiqu'il a cru me servir ; mais, s'il a dévié avec moi, qu'avec moi il s'amende.

Parmi les effets de Louise, M. Prévère et Charles se partageront entre eux ce qui sera à la convenance de leurs ressouvenirs, moyennant que ces effets demeurent, en totalité, au dernier survivant, qui pourvoira à ce qu'ils soient détruits plutôt encore qu'aliénés.

Le surplus de mon bien, y compris ce que j'ai hérité de Thérèse (dont le détail ci-joint), je le laisse à Charles, en don gratuit d'affection. Je me confie en son pardon, et j'implore sur lui la bénédiction de Dieu, jusqu'à ce qu'il nous rejoigne.

Pierre Réybaz.

FIN.

TABLE DES LIVRES

	Pages.
Livre premier	1
Livre deuxième	31
Livre troisième	235
Livre quatrième	343
Livre cinquième et dernier	484

FIN DE LA TABLE.

COULOMMIERS
Imprimerie PAUL BRODARD

www.ingramcontent.com/pod-product-compliance
Lightning Source LLC
Chambersburg PA
CBHW051136230426
43670CB00007B/825